U0549004

经以济世
建德渝丰
贺教方印
先生设问项目
成果出版

教育部哲学社会科学研究重大课题攻关项目
"十三五"国家重点出版物出版规划项目

基本公共服务均等化研究

RESEARCH ON THE EQUALIZATION OF
BASIC PUBLIC SERVICES

张贤明 等著

中国财经出版传媒集团
经济科学出版社
Economic Science Press

图书在版编目（CIP）数据

基本公共服务均等化研究/张贤明等著.—北京：
经济科学出版社，2017.11
教育部哲学社会科学研究重大课题攻关项目
ISBN 978-7-5141-8736-6

Ⅰ.①基… Ⅱ.①张… Ⅲ.①公共服务－研究－中国 Ⅳ.①D669.3

中国版本图书馆 CIP 数据核字（2017）第 287555 号

责任编辑：胡蔚婷
责任校对：王苗苗
责任印制：李　鹏

基本公共服务均等化研究

张贤明　等著

经济科学出版社出版、发行　新华书店经销
社址：北京市海淀区阜成路甲 28 号　邮编：100142
总编部电话：010-88191217　发行部电话：010-88191522
网址：www.esp.com.cn
电子邮件：esp@esp.com.cn
天猫网店：经济科学出版社旗舰店
网址：http://jjkxcbs.tmall.com
北京季蜂印刷有限公司印装
787×1092　16 开　36.5 印张　700000 字
2017 年 11 月第 1 版　2017 年 11 月第 1 次印刷
ISBN 978-7-5141-8736-6　定价：108.00 元
（图书出现印装问题，本社负责调换。电话：010-88191510）
（版权所有　侵权必究　举报电话：010-88191586
电子邮箱：dbts@esp.com.cn）

课题组主要成员

（按姓氏笔画排序）

于君博	于海洋	马雪松	王邳强	文　宏
田玉麒	刘小卫	刘雪华	刘景辉	孙德超
杨　弘	杨渊浩	李　靖	宋　艳	张　铮
张喜红	陈　权	林奇富	周光辉	郑志龙
宫笠俐	龚蔚红	董亚男	赫泉玲	蔡立辉
颜德如	薛　佳	薛　洁		

编审委员会成员

主　任　周法兴
委　员　郭兆旭　吕　萍　唐俊南　刘明晖
　　　　　陈迈利　樊曙华　孙丽丽　刘　茜

总　序

哲学社会科学是人们认识世界、改造世界的重要工具，是推动历史发展和社会进步的重要力量，其发展水平反映了一个民族的思维能力、精神品格、文明素质，体现了一个国家的综合国力和国际竞争力。一个国家的发展水平，既取决于自然科学发展水平，也取决于哲学社会科学发展水平。

党和国家高度重视哲学社会科学。党的十八大提出要建设哲学社会科学创新体系，推进马克思主义中国化时代化大众化，坚持不懈用中国特色社会主义理论体系武装全党、教育人民。2016年5月17日，习近平总书记亲自主持召开哲学社会科学工作座谈会并发表重要讲话。讲话从坚持和发展中国特色社会主义事业全局的高度，深刻阐释了哲学社会科学的战略地位，全面分析了哲学社会科学面临的新形势，明确了加快构建中国特色哲学社会科学的新目标，对哲学社会科学工作者提出了新期待，体现了我们党对哲学社会科学发展规律的认识达到了一个新高度，是一篇新形势下繁荣发展我国哲学社会科学事业的纲领性文献，为哲学社会科学事业提供了强大精神动力，指明了前进方向。

高校是我国哲学社会科学事业的主力军。贯彻落实习近平总书记哲学社会科学座谈会重要讲话精神，加快构建中国特色哲学社会科学，高校应需发挥重要作用：要坚持和巩固马克思主义的指导地位，用中国化的马克思主义指导哲学社会科学；要实施以育人育才为中心的哲学社会科学整体发展战略，构筑学生、学术、学科一体的综合发展体系；要以人为本，从人抓起，积极实施人才工程，构建种类齐全、梯队衔接的高校哲学社会科学人才体系；要深化科研管理体制改革，发挥高校人才、智力和学科优势，提升学术原创能力，激发创新创造活力，建设中国特色新型高校智库；要加强组织领导、做好统筹规划、营造良好学术生态，形成统筹推进高校哲学社会科学发展新格局。

哲学社会科学研究重大课题攻关项目计划是教育部贯彻落实党中央决策部署的一项重大举措，是实施"高校哲学社会科学繁荣计划"的重要内容。重大攻关项目采取招投标的组织方式，按照"公平竞争，择优立项，严格管理，铸造精品"的要求进行，每年评审立项约40个项目。项目研究实行首席专家负责制，鼓励跨学科、跨学校、跨地区的联合研究，协同创新。重大攻关项目以解决国家现代化建设过程中重大理论和实际问题为主攻方向，以提升为党和政府咨询决策服务能力和推动哲学社会科学发展为战略目标，集合优秀研究团队和顶尖人才联合攻关。自2003年以来，项目开展取得了丰硕成果，形成了特色品牌。一大批标志性成果纷纷涌现，一大批科研名家脱颖而出，高校哲学社会科学整体实力和社会影响力快速提升。国务院副总理刘延东同志做出重要批示，指出重大攻关项目有效调动各方面的积极性，产生了一批重要成果，影响广泛，成效显著；要总结经验，再接再厉，紧密服务国家需求，更好地优化资源，突出重点，多出精品，多出人才，为经济社会发展做出新的贡献。

作为教育部社科研究项目中的拳头产品，我们始终秉持以管理创新服务学术创新的理念，坚持科学管理、民主管理、依法管理，切实增强服务意识，不断创新管理模式，健全管理制度，加强对重大攻关项目的选题遴选、评审立项、组织开题、中期检查到最终成果鉴定的全过程管理，逐渐探索并形成一套成熟有效、符合学术研究规律的管理办法，努力将重大攻关项目打造成学术精品工程。我们将项目最终成果汇编成"教育部哲学社会科学研究重大课题攻关项目成果文库"统一组织出版。经济科学出版社倾全社之力，精心组织编辑力量，努力铸造出版精品。国学大师季羡林先生为本文库题词："经时济世　继往开来——贺教育部重大攻关项目成果出版"；欧阳中石先生题写了"教育部哲学社会科学研究重大课题攻关项目"的书名，充分体现了他们对繁荣发展高校哲学社会科学的深切勉励和由衷期望。

伟大的时代呼唤伟大的理论，伟大的理论推动伟大的实践。高校哲学社会科学将不忘初心，继续前进。深入贯彻落实习近平总书记系列重要讲话精神，坚持道路自信、理论自信、制度自信、文化自信，立足中国、借鉴国外，挖掘历史、把握当代，关怀人类、面向未来，立时代之潮头、发思想之先声，为加快构建中国特色哲学社会科学，实现中华民族伟大复兴的中国梦作出新的更大贡献！

教育部社会科学司

前 言

"实现基本公共服务均等化研究"（11JZD030）是吉林大学行政学院张贤明教授担任首席专家的教育部哲学社会科学重大课题攻关项目。该项目于2011年10月获准立项，在首席专家的总体规划和统筹安排下，各子课题分工明确、密切配合，不断凝练研究方向、突出研究重点、细化研究内容。在项目研究的5年时间里，项目组在理论研究层面，搜集整理国内外相关研究成果，建立了文献资料数据库，阐释了基本公共服务均等化的相关理论问题；在实证研究层面，完成了基本公共服务均等化测量指标构建和客观评价，并经过1年多的实证调查研究，在全国范围内对基本公共服务均等化的公众满意度状况进行了测量；在政策研究层面，基于"需求—供给—政策协调"的分析视角，提出了推进基本公共服务均等化制度创新和政策协同的实践路径。项目研究形成了一大批高质量的学术成果，产生了广泛的学术影响和深刻的社会价值，如发表了近百篇学术论文，被转载、摘录20余次，获省部级学术奖励逾10项；4篇咨询报告被相关政府部门采纳，为政府决策提供了理论支撑。

这部学术著作是项目研究的最终结项成果，凝聚着整个研究团队集体智慧的结晶，是共同努力的结果。全书由项目首席专家张贤明教授统一负责，确定研究主题和内容，设计写作思路和方法，搭建写作结构和框架。吉林大学行政学院于海洋、宫笠俐、田玉麒、王怀宇、薛佳、刘小卫参与了部分章节的初稿写作，崔珊珊、张力伟、杨楠、臧兴家参与了后期文字校对工作，最后由张贤明教授审校定稿。

本书付梓之际，恰逢十九大胜利召开。习近平总书记在报告指出，中国特色社会主义进入新时代，我国社会主要矛盾已经转化为人民日益增长的美好生活需要和不平衡不充分的发展之间的矛盾。这一重大政治论断更加凸显了实现基本公共服务均等化对于全面建成小康社会、建设社会主义现代化强国的重要意义。与此同时，也对实现基本公共服务均等化的政治实践与理论研究提出了新的要求。这也意味着，虽然本项课题已经结项，但是基本公共服务均等化问题本身并没有结束，而是翻开深入研究的新篇章，需要紧扣新时代的新变化、新使命、新任务，不断进行理论创新和实践创新。应当指出，由于研究问题本身的复杂性，本书难免存在疏漏和不足之处，敬请读者和专家批评指正。

2017 年 10 月写于长春

摘 要

实现基本公共服务均等化，不仅事关民生，更是社会主义公平正义的本质要求。这一命题的提出，有特定的社会经济发展背景因素，即在当下中国改革开放取得突出成就的同时，也面临着社会利益全面调整、社会结构不断改组、利益矛盾和冲突比较突出的局面，尤其是弱势群体没有充分共享改革开放带来的社会发展成果，或者共享的程度较低，影响到当代中国的社会公正和可持续发展，已经成为一个亟待解决的紧迫问题。

虽然当前我国对基本公共服务的投入总量有了较大增长，但基本公共服务均等化的水平仍有待提高，尤其是公众全面、快速、多样的公共需求与基本公共服务供给不足、不均的矛盾日益凸显，成为制约全面建成小康社会、建设社会主义现代化强国的"瓶颈"。这不仅是现实政治实践亟待解决的问题，也凸显了对基本公共服务均等化研究层面的迫切需求，即新时期，基本公共服务均等化的内涵如何理解、价值取向怎样定位、总体思路如何把握？我国目前基本公共服务均等化的客观状况与公众满意度如何？国内外推进基本公共服务均等化的实践案例与先进经验有哪些？如何从制度创新和政策协同的角度推进基本公共服务均等化？为回答上述问题，本研究运用文献分析、历史分析、实证分析以及系统分析等研究方法，遵循"理论—实证—对策"的研究思路，从推进基本公共服务均等化的价值目标出发，围绕当代中国基本公共服务均等化制度需求和制度供给之间的矛盾，明确基本公共服务均等化的内涵、价值与思路，立足客观评价与公众满意度相结合，推动基本公共服务均等化制度供给和政策协同的实现路径创新，满足社会基本公共服务需求，最终实现改革发展成果全面共享。具体来看。

第一部分为理论研究（第一章和第二章），旨在探讨基本公共服务均等化的相关理论问题。在梳理基本公共服务均等化国内外研究进展的基础上，对基本公共服务均等化的内涵、价值与思路进行了阐释。本研究认为，理解基本公共服务均等化内涵，应尤其注重"基本""服务""均等""政府""体系"等具有内在联系的相关内容。研究进一步提出，基本公共服务均等化的价值取向在于"保障公民权利""促进社会公正""实现成果共享""维护人的尊严"。为此，实现基本公共服务均等化的推进思路应着眼于"动态调适""政府主导""均衡平等""民生改善"和"多元协动"。

第二部分为实证研究（第三章～第五章），旨在探讨我国基本公共服务均等化的整体水平以及国内外实践案例。该部分首先基于价值性和科学性两个原则，以及政策与学理依据，从"投入—产出—效果"三个维度构建了基本公共服务均等化测量指标体系，并从"基本公共教育服务""基本医疗卫生服务""基本就业服务""基本社会保障服务""基本公共文化服务""基本公共环境服务"和"基本公共安全服务"七个方面对我国大陆31个省级行政区基本公共服务均等化的客观水平进行了测量。同时构建了基本公共服务均等化公众满意度指标体系，并进一步设计了基本公共服务均等化公众满意度调查问卷，采用分层PPS抽样方法，在全国大陆31个省级行政区进行了电话访谈，调查了解目前公众对基本公共服务均等化现状的满意度情况。为进一步了解基本公共服务均等化进程中的成功经验和实践创新，本研究分别对国内外相关案例进行了实证研究，国外案例如德国"以均衡区域发展促进均等化"、美国"政府购买公共服务"、日本"财政转移支付均等化"以及新加坡的"推行强制型储蓄"等，国内案例如杭州打造"十大公共服务体系"实践、成都以城乡一体化带动基本公共服务均等化实践、昆明打造"基层公共文化服务包"实践以及其他地区的相关实践。

第三部分为对策研究（第六章～第十章），旨在探讨实现基本公共服务均等化的制度创新与政策协同。本研究主张，在基本公共服务均等化的核心原则方面，应从"供给导向"转向"需求导向"，着力完善信息公开机制、需求表达机制、需求回应机制和服务供给机制。在基础架构方面，由"政府垄断"转向"多元协同"，努力创新基本公共服务多元主体供给的指导理念、主体力量、组织结构和制度规范。在推动力量方面，努力实现财政均衡，应明确政府间事权与支出责任、匹配政府间事权与财权财力，完善财政转移制度。在实施路径方面，努力做到统筹兼顾，尤其要统筹城乡发展、协调区域发展，并兼顾流动人口以实现基本公共服务均等化。在保障措施方面，要强化监督问责，不断建立科学合理的基本公共服务均等化问责体系、政府责任追究机制，同时注重完善基本公共服务均等化问责机制的配套制度。

Abstract

To realize the equalization of basic public services is not only a matter of people's livelihood, but also the essential requirement of socialist fairness and justice. This proposition is putted forward from the background of particular social and economic development, which means that although China's reform and opening up has made outstanding achievements, but it also faces a complexion of the comprehensive adjustment of social interests, reshuffling of social structure and conspicuous conflicts of interest. Especially vulnerable groups could not fully, or to a mall extent, share the achievements of social development brought by the reform and opening up. This situation has affected the justice and sustainable development of contemporary Chinese soeiety, and has become an urgent problem to be solved.

Although the total investment from government in basic public services has greatly increased, the level of equalization of basic public services is yet to be improved, particularly in the contradiction between comprehensive, frequent, and diversified public demands to the unbalanced, inadequate basic public service supply. Now this problem is increasingly conspicuous, and it has become the bottleneck restricting the establishment of a moderately prosperous society and the construction of a modern and powerful socialist country. This is not only an urgent problem to be solved in political practice, but also highlights the imperative need of research on equalization of basic public services, namely in the new era, how to understand the connotation of equalization of basic public services? How to locate the value orientation? How to grasp the general thoughts? What is the objective situation and public satisfaction with the equalization of basic public services in China? What are the practical cases and advanced experiences in promoting equalization of basic public services at home and abroad? How to promote equalization of basic public services from the perspective of institutional innovation and policy coordination? To answer above questions, this study uses a series of research methods, including literature analysis, historical analysis, empirical analysis, system analysis, etc. Following the research thinking of "theory-evidence-suggestion", this study starts from the value and goal of promoting equalization of basic public services, revolving the contradiction between the institutional demand and supply of equalization of basic public services in China, clarifies the connotation, value and thoughts of equalization of basic public services, based on the combination of objective evaluation and public satisfaction, promotes the innovation to achieve the institutional supply and policy collaboration for equalization of basic public services, meets the social demand of basic public services and finally implement the goal of comprehensively sharing the achievements of reform and development. In particular:

The first part is the theoretical research (chapter 1 and chapter 2), which aims to discuss the related theoretical issues of equalization of basic public services. On the basis of the research progress of equalization of basic public services at home and abroad, the connotation, value and thoughts of equalization of basic public service are explained. This study argues that to understand the connotation of the equalization of basic public services, extra attention should be attached to conceptions like "basic", "service", "equality", "government" and "system" among which are internal related. The study further suggests that the value orientation of the equalization of basic public services lies in "guaranteeing civil rights", "promoting social justice", "sharing of achievements" and "maintaining human dignity". Therefore, the implementation of the equalization of basic public services should focus on the "dynamic adaption", "government-oriented", "balance and equality", "improving people's livelihood" and "multivariate collaboration".

The second part is the empirical study (chapter 3 to chapter 5), which aims to explore the overall level of equalization of basic public services in China and the practical cases at home and abroad. This part firstly based on principles of value and scientificity, as well as the policy and academic foundations, designs the measurement index system of equalization of basic public services from three dimensions of "input-output-effect", and measures the objective status of equalization of basic public services in 31 provincial-level administrative regions in Mainland China from the following seven aspects: "basic public education services", "basic medical care and health services", "basic employment services", "basic social security services", "basic public cultural services", "basic public environmental services" and "basic public safety services". At the same time, this study builds a public satisfaction index system of equalization of basic public services, and further designs the questionnaire survey on the public satisfaction with equalization of basic public services, which adopts the stratified PPS sampling method. Telephone interviews are conducted in 31 provincial-level regions in Mainland China to investigate the current public satisfaction with the equalization of basic public services. In order to further understand the successful experience and practical innovation in the process of the equalization of basic public services, this study investigates related cases by empirical research both at home and abroad. Foreign cases include "promoting equalization through balancing regional development" from Germany, "government purchase of public services" from the United States, "equalization of fiscal transfer payment" from Japan and "implementing mandatory savings" from Singapore; domestic cases include building "ten kinds of public service system" in Hangzhou, promoting the equalization of basic public services through pushing forward urban-rural integration in Chengdu, building "basic public cultural services package" in Kunming and practice in other regions.

The third part is the research on suggestions (chapter 6 to chapter 10), which aims to explore the institutional innovation and policy collaboration to realize the equalization of basic public services. This study argues that, the core principle of equalization of basic public services should be shifted from "supply-oriented" to "demand-oriented", efforts should be made to improve information disclosure mechanism, demand expression mechanism, demand response mechanism and service supply mechanism. In terms of infrastructure, the "government monopoly" should be replaced by "multi-subjects collaboration". It's necessary to make efforts to innovate the guiding conceptples, subject force, organizational structure and institutional norms for the multi-subject supply of basic public services. As for the driving strength, efforts should be made to achieve fiscal equalization, and the government should clarify the responsibilities of intergovernmental routine power and expenditure, match the intergovernmental routine power and financial authority, and improve the fiscal transfer system. Regarding the path of implementation, efforts should be made to balance urban and rural development, coordinate regional development, and give considerations to equalization of basic public servicesfor floating population. In the aspect of safeguard measures, it's necessary to strengthen the supervision and accountability by establishing scientific and reasonable accountability system for equalization of basic public services. Besides, government accountability investigation mechanism is also very important, so is the supporting institution of supervision and accountability mechanism for equalization of basic public services.

目 录

第一章 导论 1

第一节　基本公共服务均等化的研究背景与意义　1
第二节　基本公共服务均等化的研究现状述评　7
第三节　基本公共服务均等化的研究逻辑与结构　28

第二章 基本公共服务均等化的内涵、价值与思路 33

第一节　基本公共服务均等化的基本内涵　33
第二节　基本公共服务均等化的价值取向　40
第三节　基本公共服务均等化的推进思路　52

第三章 基本公共服务均等化的测量指标与客观评价 61

第一节　基本公共服务均等化测量指标体系构建的原则与思路　61
第二节　基本公共服务均等化测量指标体系构建的依据　68
第三节　基本公共服务均等化测量指标体系的内容及说明　82
第四节　中国省级基本公共服务均等化水平测量与客观评价　94

第四章 基本公共服务均等化公众满意度调查 183

第一节　基本公共服务均等化公众满意度概述　183
第二节　基本公共服务均等化公众满意度调查的意义和原则　189
第三节　基本公共服务均等化公众满意度调查指标体系构建及调查问卷设计的依据　196
第四节　基本公共服务均等化公众满意度指标测量体系和调查问卷设计的内容及执行情况说明　199

第五节　中国基本公共服务均等化公众满意度状况分析　215
第六节　基本公共服务均等化客观指标与公众满意度对比分析　256

第五章 ▶ 基本公共服务均等化的国际经验与国内创新　267

第一节　基本公共服务均等化的国际经验　267
第二节　基本公共服务均等化的国内创新　288

第六章 ▶ 需求导向：基本公共服务均等化的核心原则　307

第一节　基本公共服务需求导向的逻辑阐释　307
第二节　基本公共服务供需失衡的表现　316
第三节　基本公共服务供需失衡的原因　322
第四节　建立需求导向的基本公共服务均等化实现机制　329

第七章 ▶ 多元协同：基本公共服务均等化的基础架构　340

第一节　基本公共服务多元主体的基本关系　340
第二节　中国基本公共服务多元主体协同供给的基本状况　355
第三节　中国基本公共服务多元主体协同供给的实现路径　373

第八章 ▶ 财政均衡：基本公共服务均等化的推动力量　384

第一节　公共财政与基本公共服务均等化　385
第二节　当前中国政府间财政关系对基本公共服务均等化的影响　397
第三节　实现基本公共服务均等化的财政政策选择　419

第九章 ▶ 统筹兼顾：基本公共服务均等化的重要路径　428

第一节　统筹城乡发展实现基本公共服务均等化　428
第二节　协调区域发展实现基本公共服务均等化　449
第三节　兼顾流动人口基本公共服务均等化　459

第十章 ▶ 监督问责：基本公共服务均等化的坚实保障　475

第一节　基本公共服务均等化是政府的责任　475
第二节　当前基本公共服务均等化监督问责机制的建设状况　482
第三节　当前基本公共服务均等化监督问责机制存在的问题　487
第四节　完善基本公共服务均等化监督问责机制的对策建议　491

附录一　基本公共服务均等化测量指标和客观评价体系　505
附录二　基本公共服务均等化公众满意度调查指标体系　508
附录三　基本公共服务公众满意度调查问卷　510
参考文献　517

Contents

Chapter 1 Introduction   1

1.1 The background and significance of researching on equalization of basic public services   1
1.2 Review of researching on equalization of basic public services   7
1.3 Logic and structure of researching on equalization of basic public services   28

Chapter 2 The connotation, value and thoughts of equalization of basic public services   33

2.1 The connotation of equalization of basic public services   33
2.2 The value orientation of equalization of basic public services   40
2.3 Thoughts of promoting equalization of basic public services   52

Chapter 3 The measurement index and objective evaluation of equalization of basic public services   61

3.1 The principles and thoughts of designing the measurement index system of equalization of basic public services   61
3.2 The foundation of designing the measurement index system of equalization of basic public services   68

3.3　The content and description of the measurement index system of equalization of basic public services　82

3.4　The measurement and objective evaluation of equalization of basic public services at the provincial-level of China　94

Chapter 4　The survey on the public satisfaction with equalization of basic public services　183

4.1　The overview of public satisfaction with equalization of basic public services　183

4.2　The significance and principles of the survey on the public satisfaction with equalization of basic public services　189

4.3　The foundation of designing the public satisfaction measurement index system and questionnaire of equalization of basic public services　196

4.4　The content of the public satisfaction measurement index system and the implementation of questionnaire suvey of equalization of basic public services　199

4.5　The analysis of public satisfaction with equalization of basic public services in China　215

4.6　The comparative analysis of indicators of equalization of basic public services and public satisfaction　256

Chapter 5　The international experience and domestic innovation of equalization of basic public services　267

5.1　The international experience in equalization of basic public services　267

5.2　The domestic innovation in equalization of basic public services　288

Chapter 6　Demand orientation: the core principle of equalization of basic public services　307

6.1　The logic of the demand orientation of basic public services　307

6.2　The reflection of the imbalance between supply and demand of basic public services　316

6.3　The causes of the imbalance between supply and demand of basic public services　322

6.4　Establish a demand-oriented implementation mechanism for equalization of basic public services　329

Chapter 7　Multivariate collaboration: the infrastructure of equalization of basic public services　340

7.1　The relationship of multi-subjects of basic public services　340

7.2　The basic situation of multi-subjects collaborative supply of basic public services in China　355

7.3　The path to implement multi-subjects collaborative supply of basic public services in China　373

Chapter 8　Fiscal equalization: the driving force of equalization of basic public services　384

8.1　Public finance and equalization of basic public services　385

8.2　The impact of current intergovernmental fiscal relationship on equalization of basic public services in China　397

8.3　Fiscal policy options to achieve equalization of basic public services　419

Chapter 9　Overall planning and all-around consideration: an important path to equalization of basic public services　428

9.1　Balancing urban and rural development in order to achieve equalization of basic public services　428

9.2　Harmonizing development among regions in order to achieve equalization of basic public services　449

9.3　Taking into account the equalization of basic public services for floating population　459

Chapter 10　Supervision and accountability: the solid guarantee for equalization of basic public services　475

10.1　The government's responsibility to achieve equalization of basic public services　475

10.2　The current status of constructing supervision and accountability mechanism for equalization of basic public services　482

10.3　Problems in the current supervision and accountability mechanism for equalization of basic public services　487

10.4　Suggestions on improving the supervision and accountability mechanism for equalization of basic public services　491

Appendix Ⅰ： **The measurement index and objective evaluation system of equalization of basic public services**　505

Appendix Ⅱ： **The public satisfaction measurement index system of equalization of basic public services**　508

Appendix Ⅲ： **The questionnaire on public satisfaction with equalization of basic public services**　510

References　517

第一章

导 论

第一节 基本公共服务均等化的研究背景与意义

一、研究背景

改革开放以来，中国取得了举世瞩目的成就：经济快速增长、制度不断完善、社会有序发展以及国际地位稳步提升——这已然昭示着"发展"而不是"生存"成为中国当下的第一要务。就基本公共服务而言，社会公众对于公共服务需求的增长与公共服务供给数量和质量不足、社会公众对于公共服务需求的多元与公共服务供给主体和供给方式的单一性已经成为公共服务"需求—供给"这一链条中的两对矛盾；而城乡之间、地区之间基本公共服务供给的显著差异则成为影响城乡之间、区域之间协调发展的两道鸿沟。在某种意义上，区域之间与社会群体之间的差异在不断地种植社会矛盾的种子，相对剥夺感在某种程度上已经成为中国社会冲突的心理根源，这不仅影响到社会公众的基本生活，同时也影响到社会和谐稳定，甚至可能影响到执政党和政府的合法性基础。面对着复杂的社会现实与社会环境，中国共产党和中国政府将全面深化改革作为中国特色社会主义事业的基本路径，将"创新、协调、绿色、开放、共享"作为全新的发展观念，整合公平正义等现代价值，以人民福祉与人民获得感为基本依归，提出了切实推进基本公共服务均等化的发展规划，为中国未来的可持续发展描绘了愿景和路线图。

第一，基本公共服务均等化的提出旨在解决改革发展中复杂的社会问题。基本公共服务均等化立足于国情与现实，是在对当下中国进行整体性反思基础上的战略规划。中共十六届六中全会通过的《中共中央关于构建社会主义和谐社会若干重大问题的决定》，首次表达了"基本公共服务均等化"的改革理念，要求"加大财政在教育、卫生、文化、就业再就业服务、社会保障、生态环境、公共基础设施、社会治安等方面的投入"。① 这表明党和国家对改革开放以来我国发展所出现的一系列问题具有清晰又深刻的认识，涉及教育、卫生等方面的基本公共服务的非均等化构成了城乡之间与区域之间的发展张力，这一系列的社会事实变化成为机遇中的挑战与安定中的动荡，因而，基本公共服务均等化关涉国家的长治久安、社会的和谐稳定、人民的幸福安康，推进基本公共服务均等化必然成为建设中国特色社会主义事业的重要战略举措。

第二，基本公共服务均等化是党的执政理念，是执政党带领人民走向富强、民主和谐文明的行动指南。继中共十六届六中全会提出"基本公共服务均等化"这一概念之后，党的十七大报告进一步提出"围绕推进基本公共服务均等化和主体功能区建设，完善公共财政体系"。② 这表明基本公共服务均等化的实现路径以一系列的体制机制建设为支撑。党的十八大报告又明确提出了基本公共服务均等化总体实现的目标，提出在"人民生活水平全面提高"的进程中，保证"基本公共服务均等化总体实现"，③ 这标志着基本公共服务均等化已经成为全面深化改革、推动经济社会建设的重要目标。基本公共服务均等化以人为基础，以人为主线，在党的代表大会报告中强调基本公共服务均等化表明了党将其视为行动方针的举措，进而深化为执政理念。

第三，基本公共服务均等化出现在政府工作报告和发展规划中，表明基本公共服务均等化是政府工作的基本目标，也是国家发展的基本指向。2011年政府工作报告对基本公共服务取得的进展与存在的问题进行了阐述。报告指出，"收入分配差距较大，科技创新能力不强，产业结构不合理，农业基础仍然薄弱，城

---

① 《中共中央关于构建社会主义和谐社会若干重大问题的决定》，人民网，http://cpc.people.com.cn/GB/64093/64094/4932424.html。

② 《高举中国特色社会主义伟大旗帜 为夺取全面建设小康社会新胜利而奋斗——在中国共产党第十七次全国代表大会上的报告》，新华网，http://news.xinhuanet.com/newscenter/2007-10/24/content_6938568.htm。

③ 《坚定不移沿着中国特色社会主义道路前进 为全面建成小康社会而奋斗——在中国共产党第十八次全国代表大会上的报告》，新华网 http://www.xj.xinhuanet.com/2012-11/19/c_113722546.htm。

乡区域发展不协调，就业总量压力和结构性矛盾并存，制约科学发展的体制机制障碍依然较多"，① 这表明基本公共服务均等化在取得基本成就的同时仍然面对了一系列急需解决的问题；《国家基本公共服务体系"十二五"规划》《"十三五"推进基本公共服务均等化规划》的公布为基本公共服务均等化勾画了蓝图。② "十二五"规划较为具体地论述了基本公共服务的范围和标准、基本公共服务均等化的具体内涵，基本公共服务体系构成，以及基本公共服务均等化的关键领域。"十三五"规划在总结"十二五"成就与问题的基础上提出"兜住底线，引导预期；统筹资源，促进均等；政府主责，共享发展；完善制度，改革创新"的基本公共服务均等化所应遵循的基本原则的基础上，进一步明确了基本公共服务均等化的指导思想，并就基本公共服务均等化的关键领域所应达成的主要目标列出了明确的清单。这表明，基本公共服务均等化已经上升为国家意志、确定为政府的基本职责。

党和政府不仅仅把实现基本公共服务均等化的目标提升为执政理念、政府工作报告的规划蓝图，更是予思想于职责，予理念于政策。改革开放以来，随着我国政府体制改革的不断深入和社会主义市场经济的稳步发展，基本公共服务均等化逐步纳入公共政策的范围并在政策体系中占据越来越重要的位置，基本公共服务体系发展呈现越来越科学化与规范化的趋势。宏观上，理念更为人性化、实现策略稳步扎实；具体执行上，体系更加健全、覆盖面逐渐扩大、财政投入不断增长、服务主体日益多元。

一是基本公共服务的供给理念从以人为本、科学发展到"让人民群众有更多的获得感"，显示出政府在提供基本公共服务时越来越人性化，更加注重满足人民群众的需求和提升人民群众的满意度。

二是基本公共服务均等化的实现策略，特别重视稳步推进、渐进式改革方式的运用。从我国社会保障政策的演变就可以看出，政府往往通过先行试点、逐步推广和全面实施的方式来推动基本社会保障体系建设。在发展基本公共教育的过程中，特别提出要因地制宜地逐步提升教育水平，同时加大对少数民族地区的投入力度，兼顾弱势地区的发展。随着我国经济水平的快速发展，我国政府在基本公共服务建设方面也越来越自信。特别是 2000 年以后，在促进城乡基本公共服务均衡发展的价值导向下，政府将提升农村、贫困地区和少数民族地区公共服务

---

① 《2011 年国务院政府工作报告》，中国政府网，http://www.gov.cn/test/2011 - 03/15/content_1825270.html。

② 《国务院关于印发国家基本公共服务体系"十二五"规划的通知》，中国政府网，http://www.gov.cn/zwgk/2012 - 07/20/content_2187242.htm；《国务院关于印发"十三五"推进基本公共服务均等化规划的通知》，中国政府网，http://www.gov.cn/zhengce/content/2017 - 03/01/content_5172013.htm。

水平作为实现均等化的重要内容，在政策扶持、财政保障等方面不断加大对上述地区的倾斜力度。

三是基本公共服务体系不断建立健全。改革开放以来，我国政府通过各种政策和措施建立了覆盖教育、医疗、就业等与人民群众生活密切相关的公共服务体系，从中央到地方整体上基本实现了公共服务体系建设的网络化，这是进一步实现基本公共服务均等化与标准化的前提和基础。

四是基本公共服务覆盖面逐步扩大、供给水平不断提升。就医疗保险制度建设而言，我国目前已经建立了城镇职工医疗保险、城镇居民医疗保险和新型农村合作医疗制度相结合的医疗保险体系，并提出了实现城乡居民医疗保险一体化的目标，有力地推动了城乡基本医疗保险一体化。

五是基本公共服务的投入随着经济社会的发展而不断增长。在财政投入方面，特别是2006年"基本公共服务均等化"的目标提出以来，我国政府在民生方面的投入迅速增加，为基本公共服务均等化的实现提供了雄厚的资金支持和物质保障。

六是基本公共服务主体日益多元。虽然基本公共服务是由政府主导提供，但政府通过引入市场竞争机制和社会力量参与等形式扩大了公共服务的提供主体，政府不再"大包大揽"，这既减轻了政府负担和风险，也能够提升公共服务供给效率和最大限度地满足群众需求。

当然，我们也应该看到在基本公共服务均等化政策的实现过程中出现的一些问题。就目前政府出台的关于基本公共服务方面的政策、法律法规来看，政策性文件占有很大比重，法律文件所占比重特别低。基本公共服务的制度化需要法律保障，公共服务的管理与实施也需要法律规范，因而必须加大对公共服务的立法力度，在公共服务的投入、管理和监督等方面实现法治化。整体而言，我国基本公共服务均等化水平已经有了较大提升，但从特定领域来看又呈现出区域、城乡发展不均衡，不同领域的基本公共服务发展水平参差不齐的现象。例如，我国在基本公共环境服务方面出台的政策、法规还不够系统化，基本公共环境服务相对于其他领域而言均等化水平较低。

二、研究意义

基本公共服务均等化是党和国家治国理政的重要目标，也是中华民族走向伟大复兴的战略支撑。从构建和谐社会到实现中国梦，从统筹区域城乡发展到增进人民整体利益，基本公共服务均等化涵盖了社会建设与民生保障的方方面面。加强对于基本公共服务均等化的研究必将拓展当代中国政治学与公共管理学的研究范畴，推进中国特色社会宏观制度与微观政策的创新与完善。以学理角度看，实现基本公共服务均等化，需要从观念、结构与行动三个方面解释以下重大问题：首先，基本公共服务均等化内蕴的价值理念与价值定位是什么，这决定了基本公共服务均等化的本质属性，也规定了基本公共服务均等化的现实举措；其次，基本公共服务均等化应如何从制度、体系、过程与政策等方面具体展开，也就是铺设基本公共服务均等化从理论通往实践的桥梁路径；最后，基本公共服务均等化如何在现实中继续走向升华，在具体的实施过程中不断发现新问题、解决新问题，在纷繁复杂的现代社会中进行自我调适。简而言之，第一个问题涉及我们推进基本公共服务均等化的目的与意义，也就是我们需要什么样的基本公共服务均等化；第二个问题阐述了基本公共服务均等化的现实路径，即我们如何实现基本公共服务均等化；第三个问题点明了基本公共服务均等化的历史本质，即我们如何在变化的社会中完善基本公共服务均等化。基本公共服务均等化的基本内容与基本规定实际上也就决定了基本公共服务均等化的研究意义。

第一，基本公共服务均等化研究是中国改革走向深入的必然要求，有助于为全面深化改革，建设公平公正、开放共享、可持续发展、人民安居乐业的社会提供学理支持。

基本公共服务均等化的提出有其特定的历史背景。改革开放30年以来，我国的改革在取得一系列的成就的同时也逐渐走向深水区，区域之间、城乡之间的差距逐渐拉大，经济发展从平稳走向低速，社会矛盾逐渐凸显，并成为影响社会稳定的重要因素。由此看来，基本公共服务均等化不仅是社会发展到一定程度的主观选择，也是改革开放进入深水区应对各种危机的客观要求。加强基本公共服务均等化的研究，就是旨在为中国全面深化改革进一步焕发活力寻找动力源泉。

《"十三五"推进基本公共服务均等化规划》指出，"享有基本公共服务是公民的基本权利，保障人人享有基本公共服务是政府的重要职责。推进基本公共服务均等化，是全面建成小康社会的应有之义，对于促进社会公平正义、增进人民福祉、增强全体人民在共建共享发展中的获得感、实现中华民族伟大复兴的中国梦，都具有十分重要的意义。"[①] 这段论述表明，基本公共服务均等化的研究可以凸显两个方面的价值：首先，基本公共服务均等化的推进同社会的公平正义与人的尊严紧密相关，基本公共服务均等化通过平等地满足人的需求，将对社会公正与人民幸福生活的价值追求整合到基本公共服务均等化的全过程之中，是对社会公正理论与中国具体实践相结合的一次理论阐释，不仅丰富了中国语境的社会

---

① 《国务院关于印发"十三五"推进基本公共服务均等化规划的通知》，中国政府网，http://www.gov.cn/zhengce/content/2017-03/01/content_5172013.htm。

公正内涵，也为公正社会的建设提供了理论指导与价值牵引。其次，基本公共服务均等化的研究就是在寻找公正合理的基本公共服务供给体系，而这一体系着眼于广大人民群众的基本需要，就是要统筹兼顾地协调城乡之间和区域之间、不同群体和阶层之间所享受的基本公共服务内容与质量，优化基本公共服务的供给方式，改革和完善基本公共服务的结构体系，"这符合现代社会人们对于公正社会的普遍认同与合理期待，对当下中国可持续发展具有十分重要的指导意义。"①

第二，基本公共服务均等化研究有助于加强制度建设，优化发展格局，完善统筹城乡与区域发展的制度安排，为实现民生政治与推进国家治理体系与治理能力现代化提供理论支撑。

众所周知，推进基本公共服务均等化是党和政府在新时期的工作重点，具有理论和实践两方面的意义。从实践角度看，加强对于基本公共服务均等化的研究必然要深入具体的问题当中，不仅要研究基本公共服务的价值定位，也要研究基本公共服务均等化涉及的制度建设。

基本公共服务均等化作为一个新的概念，其必然对应着新的制度体系、政治过程与公共政策。在此意义上，加强关于基本公共服务均等化的研究对于完善我国的制度建设具有特别的意义。由于我国基本公共服务体系建设起步较晚，面临的环境较为复杂，存在的问题也相对棘手，所以需要通过一种全新的制度体系来取代原有的基本公共服务体系。"健全和完善基本公共服务体系，要从供给机制、调节机制、提供方式、财政体制等方面入手，明确政府在公共服务提供中的角色定位，探索公共服务供给的社会参与机制，科学确定基本公共服务的范围和标准，完善公共财政体制，促进基本公共服务均等化，加快形成政府主导、覆盖城乡、可持续的基本公共服务体系。"② 如此一种相对完善的公共服务体系，从统筹兼顾的角度看落实了科学发展的具体要求，从人民福祉的维度看强调了民生政治的理念定位。另外，党的十八届三中全会提出了"推进国家治理体系与治理能力现代化"这一全面深化改革的要求，这一要求表明建立一个科学合理、符合现代政治价值以及多元和谐的制度体系也是我国改革的基本目标。而基本公共服务体系的完善也与国家治理现代化的基本要求具有契合之处，因此基本公共服务均等化的研究对于探讨国家治理现代化也具有积极意义。

第三，基本公共服务均等化研究将政治学的基本理论同变化社会的经验事实结合起来，一方面立足于本土诉求拓展政治学的研究领域、推动政治学的发展繁

---

① 张贤明、高光辉：《公正、共享与尊严：基本公共服务均等化的价值定位》，载于《吉林大学社会科学学报》2012 年第 4 期。

② 孙志华：《问题和对策：建立和完善我国基本公共服务体系的探讨》，载于《山东大学学报（社会科学版）》2014 年第 6 期。

荣；另一方面为基本公共服务均等化实践的理论升华注入活力。

基本公共服务均等化作为当下中国政治学与公共管理学科研究的热点问题之一，既是政治学理论对于经济社会发展的现实关怀，也是政治学理论以其自身发展不断回应经济社会现实的具体表现。基本公共服务均等化涉及基本公共服务、公共服务、均等化等诸多概念，有关涉公正、公平、尊严、共享等内蕴的理念。基本公共服务均等化既是不同理论综合的产物，也是立足于本土诉求的学术创新。立足本土诉求，就是让政治学理论以社会良知与现实关怀来面对中国问题，所提出的思路、观点与方法也是用严谨的态度、专业的视角与完备的知识体系来解决中国问题。

基本公共服务均等化不是一成不变的理论体系，而是根据社会环境的不断变化、社会新问题、新风险的不断凸显而进行调适的理论。"政治需求与政治学发展相互影响，相互制约。一方面，政治需求推动了政治学的萌芽，促进了政治学内容的丰富、研究方法的更新与研究重点的转移；另一方面，政治学发展又限制、引导着政治需求，促进了政治需求的理性化、具体化。"[①] 由此看来，基本公共服务均等化与针对基本公共服务均等化的研究也将是一个不断走向发展、不断自我升华、不断开拓创新的过程。从这个意义上，基本公共服务均等化的研究将以更为宽广的历史视野来拓展政治学研究，为中国的政治学发展提供动力。

第二节　基本公共服务均等化的研究现状述评

一、国外研究状况

公共服务概念及均等化思想最早源于西方，但总体而言国外学者并未对基本公共服务均等化问题进行系统而直接的现实探索与理论考察，相关研究主要集中在两个方面：

（1）关于基本公共服务均等化的思想渊源和理论基础。一般而言，西方基本公共服务均等化是当代公平正义理论在公共服务领域的具体体现。以边沁的《政治经济学手册》与庇古的《福利经济学》为代表的功利主义思想认为，由个人效用得出的社会总效用的增加或减少构成了评价社会公平正义的主要标准，这也

[①] 彭忠益、袁佩球：《论政治需求与政治学发展》，载于《学术论坛》2001年第3期。

使公平正义问题在传统政治哲学之外越来越深刻地影响经济领域特别是收入分配活动。然而，由于功利主义在其理论之中蕴含着容许牺牲少数人的利益来达到多数人的利益这一可能性，这也意味着它有可能潜在地导致社会利益分配的不正义。因此，罗尔斯在《正义论》中主张，应该满足公平的机会平等和使最不利者获得最大利益这两个条件，而利益则是以包括收入、财富、机会和自尊的社会基础在内的基本善的多寡作为判断标准的。阿玛蒂亚·森则在《集体选择与社会福利》《论经济不公平》《选择、福利与量度》和《以自由看待发展》等著作中肯定罗尔斯"基本善"思想在平等价值理念及现实诉求方面具有积极意义的同时，提出政府应通过包括基本教育、医疗领域在内的政策改善，将公平正义广泛运用于经济、社会等领域，以促进人类能力的不断扩展。

（2）关于公共产品理论、财政分权理论及财政均等化问题。国外学者十分注重公共财政对基本公共服务均等化的影响，普遍主张通过财政均等化促进基本公共服务均等化，而财政均等化研究的理论渊源主要是公共产品理论和财政分权理论。以保罗·萨缪尔森的《经济学》《经济分析基础》与马斯格雷夫的《公共经济研究》等著作为代表的主流公共产品理论认为，公共产品的特性决定其应该主要由政府供给，因为市场存在缺陷不能有效提供。蒂博特与奥茨进一步提出地方公共产品的供给和财政分权问题。根据一些学者的总结，支持财政分权的学者主要从居民偏好的地区差异、信息优势、辖区间竞争和垂直分工等方面论证自身主张的合理性，而以布坎南为代表的公共选择理论以及麦金农和魏因斯特等学者则主张政治决策过程和机制的重要性，提出优良的政府结构有助于提高公共产品配置效率。在此基础上，新公共服务理论通过强调普遍权利和服务理念，主张通过政府、私人、非营利机构的共同治理为公民提供更好的公共服务。具体而言，莫尼斯兰认为，政府提供公共服务和财政转移支付的层次越高，则支持力度也越大。内格尔认为，美国、加拿大在教育、失业、医疗、养老、住房等方面已实现均等化。哈特认为，澳大利亚财政转移支付制度蕴含着财政均等化原则，在拨款方面具有客观、公开、规范等特征。

二、国内研究状况

与国外学者相比，国内学者对基本公共服务均等化的系统研究起步较晚，主要集中于中国共产党十六届五中全会以后。近年来，关于基本公共服务均等化的研究成果十分丰富、取得了诸多进展。主要集中在以下方面：

（一）实现基本公共服务均等化的政府职能研究

推进基本公共服务均等化，实际上是利用国家行政力量对资源进行分配与再分配，从而调节、均衡社会个体与组织之间的利益关系，最终实现公平正义的过程。作为公共政策的制定者与执行者，政府在这个过程中始终扮演着重要的角色。随着国内相关研究的逐渐深入，学者们透过不同的理论视角，如新公共服务理论视角、治理理论视角、能力理论视角等，探讨了实现基本公共服务均等化过程中政府的主体地位、职责范围、供给机制、均等化动力和绩效考核等多项议题。

1. 政府的职责定位研究

国内学者一般认为政府是基本公共服务的主要供给主体。从政府—市场—社会的主体划分来看，基本公共服务供给的高昂成本使得个人及非营利团体在支付方面存在困难。另外，由于基本公共服务存在的"搭便车"现象，使得市场难以形成供给的动力。因此，在个人提供和市场分配有效性缺失的情况下，"政府作为公共管理职能的先天拥有者与公共利益的法定维护者，应当承担起供给基本公共服务的主要责任，应当成为建构基本公共服务体系的主导者，这是人们融入共同体的基本期待和前提条件。"[①] 而且，政府的职责不但在于做出基本公共服务的"蛋糕"，更重要的是如何实现"蛋糕"的均等分配。"基本公共服务均等化的实现过程实际上就是社会公平正义的实现过程，社会公正是基本公共服务均等化的根本导向。"[②] 通过市场进行基本公共服务的分配，往往会因为理性"经济人"趋利的行为模式，造成两极分化扩大的趋势，即公共服务的"市场失灵"，这是与均等化的目标相悖的。而对于个人或社会团体来说，除了提供基本公共服务的准入"门槛"高的因素以外，本身也很难形成均等分配的实现动力和权威来源。因此，就需要由政府通过公共政策和公共财政，回应并协调各方的利益诉求，承担基本公共服务均等化"总负责"者的角色。在中国，政府既是基本公共服务的主要提供者，又是均等化分配的"总负责"者。这种角色定位会造成作为基本公共服务消费者的公民与作为基本公共服务供给者的政府之间权力不对等的局面，形成基本公共服务供给的"政府本位"倾向和均等化的"政府失灵"。因此就有必要将民主监督和公众参与引入到基本公共服务均等化的过程中，以

[①] 张贤明、薛洪生：《当代中国基本公共服务体系建构的基本思路》，载于《学习与探索》2012年第5期。

[②] 张贤明、高光辉：《公正、共享与尊严：基本公共服务均等化的价值定位》，载于《吉林大学社会科学学报》2012年第4期。

"权利"规制"权力",实现基本公共服务的协商供给、透明供给和高效供给。① 一些学者认为,由于缺少公民的参与,基本公共服务的供给结构基本上是由政府单方面决定的。缺乏基本公共服务供给过程中对消费群体需求差异的考量,会产生基本公共服务的供给结构对公民需求结构的偏离,从而造成基本公共服务均等化的客观评价结果与主观评价结果的显著差异。② 政府作为基本公共服务的主要供给者,并不意味着它是唯一的供给主体。通过政府的引导、规范和协调,引入多方力量共同参与基本公共服务的供给,是目前学界较为主流的观点。在财政能力有限的条件下,政府提供的基本公共服务无论在"量"还是"质"上都容易与社会公众的需求产生差异。因此,"政府要处理好与社会的关系,充分发挥对社会的引导功能,促成社会合作体系的生成。"③ 在市场力量日益壮大的今天,"基本公共服务的供给可运用短期合同形式,利用市场力量和第三部门供给公共服务,实现多中心治理。"④ 一些学者还从协同理论的视角出发,指出:"个人、企业和第三部门等都是潜在的供给力量。现如今复杂的公共服务供给系统,不能单一地依靠某一方的力量完成,只能三者通力合作,各自间优势互补、协同共赢,激活各自的优势实力,最终形成三者的共识协同机制,通过多方互动扛起公共服务供给的重任。"⑤

2. 政府的机制改革研究

提高基本公共服务供给的效率、加快基本公共服务均等化进程、增加基本公共服务的消费满意度,都需要政府的体制改革作为配合。首先,要加快政府职能转变,提升政府部门的服务意识。效率与公平是政府提供基本公共服务的两个价值基点。然而由于"为民做主"理念和"GDP 优先"思维模式的双重影响,政府行为依旧是以经济效益为导向。如此一来,公共资源倾向于投入易出政绩的"短、平、快"项目当中,一些具备民生性、公益性而又难出效益的基本公共服务遭到了忽视,致使"看病难、上学难、住房难"等与民生密切相关的问题长期得不到解决。⑥ 因此,应当加快我国政府职能由经济管理向社会管理的转变,从

---

① 杨弘、胡永保:《实现基本公共服务均等化的民主维度——以政府角色和地位为视角》,载于《吉林大学社会科学学报》2012 年第 4 期。
② 郭小聪、代凯:《供需结构失衡:基本公共服务均等化进程中的突出问题》,载于《中山大学学报(社会科学版)》2012 年第 4 期。
③ 刘琼莲:《政府在基本公共服务均等化中的角色》,载于《东南学术》2009 年第 1 期。
④ 郭小聪、刘述良:《中国基本公共服务均等化:困境与出路》,载于《中山大学学报(社会科学版)》2010 年第 5 期。
⑤ 周艳玲:《我国基本公共服务均等化的实现路径——协同论视角》,载于《社会科学家》2014 年第 6 期。
⑥ 张立荣、冷向明:《基本公共服务均等化取向下的政府行为变革》,载于《政治学研究》2007 年第 4 期。

传统管制型政府逐步走向"以公众客观需求为尺度,努力为全社会提供高质量的公共产品和公共服务的现代政府"。① 其次,要加强政府各部门的分工合作,避免基本公共服务均等化规划的"难产"。我国政府公共服务职责划分不明确,是阻碍基本公共服务均等化的重要因素之一。一方面,中央和地方的职能划分不明确,存在"职责同构"的现象。"职责同构"不仅造成机构臃肿、人浮于事,助长官僚主义现象,而且增加了各级政府之间的公共服务信息传输和反馈的环节,导致信息传递变慢和信息失真,从而大大降低了政府的公共服务效率;同时,上级政府垂直领导部门往往会成为制约地方发展的力量,从而影响地方政府自主提供服务的积极性和主动性。② 另一方面,同级部门在提供基本公共服务的过程中,存在职责冲突、多头管理的现象。因此要加快体制机制建设步伐,从深化行政管理体制改革入手,积极推进大部制,打破部门分割格局,尽快建立适应公共服务均等化统一高效的组织体制。③ 最后,要建立健全政府基本公共服务绩效评估体制。在一定程度上,造成非均等现状的政府行为是由当前的绩效评价体系和基本公共服务均等化要求之间的张力所产生的结果。政府绩效评价指标体系既是客观评价政府绩效的标准和尺度,也是校正和指引政府行为的"罗盘"。然而公共服务的均等程度、社会公平的程度等没能通过恰当的指标及其权重分配体现在绩效评价当中。④ 在这样的情况下,政府官员和均等化之间难以形成有效的关联,再加上缺乏相关的激励机制,以致于基本公共服务的民众偏好得不到有效回应,均等化的进程受到阻碍。因此,要通过改善政府绩效考核体系,来提升基本公共服务均等化指标所占的比重;在评价方法上从投入导向转变为以服务结果为导向的指标体系,并以此建立相应的问责机制和激励机制。

(二) 特定领域基本公共服务均等化研究

围绕基本公共服务均等化的基本内容或特定领域,国内学界展开了较为深入的研究,这主要包括以下方面:

1. 基本教育公共服务

当下中国基本教育服务无论是水平还是质量,无论城乡之间、区域之间还是校际之间,差距都特别明显、表现出强烈的非均等性,应该采取多种政策手段加

---

① 中国财政学会公共服务均等化问题研究课题组:《公共服务均等化问题研究》,载于《经济研究参考》2007年第58期。
② 卢珂、付晓:《公平正义视阈下我国公共服务的均等化与有效供给》,载于《商业时代》2012年第16期。
③ 金小桃:《推进公共服务均等化途径研究》,载于《人口学刊》2009年第6期。
④ 曹静晖:《基本公共服务均等化的制度障碍及实现路径》,载于《华中科技大学学报(社会科学版)》2011年第1期。

以控制和消除。比如，厘清基本公共服务均等化与义务教育均衡发展的政策含义；消解城乡二元结构，分阶段推进义务教育均等；适应学龄人口流动与城乡分布结构变化，实现校际办学资源均等配置；重视人力资源开发投资，确保义务教育的财政投入增加；颁布义务教育国家标准，制定均等化发展指标体系；完善义务教育的生产和供给体制。① 娄世桥通过对滇中北部山区基础教育的调查，认为在"规模效应"的指向下，山区学校的大幅撤并行为无论对校方还是家庭都带来了额外的负担，提出"教育发展的手段不仅有撤点并校，也有学区的合理划分和调整，配套服务的跟进，以及扩大社区、学校、家长参与教育行政与学校管理的权限，形成国家、地方、学校、家长等共同促进教育发展并相互制约的管理系统。"②

2. 基本社会保障服务

基本社会保障服务是由社会保险、社会救济、社会福利、优抚安置等几个方面组成。③ 其中，基本养老保险在全国范围内还没有实现全覆盖，而基本医疗和社会救助虽然实现了全覆盖的目标，但在地域间差别依然很大，并没有实现均等化的目标。④ 根据朱云飞等人的实证研究，造成我国基本社会保障服务不均等的原因主要在于省际间政府供给能力和供给成本存在的较大差异。为此，需要逐步缓解财政能力的悬殊差距、减少社保供给的成本差异、确立民生优先的一致意愿、消除城乡体制的二元分割。⑤ 石红梅认为，目前中国基本社会保障服务均等化所表现出的病症主要包括：城乡之间差异较大、弱势群体的权益难以保障、基本社保覆盖不均衡等。要实现基本社会保障的均等化，需要构建弱势群体的基本社会服务体系、建立和完善适应基本社会保障均等化目标的财政体制、建立健全基本社会保障的法律法规体系、建立基本社会服务的多元参与机制。⑥

3. 基本公共卫生服务

基本公共卫生服务包括重大传染病的防治、妇幼保健、卫生监督、健康教育

---

① 胡耀宗：《基本公共服务均等化视阈下的义务教育政策选择》，载于《清华大学教育研究》2009年第6期。

② 娄世桥：《基本公共服务均等化本质再思考：以山区基础教育为例》，载于《农村经济》2013年第7期。

③ 丁元竹：《界定基本社会保障均等化的几个问题》，载于《行政管理改革》2010年第3期。

④ 丁元竹：《我国现阶段基本社会保障均等化初步评估》，载于《国家行政学院学报》2009年第6期。

⑤ 朱云飞、赵志伟：《省际间基本社会保障服务均等化研究——基于2000~2010年面板数据的分析》，载于《兰州商学院学报》2013年第2期。

⑥ 石红梅：《基本公共服务均等化视角下的我国基本社会保障研究》，载于《河海大学学报（哲学社会科学版）》2015年第1期。

以及重大公共卫生事件的处理等几个方面。① 刘琼莲指出,基本公共卫生服务的提供必须要具有开放性:全体社会成员对它的享有不会因为地域、城乡之差别或者其他原因而被排除在外;同时,人们还应该享有自由地表达各自需求偏好的权利,且有根据各自的偏好来选择基本医疗卫生服务的权利。② 封苏琴等人认为,我国基本公共卫生服务均等化面临流程不明、监督管理不到位、资源投入不足等问题,解决方案如下:一是要构建服务实现路径,明确管理技术规范,从而加强资源有效利用。二是要逐步调整资源投入,构建均等化服务准入机制,确保均等化高效可持续发展。③ 李杰刚等人指出,实现基本公共卫生服务的均等化,首先要明确职责,理顺政府间公共卫生支出关系;其次,要加强投入,提高政府公共卫生支出水平。再次,要缓解差异,强化区域间统筹协调力度。最后,要完善机制,突破公共卫生经费管理"瓶颈"。④

4. 环境基本公共服务

"环境基本公共服务不只是环境保护基本公共服务(后者只是供给),更重要的是民众的感受,即是否感受到需求期待和供给水平之间的差距越来越小,彼此之间均等化程度越来越高。"⑤ 环境基本公共服务均等化的推进,"一是以城市环境总体规划统领城乡生态发展;二是以环境基础设施建设和运行保障城市健康发展;三是以乡镇环境基本公共服务水平的提升促进城乡协调发展;四是以流域水污染综合防治和区域大气污染联防联控促进城镇群共同发展;五是以环境监测、监管水平和环境信息服务水平的提升保障城市公平发展。"⑥

5. 人口计生基本公共服务

人口和计划生育基本公共服务可以划分为技术服务、宣传教育和家庭福利三类。目前,我国的人口计生基本公共服务在城乡间存在分配不均的状况,而且其中福利类服务的供给,尤其是对流动人口来说,存在明显不足的问题。⑦ 一些学者认为,实现流动人口的人口计生基本公共服务的均等化,需要政府和社区的紧

---

① 路冠军:《均等化取向下的农村公共卫生服务体系构建》,载于《农村经济》2007 年第 11 期。
② 刘琼莲:《中国基本公共卫生服务均等化的路径探讨》,载于《湖南行政学院学报》2010 年第 1 期。
③ 封苏琴、徐汉波、薛娅等:《基本公共卫生服务均等化供给障碍分析》,载于《医学与哲学》2013 年第 10 期。
④ 李杰刚、李志勇等:《县域间基本公共卫生服务均等化:制约因素及公共政策——基于河北省的实证分析》,载于《财政研究》2013 年第 11 期。
⑤ 张平淡、牛海鹏、林群慧:《如何推进环境基本公共服务均等化》,载于《环境保护》2012 年第 7 期。
⑥ 侯贵光、舜泽、孙宁:《城镇化视角下环境基本公共服务均等化发展方向》,载于《环境保护》2013 年第 16 期。
⑦ 王军平:《人口计生基本公共服务均等化研究》,载于《人口学刊》2012 年第 1 期。

密配合，依托基层治安综治中心、农民工和流动人口服务中心等一切能够依托和利用的服务平台，加快实现流动人口"一条龙"服务、"一站式"管理。① 还有一些研究指出，新一代的流动人口以青年人为主，通常直接以社会流动为目标，向上梯次流动的特点更加突出。因此人口计生基本公共服务的制度安排应当适应这些人群的特征，建立符合青年流动人口需求的制度体系。②

6. 特殊群体基本公共服务均等化

基本公共服务均等化是保障全体社会成员生存底线的一项制度安排。如何确定基本公共服务的最低基准，通过结果大致相等的基本公共服务，以确保弱势群体在社会中的利益，是社会正义的根本要求，也是开展均等化工作的重点与难点。现有研究对特殊群体基本公共服务均等化的研究主要集中在两类对象：一类是流动人口。有学者指出，目前我国流动人口基本公共服务的不均等主要体现为：劳动就业机会不平等、子女教育的不平等以及社会保障权利的不平等。在劳动就业服务方面，流动人口劳动就业权益难以得到保障的原因在于：市场基础信息体系建设不力；技能培训远远不够；维权服务跟不上；生活服务仍有巨大的空间；文化生活贫乏等。③ 在子女教育方面，流动人口子女接受公平教育机会不足、民工子弟学校师资与教学设备欠缺、子女学业成绩和心理状态等方面的问题突出了流动人口子女教育均等化的重要性与紧迫性。④ 在社会保障方面，郑功成认为要改变流动人口社会保障服务"缺、乱、损"的现状，就必须遵循公平、共享、统筹、渐进原则；明确分层分类的制度设计思路；明确责任分担并强化政府与雇主责任；明确分段计算养老保险权益；推进相关配套改革，包括深化户籍制度改革、推进正规就业等。⑤ 二类是农民工群体。农民工群体实际上是流动人口的主要组成部分。有研究认为，限于制度性障碍，农民工无法摆脱"农村人口"这一身份，致使他们不仅在就业方面遭到歧视，而且在城市基本享受不到政府提供的公共服务。以养老保险为例，由于企业的消极应付和地方政府的争利行为，导致了农民工无保险或在不知情的状况下进行退保的状况时有发生，最终使自身的保障性待遇得不到保障，"制度上的福利"成为"实际上的负担"。⑥ 一些学者指

---

① 杨春：《对推进流动人口计划生育基本公共服务均等化的思考》，载于《人口与经济》2011年第4期。
② 李大伟、庄国波：《青年流动人口计生基本公共服务均等化的政策思考》，载于《中国青年研究》2012年第2期。
③ 李占五：《充分发挥社会力量，建立健全农民工流动就业服务体系》，载于《宏观经济研究》2007年第6期。
④ 徐迪锋、陈磊：《流动人口子女就学问题与解决之路径分析》，载于《法制博览》2015年第7期。
⑤ 郑功成：《中国流动人口的社会保障问题》，载于《理论视野》2007年第6期。
⑥ 于建嵘：《基本公共服务均等化与农民工问题》，载于《中国农村观察》2008年第2期。

出，除了社会保险，农民工在享有公共就业、基本医疗服务与公共卫生服务以及子女的基本教育服务方面都存在问题。① 改善这种状况的途径包括出台《农民工权益保障法》、进一步深化财税体制改革、提高国企红利上缴比例以用于农民工基本公共服务支出等。②

（三）城乡基本公共服务均等化研究

世界银行的调查研究表明，发展中国家的广大农村地区在基础教育、医疗卫生、基础设施等领域与城市地区相比存在较大的差距，而这一差距也随着国家现代化的进程而持续扩大。

1. 城乡基本公共服务均等化的问题及原因

学界普遍认为，城乡二元结构问题是阻碍当下中国基本公共服务均等化的主要障碍之一。城乡二元结构可以追溯到中华人民共和国成立初期的 20 世纪 50 年代，当时为了实现赶超战略和国家工业化，我国建立了高度集中的计划经济体制以及一系列二元政策措施和制度安排。这些具有歧视性的制度随着 50~80 年代出台的法规和政策受到了一定程度的固化，城乡分离的二元化局面日益加深。改革开放以来，尤其是十七届三中全会以后，我国政府虽然在解决"三农"问题、统筹城乡发展的方面做出了相当的努力，但城乡二元结构问题并没有得到相应的缓减，反而呈现出日益加剧的现象，而且几乎是全方位的。在基础教育服务方面，虽然国家通过一系列政策手段来支持农村义务教育的发展，但是由于底子薄、投入经费不足等因素，城乡的基础教育公共服务的差距依然明显。我国广大农村地区基础教育的用房、图书及运动场地和设施仅为城镇的 50% 左右（《中国教育统计年鉴（2010）》），而在校园网建设方面，农村小学和中学普及率分别为 21.1% 和 44.3%，远远低于城市的 63.4% 和 79.8% 和县镇的 53.0% 和 64.6%；③ 在基本医疗卫生服务方面，中国 80% 的公共卫生资源集中在城市，在城市每一千人口中平均拥有约 3.5 张病床和 5 名以上卫生技术人员，而在农村，这一平均数字仅为 1 张病床和 1 名卫生技术人员，4 亿城市人口享受的公共医疗卫生投入是 9 亿农村人口的 5 倍；④ 在基本社会保障方面，2007 年以前我国基本社会保障

---

① 孙德超、毛素杰：《农民工群体享有基本公共服务的现状及改进途径》，载于《吉林大学社会科学学报》2012 年第 3 期。

② 梅建明、熊珊：《新型城镇化突破口：农民工基本公共服务均等化》，载于《中国财政》2013 年第 16 期。

③ 赵云旗：《促进城乡基本公共服务均等化的财政政策研究》，载于《经济研究参考》2010 年第 16 期。

④ 颜德如、岳强：《城乡基本公共服务均等化的实现路径探析》，载于《学习与探索》2014 年第 2 期。

体系的重心在于城镇,城乡社会保障体系建设水平差距明显,2007年虽然农村最低生活保障制度建设全面展开、农村低保覆盖人数大幅增长,但在保障水平上与城镇还有很大距离,农村最低生活保障平均实际支出水平(补差额)为人均37元/月,而城镇的最低生活保障平均支出水平(补差额)人均102元/月,城镇是农村的2.76倍,即使把城镇生活成本比农村高的因素考虑在内这个差距仍显过大。①

2. 城乡基本服务均等化对策研究

针对城乡基本公共服务均等化存在的问题,国内学者从多个方面探讨了城乡基本公共服务均等化的实现路径,如加大财政投入力度,进行财政制度改革;建立服务型政府,实行政府绩效考核体制革新;注重农村居民的切身利益和地域性差异,建立基本公共服务需求表达渠道;引进市场机制,实现基本公共服务的多元参与供给等。

一是推进户籍改革。我国的户籍制度是形成城乡二元结构的"显性"制度原因,是市民与农民身份之间的一条"鸿沟"。在二元户籍制度的作用下,劳动就业、医疗卫生、社会保障、基础教育等制度被人为地割裂开来,二元社会结构也因此形成。这些带有强烈歧视色彩的制度,使农民权利与农村发展长期处于从属于城市与工业发展的地位。探讨户籍制度的改革问题,首先要认清现行户籍制度发挥的作用及其不合理性。② 一方面,户籍制度作为对居民基本状况进行登记和相关管理的一项国家行政管理制度,在很大程度上发挥了社会稳定的功能。然而,另一方面,户籍制度派生出的身份识别功能和固定劳动力配置功能,对赋予农民平等的公民权利、实现基本公共服务均等化产生了巨大的阻力。因此,户籍制度的改革势在必行,而改革的方式则必须是循序渐进、逐步展开的。首先,要考虑我国的现实环境。按照经济发展对劳动力资源市场配置的特点,短期内全面放开户籍管理很可能会导致农村居民向区域内中心城市的大量迁移。以郑州市为例,2003年郑州实行的宽松户籍制度招来了大量外来人口,而城市由于不堪重负于次年部分叫停。其次,要考虑到户籍制度本身具有的复杂性和特殊性。"户籍改革的取向应该是淡化与社会公共产品分配之间的联系,回归人口动态统计和民事权利证明的基本功能。"③ 因此,户籍改革和城乡基本公共服务均等化的实现实际上是互相促进、同步进行的关系。淡化公共服务配给的身份识别功能,意

---

① 《中国城乡基本社会保障差距:基本社保体系重心仍在城镇》,国公网,http://www.21gwy.com/fz/shfzgc/a/7730/757730.html。

② 李学:《城乡二元结构问题的制度分析与对策反思》,载于《公共管理学报》2006年第4期。

③ 余佳、丁金宏:《中国户籍制度的政策效应、改革取向与步骤选择》,载于《华东师范大学学报(哲学社会科学版)》2010年第4期。

味着改革与户籍制度配套的一系列政策，以及改革背后涉及的利益博弈。在不扰乱社会秩序、稳定的前提下，政府应当制定适当的改革战略规划，分步骤、有次序地推进户籍制度改革步伐。

二是消除工农产品"剪刀差"，以收入均等化带动基本公共服务均等化。计划经济时代，我国政府通过一系列牺牲农业，发展工业的政策来服务于国家快速工业化的战略。其中，工农业产品不等价交换政策扭曲了工农业产品的相对价格和交换关系：一方面，通过工农产品的"剪刀差"制造了不利于农业发展的贸易条件；另一方面，则采用统一的强制性手段，即统购统销制度对农产品的出路进行控制。如此一来，农业的相对衰退和农村商品经济的萎缩造成了城乡差距被持续拉大，传统的城乡二元经济结构得到了固化。为了实现城乡要素的平等交换，首先，应当引入农产品市场定价机制，按照价值规律决定粮食价格，提高农民的经济效用。其次，应当优化现有的农业生产结构，变分散化的小农经济为集约化的农业市场经济，提高农业生产的效率。最后，应成立代表农民利益的农业行业协会，依靠利益集团的力量来和各种市场不利因素进行博弈，以改变农民不利的竞争地位。[①]

三是建立农村公共医疗经费保障机制。一些学者通过数据分析指出，财政支持、城镇化和村民收入增长等因素虽然对缩短城乡之间基础教育、就业与社会保障、基础设施等基本公共服务的差距具有积极意义，但是由于多年来医疗资源向城市过度集中，这些变量对提高农村医疗卫生服务没有产生明显的促进作用。因此，应该由政府通过建立强有力的经费保障机制，来承担医院建设、医疗设施购置、医疗人员工资及培训等费用，避免农村居民"去城里看好医生没那么多钱，附近看又没好医生"的局面，从而改变乡村一级医疗卫生经费短缺，城乡医疗卫生公共服务的差距持续扩大的现状。[②]

四是注重城乡经济均衡发展，以协同作用带动基本公共服务的均等化。城镇化发展过程中，既不能片面注重经济发展而忽略对农村基本公共服务投入、损伤农村居民发展经济的积极性，又不能只强调增加对农村基本公共服务投入而忽视城乡经济均衡、使基本公共服务均等化缺少资源支撑。各省市在制定发展战略时必须要注重两者的相互配合，因地制宜地制定促进城乡经济均衡发展、加快基本公共服务均等化进程的政策措施，通过政策的连贯性和稳定性来保障两者之间的

---

① 党秀云，马子博：《我国城乡基本公共服务均等化的制度困境及改革路径》，载于《西北大学学报（哲学社会科学版）》2013 年第 6 期。

② 和立道：《城乡基本公共服务均等化：政策固化与突破》，载于《云南财经大学学报》2012 年第 6 期。

协同作用、和谐发展。①

（四）区域间基本公共服务均等化研究

目前，对我国区域间基本公共服务均等化的研究大多是以数据分析、模型测算的实证研究为主，大致包括以下几点：

1. 地区间基本公共服务均等化状况的测算研究

地区基本公共服务均等化研究的范围，主要是根据国务院划分我国经济区域的方法，将我国分为东部、中部和西部三个部分，也有学者将东北地区视作单独的对象，分为四个区域进行测评研究。从评估区域间基本公共服务的目标模式来看，主要分为："人均财政收入能力均等化模式；人均财政支出需求均等化模式；人均财政收入能力和支出需求均等化模式；基本公共服务人均消费均等化模式。"② 从测算的内容上来看，主要包括基本教育服务、基本社会保障服务、基本医疗公共服务、基础公共设施和基本文化服务等。区域间基本公共服务均等化与地区的经济实力有很强的关联性。"各地区政府财政能力的差异是导致不同地区公共服务水平均等化实现程度差异的主要原因。而各地区财政收入和支出是反映各地方政府财政能力的主要方面，因此，用剔除了人口因素后的人均财政收支可以反映公共服务水平均等化程度。"③ 一般情况下，经济发达地区往往具有较高的基本公共服务水平。成小平的研究结果表明，"我国公共服务均等化水平整体水平偏低，地区间公共服务水平仍存在明显差距，东中部经济发达地区的公共服务水平远远高于西部经济落后地区。"④ 从各区域基本公共服务的平均值与全国平均水平的对比来看，东部区域的基本公共服务平均线要高于全国平均线，中部区域内省份的水平参差不齐，西部平均位于全国平均水平以下，东、中、西存在明显差距。⑤ 此外，一些学者的研究表明，并非所有的基本公共服务都是根据地方财力的状况进行分配的。例如刘细良指出，从我国基本公共服务的整体区域性差异来看，基础教育的均等化程度较高，医疗卫生服务的均等化也已经基本实

---

① 王俊霞、高菲、祝丹枫：《城乡经济均衡发展与基本公共服务均等化》，载于《华东经济管理》2015年第7期。

② 王建丰：《区域间基本公共服务均等化的内涵、特征及目标模式选择》，载于《内蒙古大学学报（哲学社会科学版）》2012年第4期。

③ 张启春：《区域基本公共服务均等化与政府间转移支付》，载于《华中师范大学学报（人文社会科学版）》2009年第1期。

④ 成小平、高磊：《中国基本公共服务均等化程度评价——基于2011年省际截面数据的因子分析》，载于《内蒙古师范大学学报（自然科学汉文版）》2014年第1期。

⑤ 豆建民、刘欣：《中国区域基本公共服务水平的收敛性及其影响因素分析》，载于《财经研究》2011年第10期。

现，而基本社会保障指标的均等化不够。① 田发指出，本应是实现基本公共服务均等化的重要手段，但是"转移支付体系注重均衡区域间财力分配，却没有有效抑制东部、西部区域内的财力差异"。② 一些研究还表明，"转移支付对东部地区内部具有明显的公共服务均等化效果，对中部和西部地区内部的均衡化效果较差，特别是西部地区，不仅没有起到公共服务均等化效果，反而扩大了内部的公共服务差异。"③ 另外，还有一些研究测算单项基本公共服务的区域间均等化状况，做出了相应判断，如：我国的基本教育服务的区域间差异在2004年以后有所缩小，但在区域内尤其是东部地区间的差异较为明显；④ 在基本社会保障服务方面，东、中部地区具有较高的服务能力，西部地区服务能力相对较差。其中东部地区社会保障服务的水平和质量显著高于中、西部地区。总体来说，我国目前社会保障服务存在财政投入比例偏低和地区差距扩大的问题；⑤ 在基本医疗卫生服务方面，东、中、西部的公共卫生支出不均衡，东部地区要明显高于中西部；而东部地区由于受到北京、上海和天津的影响，地区内部的公共卫生支出也存在不均等的现象，四川、西藏、新疆则是影响西部公共卫生服务分布非均等的主要省区。⑥

2. 基于行政区划对我国区域间基本公共服务均等状况的测算研究

一是省际间基本公共服务均等化状况研究。王晓玲通过基础教育服务、基本医疗服务、公共文化服务、社会保障服务、生态环境服务和公共基础设施服务六项指标，测算了2011年我国大陆31个省份的基本公共服务均等化状况：我国各省区的基本公共服务水平整体偏低，多数省区处于中低水平；基本公共服务水平分布格局为东高西低，但差异并不显著；我国省区间基本公共服务的外溢效应较为明显。⑦ 南锐通过基础教育均等化、基本医疗卫生均等化、公共就业服务均等化和社会基本保障均等化四项指标，将我国大陆31个省份的基本公共服务均等

---

① 刘细良、刘迪扬：《我国区域基本公共服务均等化实证研究》，载于《统计与决策》2011年第5期。

② 田发、周琛影：《区域基本公共服务均等化与财政体制测度：一个分析框架》，载于《改革》2013年第1期。

③ 段艳平：《转移支付对区域间基本公共服务均等化效果的实证分析》，载于《前沿》2011年第4期。

④ 余游：《中国区域间基本公共服务投入差距及影响因素分析》，载于《云南财经大学学报》2012年第2期。

⑤ 李雪萍、刘志昌：《基本公共服务均等化的区域对比与城乡比较——以社会保障为例》，载于《华中师范大学学报（人文社会科学版）》2008年第3期。

⑥ 王晓洁：《中国公共卫生支出均等化水平的实证分析——基于地区差别视角的量化分析》，载于《财贸经济》2009年第2期。

⑦ 王晓玲：《我国省区基本公共服务水平及其区域差异分析》，载于《中南财经政法大学学报》2013年第3期。

化水平划分为三大类。第一类区域包括北京和上海两个直辖市，均等化水平较高，第二类区域包括19个省市，均等化水平一般，第三类区域包括10个省市，均等化水平较低。① 张晓杰通过对各省份城市化水平的界面数据分析发现，虽然各省份之间城市化水平的差异呈逐年缩小的趋势，但基本公共服务的水平差距却存在扩大的倾向。这是因为中国的城市化进程在很大程度上还仅是人口学意义上的增长，而实质层次上的整体城市化水平并没有显著的提高，这种虚假的城市化进程显然并不能给新增的城市居民提供应有的、充足且合理的公共服务设施。②

二是市域间基本公共服务均等化研究。冯晓等通过数据比较发现，虽然中国各市之间基本公共服务的非均等状况依然显著，但从2001~2010年这种非均等程度已经下降了26%，有了明显的改善。③ 林阳衍等学者根据基础教育、基本医疗卫生、环境保护、基础设施四项指标，测算了中国198个地级市的均等化状况并指出，虽然基本公共服务的总体分布呈现东高西低的局面，但地区内部的非均等状况尤为明显；多数公共资源倾向于投入到大中型城市，省内基本公共服务的非均等存在扩大趋势。④ 还有一些研究测算了各省各市之间的基本公共服务供给的差异状况。例如，牛芳兵测算了山东省各市之间基本公共服务均等化状况。⑤ 林闽钢根据基础教育均等化、基本医疗卫生均等化、基本社会保障均等化和基础设施均等化四项指标，测算了江苏省各市的基本公共服务均等化状况。⑥ 翟羽佳测算了河南省各市的基本公共服务均等化状况，⑦ 等等。另外，一些学者还讨论了区域内各市之间基本公共服务均等化的合作机制。郑曙光根据对浙江省和珠三角地区两个样本地区的基本公共服务合作机制的考察，总结了"以浙江为代表的援助型、带动型的合作模式"和"以珠三角地区为代表的互动性、'一体化合作'模式"等两种模式。⑧ 孙友祥通过对武汉城市圈的实证分析，指出为了避免

---

① 南锐、王新民、李会欣：《区域基本公共服务均等化水平的评价》，载于《财经科学》2010年第10期。
② 张晓杰：《城市化、区域差距与基本公共服务均等化》，载于《经济体制改革》2010年第2期。
③ 冯骁、牛叔文、李景满：《我国市域基本公共服务均等化的空间演变与影响因素》，载于《兰州大学学报（社会科学版）》2014年第3期。
④ 林阳衍、张欣然、刘晔：《基本公共服务均等化：指标体系、综合评价与现状分析——基于我国198个地级市的实证研究》，载于《福建论坛（人文社会科学版）》2014年第6期。
⑤ 牛芳兵：《山东省区域间基本公共服务均等化分析与政策建议》，载于《商业时代》2012年第26期。
⑥ 林闽钢、王增文：《区域性基本公共服务均等化评估研究——以江苏省为例》，载于《城市发展研究》2013年第3期。
⑦ 翟羽佳：《河南省2011年基本公共服务均等化水平测度与分析》，载于《地域研究与开发》2013年第5期。
⑧ 郑曙光、骆路金：《跨地区合作提供基本公共服务的公共政策分析——以浙江、珠三角区域合作样本为分析路径》，载于《河南社会科学》2012年第2期。

行政区划割裂和地方政府刚性利益对均等化带来的阻碍，应当建立以城市圈基本公共服务合作委员会为中心的跨界治理主体体系，并通过委员会的"元治理角色"来制定基本公共服务供给规划，统筹地方政府行为，协调区域合作运转，监督政策实施落实，最终实现基本公共服务的均等化。①

三是县域间基本公共服务均等化研究。基本公共服务均等化的关键是基层，在县域。肖陆军认为，推进县域基本公共服务均等化必须从树立以基本公共服务为中心的政府职能观和绩效观、壮大县域经济、改革县级党组织的执政方式、提升县级党组织的执政能力、创新基本公共服务体制机制、加快法制建设、提升公务员能力六点入手。② 李杰刚等学者从投入和产出两个方面衡量了河北省县域公共卫生服务均等化状况，并从经济发展水平、转移支付体制、财力分权情况、政府意愿程度、公共服务成本、城乡需求差异等多个方面剖析了县域间公共卫生服务均等化的制约因素，从而提出相关公共政策建议。③ 张云飞则从加快落后县域地区基本公共服务建设；建立异地转移支付体系；健全监督机制；提高运营效率这几个方面为县域基本公共服务的均等化提出了建议意见。④

3. 民族地区基本公共服务均等化研究

从民族地区基本公共服务均等化实证研究的相关结果来看，"我国民族地区的总均等化水平要低于全国平均水平，更低于较发达的东部地区。"⑤ 其中，义务教育、公共文化服务、公共卫生与基础医疗、公用事业与公共设施的均等化程度较高，接近全国平均水平；而在社会保障、环境保护、科学技术和公共安全方面的均等化水平较差，不论是民族地区与其他地区，还是民族地区内各省份之间都存在着较大差异。⑥ 产生这种差异的原因在于：第一，由于少数民族地区大多地处西部山区以及偏远的边疆地区，集"老、少、边、穷"于一体，有的省份甚至位于西部高寒地带，这就决定了他们的生态条件相对恶劣，交通运输极不便利，信息来源较为闭塞，在一定程度上增加了政府公共服务供给的成本和公共服务管理的难度；⑦ 第二，从民族地区财政支出的结构来看，用于基本建设等事关

---

① 孙友祥：《区域基本公共服务均等化的跨界治理研究——基于武汉城市圈基本公共服务的实证分析》，载于《国家行政学院学报》2011年第1期。
② 肖陆军：《论县域基本公共服务均等化》，载于《理论学刊》2008年第6期。
③ 李杰刚等：《县域间基本公共卫生服务均等化制约因素及公共政策——基于河北省的实证分析》，载于《财政研究》2013年第11期。
④ 张云飞、张晓欢、刘忠轶：《促进县域基本公共服务均等化》，载于《开放导报》2012年第4期。
⑤ 陈全功、程蹊：《民族地区的基本公共服务均等化：涵义、现状水平的衡量》，载于《中南民族大学学报（人文社会科学版）》2008年第5期。
⑥ 张序、方茜：《民族地区基本公共服务均等化分析》，载于《经济体制改革》2009年第4期。
⑦ 党秀云、辛斐：《新时期民族地区公共服务管理面临的问题与战略选择》，载于《中央民族大学学报（哲学社会科学版）》2010年第6期。

国家经济建设的生产性支出比重较大,而非生产性支出比重较小。在非生产性支出中,行政管理支出比重较大,而用于教科文卫和社会保障与福利救济的支出比重较小;①第三,民族地区基本公共服务的基础差,存量低,面临区域发展不平衡和城乡发展不平衡的双重困境。②此外,还有一些学者对少数民族聚居的地区进行了个案分析,包括云南、广西、兰西格经济区、甘青宁地区等。

值得提出的是,目前很多研究缺乏对"民族地区"的准确界定,民族地区被简单地划定为西部地区或欠发达地区,忽视了少数民族聚集区域的特点。因此,在基本公共服务均等化的研究中,多数学者都是通过民族地区与东、中部地区的比较来得出结论,很少涉及民族地区内部之间的比较,而且几乎没有关注到贫困以外的非均等化因素。存在对少数民族与汉族间、不同少数民族之间公共服务需求差异解释不足的问题。针对这些问题,一些学者认为应当在承认民族分歧的基础上,通过建立协商机制,实现民族地区基本公共服务均等化的多元操作。③另外常亚南认为,由于我国民族地区绝大部分都处于限制开发区域和禁止开发区域等主体功能区,少数民族聚集的省份大多存在发展成本高、居民增收难、政府财政紧张的困难。因此有必要通过建立长效的"起点公平"的生态补偿机制,来补偿那些为了全国或区域性生态安全付出发展机会成本的民族地区。④

(五) 公共财政与基本公共服务均等化研究

在基本公共服务均等化的过程中,国家的公共财政承担了相当重要的职能,以公共财政为核心的各项公共政策是实现基本公共服务均等化的主要手段。

1. 公共财政存在的问题研究

学界提出了以下几个方面的主要问题:

一是财政支出的结构失衡。2010~2011年,我国用于基本公共服务的支出仅占当年GDP总量的16%和17%,与发达国家40%的比例相差甚远。⑤除了我国财政收入占的GDP比重处于较低水平的因素之外,⑥财政支出结构失衡是造成我

---

① 郭喜、黄恒学:《基本公共服务均等化的民族地区公共产品供给》,载于《山西大学学报(哲学社会科学版)》2011年第1期。
② 雷振扬:《我国民族地区基本公共服务存在的问题与对策思考》,载于《中南民族大学学报(人文社会科学版)》2008年第6期。
③ 于海洋:《民族地区基本公共服务均等化的多元解读》,载于《中央民族大学学报(哲学社会科学版)》2013年第3期。
④ 常亚南:《主体功能区划分下的民族地区基本公共服务均等化对策研究》,载于《理论导刊》2011年第5期。
⑤ 孙戬:《基于基本公共服务均等化的财政政策分析》,载于《经济问题》2012年第6期。
⑥ 刘丽娟:《完善公共财政体制实现基本公共服务均等化》,载于《广东行政学院学报》2012年第1期。

国基本公共服务供给相对不足的主要原因。虽然近年来我国加大了对基本公共服务的财政支出力度,但是财政支出的"缺位""越位"现象依然存在。我国在社会科教文卫等服务的投入方面存在着总体不足的问题,而对工业发展和行政管理的支出比例过高。以行政管理费用为例,一般性行政支出大约占了财政支出的20%,远高于各国平均5%~10%的水平。[1]

二是事权与财力不匹配,基层供给能力不足。1994年开展的分税制改革虽然提高了中央财政收入的两个比重,有效地增强了中央政府的宏观调控能力,但同时也造成了我国政府间财权与事权不对等的局面。从横向政府间对比来看,统一的财权划分制度造成了各地方政府财政收入能力的差距:经济发达的地区存在收大于支的情况,政府财权大于事权;而欠发达的地区存在支大于收的情况,政府事权大于财权。[2] 从纵向上看,中央与地方支出管理责任与财力不相匹配:首先,地方财政支出占财政支出总额的比重提高。数据调查显示,2002年以来地方财政支出占财政支出总额的比重由69.3%持续升至2009年的80.0%。其次,地方财政收入占财政收入总额的比重的下降。最后,地方税与地方共享税难以满足地方财政支出的需要。[3] 我国这种"财权层层上收,事权层层下压",支付责任与能力严重不对称的状况,导致了地方基层政府在基本公共服务的供给上缺乏必要的财政保障和自主性。

三是财政转移支付的均等化效应不显著,距离基本公共服务均等化的目标还有很大差距。第一,税收返还的逆向均等化。无差别的基数税收返还使经济较为发达、既得利益较多的地区在财力分配中居于优势地位,而经济落后地区得到返还额少,财力依旧不足,进一步扩大了横向地区间的财政失衡、地区间公共服务水平的差距。[4] 第二,专项转移支付制度不合理。首先,专项转移支付规模过大。根据统计,2005年专项转移支付的数额为3 529亿元,占中央对地方转移支付数额的31%,到2011年中央专项转移支付16 521.65亿元,占转移支付总额的41.5%。其次,专项转移支付的规范性差。我国专项转移支付的缺乏、较为明确严格的事权依据、分配方法不规范、支持目标不明确、项目交叉重复等问题出

---

[1] 梁朋:《推进基本公共服务均等化必须改革财税体制》,载于《中国党政干部论坛》2012年第5期。
[2] 周国良:《中国的分税制与基本公共服务均等化对策研究》,载于《开发研究》2008年第4期。
[3] 孙德超:《推进基本公共服务均等化的基本原则——事权与财权财力相匹配》,载于《教学与研究》2012年第3期。
[4] 刘丽娟:《完善公共财政体制实现基本公共服务均等化》,载于《广东行政学院学报》2012年第1期。

现。① 再次，专项转移支付的分配方式不合理。虽然部分专项转移支付被指定分配给贫困地区，但通常要求地方政府提供配套资金，欠发达地区在资金获取上处于不利地位。② 第三，一般性转移支付规模过小。一般性转移支付的总体目标是缩小地区间财力差距，逐步实现基本公共服务均等化。③ 但是我国一般性转移支付占政府转移支付总额的比例过小，以 2010 年和 2011 年为例，均衡性转移支付占中央对地方转移支付总额的比例分别为 14.7% 和 18.8%。这极大地制约了一般性转移支付对于基本公共服务均等化的促进效果。④ 第四，省级以下转移支付制度不完善。长期以来，我国只重视中央对地方的财政转移支付，忽略了省及省以下财政转移支付。作为平衡财力差距的省对地市的转移支付没能发挥应有的作用，省以下纵向财力差距及省内地区间横向财力差距不断扩大，进一步造成了基层财政运行困难。⑤

2. 公共财政改革对策研究

基本公共服务均等化要求建立健全财政平衡机制，改变地方与中央、中西部地区与东部地区的财政收支失衡状况，使地方和中西部地区有更多的财力用于基本公共服务建设，以缩小地区之间的基本公共服务差距。⑥ 国内学界主要提出了以下观点：

一是推动财政支出结构从投资建设型向公共服务型转变。一方面要加大对基本公共服务的投资力度、提高基本公共服务支出比重，压缩削减不必要和不合理的行政管理性开支，将更多的资金投入社会事业发展的薄弱环节；另一方面，政府要积极退出竞争性领域的投资，充分发挥市场机制的作用，避免出现"与民争利"的情况。此外，要发挥财政支出的基本公共服务调剂功能，使公共财政支出向贫困地区和农村地区倾斜，缩小城乡之间、区域之间公共服务水平的差距。

二是要以基本公共服务均等化为目标，划定各级政府职责，完善中央与地方基本公共服务分工体制，建立事权与财权相匹配的财税体制。一方面，要根据公共产品性质和外部性大小，重新划分中央政府和地方政府公共服务职责范围，实行项目与资金相配套，一级事权对应一级财权。另一方面，要依法明确

---

① 刘丽娟：《完善公共财政体制实现基本公共服务均等化》，载于《广东行政学院学报》2012 年第 1 期。

②④ 孙德超：《推进基本公共服务均等化的直接途径：规范转移支付的结构和办法》，载于《东北师大学报（哲学社会科学版）》2013 年第 4 期。

③ 徐孟洲、叶姗：《论政府间财政转移支付的制度安排》，载于《社会科学》2010 年第 7 期。

⑤ 郑雅卓：《基本公共服务均等化的政府间财政体制分析》，载于《人民论坛》2012 年第 27 期。

⑥ 麻宝斌、季英伟：《中国基本公共服务均等化改革分析》，载于《社会科学战线》2009 年第 12 期。

界定中央和地方的财权。根据各级政府支出范围确定税收规模，并合理划分各级财政主体税种收入的归属，保证基层政府拥有稳定充足的收入来源。① 此外，应通过逐步扩大地方税收立法权来实现中央财权的下放，将某些地方性较强、不影响全国经济发展和分配格局的地方税的立法权赋予地方。地方在其权限范围内，有权决定开征某一新税，或暂停征收某一税种，或制定地方税的优惠政策等。②

三是完善转移支付制度。首先，改革税收返还的计算方式，逐步降低税收返还在转移支付总额中的比重，从而既保证一般性转移支付的资金来源，又削弱返还基数中的不合理因素，缓解并缩小地区间公共服务能力的差距。③ 其次，加强对专项转移支付的管理，如取消中央宏观调控效果不明显的项目，提高专项转移支付管理透明度，建立财政转移支付的法律法规体系和资金绩效评价体系等。最后，建立制度化的政府横向转移支付体制。利用横向资金转移缩小地区间财力差距，将有助于基本公共服务均等化的实现。我国目前地区间基本公共服务的差距很大，很难通过依赖纵向转移支付的方式实现地区间基本公共服务均等化的目标，而我国东部发达地区的经济水平较高，已经具备支持中西部贫困地区的条件，我国富裕地区对贫困地区的"对口财政支持"等形式已经为横向转移支付制度的建立奠定了基础。

（六）基本公共服务均等化的制度化、法制化研究

我国学界对基本公共服务均等化法制建设的探讨尚处于摸索阶段。阳建勋认为，基本公共服务均等化绝不仅是一个财政问题，在很大程度上是一个宪法问题。从宪法视角看，基本公共服务均等化关系到公民的生存权、劳动权、受教育权等基本权利的实现与否及其实现程度，可以说是一个社会公平正义问题，是民权问题最终是基本人权问题。④ 基本公共服务均等化最终以宪法上的人权保障为依归，而其最终实现则有赖于完善的经济法的制定和实施。为此，要在公共服务领域立法中坚持"公平优先，兼顾效率"的原则，要完善区域经济协调发展法律制度，促进全国经济结构合理化。要完善转移支付法律制度，建立城乡统筹一体的公共财政体系。⑤ 曾宝根从法理基础、立法模式、法律内容和立法原则等几个

---

① 方东霖：《公共财政与基本公共服务均等化》，载于《生产力研究》2011年第10期。
② 孙德超：《推进基本公共服务均等化的基本原则——事权与财权财力相匹配》，载于《教学与研究》2012年第3期。
③ 田发、周琛影：《基本公共服务均等化：一个财政体制变迁的分析框架》，载于《社会科学》2010年第2期。
④ 邓成明、阳建勋：《论基本公共服务均等化的宪法价值》，载于《太平洋学报》2009年第11期。
⑤ 阳建勋：《基本公共服务均等化之经济法路径》，载于《法学》2008年第5期。

方面探讨了我国基本公共服务均等化立法的相关问题：我国《宪法》中规定公民各项基本权利的条款以及《义务教育法》等各专项法律是我国进行基本公共服务均等化立法的法理基础，我国在基本公共服务领域应当加入"条状"立法、构建一种"块状"和"条状"相结合的基本公共服务均等化法律体系，我国的基本公共服务均等化的法律内容应当包括划分政府间责任范围、构建公共财政制度、制定均等化标准体系、确定绩效评估制度、建立监督问责制度等内容，[①]并在立法过程中恪守民主化与法制化相结合、渐进性与公正性相结合的原则、集中化与分权化相结合、国际化与本土化相结合的原则。[②]孙旭宁指出，基本公共服务均等化法治体系的建构，是夯实民生底线、传承与发扬传统法治文化、破除制度"碎片化"和追求基本公共服务均等化价值的根本保障与优化渠道，但我国现阶段的基本公共服务均等化的法治体系方面存在一系列问题和缺陷，造成我国基本公共服务的理念异化、权利异化、责任异化和主体异化。[③]郑曙光则提议通过促进型立法推进基本公共服务的均等化。所谓促进型立法，就是在立法价值上较多地发挥法的指引、预测、评价、激励功能而主要不是禁限功能；在设范模式上采用大量的政策宣示性规范、鼓励性规范、具体对策与措施性规范而主要不是约束性规范；在法律责任上，责任主体主要是针对政府和公共服务组织，要求政府和公共服务组织的促进措施具有明确性、具体性、可考量与可评估性，以考核奖励行政处分作为履行职责的主要责任形式，而相对的法律制裁规范较弱。[④]谭正航认为基本公共服务均等化的实现会缩小区域收入差距，而目前区域收入不平衡的主要原因在于区域公平发展立法理念缺乏、促进区域基本公共服务均等化立法体系不完善、主要法律制度不完善，表现为均等化标准、范围、推进顺位不明确；均等化主体法律制度不完善、均等化调节制度不完善、均等化法律责任机制不健全。对以上问题应当采取有针对性的措施，建立健全的基本公共服务法律体系，从而保障公民的基本权利。[⑤]

---

① 曾保根：《基本公共服务均等化立法的三个理论向度》，载于《广东行政学院学报》2013 年第 1 期。
② 曾保根：《"基本公共服务均等化"立法恪守的四项原则》，载于《云南行政学院学报》2013 年第 3 期。
③ 孙旭宁：《基本公共服务均等化法治体系建构与民生底线保障》，载于《中国行政管理》2014 年第 8 期。
④ 郑曙光：《促进基本公共服务均等化立法政策探析》，载于《浙江学刊》2011 年第 6 期。
⑤ 谭正航：《论我国区域基本公共服务均等化的立法完善——以缩小区域收入差距为视角》，载于《吉首大学学报（社会科学版）》2014 年第 2 期。

三、研究现状评析

国内外学者围绕基本公共服务均等化及相关问题进行了较为广泛和深入的研究，也取得了一些有价值的研究成果。其中西方发达国家政府的基本政策、价值取向与制度安排在一定程度上均体现出基本公共服务均等化的色彩，反映了相关研究成果在现实政策中的具体应用。总体而言，国外学者尤其是西方学者的相关研究是基于西方的理论逻辑和实践背景而展开的，虽然有些成果对于当下中国有借鉴意义，但同时也必须考虑到其在中国的适用性的问题。

目前，我国学界对基本公共服务均等化的研究已经取得了丰硕的成果，形成了一套较为完整的体系。从广度上来看，基本公共服务均等化已经成为一项由多学科互相交叉、互相补充的研究课题，包括哲学、法学、政治学、财政学、人口学、城乡规划学等。从深度上来看，国内学者已经从基本公共服务均等化的一般理论探讨，转为关注基本公共服务均等化的测算指标、地理文化差异对均等化效果所带来的影响等具体问题，在对不同社会群体之间、不同基本公共服务之间的研究都有所涉及，并形成了一批较有影响力的成果。这些研究文献在对许多问题的看法上已经达成了共识，并对未来基本公共服务均等化研究的开展具有相当的借鉴意义。当然，除了贡献以外，我们也应当注意到目前研究所存在的局限和不足：

在理论研究方面，国内学者已经对基本公共服务均等化的概念、范围、内容、特征、政府责任等主题进行了充分论述，为之后的研究奠定了基础。另一方面，我们也不难看出基本公共服务均等化理论研究当中存在着一定的同质化问题，许多成果是对于之前研究的简单复述，缺乏创新性和针对性；一些学者所提出的解决方案和实现路径过于宏观，缺少对问题的深入分析和现实的可操作性。为了改变这样的状况，也有一些国内研究者通过采用新的立意，或较为新颖的视角来实现创新，比如从大数据的时代背景，自豪感与政府偏好的效应，社会谈判的角度来进行理论研究，但遗憾的是此类研究的成果数量目前还很少。

在城乡研究方面，国内学者对城乡基本公共服务均等化的意义、现状、制度障碍、实现的步骤、理念和机制等提出了建设性的意见，并就城乡一体化过程中的基本公共服务均等化问题展开了论述。其中也不乏一些实证研究，根据调研结果和数据样本对我国某一地区或省份的城乡基本公共服务状况进行分析，试图寻找出病因所在并提出相应建议。但是，城乡基本公共服务均等化的研究成果当中也存在着较为严重的同质化问题；此外，还有一部分文献成果在研究过程中忽视了城乡发展的特点，并没有突出我国城乡间基本公共服务均等化所面临的特殊问题，也没有把城乡间基本公共服务供给的成本差距纳入分析当中，甚至有着将城乡间的均等化和区域间、群体间均等化混淆的问题存在。

区域间基本公共服务均等化研究在国内的发展较为成熟。从研究的层次上来看，我国区域间基本公共服务研究已经形成了省域——市域——县域的测算体系；从研究的内容来看，目前已有的学术文献已经覆盖到了我国的各个省份和地区，还有一些学者对我国一些地理位置相邻、历史文化背景较为相似的地区，如京津冀、陕甘宁、东北等地区的基本公共服务均等化状况进行了现状评估和比较研究；从研究的范围上来看，基本公共医疗卫生服务、基本劳动就业服务、基本社会保障服务、义务教育、基础设施建设等内容都已经被纳入了区域间基本公共服务均等化的测算体系当中，并形成了科学化、多样化的评价指标体系。值得注意的是，虽然近年来国内学者所采用的指标体系存在逐渐统一的趋势，但在实际的研究中，许多文献成果依旧徘徊在科学性与可操作性中间，对现实状况缺乏足够的解释力。

在财政研究方面，国内学者之间已经形成了较多的共识，并就我国地方政府财权上收、事权下放，转移支付的制度效力不足，财政支出结构失衡等问题进行了深入分析，提出了相应的解决方案。通过对文献的整理，笔者发现一些文献成果的研究视野还有待拓宽：部分学者将基本公共服务均等化和财政均等化简单地等同起来，并未将政府的供给偏好、供给成本、基本公共服务的可及性、民众需求和满意度等因素纳入分析当中，造成了研究难以创新，甚至趋于停滞的状况。

最后，我国对基本公共服务法制建设的研究起步较晚，成果也相对较少。虽然许多学者都强调了立法对于实现基本公共服务均等化的重要性，并呼吁通过法制建设来推动公共服务体系的建设。但是从目前来看，大部分成果也仅仅是停留在提供思路的阶段，并未对立法内容、执行方式、监督机制等内容进行展开论述。为了填补这块研究领域的"空白"，还需要国内学者予以相应的关注与投入。

第三节　基本公共服务均等化的研究逻辑与结构

实现基本公共服务均等化研究涉及政治学、管理学、经济学、人口学、财政学等多个学科。但现实中由于不同人群所享用的基本公共服务的内涵指向的差异，已经引发了大量社会冲突与矛盾，区域与城乡经济发展的不同速率带来政治运行的隐约离心倾向，不同阶层所享用的改革发展成果的差异产生了社会排斥与社会分离，已影响到社会的和谐发展，成为危及国家安全的重要隐患，理应成为政治学研究的重要范畴和基本问题。政治学视域中的基本公共服务均等化，其所要研究的基本问题是在经济社会快速发展、和谐社会建设和国家治理现代化的动态背景下，围绕当代中国在推进基本公共服务均等化过程中所面临的制度需求与制度供给之间不匹配的问题，在理论上阐明基本公共服务均等化所应遵循的价值理念与目标愿景，在实践中实现基本公共服务客观评价与公众满意度的结合，推动基本公共服务均等化相关制度的完善，以及实现路径的拓展与创新，满足社会公众日益增长的基本公共服务需求，最终实现改革发展成果由全民共享。

　　基于以上研究的宗旨，本研究以政治学为切入点，采取文献分析、历史分析、实证分析、经济分析、系统分析等方法在内的复杂性研究方法，从推进基本公共服务均等化的价值目标出发，以"需求—供给—政策协同"为分析视角，基于具体案例的"需求—供给"考察基本公共服务均等化的现实状况，基于"供给—政策协同"思路分析当下中国基本公共服务均等化进程中面临的各种挑战和障碍因素，并充分重视基本公共服务均等化实现过程的动态性与中国国情，梳理国外基本公共服务均等化的发展经验、挖掘当下中国基本公共服务均等化的成功案例，全面而深入地分析当下中国基本公共服务均等化所面临的各种现实问题及其原因所在，努力探寻基本公共服务均等化的中国道路。

　　在整体研究中，我们将研究的重点和难点锁定在这样几个方面并阐明了自己的观点：第一，如何理解和阐明基本公共服务均等化所蕴含的价值理论和目标愿景。基本公共服务均等化是多视角、多领域的，但当下中国最为关键的问题如何站在全局的高度，从政治学的角度解析基本公共服务均等化。因此，本研究将把基本公共服务均等化所蕴涵的价值取向作为首要的重点与难点问题。理由有二：一是"基本公共服务均等化"作为当前中国面临的重大实践问题，这一命题本身是为改革开放的伟大实践提供指南，对其价值取向的探讨不仅仅是理论研究，更重要的是其实践面向。当下中国正处于社会结构转型时期，各种社会问题如贫富差距扩大、改革开放成果没有被全体社会公众分享以及分配不公平等问题都逐渐暴露出来，其中分配不公平就是亟须解决的问题，在此意义上界定基本公共服务均等化的价值取向就是为分配正义提供理论参照和实践指南；二是"基本公共服务均等化"作为当代中国的社会政治现象和政策过程受到了学术界和理论界的高度关注，对其价值取向的讨论是科学研究的重要范畴。本书在以往学界注重社会公正的基础上，将共享列为基本公共服务均等化的价值取向之一，探析马克思关于分配正义原则的实践意义，进而把马克思的理想精神同我国的社会实际相结合。通过研究，我们提出并论证基本公共服务均等化的价值理论中最本质、最核心的是保障公民权利、促进社会公正、实现成果共享和维护人的尊严。应该说，当下中国学界围绕基本公共服务均等化的研究取得的研究成果既丰富又有价值，但也存在明显的不足，那就是有关基本公共服务具体问题研究的相对较多，而对基本公共服务均等化的价值理念和目标原则的研究相对较少。本研究力图从政治学的角度把握基本公共服务均等化的价值定位，特别是论证了推进基本公共服务均等化与促进改革发展成果共享价值意蕴的一致性：改革发展成果共享是基本公共服务均等化的价值指引和原则遵循，也是基本公共服务均等化的根本任务和重要目标；基本公共服务均等化则是改革发展成果共享得以实现的实践举措，也是改革发展成果共享的具体实现路径和主要制度支撑。

第二，如何构建基本公共服务均等化的测量指标与对其实现程度进行主客观评价。在社会主义市场经济条件下，市场是社会利益与社会成本进行初次分配的重要机制，而由政府推动的基本公共服务均等化，在某种意义是社会利益与成本再分配的一种方式，不仅会对以效率优先的市场机制的运作产生重要影响，也意味着其与社会公平正义的实现状况密切相关。显然，基本公共服务均等化的标准测量是否准确直接关系到对于当下中国政治发展现状的把握是否准确，也必然会作为本研究的重点问题。改革开放近40年来，经济社会转型要求公共服务均等化的内容与侧重发生了很大变化，而与之相适应的公共服务模式的转变，对于作为基本公共服务主导提供者的政府而言，既是社会正义诉求对于政府的必然要求，同时也是政府职能转变的必然结果。不容忽视的是，基本公共服务均等化的理论研究和实践政策的制定和执行中，都在很大程度上存在一种将问题简单化的倾向，即把"均等化"置换为"人均化"。比如，将人均财政投入或人均经费作为衡量基本公共服务是否均等的标准，或者以人均占有或享用的实物多少作为基本公共服务是否均等的标准。前者"学生人均教育经费""人均医疗卫生支出""人均社会保障支出"，后者如"人均床位""人均绿地面积"。不可否认，"人均化"指标在一定程度上也能够说明均等化的状况，如果在人均化的指标上过于悬殊，均等化的程度一般而言也不会太理想。但基本公共服务均等化是一个动态和变化的过程，是一种大致均等的状态，所谓的"人均化"标准无法用来准确衡量与评价其实现程度。其原因大致有三：首先，当下中国所推进的基本公共服务均等化，并不是要回到曾经的平均主义时代，而是在承认个体之间和群体之间存在利益分化、城乡和区域之间存在发展差距的前提下展开的，离开这一前提谈论基本公共服务均等化，显然会偏离中国现实。更何况，当下中国推进基本公共服务均等化，在某种意义上还是为了弥补改革开放"让一部分人先富起来"和东西部"梯度发展战略"所造成的贫富差距和地区差距，需要更加关注和保障中西部地区和弱势群体的权益。其次，基本公共服务均等化虽然经常用基本公共教育服务、基本公共卫生服务、基本就业公共服务、基本社会保障服务等可量化的经济指标来衡量，但事实上基本公共服务均等化不仅属于可量化的经济范畴，同时也包括政治权利、社会地位等诸诉求在内，而这些政治权利和社会地位等方面的诉求显然无法用人均化的指标来衡量。再次,基本公共服务均等化既是客观状态也是主观感受,需要取得一定社会共识,建构了基本公共服务均等化的客观评价指标体系和社会公众对于基本公共服务满意度的主观评价指标体系,并将两者的测量结果进行对比分析,实现基本公共服务测量与评价的主观结合,力图避免单纯的数字化、人均化的弊端。本研究共分为十章。

第一章从基本公共服务均等化基本理论的角度以及城乡、区域、公共财政、法制建设等层面对当前我国基本公共服务均等化研究的进展进行了系统的整理。同时对改革开放以来,基本公共服务七大领域的政策演变进行了细致的梳理。

第二章对基本公共服务均等化的内涵、价值与思路进行了阐释。在当前,基本公共服务具有保障公民权利、促进社会公正、实现成果共享、维护人的尊严的价值取向,在进行基本公共服务均等化的设计时应以政府为主导,维持均衡平等的总体状态,以民生政治为目标取向,在多元谐动的运行机制下实现服务意识。

第三章为本书的客观测量部分,构建了基本公共服务均等化测量指标,同时通过数据搜集与分析对当前我国各省份不同领域的基本公共服务均等化水平进行了测量和对比。

第四章为满意度实证分析。构建了基本公共服务公众满意度调查的指标体系,根据在全国范围内进行的2 523份问卷,对当前我国基本公共服务均等化公众满意度的整体状况以及各省份的满意度状况进行了评价。

第五章对基本公共服务均等化的国际经验和当前国内的创新进行了总结,系统梳理了德国"以均衡区域发展促进均等化"、美国"政府购买公共服务"、日本"财政转移支付均等化"以及新加坡的"推行强制型储蓄"等国际模式,并对我国基本公共服务均等化各地的创新进行了介绍。

第六章认为传统的基本公共服务供给导向具有缺陷,提出我国应以"需求导向"为核心原则构建基本公共服务均等化体系,实现供给与需求的对接。

第七章是对我国基本公共服务多元协同这一基础架构的分析。本章对当前中国基本公共服务多元主体协同供给的发展历程、突出成就、主要问题、实现路径等基本状况进行了介绍,并针对性地提出我国目前实现基本公共服务协同供给的路径。

第八章主要内容为我国基本公共服务均等化实现的推动力量——财政均衡。首先阐释了基本公共服务均等化和公共财政二者间的关系,并对均等化语境下公共财政均等化的内涵进行了介绍。其次,总结当前中国政府间财政关系对基本公共服务均等化的影响。进而有针对性地提出,为实现基本公共服务均等化,我国在财政方面应该明确政府间事权与支出责任、匹配政府间事权与财权财力,同时要完善财政转移制度。

第九章对当前我国城乡、区域、流动人口的公共服务供给制度的历史、现实状况以及造成其非均等的原因进行了深入分析，认为我国在实现基本公共服务均等化的过程中应当坚持统筹兼顾这一路径，对城乡、区域以及流动人口这一特殊群体的基本公共服务予以关注。

第十章从监督问责的角度对政府在基本公共服务均等化实现过程中的措施进行了分析，同时对当前基本公共服务均等化监督问题机制的状况、存在的主要问题进行了总结，提出了完善我国基本公共服务均等化监督问责机制的路径。

第二章

基本公共服务均等化的内涵、价值与思路

第一节 基本公共服务均等化的基本内涵

基本公共服务均等化由"基本公共服务"和"均等化"两个基本概念复合而成,理解基本公共服务均等化的内涵,首先应该从这两个方面把握。

一、什么是"基本公共服务"

"基本公共服务"与"公共服务"是两个不同层次的概念:公共服务作为母概念,包含了基本公共服务和非基本公共服务的全部内容;而基本公共服务是从公共服务延伸出的子概念,所指涉的是公共服务中特定的内容部分。一般而言,公共服务大致等同于广义上的"公共产品",是指由政府提供或生产的,用于满足社会偏好、保障个人福祉的有形或无形的公共物品。公共服务属于公共需求的范畴,具有公共物品的属性,即效用的不可分割性、消费的非竞争性和受益的非排他性。在此意义上,公共服务的涵盖范围相当广泛,涉及公民的安全、发展以及社会生活的方方面面。

相对而言,基本公共服务的范围则有限得多。国内学术界对于基本公共服务这一概念的阐释尽管角度不同、具体提法不同,各有侧重,但大致遵循了三条路

径,即基本权利、基本需求和基本内容。

首先,从基本权利的路径界定基本公共服务的学者,一般认为"基本"一词指向的是人权中最基础、最核心的部分,即生存权和发展权,这主要包括:公民权、健康权、居住权、受教育权、工作权等社会成员安身立命的必备资格。[①] 让全体公民普遍而平等地共享这些基本权利,既是基本公共服务的内在属性和本质特征,在某种意义上也是国家和政府存在的理由。因此,基本公共服务也是"诸多公共服务中具有保障性质和平等色彩的服务类型"。[②]

其次,从基本需求的路径界定基本公共服务的学者,普遍主张根据需求层次理论、并结合一定时期内国家经济水平和政府财政能力状况对"基本"的范围做出界定。项继权认为,由于人们需求的多样性和无限性,政府必须要根据公共服务的性质、需求的紧迫性和重要程度等来确定公共服务的优先顺序。"基本公共服务"和"非基本公共服务"的区分标准是人们需求的公益性程度及其需求满足中对政府的依赖程度。[③] 刘尚希认为理解基本公共服务可以从两个角度出发:第一是要看消费者对公共服务的消费需求是不是属于基本层次的消费需求,如吃、穿、安全等;第二是要看消费者的需求是否具有同质性,如对药品、食品的质量需求等。[④] 沈亚平从人的自然需求和社会需求两个方面来理解基本公共服务,认为基本公共服务是以政府为主的公共组织基于社会公平正义原则所提供的,旨在满足某一社会的普遍成员最为根本的自然需求和社会需求,使其获得最为基本的物质生活保障、社会安全保障和生活意义保障等方面的服务,具有基础性、公共性、现实性和历史性几个特点。[⑤]

最后,从基本内容的路径界定基本公共服务的学者,则一般主张直接通过划定基本公共服务所包含的内容来进行概念界定。如常修泽将基本公共服务划分为四个部分,即基本民生性服务,主要包括就业服务和社会保障;公共事业性服务,主要包括基本医疗、公共卫生、义务教育和公共文化;公共基础性服务,主要包括公益性基础设施和生态环境保护;公共安全性服务,包括生产、消费、社会和国防等内容的安全性服务。[⑥] 丁元竹则认为,基本公共服务既对应了政府的

[①] 张贤明、薛洪生:《当代中国基本公共服务体系建构的基本思路》,载于《学习与探索》2012年第5期。

[②] 陈海威:《中国基本公共服务体系研究》,载于《科学社会主义》2007年第3期。

[③] 项继权:《基本公共服务均等化:政策目标与制度保障》,载于《华中师范大学学报(人文社会科学版)》2008年第1期。

[④] 刘尚希、杨元杰、张洵:《基本公共服务均等化与财政制度》,载于《经济研究参考》2008年第40期。

[⑤] 沈亚平、李晓媛:《基本公共服务的疆域及其供给成效分析》,载于《河北学刊》2015年第1期。

[⑥] 常修泽:《中国现阶段基本公共服务均等化研究》,载于《中共天津市委党校学报》2007年第2期。

基本责任，又是公民应该享有的基本权利，它包括的内容主要有医疗卫生、基本教育、社会救济、就业服务和养老保险。[1]

按照国务院颁布的《国家基本公共服务体系"十二五"规划》的界定，所谓基本公共服务是"指建立在一定社会共识基础上，由政府主导提供的，与经济社会发展水平和阶段相适应，旨在保障全体公民生存和发展基本需求的公共服务。享有基本公共服务属于公民的权利，提供基本公共服务是政府的职责"，而基本公共服务的范围"一般包括保障基本民生需求的教育、就业、社会保障、医疗卫生、计划生育、住房保障、文化体育等领域的公共服务，广义上还包括与人民生活环境紧密关联的交通、通信、公用设施、环境保护等领域的公共服务，以及保障安全需要的公共安全、消费安全和国防安全等领域的公共服务"。[2]

二、如何理解"均等化"

基本公共服务的均等化，不仅有利于保障个人的生存权与发展权，让每个人体面且有尊严地活着，而且是实现国家长治久安、社会和谐稳定的重要途径。目前学界对"均等化"的理解形成了较为一致的观点，即无论居住在城市的居民还是居住在乡村的居民，每个人所享受到的基本公共服务在数量和质量上都应大体相同或相近。[3]《国家基本公共服务体系"十二五"规划》中也明确指出，基本公共服务均等化意味着"所有公民都应当尽可能公平、平等地获得水平大致相等的基本公共服务，其中的核心在于机会平等，而非简单的、无差异化的平等"。[4]

在"相对均等"的基本公共服务配置中，各主体所能享用的基本公共服务是存在差别的。然而这种差别必须处在一个可控的范围之内，至少在一些与人们生存权利息息相关的方面要做到大体均等，也就是"底线相等"。在这个意义上，均等化就包含了三个层面的含义：一是最低限度的一致性，二是有条件的均等化，三是不均等的逐渐消除。[5] 在对均等化标准的探讨过程中，还有学者基于罗尔斯公平的正义理论，提出了基本公共服务均等化的三原则，其中受益均等原则对应平等自由原则，意味着结果的公平分配；主体广泛原则对应机会均等原则，

---

[1] 丁元竹：《促进我国基本公共服务均等化的基本对策》，载于《中国经贸导刊》2008年第5期。

[2][4] 《国务院关于印发国家基本公共服务体系"十二五"规划的通知》，中国政府网，http://www.gov.cn/zwgk/2012-07/20/content_2187242.htm。

[3] 安体富、任强：《公共服务均等化理论问题与对策》，载于《财贸经济》2007年第8期。

[5] 张强：《基本公共服务均等化：制度保障与绩效评价》，载于《西北师范大学学报（社会科学版）》2009年第2期。

意味着一视同仁的公正分配；优惠合理原则对应差别原则，意指公开的分配方式。①

尽管均等化的基本公共服务在某种意义上强调一致、均等，但并不意味着可以忽视公共服务需求的特殊性和公民个体的意愿，正如常修泽所认为的，"社会在提供大体均等的基本公共服务成果的过程中尊重某些社会成员的自由选择权。"② 特别值得注意的是，如果缺乏传达民意的渠道，公民的这种自由选择权无法有效发挥，就可能出现民众偏好被政府偏好所代替的情形。

还有一些学者提出了基本公共服务的能力均等原则，也就是要根据具体的地区发展程度和当地居民的现实条件，使他们享受与之相符合、相对称的基本公共服务。这种标准虽然充分考虑到了不同地区和个体的具体特征，但是这种均等化原则实际上使基本公共服务的分配形成了阶梯化和分级化的模式，存在着放任和扩大不均等的可能。因此，在承认差异的均等分配中，基本公共服务均等化不但不应采取与能力相对应的配置模式，反而要向弱势群体倾斜，通过给予某些特权和优惠待遇的方式来保护这些群体的利益，这是毋庸置疑的。然而，这些优惠和特权也并不是无条件、无限度的，这种差异性的对待必须处在一个可控的范围内，以至于不会影响全局的协调发展。因此，一些学者试图结合地区差异和个体需求差异，寻找一种平衡的均等化标准。例如，有的学者注意到了民族地区基本公共服务的特殊性，将民族地区的基本公共服务均等化细化为了三个过程，并提出了均等化的多元评价体系。③ 也有学者通过考量公共服务的本质，认为在强调公平与效率时，还必须考虑在特定时间和特定空间的可及性问题，关注、体现、反映既有传统和民族特点，更大限度地缩小政策目标和实践后果的反差。④

三、基本公共服务均等化的内涵

学术界对于基本公共服务均等化的概念给出了各种各样的定义，可谓见仁见智。但是，作为一个具有鲜明实践属性的概念，源自公共政策层面的概念界定，对于问题的研究也许更为重要。2012年，国务院颁布《国家基本公共服务体系

---

① 陈海威、田侃：《我国基本公共服务均等化问题探讨》，载于《中共福建省委党校学报》2007年5期。

② 常修泽：《中国现阶段基本公共服务均等化研究》，载于《中共天津市委党校学报》2007年第2期。

③ 于海洋：《民族地区基本公共服务均等化多元解读》，载于《中央民族大学学报（哲学社会科学版）》2013年第3期。

④ 娄世桥：《基本公共服务均等化本质再思考：以山区基础教育为例》，载于《农村经济》2013年第7期。

"十二五"规划》。其中明确指出,"基本公共服务均等化,指全体公民都能公平可及地获得大致均等的基本公共服务,其核心是机会均等,而不是简单的平均化和无差异化"。① 2017年国务院颁布的《"十三五"推进基本公共服务均等化规划》又再次明确,"基本公共服务均等化是指全体公民都能公平可及地获得大致均等的基本公共服务,其核心是促进机会均等,重点是保障人民群众得到基本公共服务的机会,而不是简单的平均化"。② 上述界定从公共政策层面对基本公共服务均等化给出了具有原则指导性和法律权威性的解释。理解这一概念,应该把握以下几点。

一是注重"基本"。基本公共服务均等化的前提是"基本",即均等化的对象所针对的范围并不是所有公共服务,而是公共服务中具有"基本"性质的那一部分。明确了"基本",才能以此为前提建立相应的体系来均等化地供给相关服务。一般而言,基本公共服务是指满足社会成员生存与发展最低限度的需要、事关社会成员生存与发展最基本的权利的服务,否则就会影响到社会成员的生存质量与发展机会。当然,基本公共服务无论内容还是标准都具有动态性,随着经济社会的发展其覆盖的范围会不断扩大、标准会不断提升,社会成员的全面发展才能得到越来越有效的保障。具体而言,《国家基本公共服务体系"十二五"规划》明确基本公共服务的范围包括"保障基本民生需求的教育、就业、社会保障、医疗卫生、计划生育、住房保障、文化体育等领域的公共服务,广义上还包括与人民生活环境紧密关联的交通、通信、公用设施、环境保护等领域的公共服务,以及保障安全需要的公共安全、消费安全和国防安全等领域的公共服务",③《"十三五"推进基本公共服务均等化规划》围绕贯穿一生的基本生存与发展需求"学有所教、劳有所得、老有所养、病有所医、困有所帮、住有所居、文体有获、残有所助"等八个方面,明确基本公共服务基本公共教育、基本劳动就业创业、基本社会保险、基本医疗卫生、基本社会服务、基本住房保障、基本公共文化体育、残疾人基本公共服务,并以清单的形式确定了81项具体服务。④ 应该说,政策文本中的这些规定,比较清晰地界定了基本公共服务的范围和标准。

二是注重"政府"。基本公共服务是由政府主导提供的,基本公共服务均等化则主要是由政府主导推动的,这其实与当下讨论的服务型政府建设是高度契合的。"服务型政府就是以提供公共服务为主要职能的政府。它能够比较自如地处

---

①③ 《国务院关于印发国家基本公共服务体系"十二五"规划的通知》,中国政府网,http://www.gov.cn/zwgk/2012-07/20/content_2187242.htm。

②④ 《国务院关于印发"十三五"推进基本公共服务均等化规划的通知》,中国政府网,http://www.gov.cn/zhengce/content/2017-03/01/content_5172013.htm。

理国家的阶级职能与社会职能的辩证关系。"① 所以,政府在基本公共服务领域的行政模式也应由注重管制向注重服务转变,通过公平合理的政策输出去创建公民生活的福祉。综观当前中国基本公共服务领域的主要问题,特别需要明确以下几点:第一,政府不是基本公共服务的唯一提供者,但它是最为重要的提供者。尽管在界定基本公共服务时常常用公共物品来类比,但两者的含义并非完全相同,前者在很多方面并不一定具备后者的非排他性和非竞争性,亦即除了公共物品之外,基本公共服务还包括一些具有正外部性的私人物品,这在某种意义上也是国家治理现代化的过程中,强调公共服务供给多元主体参与的原因之一。但必须强调的是,基本公共服务的特殊性在于它更多地位于市场失灵或效率机制难以合理配置的基本社会资源关键领域,具有公共管理职能的政府无疑应该成为推进基本公共服务均等化最为重要的主体。当然,"提供基本公共服务是政府的责任",基本公共服务必须由政府来保障,并不意味着其他主体完全不能供给基本公共服务,能够由市场主体或社会主体提供的公共服务,包括基本公共服务,也是可以交给市场主体或社会主体的,以最大限度、最高效率地保障最广大人民群众的服务需求得以满足。第二,政府应该保持公共性,要防止与民争利。垄断经营产生垄断利润是市场经济生活中的基本常识。由于政府所具有的权威与强力,其一旦涉足市场就容易垄断相关领域的经营,从而剥夺人们选择的权利,使他人丧失在该领域中获利的可能性。公共性是一个正义的政府必须具有的属性,但这并不代表具有公共性的政府就能够消除基于自身利益去计算得失的逐利倾向。如果政府不能抵抗垄断利润的吸引而放纵自身的逐利倾向,就会将政府的公共性淹没在贪欲之中,最终走向正义的对立面。政府面临的公利与私利的紧张关系在基本公共服务领域尤为突出。毋庸讳言,中国当前在土地、住房、交通、通信、能源等领域普遍存在"公共利益部门化、部门利益合法化"的现象,一些央企、国企混淆为民谋利和与民争利之间的界限去获取超额利润,公民所应享有的基本公共服务需要花费高昂的代价方能获得,公民利益、甚至公共利益的空间被政府及其组成部门所挤压。这些与民争利的行为都与"服务"的要求相差甚远。第三,推进公共财政,完善财政收支制度,加大在基本公共服务领域的投入。改革开放推动了我国的经济发展,但"改革在偏好选择上更倾向于经济和效率层面,对传统的'大锅饭'性质的公共服务投入偏好不强,对市场条件下的公共服务缺乏认识和动力,从而相对忽视或不够重视公共服务的保障和投入,而更多地将政府资源投入了经济建设领域。"② 但是,构建均等化的中国基本公共服务体系,其本

---

① 朱光磊、于丹:《建设服务型政府是转变政府职能的新阶段》,载于《政治学研究》2008 年第 6 期。

② 吕炜、王伟同:《发展失衡、公共服务与政府责任》,载于《中国社会科学》2008 年第 4 期。

质要求与推崇经济高速增长的偏好并不完全一致。政府想要推进基本公共服务均等化，就必须加大在这方面的投入，使基本公共服务的支出在国家财政中占据较大比重。为此，一方面需要政府逐渐减少不必要的财政投入，例如，对竞争性国有企业的亏损补贴可以根据具体情况进行减少；另一方面需要政府降低行政成本，例如，控制财政供养人员的编制与费用，在此基础上，应该不断提高在医疗、养老、就业等基本公共服务领域的支出比例。

三是注重"均等"。基本公共服务均等化的"均等"，不是简单的平均化或无差异化，核心是促进机会均等，重点是保障人民群众得到基本公共服务的机会。这里的关键是要反对平均主义。所谓平均主义是一定经济关系基础上的产物，它将对于平等的理解推向极端，主张绝对的平均，对任何差别都予以反对，显然不是当下中国推进基本公共服务均等化所应主张的。其实，合理的差异是社会进步的动力，也是社会焕发活力的根源。基本公共服务均等化并不追求所有人享有完全相同的服务，而是建立在承认差别性的基础之上。如果将均等化与平均主义等同，将差距完全抹杀，不仅在技术上难以操作和实现，而且可能挫伤人民群众的积极性和创造性、影响社会经济的发展成效，最终无法实现基本公共服务范围的扩大和质量的提升，而只能是较低层次上、较低水平上的基本公共服务均等化。当然，一定的差异并不是任由差距扩大，如果差距扩大不能合理地反映社会劳动与市场分配，就会与社会公正背道而驰，也就谈不上真正的基本公共服务均等化。基本公共服务均等化并不意味着人们可以不劳而获，坐享政府提供生存和发展的服务和保障。比较西方福利国家的兴起与实践，在累年维持高福利水平的同时，"鞭打快牛""慢马吃好草"的社会积弊已经显现，促使他们积极寻求福利制度改革的可能路径。我国的人口数量众多、地区差异大、生产力水平和财政能力有限，发展中国家的现实国情决定了我国不可能提供如西方国家水平的高福利。因此，与国家的综合国力相结合，更重要的是推进社会公平正义，在教育、就业、医疗、保障等方面提供更多更好的基本公共服务，即保证基本公共服务的均衡和平等。为此，应致力于改善当前城乡、区域和群体之间享有基本公共服务的非均等化状态，使公共投入向农村地区、欠发达地区和社会弱势群体倾斜，优先保证"雪中送炭"，然后才能考虑"锦上添花"；要优先保证全体社会成员享有基本公共服务的机会和原则均等，从结果上看则是存在合理差距的大体相等。①

四是注重"共享"。改革发展成果共享是基本公共服务均等化的价值指引和原则遵循，也是基本公共服务均等化的根本任务和重要目标；基本公共服务均等

---

① 张贤明：《改革发展成果共享与政府责任》，载于《政治学研究》2010年第6期。

化则是改革发展成果共享得以实现的实践举措,也是改革发展成果共享的具体实现路径和主要制度支撑。在此意义上,基本公共服务均等化成为改革发展成果共享的重要衡量指标,蕴含着改革开放成果共享的价值理念和实践诉求。从实践诉求的角度看,改革发展成果共享取得的成效以及存在的矛盾与问题,是推进基本公共服务均等化的现实背景;改革发展进程中成果共享的成绩与问题并存是推进基本公共服务均等化命题的现实背景。从价值理念的角度看,"'共享'意味着某种程度的'均等',而'均等'也意味着某种程度的'共享':改革发展成果共享是指每个社会成员的基本尊严和基本生存条件得到维护和满足、基本发展条件能够得到保证、生活水准和发展潜力能够随着经济社会的发展而不断提升,即在基本层面上得到'均等'的机会与保障;而基本公共服务均等化则一般指政府要为社会成员提供基本的、与经济社会发展水平相适应的、能够体现公平正义原则的大致均等的公共产品和服务,虽然并非全部但绝大部分基本公共服务具有公共物品的特征,在享有上具有非排他性和非竞争性,即'共享'性"。[1]

第二节 基本公共服务均等化的价值取向

党的十七届五中全会公报指出,"着力保障和改善民生,必须逐步完善符合国情、比较完整、覆盖城乡、可持续的基本公共服务体系,提高政府保障能力,推进基本公共服务均等化。"这一论断在很大程度上表明了基本公共服务均等化在合理均衡的保障机制中的基础性地位。基本公共服务均等化事关分配正义、公共认同等政治价值观念,秉持何种价值立场将决定基本公共服务均等化保障机制的最终走向,明确价值导向对于构建以基本公共服务均等化为基础的保障机制具有重要意义。

一、保障公民权利[2]

正如上文所强调的,实现基本公共服务均等化、建构基本公共服务体系的关键在于如何理解"基本"一词的含义。如果过于狭隘地理解"基本",就会给公

---

[1] 张贤明:《公正、共享与尊严:基本公共服务均等化的价值定位》,载于《吉林大学社会科学学报》2011年第1期。
[2] 参见张贤明、薛洪生:《当代中国基本公共服务体系建构的基本思路》,载于《学习与探索》2015年第3期。

共服务主要供给者——政府留出无所事事、规避作为的空间；如果过于宽泛地理解"基本"，又会使政府陷入不敷出、捉襟见肘的境地。界定"基本"的范畴，不仅要尊重人们生存发展的基本需要，也要符合一国既存的基本国情。中国虽然已经成为世界第二大经济体，可人均 GDP 只居世界中游，并且在地区间、城乡间、行业间存在较大差距，这表明中国基本公共服务体系的标准线应当"就低不就高"，否则就可能因为"眼高手低、嘴大肚小"而导致整个基本公共服务体系难以为继。但是，基本公共服务体系的建构者也不能将公民的合理需要定义为"奢求"。中国经济的"蛋糕"已经越做越大，这种辉煌需要照耀在每一个中国公民的生活之中，这种增长应该改善每一个中国公民的基本境遇，否则经济发展对于人民而言就仅仅是符号游戏，而不具有任何实际意义。因此，从"基本"出发，基本公共服务均等化对公民权利的保障至少包含以下两个方面。

第一，基本公共服务体系要保障公民生存发展的基本权利。公民生存发展的基本权利主要包括公民权、健康权、居住权、受教育权、工作权等社会成员安身立命的必备资格。无论在何种意义上，公民生存发展的基本权利都是至高无上的，其地位如诺齐克所言："个人拥有权利，而且有一些事情是任何人或任何群体都不能对他们做的（否则就会侵犯他们的权利）。"[1] 假如这些权利的行使是不确定的或者有差别的，公民的生存与发展就有可能出现危机，进而影响到政权合法性，导致政治合法性的危机。从逻辑上讲，公民生存发展的基本权利不是由基本公共服务体系而产生的，甚至不是由国家或政府而产生的，它在某种意义上先验地自我存在，是国家、政府、公共服务体系存在的理由：由政府主导的基本公共服务体系的价值之一就在于保障公民生存发展的基本权利不受侵犯。当下中国的情形并没有完全符合这样的要求。一方面，存在公权力侵入私人领域的事件，国家公务人员野蛮执法、非法行政的现象时有发生；另一方面，公民生存发展的基本权利也并没有得到有力保障，尤其是在食品安全、生产安全、交通安全等领域。这些失当的情形亟须得到政府的矫正：对公民生存发展的基本权利加强保护，对侵犯行为加以制止与惩罚，对受损公民进行保护与补偿，对面临威胁的公民基本权利施以全方位的保障。只有这样，才能确保中国基本公共服务体系的正当性，才能彰显中国基本公共服务体系建构的宗旨。

第二，基本公共服务体系要满足公民生存发展的基本需要。公民生存发展的基本需要是指社会成员加入社会分工与合作所不可或缺的生活基础，是人们物质文化需求的最低层次，在当前中国主要涉及医疗、教育、住房、就业、社会保障等领域。如此界定的原因是：其一，由于中国的经济社会发展水平还比较有限，

---

[1] 诺齐克著，姚大志译：《无政府、国家和乌托邦》，中国社会科学出版社 2008 年版，第 1 页。

中国在总体上仍然是发展中国家，这一现实国情决定了中国的基本公共服务体系不可能做到面面俱到、事事涵盖。其二，由于人们的普遍性情中总是怀有不断提升需求层次的欲望，我们无法制止，也不能无视。如果将基本公共服务的标准界定得较高，不仅不能满足人们过高的需求，反而可能滋长贪婪、懒惰的生活思维，从而使社会缺乏活力，裹足不前。其三，由于现代政治所强调的有限政府价值理念拒斥政府将触角伸向社会的所有领域，全能型政府、无限型政府所能带来的收益要远远小于它所具备的风险。人们对于公共服务的需求呈梯次结构，政府只能着眼于基本公共服务，对于更高梯级的公共服务需求可以在政府的监管下由市场与社会去完成。即便如此，建构中国基本公共服务体系所要面对的题目仍然很多，在医疗、教育、住房、就业等领域均存在不同程度的政府缺位、市场取代的现象。这些领域本来是无可争议地属于政府所应提供的基本公共服务范畴，市场机制可以在其中发挥积极作用，但只应提供额外服务，不能提供基本服务。一旦政府撤出这些领域而交由市场机制来完成，就会出现本应向所有公民开放的基本公共服务体系只能由"有钱"人出入的现象，这显然不符合社会正义的基本要求。

二、促进社会公正[①]

一般而言，基本公共服务主要指一定社会经济条件下涵盖全体社会公众，并满足全体社会公众对最低公共资源需求的公共服务。推进基本公共服务均等化不同于一般意义上的提供公共服务和公共物品，它在享有服务的广泛性、满足需求的根本性以及覆盖范围的完整性上，往往更多地涉及全体社会公众生存和发展的"根本权益"和"底线需求"。推进基本公共服务均等化实际上是为社会提供一张"安全网"，使每一名社会成员都能获得与社会经济发展状况相适应的基本发展起点。应该指出的是，推行基本公共服务均等化并不是上下拉平、强求一律，它不仅不反对社会成员拥有自由发展、自主选择的权利，相反，它还为在全社会范围内最大限度地实现这一权利提供前提性保障。这在很大程度上也意味着，基本公共服务均等化应该侧重于对基本需求的满足，着眼于对社会弱势群体的保障。正因为如此，在推行基本公共服务均等化的过程中，理应将社会公正作为具有根本性的价值导向，使对社会公正的追求成为贯穿这一过程始终的红线。

那么，以"社会公正"为根本价值导向究竟意味着什么？这里应该指出的

---

① 参见张贤明、高光辉：《公共、共享与尊严：基本公共服务的价值定位》，载于《吉林大学社会科学学报》2012年第4期。

是，尽管对于何谓公正的讨论发轫于古希腊时期，但其内涵历久弥新，特别是在当代政治基本理论中，公正的学术话域已经更多地围绕"社会公正"展开。柏拉图在《理想国》中开篇即讨论公正问题，基于城邦这一共同体，他将公正理解为城邦内各个部分之间的有机结合、协调一致，也就是哲学王、卫士和工匠各安其分、各司其职。柏拉图对公正的这一看法在很大程度上影响了亚里士多德，亚氏在论及奴隶和自由人之间的区别时指出，"前者为奴，后者为主，各随其天赋的本分而成为统治和从属，这就有益而合乎正义。"① 由此观之，这种公正观其实是在强调社会分配要与个人禀赋或个人德性相一致，实质上是按照人们身份的分别来对社会成员作出差序式地安排。与此不同，尽管现代政治学理论对于公正内涵的探讨存在诸多复杂的分歧，但总体说来，至少可以将其归结为两个主要面向，即权利和平等。从权利的角度来看，社会公正强调每一个体都享有一些不可剥夺的基本权利。虽然不同的文化系统对基本权利的具体内容会有不尽相同的理解，但任何一个特定的政治共同体或多或少都会存在一些关于这类基本权利的共识性规范。实现这些基于共识性规范的基本权利既是每一个共同体成员的需要，也是共同体本身不可推卸的责任。"政治共同体旨在提供供给，而供给则服务于共同体，……我们相聚在一起，签订社会契约或反复申明我们签了社会契约，其目的便是满足我们的需求。我们珍视这份契约，就在于那些需要能够得到满足。"② 从这个意义上说，共同体成员的基本权利能否得到保障既是其组成政治共同体的先决条件，同时也在很大程度上构成了共同体内政治秩序的正当性来源。从平等的角度来看，在有关社会公正的讨论中对于平等的范围同样存在这样或那样的争议，但其中的一个基本底线是主张每一个社会成员都应当享有起码的机会平等。美国学者约翰·罗尔斯在论及两个正义原则的作用时谈到，"正义的主要问题是社会的基本结构，其理由是它的影响是极其深刻和广泛并自始至终。这一结构在划分社会合作产生的利益时使某些出发点比另一些出发点更为有利，两个正义原则要调节的正是这些不平等。"③ 这一点与上述古典公正观中依据个人禀赋决定社会地位的看法恰好相反。一个人具有何种天赋，出身于何种家庭，成长于怎样的社会环境，这些因素并不是可以自主决定的。但是，这些偶然性因素会对个人生活目标的设定和实现产生重要影响。一个公正的社会应该通过相应的制度安排来减少偶然性因素对个人生活前景的破坏，特别是应该考虑到那些由于自身无法控制的原因而处于不利地位的人，使他们在追求其生活目标的道路上

---

① 亚里士多德著，吴寿彭译：《政治学》，商务印书馆1965年版，第18~19页。另：公正、正义都可对应为英文的 Justice，本文一般使用公正，但在引文中则尊重原文，下同。
② 沃尔泽著，褚松燕译：《正义诸领域》，译林出版社2002年版，第80页。
③ 罗尔斯著，何怀宏等译：《正义论》，中国社会科学出版社1988年版，第96页。

能够获得一个公平的起点。就此而言,社会公正的一个重要信念即在于,在满足生存发展所需的基本条件面前,每一个人都应该是平等的。

在对社会公正有了一个基本把握之后,还需要解决这样一个问题,即为什么要将社会公正作为当前我国推行基本公共服务均等化的根本价值导向?对此,可以从三个方面加以分析:

首先,从理念上看,将社会公正作为基本公共服务均等化的根本价值导向,既顺应人类政治文明的发展趋势,也符合中国社会主义事业的本质要求。通过前面的讨论我们不难看出,相对于古典公正观而言,现代公正理念更为关注平等地对待人们的基本权利,这是新的社会背景下公正观念的重大转变。同时,如果要将对社会公正的追求贯穿到推行基本公共服务均等化的全过程之中,在很大程度上就是要着眼于基层民众的基本需要,不断提升公共服务的质量,优化公共服务的供给方式和结构体系。这既是大势所趋,也符合每一个现代人对于文明社会的合理期待。不仅如此,中国作为一个社会主义国家,更应该充分发挥社会主义的优越性,以社会公正引导基本公共服务均等化。马克思在《哥达纲领批判》中论及对消费资料的分配时指出,在对总的消费品进行个人分配之前,还必须要扣除"用来满足共同需要的部分,如学校、保健设施等",以及"为丧失劳动能力的人等等设立的基金",并且还特别强调,到了共产主义社会,"这一部分将会立即显著增加,并将随着新社会的发展而日益增加。"[①] 从这个意义上讲,以社会公正为根本价值导向,推进基本公共服务均等化,实际上也是共产党在新的历史条件下,恪守马克思主义政党的实践品格,为实现其最高纲领而不断奋斗的具体表现。温家宝总理曾多次提出"公平正义比太阳还要有光辉",并且在回答记者有关中国发展道路的提问时,将促进社会公正作为"中国道路"的重要特征之一。[②] 这表明,对于社会公正的追求已成为当前推动我国改革发展的一个指导性思想。鉴于此,我们也没有理由拒斥以社会公正的理念指导中国推进基本公共服务均等化的实践。

其次,从必要性来看,将社会公正作为基本公共服务均等化的根本价值导向,是巩固改革成果,取得更进一步发展的客观需要。改革开放以来,中国社会的各个方面都取得了跨越式发展,人民生活水平也得到了显著提高。但不可否认的是,尽管最广大人民群众的根本利益从长远来看是一致的,可由于人民群众的利益差别及内部矛盾的客观存在,中国在改革发展突飞猛进的过程中,也积累了大量的社会矛盾。这些矛盾在社会公正领域表现得尤为突出。有学者将其归结为

---

① 《马克思恩格斯选集》第3卷,人民出版社1972年版,第10页。
② 十一届全国人大第四次会议记者会温家宝答记者问,中国政府网,http://www.gov.cn/2011lh/content_1824958.htm。

三个主要方面，即贫富差距拉升幅度过大；社会再分配的力度较弱；以及社会成员基本权利保障的总体状况偏弱。① 应该说，这些都是不容回避而且必须认真对待的现实问题。只有妥善处理好这些问题，才能避免由于矛盾激化而引发的社会动荡，从而维持社会秩序的整体稳定。而在相关的问题当中，公民的基本权利和基本公共物品同社会公众的生存与发展关系最为密切，它们是否被人们普遍享有和切实保障也是激化或缓解社会矛盾、破坏或维系社会稳定的重要因素。以社会公正为价值导向，推进基本公共服务均等化，实际上也是主张社会成员在追求其生活目标的过程中，对利益差异所导致的矛盾进行合理、有效的调解、缓和，从而使利益冲突可以在制度化的渠道中得到排解，防止已经取得的改革成果因为社会失序而蒙受巨大损失甚至毁于一旦。从另一个方面来看，当前中国正处在经济结构升级转型的关键时期，能否顺利完成这一任务，很大程度上取决于我们的发展究竟能否做到全面、协调和可持续。建构完善的基本公共服务体系不仅是推动经济结构调整的必要条件，而且也是激活发展动力的重要手段。很难想象，如果一个现代国家吝于提供必要的基本公共服务，或者在一个人们的基本需求长期得不到满足的社会里，它如何获取长期持续的发展预期。从这个意义上说，以社会公正为根本导向，向社会成员提供均等化的基本公共服务，也是加快结构调整、促使经济又好又快发展的必然选择。

最后，从可行性来看，中国30余年的改革发展成果已经奠定了基本公共服务均等化的基础，为促进社会公正创造了有利条件。任何一个理想都不可能凭空实现，社会公正固然是一个值得去追求的崇高理想，但它的实现也需要合适的条件。可喜的是，综合考量各方面的情况，目前中国已经初步形成了一个较好的基础。其一是经济基础。经过30多年的改革开放，中国在经济总量上已经发展成为全球第二大经济体。根据国家统计局发布的公报，2011年全年的国内生产总值已经超过47万亿元，比上年增长9.2%，全年公共财政收入达10万亿元，同比增长24.8%。② 如果说整体经济发展水平为以社会公正为导向的基本公共服务均等化提供了基本前提的话，那么政府财政汲取能力的增强则是更进一步的保障。其二是制度基础。尽管明确提出推进基本公共服务均等化是在党的十六届六中全会以后，但相关方面的实践一直都在紧锣密鼓地进行，特别是近几年来发展尤为迅速，一些制度已初具雏形。目前，中国已经实行了九年免费义务教育，并且初步建立了包括养老、失业、医疗、低保在内的社会保障体系。其中医保体系已实现全民覆盖。这些已经取得的成绩无疑会有助于今后一个时期基本公共服务

---

① 吴忠民：《中国社会公正的现状与趋势》，载于《江海学刊》2005年第2期。
② 国家统计局：《中华人民共和国2011年国民经济和社会发展统计公报》，http://www.stats.gov.cn/tjsj/tjgb/ndtjgb/qgndtjgb/201202/t20120222_30026.html。

均等化的深入推行,从而进一步促进社会公正。其三是民意基础。对社会公正的向往和追求日益成为当前中国各个阶层的普遍共识,逐渐成为社会公众关于利益分配的主流期望。以社会公正为导向,积极推进基本公共服务均等化是人心所向,必然会得到最广大人民群众的支持和拥护。执政者理应抓住机会,顺势而为。

三、实现成果共享[①]

对基本公共服务均等化进行价值定位,不仅需要从宏观层面明确其根本导向,还应该深刻把握其具体实施过程的规范性内涵。推进基本公共服务均等化是一项系统工程,牵涉到的领域极为广泛,特别是考虑到中国人口众多、社会结构异质化程度高的特点,更是应该注意科学统筹、合理有序地推行。在这一过程中有很多问题需要考虑,但核心一点是要围绕成果共享做文章。就中国的实际情况而言,所谓成果共享就是要将全体人民共同参与创造出来的改革发展成果惠及全民,使全体人民都能从社会经济的发展进步中普遍受益。之所以要在实现基本公共服务均等化的过程中牢固树立起成果共享的价值理念,既是由基本公共服务作为一种公共物品的性质决定的,同时也是"均等化"诉求在逻辑上的必然结果。从价值定位的角度来说,抓住了成果共享也就抓住了实现基本公共服务均等化的关键。

首先,牢固树立成果共享的价值理念,有助于理清实现基本公共服务均等化的总体思路。理念是行动的先导,行动方案的整体优化需要用正确的价值理念加以规范和指引。成果共享的理念是在改革进入新阶段的历史背景下,以对社会发展状况的通盘考虑为基础提出来的,具有很强的现实针对性和重大的理论指导意义。将成果共享的价值理念作为实现基本公共服务均等化的重要抓手,对于明确推行基本公共服务均等化的工作重点,找准制度创新的突破口具有重要意义。第一,就实施主体而言,政府在推行基本公共服务均等化的过程中应该发挥主导作用,切实承担起政府责任。中国的改革之所以能取得巨大成就,其中很重要的一条经验就是社会主义市场经济体制的确立能够有效调动广大人民的积极性和创造性,从而促进生产力的极大发展。换句话说,我们能够取得今天的发展成果,在很大程度与市场在资源配置中发挥基础性作用是分不开的。与此同时,我们也应该注意到,尽管市场机制在发展成果的创造方面具有独特优势,但是对于促进发展成果的共享而言,市场机制则存在固有局限。这是因为,成果共享在很大程度

[①] 参见张贤明、高光辉:《公正、共享与尊严:基本公共服务均等化的价值定位》,载于《吉林大学社会科学学报》2012年第4期。

上要求利益格局的整体均衡，但一般说来，各个分散的市场参与者不仅缺乏这方面的能力，也往往缺乏这方面的意愿。从这个意义上说，强调政府主导是促进改革发展成果共享的内在要求。具体到提供均等化的基本公共服务上，就更是如此。第二，就财政支持而言，成果共享意味着优化财政支出结构，扩大用于基本公共服务的支出在整个财政支出中所占的比例。提供财政支持是政府推行基本公共服务均等化的重要手段。改革开放以来，国家财政收入始终保持高速增长的势头，这本身就是一项重要的发展成果。财政收入取之于民，用之于民，应该说这是成果共享在国家财政支出领域的另一种表述。与此同时，虽然不断增长的财政收入为推行基本公共服务均等化提供了重要保障，但是我们也应该看到，在现有的财政支出结构中，基本公共服务支出所占的比重还有待增加，其中一些指标甚至大幅低于国际平均水平；另一方面，财政支出并没有从一般竞争性领域真正退出，还存在"与民争利"的现象。从成果共享的理念出发，就必须消除这种"缺位"与"越位"并存的状况，合理调整财政支出结构，真正实现由"生产建设型"财政向公共财政的转变。① 第三，就政策取向而言，成果共享要求基本公共服务均等化要向基层、农村、欠发达地区，以及弱势群体和困难群众倾斜。毋庸讳言，成果共享主要是针对当前中国城乡之间、区域之间以及不同社会阶层之间发展不均衡、不协调的现状提出来的。共享不足突出地表现为社会基层、农村、欠发达地区、弱势群体和困难群众共享不足。因此，推行基本公共服务均等化在很大程度上也可以说是提升这些地区和群体享受基本公共服务的水平。事实上，这也是成果共享理念的现实坐标。

其次，牢固树立成果共享的价值理念，有助于破除观念障碍，减少实现基本公共服务均等化的阻力。社会不是由原子式的个人简单叠加而组成的聚合物，而是一个有其自身运动发展规律的有机体，这是讨论成果共享理念的基本前提。个人生活理想的实现离不开以社会合作为基础的个体社会性维度的充分发育，这不仅需要一个稳定的社会秩序，同时也需要社会成员之间通过团结互助以抵抗共同面临的社会风险。邦斯认为，现代社会的一个重要特征即是"不确定性的回归"，而"'不确定性回归到社会中'首先意味着越来越多的社会冲突已不再被当作秩序问题而是被当作风险问题。"② 就此而言，空前复杂化、充满了不确定性的现代社会对于社会成员之间的共享精神也提出了更高的要求。从中国的现实情况来看，树立成果共享的理念，其实也是为基本公共服务均等化的推行提供一种社

---

① 安体富：《完善公共财政制度逐步实现公共服务均等化》，载于《东北师大学报（哲学社会科学版）》2007年第3期。
② 转引自贝克等著，赵文书译：《自反性现代化——现代社会秩序中的政治、传统与美学》，商务印书馆2001年版，第13页。

观念层面的支撑。如前所述，推行基本公共服务均等化要求在政策取向上进行一定程度的倾斜，但需要强调的是，这种倾斜不应该只是诉诸人们对于落后地区以及弱势群体的同情、怜悯等情绪化认识或个人道德。因为从某种意义上说，推行基本公共服务均等化实际上是对利益关系的一种调适，这个过程并不总是"正和博弈"，特别是在"补偿性共享"具有历史合理性的情况下①，有可能也会出现类似于"零和博弈"的状况。这同时也就意味着基本公共服务均等化的推行难免会涉及对既得利益的调整。不难想见，如果仅仅依靠个人的道德认识，利益格局的调整势必会困难重重。因此必须将这种个人层面的道德观念积极转化为全社会道德共识的一部分，因为"只有当个人道德已经完成了向公共道德的部分转变，而且没有谁能够合理地拒斥这个转变之后，对道德冲突实施政治上的解决才变得可能，政治合法性也才能有效地得到保证。"② 从这个意义上说，牢固树立起成果共享的价值理念，使这一价值理念在全社会范围内得到认同，不仅有助于这种公共道德的建构，从而减少基本公共服务均等化的推进阻力，同时也能够有效降低在这一过程中所支付的社会成本和政治成本。事实上，早在 20 世纪 90 年代初，邓小平就在同中央几位负责同志的谈话中指出，"共同富裕，我们从改革一开始就讲，将来总有一天要成为中心课题。社会主义不是少数人富起来、大多数人穷，不是那个样子。社会主义最大的优越性就是共同富裕，这是体现社会主义本质的一个东西。"③ 可以认为，发展成果共享理念的提出，是在改革进入新的历史阶段的条件下，对邓小平上述谈话精神的一个积极回应。把其中的道理讲清楚，对于消除一些不合时宜的观念，争取各个方面对于基本公共服务均等化的理解和支持无疑会具有重要作用。

最后，牢固树立成果共享的价值理念，有助于正确把握实现基本公共服务均等化的条件性、动态性，以及与具体国情之间的适应性。当前，广大人民群众对基本公共服务的需求很大，对推行基本公共服务均等化的期待也很高，这不仅是完全可以理解的，也应该受到认真对待。但是，如果因此就盲目许愿，不顾实际情况地大干快上，很可能会造成适得其反的后果。从成果共享的价值理念加以审视，我们可以对于基本公共服务均等化的实现过程形成一个更加科学、更为全面的认识。其一，就条件性而言，推行基本公共服务均等化要以具体的发展水平为条件，以共享与共建之间的相互促进为条件。发展成果既是共享的对象也是共享的前提，没有发展成果就谈不上共享。因此，实现基本公共服务均等化也应该从

---

① 关于"补偿型共享"，参见张贤明、邵薪运：《正义与共享：论有尊严地共享改革发展成果》，载于《吉林大学社会科学学报》2011 年第 1 期。
② 徐向东：《自由主义、社会契约与政治辩护》，北京大学出版社 2005 年版，第 145 页。
③ 《邓小平文选》第 3 卷，人民出版社 1993 年版，第 364 页。

现有的经济社会发展水平出发，不能好高骛远、急于求成。前面曾经提到，目前我们已经取得的发展成就为推行基本公共服务均等化提供了基础，但这毕竟还只是一个初步的基础。基本公共服务均等化的实施应该与这一初步基础相匹配，既要满足人民群众的合理需求，但也要避免追求不切实际的高标准。特别是在调整财政支出结构的过程中，尽管我们强调要扩大基本公共服务支出的比重，但扩大到什么程度应该以整体的经济发展水平为参照，透支财力以图一时之快的做法难以长久。另一方面，共享与共建是相互依存的，推行基本公共服务均等化要有利于把最广大的人民群众纳入到社会主义事业的建设中来。基本公共服务均等化不搞不行，搞得过头也不行，两者都不利于调动公众的积极性。当前我们主要面临的是前一问题，后一问题虽然就目前来看并不突出，但是应该要有前瞻性。一些西方福利国家的实践已经有了不少反面经验，值得我们认真研究，防患于未然。其二，就动态性而言，基本公共服务均等化的实施是一个动态过程，应该随着经济社会的全面发展而发展。这也包含两个方面：一是基本公共服务的内涵是动态发展的。现在我们的基本公共服务主要侧重于基本民生服务，强调对生存发展的"底线需求"予以保障。随着经济社会的发展，对基本公共服务的范围和标准也应该进行相应的调整。二是均等化也是动态发展的。均等化是动态发展过程中的均等化，这就意味着均等化只能是大致均衡。绝对平均既无可能也不必要，将其作为目标强制推行甚至是有害的。综合这两个方面来看，发展和共享是互利互生，也是永无止境的，因此，实现基本公共服务均等化也永远只能是在相对的意义上实现，任何时候都不能懈怠。其三，就与具体国情之间的适应性而言，实现基本公共服务均等化要立足于本国国情，探索具有中国特色的基本公共服务均等化的实现道路。改革开放以来，我们一直坚持走自己的道路，获得了巨大成功。现在提出发展成果共享，这本身就是一个创新性理念，不可能有现成的实现方案。在推进基本公共服务均等化的过程中，对于国外的先进做法和已有经验当然要虚心学习广泛借鉴，但更主要地，还是应该依靠我们自己从具体国情出发实事求是、艰苦探索。在拥有十几亿人口的发展中大国搞基本公共服务均等化，这是前无古人的事业，靠生搬硬套是没有出路的，中国人民应该做出自己的贡献。

四、维护人的尊严[①]

如果说"任何人类历史的第一个前提无疑是有生命的个人的存在"，[②] 那么

---

① 参见张贤明、高光辉：《公正、共享与尊严：基本公共服务均等化的价值定位》，载于《吉林大学社会科学学报》2012年第4期。

② 《马克思恩格斯选集》第1卷，人民出版社1972年版，第24页。

任何人类历史的最终目的也只能是存在着的有生命的个人。就此而言，人是一切人类历史活动的出发点，也理应是一切人类历史活动最终的意义载体。康德认为，作为一种理性的存在，人应该始终都是目的本身，并由此形成一个理想的目的王国，而"目的王国中的一切，或者有价值，或者有尊严。一个有价值的东西能被其他东西所代替，这是等价；与此相反，超越于一切价值之上，没有等价物可代替，才是尊严。"[①] 把人的尊严放在至高无上的地位，是启蒙运动以来人类文明发展的一大重要成果，并且也在很大程度上为人类的社会实践设定了某种终极价值。正因为如此，对于一项特定的社会实践而言，人的尊严在多大程度上得到了实现和维护就变成了具有根本性的评判标准。

毫无疑问，推行基本公共服务均等化是党领导人民进行社会主义建设过程中的一项重要实践。以人的尊严作为这项实践的最终归宿，不仅是一种现代意识的重要体现，也是以人为本执政理念的内在要求。尽管，在中国传统思想中，以人为本更多的是作为一种巩固统治的方法和手段出现的，[②] 这里的"人"还仅仅是一种工具，远没有上升到目的的高度。但是，"以人为本"一经成为党治国理政的基本理念，就被赋予了全新的时代内涵。根据这一理念，人民是历史的创造者，因此必须承认人在历史发展进程中的主体性和价值本位性，也就是要做到发展依靠人，发展为了人。而人的尊严恰恰是对人的主体性和价值本位性的高度概括与提炼。从这个意义上说，党的执政理念本身即体现了人的尊严的至上性，而要在推行基本公共服务均等化的过程中真正贯彻以人为本的执政理念，就必须将人的尊严作为完成这项工作的最终归宿。不仅如此，以人的尊严作为推行基本公共服务均等化的最终归宿，也为展开对这一工作的合理评价提供了具体的微观基础。我们不否认各种综合计算的量化指标对于衡量基本公共服务均等化推行状况所具有的重要意义，但是评价基本公共服务均等化的执行状况，绝不仅仅在于指标完成得怎么样，最终的标准还是要落实到每一个具体的人身上，要看基本公共服务均等化的推行是否真的让人们获得了更好的生活体验、更强的尊严感。那么，以人的尊严作为最终归宿，对于实际推行基本公共服务均等化究竟意味着什么呢？

从过程维度来看，以人的尊严作为最终归宿，意味着在推行基本公共服务均等化的过程中，不仅要关注基本物质需要的满足，在文化心理层面，还应该体现制度设计的人文关怀。尊严的实现既需要体面也需要认同。其中前者更多地指向物质层面。生存性需求得到满足，具备在所处社会里被认为是基本的生活条件，

---

① 康德著，苗力田译：《道德形而上学原理》，上海人民出版社2002年版，第53页。
② 一般认为，"以人为本"最早出自《管子·霸言》，其中有"夫霸王之所始也，以人为本"的观点。

这应该是任何一个人过上体面生活的必要前提。而这个前提同时也构成了实现尊严的起点。很难想象，一个不具备立足于社会的基本物质条件，甚至连生存都成问题的人，还能有尊严可言。当前，我国在推行基本公共服务均等化的过程中，将重点放在养老、就业、医疗等基本民生性服务的均等化上，应该说就是为每一个人的体面生活提供一个基础性的物质保障，这是完全必要的，并且也应该继续深入。但是与此同时，我们也应该注意到，从尊严的实现也需要认同的角度来看，仅仅有基础性的物质保障是不够的。认同是一个观念问题，与之相对立的是歧视与排斥。由于对认同的需求主要涉及文化心理层面，因而没有基本物质需求那么直观、易于把握，但不可否认的是，认同对于尊严的实现和维护同样是至关重要并且必不可少的。从这个意义上说，在推行基本公共服务均等化的过程中，关注于基本物质需求的满足只是一个方面，另一方面还应该重视社会成员对于认同感的需求，注意减少歧视和排斥，特别是要防止由基本公共服务均等化推行过程本身带来的歧视和排斥。以正式程度为标准，可以将认同分为制度性认同和非制度性的社会认同。其中制度性的认同由于对社会认同具有带动和促进作用，因而更为关键。这就要求我们在推行基本公共服务均等化的过程中，必须重视体现制度设计的人文关怀。具体而言，一是要从整体上提升基本公共服务均等化的制度化水平，特别是要提升其制度层次。让每一个公民都能够享受到均等化的基本公共服务，是政府应尽的责任，这不同于封建社会的"施仁政"，更不是哪一个掌权者的恩赐。要使这一观念真正得以确立，就必须使得公民享受基本公共服务的权利得到更加制度化的保障，并最终成为一种法定权利。二是在具体的制度安排上，要注意避免对社会成员造成心理伤害。上文提到，推行基本公共服务均等化要有几个"倾斜"，其中就有对弱势群体和困难群众的倾斜。这类群体所面临的生存困境往往是物质和心理的双重困境。如何使他们通过享受均等化的基本公共服务，得到物质困境和心理困境的缓解，需要认真加以研究。事实上，"全面地重视物质和心理这两方面的制度性伤害不仅有助于帮助社会弱者，而且更有助于在一般人际关系中形成一种与好社会相称的社会伦理规范。"[1] 这是在推行基本公共服务均等化的过程中应该注意的。

从目的维度来看，以人的尊严作为最终归宿，意味着推行基本公共服务均等化的根本目的在于不断促进人的解放及其自我价值的实现。尽管维持一个基本的体面对于人的尊严来说是不可或缺的，但尊严的实现绝不仅限于此。人的尊严之所以至高无上，是因为每一个人都是独一无二的，因而每一个人也都同等珍贵。正因为如此，实现人的尊严在很大程度上就可以转化为实现每一个人平等的独特

---

[1] 徐贲：《通往尊严的公共生活——全球正义和公民认同》，新星出版社2009年版，第276页。

性，而这种独特性的实现也就是人的自我价值的实现。在罗尔斯看来，有尊严的生活包含两个方面：其一是确信自己的生活理想是有价值的；其二是自信有能力实现自己的意图。[①] 这里应该指出的是，任何一个人的生活理想以及实现其理想的能力都不是凭空产生的，而是以特定的社会历史条件为基础，并且必须借助于这些条件才能得到发展。事实上，这也正是基本公共服务均等化的根本意义所在：让每一个人都能通过享受均等化的基本公共服务来继承已有的社会发展成果，在此基础上，形成与当时的社会发展状况相适应的个人生活愿景，以及实现愿景的能力。而每一个人生活愿景的实现过程，既是其能力进一步扩展的过程，也是个人不断解放的过程。由个人的不断解放促进社会的不断解放，这也就是《共产党宣言》中所说的"每个人的自由发展是一切人的自由发展的条件"。就此而言，将人的尊严作为推行基本公共服务均等化的最终归宿，就不能只看到基本生存需要。尽管就当前的发展阶段来看，这种关注是绝对必要的；但是从实现尊严的角度来考虑，则有局限。如果说尊严的实现最终有赖于自我价值的实现的话，那么自我价值的实现则必须以多种需求的满足为基础，除了生存之外，还包括知识、成就以及丰富、和谐的人际交往关系等。在此基础上，才能真正产生自我实现意义上的人的尊严。正因为如此，在推行基本公共服务均等化的过程中，即便是关注基本需求的满足，也应该着眼于每一个人的长远发展。提供均等化的基本公共服务不是为了造就均等化的人，恰恰相反，而是要促进每一个人个性的解放和自由、全面的发展。这也是以人的尊严作为推行基本公共服务均等化最终归宿的精髓所在。

第三节　基本公共服务均等化的推进思路

　　实现基本公共服务均等化，除了要在价值导向方面以公民权利、社会公正、成果共享和人的尊严加以引领之外，还应该构建科学合理的服务体系予以保障。事实上，党的十六届六中全会就已经提出"逐步形成惠及全民的基本公共服务体系"；十七大报告则明确指出"要积极推进和注重实现基本公共服务均等化"；十七届五中全会再次明确"提高政府保障能力，推进基本公共服务均等化"。这表明推进基本公共服务均等化已经成为党和政府的工作重点，建构中国基本公共服务体系已经成为基本任务。那么，在构建基本公共服务体系、推进基本公共服

---

① 罗尔斯著，何怀宏等译：《正义论》，中国社会科学出版社1988年版，第442页。

务均等化的过程中,应该把握什么样的原则、按照什么样的思路来进行呢?

一、动态调适:基本公共服务均等化的目标定位

基本公共服务必须与经济社会发展水平相适应,基本公共服务均等化的目标定位必然随着经济社会的发展而不断变化。换言之,基本公共服务均等化的目标具有较强的动态性,必须动态调适。

2012年,国务院颁布《国家基本公共服务体系"十二五"规划》,要求"十二五"时期国家基本公共服务均等化建设要取得明显进展,并提出四大目标,即供给有效扩大、发展较为均衡、服务方便可及、群众比较满意。①

所谓供给有效扩大,主要包括三个方面,一是政府加大对于基本公共服务的投入,逐步提高基本公共服务的预算支出在财政支出中的比重;二是建立健全基本公共服务的国家标准体系,并随经济社会的发展对标准进行动态调整,实现相关制度的全覆盖;三是着眼公共服务的供给方式,实现公共服务供给主体和供给方式的多元化。所谓发展较为均衡,主要是着眼于城乡之间、区域之间的基本公共服务的均衡,强调资源的合理布局,特别是要加快优质资源共享机制的建立健全,基本实现县(市、区)域内基本公共服务均衡发展,并明确提高农村和老少边穷地区基本公共服务水平。所谓服务方便可及,主要强调基本公共服务设施布局的科学化合理化,建立健全以基层为重点的基本公共服务网络,使城乡居民能够就近获得基本公共服务;所谓群众比较满意,主要着眼于基本公共服务要以满足城乡居民的需求为根本导向,建立健全城乡居民有效表达基本公共服务需求的机制,合理降低城乡居民享受基本公共服务的个人负担,并对政府供给基本公共服务的绩效进行评价和问责,增强城乡居民基本公共服务的获得感和满足感,不断提高社会满意度。

2017年初国务院颁布的《"十三五"推进基本公共服务均等化规划》提出到2020年总体实现基本公共服务均等化的目标,要求"十三五"期间基本公共服务体系更加完善、体制机制更加健全、基本公共服务供给持续取得新进展。为此,提出了四大主要目标:一是均等化水平稳步提高,即城乡区域间基本公共服务大体均衡,贫困地区基本公共服务主要领域指标接近全国平均水平,广大群众享有基本公共服务的可及性显著提高;二是标准体系全面建立,即国家基本公共服务清单基本建立,标准体系更加明确并实现动态调整,各领域建设类、管理

---

① 《国务院关于印发国家基本公共服务体系"十二五"规划的通知》,中国政府网,http://www.gov.cn/zwgk/2012-07/20/content_2187242.htm。

类、服务类标准基本完善并有效实施；三是保障机制巩固健全，即基本公共服务供给保障措施更加完善，基层服务基础进一步夯实，人才队伍不断壮大，供给模式创新提效，可持续发展的长效机制基本形成；四是制度规范基本成型，即各领域制度规范衔接配套、基本完备，服务提供和享有有规可循、有责可究，基本公共服务依法治理水平明显提升。[1]

二、政府主导：基本公共服务均等化的责任归依[2]

从理性角度看，人们之所以愿意缔结或者加入某一共同体，是因为该共同体可以提供其成员生存与发展所必需的各种保障。否则，人们的行动不仅是非理性的，也是冒险的。因为按照理性人的假设，人们之所以愿意承担某种风险，一定是由于这一风险可能带来更大的收益。如果人们愿意缔结或者加入的共同体对其不能提供有效保障，那就意味着"零和博弈"，必然有某些成员获得超额收益，同时也必然有某些成员的收益为零甚至负值，而这一结果也必然会为理性的行动者们所预知。在集体行动的逻辑中，纯粹基于"投机"的共同体是无法形成的。正如罗尔斯所描述的在"无知之幕"遮蔽下的理性人，总有人不能接受一无所获甚至更糟的结果，所以他们最终可以达成一致同意的分配方案将是最大地有利于最少受惠者，即最大最小值。由此可见，人们在共同体的达成意愿中，投机的个体与冒险的方案始终并行存在，但是其不能指导集体行动的逻辑，赌博式的个体理性也无法融贯为整个公共理性。因此，人们对于生存发展的普遍愿望将是保守的，而其一旦以共同意志的形式呈现出来，就成为共同体义不容辞的责任。在此意义上，作为现代政治共同体的主要形式，政府保护公民的合法权益、为公民提供基本公共服务，既是公民对于政府的合理期待，也是政府无可推卸的责任。

但在实践层面，问题的核心并不在于政府是否应当提供基本公共服务，而是政府在基本公共服务领域所应担当责任的尺度如何界定。这种讨论主要基于两方面：其一，基本公共服务的外延广泛；其二，政府并非基本公共服务的唯一理想供给者。基本公共服务与公共物品在许多相关研究中往往作为等同的概念交互使用，但事实上，基本公共服务的内容非常丰富，其涵盖范围已经大大溢出了学理意义上公共物品的概念。根据公共物品的判定原则，非排他性与非竞争性是衡量公共物品与私人物品的根本标准。而在基本公共服务领域中，它并不排斥具有正

---

[1] 参见《"十三五"推进基本公共服务均等化规划》。
[2] 参见张贤明、薛洪生：《当代中国基本公共服务体系建构的基本思路》，载于《学习与探索》2015年第3期。

外部性的私人物品。换言之，如果某个人或者群体的行动有利于增进其他旁观者的福利，那么，这种行动就可以视为提供某种基本公共服务。因此，基本公共服务的判定原则就是某种行动对基本公共福利的环境具有溢出效应，而并不一定具有非排他性与非竞争性。这也意味着：政府并不是基本公共服务的唯一供给者，甚至可能不是最理想的供给者。由于市场机制的激励作用以及各市场主体所面临的竞争压力，由非政府主体提供基本公共服务的质量完全有可能超越政府所能提供的。例如，在西方国家开始出现私营的消防公司，他们通过收取会费向会员们提供消防服务，设备先进，灭火得力，补偿到位。由此引发了应当依赖于政府供给还是私人供给去实现基本公共服务均等化的争论，焦点集中围绕在究竟应当坚持政府主导机制还是引入市场机制而展开。笔者认为，基本公共服务较之一般公共服务，其关涉的领域重大、关键、敏感且往往无利可图。其中市场失灵频仍，价格杠杆、效率机制等惯常的资源配置手段也难以发挥合理的作用。前述的私营消防公司固然服务优质高效，但它必须直面的困境是：如果非会员向该公司发出灭火的紧急求救，或者该公司在执行任务后发现其他非会员的房屋失火，又或者一户是会员而另一户非会员的两户相邻房屋失火，该公司是否必须对非会员施救呢？可以设想，该公司完全有理由对非会员袖手旁观，尽管这在道义上是不被支持的，但其逻辑与保险公司当然会拒绝未参保人的赔偿要求一样合理。在这一逻辑框架下，公民享受基本公共服务的资格在某种形式上要被资本所限定，公民生存发展的基本权利的实现要以买卖性的契约为前提，这意味着部分公民甚至绝大多数公民将被排除在基本公共服务的享受对象之外。因此，建构基本公共服务体系的基础依托于这样的逻辑是难以想象的。事实上，政府作为公共管理职能的先天拥有者与公共利益的法定维护者，应当承担起供给基本公共服务的主要责任，应当成为建构基本公共服务体系的主导者，这是人们融入共同体的基本期待和前提条件。尽管不一定是最理想的模式，但我们不能否认政府主导是中国政治发展的明显特征，这已经在社会主义市场经济体制建设过程中充分体现，在基本公共服务体系的构建过程中也会体现出来，只不过前者重在解决政府和企业关系的问题，后者重在解决政府和社会、公民关系的问题。诚然，中国在基本公共服务领域出现了一些问题，但改革开放以来的建设实践证明，我们没有放弃政府主导社会发展这一"中国经验"的可信理由，也没有这种现实可能性。更何况中国政府由全能型政府、管制型政府向服务型政府的过渡不可能一蹴而就，人民群众遇事找政府的依赖型政治心理也难以在短期内发生实质意义上的转向。因此，脱离政府的主导地位去讨论基本公共服务的体系搭建问题非但不现实，而且根本不切题。正是在这种意义上，推进基本公共服务均等化，建构基本公共服务体系，应该由政府在其中承担主要责任。需要特别强调的是，作为责任主体，政府并不包办或直接生产所有的基本公共服务,不是要回到过去那种全能政府时代,这就需要我们确定基本公共服务的"基本"范围。

三、均衡平等:基本公共服务均等化的总体状态[①]

一块蛋糕怎样分配才是均等的?关于这个问题,人们诉诸直觉的反应是根据吃蛋糕的人数来将蛋糕平均分成若干等份。但是,在中国基本公共服务体系的建构过程中也套用这种思路去思考"均等"就未免有失简单。平均主义是中国的传统政治思想,曾在新中国成立后的一段历史时期内投入政治实践,并以失败告终。如果政府秉持这一原则去推进基本公共服务均等化,就无异于把砸碎的"大锅饭"拾起来,再次回到实践证明无法走通的老路上去。从社会正义的视角出发,"均等"并不一定意味着无差别,也并不一定否认差别性的存在,它可以通过有差别的分配来给予人们无差别的对待。这可以由罗尔斯那条著名的"差别原则"来印证:"社会和经济的不平等应这样安排,使它们……适合于最少受惠者的最大利益……依系于在机会公平平等的条件下职务和地位向所有人开放。"[②]现实中,中国的执政者也在遵循着这样的均等观。十六届六中全会明确指出,"以发展社会事业和解决民生问题为重点,优化公共资源配置,注重向农村、基层、欠发达地区倾斜,逐步形成惠及全民的基本公共服务体系"。这不仅反映了执政者关于政治责任的深刻认识,也明确了政府推进基本公共服务均等化的方向——均衡与平等。"均衡"意在基本公共服务体系中实行有差别的分配,而"平等"则意在基本公共服务体系中推行无差别的对待,两者共同构成了"均等"的价值意蕴。首先,建构中国基本公共服务体系应当以实现基本公共服务的"均衡"状态为诉求。当前,中国的利益格局已经呈现出不均衡的态势,特别是区域间、城乡间、行业间、群体间的差距日益扩大,而且这些差距也并不都是由于禀赋上的差异而导致的,它们之所以在市场角逐中渐行渐远,在相当大程度上要归因于改革开放之初政府在致富路线上的特殊安排与设计。例如,一些资源大省为国家发展提供了廉价的生产资料和能源,广大农村地区为国家发展提供了廉价的劳动力。这一部分人和地区不是不具备竞争实力,而是为改革开放作出了奉献与牺牲,他们的落后从一开始就几乎被注定。在更深层意义上说,判断某种制度安排的好坏与否在于遵守这一制度的每一个人都可能从中获利,或者说一项正

---

① 参见张贤明、薛洪生:《当代中国基本公共服务体系建构的基本思路》,载于《学习与探索》2015年第3期。
② 罗尔斯著,何怀宏译:《正义论》,中国社会科学出版社2009年版,第237页。

义的制度应该合乎制度范围内所有人的利益。如果该制度并没有达成这样的结果，就需要对该制度进行矫正。因此，中国不均衡的利益格局需要政府在建构基本公共服务体系时予以考虑和作出倾向性的安排，通过财政转移支付等手段去扶持与补偿农村、欠发达地区和社会弱势群体，从而调配利益格局中各单元间的非均衡、不协调的关系，使之逐渐走向和谐、均衡。其次，建构中国基本公共服务体系应当以"平等"为原则。"不正义正是在于不平等"。① 基本公共服务是每一个中国公民都有资格、有机会享有的国民待遇。基本公共服务的供给可以按照不同的分配份额配置，但这应当在一个向所有中国公民开放的体系中进行，每一个公民的参与机会与适用原则都别无二致。身份可以有差异，但无高低贵贱之分，这已经是现代社会的基本共识，用任何理由去排列人们身份的等级都无法得到正当的辩护，更遑论在一个国家的基本公共服务体系当中。既然中国基本公共服务体系的预期是要"惠及全民"，就势必在推进基本公共服务均等化的过程中坚持平等原则，不用多重标准去区分公民身份，不使每一个中国公民在基本公共服务的体系中被"缺席"。

四、民生改善：基本公共服务均等化的目标取向②

推进基本公共服务均等化的立足点在于着力改善和保障民生，在此意义上，建立民生政治新形态是推进基本公共服务均等化的目标取向。以改善民生为导向的政治也可称之为民生政治，它是一种谋求更多生活机会、摆脱各种束缚特别是物质贫困的约束的政治；是一种认同政治和选择政治，是一种旨在化解集体面临的生存挑战的政治。③ 简而言之，民生政治就是用民众生活质量指数和满意指数来取代简单的经济增长指数，把民众生活质量和满意度的提高作为政治合法性支撑来源的政治形态。建立民生政治新形态，需要把握三个关键点：一是准确界定政府职责范围，把民生问题纳入政府职责范围之内。总体上看，当下中国的问题是公共权力过大而公民权力过小，主要表现就是公共权力的越位，具体地看，在某些领域公共权力却不到位，出现权力真空地带。④⑤ 就民生问题而言，改革开放以来，政府在社会福利领域的不断退出是导致我国经济与社会发展失调的重

---

① 彼彻姆著，雷克勤等译：《哲学的伦理学》，中国社会科学出版社1990年版，第333页。
② 张贤明：《共享与正义：论有尊严地共享改革发展成果》，载于《吉林大学社会科学学报》2011年第1期。
③ 张贤明、高光辉：《民生的政治属性、价值意蕴与政府责任》，载于《理论探讨》2011年第6期。
④ 安东尼·吉登斯著，李惠斌、杨雪冬译：《超越左与右——激进政治的未来》，社会科学出版社2000年版，第94~96页。
⑤ 罗豪才：《公法视角下和谐社会的构建》，载于《中国发展》2005年第1期。

要原因之一。因此，妥善解决民生问题，政府在观念上必须像对待经济发展一样，把解决民生问题当作自己不可推卸的职责。二是健全政府绩效评估体系，把民生指数纳入指标体系。政府绩效评估指标及其体系是引导政府行为的指针。很长一段时间以来，经济增长一直是政府绩效评估的核心指标，这从以经济建设为中心的意义上讲没有错，但只注重经济增长，单纯追求GDP，已经产生了诸多问题，特别是经济增长与社会事业发展、民生改善不平衡，甚至出现强制拆迁等与民争利的现象，违背了社会公平正义的价值原则。因此，根据我国的民生状况，逐步建立和完善以人民幸福指数为政绩评价的指标体系，对于改善和保障民生具有特别重要的意义。此外，需要特别指出的是，解决民生问题并不意味着政府简单地通过再分配和社会调剂向公民提供社会保障和福利，还应该以相应的社会政策增强贫困者的经济和社会功能，培养其"造血"功能，否则仍然会陷入"因贫致贫"的循环，难以真正解决民生问题。三是应当以公民的利益诉求作为保障和改善民生的依据。一方面，政府保障和改善民生的内容要以公民的利益诉求为依据，因为"民生问题不是凭空臆造的，而是由民众的委屈、牢骚、抱怨、控诉所共同组成的，解决民生问题不能靠'演绎法'，而要靠'归纳法'"。[①] 在此意义上，"民生"即为"民声"。这要求政府广开言路，增设制度化的政治参与渠道，在法治规范下让民众得以畅所欲言。政府在听取公民利益表达的时候，真正地尊重公民的表达权，真正地做到有则改之、无则加勉，不使政府与民众间的政治沟通流于形式。尤为重要的是，政府在听到一些负面的声音甚至可能不理智的说法时，先不应急于将其一概视为洪水猛兽加以打压，而是应当探寻声音背后的原因，是否与民生问题相关，是否如实反映了民众的真实疾苦。政府着力保障和改善民生，不能仅仅依靠埋头苦干，也需要与社会互动、与民众沟通。另一方面，政府保障和改善民生的顺序要以公民的利益诉求为依据。民生问题的妥善解决是一个循序渐进的过程，政府决不能"眉毛胡子一把抓"，即使广泛听取公民的利益诉求，也不能不分青红皂白"一揽子"解决。这种做法的缺陷，一是不现实，政府在民生问题上想要面面俱到，结果必定是捉襟见肘、面面"不到"；二是没立场，政府对待民众的利益诉求（其中当然会有互相冲突的）不加甄别，不加裁决，一味实现，这不仅有违一般的社会公正观念，其结果也一定违背皆大欢喜的初衷。应该明确的是，政府保障和改善民生，需要广泛地听取公民的利益诉求，这既是为了"归纳"，也是为了"过滤"。因为在公民利益表达的传递过程中，一定会有无效信息、扭曲信息、矛盾信息等存在，政府需要对这些信息进行真伪善恶的甄别。同时，公民的利益诉求也有轻重缓急之分，政府还需要对公民

[①] 张贤明、高光辉：《民生的政治属性、价值意蕴与政府责任》，载于《理论探讨》2011年第6期。

的利益诉求进行判断与衡量，从中把握公民极为重要而迫切的利益期待，并由此来安排保障和改善民生的顺序。

五、多元谐动：基本公共服务均等化的机制保障[①]

我们应当看到，中国所要建构的基本公共服务体系之所以谓之以"体系"，是因为它处在牵一发而动全身的整体谐动态势下运行，若要它有效地发挥作用，必须依赖各个有机组成部分的紧密配合才能实现。因此，中国基本公共服务体系的建构应当奉行一种多元谐动的运行机制。所谓多元就是强调在社会各方力量的利益表达与政治参与下共同完成建构中国基本公共服务体系的工作。虽然中国基本公共服务体系的建构需要坚持政府的主导地位，但不等于政府要在其中唱"独角戏"，各种社会力量是完善和补充基本公共服务体系的重要构成，不可或缺。一方面，政府的能力未必能够完成或者做好全部的基本公共服务，这就需要在政府监管的前提下，依靠相关的社会力量去代理行使服务职能，或者开放一些基本公共服务领域由非营利性社会力量发挥服务功能。另一方面，中国基本公共服务体系的建构也需要社会各方力量的建议、监督、反馈。基本公共服务体系不是空中楼阁、无所凭借，它必须建立在社会各方利益充分表达的基础之上，否则服务供给就失去"公共"属性。政府提供基本公共服务的效果也需要公众的反馈来加以评估，并在后续的政策中根据公众的反馈去调整基本公共服务的内容和方向。如果没有社会监督与反馈，公共服务的供给完全由政府自行决定，不仅脱离了现代民主政治要求制约公权力的根本命题，也有悖于一般的正义观念——最大限度地取消社会制度中的任意性因素。同时，社会各方力量所具有的多元性决定了他们的政治参与行动将采取多种可能方案，如决策型参与、有限吸纳型参与、告知型参与、校正型参与、改善型参与和合作型参与等。[②] 这些多元而有益的政治参与将使得中国的基本公共服务体系更加饱满，也会使公民的民主素养得到锻炼和提升，为进一步创新发展中国基本公共服务体系奠定基础。所谓谐动，就是强调构成中国基本公共服务体系的配套模块相互勾连、相互支撑，在默契地互动中实现和谐的状态。基本公共服务体系内部可以分解成若干配套模块，"这一体系由公共服务的投入机制、运行机制、应急机制、保障机制、评估机制、监督机制等

[①] 张贤明、薛洪生：《当代中国基本公共服务体系建构的基本思路》，载于《学习与探索》2012年第3期。

[②] 汪锦军：《公共服务中的公民参与模式分析》，载于《政治学研究》2011年第4期。

模块构成"。① 在基本公共服务领域出现的任何问题都有可能是因为这些配套模块不能协作而导致的连锁反应。为了消解这些问题，我们需要对基本公共服务体系的各个模块进行排查，找出问题的真正肇端并加以解决。相反，一味奉行"头痛医头脚痛医脚"的解决问题方式，不可能从源头上杜绝问题的复发，最终将陷入政令频出、自相矛盾、朝令夕改的窘境。总之，推进基本公共服务均等化，建构中国的基本公共服务体系，既需要在外部发动社会的各方力量积极参与其中，使之不断丰满，也需要在内部协调各种配套模块的运动状态，使之充满张力。通过对基本公共服务体系内外因素的统合，推动基本公共服务体系在多元谐动的运行机制下得以健康发展。

---

① 张立荣、冷向明：《基本公共服务均等化取向下的政府行为变革》，载于《政治学研究》2007年第4期。

第三章

基本公共服务均等化的测量指标与客观评价

对基本公共服务均等化水平进行评价,目的在于发现基本公共服务均等化实施过程中的缺陷和不足,反思基本公共服务均等化的实施策略,挖掘更加有效的实现途径。对基本公共服务均等化水平进行客观评价,关键是构建科学的评价指标体系。

一套完整的基本公共服务均等化评价指标体系包含客观性的基本公共服务均等化测量指标与客观评价体系和基本公共服务均等化公众满意度测量体系两个部分,前者测量基本公共服务均等化的客观表征,后者测量基本公共服务的群众需求,两者相互对比可以分析得出哪些基本公共服务内容达到群众要求、哪些没有达到群众要求,有利于更有针对性的提供群众所需的基本公共服务。本章主要研究基本公共服务均等化测量指标与客观评价体系问题。

第一节 基本公共服务均等化测量指标体系构建的原则与思路

一、基本公共服务均等化测量指标体系构建的原则

基本公共服务均等化测量应该能够准确、客观、科学地反映基本公共服务均

等化的真实水平，并且有助于促进社会公众能够公平正义的共享基本公共服务。指标体系是基本公共服务均等化测量赖以运行的形式保障，指标体系设计的合理性与科学性关系到基本公共服务测量的可操作性，而基本公共服务均等化的客观评价必须以指标体系为依据，基本公共服务均等化的实现也与指标体系的内容息息相关，因此，基本公共服务均等化测量指标体系的构建需要从价值性原则和科学性原则两个方面进行考虑。

（一）基本公共服务均等化测量指标体系构建的价值性原则

所谓价值性原则，是指为保证基本公共服务均等化评价指标体系符合社会公平正义的基本要求所应遵守的基本原则。价值性原则的确立，目的在于保证测量指标体系的构建符合基本公共服务均等化的本质要求，真正体现基本公共服务均等化的最终目的，而非仅仅是统计层面或计量层面的简单展示。具体而言，基本公共服务均等化测量指标体系构建的价值性原则应包含以下几个方面。

第一，以人为本原则。以人为本是科学发展观的具体内容，从这个意义上讲，以人为本的发展应具备两层含义："一是指相对于人类物质层面上的事物如科学技术以及经济方面的内容而言，人类应当具有主体的意义，而不能沦为其附属物；另一层含义是指在社会发展基本宗旨的层面上，应当以绝大多数社会成员的利益为基本着眼点"。[①] 基本公共服务的特性在于"基本"，就是要保障社会成员最基本的生存和发展条件，"均等化"的理念导向则是将基本公共服务的覆盖范围扩大到绝大多数社会成员。因此，在均等化测量指标体系构建时，坚持将人置于核心位置，坚持以人为主体。

第二，公众导向原则。如前所述，社会公众是基本公共服务均等化的主体。一方面，公众是基本公共服务的最终使用者，他们的需求理应成为基本公共服务供给的风向标；另一方面，公众还是基本公共服务供给的参与者，他们的满意度是基本公共服务供给质量与效率的测量表。就此而论，社会公众对基本公共服务的需求和满意度是基本公共服务供给的导向。从指标体系构建的角度看，坚持公众导向的原则，要及时了解公众需求，将公众最需要的内容赋予较大权重。

第三，受益均等原则。基本公共服务均等化的提出，目的在于解决社会公众在享受基本公共服务时存在的不均等问题。所以，受益均等是构建基本公共服务均等化标准体系的重要内容。"基本社会公共服务的供给水平应该平均，所有地

---

① 吴忠民：《社会公正论》，山东人民出版社 2004 年版，第 3 页。

区和所有个人都应该享受到这一水平以上的公共服务",[①] 当然,需要指出的是强调均等,并不是主张绝对的平均化,而是允许合理差异的平均。受益均等应该体现两个层面的内容,一是机会均等,即全体社会成员享受基本公共服务的机会是均等的,他们都有自由选择享受基本公共服务的权利;二是制度统一,即不同地区之间应该实现基本公共服务制度的相对统一,通过制度、法规保障社会成员享受基本公共服务的机会。

(二) 基本公共服务均等化测量指标体系构建的科学性原则

科学性原则是指为保证基本公共服务均等化评价指标体系能够如实反映基本公共服务均等化的客观情况所应遵守的原则。科学性是基本公共服务均等化测量指标体系构建的前提和基础,一方面,坚持科学性原则是均等化测量可操作的保证;另一方面,坚持科学性原则也是均等化测量结果客观公正的要求。

第一,系统性原则。基本公共服务均等化测量指标是一个复杂的完整体系,各部分之间具有一定的逻辑关联、包括不同的具体内容,所以制定标准时通过各部分指标的有效衔接反映政府公共服务供给水平的全面图景。一方面,指标体系应该完整全面,它应该能够概括基本公共服务的大多数内容,反映全国性、区域性基本公共服务的均等化的客观情况;另一方面,指标体系应该静态与动态结合,可以将年度基本公共服务的供给情况视为静态指标;将不同年份之间基本公共服务供给情况的变化状态视为动态指标,反映基本公共服务的差异变化。

第二,代表性原则。指标体系在全面完整地反映基本公共服务均等化的客观状况的同时,也需要对评价对象不同侧面进行测量,这样既可以考察不同内容基本公共服务均等化的水平,也有利于明晰基本公共服务供给的重点领域。因此,在指标设计中除了强调全面完整性之外,还需要注意指标的代表性,能够分层次、有重点的对人民群众最关心、最现实、最直接的利益问题进行反馈。就目前而言,教育、医疗、环境、就业、社会保障等问题是社会成员最关心的问题,所以,这些内容就成为指标体系中需要重点关注的部分。

第三,可操作性原则。可操作性原则,又可以称为可行性原则或可得性原则,指的是在进行指标体系设计时,要注意数据来源的可得性,考虑是否可以通过公开统计资料获得所需数据,并尽量做到客观、公正、权威;同时又要考虑指标的可比性,在指标设计或数据处理时,做到口径一致,不同区域、不同时间基本公共服务均等化水平都可比较。由于目前国内基本公共服务均等化指标体

[①] 蔡秀云:《社会基本公共服务均等化标准探析》,载于《经济研究参考》2011年第22期。

系研究相对薄弱，这就需要在指标设计和数据采集上，参照西方国家的成熟经验，根据权威统计部门公开发表的数据，保证指标设置的科学性、数据来源的可得性。

第四，适应性原则。基本公共服务的内容和水平都是随着社会发展、经济状况的变化而不断变化的，因此，指标体系也并非静止不变，而是随着时间、地点和经济发展水平等相关因素而产生变化。一方面，基本公共服务均等化的指标体系应当与当前经济发展状况、社会发展水平保持大体一致性，并能够适应社会公众的基本公共服务需求；另一方面，基本公共服务均等化指标体系可以发展变化，既可以在内容方面有所变化，也可以在结构方面有所变化。但需要注意的是，这种变化要与国家实际情况保持一致，同时要控制在合理范围之内。

二、基本公共服务均等化测量指标体系构建的思路

基本公共服务均等化是一个动态和变化的过程，并不是从实物量、构成或价值量上的完全等同，而是一种大体上相等和可比较，是在承认客观差异和城乡差异前提下的均等化，更加注重保障弱势群体的权益。构建客观、准确的基本公共服务均等化测量指标体系必须能够有助于回应以上问题。因此，基本公共服务均等化测量指标体系的构建应该具有明确的思路指引，具体来看，基本公共服务均等化测量指标体系在内容结构层面应实现主客观相结合，在指标的选取与分类层面应实现投入、产出与效果相结合，在具体测量标准层面应坚持中等标准。

（一）在测量指标体系的内容结构上坚持主客观相结合

基本公共服务均等化的测量既包括供给层面的客观实际情况，也包括享受层面社会公众的满意程度。从这个意义上讲，基本公共服务均等化评价指标体系应该包括两个方面的内容：一是从客观角度构建基本公共服务均等化测量指标体系，二是从主观角度构建基本公共服务均等化的公众满意度测量指标体系。首先，基本公共服务均等化测量指标体系方面。基本公共服务均等化是指基本公共服务的供给的数量和质量差别可以在一定的限度之内，应当允许存在一定的地区、阶层或区域差别。以基本公共服务均等化的宏观层次为例，基本公共服务均等化要求政府及相关服务供给参与主体要为不同社会阶层的所有合法公民提供一视同仁的公共服务。然而，由于理论认知的偏差，在基本公共服务均等化的现实政策制定和执行中，许多人不知不觉就陷入了"均等化"等于"人均化"的陷

阱，认为在基本公共服务非均等、差距大的背景下，只要在农村、西部落后地区、弱势群体提供相应的公共服务就表示"基本公共服务均等化"了。当前测量基本公共服务均等化主要是以人均财政投入或人均经费的多少为标准，如"学生人均教育经费""人均医疗卫生支出""人均社会保障支出"等指标来衡量均等化程度；或是以实物多少为标准的，如"人均床位""人均绿地面积"等指标衡量均等化程度。这些测量标准与评价维度都是建立在区域差异、偏好差异和环境差异为零的假定基础上的逻辑结论。本文在进行基本公共服务均等化测量指标与客观评价体系构建时，会在承认基本公共服务合理差别的限度内，对质量和数量进行综合考量，在摆脱"均等化"等于"人均化"误区的基础上，制定基本公共服务均等化的测量指标和客观评价体系。其次，在基本公共服务均等化的公民满意度测量指标体系方面，满足公民需求是政府政策诉求的一个重要评价方面，也是构建和谐社会的一个重要目标。"公众对政府提供基本公共服务均等化满意的程度，是评价政府提供基本公共服务质量的重要标准。实现基本公共服务均等化，必须回应当前的社会需求，达到不同地域、城乡、阶层的民众对政府基本公共服务的满意度的提高。"[①] 需要注意的是，公众满意度调查是对政府提供基本公共服务的公众主观认可态度的测量，它是一种主观感受与评价，与政府提供基本公共服务的客观作为不一定一致。因为主观满意度的产生决定于许多因素，既有政府的实际作为方面，也有公民内心期望的对比。任何一方面的缺失都有可能影响公民对政府提供基本公共服务均等化现状的评价。然而，政府提供基本公共服务的主要目的在于满足公众的公共需求，为公众的生存和发展提供必要的条件。基本公共服务均等化的理想状态当然是实现客观测量和主观评价的一致性，也就是政府提供的基本公共服务恰好满足社会公众的公共需求。所以，从这个意义上讲，尽管基本公共服务均等化的公众满意度测量比较主观，但是对于调查结果的分析，还是有助于分析我国政府提供基本公共服务的能力与效果。

（二）在测量体系指标的选取与分类上坚持投入、产出、效果相结合

一般而言，从"投入"角度衡量基本公共服务均等化水平是国际通用的惯例，并且在使用过程中特别注意强调严格的程序控制。诚然，从"投入"的角度能够将直接投入基本公共服务的货币计量，简单准确地转化为人均水平，可以直观观测基本公共服务的投入程度。但是，仅仅重视投入问题而忽视对投入绩效的

[①] 薛洁：《基本公共服务均等化公民满意度调查报告》，载于《湖北社会科学》2014年第9期。

评价可能导致公共资源的大量浪费。① 况且，投入只是实现基本公共服务均等化水平的一种手段、一个阶段，甚至可以视为基本公共服务均等化的初始阶段。投入固然重要，但它只是实现基本公共服务均等化的中间过程，提升人的行为能力、促进人的全面发展，使每个公民都能公平享受改革发展成果，才是实现基本公共服务均等化的最终目的。因此，在衡量基本公共服务均等化水平之时，就不能仅仅将眼光放在投入层面，还需要考虑"投入"之后的"产出"和"效果"维度。因此，本书主张从"投入—产出—效果"三个维度构建测量基本公共服务均等化客观水平的指标体系。在三维测量指标体系中，投入类指标反映在基本公共服务领域的投入水平，主要包含了财政支持力度、物质设施水平和人力资源状况。产出类指标反映在基本公共服务领域所投入的资源产生了什么样的基本公共服务能力。效果类指标则反映投入的基本公共服务资源和能力产生的实际效果，对人民的惠及程度。从"投入—产出—效果"三个维度构建测量指标体系，具有单一维度评价体系所不具备的优势：其一，利用"投入—产出—效果"三维测量指标体系有利于更加全面、立体、有效地分析不同省份基本公共服务均等化的客观水平。除投入类指标之外，增加"产出类"指标有利于从数量角度了解基本公共服务的供给状况，还便于基本公共服务供给的绩效管理；增加"效果类"指标则有利于反映人们享受基本公共服务所取得的实际效益。其二，利用"投入—产出—效果"三维测量指标体系有利于不同层面、不同维度内部的比较分析，能够较为直观地审视各个省份基本公共服务均等化过程中地作用力和侧重点，并且有利于"从制度性层面来剖析不同省份综合保障水平以及均等化相对进程较低的根源"。② 其三，利用"投入—产出—效果"三维测量指标体系有利于发挥"反馈—引导"作用。"重评价、轻反馈、缺引导"是当前许多评价指标体系存在的通病，指标体系的功能与价值往往停留在对数据的简单呈现阶段。基本公共服务均等化"投入—产出—效果"三维指标体系在对基本公共服务均等化的客观水平进行立体呈现的同时，凸显绩效管理的思想，可以对投入之后的绩效进行追踪、溯源，比如，针对某一项基本公共服务，两个不同省份投入相似，但产出或效果差异较大，我们就可以通过指标追踪产生差距的原因。进而通过对基本公共服务投入绩效的反馈，引导下一环节的工作。当然，"投入—产出—效果"三维指标体系在促进基本公共服务均等化测量更加全面、科学的同时，也不可避免地带来若干问题：首先，产出和效果类指标体系的界定和衡量问题。投入类指标是较为容易确定的，一般包括财力、物力和人力的投入等内容。产出和效果类指标则相

---

① 李剑：《基本公共服务评价指标体系研究》，载于《商业研究》2011 年第 5 期。
② 卢洪友等：《中国基本公共服务均等化进程报告》，人民出版社 2012 年版，第 10 页。

对难以界定，特别是效果类指标，在一定程度上似乎更加偏向基本公共服务消费者的"主观体验"，而且其与投入类指标之间的因果关系也需要审慎论证。其次，不同类型指标的权重设定也是需要仔细考虑的问题。由于基本公共服务的内容种类繁多、项目多样，测量指标也是由多级子变量构成，如何确定不同类型、不同自变量的权重需要认真对待。这些问题都需要在指标选取的过程中通过科学方法予以解决。

（三）在指标体系的具体测量标准上应坚持中等标准

如前所述，由于基本公共服务均等化测量指标和评价体系是由多种类基本公共服务内容、多级别变量组成的综合性评价体系，并对各级指标进行分析的基础上综合评价得出总分。所以对于不同类型的指标和变量需要赋予其一定的权重。一般而言，确定指标权重应用较多的方法主要有两种类型。一种是主观赋权法，包括层次分析法、德尔菲法等类型，该种途径主要是通过主观评分的测定方法，即通过专家打分来确定不同变量的权重，这种方法的优点在于能够对不同指标的重要性程度做出区分。另一种则是客观赋权法，以熵值法为主要代表，是指"根据各指标间的相关关系或是各指标的变异程度来确定权重"，[①] 这种方法的优点是注重指标的离散程度，能够比较客观的反映各个指标的权重系数。需要注意的是，虽然这两种方法在当前应用较为广泛，但其均存在一定的缺陷，主观赋权法容易受到人为因素的影响，可能会夸大或降低某些指标的作用；而客观赋权法则容易忽视某些指标的重要程度，有时无法反映实际问题。因此，我们不得不将目光转向他处，不妨从基本公共服务供给标准层面寻求新的视角。一般而言，基本公共服务均等化的供给标准可以从低、中、高这三个角度进行理解。最低标准，又可称为国家标准，是国家层面制定的标准，通过公共财政保证基本公共服务的供给有助于促进公众的生存和发展权，该层标准强调基本公共服务覆盖面的普遍性，"所有的服务提供者，包括最边远山区和最贫困地区的服务提供者，都必须保证达到该标准。"[②] 中等标准，又可称为地方标准，是国家标准在地方的具体化，即"地方标准人均享有的服务供给量应与国家标准一致，与全国人均公共产品占有量持平"。[③] 最高标准则强调全国各地基本公共服务的供给水平应该保持完全一致。这三种基本公共服务供给标准对于均等化水平测量来说均具有参考价值，但各有不同。从目前中国社会发展的实际情况来看，最低标准无疑具有

[①] 穆涛：《多指标综合评价中确定指标权重的一种方法》，载于《科技经济市场》2007年第11期。

[②] 联合国计划开发署编：《中国人类发展报告2007~2008：惠及13亿人的基本公共服务》，中国对外翻译出版公司2008年版，第100页。

[③] 许淑萍：《论现阶段中国政府公共服务的供给标准建设》，载于《学习与探索》2010年第1期。

较高的适应性，但问题是目前中国政府尚未发布基本公共服务供给的国家标准，从操作性的角度来看，此种测量方法缺乏参照系。与之相对，中等标准具有良好的数据支持，可操作性较强；最高标准是基本公共服务供给的最终目标，或者说一种理想状态，但现实生活中实现难度较大。① 基于数据支持度和可操作性的考虑，本书在对基本公共服务均等化进行测量时坚持中等标准。在具体测算之时，将基本公共服务的全国平均水平为基准，对其进行赋分（分值为100），然后将不同地区的基本公共服务供给水平与全国均值进行比对，得出地方性分值，用以分析不同地区基本公共服务水平的差距、完成度以及变化发展趋势。

第二节 基本公共服务均等化测量指标体系构建的依据

一、基本公共服务均等化测量指标体系构建的政策依据

（一）不同机构和相关部门制定的全面建设小康社会指标体系

"全面建设小康社会"的理念是由邓小平在20世纪70年代末80年代初首先提出的，经党的十五届五中全会确认为我国发展的目标，由此，我国进入加快推进社会主义现代化建设的新阶段。作为一项发展目标，如何确定达到怎样的水平才能算是小康社会是需要解决的首要问题。"建立一套集描述、解释、评价、监测和预测功能于一身的科学、合理、全面、可行的全面小康社会的综合指标体系具有重要的实际意义"。② 从这个角度来看，全面小康社会的指标体系是全面小康社会思想的重要组成部分，也是全面建设小康社会伟大实践的基础性工作。

从目前来看，关于全面建设小康社会指标体系的政策或政策性建议主要分为三种类型，一是中国社科院"全面建设小康社会指标体系研究"课题组构建的指标体系，二是国家统计局提出的指标体系，三是国务院发展研究中心提出的指

---

① 孙德超：《中国省级政府基本公共服务发展报告》，社会科学文献出版社2014年版，第14~15页。
② 熊新发：《全面小康社会指标体系的应然性思考》，载于《理论与改革》2006年第6期。

体系。由于三个提出单位都具有官方背景,所以他们提出的指标体系在一定意义上具备政策导向的性质。

具体来看,首先,中国社科院的指标体系包括社会结构指数、经济与科教发展指数、人口素质、生活质量和环保、法制及治安五大类,包括第三产业从业人员占总计比重、城镇人口占总人口比重、非农增加值占 GDP 的比重、出口额占 GDP 的比重、教育经费占 GDP 的比重、人均 GDP、人均社会固定资产投资额、工业企业总资产贡献率、城镇实际失业率(逆指标)、研究与发展经费(R&D)占 GDP 比重、人均教育经费、每万人口专利受理量、人口自然增长率、每万职工拥有专业技术人员、每万人口在校大学生人数、大专以上文化程度人口占 6 岁以上人口比重、每万人口医生数、平均预期寿命、恩格尔系数、人均生活用电量、每百户拥有电话、每百户拥有计算机(城镇)、工业"三废"处理率、农村饮用自来水人口占农村人口比重、每万人口刑事案件立案率、每万人口治安案件发生率、每万人口拥有律师数、每 10 万人交通事故死亡率等 28 个指标。①

其次,国家统计局制定的全面小康社会指标体系按照经济发展、社会和谐、生活质量、民主法制、科教文卫、资源环境等六大部分 25 个监测指标进行考察。在经济发展方面,包括人均 GDP、第三产业比重、城镇人口比重、城镇调查失业率指标;在社会和谐方面,包括基尼系数、城乡居民收入比、地区经济发展差异系数、基本社会保障覆盖率、高中阶段毕业生性别比指标;在生活质量方面,包括人均可支配收入、恩格尔系数、人均住房使用面积、千人拥有民用载客汽车的数量、人均生活用电量的指标;在民主法制方面,选取公民自身民主权利的满意度;在科教文卫方面,选取了平均受教育年限、平均预期寿命等指标;在资源环境板块,选取万元 GDP 的综合能耗、森林覆盖率、环境质量指数等指标。②

最后,国务院发展研究中心提出的全面建设小康社会指标体系包括经济、社会、环境和制度四个方面共 16 项指标(见表 3-1)。从这几套全面建设小康社会指标体系所涵盖的领域和所包括的具体来看,虽有差异,但仍具有较强的一致性。基本都涉及到经济、社会、文化、环境等领域,具体指标也比较完整,对于构建基本公共服务均等化测量指标体系具有政策引导作用。

---

① 李培林、朱庆芳:《中国小康社会》,社会科学文献出版社 2003 年版,第 93~94 页。
② 《国家统计局:首个小康指标体系明年有望出台》,新华网,http://news.xinhuanet.com/politics/2005-12/09/content_3900985.htm。

表 3-1　　　　国务院发展研究中心全面建设小康
社会指标体系及 2020 年目标

主题	2020 年目标
一　经济主题	
1. 人均国内生产总值	4 000 美元 ~ 5 000 美元
2. 非农产业就业比重	大于 60%
3. 恩格尔系数	城镇：小于 30%；农村：小于 40%
4. 城乡居民收入	城镇：20 000 元；农村：8 000 元
二　社会主题	
5. 基尼系数	小于 0.4
6. 社会基本保险覆盖率	100%
7. 平均受教育年限	10 年
8. 出生时预期寿命	75 岁
9. 文教体卫增加值比重	10%
10. 犯罪率	小于 15 起/万人
11. 日均消费型支出小于 5 元的人口比重	0
三　环境主题	
12. 能源利用效率	2.4 美元/千克煤
13. 使用经改善水源的人口比重	100%
14. 环境污染综合指数	
四　制度主题	
15. 廉政建设	10 起/万人
16. 政府管理能力	5%

资料来源：周长城、柯燕：《客观生活质量：现状与评价——以澳门特区为例》，社会科学文献出版社 2008 年版，第 15 页。

（二）国务院和各级地方政府出台的基本公共服务体系"十二五"规划

进入"十二五"时期，意味着我国全面建设小康社会进入关键时期，也是全面深化改革的重要阶段。这一时期，建立和健全基本公共服务体系，促进基本公共服务均等化，对于维护社会公平正义具有重要意义，也是推进民生建设、保障人民群众最关心最直接最现实的利益的主要举措。明确基本公共服务的范围、标准和工作重点是促进基本公共服务均等化的前提和基础。2011 年 3 月 14 日，第十一届全国人民代表大会第四次会议通过的《中华人民共和国国民经济和社会发展第十二个五年规划纲要》（以下简称《规划纲要》）首次以法律形式明确了基本公共服务范围和重点，这为基本公共服务均等化标准的制定提供了法律依据和政策基础。在《规划纲要》中，"十二五"时期基本公共服务范围和重点包括公共教育、就业服务、社会保障、医疗卫生、住房保障、公共文化、基础设施和环境保护9大类24小项内容。[①] 根据《中华人民共和国国民经济和社会发展第十二个五年规划纲要》的基本要求，国务院进一步制定了《国家基本公共服务体系"十二五"规划》，并于2012年7月11日印发，该项规划"主要阐明国家基本公共服务的制度安排，明确基本范围、标准和工作重点，引导公共资源配置，是'十二五'乃至更长一段时期构建国家基本公共服务体系的综合性、基础性和指导性文件，是政府履行公共服务职责的重要依据"。[②] 具体到基本公共服务范围方面，规划认为，一般包括保障民生需求的教育、就业、社会保障、医疗卫生、计划生育、住房保障、文化体育等领域的公共服务，广义上还包括与人民生活环境紧密关联的交通、通信、公用设施、环境保护等领域的公共服务，以及保障安全需要的公共安全、消费安全和国防安全等领域的公共服务。[③] 以此为据，结合《"十二五"规划纲要》的要求，并突出体现"学有所教、病有所医、老有所养、住有所居"的理念，《国家基本公共服务体系"十二五"规划》就公共教育、劳动就业服务、社会保障、基本社会服务、医疗卫生、人口计生、住房保障、公共文化等领域的基本公共服务进行了规划，就每项基本公共服务的重点任务、基本标准和保障工程进行了详细说明。

《国家基本公共服务体系"十二五"规划》印发之后，全国各省、自治区、直辖市相继制定印发了本省、自治区、市基本公共服务体系建设规划，在国家标准的基础上，先后制定了本省、自治区、市基本公共服务均等化的标准。如《广东省基本公共服务均等化规划纲要（2009～2020年）》《山东省基本公共服务体系建设行动计划（2013～2015）》《上海市基本公共服务体系暨2013～2015年建设规划》《辽宁省基本公共服务体系发展规划（2013～2015年）》《浙江省基本公共服务体系"十二五"规划》《江西省基本公共服务体系"十二五"规划》《吉林省基本公共服务体系"十二五"规划》《海南省基本公共服务均等化重点民生项目发展规划（2011～2015年）》。除了省级政府制定的基本公共服务体系建设发展规划之外，一些地市级政府也制定了相应的发展规划，如《济南市基本公共服务体系建设行动计划（2013～2015年）》。除了各级地方政府制定的规划

---

① 《国民经济和社会发展第十二个五年规划纲要》，载于《全国人民代表大会常务委员会公报》2011年第3期。
②③ 《国家基本公共服务体系"十二五"规划》，载于《国务院公报》2012年第21期。

设定了基本公共服务均等化的标准之外。国家发展改革委、国家标准委、教育部、科技部、公安部、民政部等27个部门在达成共识的基础上联合制定,由国家标准化管理委员会印发了《社会管理和公共服务标准化工作"十二五"行动纲要》。纲要中的社会管理和公共服务标准化工作涉及公共教育、劳动就业服务、社会保险、基本社会服务、公共医疗卫生、人口和计划生育、公共基础设施管理与服务、公共文化体育、公共交通、司法行政与服务、公共安全、生态保护和环境治理、社会组织管理、社会公益科技服务等14个方面;设置了11项重大工程,提出了相关领域标准体系建设、标准化科研、标准宣贯、队伍建设和信息平台建设等方面的主要工作和预期目标,为相关行业部门、地方政府制定社会管理和公共服务标准化发展战略、编制社会管理和公共服务标准制修订计划和开展相关标准化工作提供了依据。

从各级地方政府和国家部委制定的基本公共服务体系建设发展规划和相关文件来看,地方的标准制定与国家标准在内容上基本保持一致,在标准水平上以国家标准为依据但都比国家标准更加细致,而且更高一些。这说明各地方政府充分考虑了地方经济发展水平、社会资源状况、人民需求水平等各种因素的影响,具有地方适用性。以《山东省基本公共服务体系建设行动计划(2013~2015)》为例,该项规划既对2013~2015年基本公共服务各领域主要发展指标进行了设定,也对基本公共服务各项具体内容的标准进行了设定;既有总体规划,又有具体目标,对于推进本省基本公共服务均等化的实现具有重要意义。

二、基本公共服务均等化测量指标体系构建的学理依据

基本公共服务均等化的测量问题自始至终都受到各大国际组织和国内外相关研究者的关注,并随着对基本公共服务认识的深化而不断演变发展。即使在研究初期,尚未明确提出基本公共服务均等化测量指标体系的阶段,与基本公共服务相关的指标体系均为基本公共服务均等化测量指标体系提供了学理依据。具有代表性的有:全球性国际组织建立的全球性指标体系,如联合国计划开发署的人类发展指数(HDI)、世界银行的"世界发展指标"(WDI);区域性国际组织建立的区域性指标体系,如经合组织(OECD)的"美好生活指数"以及国内学者建立的指标体系,如周长城构建的"生活质量指数"等。尔后,随着国内理论界对基本公共服务均等化及其客观评价问题的研究不断深化,一系列有关基本公共服务均等化测量的指标体系逐渐建立起来,这对加深基本公共服务均等化测量指标体系的理解提供了有益借鉴。

（一）联合国计划开发署的"人类发展指数（HDI）"

联合国计划开发署（The United Nations Development Programme，UNDP），是联合国下属机构，在世界170多个国家和地区进行发展援助，旨在为各国提供知识、经验和资源，帮助人民消除贫困，减少不平等和排斥，创造更美好的生活。从1990年开始，联合国计划开发署每年出版发布一份《人类发展报告》，关注全球对主要发展问题的辩论，提供新的评估工具、创新性的分析以及一些政策建议。在1990年首份《人类发展报告》中，创立了"人类发展指数（Human Development Index，HDI）"，选用人类寿命指数、受教育程度指数和国内生产总值指数来反映长寿水平、教育程度和生活质量情况，"这三个指标又分别由人类出生时的寿命预期，成年人受教育的程度和总体入学率，以及通过购买力平价方式和以美元计算的人均真实国内生产总值计算得来。"[①] 在具体计算时，一国的人类发展指数 HDI =（人类寿命指数 + 受教育程度指数 + 国内生产总值指数）/3。其中，人类寿命指数用出生时预期寿命来衡量，受教育程度指数用成人识字率（2/3权重）及小学、中学、大学综合入学率（1/3权重）共同衡量，国内生产总值指数用实际人均GDP来衡量，HDI值介于0~1，数值越大，质量越好。从人类发展质量评估的角度看，人类发展指数具有较大的优点：从可操作性层面看，HDI测量所需数据简单易得，计算方法简单，可操作性强；从科学性角度看，HDI着眼于更加全面地评价人类社会进步状况，而不仅仅着眼于经济方面，而且"HDI比人均GDP有一个最大的优点，它不像人均GDP可能掩盖了人均收入水平的巨大差异"。[②] 当然，HDI的三个指标只用预期寿命、受教育程度和人均GDP来衡量一国的发展水平显然是不够全面的，而且其计算数值容易受到最大值和最小值的影响。因此，HDI的设计者们不断完善指标内容的选取并持续改进测算方法。一方面，为充分反映不同国家的发展情况，特别是再分配方面的不平等问题、发展的剥夺问题等，增加了一定的补充指标，如性别发展指数、性别赋权尺度、人文贫困指标等；另一方面，改进测算方法，主要有两点，"一是根据人均GDP对于人类发展的边际贡献率递减的特点，将经济变量的代表指标人均GDP改为人均GDP的对数；二是将HDI分别乘以性别敏感系数和收入敏感系数，将性别歧视和收入分配不公的负面作用在HDI中体现出来。"[③] 经过不断修正，形成了一套新的人类发展指标体系（见表3-2）。

[①] 胡锡琴、曾海、杨英明：《解析人类发展指数》，载于《统计与决策》2007年第1期。
[②] 茅于轼：《从GDP到人类发展指数HDI》，载于《民主与科学》2009年第3期。
[③] 朱成全、李立男：《人类发展指数的拓展研究》，载于《中共南京市委党校学报》2009年第1期。

表 3-2　　　　　　　　　　新人类发展指数

目标层	领域层	指标层
新人类发展指数	物质	人均 GDP
		居民消费指数
		城市居民家庭恩格尔系数
		本地电话和移动电话拥有量
		人均预期寿命
		婴儿死亡率
		产妇死亡率
		医疗保险覆盖率
	精神	成人识字率
		综合入学率
		艺术表演、电影观众指数
		每万人专利申请授权数
		人均公共图书馆藏量
	政治	每万人口刑事犯罪数量
		权利赋予指数 GEM
		失业率
		社会保险覆盖率
		贫困发生率
		农村城镇居民人均收入之比
		企业职工最低工资标准上浮率
	生态	二氧化硫的削减量
		城市的绿化面积
		环保投资

资料来源：朱成全、李立男：《人类发展指数的拓展研究》，载于《中共南京市委党校学报》2009 年第 1 期。

(二) 世界银行的"世界发展指标 (WDI)"

世界银行是世界银行集团的简称，由国际复兴开发银行、国际开发协会、国际金融公司、多边投资担保机构和国际投资争端解决中心五个机构组成，其目的在于建立一个没有贫困的世界。因此，它需要对世界上各个国家的基本发展数据进行搜集和监测。在世界银行出版的各种数据资料中，《世界发展报告》和《世界发展指标》是最具影响力的两份数据文件。其中,《世界发展报告》"主要涉及与世界发展相关的广泛问题,认为讨论必须超出经济发展范围,应该包括重要的社会目标,如减少贫困、改善生活质量、增加获得教育和健康的机会"。[①] 自 1979 年开始发布以来,《世界发展报告》每年选取一个具有特色的主题,近年来的主题分别为:思维、社会与行为(2015)、风险与机会——管理风险以促进发展(2014)、就业(2013)、性别平等与发展(2012)、冲突、安全与发展(2011)、发展与气候变化(2010)。《世界发展指标》(*Word Development Indicators*,WDI)则是世界银行出版的另外一份重要数据文件,是世界银行首个发展指标集合,根据得到正式承认的国际来源的数据编制而成。它提供现有的最新、最准确的全球发展数据,包括国家、地区和全球数据,它采用了更广泛、一体化的统计方式,从多种资料来源中选取 1 345 项指标来反映世界各国发展的情况,主要分为世界概览、人口、环境、经济、政府与市场、全球联系几个部分。与其他类似的指数或指标体系相比,世界发展指数的最大特点是覆盖范围广、包含数据全,在覆盖范围方面,该指标涵盖了世界上 248 个国家和地区的数据资料;在数据内容方面,囊括了健康、公共部门、农业与农村发展、城市发展、基础设施、外债、性别、援助效率、教育、气候变化、环境、社会保护与劳动力、社会发展、私营部门、科学技术、经济与增长、能源与矿产、贫困、贸易、金融部门等多个领域,能够较为全面地反映世界各个国家和地区的发展状况。(见表3-3)

表 3-3　　　　　　　　　　世界银行世界发展指数

主题	指标
世界概览	人口
	地表面积
	人口密度
	城市人口
	国民总收入
	国内生产总值

---

① 周长城等:《生活质量的指标构建及其现状评价》,经济科学出版社 2009 年版,第 122 页。

续表

主题	指标
人口	儿童营养不良、体重不足患病率
	5岁以下儿童死亡率
	孕产妇死亡率
	青春期女性生育率
	艾滋病患病率
	小学毕业率
	青年识字率
	劳动力参与率
	脆弱性就业
	失业
	女性法律工作者、高级官员和管理者
环境	森林面积减少
	国家保护区
	可再生内陆淡水资源
	获得改善的水资源
	获得改善的卫生防疫设施
	城市人口
	颗粒物浓度
	二氧化碳排放量
	能源利用量
	发电量
经济	国内生产总值
	总储蓄
	调整后的净储蓄
	经常账户余额
	中央政府现金盈余或赤字
	消费价格指数
	广义货币

续表

主题	指标
政府与市场	商业准入密度
	创办企业所需的时间
	股票市场资本总额
	银行部门提供的国内信贷
	中央政府征收的税收收入
	军事支出
	人均耗电量
	移动电话用量
	互联网用户
	高科技出口
全球联系	商品贸易
	净易货贸易条件指数
	入境旅游支出
	净官方发展援助
	净移民
	收到的个人转移支付或官员报酬
	外国直接投资
	证券投资
	外贸总额
	债务还本付息总额

资料来源：根据世界银行《2013年世界发展指标》整理。

（三）经合组织的"美好生活指数"

经济合作与发展组织（简称经合组织，OECD），成立于1961年，是由34个市场经济国家组成的政府间国际经济组织。该组织的宗旨为促进成员方经济和社会的发展，推动世界经济增长，帮助成员方政府制定和协调有关政策，以提高各成员方的生活水准，保持财政的相对稳定；鼓励和协调成员方为援助发展中国家做出努力，帮助发展中国家改善经济状况，促进非成员方的经济发展。基于此，经合组织制定了一系列指标体系对成员方进行评价，涵盖了卫生、环境、教育、就业、社会等12个领域的多项内容。在此基础上，经合组织于2011年开始正式发布"美好生活指数"（The Better Life Index）。人们可以借助美好生活指数从物质生活条件和生活质量领域的 11 个方面对 36 个国家的幸福感加以比较,这 11 个方面包括:住房、收入、就业、社区、教育、环境、治理、健康、生活满意度、安全、工作与生活的平衡。美好生活指数是基于网络交互的测量手段,它促使人们就幸福问题展开讨论,并在此过程中领悟对于人类生活最重要的元素。根据 OECD 的这套指标体系,个人可以创建自己的美好生活指标,并可以与不同国家、年龄、性别的人或者是 OECD 的整体水平进行比较。OECD 的美好生活指数基本涵盖了人类生活的各个方面,从其内容来看,一方面将物质条件与精神条件相结合,既包括住房、收入、环境等物质条件;也包括生活满意度、工作与生活的平衡等精神因素;另一方面,将客观测量与主观评价相结合,住房、收入、就业、教育均可通过客观数据得以直观展示;而社区、治理、生活满意度等内容又体现了个人的主观感受。在指标的选取与设置方面,其加入了"工作与生活的平衡"这一内容,用"员工工作时长"与"休闲与个人护理时间"两项指标来剖析工作与生活的关系。可以说,OECD 的美好生活指数是判断生活幸福状况的重要标准,同时,也对基本公共服务均等化测量指标体系的构建也具有借鉴意义。(见表 3-4)

表 3-4 OECD 美好生活指数

	领域	指标
美好生活指数	住房	没有基本家具的住房比例
		住房开支
		人均房间数
	收入	家庭可支配净收入
		家庭金融财富
	工作	职业安全感
		长期失业率
		个人收入
	社区	社会网络支持质量
	教育	受教育程度
		学生技能
		受教育年限
	环境	空气污染
		水资源质量

续表

领域	指标
治理	法规制定中的协商程度
	投票率
健康	预期寿命
	自感健康状况
生活满意度	生活满意度
安全	袭击率
	谋杀率
生活与工作的平衡	员工工作时长
	休闲与个人护理时间

（表格最左列合并单元格："美好生活指数"）

资料来源：根据 OECD 官网整理，http：//www.oecd.org/statistics/better-life-initiative.htm。

（四）周长城的"生活质量的指标体系"

生活质量（Quality of Life，QOL），又称为生存质量、生命质量等，由美国制度经济学家加尔布雷斯于1958年首先在《丰裕社会》一书中提出，虽然其概念和内涵并未形成完全一致的意见和共识，但关于生活质量问题的研究已经成为国内外学界关注的重要问题。在国内，随着改革开放的全面深化，中国经济得到长足发展，人们已经不仅仅单纯追求基于经济数据的数量的增长，转而更加注重生活质量的提高。关于生活质量问题的研究中，一般存在着两种方向："一种是把生活质量的研究重点放在影响人们物质与精神生活的客观指标方面，即着重进行社会指标的研究"，"另一类则偏重于人们主观生活感受方面的研究"。[①] 诚然，从主客观两个方面对生活质量进行研究无疑具有全面性。单就二者关系而言，客观生活质量则是评价主观生活质量的物质基础，从这个角度来看，客观生活质量指标研究更具基础性作用，因此，有大批学者对客观生活质量指标体系进行了较为深入地探讨。其中，具有代表性的则是周长城教授的研究。周长城教授在构建客观生活质量指标体系时，基于发展中国家的实际国情，"以社会层面的指标为主，并且以保障和需求两条主线为脉络，分别从经济系统、社会系统、自然系统着眼构建具体指标体系"。[②] 考虑到可操作性和反映时代特征等因素，其最终形成的客观生活质量测量领域由十个方面构成：物质福利、消费、健康、教育、社会保障、社会公正、公共安全、环境、休闲和住房。该指标体系，将资源保障与

---

① 卢淑华、韦鲁英：《生活质量主客观指标作用机制研究》，载于《中国社会科学》1992年第1期。
② 周长城等：《生活质量的指标构建及其现状评价》，经济科学出版社2009年版，第148页。

满足需求结合起来,从"供—需"关系的角度反映客观生活质量的内涵。既包括了对社会成员生活质量的提高起关键物质保障功能作用的经济系统内容,又涵盖了社会成员可感生活质量关键领域的社会系统内容,还纳入了促进可持续发展的自然系统内容,从多个层面对社会成员的客观生活质量进行测量。该指标体系在内容设置上十分翔实,对于基本公共服务均等化测量指标的构建具有很强的借鉴意义(见表3-5)。

表3-5　　　　　　　　客观生活质量指标体系

	领域	指标		
客观生活质量指标体系	物质福利	经济供给	人均国内生产总值	
		需求保障	收入水平	城市居民人均可支配收入
				农民人均纯收入
			就业水平	从业人员比例
	消费	人均消费支出结构	食物比重	
			衣着比重	
			家庭用品及服务比重	
			居住比重	
			医疗比重	
			文娱比重	
			交通通信比重	
			杂项比重	
		消费结构指数		
	健康	卫生资源	每千人口病床数	
			每千人口医生数	
			人均医疗卫生费用	
			卫生总费用占GDP百分比	
		健康状况	平均预期寿命	
			婴儿死亡率	
			孕产妇死亡率	
			传染病发病率	
	教育	教育保障状况	公共教育开支占GDP百分比	
			公共教育开支占政府公共总支百分比	
			各级各类学校专任教师学历合格率	
		教育需求满足	综合入学率(辅之以各级教育入学率)	
			6岁及以上人口的人均受教育年限	

续表

领域	指标	
社会保障	基本养老保险覆盖率	
	失业保险覆盖率	
公平	基尼系数	
	城乡居民收入比	
	泰尔系数	
公共安全	生产安全	
	交通安全	
	社会治安	
	消防安全	
	食品安全	
环境	环境保护	环境污染治理投资总额占 GDP 比重
	环境状况	水质综合合格率
		环境噪声达标区面积
		城市空气污染指数年、日平均值
		生活垃圾无害化处理率
		人均公共绿地面积
闲暇	闲暇时间	
	闲暇活动	
	闲暇消费	
	闲暇设施及资源	
居住状况	居住空间状况	
	住房成套状况	
	住房拥有能力	
	住区公共资源状况	

（客观生活质量指标体系）

资料来源：根据周长城教授的研究整理，具体可参见周长城等著：《生活质量的指标构建及其现状评价》，经济科学出版社 2009 年版，第 151~155 页。

第三节　基本公共服务均等化测量指标体系的内容及说明

构建科学合理的基本公共服务均等化评价体系关键在于选取恰当的具体指标。在这里需要明确几个基本前提，即基本公共服务均等化评价体系测量的内容是什么、均等的标准如何划定。很明显，评价体系测量的内容是"基本公共服务"，这就要求在指标内容的选择上"保基本"，基本公共服务均等化并不是追求所有公共服务的均等化，而是主张保证人民生存和发展的基本公共服务均等化。这就需要对"基本"进行恰当的界定，学者们主张从"最低层次性""直接相关性""同质性"和"与基本权利相关性"[①]等维度来理解"基本"的含义。从这些角度来讲，基本公共服务"往往更多地涉及全体社会公众生存和发展的'根本权利'和'底线需求'"。[②] 遵循这样的基本前提，在评价指标的选择上，着重考察与人民生活密切相关的、对人民生存和发展影响最大的内容。另一个基本前提是，评价体系的构建应该体现"促均等"。这意味着基本公共服务均等化评价体系主要测量政府是否向每位社会成员提供了与经济发展水平相适应的基本公共服务。当然，需要说明的是，均等并不意味着绝对平均，在某些公共服务上并不需要实现"一刀切"式的平均，考虑到经济发展水平和需求差别的影响，基本公共服务均等化允许合理差异的存在，因此，评价体系体现促均等的同时，也应该避免平均化的倾向。基于这两个前提和前文所提到的基本公共服务均等化测量指标体系的原则、思路与依据，现构建基本公共服务均等化测量指标体系。

一、基本公共教育服务均等化测量指标体系构建

教育权是每个公民的基本权利，与个人的生存和发展息息相关。《义务教育法》规定，"凡具有中华人民共和国国籍的适龄儿童、少年，不分性别、民族、种族、家庭财产状况、宗教信仰等，依法享有平等接受义务教育的权利，并履行

[①] 刘蕾：《基本公共服务均等化内涵研究述评》，载于《长安大学学报（社会科学版）》2009年第1期。

[②] 张贤明、高光辉：《公正、共享与尊严：基本公共服务均等化的价值定位》，载于《吉林大学社会科学学报》2012年第4期。

接受义务教育的义务。"① 这从法理层面保障了公民接受教育的权利。作为未来一段时期内国家教育发展指南的《国家中长期教育改革和发展规划纲要（2010～2020）》则把促进教育公平作为国家教育基本政策，并特别强调"教育公平是社会公平的重要基础。教育公平的关键是机会公平，基本要求是保障公民依法享有受教育的权利，重点是促进义务教育均衡发展和扶持困难群体，根本措施是合理配置教育资源，向农村地区、边远贫困地区和民族地区倾斜，加快缩小教育差距"。② 基于此，结合《国家基本公共服务体系"十二五"规划》中涉及教育的内容，我们认为，基本公共教育服务均等化测量指标体系由"投入指标""产出指标"和"效果指标"组成：投入指标反映基本公共教育服务供给过程中的投入力度，包括财政投入水平、人力投入水平等内容；产出指标反映通过教育资源的投入实现教育均等化目标的水平，即保障学生接受教育的机会与能力；效果指标反映通过接受基本公共教育服务所体现出的效果，即学生接受更高层次教育的水平和进一步发展的能力。通过"投入—产出—效果"三维测量指标"反映的是公共教育资源投入转化为产出并在不同客体间收益的程度"。③ 基本公共教育服务均等化测量指标体系如表3-6所示，各项指标说明如下。

表3-6　　　　基本公共教育服务均等化测量指标体系

一级指标	指标类别	二级指标
基本公共教育	投入指标	普通小学生均公共财政预算教育经费
		普通初中生均公共财政预算教育经费
		普通小学每万人学校数
		普通初中每万人学校数
	产出指标	普通小学师生比
		普通初中师生比
		普通小学生均校舍面积
		普通初中生均校舍面积
	效果指标	普通小学升学率
		普通初中升学率

资料来源：根据笔者调查研究整理。

---

① 《中华人民共和国义务教育法》，中国政府网站，http://www.gov.cn/ziliao/flfg/2006-06/30/content_323302.htm。
② 《国家中长期教育改革和发展规划纲要（2010～2020）》，中国政府网站，http://www.moe.edu.cn/srcsite/A01/s7048/201007/t20100729_171904.html。
③ 卢洪友：《中国基本公共服务均等化进程报告》，人民出版社2012年版，第43页。

第一，投入指标。根据基本公共教育服务的内容和数据可得性，基本公共教育服务均等化投入指标主要分为经费投入程度和学校覆盖范围两类指标。在经费投入程度中，下设①普通小学生均公共财政预算教育经费和②普通初中生均公共财政预算教育经费。该指标主要反映中央、地方各级财政或上级主管部门在本年度内安排，并划拨到各级各类学校、教育行政单位、教育事业单位，列入国家预算支出科目的教育经费。在学校覆盖范围中，下设①普通小学每万人学校数和②普通初中每万人学校数。该指标反映学生受教育的可选择范围，关系到学生的受教育机会，是衡量教育公平的重要维度。

第二，产出指标。基本公共教育服务均等化产出指标主要包括师生比和生均校舍面积两项指标。师生比是学校专任教师和在校学生数的比例，是用来衡量办学水平和人才利用率的重要指标，该指标下设①普通小学师生比②普通初中师生比。生均校舍面积是学生学习和活动的地方，下设普通小学生均校舍面积和普通中学生均校舍面积，分别由小学和初中校舍面积除以在校学生数。

第三，基本公共教育服务均等化效果指标。效果类指标主要以升学率来衡量，升学率既体现了学生获取高层次教育机会的水平，也是衡量教学效果的指标。该指标下设普通小学升学率和普通初中升学率两项内容。小学升学率由该地区当年初中招生数除以小学毕业生数获得，初中升学率由该地区当年高中招生数除以初中毕业生数获得。

二、基本医疗卫生服务均等化测量指标体系构建

身体健康是人类永恒的追求，医疗卫生服务则是人类健康的基本保障。为完善公共卫生制度建设，促进基本公共卫生服务均等化，卫生部发布了《国家基本公共卫生服务规范（2011）》，用以规范基本公共卫生项目管理，包括了城乡居民健康档案管理、健康教育、预防接种、传染病及突发公共卫生事件报告等十一项基本内容，对国家基本公共卫生服务项目的服务对象、内容、流程、要求、考核指标及服务记录表等作出了规定。基于《规范》，结合《国家基本公共服务体系"十二五"规划》中涉及医疗卫生的内容，同时参考《国家统计年鉴》《中国卫生统计年鉴》等，构建了基本医疗卫生服务均等化测量指标体系。基本医疗卫生服务均等化测量指标体系由"投入指标""产出指标"和"效果"指标构成：投入指标是指政府对医疗卫生服务的投入水平，包括经费投入、人力投入、基础设施投入等内容；产出指标是指医疗卫生资源投入产生的医疗卫生服务能力；效果指标反映的是投入医疗卫生资源和能力产生的实际效果，对人们身体健康产生怎样的效果。基本医疗卫生服务均等化测量指标体系由表 3-7 所示，各项指标说明如下。

表3-7　　　　基本医疗卫生服务均等化测量指标体系

一级指标	指标类别	二级指标
基本医疗卫生	投入指标	医疗卫生支出占财政支出比重
		人均医疗卫生经费
		每万人拥有卫生技术人员数
		每万人医疗机构床位数
	产出指标	人均医疗卫生机构诊疗人次
		医师日均担负诊疗人次
		病床使用率
		平均住院日
	效果指标	甲乙法定报告传染疾病死亡率
		孕产妇死亡率

资料来源：根据笔者调查研究整理。

第一，投入指标。基本医疗卫生服务均等化投入指标包括经费投入、人力投入和医疗设施投入三项内容。其中，经费投入由医疗卫生支出占财政比和人均医疗费用构成，医疗卫生支出占财政支出比是各地方财政一般预算内支出中的医疗卫生支出项目除以地方财政一般预算内支出获得，该项指标用于反映地方政府对医疗卫生的投入程度和重视程度。人均医疗费用反映地方财政对当地居民医疗卫生的保障程度，该数据由地方医疗费用除以地方人口获得。人力投入指标由每万人拥有卫生技术人员数构成，反映的是医疗机构的人力投入水平，该项指标计算公式为：每万人口卫生技术人员＝卫生技术人员数/人口数×10 000。医疗设施投入指标选取了每万人医疗机构床位数，它反映了医疗基础设施建设的水平，是衡量一个地区医疗资源的重要指标，其计算公式为：每万人口医疗卫生机构床位：每万人口医疗卫生机构床位＝医疗卫生机构床位数/人口数×10 000。

第二，产出指标。基本医疗卫生服务均等化产出指标反映的是医疗卫生资源投入转化为服务供给的情况。主要选取四项指标，一是人均医疗卫生机构诊疗人次，主要反映卫生机构提供的服务量，由医疗卫生机构诊疗人次除以地方人口总数获得。二是医师日均担负诊疗人次，反映的是医疗卫生人力资源利用率，由诊疗人次数/平均医师人数/251获得。三是病床使用率，由实际占用总床位日数/实际开放总床位日数×100%获得，反映是医疗资源的利用率。四是平均住院日,指出院者在一定时间内的平均住院时间,反映的医疗效益和效率、质量等的一个综合指标。

第三,效果指标。基本医疗卫生服务均等化效果指标反映的是医疗卫生公共服务的投入和产出对居民的惠及效果。主要选取两项指标,一是甲乙法定报告传染病死亡率,是指某地某年每 10 万人口中甲乙类法定报告传染病死亡数,即法定报告传染病死亡率=甲乙类法定报告传染病死亡数/人口数×100 000。二是孕产妇死亡率,反映的是孕产妇保健水平,指年内每 10 万名孕产妇的死亡人数。

三、基本就业服务均等化测量指标体系构建

劳动就业权是宪法规定的基本权利,它不仅是公民自我生存和发展的需要,而且还是实现自我价值的途径。为了保障劳动者依法享有的平等就业和自主择业的权利,使劳动者政府就业不因民族、种族、性别、宗教信仰不同而受到歧视,国家应主动提供就业服务。2007 年劳动和社会保障部颁布《就业服务与就业管理规定》,规定指出,公共就业服务机构根据政府确定的就业工作目标任务,制订就业服务计划,推动落实就业扶持政策,组织实施就业服务项目,为劳动者和用人单位提供就业服务,开展人力资源市场调查分析,并受劳动保障行政部门委托经办促进就业的相关事务。[①] 2008 年颁布的《中华人民共和国就业促进法》则具体规定了公共就业服务的内容,包括①就业政策法规咨询;②职业供求信息、市场工资指导价位信息和职业培训信息发布;③职业指导和职业介绍;④对就业困难人员实施就业援助;⑤办理就业登记、失业登记等事务;⑥其他公共就业服务等内容。[②] 基于此,同时参考《国家基本公共服务体系"十二五"规划》中涉及就业服务的内容,构建基本就业服务均等化测量指标体系。该体系包含"投入指标""产出指标"和"效果指标"三部分内容,每项指标反映基本就业服务的不同方面:投入指标反映了各省级政府基本就业服务的财力、人力、物力投入力度;产出指标反映了各省级政府基本就业服务的供给能力;效果指标则反映基本就业服务投入和供给产生的实际效果。基本就业服务均等化测量指标体系如表 3-8 所示,各项指标说明如下。

---

① 《就业服务与就业管理规定》,中国政府网站,http://www.gov.cn/gzdt/2007-11/07/content_798826.htm。

② 《中华人民共和国就业促进法》,中国政府网站,http://www.gov.cn/flfg/2007-08/31/content_732597.htm。

表 3-8　　　　　基本就业服务均等化测量指标体系

一级指标	指标类别	二级指标
基本就业服务	投入指标	人均就业训练经费
		每万求职人口就业训练中心个数
		技工学校师生比
	产出指标	每万求职人口职业技能鉴定机构数
		城镇单位就业人员平均工资
	效果指标	城镇登记失业率
		就业培训服务成功率
		职业介绍成功率

资料来源：根据笔者调查研究整理。

第一，投入指标。基本就业服务均等化投入指标由财力投入、人力投入和物力投入三项指标构成。人均就业训练经费反映的是接受就业训练的人员获得财政补助费和职业培训补贴的多少，该指标由就业训练中心经费总额除以就业训练人数获得，数额越大说明就业训练人员的经费保障力度越强。每万求职人口就业训练中心反映求职者获得就业训练的机会，由各省训练中心数/本年度登记求职人口数 ×10 000 获得。技工学校师生比反映基本就业服务的人力资源投入，由各省技工学校在职教职工数/在校学生数获得。

第二，产出指标。基本就业服务均等化产出指标由每万求职人口职业技能鉴定机构数和城镇单位就业人员平均工资构成。每万求职人口职业技能鉴定机构数由各省职业技能鉴定数/本年度登记求职人口数 ×10 000 获得，数值越高说明职业技能鉴定机构数越多，就业服务能力越强。城镇单位就业人员平均工资，指的是城镇单位就业人员在一定时期内平均每人所得的货币工资额。计算公式为：平均工资 = 报告期实际支付的全部就业人员工资总额/报告期全部就业人员人数。

第三，效果指标。基本就业服务均等化效果指标反映基本就业资源投入和服务供给对劳动者就业产生的实际效果。该项指标选取了城镇登记失业率、就业培训服务成功率和职业介绍成功率三项指标。城镇登记失业率是指城镇登记失业人员与城镇单位就业人员、城镇单位中的不在岗职工、城镇私营业主、个体户主、城镇私营企业和个体就业人员、城镇登记失业人员之和的比。这是一项逆指标，失业率越低说明基本就业服务的效果越好。就业培训服务成功率反映的是就业培训服务的实际效果，由就业训练结业人数除以就业训练人数获得，数值越大说明就业训练成功率越高，亦即就业训练效果越好。职业介绍成功率由本年度介绍成功人数除以本年度登记求职登记人数获得，反映有就业需求的人员获得就业服务的收益程度。

四、基本社会保障服务均等化测量指标体系构建

一般认为,社会保障(Social Security)这一概念的首次公开使用是在美国1935年颁布的"社会保障法案"中,随后在不同场合和文件中得到大范围使用。虽然"这一术语既没有立法定义,也没通常被接受的定义。"[①] 但其功能却通常被人们接受,从宏观角度看,它是社会稳定的"安全网",收入分配的"调节器",也是经济发展的"减震器"。[②] 从微观层面看,它深刻影响着每个公民的生活水平。从性质和功能的角度看,基本社会保障更注重三个原则:"保障水平的基础性原则,即保障社会成员的基本生活权利;保障群体的广泛性原则,即保障对象应覆盖大部分社会成员;保障标准的公平性原则,即任一公民均应享受平等及公平的社会保障服务"。[③] 由于目前我国没有专门的社会保障法,根据《中华人民共和国社会保险法》的相关规定,结合中国的具体国情,将基本社会保障的内容界定为基本养老保险、基本医疗保险和最低生活保障三个方面。基本社会保障服务均等化测量指标体系由"投入指标""产出指标"和"效果指标"三个方面构成,每项指标反映基本社会保障服务的不同方面;投入指标反映基本社会保障的资源投入包括经费保障、人力投入程度等;产出指标反映基本社会保障资源投出转化的服务能力状况;效果指标则反映基本社会保障资源投入和服务供给所达到的实际效果和惠及程度。基本社会保障服务均等化测量指标体系如表3-9所示,各指标说明如下。

表3-9　　基本社会保障服务均等化测量指标体系

一级指标	指标类别	二级指标
基本社会保障	投入指标	社会保障经费占财政支出比重
		人均社会保障经费
		每万人拥有的社会保障服务人员数量
	产出指标	基本养老保险基金支出水平
		基本医疗保险基金支出水平
		城市最低生活保障支出水平
	效果指标	基本养老保险参保率
		基本医疗保险参保率

资料来源:根据笔者调查研究整理。

---

① 让-雅克·迪贝卢、艾克扎维尔·普列多著,蒋将元译:《社会保障法》,法律出版社2001年版,第2页。
② 胡晓义:《走向和谐:中国社会保障发展六十年》,中国劳动社会保障出版社2009年版,第2~3页。
③ 孙德超:《中国省级政府基本公共服务发展报告》,社会科学文献出版社2014年版,第17页。

第一，投入指标。基本社会保障服务均等化投入指标由财政投入指标和人力投入指标两项内容构成。财政投入指标下设①社会保障经费占财政支出的比重，反映各级政府对社会保障的重视程度；②人均社会保障经费，反映每个社会成员社会保障的经费投入水平，由年度社会保障经费除以人口数获得。人力投入指标由每万人拥有的社会保障服务人员数量构成，社会保障服务人员数量包含当年社会工作师、助理社会工作师以及社会服务职业技能人员构成。该指标反映社会保障的人力投入水平，该项指标由社会保障服务人员数量/人口数×10 000获得，数值越大，说明社会保障人力投入越多。

第二，产出指标。基本社会保障服务均等化产出指标侧重反映居民社会保障的资金供给情况，社会保障经费支出数额越大，说明基本社会保障产出水平越高。该项指标由三部分构成：一是基本养老保险基金支出水平，该项指标由城镇职工基本养老保险支出数额除以参保人数获得，数额越大，说明养老保险基金支出水平越高；二是基本医疗保险基金支出水平，该项指标由城镇医疗保险基金数额除以参保人数获得，数额越大，说明医疗保险基金支出水平越高；三是城市最低生活保障支出水平，是指国家为了保障社会公众的基本生活需要，对人均收入在当地政府限定的最低生活标准以下的城市人口给予相应现金支持。

第三，效果指标。基本社会保障服务均等化效果指标主要反映各类社会保险的覆盖率，下设基本养老保险参保率、基本医疗保险参保率两项子指标。基本养老保险参保率，用城镇养老保险参保人数除以该地区人口总数获得，反映城镇地区基本养老保险的惠及范围。基本医疗保险参保率，用城镇医疗保险参保人数除以该地区人口总数获得，反映城镇地区基本医疗保险的惠及范围。

五、基本公共文化服务均等化测量指标体系构建

公共文化建设既是满足人民群众精神生活的需要，也是引领社会主义政治文明建设的途径。而构建基本公共文化服务体系是保障人民文化权的重要手段，《中共中央关于全面深化改革若干重大问题的决定》提出构建现代公共文化服务体系，"建立公共文化服务体系建设协调机制，统筹服务设施网络建设，促进基本公共文化服务标准化、均等化"。① 2015年1月，中共中央办公厅、国务院办公厅印发《关于加快构建现代公共文化服务体系的意见》（以下简称《意见》），

---

① 《中共中央关于全面深化改革若干重大问题的决定》，载于《人民日报》2013年11月16日，第1版。

对加快构建现代公共文化服务体系，推进基本公共文化服务标准化均等化，保障人民群众基本文化权益作了全面部署。与意见一同印发的《国家基本公共文化服务指导标准（2015~2020年）》（以下简称《标准》），对各级政府应向人民群众提供的基本公共文化服务项目和硬件设施条件、人员配备等具体内容作出了明确规定。根据《意见》和《标准》内容，以及《国家基本公共服务体系"十二五"规划》中涉及基本公共文化的相关内容，构建基本公共文化服务均等化测量指标体系。指标体系由"投入指标""产出指标"和"效果指标"构成，每类指标反映基本公共文化服务均等化的不同侧面：投入指标反映各级政府对公共文化事业发展的财政支持和人力支持；产出指标反映不同地区省级政府在公共文化服务体系建设方面的供给能力和供给水平；效果指标反映基本公共文化服务体系建设的投入和供给对人民群众文化需求的惠及程度。基本公共文化服务均等化测量指标体系如表3-10所示，各项指标说明如下。

表3-10　　基本公共文化服务均等化测量指标体系

一级指标	指标类别	二级指标
基本公共文化	投入指标	文化事业费占财政支出比重
		人均文化事业经费
		每万人拥有主要文化机构从业人员数
	产出指标	每万人拥有的图书馆数
		每万人拥有的艺术表演机构数
		每万人拥有的博物馆数
	效果指标	图书馆服务覆盖率
		艺术演出场馆覆盖率
		博物馆服务覆盖率

资料来源：根据笔者调查研究整理。

第一，投入指标。基本公共文化服务均等化投入指标由"文化事业费占财政支出比重""人均文化事业费""每万人拥有主要文化机构从业人员数"构成。文化事业费占财政支出比重反映各省份对公共文化建设的重视程度，由文化事业费除以地方财政支出获得，数值越大，说明对公共文化发展越重视。人均文化事业费，反映每个公民从事文化活动所享有的经费保障力度。每万人拥有主要文化机构从业人员数，反映各地区对公共文化发展的人力资源保障力度，指标由主要文化机构从业人员数/人口数×10 000获得。

第二，产出指标。基本公共文化服务均等化产出指标由"每万人拥有的图书馆数""每万人拥有的艺术表演机构数"和"每万人拥有的博物馆数"三项子指标构成,反映公共文化服务机构的供给水平。每万人拥有的图书馆数,考察图书馆的机构布局和供给密度,计算公式为:每万人拥有的图书馆数=该地区图书馆数/人口数×10 000。每万人拥有的艺术表演机构数,考察艺术表演机构的覆盖程度,反映艺术表演服务的供给能力,计算公式为:该地区艺术表演机构数/人口数×10 000。每万人拥有的博物馆数,反映博物馆的供给密度,计算公式为:该地区博物馆数/人口数×10 000,数值越大,说明博物馆的供给密度越大。

第三,效果指标。基本公共文化服务均等化效果指标由"图书馆服务覆盖率""艺术表演服务覆盖率"和"博物馆服务覆盖率"三项子指标构成,来考察基本公共文化服务建设对人民群众的惠及程度。其中,如图书馆服务覆盖率通过公共图书馆总流通人次占地区人口比重来体现,艺术表演场馆覆盖率通过文化部门所属艺术表演场馆观众人次占地区人口比重来体现,博物馆服务覆盖率通过博物馆参观人次占地区人口比重来体现。

六、基本公共环境服务均等化测量指标体系构建

公共环境服务是否列入基本公共服务的范围,目前学界仍有争议。但从国家实际国情和政策发展来看,公共环境服务列入基本公共服务的范围有其合理性。一方面,生态环境是人类赖以生存和发展的基本前提,但目前环境污染问题持续恶化。环境为人类生存和发展提供了必需的资源和条件,但工业化时代以来,经济的快速发展是以牺牲环境为代价的。环境污染已经成为影响可持续发展的重要问题,环境正义的基本理念要求重新思考人类与自然之间的关系,并承担保护环境的相应义务。另一方面,生态文明制度建设已成为中国特色社会主义事业总体布局的重要内容。党的十八大将生态文明建设与经济建设、政治建设、文化建设、社会建设并列,成为"五位一体"总体布局的组成部分。这说明,环境保护问题已经上升到事关国家发展的战略高度。因此,将环境公共服务列入基本公共服务范围也就顺理成章。况且,《"十二五"规划纲要》中涉及"十二五"时期基本公共服务范围和重点的内容时提到,县县具备污水、垃圾无害化处理能力和环境监测评估能力,保证城乡饮水水源地安全。基于此,构建基本公共环境服务均等化测量指标体系,体系由"投入指标""产出指标"和"效果指标"构成,具体如表3-11所示,各指标说明如下。

表 3 – 11　　基本公共环境服务均等化测量指标体系

一级指标	指标类别	二级指标
基本公共环境	投入指标	节能环保支出占财政支出比重
		人均节能环保支出经费
		环境污染治理投资占 GDP 比重
	产出指标	每万人拥有的工业废气处理设备数
		每万人拥有的工业废水处理设备数
	效果指标	一般工业固体废物综合利用率
		城市生活垃圾无害化处理率
		城市人均公园绿地面积

资料来源：根据笔者调查研究整理。

第一，投入指标。基本公共环境服务均等化投入指标反映政府在环境保护方面的投入情况，由节能环保支出占财政支出比重、人均节能环保经费和环境污染治理投资占 GDP 比重三项指标构成。节能环保支出占财政比重反映各省级政府对环境保护的重视程度，由节能环保支出除以当年地方财政总支出获得，数值越大，说明地方财政环境支出比重越高。人均节能环保经费反映每个公民环境保护所获得的经费保障。环境污染治理投资占 GDP 比重，反映各地区用于环境污染治理所进行的投资占 GDP 的比重，考察各地区环境治理的投入力度。

第二，产出指标。基本公共环境服务均等化产出指标反映各地区从事环境保护服务的供给能力，该指标通过考察各地区环境保护设备的数量来考察环境服务供给能力，主要包括每万人拥有的工业废气处理设备数和每万人拥有的工业废水处理设备数两项指标。目前，大气污染特别是雾霾污染是亟待解决的环境污染问题，工业废气是造成雾霾问题的重要原因，因此，工业废气处理设备数是考察公共环境服务产出的重要指标。每万人拥有的工业废气处理设备数指标通过该地区工业废气处理设备数与万人单位的人口数相比得到。作为生命之源，水资源保护也是公共环境服务的重要内容，因此，工业废水处理设备数是反映各地区工业废水处理能力的重要指标，该指标通过该地区工业废水处理设备数与万人单位的人口数相比得到。

第三，效果指标。基本公共环境服务均等化效果指标反映各地区公共环境资源投入和服务供给所产生的实际效果和惠及程度，主要由一般工业固体废弃物综合利用率、城市生活垃圾无害化处理率和城市人均公园绿地面积构成。一般工业固体废弃物综合利用率反映对工业生产活动中产生的固体废物的处理情况，计算公式是：一般工业固体废物综合利用率 = 一般工业固体废物综合利用量/工业固体废物产生量 × 100%。城市生活垃圾无害化处理率反映对生活垃圾的处理情况，计算公式是：城市生活垃圾无害化处理率＝生活垃圾总处理量/生活垃圾总产生量×100%。城市人均公园绿地面积反映的是居民能够享受的带有服务性质的生态环境设施，计算方法为城市公园绿地面积除以人口数。

七、基本公共安全服务均等化测量指标体系构建

"公共安全是国家安全的重要组成部分，是由政府及社会提供的预防和减少各种重大事件、事故和灾害的发生及其损失，保护人民生命和财产安全、维护社会稳定和促进国民经济持续、快速、协调、健康发展的基础保障，是政府为加强社会管理和公共服务的重要内容。"[①] 从这个意义上讲，公共安全是社会发展和进步的前提，也是人民群众生命财产的保证。但从目前现实情况看，我国公共安全形势较为严峻、面临诸多挑战，尤其是在社会转型期，由于社会快速变革带来的公共安全问题日益凸显，一方面，自然灾害频发；另一方面人为因素导致的安全生产事件、交通事故、公共卫生事件也令人担忧。究其原因，对公共安全的重视程度不够、经费投入不足、基础设施薄弱、相关法律缺失、专门人员不足是导致当前公共安全问题的重要因素。因此，《"十二五"规划纲要》特别强调，加强公共安全体系建设，适应公共安全形势不断变化的新特点，建立防控与应急、传统与现代相结合的公共安全体系，对食品药品安全、生产安全、突发事件应急、社会治安防控等作出部署。基于此，构建基本公共安全服务均等化测量指标体系，体系由"投入指标""产出指标"和"效果指标"构成，具体如表 3-12 所示，各项指标说明如下。

表 3-12　　基本公共安全服务均等化测量指标体系

一级指标	指标类别	二级指标
基本公共安全	投入指标	公共安全支出占财政支出比重
		人均公共安全经费
	产出指标	犯罪率
		单位交通事故直接财产损失（万元/起）
		单位火灾事故直接财产损失（万元/起）
	效果指标	人口交通事故发生率（起/十万人）
		人口火灾事故发生率（起/十万人）

资料来源：根据笔者调查研究整理。

---

① 吴鑫、赵瑞华：《我国公共安全现状、挑战与对策》，载于《中国职业安全卫生管理体系认证》2004 年第 6 期。

第一,投入指标。基本公共安全服务均等化投入指标反映各地区在公共安全服务领域的投入水平,包含公共安全支出占财政支出比重和人均公共安全经费两项指标。公共安全支出占财政支出比重,反映地方政府对公共安全的重视程度,该项指标由公共安全财政支出除以地方财政总支出得到,数值越大,说明地方政府对公共安全的投入越高,即对公共安全的重视程度越高。人均公共安全经费,反映各地区人民群众公共安全的经费保障程度,由公共安全支出除以地方人口数得到。

第二,产出指标。基本公共安全服务均等化产出指标反映各地区在公共安全领域的资源投入所产生的公共安全服务供给能力,包含犯罪率、单位交通事故直接财产损失(万元/起)、单位火灾事故直接财产损失(万元/起)。犯罪率是一定时间和空间范围内犯罪人数与人口总数的比率,它是反映某地区在特定时间内社会治安的重要指标。单位交通事故直接财产损失,由交通事故直接财产损失总计除以交通事故发生总数得到。单位火灾事故直接财产损失,由火灾直接经济损失除以火灾发生数得到。需要说明的是,这三项指标都是逆指标,即计算数值越低,说明公共安全越好。

第三,效果指标。基本公共安全服务均等化效果指标反映各地区公共安全资源投入和服务供给对人民群众的惠及程度,主要由人口交通事故发生率和人口火灾事故发生率构成。交通事故发生率反映的是交通事故防控与人口规模的关系,计算公式为:人口交通事故发生率=交通事故发生数/人口数×100 000。人口火灾发生率,反映的是火灾防控与人口规模的关系,计算公式为:人口火灾事故发生率=火灾事故发生数/人口数×100 000。

第四节 中国省级基本公共服务均等化水平测量与客观评价

该部分按照前文所述基本公共服务均等化水平测量和客观评价的原则、依据,以及"投入—产出—效果"三类测量指标,根据国家统计局或其他相关职能部门公开发布的官方数据对全国及各省级政府基本公共服务均等化水平进行客观评价。

一、中国各省份基本公共教育服务均等化水平测量

本部分从"投入—产出—效果"三个维度对全国及各省份基本教育公共服务均等化水平进行了测量，所选数据均来自于《中国教育经费统计年鉴（2014）》和《中国教育统计年鉴（2014）》。

（一）各省份基本公共教育服务均等化投入指标分析

首先，从各省份基本公共服务投入类指标分值分布的集中趋势来看，由图3-1可知，全国31个省份基本公共服务均等化投入指标分值集中趋势比较明显，呈右向偏态分布，集中分布在350分~550分，其中400分~450区间分布最多。由图3-2来看，各省份基本公共教育服务投入类指标分值距离趋势直线分布相对松散，离散程度较高，聚合效应不够显著。这说明全国各省份基本公共教育服务投入均等化水平不高。

其次，具体到各省份之间的具体情况（见表3-13），超过全国平均水平的省份有17个，占总数的54.84%。北京、上海、天津、吉林和西藏位列全国前五位，而广东、河北、河南、山东和重庆位列后5位。从区域来看，基本公共教育服务投入区域间差别较为明显，华北地区、东北地区和西北地区在基本公共教育服务投入方面表现强势，华中地区、华南地区以及西南地区则相对落后，华中地区各省份基本公共教育服务投入水平均落后于全国平均水平，华南地区和西南地区均仅有一个省份超过全国平均水平。即使在区域内部，不同省份之间，投入差距水平也比较大，比如华北地区，北京、天津两个省份投入水平位居全国前五名，而河北省却位于倒数第二名，差距巨大；在西南地区，西藏位居全国第五名，远高于其他省市。

再次，具体到各个二级指标，在基础教育经费投入方面，普通小学和初中生均公共财政预算经费投入超过全国平均水平的省份分别有15个和16个，占48.39%和51.61%。其中，北京、天津、上海、江苏、内蒙古、西藏、新疆、青海在全国范围内排名比较靠前，无论是普通小学生均公共财政预算经费投入还是普通初中生均公共财政预算经费投入均进入全国前十名，反映出这些省份基本教育财政投入力度较大。河南、河北、广西、广东、湖北、湖南、青海、宁夏、甘肃等省份生均公共财政预算经费投入比较落后。在基础教育设施投入方面，普通小学每万人拥有的学校数量超过全国平均水平的省份有17个，占54.84%；普通初中每万人拥有的学校数量超过全国平均水平的省份有15个，占48.39%，不足一半。甘肃、吉林、云南、山西和广西五个省份普通小学每

万人拥有的学校数量较多,说明其小学生在接受义务教育的过程中择校空间较大;吉林、黑龙江、甘肃、山西以及陕西五省的初中生每万人拥有的学校数量较多。

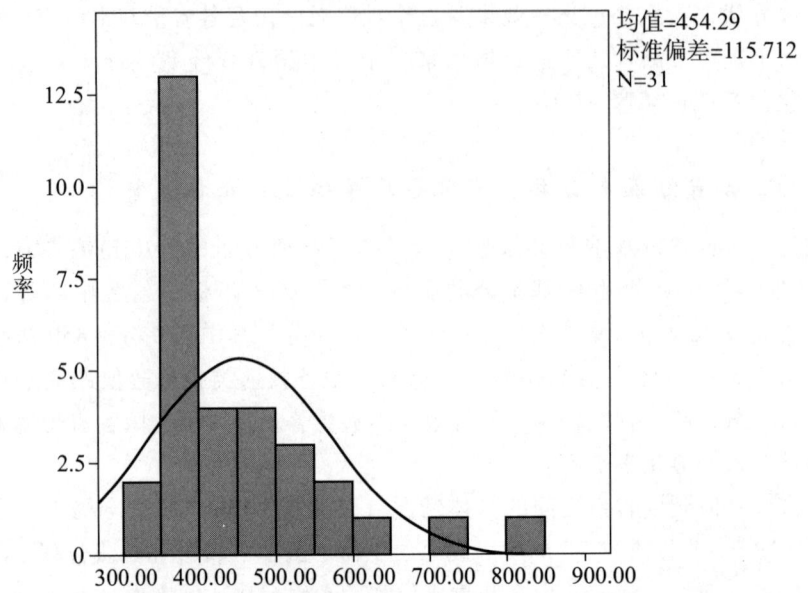

图 3-1　各省份基本公共教育服务均等化投入类指标分值分布直方图

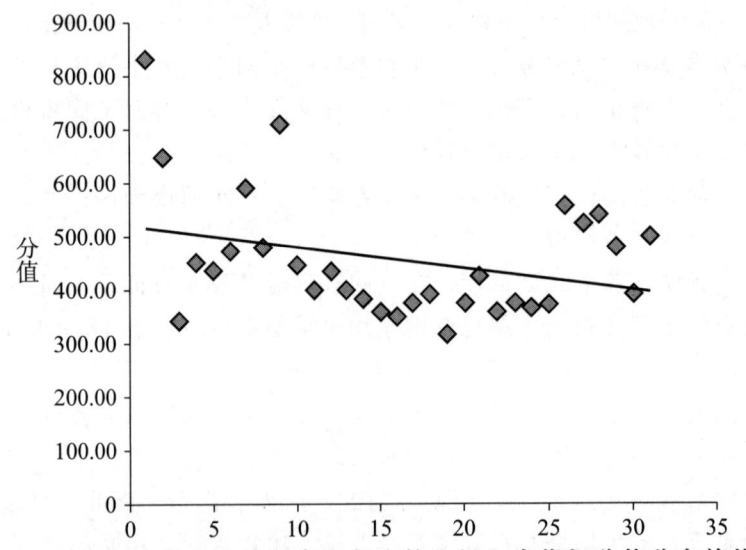

图 3-2　各省份基本公共教育服务均等化投入类指标分值分布趋势图

表 3-13 各省份基本公共教育均等化投入指标分值统计表

地区		普通小学生均公共财政预算教育经费（元）	分值	排名	普通初中生均公共财政预算教育经费（元）	分值	排名	普通小学每万人入校数（个）	分值	排名	普通初中每万人入校数（个）	分值	排名	投入指标分值	排名
全国		7 022.84	100.00		9 542.68	100.00		21.31	100.00		12.00	100.00		400.00	
华北地区	北京	21 920.5	312.13	1	35 082.2	367.63	1	12.67	59.44	28	10.98	91.53	21	830.73	1
	天津	15 658.6	222.97	3	24 156.3	253.14	3	14.69	68.94	25	12.20	101.65	13	646.70	3
	河北	4 969.05	70.76	29	7 660.7	80.28	27	22.20	104.20	16	10.45	87.07	24	342.30	30
	山西	6 615.75	94.20	19	8 007.91	83.92	23	30.66	143.89	4	15.74	131.17	4	453.18	12
	内蒙古	10 011.6	142.56	7	11 980.8	125.55	9	16.77	78.70	23	10.83	90.21	22	437.01	14
东北地区	辽宁	8 405.37	119.69	14	12 001.5	125.77	8	22.32	104.74	15	14.52	121.00	10	471.19	11
	吉林	9 211.13	131.16	10	11 594.1	121.50	12	37.88	177.77	2	19.18	159.85	1	590.28	4
	黑龙江	9 012.89	128.34	11	10 644.8	111.55	14	20.96	98.38	18	17.12	142.67	2	480.94	9
	上海	19 884.7	283.14	2	26 596.9	278.71	2	9.43	44.25	30	12.23	101.91	12	708.01	2
	江苏	10 586.4	150.74	6	15 141.6	158.67	5	8.53	40.05	31	11.21	93.44	19	442.90	13
	浙江	8 879.91	126.44	12	12 692	133.00	7	9.43	44.27	29	11.47	95.55	17	399.26	18
华东地区	安徽	6 499.81	92.55	21	9 058.85	94.93	19	25.41	119.24	11	15.10	125.80	7	432.51	15
	福建	7 570.96	107.80	15	10 649.5	111.60	13	18.81	88.30	19	11.01	91.71	20	399.41	17
	江西	5 934.04	84.50	25	8 127.51	85.17	22	23.64	110.96	13	12.15	101.27	14	381.89	21
	山东	6 642.29	94.58	18	10 184.3	106.72	16	16.61	77.95	24	9.27	77.21	27	356.46	28

第三章　基本公共服务均等化的测量指标与客观评价

续表

地区		普通小学生均公共财政预算教育经费(元)	分值	排名	普通初中生均公共财政预算教育经费(元)	分值	排名	普通小学每万人入学校数(个)	分值	排名	普通初中每万人入学校数(个)	分值	排名	投入者标分值	排名
华中地区	河南	3 969.64	56.52	31	6 649.87	69.69	30	27.54	129.27	9	11.43	95.26	18	350.75	29
	湖北	5 681.47	80.90	27	9 032.59	94.65	20	17.17	80.56	22	14.62	121.78	9	377.90	22
	湖南	5 840.61	83.17	26	9 182.66	96.23	17	18.07	84.78	21	15.02	125.15	8	389.33	20
华南地区	广东	6 877.39	97.93	17	7 754.81	81.26	26	12.90	60.54	27	8.99	74.91	28	314.64	31
	广西	5 611.23	79.90	28	7 079.39	74.19	29	29.98	140.71	5	9.45	78.72	25	373.51	25
	海南	8 528.85	121.44	13	10 362.5	108.59	15	21.51	100.96	17	11.62	96.82	16	427.81	16
西南地区	重庆	6 602.19	94.01	20	7 880.72	82.58	24	22.54	105.81	14	9.40	78.35	26	360.76	27
	四川	7 001.47	99.70	16	8 583.22	89.95	21	13.10	61.47	26	15.10	125.82	6	376.93	23
	贵州	6 153.35	87.62	4	6 388.63	66.95	31	26.78	125.70	10	10.47	87.26	23	367.52	26
	云南	6 255.65	70.45	30	7 374.78	77.00	28	32.95	154.62	3	8.80	73.31	29	375.38	24
	西藏	15 218.4	216.70	4	13 558.2	142.08	6	28.09	131.82	8	7.72	64.35	31	554.96	5
西北地区	陕西	9 767.26	139.08	9	11 659.1	122.18	11	29.04	136.27	7	15.34	127.82	5	525.35	7
	甘肃	6 395.94	91.07	22	7 846.2	82.22	25	49.82	233.81	1	15.84	131.99	3	539.09	6
	青海	9 815.41	139.76	8	11 672.3	122.32	10	24.16	113.40	12	12.64	105.33	11	480.81	10
	宁夏	6 196.41	88.23	23	9 119.88	95.57	18	29.95	140.55	6	8.44	70.35	30	394.70	19
	新疆	10 695.5	152.30	5	15 477.1	162.14	4	18.28	85.77	20	12.07	100.56	15	500.82	8

资料来源：根据《中国教育经费统计年鉴（2014）》《中国教育统计年鉴（2014）》整理。

（二）各省份基本公共教育服务均等化产出指标分析

首先，总体来看，全国各省份基本公共教育服务均等化产出指标分值均等化程度要优于投入指标，由图3-3可知，全国31个省份基本公共教育服务均等化产出指标分值分布集中趋势更加明显，分布在350~500，分值的标准差为48.269远远小于投入类指标的115.712。从图3-4可知，全国各省份基本公共教育服务产出分值围绕趋势线分布紧密，其聚合性特点更加明显。极大值与极小值之间的差距为182.52，远远小于投入类指标的516.09。从整体分值来看，高于全国平均水平的省份有18个，占总数的58.06%。其中，西藏、湖北、内蒙古、吉林、山西位于全国前五位，而贵州、江西、广西、河南与云南位于全国后五位。从区域分布来看，东北地区和华北地区在基本公共教育产出方面表现相对出色；华南地区和华中地区相对落后。与投入指标区域内相对均衡的特点不同，产出指标区域内差异较大，波动明显，如在整体较为出色的华北地区，河北省排名在全国第25位，与区域内其他省份相差较大。而华中地区，湖北省位居全国第2，湖南和河南则均排在20名开外，河南还处于倒数第四位。同样的情况也出现在西南地区，除重庆居全国中游水平之外，四川、贵州、云南排名均比较靠后，而西藏地区却独占全国首位，与区域内其他省份差距较大。

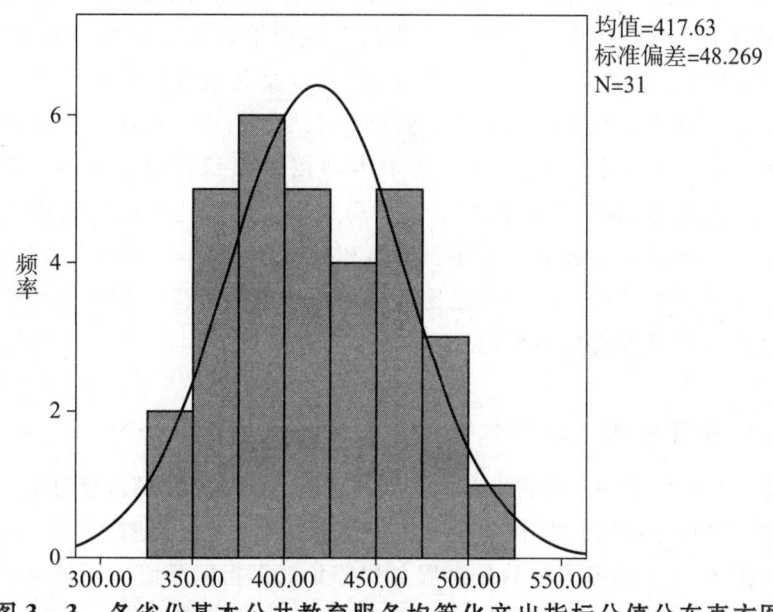

图3-3　各省份基本公共教育服务均等化产出指标分值分布直方图

图 3-4　各省份基本公共教育服务均等化产出指标分值分布趋势图

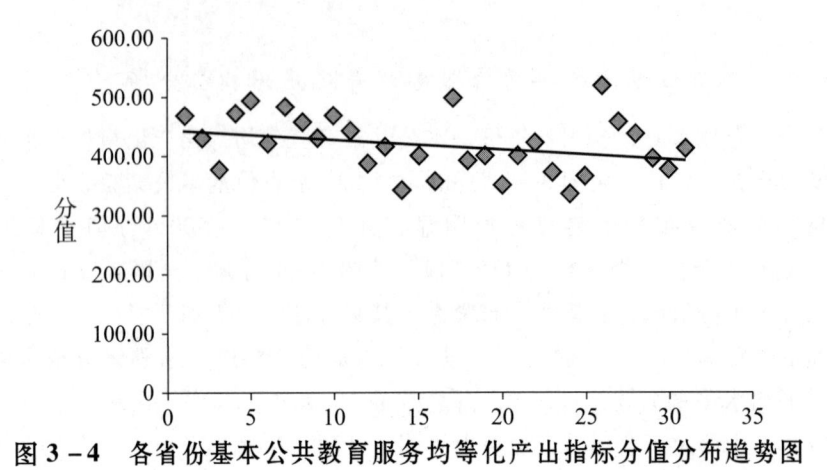

其次,从各二级指标来看(见表3-14),在师生数量对比方面,普通小学师生比高于全国平均水平的省份有18个,占58.06%。其中,吉林、黑龙江、内蒙古、山西、甘肃位于前五位,说明这些省份投入到小学生身上的师资力量相对充足,而青海、湖南、四川、江西和浙江等省份小学生师资力量比较紧张。普通初中师生比高于全国平均水平的省份有16个,占总数的51.61%,吉林、北京、黑龙江、天津和湖北初中教师资源相对雄厚,而贵州、广西、云南、宁夏、江西、河南、青海等省份初中教师资源与其他省份相比存在一定差距。在校舍面积方面,普通小学生均校舍面积高于全国平均水平的省份有19个,占总数的61.29%,西藏、重庆、湖北、内蒙古以及北京等省份的小学生具有比较充裕的室内活动空间,相比之下,新疆、江西、河南、山东以及四川五省份的小学生均校舍面积相对较少。在初中生均校舍面积方面,江苏、湖北、浙江、西藏、上海等15个省份超过全国平均水平,说明这些省份初中生室内活动面积较多;而贵州、云南、天津、广西和甘肃位于全国后五位,需要特别指出的是,在教育服务投入以及师生比表现均较出色的天津,初中生均校舍面积却相对落后,与其他指标差异较大。

(三) 各省份基本公共教育服务均等化效果指标分析

首先,从总体来看,各省份基本公共教育服务均等化效果指标分值分布与投入指标和产出指标相比,集中趋势与聚合程度最为明显。由图3-6和表3-15可知,全国31个省份基本公共教育服务均等化效果指标分值呈现较为明显的正态分布,且集中程度较高,分值在200~205分的省份有9个,185~190分和210~215分的省份各有4个。图3-6显示,各省份基本公共教育服务均等化效

表 3-14　各省份基本公共教育服务均等化产出指标分值统计表

地区	普通小学师生比	分值	排名	普通初中师生比	分值	排名	普通小学生均校舍面积（平方米）	分值	排名	普通初中生均校舍面积（平方米）	分值	排名	产出指标分值	排名
全国	0.0540	100.00		0.0796	100.00		6.85	100.00		11.99	100.00		400.00	
北京	0.0602	111.45	9	0.1059	133.15	2	8.31	121.46	5	12.22	101.92	13	467.98	6
天津	0.0649	120.23	8	0.0980	123.13	4	7.30	106.63	13	9.54	79.56	29	429.55	13
河北	0.0561	103.76	15	0.0743	93.45	23	6.27	91.61	23	10.31	86.02	25	374.84	25
山西	0.0727	134.57	4	0.0951	119.53	8	7.93	115.84	6	11.93	99.50	17	469.45	5
内蒙古	0.0752	139.29	3	0.0907	114.02	11	8.54	124.78	4	13.27	110.70	6	488.79	3
辽宁	0.0590	109.26	11	0.0937	117.74	10	5.96	87.00	26	12.63	105.36	11	419.36	15
吉林	0.0789	146.12	1	0.1075	135.15	1	6.88	100.44	18	12.11	100.99	14	482.69	4
黑龙江	0.0771	142.77	2	0.1041	130.88	3	6.22	90.91	24	11.12	92.77	20	457.33	9
上海	0.0529	97.94	20	0.0870	109.36	13	6.56	95.80	21	15.51	129.41	5	432.50	12
江苏	0.0512	94.79	23	0.0944	118.62	9	7.16	104.61	14	17.53	146.24	1	464.25	7
浙江	0.0480	88.82	26	0.0794	99.86	17	7.80	113.90	7	16.92	141.12	3	443.69	10
安徽	0.0522	96.57	22	0.0807	101.39	16	6.18	90.31	25	11.66	97.25	18	385.52	23
福建	0.0554	102.47	16	0.0870	109.34	14	7.77	113.55	8	10.37	86.47	24	411.84	17
江西	0.0467	86.36	27	0.0694	87.18	27	5.71	83.41	30	10.19	85.01	26	341.97	30
山东	0.0553	102.36	17	0.0843	105.93	15	5.92	86.55	28	12.77	106.51	9	401.35	18

续表

地区		普通小学师生比	分值	排名	普通初中师生比	分值	排名	普通小学生均校舍面积（平方米）	分值	排名	普通初中生均校舍面积（平方米）	分值	排名	产出指标分值	排名
华中地区	河南	0.0506	93.69	24	0.0710	89.21	26	5.90	86.23	29	10.64	88.74	23	357.87	28
	湖北	0.0575	106.46	13	0.0971	122.07	5	8.57	125.19	3	16.95	141.39	2	495.12	2
	湖南	0.0458	84.73	30	0.0771	96.89	20	6.77	98.91	20	13.24	110.47	7	391.01	22
华南地区	广东	0.0466	86.24	28	0.0739	92.92	24	7.74	113.04	10	12.77	106.49	10	398.69	19
	广西	0.0488	90.32	25	0.0604	75.90	30	6.95	101.58	16	9.97	83.16	28	350.96	29
	海南	0.0583	107.84	12	0.0750	94.26	22	6.95	101.58	17	11.24	93.75	19	397.43	20
西南地区	重庆	0.0543	100.53	18	0.0773	97.15	19	8.97	131.01	2	10.97	91.47	21	420.16	14
	四川	0.0463	85.70	29	0.0778	97.73	18	5.94	86.77	27	11.96	99.77	16	369.97	26
	贵州	0.0524	96.98	21	0.0578	72.69	31	6.49	94.80	22	8.42	70.24	31	334.71	31
	云南	0.0571	105.78	14	0.0646	81.16	29	7.12	104.03	15	8.86	73.93	30	364.90	27
	西藏	0.0680	125.89	6	0.0765	96.12	21	11.06	161.56	1	16.03	133.73	4	517.29	1
西北地区	陕西	0.0652	120.61	7	0.0962	120.88	6	7.77	113.52	9	12.43	103.68	12	458.69	8
	甘肃	0.0719	133.16	5	0.0874	109.83	12	7.48	109.23	12	10.10	84.25	27	436.47	11
	青海	0.0446	82.56	31	0.0724	91.00	25	7.62	111.35	11	13.05	108.85	8	393.76	21
	宁夏	0.0536	99.26	19	0.0686	86.17	28	6.86	100.28	19	10.88	90.74	22	376.45	24
	新疆	0.0600	111.02	10	0.0955	120.06	7	5.53	80.81	31	12.01	100.20	15	412.09	16

资料来源：根据《中国教育统计年鉴（2014）》计算整理。

果指标分值与趋势线结合密切，离散程度低，聚合性强。这均意味着各省份之间在基本公共教育服务效果方面均等化程度较高。从各个省份的效果指标分值来看，有19个省份高于全国平均水平，其中内蒙古、天津、黑龙江、陕西和河北五个省份列全国前五位，而西藏、云南、广东、广西和海南位居全国后五位。从区域分布来看，华北地区和东北地区整体效果分值依旧处于领先位置，西北地区也相对较好；而华南地区和西南地区在各个区域之间处于落后位置。

其次，从各二级指标来看，第一，在普通小学升学率方面，有17个省份的小学升学率高于全国平均水平，占54.84%。其中，重庆、湖南、湖北、四川和贵州位于前五名，普通小学升学率均高于100%，即当前初中招生数大于小学毕业数。这一方面说明这些省份一部分辍学的适龄儿童重新返校，另一方面该省份加大义务教育政策的实施力度。浙江、西藏、北京、吉林和上海五个省份普通小学升学率位于全国最后五位。第二，从普通初中升学率来看，有18个省份初中升学率高于全国平均水平，占58.06%，其中，天津、陕西、内蒙古、黑龙江以及青海在全国处于领先位置，西藏、云南、广西、广东和海南普通初中升学率相对落后。

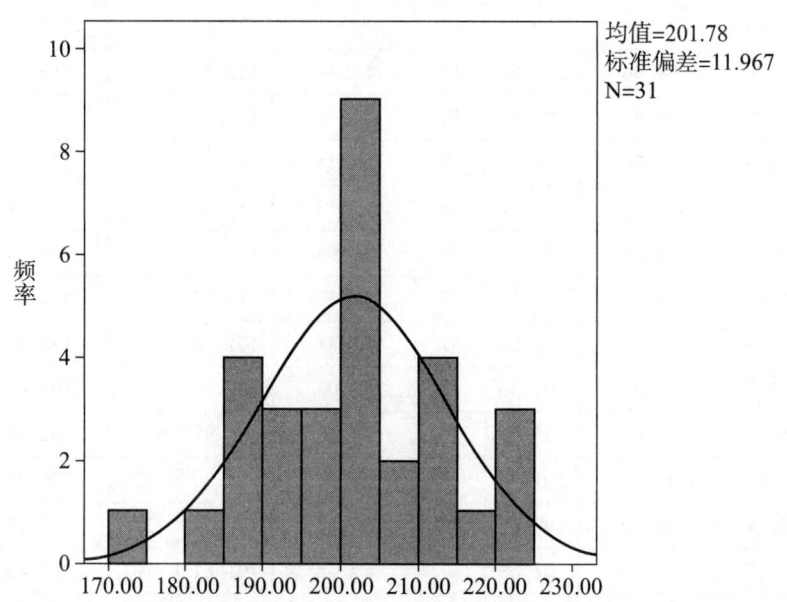

图3-5　各省份基本公共教育服务均等化效果指标分值分布直方图

图 3-6 各省份基本公共教育服务均等化效果指标分值分布趋势图

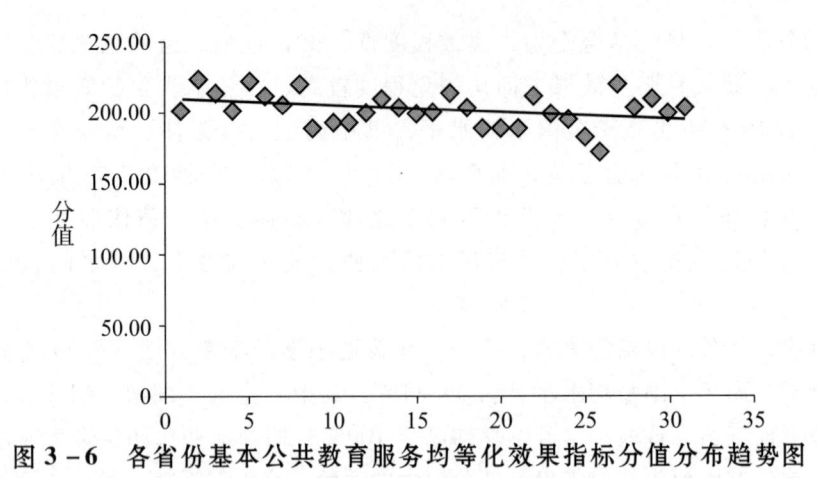

表 3-15 各省份基本公共教育服务均等化效果指标分值统计表

地区		普通小学升学率（%）	分值	排名	普通初中升学率（%）	分值	排名	效果指标分值	排名
全国		98.05	100.00		56.36	100.00		200.00	
华北地区	北京	91.02	92.84	29	61.22	108.63	10	201.47	16
	天津	98.09	100.04	17	68.81	122.10	1	222.14	2
	河北	99.06	101.03	11	63.44	112.57	6	213.60	5
	山西	97.61	99.56	18	56.96	101.08	18	200.63	17
	内蒙古	99.38	101.36	9	68.22	121.05	3	222.40	1
东北地区	辽宁	99.82	101.81	6	62.28	110.50	8	212.31	7
	吉林	90.65	92.46	30	62.94	111.69	7	204.14	11
	黑龙江	98.54	100.50	13	67.37	119.55	4	220.05	3
华东地区	上海	85.50	87.20	31	57.31	101.70	17	188.90	26
	江苏	99.33	101.30	10	52.03	92.33	25	193.63	24
	浙江	93.83	95.69	27	54.65	96.98	23	192.67	25
	安徽	99.68	101.66	8	55.62	98.70	22	200.36	18
	福建	98.10	100.05	16	60.82	107.91	11	207.97	10
	江西	99.70	101.68	7	67.38	101.81	16	203.49	14
	山东	96.67	98.59	21	56.26	99.83	19	198.42	22
华中地区	河南	98.29	100.24	15	56.25	99.81	20	200.05	19
	湖北	100.52	102.52	3	61.89	109.82	9	212.34	6
	湖南	100.59	102.59	2	56.01	99.39	21	201.98	15

续表

地区		普通小学升学率（%）	分值	排名	普通初中升学率（%）	分值	排名	效果指标分值	排名
华南地区	广东	96.15	98.06	22	50.38	89.40	28	187.47	29
	广西	98.37	100.33	14	49.25	87.39	29	187.72	28
	海南	94.84	96.72	25	51.65	91.65	27	188.37	27
西南地区	重庆	102.42	104.46	1	60.29	106.97	12	211.43	8
	四川	100.45	102.45	4	54.22	96.21	24	198.66	21
	贵州	100.37	102.37	5	51.78	91.89	26	194.26	23
	云南	96.94	98.87	20	47.22	83.79	30	182.66	30
	西藏	92.21	94.04	28	43.94	77.96	31	172.01	31
西北地区	陕西	95.99	97.89	23	68.69	121.89	2	219.78	4
	甘肃	97.06	98.99	19	59.18	105.02	13	204.01	12
	青海	94.26	96.13	26	63.54	112.74	5	208.88	9
	宁夏	94.90	96.79	24	58.00	102.92	14	199.71	20
	新疆	98.90	100.87	12	57.97	102.86	15	203.72	13

资料来源：根据《中国教育统计年鉴（2014）》计算整理。

（四）总体结论

通过上述分析，以及图3-7、图3-8和表3-16所示，我们可以得出以下结论。

第一，从基本公共教育服务均等化指标总分值来看，各省份之间基本公共教育服务均等化水平总体呈轻微右向偏态分布，且聚合性强，即基本公共教育服务在低水平上呈现出均等化特征。

第二，从基本公共教育服务均等化"投入—产出—效果"各分指标来看，全国各省份分指标均等化程度不同，各指标的均等化程度呈现出"效果指标＞产出指标＞投入指标"的分布趋势。而且，各省份在"投入—产出—效果"各分指标的分值也不均衡，各省份在基本公共教育服务投入方面倾注了更多精力。但更多的投入，并不一定意味着会取得好的效果，比如西藏在基本公共教育投入和产出方面均位于全国前列，但其效果指标却位于末位。

第三，从区域来看，区域间基本公共教育服务均等化情况存在差距，华北地区、东北地区在各项指标和总体情况上均优于其他区域，华中地区、华南地区和西南地区则相对落后。此外，区域内各省份基本公共服务均等化差异明显，华北地区内，河北省远远落后于其他各省份；而西南地区则恰好相反，西藏地区却领先于区域内其他省份。

第四，从各省份的情况来看，各省份基本公共教育服务均等化程度差异较为明显，北京、上海、天津、吉林和西藏位居全国前五位，贵州、广东、河南、广西、云南位于全国后五位，第一名的北京和最后一名的贵州差距较大。

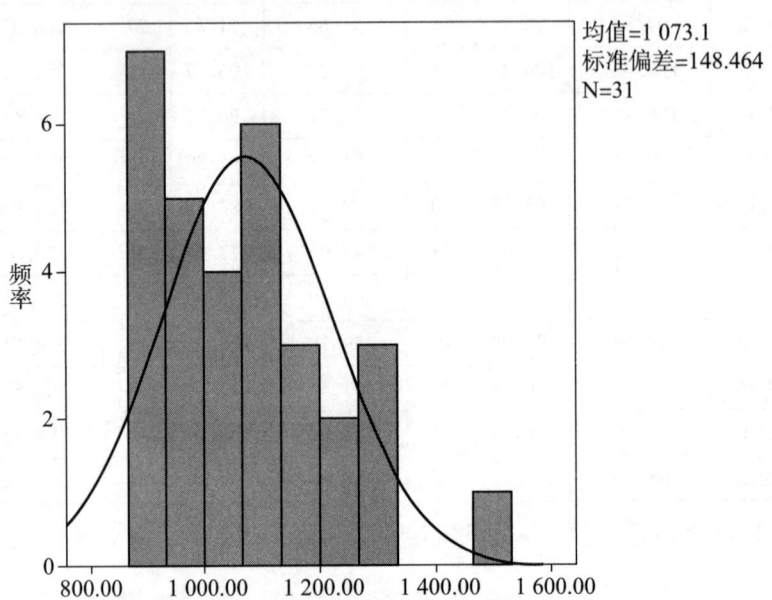

图3-7　各省份基本公共教育服务均等化指标总分值分布直方图

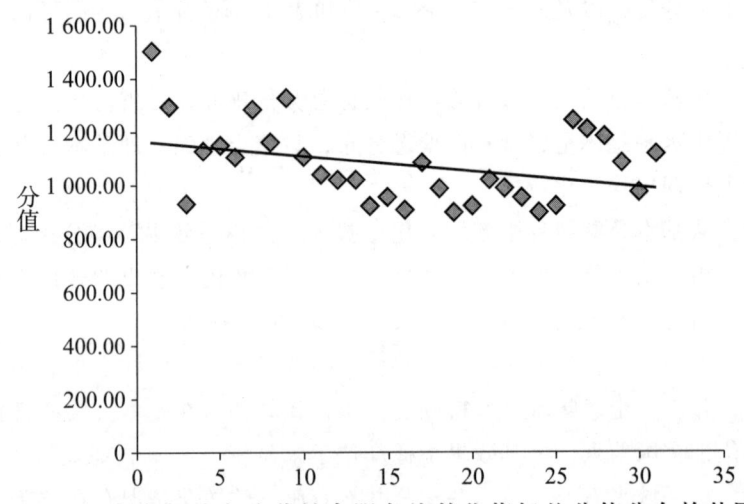

图3-8　各省份基本公共教育服务均等化指标总分值分布趋势图

表 3-16　各省份基本公共教育服务均等化指标总分值统计

地区		投入指标分值	排名	产出指标分值	排名	效果指标分值	排名	基本公共教育服务均等化总分值	排名
全国		400.00		400.00		200.00		1 000.00	
华北地区	北京	830.73	1	467.98	6	201.47	16	1 500.18	1
	天津	646.70	3	429.55	13	222.14	2	1 298.39	3
	河北	342.30	30	374.84	25	213.60	5	930.75	25
	山西	453.18	12	469.45	5	200.63	17	1 123.26	10
	内蒙古	437.01	14	488.79	3	222.40	1	1 148.21	9
东北地区	辽宁	471.19	11	419.36	15	212.31	7	1 102.86	12
	吉林	590.28	4	482.69	4	204.29	11	1 277.12	4
	黑龙江	480.94	9	457.33	9	220.05	3	1 158.32	8
华东地区	上海	708.01	2	432.50	12	188.90	26	1 329.41	2
	江苏	442.90	13	464.25	7	193.63	24	1 100.79	13
	浙江	399.26	18	443.69	10	192.67	25	1 035.62	16
	安徽	432.51	15	385.52	23	200.36	18	1 018.40	18
	福建	399.41	17	411.84	17	207.97	10	1 019.22	17
	江西	381.89	21	341.97	30	203.49	14	927.35	26
	山东	356.46	28	401.35	18	198.42	22	956.23	23
华中地区	河南	350.75	29	357.87	28	200.05	19	908.66	29
	湖北	377.90	22	495.12	2	212.34	6	1 085.35	14
	湖南	389.33	20	391.01	22	201.98	15	982.32	21
华南地区	广东	314.64	31	398.69	19	187.47	29	900.80	30
	广西	373.51	25	350.96	29	187.72	28	912.19	28
	海南	427.81	16	397.43	20	188.37	27	1 013.61	19
西南地区	重庆	360.76	27	420.16	14	211.43	8	992.35	20
	四川	376.93	23	369.97	26	198.66	21	945.56	24
	贵州	367.52	26	334.71	31	194.26	23	896.49	31
	云南	375.38	24	364.90	27	182.66	30	922.94	27
	西藏	554.96	5	517.29	1	172.01	31	1 244.26	5
西北地区	陕西	525.35	7	458.69	8	219.78	4	1 203.82	6
	甘肃	539.09	6	436.47	11	204.01	12	1 179.57	7
	青海	480.81	10	393.76	21	208.88	9	1 083.45	15
	宁夏	394.70	19	376.45	24	199.71	20	970.86	22
	新疆	500.82	8	412.09	16	203.72	13	1 116.63	11

资料来源：根据表 3-13、表 3-14、表 3-15 整理。

二、中国各省份基本医疗卫生服务均等化水平测量

本部分从"投入—产出—效果"三个维度对 2013 年度全国及各省份基本医疗卫生服务均等化水平进行测量,所选数据均来自于《中国统计年鉴(2014)》和《中国卫生和计划生育统计年鉴(2014)》。

(一)各省份基本医疗卫生服务均等化投入指标分析

首先,总体上看,各省份基本医疗卫生服务均等化投入指标分值分布区间较为集中,由图 3-9 可知,大多数省份投入指标分值位于 350~450 分内,呈轻微右向偏态分布特征。由图 3-10 可知,全国大多数省份基本医疗卫生服务均等化投入指标与趋势直线贴合度较高,聚合效应明显,但大多数分布于趋势线下方,说明各省份基本医疗卫生服务投入在较低水平上呈现出均等化趋势。具体到各省而言,全国共 17 个省份基本医疗卫生服务均等化投入指标分值高过全国平均分值,占总数的 54.84%,其中,北京、上海、青海、天津、新疆五个省份得分较高,北京远远高于其他省份;相对而言,江西、安徽、黑龙江、湖南以及广东得分较低。从区域分布来看,西北地区整体基本医疗卫生服务均等化投入指标分值较高,而东北地区、华中地区整体得分较低;华北地区和华东地区区域内各省份之间基本医疗卫生服务均等化投入指标得分差距较大,不均衡现象突出。

其次,从各二级指标来看(见表 3-17),医疗卫生财政支出水平方面,医疗卫生支出占地方财政支出比重全国平均水平为 6.85%,有 16 个省份高于全国平均水平。广西壮族自治区是医疗卫生支出占地方财政支出比重最高的省份,达到 8.90%,紧随其后的是河南、河北、安徽和四川,西藏医疗卫生支出水平占地方财政支出比重最低,仅仅为 3.97%。人均医疗卫生经费方面,北京、西藏、青海、上海、天津等 17 个省份高于全国人均 602.86 元的平均线,北京达到 1 305.57 元/人,是全国平均水平的 2 倍还多,西藏虽然医疗卫生支出占地方财政支出比较低,但人均医疗卫生经费却较高。医疗卫生人力资源投入方面,北京、上海、天津、浙江以及新疆位居前列,说明其在医疗卫生人力资源投入方面力度较大,而贵州、安徽、西藏、江西、云南则处于落后位置。在医疗卫生机构投入方面,新疆、辽宁、四川等 19 个省份每万人拥有的医疗机构床位数高于全国平均水平,说明医疗设施保障工作较为出色。

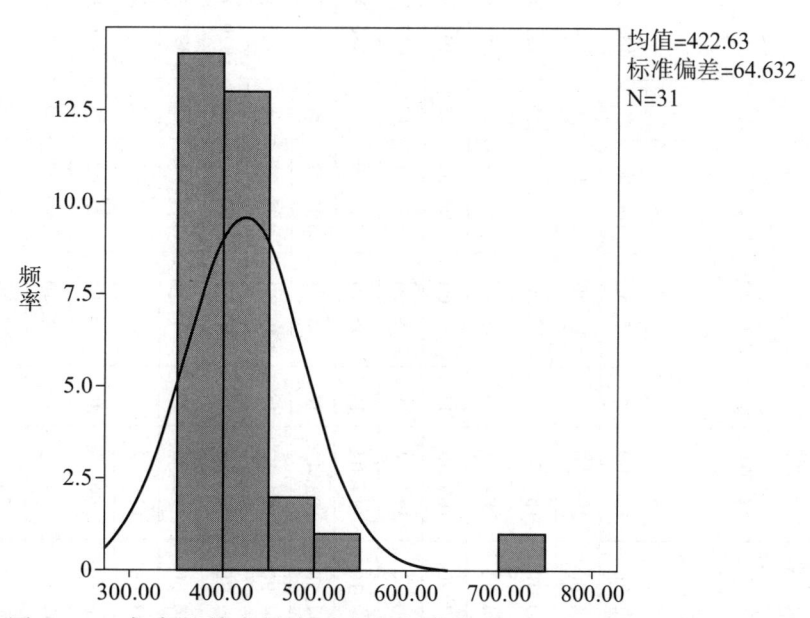

图 3-9　各省份基本医疗卫生服务均等化投入指标分值分布直方图

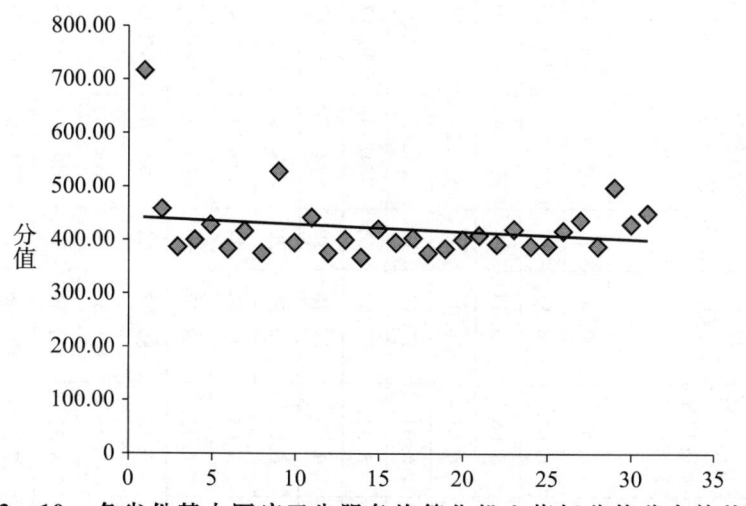

图 3-10　各省份基本医疗卫生服务均等化投入指标分值分布趋势图

表 3-17　各省份基本医疗卫生服务均等化投入指标分值统计表

地区		医疗卫生支出占财政支出比重(%)	分值	排名	人均医疗卫生经费(元)	分值	排名	每万人拥有卫生技术人员数(人)	分值	排名	每万人医疗机构床位数(个)	分值	排名	投入指标分值	排名
全国		6.85	100.00		602.86	100.00		52.70	100.00		45.50	100.00		400.00	
	北京	6.62	96.57	19	1 305.57	216.56	1	154.60	293.36	1	49.20	108.13	9	714.63	1
华北地区	天津	5.06	73.83	28	875.94	145.30	5	80.50	152.75	3	39.20	86.15	26	458.03	4
	河北	8.63	126.04	3	519.22	86.13	28	44.40	84.25	22	41.40	90.99	23	387.40	25
	山西	6.65	97.13	18	555.45	92.14	23	57.70	109.49	11	47.60	104.62	13	403.37	16
	内蒙古	5.32	77.62	26	784.73	130.17	7	60.10	114.04	9	48.10	105.71	12	427.54	9
东北地区	辽宁	4.42	64.45	30	522.77	86.72	27	60.10	114.04	10	55.10	121.10	2	386.31	26
	吉林	6.61	96.53	20	659.80	109.45	12	54.50	103.42	16	48.40	106.37	11	415.76	13
	黑龙江	5.65	82.53	24	496.73	82.40	31	54.90	104.17	15	49.30	108.35	8	377.45	29
	上海	4.75	69.27	29	889.94	147.62	4	109.70	208.16	2	47.30	103.96	16	529.01	2
	江苏	6.10	89.07	22	599.40	99.43	20	56.30	106.83	13	46.40	101.98	18	397.30	19
	浙江	7.41	108.22	8	637.92	105.82	16	73.00	138.52	4	41.80	91.87	22	444.43	6
华东地区	安徽	8.32	121.41	4	600.00	99.53	19	36.60	69.45	30	39.10	85.93	27	376.32	30
	福建	7.31	106.66	11	594.15	98.56	21	54.40	103.23	17	41.40	90.99	24	399.43	18
	江西	7.55	110.26	6	579.69	96.16	22	39.40	74.76	28	38.50	84.62	28	365.80	31
	山东	7.26	106.03	13	499.19	82.80	30	62.10	117.84	7	50.30	110.55	5	417.22	12

续表

地区		医疗卫生支出占财政支出比重(%)	分值	排名	人均医疗卫生经费(元)	分值	排名	每万人拥有卫生技术人员数(人)	分值	排名	每万人医疗机构床位数(个)	分值	排名	投入指标分值	排名
华中地区	河南	8.82	128.78	2	523.20	86.79	26	42.40	80.46	25	45.70	100.44	19	396.46	20
	湖北	7.37	107.54	9	555.41	92.13	24	50.10	95.07	19	49.70	109.23	6	403.97	15
	湖南	7.30	106.57	12	511.83	84.90	29	45.20	85.77	21	46.90	103.08	17	380.31	28
华南地区	广东	6.77	98.80	17	534.88	88.72	25	63.20	119.92	6	35.50	78.02	30	385.47	27
	广西	8.90	129.93	1	605.24	100.39	17	44.40	84.25	23	39.70	87.25	25	401.83	17
	海南	6.88	100.45	16	777.50	128.97	8	52.90	100.38	18	35.90	78.90	29	408.70	14
西南地区	重庆	6.47	94.40	21	666.83	110.61	11	42.30	80.27	26	49.60	109.01	7	394.29	21
	四川	7.83	114.32	5	600.96	99.69	18	46.80	88.80	20	52.60	115.60	3	418.41	11
	贵州	7.42	108.30	7	653.08	108.33	13	36.40	69.07	31	47.60	104.62	14	390.31	24
	云南	7.34	107.10	10	641.29	106.37	15	42.00	79.70	27	44.80	98.41	21	391.63	23
	西藏	3.97	57.98	31	1291.35	214.21	2	36.70	69.64	29	35.30	77.58	31	419.41	10
西北地区	陕西	7.02	102.41	15	683.15	113.32	10	60.40	114.61	8	49.20	108.13	10	438.47	7
	甘肃	7.18	104.83	14	642.38	106.56	14	43.30	82.16	24	44.90	98.68	20	392.23	22
	青海	5.59	81.58	25	1187.50	196.98	3	56.60	107.40	12	51.10	112.31	4	498.27	3
	宁夏	5.83	85.09	23	822.22	136.39	6	55.80	105.88	14	47.60	104.62	15	431.97	8
	新疆	5.25	76.58	27	710.73	117.89	9	64.30	122.01	5	60.60	133.19	1	449.67	5

资料来源：根据《中国统计年鉴(2014)》《中国卫生和计划生育统计年鉴(2014)》计算整理。

(二) 各省份基本医疗卫生服务均等化产出指标分析

首先,从总体来看,全国各省份基本医疗卫生服务均等化产出指标分值分布较为分散,从图 3-11 可以看出,除了分布在 160~200 分的 11 个省份外,其余省份分值分布较为零散,正态分布特征不明显。而图 3-12 更好地表现了上述判断,从图可以看出,各省份基本医疗卫生服务均等化产出指标分值无明显的线性关系,与趋势直线离散程度高,聚合性较差,说明各省份之间基本医疗卫生服务产出水平差异较大,均等化水平较差。从各个省份的情况来看,仅有上海、浙江、广东、北京、天津、福建、江苏、广西、湖北等 9 个省份的分值高于全国水平,这同样印证了基本医疗卫生服务产出不均衡的事实。山西、黑龙江、内蒙古、吉林、西藏的基本医疗卫生产出水平位列全国后五位,这可以看出经济发达地区基本医疗卫生服务产出水平较高,反之亦然。从区域角度来看,华东地区、华南地区基本医疗卫生服务产出指标分值较高,而东北地区、西北地区产出水平相对落后。

其次,从各二级指标来看(见表 3-18),人均医疗机构诊疗人次方面,全国平均水平为 5.38 次,有 10 个省份超过平均水平,上海、北京、浙江、天津和广东五个省份居于前五名,说明该地区医疗机构的服务提供量比较充足,而黑龙江、山西、贵州、湖南和吉林位列后五位,第一名的上海与最后一名的黑龙江相差 6.54 次,前者人均医疗机构诊疗人次是后者的 3 倍之多。在医生日均负担诊疗人次方面,同样只有 10 个省份超过全国均值,不足一半,上海、北京、浙江、天津和广东依然是表现最好的五个省市,山西、黑龙江、内蒙古、河北与吉林分值较低。在病床使用率方面,广西、湖北、四川、上海和湖南等 11 个省份病床使用率高于全国平均水平,说明这些省份病床资源得到较好的使用,而西藏、内蒙古、吉林、山西和北京病床使用率相对较低。在平均住院日方面,平均住院日这一指标反映了医院的办事效率和医疗水平,是一项逆指标。在计算总分值时这一指标需要做减法运算,其分值越大意味着病患平均住院时间越久,一般说明医院医疗效率和水平越低。贵州、福建、广东、新疆以及河北等省份平均住院日较短,北京、辽宁、天津、上海和山西平均住院日较长。

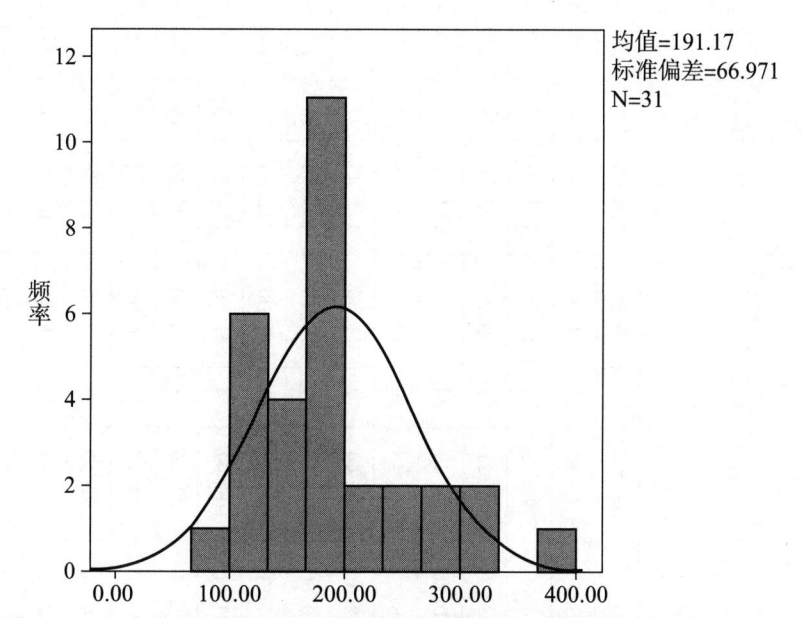

图 3-11　各省份基本医疗卫生服务均等化产出指标分值分布直方图

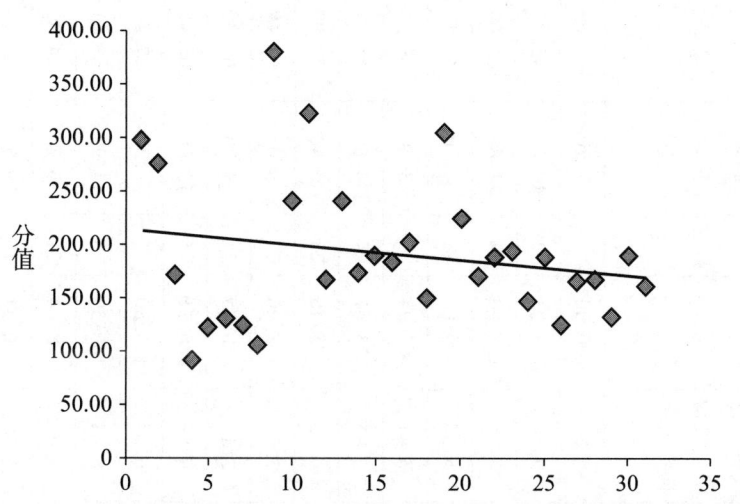

图 3-12　各省份基本医疗卫生服务均等化产出指标分值分布趋势图

表3-18 各省份基本医疗卫生服务均等化产出指标分值统计表

地区		人均医疗卫生机构诊疗人次	分值	排名	医师日均担负诊疗人次	分值	排名	病床使用率（%）	分值	排名	平均住院日（天）	分值	排名	产出指标分值	排名
全国		5.38	100.00		7.30	100.00		89.00	100.00		9.80	100.00		200.00	
华北地区	北京	9.68	179.93	2	10.60	145.21	5	83.50	93.82	27	11.90	121.43	1	297.52	4
	天津	7.15	132.90	4	11.80	161.64	4	84.80	95.28	24	11.20	114.29	3	275.54	5
	河北	5.36	99.63	12	4.90	67.12	28	88.30	99.21	15	9.20	93.88	24	172.09	17
	山西	3.44	63.94	30	3.60	49.32	31	80.80	90.79	28	11.10	113.27	4	90.78	31
	内蒙古	3.96	73.61	24	4.80	65.75	29	78.70	88.43	30	10.20	104.08	12	123.70	29
东北地区	辽宁	4.06	75.46	23	5.40	73.97	22	88.50	99.44	12	11.50	117.35	2	131.53	26
	吉林	3.71	68.96	27	5.00	68.49	27	80.60	90.56	29	10.10	103.06	14	124.95	28
	黑龙江	3.15	58.55	31	4.70	64.38	30	84.80	95.28	25	11.00	112.24	6	105.97	30
华东地区	上海	9.69	180.11	1	15.00	205.48	1	95.20	106.97	4	11.10	113.27	5	379.29	1
	江苏	6.23	115.80	7	9.30	127.40	7	91.10	102.36	8	10.30	105.10	10	240.45	7
	浙江	8.64	160.59	3	11.90	163.01	2	93.20	104.72	6	10.40	106.12	8	322.21	2
	安徽	4.22	78.44	21	6.20	84.93	15	86.80	97.53	18	9.20	93.88	25	167.02	20
	福建	5.40	100.37	10	9.50	130.14	6	88.50	99.44	13	8.70	88.78	30	241.17	6
	江西	4.39	81.60	20	5.90	80.82	19	93.20	104.72	7	9.20	93.88	26	173.26	16
	山东	6.39	118.77	6	5.30	72.60	23	85.20	95.73	21	9.60	97.96	21	189.15	12

续表

地区		人均医疗卫生机构诊疗人次	分值	排名	医师日均担负诊疗人次	分值	排名	病床使用率（%）	分值	排名	平均住院日（天）	分值	排名	产出指标分值	排名
华中地区	河南	5.51	102.42	9	6.00	82.19	16	90.70	101.91	9	10.00	102.04	15	184.48	15
	湖北	5.53	102.79	8	6.70	91.78	12	96.50	108.43	2	10.00	102.04	16	200.96	9
	湖南	3.65	67.84	28	5.30	72.60	24	94.30	105.96	5	9.50	96.94	22	149.46	23
华南地区	广东	7.12	132.34	5	11.90	163.01	3	87.30	98.09	17	8.90	90.82	29	302.63	3
	广西	5.29	98.33	13	8.00	109.59	8	97.50	109.55	1	9.20	93.88	27	223.59	8
	海南	4.74	88.15	16	6.30	86.30	14	84.90	95.39	23	9.70	98.98	19	170.82	18
西南地区	重庆	4.68	86.99	17	7.40	101.37	10	89.60	100.67	11	9.90	101.02	17	188.01	13
	四川	5.37	99.81	11	6.70	91.78	13	95.40	107.19	3	10.30	105.10	31	193.68	10
	贵州	3.62	67.29	29	5.20	71.23	25	85.20	95.73	22	8.50	86.73	23	147.51	24
	云南	4.51	83.83	19	7.50	102.74	9	85.40	95.96	20	9.30	94.90	7	187.63	14
	西藏	3.78	70.26	26	5.80	79.45	20	73.70	82.81	31	10.50	107.14	18	125.38	27
	陕西	4.57	84.94	18	6.00	82.19	17	87.70	98.54	16	9.80	100.00	20	165.68	21
西北地区	甘肃	4.80	89.22	15	6.00	82.19	18	84.60	95.06	26	9.70	98.98	9	167.49	19
	青海	3.81	70.82	25	5.20	71.23	26	86.20	96.85	19	10.40	106.12	13	132.78	25
	宁夏	5.10	94.80	14	7.20	98.63	11	89.70	100.79	10	10.20	104.08	28	190.13	11
	新疆	4.14	76.95	22	5.70	78.08	21	88.40	99.33	14	9.10	92.86	—	161.50	22

资料来源：根据《中国统计年鉴（2014）》《中国卫生和计划生育统计年鉴（2014）》计算整理。

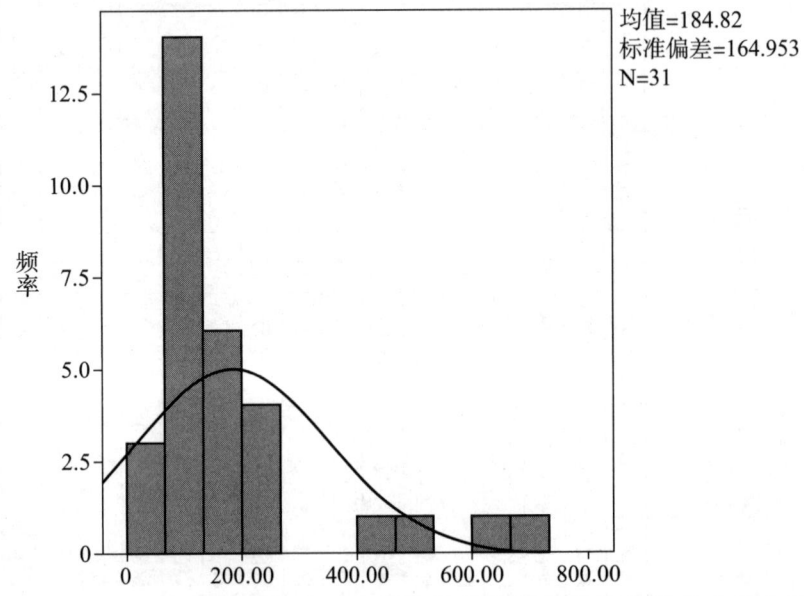

（三）各省份基本医疗卫生服务均等化效果指标分析

首先，需要说明的是，测量基本医疗卫生服务均等化效果的两个指标（甲乙法定报告传染疾病死亡率和孕产妇死亡率）均为逆向指标，这意味着效果指标得分越高，基本医疗卫生服务均等化效果越差，而效果指标得分越低则反映基本医疗卫生服务均等化效果越好，而在计算基本医疗卫生服务均等化总分值时需对这两项指标做减法运算。从各省份基本医疗卫生服务均等化效果分值的总体情况来看，由图3-13和图3-14可知，各省份基本医疗卫生服务均等化效果指标分值分布呈两极化趋势，在图3-13中，100~260分省份比较多，呈明显的右向偏态分布，而高于260分的区间分布数量少且间距较大。图3-14则显示，在趋势直线右下方低分区各省份效果分值落点较多，而左上方高分区离散程度大，这说明各省份之间基本医疗卫生服务均等化效果均已达到较高水平，但相比而言，高低之间差距较大，即各省份之间基本医疗卫生服务效果不均衡特征显著。从各省份的情况来看，整体基本医疗卫生服务效果优于全国平均水平，即效果指标分值低于全国平均水平的省份有23个，比重为74.19%，这说明全国大部分省份基本医疗卫生服务效果较好，但西藏、广西、新疆、云南、贵州、四川、青海和重庆8省份基本医疗卫生服务效果低于全国平均水平，而这些省份集中分布在西南地区和西北地区，说明这两个区域基本医疗卫生服务状况堪忧。

图3-13　各省份基本医疗卫生服务均等化效果指标分值分布直方图

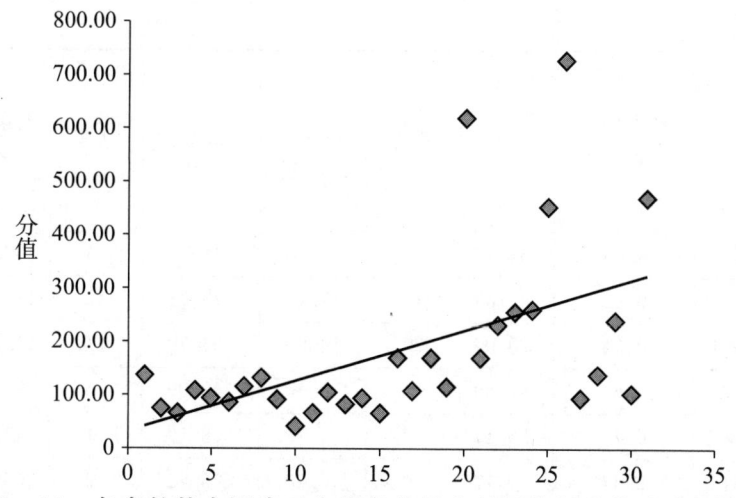

图 3-14　各省份基本医疗卫生服务均等化效果指标分值分布趋势图

其次，从各二级指标来看（见表 3-19），2013 年，甲乙法定报告传染疾病死亡率全国平均水平为 1.20/10 万，有 23 个省份甲乙法定报告传染疾病死亡率低于全国均值，其中，河北死亡率最低，仅为 0.27/10 万。但是，广西、云南、新疆、四川、贵州、重庆、河南、湖南 8 个省份死亡率较高，其中，广西、云南和新疆三个省份甲乙法定报告传染疾病死亡率过高，分别为 6.67/10 万、4.07/10 万、3.88/10 万。在孕产妇死亡率方面，2013 年全国平均水平为 23.20/10 万，全国有 27 个省份孕产妇死亡率低于平均水平，只有西藏、青海、新疆以及云南 4 个省份死亡率高于平均水平，这说明我国妇婴保健工作效果比较突出。

表 3-19　各省份基本医疗卫生服务均等化效果指标分值统计表

地区		甲乙法定报告传染病死亡率（1/10 万）	分值	排名	孕产妇死亡率（1/10 万）	分值	排名	效果指标分值	排名
全国		1.20	100.00		23.20	100.00		200.00	
华北地区	北京	1.13	94.17	22	10.20	43.97	8	138.14	20
	天津	0.44	36.67	5	8.80	37.93	5	74.60	5
	河北	0.27	22.50	1	10.70	46.12	10	68.62	4
	山西	0.49	40.83	11	15.60	67.24	20	108.07	14
	内蒙古	0.34	28.33	3	15.50	66.81	19	95.14	9

续表

地区		甲乙法定报告传染病死亡率（1/10万）	分值	排名	孕产妇死亡率（1/10万）	分值	排名	效果指标分值	排名
东北地区	辽宁	0.65	54.17	17	8.30	35.78	3	89.94	7
	吉林	0.55	45.83	12	17.10	73.71	22	119.54	16
	黑龙江	0.84	70.00	20	14.80	63.79	17	133.79	18
华东地区	上海	0.63	52.50	15	9.30	40.09	6	92.59	8
	江苏	0.47	39.17	8	1.90	8.19	1	47.36	1
	浙江	0.47	39.17	9	6.20	26.72	2	65.89	3
	安徽	0.55	45.83	13	13.70	59.05	15	104.89	13
	福建	0.42	35.00	4	12.00	51.72	13	86.72	6
	江西	0.61	50.83	14	10.70	46.12	11	96.95	11
	山东	0.29	24.17	2	9.30	40.09	7	64.25	2
华中地区	河南	1.51	125.83	25	10.30	44.40	9	170.23	21
	湖北	0.73	60.83	18	11.60	50.00	12	110.83	15
	湖南	1.26	105.00	24	16.00	68.97	21	173.97	23
华南地区	广东	1.01	84.17	21	8.40	36.21	4	120.37	17
	广西	6.67	555.83	31	14.20	61.21	16	617.04	30
	海南	1.14	95.00	23	17.90	77.16	24	172.16	22
西南地区	重庆	1.89	157.50	26	17.10	73.71	23	231.21	24
	四川	2.00	166.67	28	20.70	89.22	25	255.89	26
	贵州	1.96	163.33	27	22.60	97.41	26	260.75	27
	云南	4.07	339.17	30	26.70	115.09	28	454.25	28
	西藏	0.75	62.50	19	154.50	665.95	31	728.45	31
西北地区	陕西	0.47	39.17	10	13.30	57.33	14	96.49	10
	甘肃	0.45	37.50	6	23.00	99.14	27	136.64	19
	青海	0.63	52.50	16	44.00	189.66	30	242.16	25
	宁夏	0.46	38.33	7	15.10	65.09	18	103.42	12
	新疆	3.88	323.33	29	33.80	145.69	29	469.02	29

资料来源：根据《中国统计年鉴（2014）》整理。

（四）总体结论

通过上述分析，以及图 3-15、图 3-16 和表 3-20，我们可以得出以下结论。

第一，从基本医疗卫生服务均等化指标总分值来看，各省份分值分布离散性强，落点不均匀，这说明全国各省份基本医疗卫生服务整体均等化水平较差。

第二，从基本医疗卫生服务均等化"投入—产出—效果"各分指标来看，全国各省份在基本医疗卫生服务投入方面均等化程度较高，但产出指标和效果指标均等化程度较低。虽然基本医疗卫生服务效果总体水平较高，但最高水平和最低水平之间的差距过大。另外，较高的投入水平并不必然带来较好的医疗效果，如西藏、新疆、宁夏和青海等省份投入较大，但效果仍然较差。

第三，从区域差异来看，经济较为发达的华东地区，基本医疗卫生服务水平较高，而东北地区、西南地区和西北地区整体明显落后于其他地区。

第四，从各省份的情况来看，省份之间基本医疗卫生服务水平差距较大，北京、上海、浙江、江苏、天津等省市无论在整体表现还是在各项指标得分都处于领先位置，而云南、贵州、四川、重庆、西藏以及新疆几个省份较为落后。

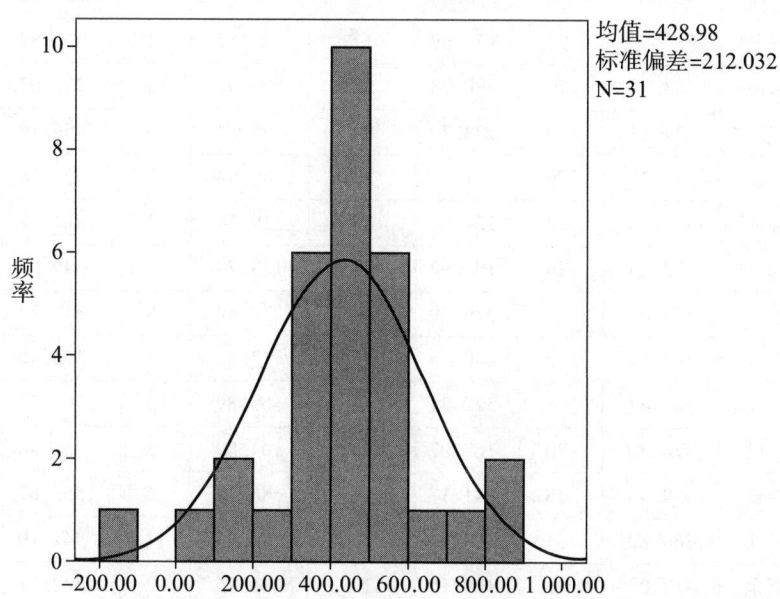

图 3-15 各省份基本医疗卫生服务均等化指标总分值分布直方图

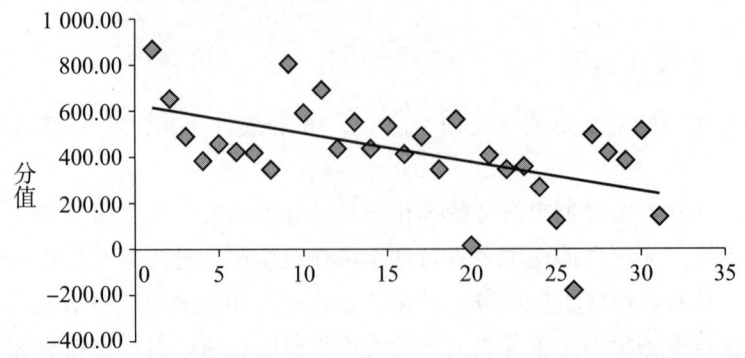

图 3-16 各省份基本医疗卫生服务均等化指标总分值分布趋势图

表 3-20 各省份基本医疗卫生服务均等化指标总分值统计表

地区		投入指标分值	排名	产出指标分值	排名	效果指标分值	排名	基本医疗卫生服务均等化指标总分值	排名
全国		400.00		200.00		200.00		400.00	
华北地区	北京	714.63	1	297.52	4	138.13	20	874.02	1
	天津	458.03	4	275.54	5	74.60	5	658.98	4
	河北	387.40	25	172.09	17	68.62	4	490.87	12
	山西	403.37	16	90.78	31	108.07	14	386.07	22
	内蒙古	427.54	9	123.70	29	95.14	9	456.10	13
东北地区	辽宁	386.31	26	131.53	26	89.94	7	427.90	16
	吉林	415.76	13	124.95	28	119.54	16	421.17	18
	黑龙江	377.45	29	105.97	30	133.79	18	349.63	26
华东地区	上海	529.01	2	379.29	1	92.59	8	815.72	2
	江苏	397.30	19	240.45	7	47.36	1	590.40	5
	浙江	444.43	6	322.21	2	65.89	3	700.74	3
	安徽	376.32	30	167.02	20	104.89	13	438.46	15
	福建	399.43	18	241.17	6	86.72	6	553.87	7
	江西	365.80	31	173.26	16	96.95	11	442.10	14
	山东	417.22	12	189.15	12	64.25	2	542.11	8
华中地区	河南	396.46	20	184.48	15	170.23	21	410.70	19
	湖北	403.97	15	200.96	9	110.83	15	494.09	11
	湖南	380.31	28	149.46	23	173.97	23	355.81	24

续表

地区		投入指标分值	排名	产出指标分值	排名	效果指标分值	排名	基本医疗卫生服务均等化指标总分值	排名
华南地区	广东	385.47	27	302.63	3	120.37	17	567.73	6
	广西	401.83	17	223.59	8	617.04	30	8.38	30
	海南	408.70	14	170.82	18	172.16	22	407.36	20
西南地区	重庆	394.29	21	188.01	13	231.21	24	351.10	25
	四川	418.41	11	193.68	10	255.89	26	356.20	23
	贵州	390.31	24	147.51	24	260.75	27	277.08	27
	云南	391.63	23	187.63	14	454.25	28	125.01	29
	西藏	419.41	10	125.38	27	728.45	31	-183.66	31
西北地区	陕西	438.47	7	165.68	21	96.49	10	507.65	10
	甘肃	392.23	22	167.49	19	136.64	19	423.08	17
	青海	498.27	3	132.78	25	242.16	25	388.90	21
	宁夏	431.97	8	190.13	11	103.42	12	518.68	9
	新疆	449.67	5	161.50	22	469.02	29	142.15	28

资料来源：根据表3-17、表3-18、表3-19整理。

三、中国各省份基本就业服务均等化水平测量

本部分从"投入—产出—效果"三个维度对2013年度全国及各省份基本就业服务均等化水平进行测量，所选数据均来自于《中国统计年鉴（2014）》和《中国劳动统计年鉴（2014）》。

（一）各省份基本就业服务均等化投入指标分析

首先，全国各省份基本就业服务均等化投入指标总分值方面，[1] 由图3-17可知，全国各省份基本就业服务均等化投入指标分值分布集中趋势相对明显，且分布在中央线左侧，大多集中在200~400分之内。由图3-18可知，各省份之

---

[1] 由于上海市和西藏自治区在基本就业服务均等化投入指标以及部分效果指标数据缺失，在投入分类排名和总排名中不对其排名与分析，虽然内蒙古自治区在生均训练经费一项指标数据缺失，但其他指标较为完整且数值较高，对整体结果影响不大，所以仍将其纳入排名、分析范围。

间基本就业服务均等化投入指标分值分布较为分散,离散性强,说明该指标均等化程度较低。从各省份具体情况来看,如表3-21所示,除上海、西藏之外,共有19个省份分值超过全国平均水平,占有效省份的65.52%,说明全国各省份在基本就业服务投入力度较大。虽然缺少生均就业训练经费的分值,内蒙古仍然以923.79分高居榜首,是全国平均水平的3倍之多,山东、新疆、宁夏、四川在就业投入方面位居前列,而云南、广东、福建、江苏和浙江则位置靠后。从区域角度来看,基本就业服务投入区域间发展不均衡,西北地区在基本就业服务的投入分值方面整体表现良好,而华东地区、华南地区整体相对落后。

其次,从各二级指标来看,在基本就业服务经费投入方面,仅有山东、四川、辽宁、北京、广西、重庆、河南以及海南8个省份的生均就业训练经费超过全国平均水平,这一方面说明各省份在就业经费方面投入不够,另一方面也说明省份之间差距较大。云南和宁夏两个省份生均就业经费投入均为0,此外,河南、江西、吉林、山西以及甘肃生均就业经费也比较低,均不足200元。在就业服务机构投入方面,全国每万求职人口就业训练中心平均个数为0.64个,有15个省份超过全国均值,其中,内蒙古、甘肃、新疆、河北、四川、江西、陕西等省份能够保证每万求职人口至少有一个职业培训机构,而云南、江苏、浙江、天津和福建相对较少,每万求职人口不足0.3个。在就业服务人力投入方面,全国有21个省份的技工学校师生比高于全国平均水平,说明各省份在就业服务师资投入方面力度较大。

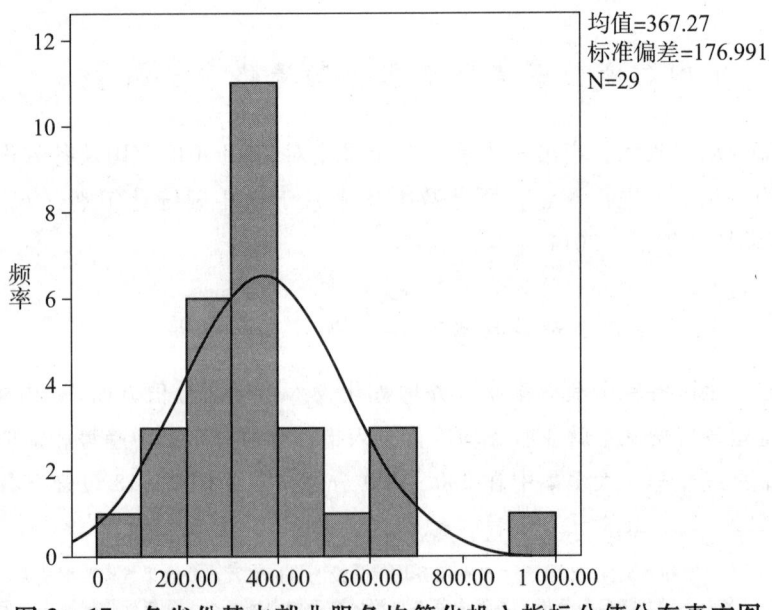

图3-17 各省份基本就业服务均等化投入指标分值分布直方图

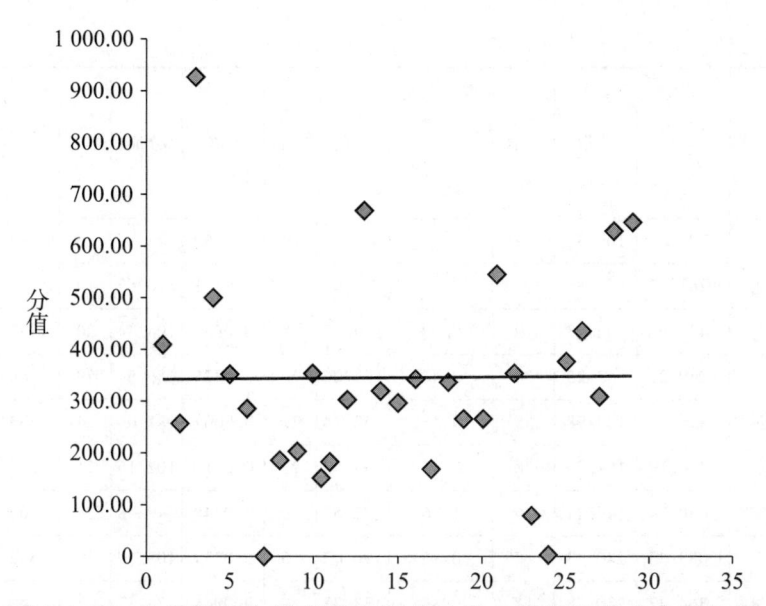

图 3-18 各省份基本就业服务均等化投入指标分值分布趋势图

表 3-21 各省份基本就业服务均等化投入指标分值统计表

地区		生均就业训练经费（元）	分值	排名	每万求职人口就业训练中心个数（个）	分值	排名	技工学校师生比	分值	排名	投入指标分值	排名
全国		451.15	100.00		0.64	100.00		0.0697	100.00		300.00	
华北地区	北京	897.60	198.96	4	0.31	47.78	24	0.0851	122.10	12	368.84	10
	天津	394.83	87.52	10	0.19	29.94	26	0.1443	207.01	4	324.46	16
	河北	106.50	23.61	26	1.59	248.15	4	0.0975	139.85	10	411.60	8
	山西	157.46	34.90	23	0.73	114.25	13	0.0749	107.51	16	256.66	24
	内蒙古	NA	NA		3.42	532.45	1	0.2728	391.33	2	923.79	1
东北地区	辽宁	983.82	218.07	3	0.62	96.97	17	0.1263	181.14	7	496.18	6
	吉林	153.28	33.97	24	0.74	114.74	12	0.1403	201.31	5	350.03	12
	黑龙江	324.19	71.86	14	0.62	96.70	18	0.0807	115.79	15	284.35	21
华东地区	上海	NA	NA		NA	NA		NA	NA		NA	
	江苏	282.46	62.61	16	0.17	26.19	28	0.0684	98.10	22	186.90	26
	浙江	295.40	65.48	15	0.18	28.60	27	0.0749	107.40	17	201.48	25
	安徽	267.87	59.38	18	0.63	98.48	16	0.1353	194.19	6	352.05	11
	福建	201.43	44.65	21	0.26	39.90	25	0.0671	96.30	23	180.85	27
	江西	113.53	25.17	25	1.09	169.37	6	0.0748	107.30	18	301.83	19
	山东	1876.78	416.00	1	0.84	131.19	11	0.0834	119.69	14	666.88	2

续表

地区		生均就业训练经费（元）	分值	排名	每万求职人口就业训练中心个数（个）	分值	排名	技工学校师生比	分值	排名	投入指标分值	排名
华中地区	河南	479.91	106.38	7	0.85	132.45	10	0.0550	78.86	26	317.69	17
	湖北	281.37	62.37	17	0.73	113.53	14	0.0841	120.65	13	296.55	20
	湖南	426.04	94.43	9	0.90	139.63	8	0.0735	105.44	20	339.50	14
华南地区	广东	240.22	53.25	20	0.44	69.06	20	0.0325	46.66	29	168.97	28
	广西	825.53	182.98	5	0.38	63.34	22	0.0607	87.03	24	333.35	15
	海南	464.19	102.89	8	0.47	58.89	23	0.0712	102.16	21	263.94	23
西南地区	重庆	650.14	144.11	6	1.26	72.57	19	0.0348	49.98	28	266.66	22
	四川	1 083.33	240.13	2	0.86	196.43	5	0.0737	105.69	19	542.25	5
	贵州	364.42	80.78	11	0.86	133.33	9	0.0944	135.37	11	349.48	13
	云南	0.00	0.00	27	0.06	9.78	29	0.0467	67.06	27	76.84	29
	西藏	NA	NA		NA	NA		NA	NA		NA	
西北地区	陕西	336.21	74.52	13	1.04	161.29	7	0.0975	139.88	9	375.69	9
	甘肃	173.37	38.43	22	2.01	313.66	2	0.0574	82.29	25	434.38	7
	青海	357.08	79.15	12	0.43	66.54	21	0.1117	160.33	8	306.02	18
	宁夏	0.00	0.00	28	0.73	113.28	15	0.3613	518.40	1	631.68	4
	新疆	244.35	54.16	19	1.93	300.52	3	0.2003	287.37	3	642.06	3

资料来源：根据《中国劳动统计年鉴（2014）》计算整理。

（二）各省份基本就业服务均等化产出指标分析

首先，从总体来看，由图 3-19 可知，各省份基本就业服务均等化产出指标分值分布相对比较集中，100～200 分区间内集中了较多省份。图 3-20 显示，各省份基本就业服务均等化产出指标分布与整体趋势线贴合度较强，呈明显的聚合特征，但大部分分值落在趋势线下方，说明全国基本就业服务的产出绩效不高，在低水平上呈均等化特征。具体到各个省份来看，仅有 11 个省份基本就业服务产出指标分值高于全国均分，云南省得分最高，达到 804.75 分，远远高于全国其他省份，比第二名的上海市也高出 368.68 分，除这两个省份以外，新疆、西藏和内蒙古的得分也比较高；相比之下，吉林、黑龙江、广西、广东以及辽宁分值较低，位列全国后五位，这其中吉林和黑龙江基本就业服务均等化产出指标分值均不足 100 分，落后较多。从区域情况来看，东北三省是各个区域基本就业服务产出效率最低的区域，三个省份均位列全国后五位。除东北地区外，华南地区在基本就业服务均等化产出指标得分也相对较少，广东和广西分列全国第 28 位和 29 位。西南地区是基本就业服务产出效率较高的区域，区域内 5 个省份除重庆之外，另外 4 个均居全国前十位。

其次，从各二级指标来看，由表 3-22 可知，在每万求职人口职业技能鉴定机构数方面，共有 14 个省份超过全国均值，占 45.16%，还不足一半，说明全国职业技能鉴定工作仍有较大的改进空间。云南每万求职人口拥有 15.25 个职业技能鉴定机构，位居全国首位。新疆、上海、西藏以及湖北分列第 2 位～第 5 位。相形之下，吉林、广东、江苏、黑龙江以及辽宁职业技能鉴定机构数较少，每万求职人口不足 0.5 个，远远不能满足求职者的职业技能鉴定需求。在城镇单位就业人员平均工资方面，2013 年全国平均水平为 51 483 元，只有北京、上海、天津、西藏、江苏、浙江以及广东 7 个省份超过全国均值，北京和上海城镇单位就业人员平均工资都超过 90 000 元，领先优势明显；而河南、黑龙江、广西、河北以及云南人均工资普遍偏低。从各省份数据来看，城镇单位就业人员平均工资差距较大，人均工资最高的北京和最低的河南之间相差 54 705，而这差值都高于全国大部分省份的人均工资水平。

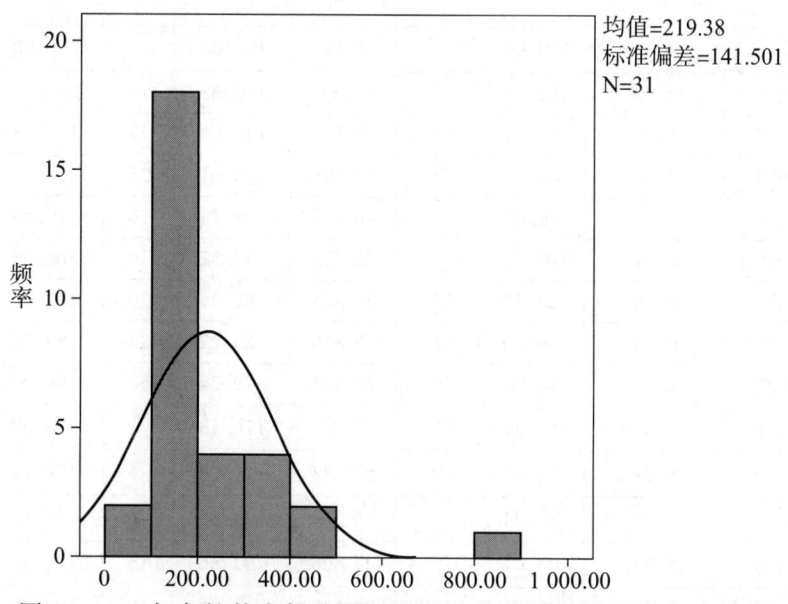

图 3-19 各省份基本就业服务均等化产出指标分值分布直方图

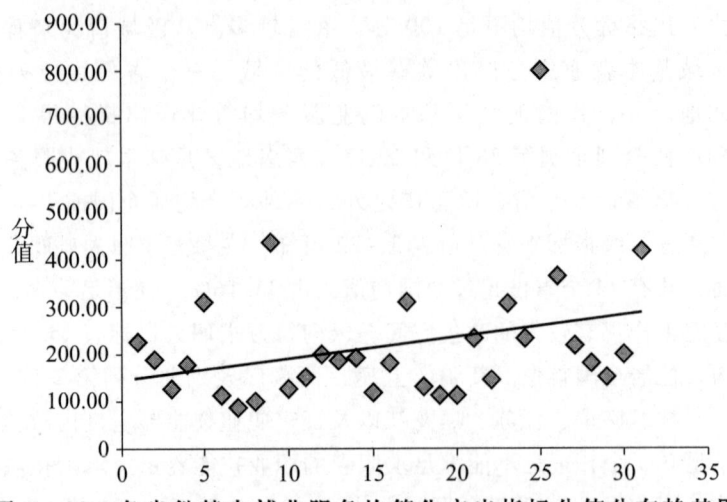

图 3-20　各省份基本就业服务均等化产出指标分值分布趋势图

表 3-22　各省份基本就业服务均等化产出指标分值统计表

地区		每万求职人口职业技能鉴定机构数（个）	分值	排名	城镇单位就业人员平均工资（元）	分值	排名	产出指标分值	排名
	全国	2.11	100.00		51 483	100.00		200.00	
华北地区	北京	0.90	42.70	23	93 006	180.65	1	223.35	10
	天津	1.26	59.92	18	67 773	131.64	3	191.56	15
	河北	0.94	44.67	22	41 501	80.61	28	125.28	24
	山西	1.89	89.45	17	46 407	90.14	19	179.59	19
	内蒙古	4.44	210.15	7	50 723	98.52	9	308.68	5
东北地区	辽宁	0.50	23.57	27	45 505	88.39	20	111.96	27
	吉林	0.13	6.00	31	42 846	83.22	23	89.22	31
	黑龙江	0.36	16.96	28	40 794	79.24	30	96.20	30
华东地区	上海	5.48	259.50	3	90 908	176.58	2	436.07	2
	江苏	0.28	13.08	29	57 177	111.06	5	124.14	25
	浙江	0.79	37.24	24	56 571	109.88	6	147.12	21
	安徽	2.24	106.01	12	47 806	92.86	15	198.87	12
	福建	1.90	90.01	16	48 538	94.28	13	184.29	16
	江西	2.31	109.52	11	42 473	82.50	26	192.02	14
	山东	0.57	27.16	26	46 998	91.29	18	118.45	26

续表

地区		每万求职人口职业技能鉴定机构数（个）	分值	排名	城镇单位就业人员平均工资（元）	分值	排名	产出指标分值	排名
华中地区	河南	2.23	105.77	13	38 301	74.40	31	180.16	18
	湖北	4.70	222.86	5	43 899	85.27	22	308.12	6
	湖南	0.95	45.05	21	42 726	82.99	25	128.04	23
华南地区	广东	0.16	7.47	30	53 318	103.56	7	111.03	28
	广西	0.59	28.09	25	41 391	80.40	29	108.49	29
	海南	2.93	138.84	9	44 971	87.35	21	226.19	9
西南地区	重庆	1.04	49.25	19	50 006	97.13	11	146.38	22
	四川	4.48	212.37	6	47 965	93.17	14	305.53	7
	贵州	2.96	140.20	8	47 364	92.00	17	232.20	8
	云南	15.25	722.31	1	42 447	82.45	27	804.75	1
	西藏	5.31	251.38	4	57 773	112.22	4	363.60	4
西北地区	陕西	2.60	123.04	10	47 446	92.16	16	215.20	11
	甘肃	2.07	97.86	15	42 833	83.20	24	181.06	17
	青海	1.03	48.73	20	51 393	99.83	8	148.56	20
	宁夏	2.12	100.24	14	50 476	98.04	10	198.29	13
	新疆	6.78	321.11	2	49 064	95.30	12	416.42	3

资料来源：根据《中国统计年鉴（2014）》《中国劳动统计年鉴（2014）》计算整理。

（三）各省份基本就业服务均等化效果指标分析

首先，从总体来看，如图3-21所示，全国各省份基本公共服务均等化效果指标分布呈明显的正态分布，说明集中趋势较为显著，各个分值区间数量较为平均，而效果指标分值标准差仅为36.694，也印证了这一点。从图3-22来看，除上海和西藏以外，各省份基本就业服务均等化效果指标呈现比较明显的线性分布，与趋势线契合度较高，聚合效应明显，说明全国各省份基本就业服务均等化效果相对比较均衡。从各省份情况来看，由表3-23可知，有23个省份基本就业服务均等化效果指标分值超过全国分值，占有效统计省份的79.31%，这意味着全国就业工作取得了较为明显的成效。其中，青海、宁夏、贵州、甘肃、云南整体分值靠前，相较而言，湖南、海南、辽宁、广西以及陕西分值较低，位列全国后五位。从区域发展的角度来看,东北三省的基本就业服务效果整体仍旧不理想,在七大区域中比较落后,华中地区、华南地区的就业服务效果同样有待提升。华北地区和西北地区在基本就业服务效果的区域发展方面相对领先,尤其是西北地区,除陕西之外,另外四个省份(甘肃、青海、宁夏、新疆)均居全国前十位。

其次,从各二级指标来看,其一,在城镇登记失业率方面,2013年全国平均值为4.05%,全国有27个省份城镇登记失业率低于全国平均水平,占87.10%。说明城镇就业工作成果出色。城镇登记失业率最低的是北京市,仅为1.20%,海南、甘肃、广东,以及西藏分列第2位~第5位,都低于3%;然而,黑龙江、湖南、宁夏、四川四个省份的城镇登记失业率仍高于全国均值,分别为4.40%、4.20%、4.10%、4.10%。其二,在就业培训服务成功率方面,有21个省份高于全国平均水平,说明就业培训服务效果良好。云南省就业培训服务成功率最高,为100%,而吉林、广东、山西三个省份就业培训服务成功率位于全国后三位,分别为72.72%、75.43%、78.08%。其三,在职业介绍成功率方面,有20个省份高于全国平均水平,其中,宁夏和青海两个职业介绍成功率较高,分别为94.52%和88.76%,与其他省份相比具有较大优势;而海南省职业介绍成功率最低,仅为13.65%,远远低于其他省份。

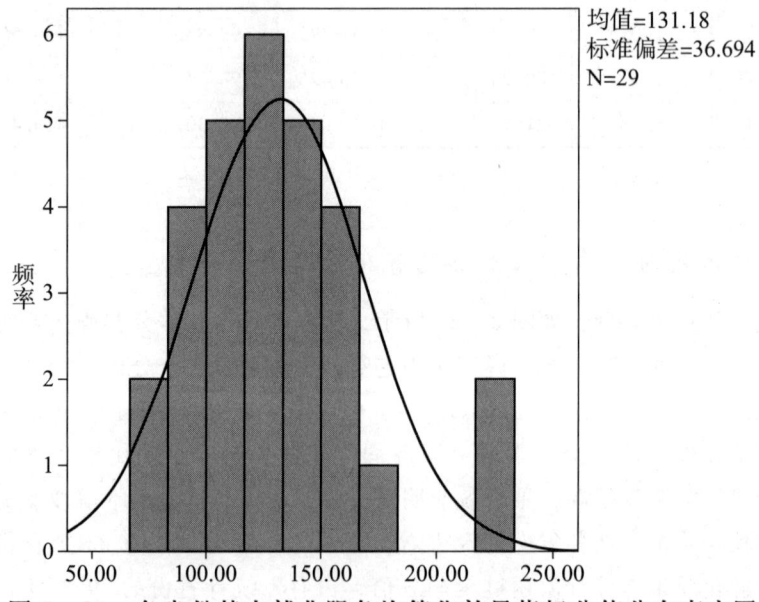

图3-21 各省份基本就业服务均等化效果指标分值分布直方图

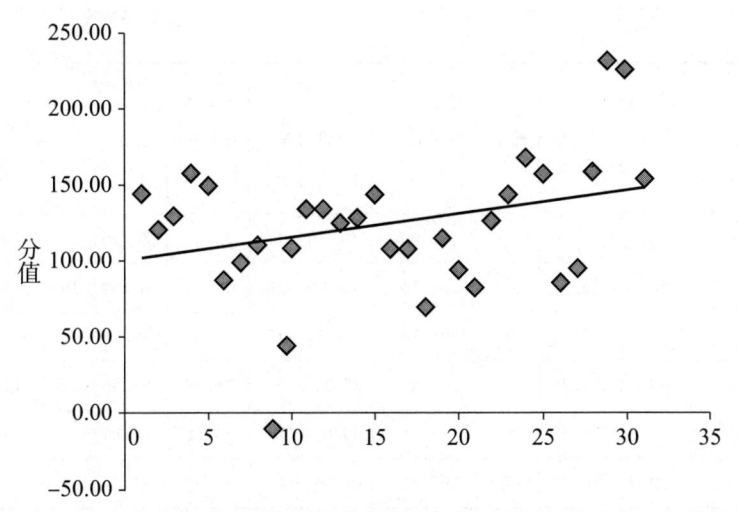

图 3-22　各省份基本就业服务均等化效果指标分值分布趋势图

表 3-23　各省份基本就业服务均等化效果指标分值统计表

地区		城镇登记失业率（%）	分值	排名	就业培训服务成功率（%）	分值	排名	职业介绍成功率（%）	分值	排名	效果指标分值	排名
全国		4.05	100.00		90.55	100.00		43.67	100.00		100.00	
华北地区	北京	1.20	29.63	1	98.90	109.23	6	28.39	65.00	30	144.60	9
	天津	3.60	88.89	21	91.35	100.88	20	47.55	108.88	16	120.87	18
	河北	3.70	91.36	23	92.17	101.80	16	52.20	119.52	10	129.96	14
	山西	3.10	76.54	8	78.08	86.23	27	64.04	146.64	4	156.32	6
	内蒙古	3.70	91.36	24	95.31	105.26	12	58.90	134.87	8	148.78	8
东北地区	辽宁	3.40	83.95	16	90.00	99.40	22	31.51	72.14	27	87.59	27
	吉林	3.70	91.36	25	72.72	80.31	29	47.63	109.06	15	98.01	24
	黑龙江	4.40	108.64	31	94.11	103.94	14	50.34	115.27	12	110.57	20
华东地区	上海	4.00	98.77	26	NA	NA		39.17	89.69	23	-9.08	31
	江苏	3.00	74.07	6	91.74	101.32	19	35.17	80.53	25	107.77	22
	浙江	3.00	74.07	7	90.89	100.38	21	46.67	106.86	17	133.16	13
	安徽	3.40	83.95	17	95.90	105.91	10	49.14	112.52	14	134.48	12
	福建	3.60	88.89	22	97.66	107.86	8	46.52	106.51	18	125.48	17
	江西	3.20	79.01	10	99.56	109.95	4	42.83	98.07	21	129.01	15
	山东	3.20	79.01	11	95.85	105.86	11	50.74	116.19	11	143.04	10

续表

地区		城镇登记失业率（%）	分值	排名	就业培训服务成功率（%）	分值	排名	职业介绍成功率（%）	分值	排名	效果指标分值	排名
华中地区	河南	3.10	76.54	9	92.08	101.70	17	35.88	82.16	24	107.31	23
	湖北	3.50	86.42	20	81.36	89.86	26	45.72	104.69	19	108.13	21
	湖南	4.20	103.70	30	93.76	103.54	15	30.63	70.14	28	69.98	30
华南地区	广东	2.40	59.26	4	75.43	83.31	28	39.97	91.54	22	115.58	19
	广西	3.30	81.48	12	89.66	99.03	24	33.58	76.89	26	94.44	26
	海南	2.20	54.32	2	95.31	105.26	13	13.65	31.25	31	82.19	29
西南地区	重庆	3.40	83.95	18	99.68	110.09	3	43.89	100.49	20	126.63	16
	四川	4.10	101.23	28	88.02	97.21	25	63.95	146.43	5	142.41	11
	贵州	3.30	81.48	13	96.86	106.97	9	61.90	141.75	7	167.24	3
	云南	4.00	98.77	27	100.00	110.44	1	63.52	145.45	6	157.12	5
	西藏	2.50	61.73	5	NA	NA		64.64	148.02	3	86.27	28
西北地区	陕西	3.30	81.48	14	98.91	109.24	5	29.34	67.19	29	94.95	25
	甘肃	2.30	56.79	3	91.99	101.60	18	49.73	113.87	13	158.68	4
	青海	3.30	81.48	15	98.43	108.71	7	88.76	203.25	2	230.47	1
	宁夏	4.10	101.23	29	99.89	110.32	2	94.52	216.45	1	225.53	2
	新疆	3.40	83.95	19	90.00	99.40	23	60.47	138.47	8	153.92	7

资料来源：根据《中国劳动统计年鉴（2014）》计算整理。

（四）总体结论

通过上述分析，以及图3-23、图3-24和表3-24，我们可以得出以下结论。

第一，从基本就业服务均等化指标总分值来看，有18个省份的基本就业服务均等化指标总分值超过全国水平，占有效统计的62.7%，说明全国各省份基本就业服务工作整体比较出色，取得了良好的效果。

第二，从基本就业服务均等化"投入—产出—效果"三维视角来看，基本就业服务的投入方面差距较大，均等化程度低，而在产出和效果层面的差距相对较小，均等化程度高。从"投入—产出—效果"的均衡程度来看，不同省份在三个维度的均衡性不同，有的省份能够较好地在三个维度之间取得平衡，比如宁夏，无论是基本就业服务的投入、产出还是效果，排名均比较靠前。而辽宁和吉林，虽然投入比较靠前，但产出和效果均比较落后。云南则属于另外一种情况，虽然其基本就业服务投入在全国范围内仅位于第 27 名，但其产出和效果分居第 1 名和第 5 名，说明其投入成效较高。

第三，从区域来看，不同区域在基本就业服务方面的表现相差各异。从区域间角度看，西南地区和西北地区在基本就业公共服务方面整体表现较好，而东北地区和华南地区则是相对较差的两个区域，其余区域则相对均衡。从区域内部来看，西南地区区域内部差别明显，四川、云南、贵州和西藏都排名靠前，唯独重庆比较靠后；另一种情况则发生在华东地区，在整体表现相对中庸的情况下，该区域山东省在基本就业服务方面的排名位居前列。就东北区域来看，其基本就业公共服务投入在全国排名靠前，但在产出和效果方面的排名比较靠后，说明其基本就业服务的工作绩效较低。

第四，从各省份的情况来看，内蒙古、新疆、宁夏、云南和四川位于全国前五位，广东、江苏、浙江、福建和黑龙江则位于后五位。从分值上看，位于两端的分值差距较大，而中间的省份分值相对接近。此外，不同省份之间在基本就业服务投入方面的差距较大，但在产出和效果方面，反而比较接近。

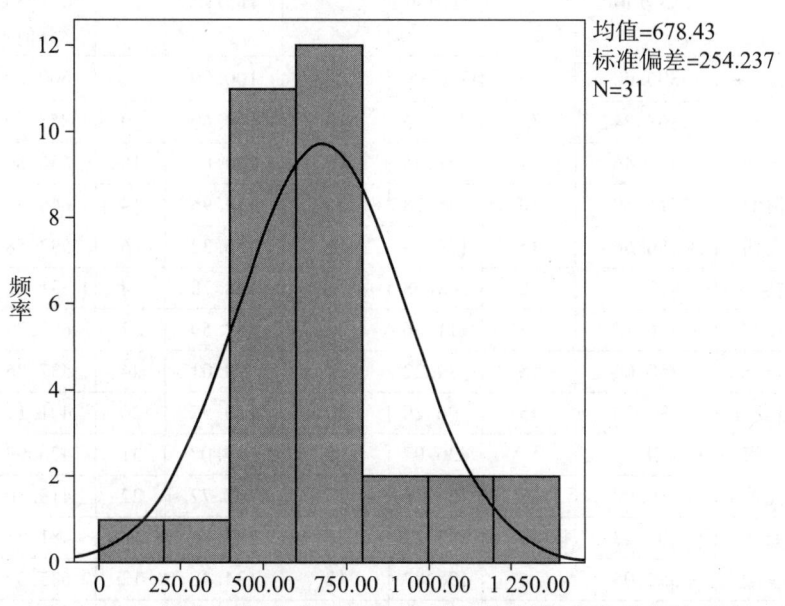

图 3-23　各省份基本就业服务均等化指标总分值分布直方图

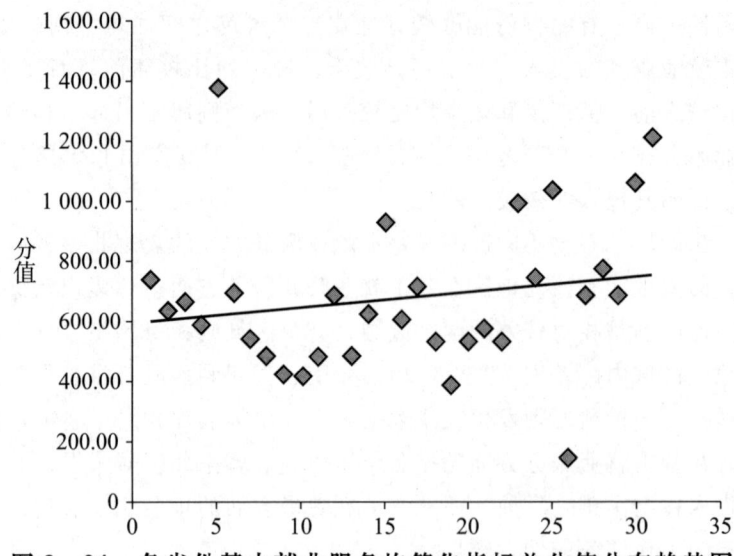

图 3-24　各省份基本就业服务均等化指标总分值分布趋势图

表 3-24　　各省份基本就业服务均等化指标总分值统计表

地区		投入指标分值	排名	产出指标分值	排名	效果指标分值	排名	基本就业服务均等化指标总分值	排名
	全国	300.00		200.00		100.00		600.00	
华北地区	北京	368.84	12	223.35	10	144.60	9	736.79	9
	天津	324.46	4	191.56	15	120.87	18	636.89	16
	河北	411.60	10	125.28	24	129.96	14	666.85	15
	山西	256.66	16	179.59	19	156.32	6	592.58	19
	内蒙古	923.79	2	308.68	5	148.78	8	1 381.22	1
东北地区	辽宁	496.18	7	111.96	27	87.59	27	695.73	11
	吉林	350.03	5	89.22	31	98.01	24	537.26	23
	黑龙江	284.35	15	96.20	30	110.57	20	491.11	25
华东地区	上海	NA		436.07	2	-9.08	31	426.99	
	江苏	186.90	22	124.14	25	107.77	22	418.80	28
	浙江	201.48	17	147.12	21	133.16	13	481.76	27
	安徽	352.05	6	198.87	12	134.48	12	685.39	13
	福建	180.85	23	184.29	16	125.48	17	490.62	26
	江西	301.83	18	192.02	14	129.01	15	622.86	17
	山东	666.88	14	118.45	26	143.04	10	928.37	6

续表

地区		投入指标分值	排名	产出指标分值	排名	效果指标分值	排名	基本就业服务均等化指标总分值	排名
华中地区	河南	317.69	26	180.16	18	107.31	23	605.16	18
	湖北	296.55	13	308.12	6	108.13	21	712.80	10
	湖南	339.51	20	128.04	23	69.98	30	537.52	22
华南地区	广东	168.96	29	111.03	28	115.58	19	395.58	29
	广西	333.35	24	108.49	29	94.44	26	536.27	24
	海南	263.94	21	226.19	9	82.19	29	572.32	20
西南地区	重庆	266.66	22	146.38	22	126.63	16	539.67	21
	四川	542.25	19	305.53	7	142.41	11	990.18	5
	贵州	349.48	11	232.25	8	167.24	3	748.93	8
	云南	76.85	27	804.75	1	157.12	5	1 038.73	4
	西藏	NA		363.60	4	86.27	28	148.00	
西北地区	陕西	375.69	9	215.20	11	94.95	25	685.84	12
	甘肃	434.38	25	181.06	17	158.68	4	774.12	7
	青海	306.02	18	148.56	20	230.47	1	685.05	14
	宁夏	631.68	4	198.29	13	225.53	2	1 055.50	3
	新疆	642.06	3	416.42	3	153.92	7	1 212.39	2

资料来源：根据表 3-21、表 3-22、表 3-23 整理。

四、中国各省份基本社会保障服务均等化水平测量

本部分从"投入—产出—效果"三个维度对 2013 年度全国及各省份基本社会服务均等化水平进行测量，所选数据均来自于《中国统计年鉴（2014）》《中国劳动统计年鉴（2014）》以及《中国民政统计年鉴（2014）》。

（一）各省份基本社会保障服务均等化投入指标分析

首先，从总体来看，全国各省份基本社会保障服务均等化投入指标分值分

布相对集中，呈现比较明显的右向偏态分布，由图3-25可知，200~300分值的省份较多，共有16个省份，其次是300~400分值，共有5个省份。由图3-26可知，基本社会保障服务均等化投入指标得分最高的北京之外，其他省份分值都比较贴近趋势线，显示出比较强的聚合性，而且位于趋势线下方的落点较多，这说明基本社会保障服务投入类指标在低水平上呈现出均等化特征。从各省份的情况来看，全国基本社会保障服务均等化投入指标分值高于平均线的省份有12个省份，只占38.71%，北京得分最高，达到1 093.11分，是全国平均水平的3.64倍，这显示出北京在基本社会保障服务投入方面力度之大。浙江、宁夏、上海、青海分列第2位~第5位，但与北京相比差距较大；福建、广西、重庆、河北以及新疆是基本社会保障服务投入在全国范围相对落后的省份。从区域均衡的角度看，华北地区和东北地区在基本社会保障服务投入方面位居全国前列，但是华北地区区域内省份之间投入不均衡，主要表现在河北省与其他省份差距较大。华东地区和西北地区也呈现出区域内投入不均衡的特征，在华东地区，上海、浙江分居全国第2位和第4位，江苏省则位列第16，其他省份均居20名之后，福建甚至位列全国最后一名。在西北地区，宁夏和青海分列第3位、第5位，而其他3个省份则分居第14位、第18位和27位。

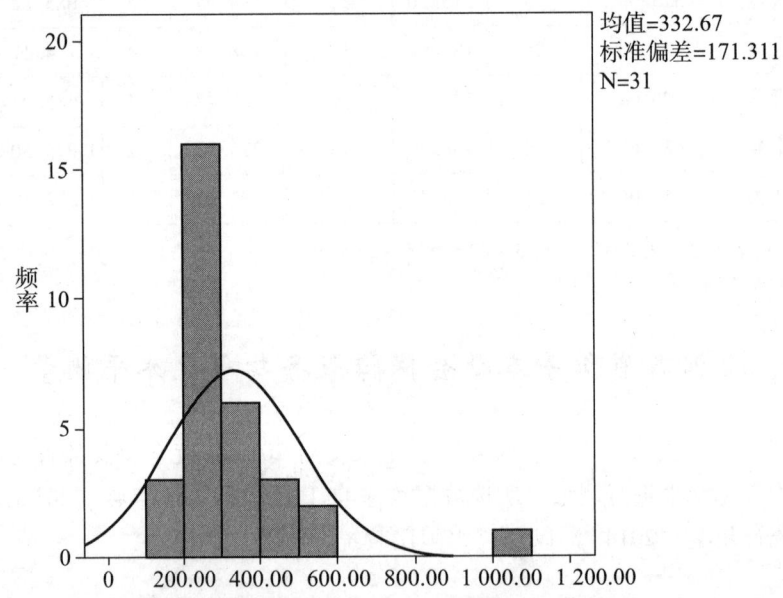

图3-25 各省份基本社会保障服务均等化投入指标分值分布直方图

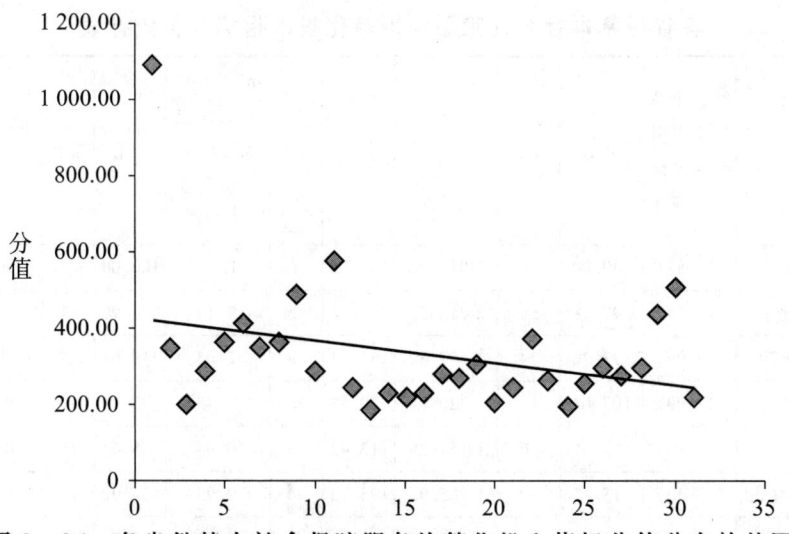

图 3-26　各省份基本社会保障服务均等化投入指标分值分布趋势图

其次,从各二级指标来看,在社会保障服务经费投入方面,选用社会保障经费占财政支出比重和人均社会保障经费两个指标以展示政府财政对社会保障服务的重视程度和社会居民实际接收到的经费投入力度。从社会保障经费支出占财政支出比重的角度来看,全国有 16 个省份的比重超过全国整体水平,刚刚过半,黑龙江省社会保障经费支出占财政支出比重达到 16.10%,位居全国首位,辽宁、甘肃、重庆、湖北紧随其后;相比之下,西藏、福建、江苏、浙江、新疆、贵州、广东和天津社会保障经费支出占财政支出比重偏低,均不足 10%。从人均社会保障经费方面看,全国有 19 个省份人均社会保障经费超过全国平均水平,占 61.29%,青海省人均社会保障经费最高,为 2 803.93 元,西藏和北京人均社会保障经费也都超过 2 000 元;人均社会保障经费最低的省份是福建,仅为 637.67 元,是唯一一个低于 700 元的省份。从社会保障服务人力投入方面看,北京、浙江、宁夏、上海、广东、江苏、天津、吉林和重庆 9 个省份每万人拥有的社会保障服务人员数量超过全国平均水平,其中,北京市每万人拥有的社会保障服务人员数量为 13.17,是全国平均水平(1.69)的 7.80 倍,这说明北京市在社会保障人力资源投入方面力度较大,远远高于其他省份。全国仍有 18 个省份每万人拥有的社会保障服务人员数量不足 1 人,说明社会保障服务人力资源投入方面仍有较大提升空间(见表 3-25)。

表3-25　各省份基本社会保障服务均等化投入指标分值统计表

地区		社会保障经费占财政支出比重（%）	分值	排名	人均社会保障经费（元）	分值	排名	每万人拥有的社会保障服务人员数量（人）	分值	排名	投入指标分值	排名
全国		11.57	100.00		1 017.82	100.00		1.69	100.00		300.00	
华北地区	北京	11.24	97.18	18	2 218.33	217.95	3	13.17	777.99	1	1 093.11	1
	天津	8.99	77.76	24	1 557.39	153.01	8	2.03	119.61	7	350.38	11
	河北	11.99	103.64	16	720.91	70.83	28	0.43	25.19	29	199.66	29
	山西	13.83	119.56	6	1 154.39	113.42	16	0.94	55.64	16	288.62	15
	内蒙古	13.32	115.15	10	1 965.92	193.15	4	0.93	54.92	17	363.23	9
东北地区	辽宁	15.85	137.07	2	1 877.07	184.42	6	1.55	91.79	10	413.29	6
	吉林	13.12	113.45	12	1 309.17	128.62	13	1.84	108.95	8	351.03	10
	黑龙江	16.10	139.17	1	1 414.14	138.94	10	1.45	89.69	11	363.79	8
华东地区	上海	10.33	89.35	22	1 937.79	190.39	5	3.55	209.93	4	489.66	4
	江苏	8.09	69.97	29	794.95	78.10	23	2.37	139.82	6	287.90	16
	浙江	8.39	72.57	27	722.19	70.95	27	7.39	436.36	2	579.89	2
	安徽	12.27	106.07	15	885.00	86.95	21	0.86	50.75	19	243.77	22
	福建	7.84	67.80	30	637.67	62.65	31	0.97	57.12	14	187.57	31
	江西	10.92	94.38	20	837.74	82.31	22	0.91	53.88	18	230.56	25
	山东	10.20	88.15	23	700.66	68.84	30	1.03	61.02	13	218.00	26
华中地区	河南	13.10	113.28	13	776.99	76.34	24	0.73	42.87	23	232.49	24
	湖北	13.86	119.79	5	1 044.48	102.62	18	0.96	56.95	15	279.36	17
	湖南	13.34	115.37	9	935.55	91.92	20	1.10	64.92	12	272.21	19
华南地区	广东	8.88	76.78	25	701.77	68.95	29	2.74	161.85	5	307.58	12
	广西	10.85	93.80	21	737.69	72.48	26	0.71	42.05	25	208.33	28
	海南	11.46	99.08	17	1 294.53	127.17	14	0.24	14.25	30	240.50	23
西南地区	重庆	14.10	121.94	4	1 454.18	142.87	9	1.80	106.27	9	371.08	7
	四川	13.40	115.84	8	1 028.14	101.01	19	0.75	44.33	22	261.18	20
	贵州	8.58	74.19	26	755.28	74.21	25	0.78	46.23	20	194.62	30
	云南	12.34	106.67	14	1 078.49	105.96	17	0.72	42.34	24	254.97	21
	西藏	7.19	62.17	31	2 337.51	229.66	2	0.10	6.06	31	297.89	13

续表

地区		社会保障经费占财政支出比重（%）	分值	排名	人均社会保障经费（元）	分值	排名	每万人拥有的社会保障服务人员数量（人）	分值	排名	投入指标分值	排名
西北地区	陕西	13.58	117.42	7	1 322.40	129.92	12	0.49	28.65	28	275.99	18
	甘肃	15.01	129.81	3	1 342.92	131.94	11	0.58	34.20	26	295.95	14
	青海	13.19	114.06	11	2 803.93	275.48	1	0.76	44.86	21	434.40	5
	宁夏	11.14	96.32	19	1 570.99	154.35	7	4.37	257.92	3	508.59	3
	新疆	8.58	74.18	27	1 162.25	114.19	15	0.49	28.96	27	217.33	27

资料来源：根据《中国劳动统计年鉴（2014）》《中国民政统计年鉴（2014）》计算整理。

（二）各省份基本社会保障服务均等化产出指标分析

首先，从总体来看，图 3-27 显示，各省份基本社会保障服务均等化产出指标分值呈现出明显的右向偏态分布，有 19 个省份基本社会保障服务均等化产出指标得分分布在 200~300 分之内，另有 6 个省份的分值落在 300~400 分之内。由图 3-28 可知，除上海、北京和天津三个分值极高的省市外，其余省份基本社会保障服务均等化产出指标分值分布较为密集，线性特征显著，具有较强的聚合性，说明基本社会保障服务产出类指标均等化程度较高。具体到各个省份而言，如表 3-26 所示，上海、北京和天津是得分最高的 3 个省市，分别为 768.26、740.52 和 609.82，远远高于其他省份，甚至是有些省份得分的 2 倍以上，说明这三个直辖市基本社会保障服务产出水平高；相比之下，其他省份分值相对较为接近，江西、河南、湖南、广东以及安徽是得分相对靠后的 5 个省份。从区域的角度看，基本社会保障服务均等化产出指标分值显示出较强的区域性特征，如华北地区、东北地区整体性较好，而华中地区和华南地区在基本社会保障服务均等化产出指标分值方面稍逊于其他区域。从区域内部看，同样体现出两种趋势，一是呈两极分化的趋势，如华东地区，上海市基本社会保障服务均等化产出指标分值位于全国首位，而江西省则处于最末位置；二是呈整体均衡趋势，如华南地区，三个省份分别排名第 21、第 24、第 28 位，看起来较为均衡，但总体排名落后。

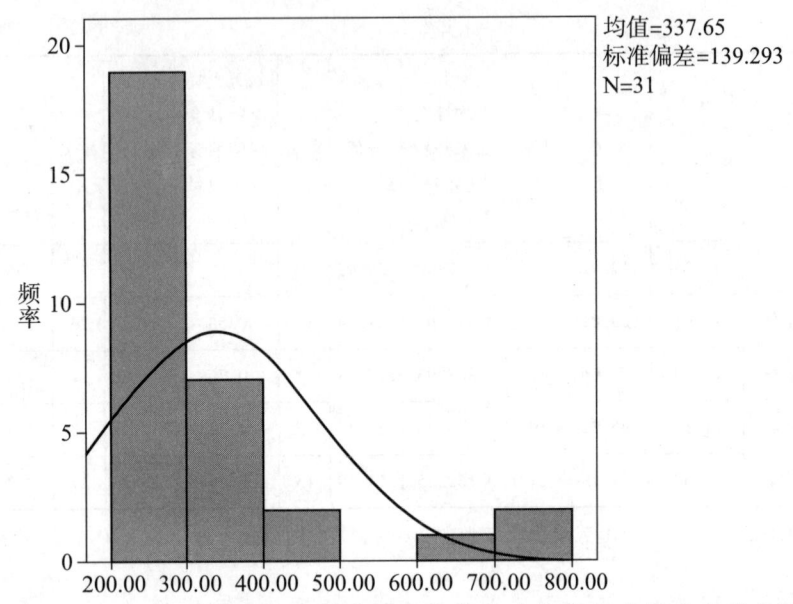

图 3 – 27　各省份基本社会保障服务均等化产出指标分值分布直方图

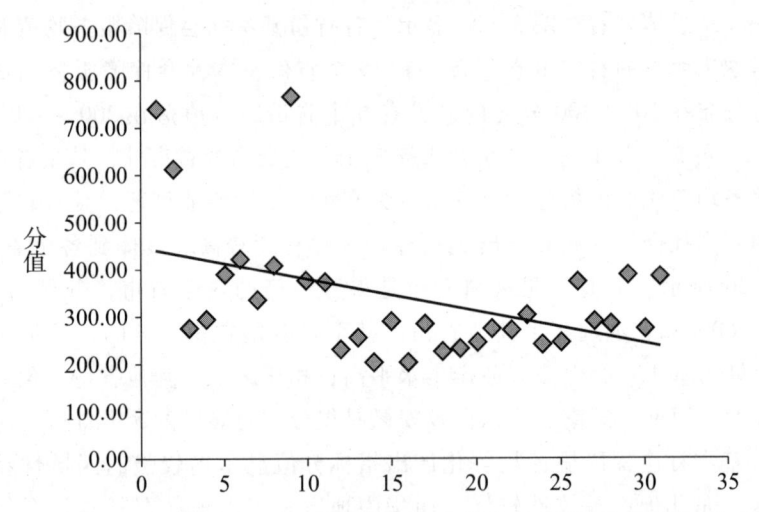

图 3 – 28　各省份基本社会保障服务均等化产出指标分值分布趋势图

其次，从各二级指标来看，在基本养老保险基金支出水平方面，表 3 – 26 显示，有 16 个省份基本养老保险基金支出水平高于全国均值，刚过半数，说明大部分省份基本养老保险基金支出水平有待提高。具体来看，2013 年，全国基本养老保险基金支出水平为 2 417.85 元，而最高的上海市则为 8 890.83 元，是全国平均水平的 3.68 倍。此外，天津、北京、黑龙江、辽宁四个省份基本养老保险基金支出水平也相对较高，分别为 7 190.28 元、5 041.66 元、4 813.37 元、

4 618.29 元，其余省份均低于 4 000 元，全国还有 12 个省基本养老保险基金支出水平低于 2 000 元。在基本医疗保险基金支出水平方面，2013 年，有 17 个省份高于全国平均水平，北京最高为 4 035.25 元；上海次之，为 2 513.78 元；西藏和青海基本医疗保险基金支出水平也都超过 2 000 元。重庆、江西、广东、吉林和宁夏基本医疗保险基金支出水平相对较低。在城市最低生活保障支出水平方面，北京仍然最高，为 510.9 元；上海次之，为 500.9 元；天津、浙江、西藏也相对较高。而宁夏、四川、河南、云南、江西位于全国后五位。

表 3-26　各省份基本社会保障服务均等化产出指标分值统计表

地区		基本养老保险基金支出水平（元）	分值	排名	基本医疗保险基金支出水平（元）	分值	排名	城市最低生活保障支出水平（元）	分值	排名	产出指标分值	排名
全国		2 417.85	100.00		1 191.64	100.00		264.2	100.00		300.00	
华北地区	北京	5 041.66	208.52	3	4 035.25	338.63	1	510.9	193.38	1	740.52	2
	天津	7 190.28	297.38	2	1 768.35	148.40	5	433.4	164.04	3	609.82	3
	河北	1 964.69	81.26	20	1 273.22	106.85	13	231.9	87.77	25	275.88	19
	山西	2 300.80	95.16	17	1 273.13	106.84	14	240.7	91.11	22	293.10	14
	内蒙古	3 435.37	142.08	8	1 305.01	109.51	11	367.5	139.10	6	390.70	6
东北地区	辽宁	4 618.29	191.01	5	1 338.02	112.28	10	312.5	118.36	8	421.65	4
	吉林	3 567.53	147.55	7	765.99	64.28	28	321.7	121.76	7	333.59	12
	黑龙江	4 813.37	199.08	4	1 206.02	101.21	16	290.3	109.88	11	410.16	5
华东地区	上海	8 890.83	367.72	1	2 513.78	210.95	2	500.9	189.59	2	768.26	1
	江苏	3 062.52	126.66	10	1 605.79	134.75	6	296.5	112.23	10	373.64	9
	浙江	2 814.62	116.41	12	1 233.65	103.53	15	400.4	151.55	4	371.49	10
	安徽	1 244.59	51.48	28	917.03	76.96	24	271.5	102.76	13	231.19	27
	福建	1 615.19	66.80	23	1 149.71	96.48	18	240.4	90.99	23	254.28	23
	江西	1 505.60	62.27	26	646.08	54.22	30	226.5	85.73	27	202.22	31
	山东	2 080.72	86.06	19	1 131.61	94.96	19	286.4	108.40	12	289.42	15
华中地区	河南	1 313.17	54.31	27	842.77	70.72	25	207.2	78.43	29	203.46	30
	湖北	2 449.09	101.29	16	1 070.08	89.80	20	246.6	93.34	19	284.43	17
	湖南	1 545.10	63.90	25	818.15	68.66	26	244.4	92.51	21	225.07	29

续表

地区		基本养老保险基金支出水平（元）	分值	排名	基本医疗保险基金支出水平（元）	分值	排名	城市最低生活保障支出水平（元）	分值	排名	产出指标分值	排名
华南地区	广东	1 747.23	72.26	21	746.42	62.64	29	253.6	95.99	18	230.89	28
	广西	1 679.86	69.48	22	1 040.74	87.34	21	228.3	86.41	26	243.23	24
	海南	2 532.79	104.75	15	949.57	79.69	23	237.1	89.74	24	274.18	21
西南地区	重庆	2 881.91	119.19	11	643.01	53.96	31	257.9	97.62	17	270.77	22
	四川	2 544.48	105.24	14	1 383.75	116.12	8	206.9	78.31	30	299.67	13
	贵州	1 143.62	47.30	29	1 191.79	100.01	17	245.9	93.07	20	240.38	26
	云南	1 132.30	46.83	30	1 302.29	109.29	12	224.2	84.86	28	240.98	25
	西藏	1 055.15	43.64	31	2 171.53	182.23	3	384.4	145.50	5	371.37	11
西北地区	陕西	2 112.18	87.36	18	990.11	83.09	22	308.3	116.69	9	287.14	16
	甘肃	1 609.84	66.58	24	1 369.62	114.94	9	268.9	101.78	14	283.30	18
	青海	2 677.24	110.73	13	2 068.39	173.58	4	267.9	101.40	15	385.70	8
	宁夏	3 215.89	133.01	9	769.23	64.55	27	202.5	76.65	31	274.21	20
	新疆	3 686.53	152.47	6	1 584.77	132.99	7	266.7	100.95	16	386.41	7

资料来源：根据《中国劳动统计年鉴（2014）》《中国统计年鉴（2014）》整理。

（三）各省份基本社会保障服务均等化效果指标分析

首先，从总体来看，由图 3-29 可知，2013 年，全国各省份基本社会保障服务均等化效果指标分值分布集中趋势明显，多落在 150～200 分的之内，共有 16 个省份。而且，各省份分值的标准偏差仅为 57.678。由图 3-30 可知，2013 年，各省份基本社会保障服务均等化效果指标分布离散性较弱、聚合性强，呈较明显的线性关系。综合说明，基本社会保障服务的效果均等化水平较高。从各省份的具体情况来看，由表 3-27 可知，共有 11 个省份总分值高于全国整体水平，重庆得分最高为 365.65 分，广东、浙江、宁夏和北京分列第二至第五位；而西藏、广西、贵州、云南、甘肃是后五位的省份。从区域的角度看，区域之间基本社会保障服务均等化效果指标分值的整体差距并不大，相比之下，西南地区是整体表现较差的区域。但是，从区域内部的均衡水平来看，区域内各省份之间在基本社会保障服务效果方面差距较大,一种情况是,区域内不同省份呈两极分裂的态势,如华北地区,北京和天津均位于前十名,而其余三个省份均列20名左右;在华东地区,浙江、上海、江苏和山东四个省市同样均位于前十名,而福建、安徽和江西则相对落后。另一种情况是,在区域整体相对落后的情况下,有单独省份表现强势,这在西南地区表现最为明显,西藏、贵州、云南、四川四个省份远远落后于其他省份,而重庆却独占头名;同样的情况也发生在西北地区,甘肃、青海、新疆分别列20多名,陕西居14名,而宁夏却位列全国第4位。

其次,从各二级指标来看,表3-27显示,在基本养老保险参保率方面,全国各省份基本养老保险参保率相对均衡。2013年,全国基本养老保险参保率为60.24%,高于全国参保率的省份有15个,不到总数的一半,其中,北京市基本养老保险参保率最高,为70.51%,山东、安徽、浙江、湖南分列二到五位。天津、新疆、广西、吉林、黑龙江、宁夏和西藏7个省份基本养老保险参保率低于50%,天津仅为41.86%,位居全国末位,与其在基本社会保障服务其他方面的表现严重不符。在基本医疗保险参保率方面,2013年,全国仅有重庆、宁夏、广东、浙江、北京、上海、天津、辽宁、吉林、海南和江苏11个省份超过全国水平,西藏、广西、贵州、云南和甘肃是基本医疗保险参保率位居全国后五位的省份,而西藏是唯一一个低于50%的省份,仅为17.56%。

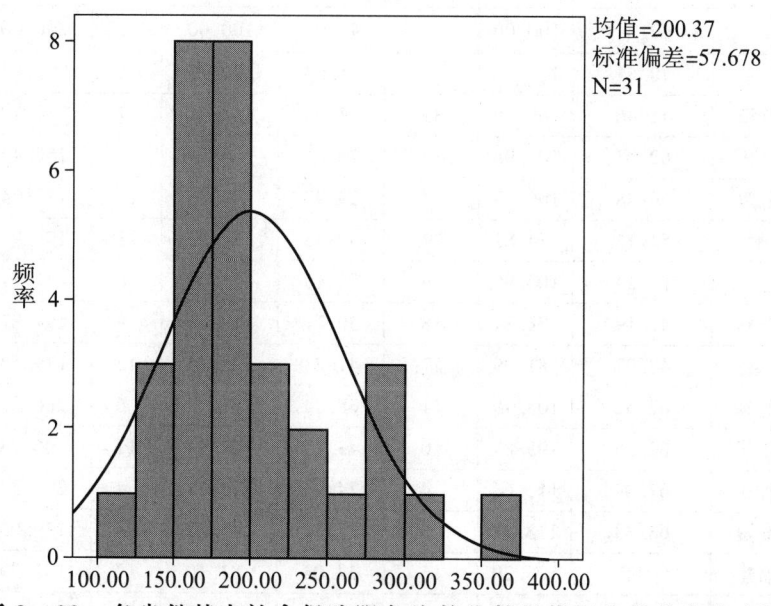

图3-29 各省份基本社会保障服务均等化效果指标分值分布直方图

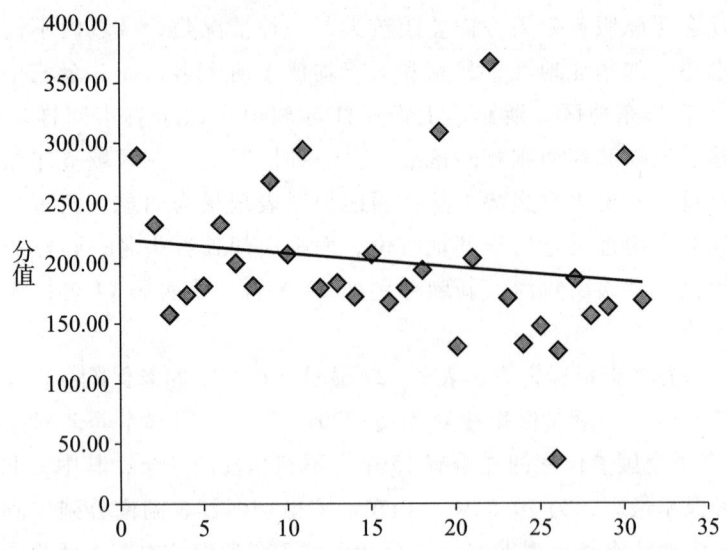

图 3-30　各省份基本社会保障服务均等化效果指标分值分布趋势图

表 3-27　各省份基本社会保障服务均等化效果指标分值统计表

地区		基本养老保险参保率（%）	分值	排名	基本医疗保险参保率（%）	分值	排名	效果指标分值	排名
	全国	60.24	100.00		41.94	100.00		200.00	
华北地区	北京	70.51	117.06	1	71.63	170.77	5	287.83	5
	天津	41.86	69.49	31	68.04	162.21	7	231.70	8
	河北	62.03	102.98	12	22.84	54.44	28	157.42	26
	山西	60.78	100.89	14	29.93	71.35	23	172.24	20
	内蒙古	51.11	84.85	24	39.48	94.13	13	178.98	19
东北地区	辽宁	63.24	104.99	9	53.15	126.72	8	231.71	7
	吉林	47.19	78.34	28	50.11	119.48	9	197.82	12
	黑龙江	48.97	81.29	27	41.21	98.25	12	179.54	16
华东地区	上海	62.52	103.79	11	68.34	162.94	6	266.73	6
	江苏	62.55	103.84	10	43.17	102.94	11	206.78	9
	浙江	67.87	112.66	4	74.96	178.71	4	291.37	3
	安徽	68.33	113.42	3	27.54	65.67	24	179.09	18
	福建	60.41	100.29	15	34.02	81.10	17	181.39	15
	江西	55.87	92.75	20	32.65	77.85	20	170.61	21
	山东	69.58	115.51	2	37.48	89.36	15	204.87	10

续表

地区		基本养老保险参保率（%）	分值	排名	基本医疗保险参保率（%）	分值	排名	效果指标分值	排名
华中地区	河南	65.30	108.41	6	24.40	58.19	25	166.59	24
	湖北	59.59	98.92	16	33.81	80.61	18	179.53	17
	湖南	65.88	109.36	5	34.62	82.53	16	191.89	13
华南地区	广东	61.35	101.84	13	86.24	205.62	3	307.46	2
	广西	46.67	77.47	29	21.85	52.09	29	129.56	30
	海南	56.27	93.41	19	45.42	108.29	11	201.70	11
西南地区	重庆	63.84	105.98	7	108.92	259.68	1	365.65	1
	四川	58.24	96.69	18	30.66	73.11	22	169.80	22
	贵州	52.10	86.49	23	19.19	45.76	30	132.24	29
	云南	54.13	89.86	21	23.87	56.91	27	146.77	28
	西藏	49.51	82.18	25	17.56	41.88	31	124.06	31
西北地区	陕西	63.49	105.40	8	33.06	78.82	19	184.22	14
	甘肃	59.14	98.17	17	24.12	57.51	26	155.68	27
	青海	53.00	87.99	22	31.37	74.78	21	162.77	25
	宁夏	49.43	82.06	26	86.47	206.16	2	288.21	4
	新疆	45.05	74.78	30	38.74	92.37	14	167.15	23

资料来源：根据《中国统计年鉴（2014）》《中国劳动统计年鉴（2014）》计算整理。

（四）总体结论

通过上述分析，以及图 3-31、图 3-32 和表 3-28，我们可以得出以下结论。

第一，从基本社会保障服务均等化指标总分值来看，各省份之间的分值分布比较集中，聚合性强，且多呈右向偏态分布，说明我国基本社会保障服务均等化水平较高，但整体发展水平较低。

第二，从基本社会保障服务均等化"投入—产出—效果"三维指标角度来看，我国基本社会保障服务不同指标之间的均等化程度不同，在投入指标上，均等化程度最低，各省份之间投入差距较大，而产出和效果指标方面，整体体现出较为明显的均等化特征。

第三，从区域发展的角度看，西南地区和华南地区基本社会保障服务整体水平相对较低,而东北地区相对较好。从区域内部省份差异来看,主要呈现出两种特点,一是出现了两极分裂的趋势;二是出现单独省份优于其他整体的趋势。

第四,从各省份的情况来看,上海、北京和天津基本社会保障服务远远领先于其他省份,无论是整体分值,还是投入、产出、效果各分类指标,均具有明显的优势。而相比之下,贵州、云南、河南、广西、江西、河北等省份无论是整体分值还是各分项情况都比较落后。

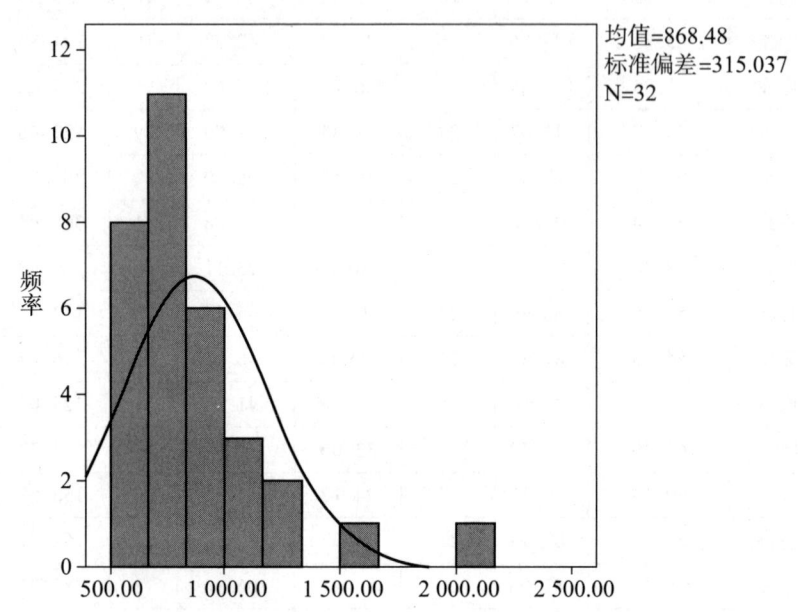

图 3-31 各省份基本社会保障服务均等化指标总分值分布直方图

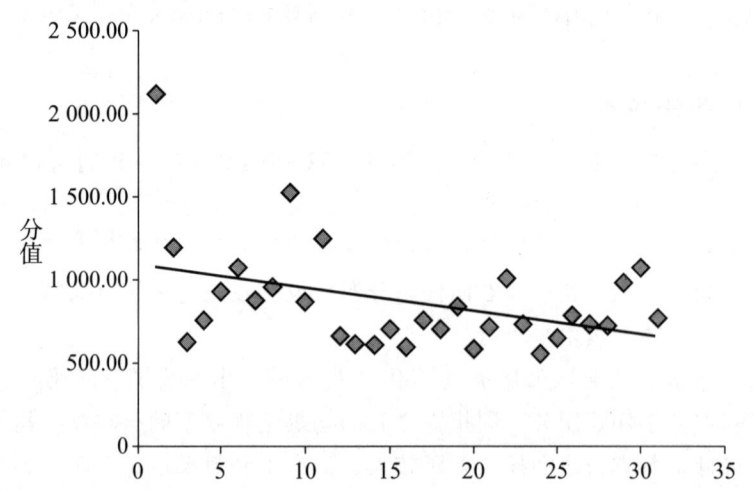

图 3-32 各省份基本社会保障服务均等化指标总分值分布趋势图

表 3-28　各省份基本社会保障服务均等化指标总分值统计表

地区		投入指标分值	排名	产出指标分值	排名	效果指标分值	排名	基本社会保障服务均等化指标总分值	排名
	全国	300.00		300.00		200.00		800.00	
华北地区	北京	1 093.11	1	740.52	2	287.83	5	2 121.47	1
	天津	350.38	11	609.82	3	231.70	8	1 191.90	4
	河北	199.66	29	275.88	19	157.42	26	632.96	26
	山西	288.62	15	293.10	14	172.24	20	753.96	16
	内蒙古	363.23	9	390.70	6	178.98	19	932.90	10
东北地区	辽宁	413.29	6	421.65	4	231.71	7	1 066.64	6
	吉林	351.03	10	333.59	12	197.82	12	882.45	11
	黑龙江	363.79	8	410.16	5	179.54	16	953.49	9
华东地区	上海	489.66	4	768.26	1	266.73	6	1 524.65	2
	江苏	287.90	16	373.64	9	206.78	9	868.32	12
	浙江	579.89	2	371.49	10	291.37	3	1 242.74	3
	安徽	243.77	22	231.19	27	179.09	18	654.05	24
	福建	187.57	31	254.28	23	181.39	15	623.24	27
	江西	230.56	25	202.22	31	170.61	21	603.39	28
	山东	218.00	26	289.42	15	204.87	10	712.29	22
华中地区	河南	232.49	24	203.46	30	166.59	24	602.54	29
	湖北	279.36	17	284.43	17	179.53	17	743.32	18
	湖南	272.21	19	225.07	29	191.89	13	689.16	23
华南地区	广东	307.58	12	230.89	28	307.46	2	845.93	13
	广西	208.33	28	243.23	24	129.56	30	581.12	30
	海南	240.50	23	274.18	21	201.70	11	716.38	21
西南地区	重庆	371.08	7	270.77	22	365.65	1	1 007.50	7
	四川	261.18	20	299.67	13	169.80	22	730.65	20
	贵州	194.62	30	240.38	26	132.24	29	567.25	31
	云南	254.97	21	240.98	25	146.77	28	642.72	25
	西藏	297.89	13	371.37	11	124.06	31	793.31	14

续表

地区		投入指标分值	排名	产出指标分值	排名	效果指标分值	排名	基本社会保障服务均等化指标总分值	排名
西北地区	陕西	275.99	18	287.14	16	184.22	14	747.35	17
	甘肃	295.94	14	283.30	18	155.68	27	734.92	19
	青海	434.40	5	385.70	8	162.77	25	982.87	8
	宁夏	508.59	3	274.21	20	288.21	4	1 071.01	5
	新疆	217.33	27	386.41	7	167.15	23	770.89	15

资料来源：根据表 3-25、表 3-26、表 3-27 整理。

五、中国各省份基本公共文化服务均等化水平测量

本部分从"投入—产出—效果"三个维度对全国及各省份基本公共文化服务均等化水平进行了测量，相关数据均来源于《中国统计年鉴（2014）》和《中国文化文物统计年鉴（2014）》。

（一）各省份基本公共文化服务均等化投入指标分析

首先，总体来看，如图 3-33 和图 3-34 可知，全国各省份基本公共文化服务投入水平虽存在差距，但仍相对平均，各省份基本公共文化服务均等化投入指标得分与全国平均水平呈现较明显的线性分布，主要集中在 200~300 分。其中，超过全国平均水平的省份有 18 个，占总数的 58.06%。西藏、青海、上海、北京和浙江依次位列前五位，而湖北、山东、安徽、河北、河南分别位列后五名，西藏投入指标得分约为河南相应得分的 3.5 倍。从区域来看，基本公共文化服务投入区域间差距较大，西北地区、华北地区与华南地区的基本公共文化服务投入相对较高，而东北地区与华中地区的投入则相对薄弱，特别是华中地区三省份的得分均低于全国平均水平，其中河南的投入得分全国最低。此外，区域内各省份的基本公共文化服务投入也存在不均衡现象。在华北地区，北京与内蒙古表现突出，领先于全国大多数省份，而河北则表现不佳，差距较大；华东地区，上海、浙江两省份投入水平居于全国前十名，而安徽、山东两省投入水平则位居全国后五名。

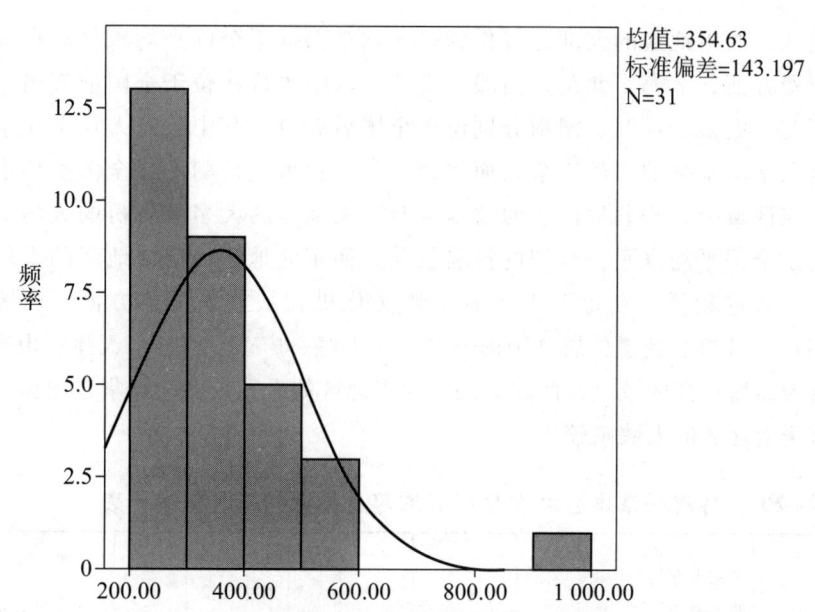

图 3-33　各省份基本公共文化服务均等化投入指标分值分布直方图

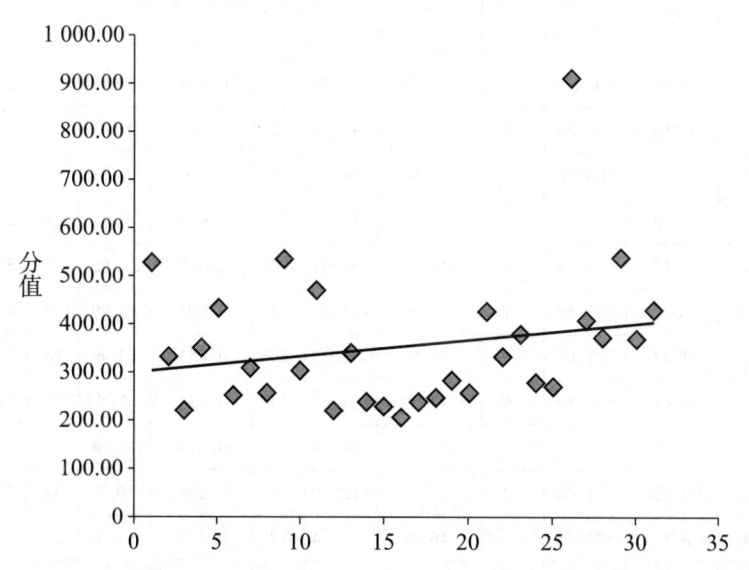

图 3-34　各省份基本公共文化服务均等化投入指标分值分布趋势图

其次，从各二级指标来看（见表 3-29），在文化事业费占财政支出比重方面，全国共有 19 个省份高于（或持平）全国平均水平，其中浙江、上海、北京的比重位居全国前三名，特别是浙江的文化事业费占财政支出比重高于全国平均水平两倍，西北地区、华南地区的大多数省份表现较好；而江西、安徽、辽宁、河南等省份的比重则相对较低，远低于全国平均水平；东北地区、华中地区、西南地区的大部分省份的投入比重都低于全国平均水平。在人均文化事业费方面，上海、北京、西藏、青海、内蒙古依次位于全国前五名，而河南、河北、安徽、江西、湖南分别位于全国后五位，其中上海人均文化事业费高于全国平均水平的三倍有余，而河南人均文化事业费则不如全国平均水平的一半；在区域上，华北地区、西北地区与西南地区的大多数省份的人均文化事业费高于全国平均水平，全国的排名较前，而东北地区、华中地区的人均文化事业费则普遍较低。在每万人拥有主要文化机构从业人员数方面，西藏、青海、四川、甘肃、新疆位居全国前五名，而上海、广东、江苏、天津、山东五个省份较为靠后；在区域上，西北地区与西南地区的人数较多，而华东地区、华中地区与华南地区的人数则较少。

表3-29　各省份基本公共文化服务均等化投入指标分值统计表

地区		文化事业费占财政支出比重（%）	分值	排名	人均文化事业费（元）	分值	排名	每万人拥有主要文化机构从业人员数（人）	分值	排名	投入指标分值	排名
全国		0.38	100.00		38.99	100.00		0.444	100.00		300.00	
华北地区	北京	0.59	155.26	4	115.66	296.64	2	0.340	76.73	25	528.64	4
	天津	0.38	100.00	19	64.96	166.61	8	0.289	65.23	28	331.84	16
	河北	0.29	76.32	26	17.42	44.68	30	0.443	99.96	19	220.95	30
	山西	0.47	123.68	8	38.86	99.67	16	0.575	129.65	8	353.00	13
	内蒙古	0.47	123.68	9	69.57	178.43	5	0.603	135.89	7	438.00	6
东北地区	辽宁	0.27	71.05	29	31.69	81.28	20	0.451	101.66	18	253.99	24
	吉林	0.41	107.89	14	40.55	104.00	14	0.434	97.83	21	309.72	17
	黑龙江	0.29	76.32	27	25.1	64.38	26	0.514	115.96	13	256.65	22
华东地区	上海	0.65	171.05	2	121.96	312.80	1	0.223	50.31	31	534.16	3
	江苏	0.47	123.68	10	46.49	119.24	12	0.277	62.46	29	305.38	18
	浙江	0.76	200.00	1	65.51	168.02	7	0.456	102.78	17	470.80	5
	安徽	0.26	68.42	30	18.43	47.27	29	0.474	106.79	16	222.48	29
	福建	0.47	123.68	11	38.42	98.54	17	0.527	118.79	12	341.01	14
	江西	0.26	68.42	31	19.84	50.88	28	0.533	120.03	11	239.33	26
	山东	0.37	97.37	20	25.31	64.91	25	0.290	65.31	27	227.59	28

续表

地区		文化事业费占财政支出比重（％）	分值	排名	人均文化事业费（元）	分值	排名	每万人拥有主要文化机构从业人员数（人）	分值	排名	投入指标分值	排名
华中地区	河南	0.29	76.32	28	17.15	43.99	31	0.369	83.19	23	203.49	31
	湖北	0.35	92.11	21	26.58	68.17	24	0.349	78.67	24	238.95	27
	湖南	0.31	81.58	24	21.63	55.48	27	0.478	107.66	15	244.72	25
华南地区	广东	0.50	131.58	6	39.42	101.10	15	0.236	53.11	30	285.79	19
	广西	0.41	107.89	15	27.89	71.53	22	0.336	75.66	26	255.08	23
	海南	0.62	163.16	3	69.55	178.38	6	0.387	87.14	22	428.68	8
西南地区	重庆	0.40	105.26	18	40.79	104.62	13	0.542	122.19	10	332.07	15
	四川	0.49	128.95	7	37.58	96.38	19	0.708	159.56	3	384.89	10
	贵州	0.31	81.58	25	27.66	70.94	20	0.562	126.67	9	279.19	20
	云南	0.35	92.11	22	30.66	78.64	21	0.439	99.02	20	269.76	21
	西藏	0.32	84.21	23	102.45	262.76	3	2.526	569.28	1	916.25	1
西北地区	陕西	0.52	136.84	5	50.95	130.67	11	0.614	138.45	6	405.97	9
	甘肃	0.43	113.16	13	38.21	98.00	18	0.707	159.40	4	370.56	11
	青海	0.41	107.89	16	87.66	224.83	4	0.929	209.41	2	542.13	2
	宁夏	0.41	107.89	17	58.18	149.22	10	0.498	112.36	14	369.47	12
	新疆	0.45	118.42	12	61.26	157.12	9	0.698	157.30	5	432.84	7

资料来源：根据《中国文化文物统计年鉴（2014）》整理。

（二）各省份基本公共文化服务均等化产出指标分析

首先，从总体来看，除西藏表现非常突出外，全国各省份基本公共文化服务产出水平相对均衡，从图 3-35 和图 3-36 来看，各省份基本公共文化服务均等化产出指标得分与全国平均水平呈现较明显的线性分布，聚合效应非常明显，主要集中在 200～400 分。其中，超过全国平均水平的省份有 17 个，占总数的 54.84%。西藏、青海、甘肃、安徽和福建依次位列前五位，而广东、湖南、天津、广西、山东依次位列后五名，西藏产出指标得分约高出全国平均水平的 4 倍。从区域来看，基本公共文化服务的产出区域间差距较大，西北地区、华东地区与西南地区的基本公共文化服务产出相对较高，西南地区与西北地区内各省份的得分均高于全国平均水平，而东北地区与华中地区的产出则相对薄弱，两大区域内的六个省份的得分均低于全国平均水平，其排名靠后。此外，区域内各省份的基本公共文化服务产出也存在不均衡现象。在华北地区，内蒙古、山西、北京表现良好，位于全国前列，而天津、河北则表现薄弱；在华东地区，浙江、安徽、福建的产出指标得分均位居全国前十名，而山东、江苏两省的产出水平则相对靠后，山东的得分为与前国后五位。

其次，从各二级指标来看（见表3-30），在每万人拥有的图书馆数量方面，全国共有19个省份高于全国平均水平，其中西藏、青海、新疆、内蒙古、甘肃位居全国前五名，特别是西藏高于全国平均水平近10倍，而上海、北京、广东、江苏、重庆位居全国后五位；从地域上看，西北地区、西南地区、东北地区得分较高，特别是西北地区五省份得分均高于全国平均水平，且排名均位居全国前十名。在每万人拥有的艺术表演团体机构数方面，西藏、安徽、重庆、北京、福建表现较好，而黑龙江、广西、吉林、贵州、陕西则位居全国后五位；在区域上，华东地区、华北地区、西南地区得分与排名较高，而东北地区、华中地区与华南地区则普遍较为薄弱。在每万人拥有的博物馆数量方面，陕西、甘肃、上海、黑龙江和青海的得分位居全国前五名，而西藏、天津、河北、辽宁、湖南的得分则较为靠后；在区域上，华东地区、西北地区的各省份普遍得分较高，而华南地区与华北地区的得分则相对较差，同时东北地区、华东地区与西北地区内各省份差距也较大，如东北地区内，黑龙江的得分约高出辽宁得分的两倍。

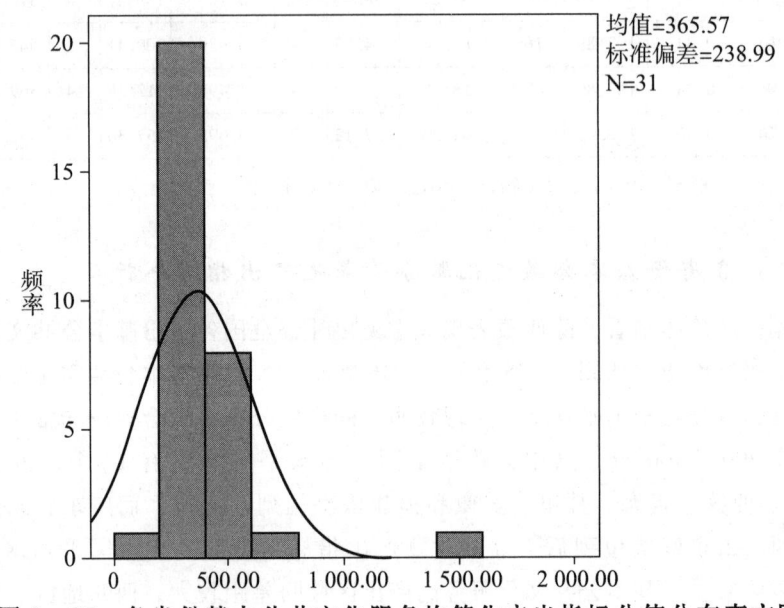

图3-35 各省份基本公共文化服务均等化产出指标分值分布直方图

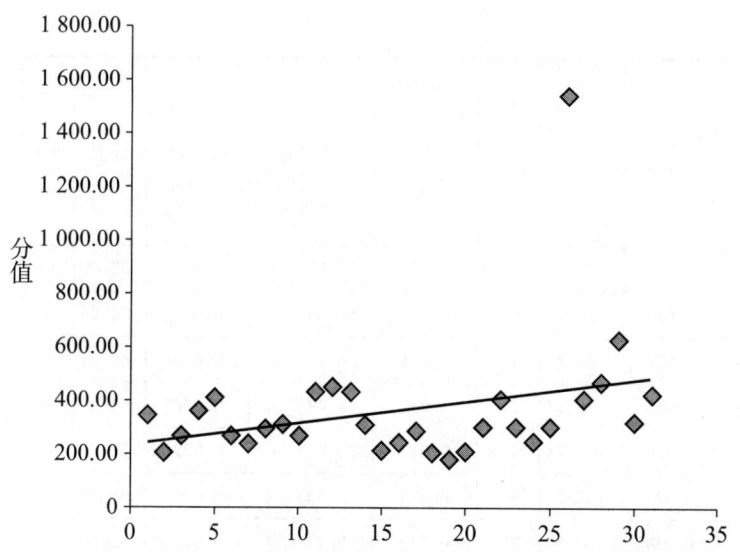

图 3-36　各省份基本公共文化服务均等化产出指标分值分布趋势图

表 3-30　各省份基本公共文化服务均等化产出指标分值统计表

地区		每万人拥有的图书馆数（个）	分值	排名	每万人拥有的艺术表演团体机构数（个）	分值	排名	每万人拥有的博物馆数（个）	分值	排名	产出指标分值	排名
全国		0.023	100.00		0.060	100.00		0.026	100.00		300.00	
华北地区	北京	0.011	49.62	30	0.138	229.66	4	0.019	75.95	23	355.23	12
	天津	0.021	92.08	20	0.039	65.54	23	0.014	53.23	30	210.86	29
	河北	0.024	103.16	18	0.068	113.42	8	0.014	55.03	29	271.61	21
	山西	0.035	152.98	7	0.062	103.57	11	0.027	104.70	12	361.24	11
	内蒙古	0.046	203.05	4	0.058	95.89	13	0.029	112.93	11	411.87	9
东北地区	辽宁	0.029	128.49	10	0.048	80.33	19	0.014	56.23	28	265.04	23
	吉林	0.024	104.90	16	0.020	32.65	29	0.027	103.97	13	241.52	25
	黑龙江	0.028	122.00	11	0.009	15.18	31	0.041	159.38	4	296.55	19
华东地区	上海	0.010	45.26	31	0.061	101.94	12	0.041	162.24	3	309.44	15
	江苏	0.014	62.24	28	0.037	60.97	25	0.037	144.11	6	267.32	22
	浙江	0.018	77.94	23	0.133	221.78	6	0.033	130.41	8	430.12	6
	安徽	0.018	77.59	24	0.164	273.38	2	0.026	100.06	15	451.03	4
	福建	0.024	105.43	15	0.134	223.03	5	0.026	101.74	14	430.20	5
	江西	0.025	110.23	13	0.051	84.24	17	0.030	118.70	9	313.17	14
	山东	0.016	68.73	26	0.043	70.76	22	0.020	78.09	22	217.59	27

续表

地区		每万人拥有的图书馆数（个）	分值	排名	每万人拥有的艺术表演团体机构数（个）	分值	排名	每万人拥有的博物馆数（个）	分值	排名	产出指标分值	排名
华中地区	河南	0.017	72.93	25	0.046	75.81	21	0.024	92.40	17	241.15	26
	湖北	0.019	84.45	22	0.053	88.06	16	0.029	114.86	10	287.37	20
	湖南	0.020	88.87	21	0.034	56.44	26	0.015	60.31	27	205.62	30
华南地区	广东	0.013	56.28	29	0.038	63.29	24	0.016	64.42	26	183.99	31
	广西	0.024	103.78	17	0.013	20.80	30	0.022	86.35	19	210.92	28
	海南	0.023	102.59	19	0.075	124.53	7	0.020	78.80	21	305.92	16
西南地区	重庆	0.014	63.31	27	0.149	248.12	2	0.024	93.66	16	405.10	10
	四川	0.024	106.25	14	0.063	104.65	10	0.023	90.86	18	301.76	18
	贵州	0.027	117.37	12	0.030	50.35	28	0.021	83.91	20	251.63	24
	云南	0.032	141.80	8	0.055	91.92	14	0.018	70.22	24	303.94	17
	西藏	0.250	1 093.12	1	0.253	421.20	1	0.006	25.12	31	1 539.44	1
西北地区	陕西	0.030	132.43	9	0.032	52.59	27	0.059	230.04	1	415.06	8
	甘肃	0.040	174.43	5	0.048	79.89	20	0.055	216.99	2	471.31	3
	青海	0.085	370.68	2	0.064	106.49	9	0.038	149.13	5	626.29	2
	宁夏	0.040	173.83	6	0.050	83.94	18	0.017	65.90	25	323.67	13
	新疆	0.047	204.72	3	0.054	90.37	15	0.034	131.52	7	426.62	7

资料来源：根据《中国统计年鉴（2014）》计算整理。

（三）各省份基本公共文化服务均等化效果指标分析

首先，总体来看，全国各省份基本公共文化服务均等化效果水平整体偏低，从图3－37来看，各省份基本公共文化服务效果均等化指标得分主要集中在200～300分；从图3－38来看，各省份基本公共文化服务均等化效果分值离散性较强、聚合性较差。其中，超过全国平均水平的省份有7个，分别为上海、浙江、天津、青海、山西、福建、吉林，仅占总数的22.58%。在其他省份中，贵州、安徽、四川、云南、黑龙江分别位居全国后五位。从区域来看，基本公共文化服务的效果区域间差距较大，华北地区、华东地区与华中地区效果指标得分较高，而西南地区、西北地区则普遍分数较低，特别是西南地区五省份中共有三省份位居全国后三名。此外，区域内各省份的基本公共文化服务均等化效果指标得分的差距也较大。在华北地区，天津、山西、北京的效果较好，居于全国前十名，而河北则位居全国后十名，在西北地区，青海、新疆效果较好，而甘肃、宁夏则相对较差。

其次，从各二级指标来看（见表3-31），博物馆与公共图书馆覆盖率较高，而艺术演出场馆覆盖率则相对较低。在公共图书馆覆盖率方面，全国共有9个省份高于全国平均水平，其中上海、浙江、广东、江苏、北京位居全国前五名，特别是上海高于全国平均水平4倍有余，而西藏、贵州、河北、山西、河南则相对较差；从地域上看，华东地区、华南地区效果较好，其中华东地区7个省份中有4个省份得分位居全国前十名，而西北地区、西南地区与东北地区效果较差，特别是西南地区的西藏与贵州分别位居全国后两位。在艺术演出场馆覆盖率方面，17个省份得分高于全国平均水平，其中青海、山西、天津、吉林、福建效果较好，而贵州、安徽、重庆、江苏、宁夏效果较差；在地域上，华北地区、华东地区效果较好，而西南地区、华南地区的效果则相对较差。在博物馆覆盖率方面，全国共有12个省份高于平均水平，其中陕西、浙江、北京、甘肃、江苏位居全国前五名，而青海、吉林、新疆、广西、辽宁则效果较差；在地域上，华东地区、华中地区表现较好，其中华东地区7个省份中有4个省份位居全国前十名，有6个省份得分高于全国平均水平，而东北地区、华南地区、华北地区效果较差，特别是东北地区中吉林与辽宁得分均位于全国后五名。

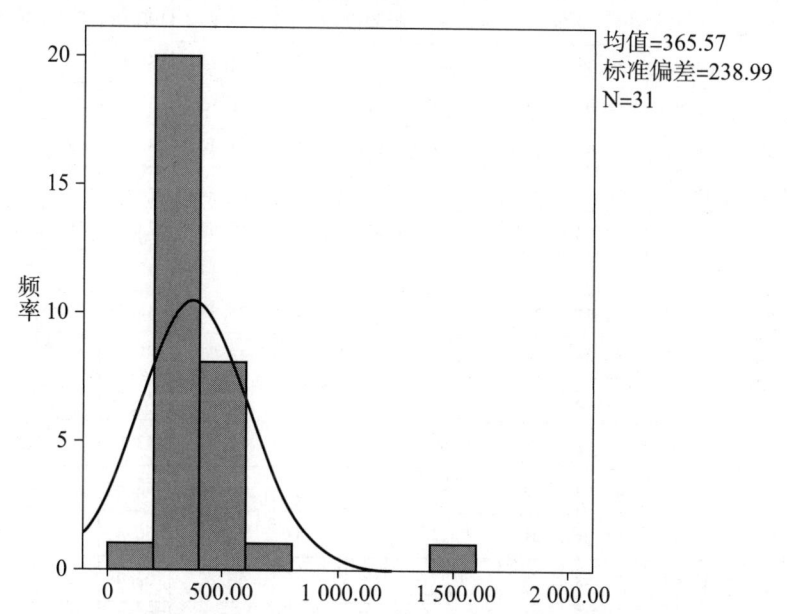

图3-37　各省份基本公共文化服务均等化效果指标分值分布直方图

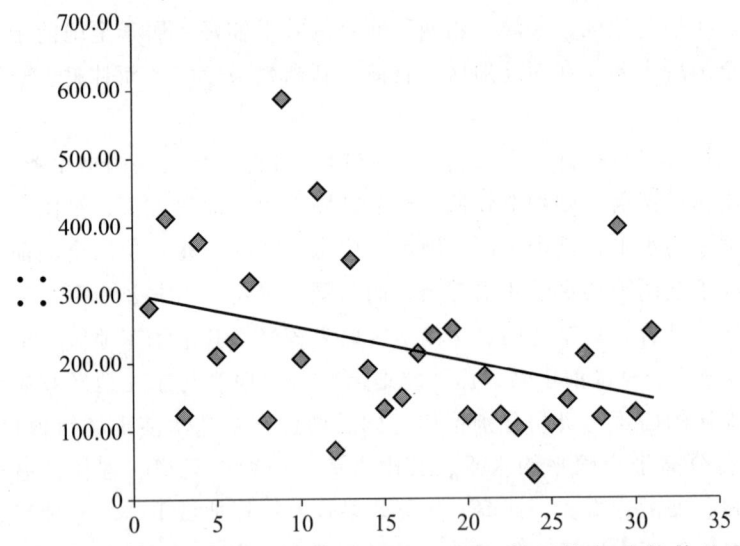

图 3-38 各省份基本公共文化服务均等化效果指标分值趋势图

表 3-31 各省份基本公共文化服务均等化效果指标分值统计表

地区		公共图书馆覆盖率（%）	分值	排名	艺术演出场馆覆盖率（%）	分值	排名	博物馆覆盖率（%）	分值	排名	效果指标分值	排名
全国		36.18	100.00		2.38	100.00		54.90	100.00		300.00	
华北地区	北京	48.84	134.99	5	3.45	145.14	11	83.21	151.57	3	280.96	8
	天津	48.51	134.06	6	6.66	279.95	3	38.12	69.43	23	414.39	3
	河北	14.71	40.67	29	1.94	81.43	19	44.44	80.94	17	122.54	23
	山西	16.61	45.91	28	7.80	327.82	2	51.22	93.29	14	374.25	5
	内蒙古	23.02	63.62	20	3.48	146.45	10	40.52	73.81	20	210.47	14
东北地区	辽宁	44.17	122.08	8	2.55	107.14	16	32.14	58.54	27	229.68	12
	吉林	19.63	54.25	26	6.29	264.43	4	26.39	48.06	30	318.95	7
	黑龙江	21.43	59.24	24	1.28	53.73	22	48.77	88.83	15	113.46	27
华东地区	上海	149.28	412.58	1	4.14	174.12	8	74.89	136.40	6	587.45	1
	江苏	63.57	175.71	4	0.69	29.13	28	78.97	143.84	5	205.63	16
	浙江	89.96	248.64	2	4.80	201.91	6	89.86	163.67	2	451.45	2
	安徽	22.34	61.74	21	0.22	9.07	30	36.46	66.40	24	71.17	30
	福建	47.93	132.48	7	5.22	219.64	5	56.82	103.49	12	352.55	6
	江西	25.76	71.21	15	2.79	117.17	15	61.08	111.26	10	188.98	17
	山东	24.20	66.88	17	1.53	64.37	20	58.92	107.32	11	131.84	21

续表

地区		公共图书馆覆盖率（%）	分值	排名	艺术演出场馆覆盖率（%）	分值	排名	博物馆覆盖率（%）	分值	排名	效果指标分值	排名
华中地区	河南	18.96	52.41	27	2.29	96.49	18	53.53	97.51	13	149.44	19
	湖北	30.40	84.03	12	3.02	126.90	14	43.30	78.87	18	211.36	13
	湖南	25.32	69.98	16	4.05	170.31	9	47.09	85.76	16	240.76	11
华南地区	广东	69.12	191.04	3	1.34	56.49	21	36.45	66.39	25	247.89	9
	广西	31.17	86.16	11	0.81	33.86	26	29.26	53.30	26	120.31	24
	海南	27.60	76.28	13	2.46	103.36	17	40.69	74.11	19	180.05	18
西南地区	重庆	38.62	106.74	9	0.30	12.74	29	66.19	120.57	8	120.14	25
	四川	21.44	59.25	23	1.01	42.53	24	66.39	120.93	7	102.45	29
	贵州	13.34	36.86	30	0.00	0.00	31	39.74	72.39	21	37.25	31
	云南	26.09	72.12	14	0.87	36.78	25	34.27	62.46	20	109.25	28
	西藏	3.53	9.74	31	3.21	134.77	13	62.34	113.54	9	145.14	20
西北地区	陕西	23.35	64.54	19	3.43	144.11	12	105.44	192.04	1	209.71	15
	甘肃	23.86	65.94	18	1.24	52.11	23	80.06	145.83	4	118.25	26
	青海	19.72	54.51	25	8.13	341.92	1	10.80	19.66	31	396.55	4
	宁夏	33.79	93.40	10	0.76	32.15	27	38.18	69.54	22	125.93	22
	新疆	22.17	61.28	22	4.28	180.16	7	28.81	52.48	29	241.73	10

资料来源：根据《中国统计年鉴（2014）》计算整理。

（四）总体结论

通过上述分析，以及图3-39、图3-40和表3-32，我们可以得出以下结论。

第一，从基本公共文化服务均等化指标总分值来看，各省份基本公共文化服务均等化水平总体呈偏右态分布，且聚合性较强，即在低水平的基本公共文化服务方面呈现均等化特征。

第二，从基本公共文化服务均等化的"投入—产出—效果"各分指标来看，全国各省份在三个一级指标的分值不均衡，基本公共文化服务投入与产出、效果不必然存在明显的相关性，如福建省在投入指标方面位居第14名，而在产出指标与效果指标方面分别位居第5位与第6位；天津在投入指标方面位居第16位，而在产出指标方面则位居第29位；而北京、浙江、青海、新疆等省份投入指标、产出指标与效果指标则存在较强的相关性。

第三，从区域来看，基本公共文化服务均等化水平存在较大差距。东北地区、华中地区、华南地区与西南地区在投入指标、产出指标、效果指标与总分值的排名均处于劣势，而华东地区与西北地区则在上述指标中均优于其他地区。此外，区域内各省份基本公共文化服务均等化水平差异明显，如在华北地区，北京、山西、内蒙古表现较好，而河北、天津则相对薄弱。

第四，从各省份具体情况来看，超过全国平均水平的省份有13个，分别为西藏、青海、上海、浙江、北京、福建、新疆、山西、内蒙古、陕西、甘肃、天津、海南，占全国总数的41.9%。而贵州、山东、广西、河南、河北分别位居全国后五位。

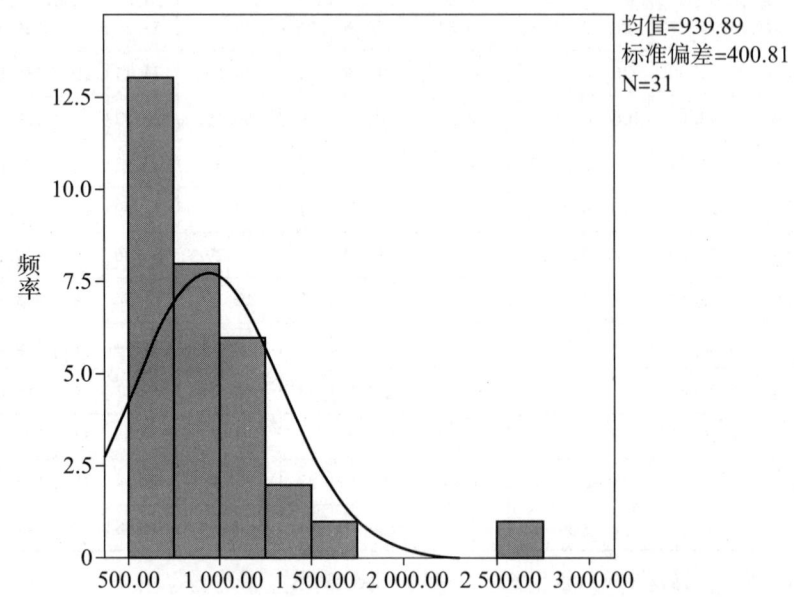

图 3-39 各省份基本公共文化服务均等化指标总分值分布直方图

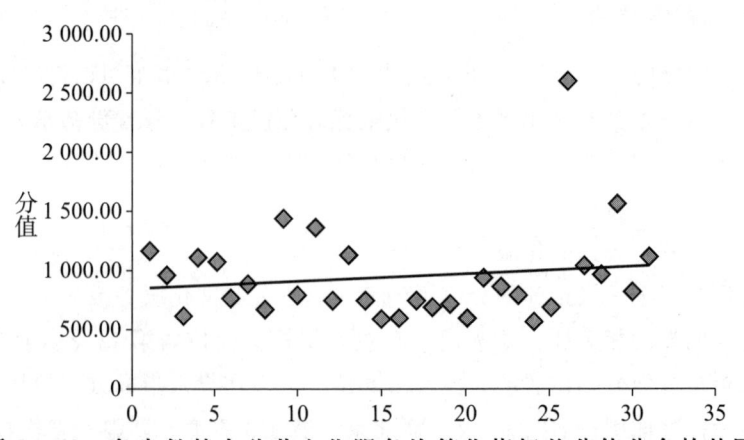

图 3-40 各省份基本公共文化服务均等化指标总分值分布趋势图

表3-32　各省份基本公共文化服务均等化指标总分值统计表

地区		投入指标分值	排名	产出指标分值	排名	效果指标分值	排名	基本公共文化服务均等化指标总分值	排名
全国		300.00		300.00		300.00		900.00	
华北地区	北京	528.64	4	355.23	12	280.96	8	1 164.83	5
	天津	331.84	16	210.86	29	414.39	3	957.09	12
	河北	220.95	30	271.61	21	122.54	23	615.11	27
	山西	353.00	13	361.24	11	374.25	5	1 088.49	8
	内蒙古	438.00	6	411.87	9	210.47	14	1 060.35	9
东北地区	辽宁	253.99	24	265.04	23	229.68	12	748.71	19
	吉林	309.72	17	241.52	25	318.95	7	870.20	14
	黑龙江	256.65	22	296.56	19	113.46	27	666.66	26
华东地区	上海	534.16	3	309.44	15	587.45	1	1 431.05	3
	江苏	305.38	18	267.32	22	205.63	16	778.32	18
	浙江	470.80	5	430.12	6	451.45	2	1 352.37	4
	安徽	222.48	29	451.03	4	71.17	30	744.69	20
	福建	341.01	14	430.20	5	352.55	6	1 123.76	6
	江西	239.33	26	313.17	14	188.98	17	741.49	21
	山东	227.59	28	217.59	27	131.84	21	577.01	30
华中地区	河南	203.49	31	241.15	26	149.44	19	594.07	28
	湖北	238.95	27	287.37	20	211.36	13	737.67	22
	湖南	244.72	25	205.62	30	240.76	11	691.10	24
华南地区	广东	285.79	19	183.99	31	247.89	9	717.68	23
	广西	255.08	23	210.92	28	120.31	24	586.31	29
	海南	428.68	8	305.92	16	180.05	18	914.64	13
西南地区	重庆	332.07	15	405.09	10	120.14	25	857.30	15
	四川	384.89	10	301.76	18	102.45	29	789.10	17
	贵州	279.19	20	251.63	24	37.25	31	568.07	31
	云南	269.76	21	303.94	17	109.25	28	682.95	25
	西藏	916.25	1	1 539.44	1	145.14	20	2 600.83	1

续表

地区		投入指标分值	排名	产出指标分值	排名	效果指标分值	排名	基本公共文化服务均等化指标总分值	排名
西北地区	陕西	405.97	9	415.06	8	209.71	15	1 030.74	10
	甘肃	370.56	11	471.31	3	118.85	26	960.72	11
	青海	542.13	2	626.29	2	396.55	4	1 564.97	2
	宁夏	369.47	12	323.67	13	125.93	22	819.06	16
	新疆	432.84	7	426.62	7	241.73	10	1 101.19	7

资料来源：根据表3-29、表3-30、表3-31整理。

六、中国各省份基本公共环境服务均等化水平测量

本部分从"投入—产出—效果"三个维度对全国及各省份基本公共环境服务均等化水平进行了测量，相关数据均来源于《中国统计年鉴（2014）》、《中国环境统计年鉴（2014）》和《中国环境年鉴（2014）》。

（一）各省份基本公共环境服务均等化投入指标分析

首先，从总体情况来看，全国各省份基本公共环境服务投入水平虽存在差距，但仍相对均衡。从图3-41来看，各省份基本公共环境服务均等化投入指标得分基本呈右向偏态分布；从图3-42来看，各省份基本公共环境服务均等化投入指标分值与全国平均水平呈现较明显的线性分布，主要集中在200~400分。其中，超过全国平均水平的省份有15个，占总数的48.39%。青海、内蒙古、北京、宁夏与西藏依次位列前五位，而河南、上海、浙江、福建、广西分别位列后五名，青海投入指标得分约为河南相应得分的4倍多。从区域来看，基本公共环境服务投入区域间差距较大，西北地区、华北地区、东北地区的基本公共环境服务投入相对较高，其中西北地区5省份中有80%的省份投入指标得分位居全国前十名；而华东地区、华中地区、华南地区的投入则相对较低，特别是华中地区与华南地区六省份的得分均低于全国平均水平，其中河南的投入得分全国最低。此外，区域内各省份的基本公共环境服务投入也存在不均衡现象。例如，在华北地区，内蒙古、北京表现突出，分别位居全国第2位与第3位，而天津、河北则表现不佳，特别是天津投入指标得分低于全国平均水平；在东北地区，吉林投入水

平相对较高，位居全国第 7 位，而辽宁则远低于全国平均水平。

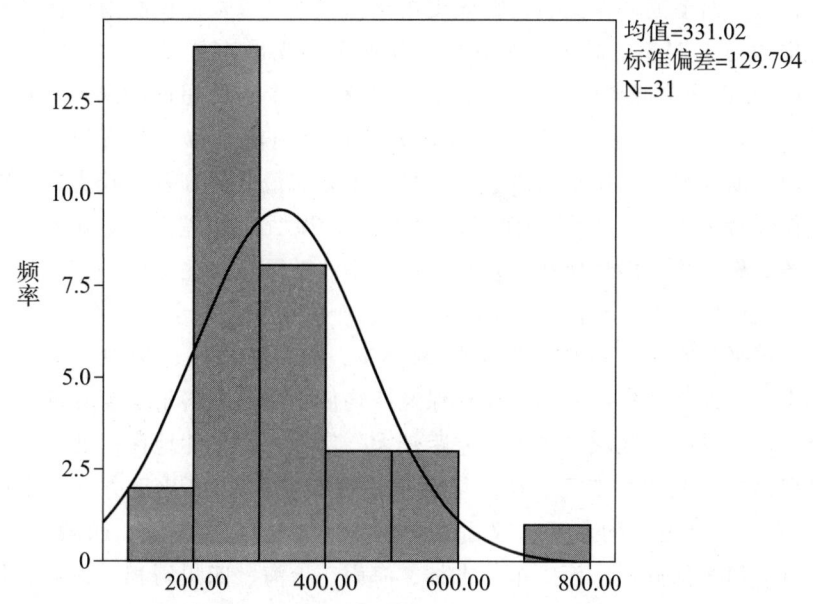

均值=331.02
标准偏差=129.794
N=31

图 3-41　各省份基本公共环境服务均等化投入指标分值分布直方图

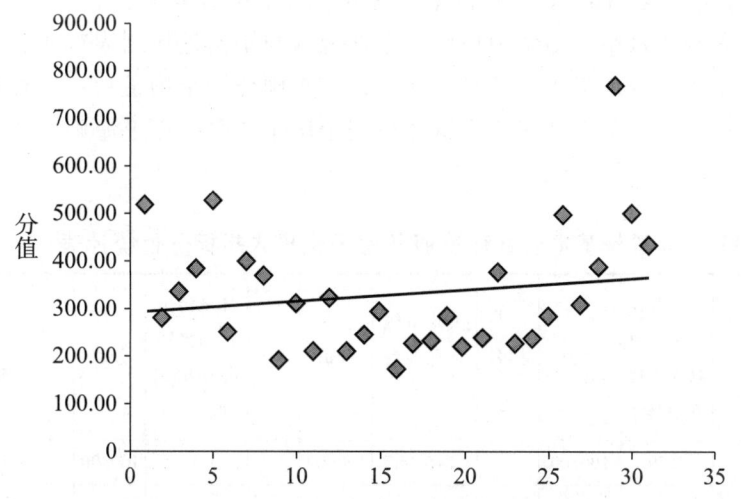

图 3-42　各省份基本公共环境服务均等化投入指标分值趋势图

其次，从各二级指标来看（见表 3-33），在节能环保支出占财政支出比重方面，全国共有 14 个省份比重超过全国平均水平，其中青海、吉林、河北、重庆、广东位居全国前五名，而上海、西藏、天津、广西与河南的比重较低，位居全国后五位，青海的投入比重高出上海比重 4 倍多；从地域上看，华北地区、西北地区与东北地区比重较大，而华中地区、西南地区相对较小，在区域内各省份的比重也存在差距，例如，在华南地区，广东节能环保支出占财政支出比重约为3.66%，而广西节能环保支出占财政支出比重仅约为2%，在西南地区，重庆的支出比重约为3.74%，居全国第4位，而西藏的支出比重仅为1.70%，居全国第30位。在人均节能环保经费方面，全国共有17个省份超过全国平均水平，其中青海、北京、西藏、内蒙古、宁夏得分位居全国前五位，而河南、广西、福建、江西、浙江得分则居全国后五位，最高得分与最低得分差距较大，青海人均节能环保经费为1 155.36元，而河南仅为118.90元，相差近1 000元。在地域上看，各省份人均节能环保经费差距较大，华北地区、西北地区、东北地区相对较高，三大地区共13个省份，其中有8个省份位居全国前十名，有10个省份得分高于全国平均水平，占高出省份的58.8%；而华东地区、华中地区则相对较低，其中华中地区三省份人均节能环保经费均低于全国平均水平，而河南居全国倒数第一位；同时，区域内各省份差距较大，例如，在华北地区，北京人均节能环保经费高出河北400多元。在环境污染治理投资占GDP比重方面，全国共有12个省份高于全国平均水平，仅占总数的38.7%，其中新疆、西藏、内蒙古、宁夏、甘肃居于前五位，而广东、吉林、海南、上海、四川则相对靠后。从区域上看，各省环境污染治理投资占GDP比重差距较大，其中华北地区与西北地区表现较好，两大区域的10个省份中，有6个省份位居全国前十名，8个省份比重高于全国平均水平；而华中地区、东北地区与华南地区则表现不佳，其中华南地区3个省份中均低于全国平均水平，广东则位居全国最后；区域内各省份的差距也较大，在华东地区，安徽省位居全国第7名，而上海则居全国倒数第4名。

表3-33　各省份基本公共环境服务均等化投入指标分值统计表

地区		节能环保支出占财政支出比重（%）	分值	排名	人均节能环保经费（元）	分值	排名	环境污染治理投资占GDP比重（%）	分值	排名	投入指标分值	排名
全国		2.79	100.00		245.08	100.00		1.67	100.00		300.00	
华北地区	北京	3.31	118.87	9	653.29	266.56	2	2.22	132.93	8	518.36	3
	天津	1.90	68.23	29	329.08	134.27	8	1.33	79.64	20	282.14	19
	河北	3.90	139.94	3	234.37	95.63	18	1.73	103.59	11	339.16	12
	山西	3.24	116.31	10	270.41	110.34	14	2.68	160.48	6	387.13	9
	内蒙古	3.58	128.67	6	528.86	215.79	4	3.01	180.24	3	524.70	2

续表

地区		节能环保支出占财政支出比重（%）	分值	排名	人均节能环保经费（元）	分值	排名	环境污染治理投资占GDP比重（%）	分值	排名	投入指标分值	排名
东北地区	辽宁	2.09	75.02	24	247.36	100.93	17	1.28	76.65	22	252.59	20
	吉林	4.62	165.91	2	461.03	188.11	6	0.81	48.40	30	402.52	7
	黑龙江	3.44	123.35	8	301.83	123.15	10	2.08	124.55	9	371.06	11
华东地区	上海	1.25	44.74	31	233.66	95.34	19	0.87	52.10	28	192.18	30
	江苏	2.94	105.52	14	288.68	117.79	13	1.49	89.22	16	312.53	14
	浙江	2.07	74.49	25	178.50	72.83	27	1.04	62.28	23	209.60	29
	安徽	2.49	89.50	19	179.80	73.36	26	2.66	159.28	7	322.14	13
	福建	1.91	68.56	28	155.27	63.36	29	1.3	77.84	21	209.76	28
	江西	2.14	76.74	23	164.02	66.92	28	1.67	100.00	13	243.66	21
	山东	3.18	114.24	11	218.65	89.21	21	1.55	92.81	14	296.26	16
华中地区	河南	2.00	71.99	26	118.90	48.51	31	0.90	53.89	26	174.39	31
	湖北	2.51	90.12	18	189.21	77.20	25	1.02	61.08	24	228.39	25
	湖南	2.74	98.49	15	192.30	78.46	23	0.95	56.89	25	233.84	24
华南地区	广东	3.66	131.39	5	289.16	117.98	12	0.57	34.13	31	283.50	18
	广西	2.00	71.87	27	136.11	55.54	30	1.52	91.02	15	218.43	27
	海南	2.29	82.31	20	258.99	105.68	16	0.85	50.90	29	238.88	22
西南地区	重庆	3.74	134.31	4	385.69	157.37	7	1.37	82.04	18	373.72	10
	四川	2.57	92.32	16	197.30	80.50	22	0.89	53.29	27	226.11	26
	贵州	2.16	77.39	22	189.72	77.41	24	1.37	82.04	19	236.83	23
	云南	2.57	92.29	17	224.64	91.66	20	1.68	100.60	12	284.54	17
	西藏	1.70	60.92	30	551.60	225.07	3	3.5	209.58	2	495.57	5
西北地区	陕西	3.00	107.54	13	291.63	118.99	11	1.38	82.63	17	309.17	15
	甘肃	3.02	108.54	12	270.41	110.33	15	2.81	168.26	5	387.24	8
	青海	5.44	195.25	1	1 155.36	471.42	1	1.75	104.79	10	771.46	1
	宁夏	3.57	128.17	7	503.52	205.45	5	2.82	168.86	4	502.48	4
	新疆	2.25	80.76	21	304.73	124.34	9	3.81	228.14	1	433.24	6

资料来源：根据《中国统计年鉴（2014）》《中国环境统计年鉴（2014）》计算整理。

（二）各省份基本公共环境服务均等化产出指标分析

首先，总体来看，全国各省份基本公共环境服务产出水平虽存在差距，但仍相对均衡，最高分和最低分之间的差距并不大。从图 3-43 来看，各省份基本公共环境服务产出指标分值分布集中态势明显，多分布与 100~150 分之内，150~200 分、200~250 分、250~300 分三个部分亦较为均衡；从图 3-44 来看，各省份

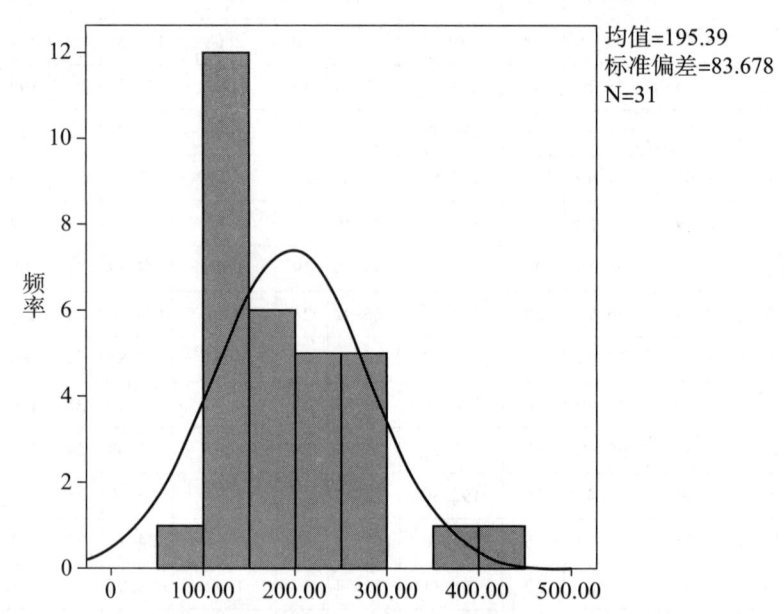

图 3-43 各省份基本公共环境服务均等化产出指标分值分布直方图

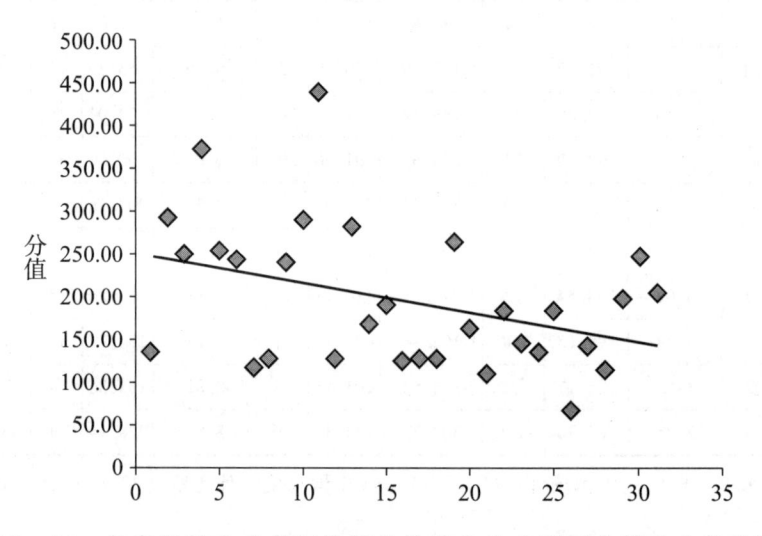

图 3-44 各省份基本公共环境服务均等化产出指标分值分布趋势图

基本公共环境服务产出指标分值离散性较强、聚合性特征不明显。其中，超过全国平均水平的省份有 12 个，仅占总数的 38.71%。浙江、山西、天津、江苏、福建依次位列前 5 位，而西藏、海南、甘肃、吉林、河南分别位列后 5 位，浙江的产出指标分值高出西藏 374.88 分。从区域来看，基本公共环境服务产出区域间差距较大，华北地区、华东地区的基本公共环境服务产出相对较高，其中华北 5 个省份中共有 4 个省份位居全国前十，华东地区则有 3 个；华中地区、西南地区、东北地区则相对较低。此外，区域内各省份的基本公共环境服务产出也存在不均衡现象。例如，在华东地区，浙江、江苏、福建居全国前五位，而江西、安徽、山东则不到全国平均水平。

其次，从各二级指标来看（见表 3-34），在每万人拥有的工业废气处理设备数方面，全国共有 13 个省份比重超过全国平均水平，其中山西、浙江、内蒙古、天津和辽宁居全国前 5 位，而西藏、湖南、海南、贵州、安徽的比重较低，居全国后五位，山西的数量高于西藏 3.14 个；从地域上看，华北地区、西北地区与华东地区数量较多，而华中地区、西南地区相对较少，在区域内各省份也存在差距，例如，在华北地区 5 个省份中，有 4 个省份居于全国前十，而北京则位列全国第 15 位。在每万人拥有的工业废水处理设备数方面，全国共有 8 个省份高于全国平均水平，其中浙江、江苏、广东居于全国前三位，而西藏、甘肃、吉林则位列全国后三名，浙江每万人拥有的工业废水护理设备数约为西藏的 13 倍有余。在地域上看，各省份差距也较大，华东地区、华北地区与西南地区相对较好，在华东地区 7 个省份中，共有 5 个省份位居全国前十；而东北地区、华中地区、西北地区则表现较弱，其中西北地区 5 个省份中有 3 个省份位居全国后十位；同时，区域内各省份差距较大，例如，在华南地区，广东位于全国第 3 名，而海南则位于全国第 25 名。

表 3-34　各省份基本公共环境服务均等化产出指标分值统计表

地区		每万人拥有的工业废气处理设备数（个）	分值	排名	每万人拥有的工业废水处理设备数（个）	分值	排名	产出指标分值	排名
全国		1.72	100.00		0.59	100.00		200.00	
华北地区	北京	1.57	91.05	15	0.24	41.50	28	132.55	22
	天津	2.90	168.41	4	0.74	125.25	6	293.39	3
	河北	2.48	143.91	7	0.62	105.68	8	249.59	8
	山西	3.95	229.62	1	0.84	141.78	5	371.39	2
	内蒙古	3.04	176.45	3	0.45	76.52	20	252.97	7

续表

地区		每万人拥有的工业废气处理设备数（个）	分值	排名	每万人拥有的工业废水处理设备数（个）	分值	排名	产出指标分值	排名
东北地区	辽宁	2.64	153.46	5	0.52	88.40	14	241.86	10
	吉林	1.31	75.87	20	0.24	40.66	29	116.52	28
	黑龙江	1.27	73.93	21	0.31	52.45	27	126.38	26
华东地区	上海	2.03	117.73	12	0.72	122.31	7	240.04	11
	江苏	2.26	131.40	10	0.94	159.06	2	290.47	4
	浙江	3.19	184.97	2	1.51	255.30	1	440.27	1
	安徽	1.01	58.75	27	0.41	68.68	21	127.43	23
	福建	2.15	124.82	11	0.93	157.29	4	282.11	5
	江西	1.25	72.85	22	0.56	95.30	9	168.15	17
	山东	1.69	98.07	14	0.53	90.34	13	188.14	14
华中地区	河南	1.12	64.93	25	0.35	59.52	24	124.44	27
	湖北	1.15	66.49	23	0.36	60.90	23	127.39	24
	湖南	0.85	49.57	30	0.45	76.89	18	126.46	25
华南地区	广东	1.82	105.80	13	0.93	157.90	3	263.70	6
	广西	1.34	77.54	18	0.50	84.03	15	161.57	18
	海南	0.92	53.40	29	0.35	58.51	25	111.91	30
西南地区	重庆	1.49	86.80	17	0.56	95.23	10	182.02	16
	四川	1.14	66.23	24	0.48	80.81	17	147.04	19
	贵州	0.99	57.44	28	0.45	76.89	19	134.33	21
	云南	1.57	91.02	16	0.56	94.08	12	185.09	15
	西藏	0.82	47.46	31	0.11	17.92	31	65.39	31
西北地区	陕西	1.02	59.17	26	0.49	83.11	16	142.28	20
	甘肃	1.33	77.01	19	0.23	39.12	30	116.13	29
	青海	2.47	143.17	8	0.31	53.36	26	196.53	13
	宁夏	2.60	150.95	6	0.56	95.09	11	246.05	9
	新疆	2.35	136.66	9	0.41	68.64	22	205.30	12

资料来源：根据《中国环境统计年鉴（2014）》计算整理。

（三）各省份基本公共环境服务均等化效果指标分析

首先，总体来看，全国各省份基本公共环境服务效果水平虽存在差距，但仍相对均衡，由图 3-45 可知，各省份基本公共环境服务效果指标分值呈现轻微左向偏态分布；由图 3-46 可知，各省份基本公共环境服务效果指标分值与全国平

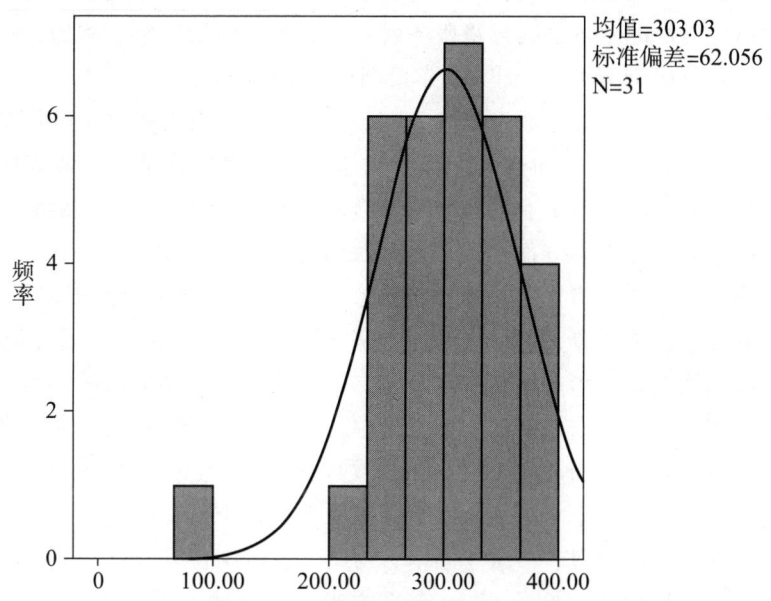

图 3-45　各省份基本公共环境服务均等化效果指标分值分布直方图

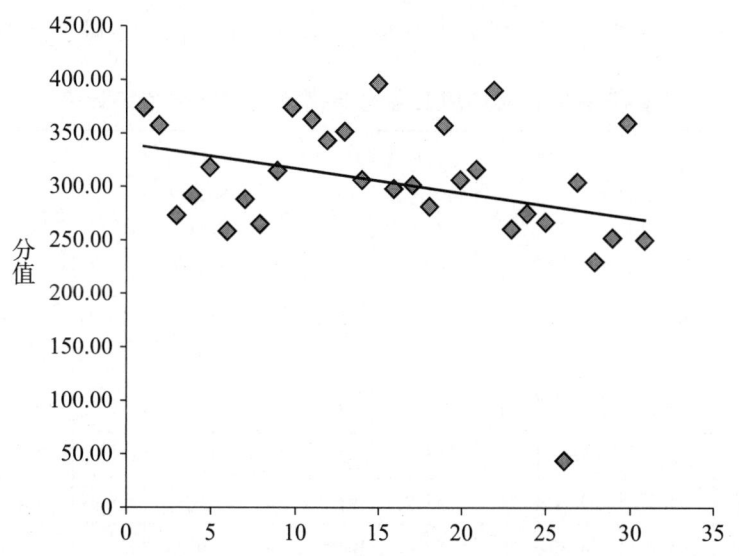

图 3-46　各省份基本公共环境服务均等化效果指标分值分布趋势图

均水平基本呈线性分布，聚合性较强，主要集中在150~250分。其中，超过全国平均水平的省份有17个，占总数的54.84%。山东、重庆、北京、江苏、浙江依次位列前五名，而西藏、甘肃、新疆、青海和辽宁分别位列后五名。从区域来看，基本公共环境服务效果区域间差距较大，华东地区的基本公共环境服务效果分值相对较高，7省份中共有4个省份位居全国前十；华中地区、西南地区、东北地区、西北地区则相对较低，其中东北地区3个省份均低于全国平均水平。此外，区域内各省份的基本公共环境服务效果也存在不均衡现象。例如，在西南地区，重庆得分位居全国第2，而其余省份则位于20名以后。

其次，从各二级指标来看，如表3-35所示，在一般工业固体废物综合利用率方面，全国共有20个省份高于全国平均水平，说明均较重视工业固体废物的处理，但是，西藏的一般工业固体废物综合利用率仅为1.5%，差距明显。在城市生活垃圾无害化处理率方面，除西藏缺失数据外，全国共有19个省份比重超过全国平均水平，其中海南、山东、浙江、重庆、北京居全国前五名，而甘肃、黑龙江、吉林、青海、新疆比重较低，居全国后五位，海南的处理率高于甘肃50%多；从地域上看，华东地区表现最好，而东北地区、华中地区、西北地区则相对较差，例如，在华东地区的7个省份中，有5个省份位居全国前十名，而在东北地区中三个省份的分值均低于全国平均水平。在城市人均公园绿地面积方面，全国仅9个省份高于全国平均水平，其中重庆、宁夏、内蒙古、山东、广东居于全国前五位，而上海、西藏、湖南、河南、青海则位列全国后五名，重庆的城市人均公园绿地面积多出上海10余平方米。在地域上看，各省差距也较大，华东地区、华南地区、华北地区相对较高，而华中地区、西北地区则相对较差，例如华中地区3个省份均低于全国平均水平，而华东地区有4个居于全国前十名。

表3-35　各省份基本公共环境服务均等化效果指标分值统计表

地区		一般工业固体废物综合利用率（%）	分值	排名	城市生活垃圾无害化处理率（%）	分值	排名	城市人均公园绿地面积（平方米）	分值	排名	效果指标分值	排名
全国		62.2	100.00		89.3	100.00		12.6	100.00		300.00	
华北地区	北京	86.6	139.23	7	99.3	111.20	5	15.7	124.60	6	375.03	3
	天津	99.4	159.81	1	96.8	108.40	9	11	87.30	23	355.51	8
	河北	42.1	67.68	29	83.3	93.28	25	14.1	111.90	7	272.87	23
	山西	64.6	103.86	18	87.9	98.43	20	11.2	88.89	20	291.18	19
	内蒙古	48.7	78.30	27	93.6	104.82	14	16.9	134.13	3	317.24	11

续表

地区		一般工业固体废物综合利用率（%）	分值	排名	城市生活垃圾无害化处理率（%）	分值	排名	城市人均公园绿地面积（平方米）	分值	排名	效果指标分值	排名
东北地区	辽宁	43.8	70.42	28	87.6	98.10	21	11.1	88.10	22	256.61	27
	吉林	78.1	125.56	11	60.9	68.20	28	11.8	93.65	15	287.41	20
	黑龙江	67.7	108.84	15	54.4	60.92	29	12.1	96.03	14	265.79	25
华东地区	上海	96.9	155.79	2	90.6	101.46	18	7.1	56.35	31	313.59	13
	江苏	95.7	153.86	3	97.4	109.07	8	14.0	111.11	9	374.04	4
	浙江	94.8	152.41	4	99.4	111.31	3	12.4	98.41	13	362.13	5
	安徽	84.0	135.05	10	98.8	110.64	6	12.5	99.21	11	344.89	10
	福建	88.2	141.80	6	98.2	109.97	7	12.6	100.00	10	351.77	9
	江西	55.7	89.55	21	93.3	104.48	15	14.1	111.90	8	305.93	15
	山东	93.4	150.16	5	99.5	111.42	2	16.8	133.33	4	394.92	1
华中地区	河南	76.1	122.35	12	90.0	100.78	19	9.6	76.19	28	299.32	18
	湖北	75.1	120.74	13	85.4	95.63	23	10.8	85.71	24	302.09	17
	湖南	63.7	102.41	19	96.0	107.50	12	9.0	71.43	29	281.34	21
华南地区	广东	84.8	136.33	8	84.6	94.74	24	15.9	126.19	5	357.26	7
	广西	66.4	106.75	16	96.4	107.95	10	11.5	91.27	18.0	305.97	14
	海南	65.4	105.14	17	99.9	111.87	1	12.5	99.21	12	316.22	12
西南地区	重庆	84.2	135.37	9	99.4	111.31	4	18.0	142.86	1	389.54	2
	四川	41.0	65.92	30	95.0	106.38	13	11.2	88.89	21	261.19	26
	贵州	50.4	81.03	26	92.2	103.25	17	11.4	90.48	19	274.75	22
	云南	52.2	83.92	24	87.6	98.10	22	10.6	84.13	25	266.15	24
	西藏	1.5	2.41	31	NA	NA	31	9.0	71.43	30	73.84	31
西北地区	陕西	63.4	101.93	20	96.4	107.95	11	11.8	93.65	16	303.53	16
	甘肃	55.7	89.55	22	42.3	47.37	30	11.8	93.65	17	230.57	30
	青海	54.8	88.10	23	77.8	87.12	27	9.7	76.98	27	252.21	28
	宁夏	73.1	117.52	14	92.5	103.58	16	17.5	138.89	2	360.00	6
	新疆	51.8	83.28	25	78.1	87.46	26	10.1	80.16	26	250.90	29

资料来源：根据《中国统计年鉴（2014）》《中国环境年鉴（2014）》计算整理。

（四）总体结论

通过上述分析，以及图3-47、图3-48和表3-36，我们可以得出以下结论。

第一，从基本公共环境服务均等化指标总分值来看，除西藏缺失数据外，各省份基本公共环境服务均等化水平总体呈偏右态分布，且分布相对集中，说明基本公共环境服务在低水平上呈均等化特征。

第二，从基本公共环境服务均等化"投入—产出—效果"各分指标来看，全国各省份在三个一级指标的分值不均衡，基本公共环境服务投入与产出、效果不必然存在明显的相关性，如吉林在投入指标方面位居全国第7名，而在产出指标与效果指标方面分别位居第28位与第20位；广东在投入指标方面位居全国第18位，而在产出指标和效果指标则分别位居第6位和第7位；而内蒙古、北京、江苏、宁夏等省份的投入指标、产出指标与效果指标均位居全国前列。

第三，从区域来看，基本公共环境服务均等化水平存在较大差距。东北地区、华中地区、华南地区、西南地区及西北地区均相对较差，而华东地区与华北地区则相对较好，如华北地区5个省份中有3个省份位居全国前五名。此外，区域内各省份基本公共环境服务均等化水平差异明显，如在华东地区江苏、浙江、山东表现较好，而江西、上海、安徽则相对薄弱。

第四，从各省份具体情况来看，超过全国平均水平的省份有15个，青海、宁夏、内蒙古、山西、北京依次居于前五名，而河南、四川、湖南、贵州、海南则位列全国后五名。

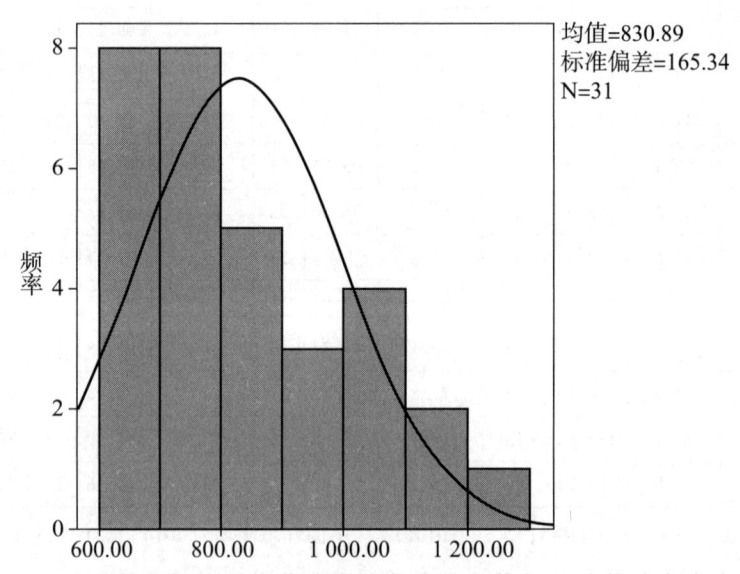

图3-47 各省份基本公共环境服务均等化指标总分值分布直方图

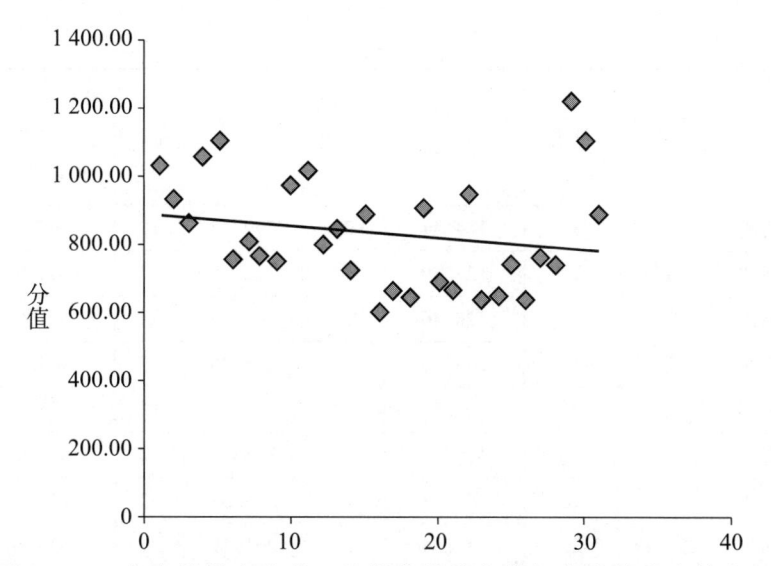

图 3-48　各省份基本公共环境服务均等化指标总分值分布趋势图

表 3-36　　各省份基本公共环境服务均等化指标总分值统计表

地区		投入指标分值	排名	产出指标分值	排名	效果指标分值	排名	基本公共环境服务均等化指标总分值	排名
全国		300.00		200.00		300.00		800.00	
华北地区	北京	518.36	3	132.55	22	375.03	3	1 025.94	5
	天津	282.14	19	293.39	3	355.51	8	931.04	17
	河北	339.16	12	249.59	8	272.87	23	861.62	13
	山西	387.13	9	371.39	2	291.18	19	1 049.70	4
	内蒙古	524.70	2	252.97	7	317.24	11	1 094.91	3
东北地区	辽宁	252.59	20	241.86	10	256.61	27	751.06	20
	吉林	402.52	7	116.52	28	287.41	20	806.46	15
	黑龙江	371.06	11	126.38	26	265.79	25	763.23	18
华东地区	上海	192.18	20	240.04	11	313.59	13	745.81	16
	江苏	312.53	14	290.47	4	374.04	4	977.03	7
	浙江	209.60	29	440.27	1	362.13	5	1 012.00	6
	安徽	322.14	13	127.43	23	344.89	10	794.46	14
	福建	209.76	28	282.11	5	351.77	9	843.64	12
	江西	243.66	21	168.15	17	305.93	15	717.75	23
	山东	296.26	16	188.41	14	394.92	1	879.59	10

续表

地区		投入指标分值	排名	产出指标分值	排名	效果指标分值	排名	基本公共环境服务均等化指标总分值	排名
华中地区	河南	174.39	31	124.44	27	299.32	18	598.16	31
	湖北	228.39	25	127.39	24	302.09	17	657.87	25
	湖南	233.84	24	126.46	25	281.34	21	641.64	28
华南地区	广东	283.50	18	263.70	6	357.26	7	904.46	9
	广西	218.43	27	161.57	18	305.97	14	685.97	24
	海南	238.88	22	111.91	30	316.22	12	667.01	26
西南地区	重庆	373.72	10	182.02	16	389.54	2	945.28	8
	四川	226.11	26	147.04	19	261.19	26	634.34	29
	贵州	236.83	23	134.33	21	274.75	22	645.92	27
	云南	284.54	17	185.09	15	266.15	24	735.78	22
	西藏	495.57	5	65.39	31	73.84	31	634.80	30
西北地区	陕西	309.17	15	142.28	20	303.53	16	754.97	19
	甘肃	387.14	8	116.13	29	230.57	30	733.83	21
	青海	771.46	1	196.53	13	252.21	28	1 220.20	1
	宁夏	502.48	4	246.05	9	360.00	6	1 108.52	2
	新疆	433.24	6	205.30	12	250.90	29	889.44	11

资料来源：根据表3-33、表3-34、表3-35整理。

七、中国各省份基本公共安全服务均等化水平测量

本部分从"投入—产出—效果"三个维度对全国及各省份基本公共安全服务均等化水平进行了测量，其中产出与效果指标为逆指标，即得分越高、表现越差，在总分值是做减法运算。除效果指标中的人口火灾事故发生率依据《中国法律统计年鉴（2013）》和《中国统计年鉴（2013）》外，其他相关数据均来源于《中国统计年鉴（2014）》。

（一）各省份基本公共安全服务均等化投入指标分析

首先，总体来看，全国各省份基本公共安全服务投入水平虽存在差距，但仍相对均衡，从分布直方图3-49来看，各省份基本公共安全服务均等化投入指标

得分呈现偏右态分布；从散点图 3-50 来看，各省份基本公共安全服务均等化投入指标分值与全国平均水平呈现较明显的线性分布，主要集中在 100 分~300 分。其中，超过全国平均水平的省份有 11 个，占总数的 35.48%。西藏、北京、新疆、上海、海南依次位列前五位，而安徽、河南、江西、湖南、甘肃则位列后五名，西藏投入指标得分约为安徽的 3.8 倍。从区域来看，基本公共安全服务投入

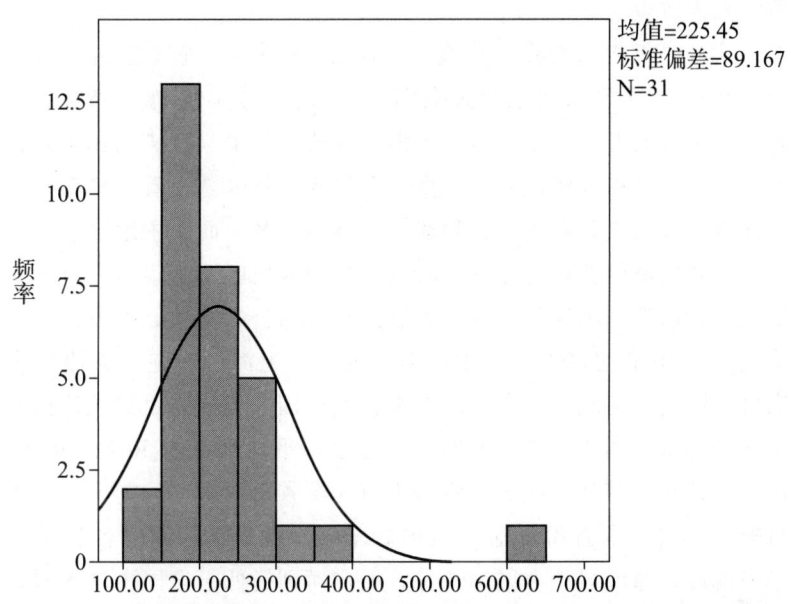

图 3-49　各省份基本公共安全服务均等化投入指标分值分布直方图

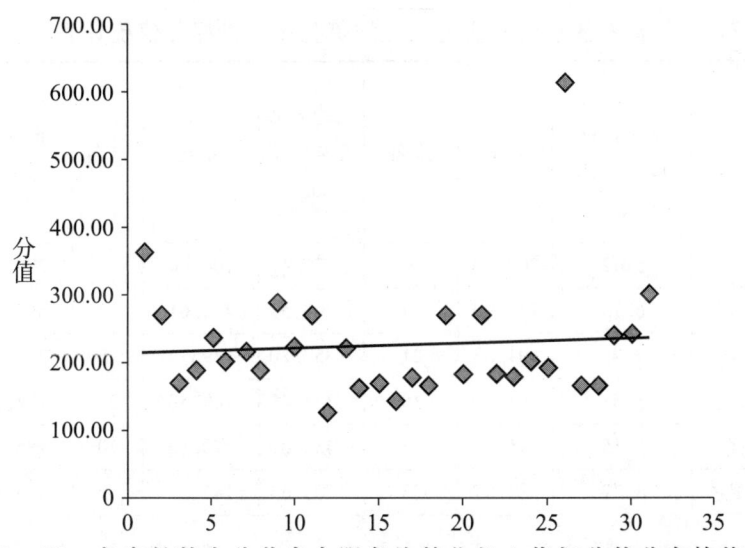

图 3-50　各省份基本公共安全服务均等化投入指标分值分布趋势图

区域间差距较大,华北地区、西北地区、华南地区投入相对较高,例如华南地区,除广西外,其他省份均位于全国前十名;而华中地区、西南地区则相对较低,特别是华中地区3个省份远低于全国平均水平,且在全国排名靠后;此外,区域内各省份的基本公共安全服务投入也存在不均衡现象。例如,在华北地区,北京、天津、内蒙古投入较多,分别位居全国第2位、第6位与第11位,而河北、陕西则投入较少。

其次,从各二级指标来看(见表3-37),在公共安全支出占财政支出比重方面,全国共有11个省份比重超过全国平均水平,其中广东、浙江、西藏、海南、新疆位居全国前五名,而安徽、青海、陕西、甘肃、重庆的比重较低,位居全国后五位,广东的投入比重约为安徽的2倍多;从区域上看,华南地区3个省份的公共安全投入比重普遍较高,均居于全国前十名,而华中地区、西北地区则相对较低,此外区域内各省份差别也较大,如西北地区5个省份中有3个省份位居全国后五名,而新疆则居于全国第5名。在人均公共安全经费方面,全国共有15个省份超过全国平均水平,其中西藏、北京、上海、新疆、天津居全国前五位,而安徽、河南、河北、湖南、山东则位列全国后五位,西藏人均公共安全经费约为全国平均水平的4.8倍,而安徽约为全国平均水平的50%;从区域上看,西北地区相对较高,其辖区内五个省份中有3个省份位居全国前十名,而华中地区则相对较低,辖区内省份均居于全国后十名。此外,区域内各省份差别也较大,如华南地区,海南居于全国第7位,而广西则远低于全国平均水平,位于全国后十名。

表3-37　各省份基本公共安全服务均等化投入指标分值统计表

地区		公共安全支出占财政支出比重(%)	分值	排名	人均公共安全经费(元)	分值	排名	投入指标分值	排名
全国		5.42	100.00		476.94	100.00		200.00	
华北地区	北京	6.13	113.09	7	1 209.55	253.61	2	366.70	2
	天津	4.95	91.33	21	857.20	179.73	5	271.06	6
	河北	5.51	101.70	10	331.45	69.50	29	171.19	24
	山西	5.15	95.04	16	430.00	90.16	20	185.20	19
	内蒙古	4.77	87.97	23	703.64	147.53	9	235.51	11

续表

地区		公共安全支出占财政支出比重（%）	分值	排名	人均公共安全经费（元）	分值	排名	投入指标分值	排名
东北地区	辽宁	4.71	86.82	24	557.11	116.81	13	203.63	15
	吉林	5.38	99.33	12	537.15	112.63	14	211.96	14
	黑龙江	5.15	94.93	17	452.02	94.78	19	189.71	18
华东地区	上海	5.00	92.29	20	937.93	196.66	3	288.94	4
	江苏	5.81	107.17	8	570.59	119.64	12	226.81	12
	浙江	7.35	135.65	2	632.56	132.63	10	268.28	8
	安徽	3.77	69.47	31	271.61	56.95	31	126.42	31
	福建	6.17	113.90	6	501.96	105.25	15	219.15	13
	江西	4.69	86.62	25	360.28	75.54	26	162.16	29
	山东	5.11	94.29	18	351.21	73.64	27	167.93	25
华中地区	河南	4.68	86.34	26	277.51	58.19	30	144.52	30
	湖北	5.19	95.82	15	391.52	82.09	24	177.91	23
	湖南	4.93	90.89	22	345.36	72.41	28	163.30	28
华南地区	广东	7.73	142.65	1	610.96	128.10	11	270.76	7
	广西	5.57	102.82	9	378.92	79.45	25	182.27	21
	海南	6.44	118.79	4	727.37	152.51	7	271.30	5
西南地区	重庆	4.61	85.09	27	475.49	99.70	17	184.78	20
	四川	5.20	95.94	14	399.03	83.66	22	179.61	22
	贵州	5.46	100.68	11	480.35	100.72	16	201.40	16
	云南	5.23	96.48	13	457.05	95.83	18	192.32	17
	西藏	7.06	130.33	3	2 296.47	481.51	1	611.84	1
西北地区	陕西	4.28	78.98	29	416.82	87.39	21	166.38	26
	甘肃	4.42	81.58	28	395.51	82.93	23	164.51	27
	青海	3.81	70.30	30	809.52	169.73	6	240.03	10
	宁夏	5.04	93.01	19	711.01	149.08	8	242.08	9
	新疆	6.43	118.64	5	871.11	182.65	4	301.29	3

资料来源：根据《中国统计年鉴（2014）》计算整理。

（二）各省份基本公共安全服务均等化产出指标分析

首先，总体来看，全国各省份基本公共安全服务产出水平总体相对均衡，但首尾差距较大，从分布直方图 3-51 来看，各省份基本公共安全服务均等化产出指标得分呈现偏右态分布；从散点图 3-52 来看，各省份基本公共安全服务均等

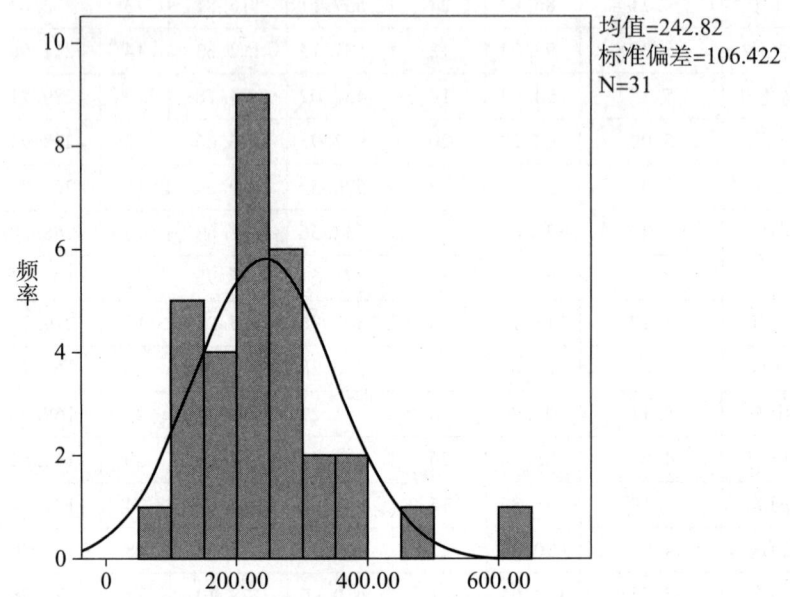

图 3-51 各省份基本公共安全服务均等化产出指标分值分布直方图

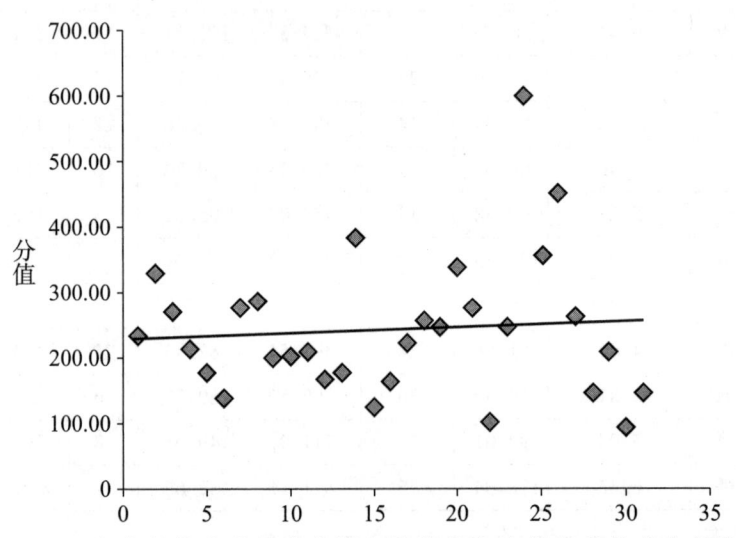

图 3-52 各省份基本公共安全服务均等化产出指标分值分布趋势图

化产出指标分值聚合性相对较差,最高值和最低值差距大。其中,低于全国平均水平的省份有 10 个,占总数的 32.26%。宁夏、重庆、山东、辽宁、新疆依次位列前五位,而贵州、西藏、江西、云南、广西则位列后五名。从区域来看,基本公共安全服务产出区域间差距较大。华东地区、西北地区产出相对较好,例如,华东地区其辖区内 7 个省份中有 6 个省份居于全国前十五名;华南地区、西南地区相对较差,例如,西南地区 5 个省份中有 3 个省份居于全国后五位;此外,区域内各省份的基本公共安全服务产出也存在不均衡现象。例如,在东北地区吉林、黑龙江表现较差,而辽宁则居于全国前五名。

其次,从各二级指标来看(见表 3 - 38),在单位交通事故直接财产损失方面,全国共有 16 个省份超过全国平均水平,其中新疆、重庆、广东、山东、福建位居全国前五名,而江西、吉林、西藏、贵州、黑龙江的比重较低,位居全国后五位,新疆单位交通事故直接财产损失比江西低 10 312 元;从区域上看,华东地区、华南地区则相对较好,而东北地区、西南地区与华北地区则表现不佳;此外区域内各省份差别也较大,例如,在华北地区,天津单位交通事故直接财产损失约为内蒙古的 2 倍。在单位火灾事故直接财产损失方面,全国共有 15 个省份低于全国平均水平,其中宁夏、吉林、辽宁、重庆、山东居全国前五名,而贵州、广西、云南、西藏、海南则居全国后五位;从区域上看,华中地区、东北地区相对较好,例如,东北地区 3 个省份均居于全国前十位,而华东地区、华南地区与西南地区则相对较差;此外,区域内各省份差别也较大,例如,在华东地区,除山东、安徽、福建外,其他 4 个省份均高于全国平均水平。

表 3 - 38 各省份基本公共安全服务均等化产出指标分值统计表

地区		单位交通事故直接财产损失(万元/起)	分值	排名	单位火灾事故直接财产损失(万元/起)	分值	排名	产出指标分值	排名
全国		0.5237	100.00		1.4309	100.00		200.00	
华北地区	北京	0.9158	174.88	26	0.8706	60.84	6	235.73	17
	天津	0.9099	173.74	25	2.2340	156.13	25	329.87	26
	河北	0.7568	144.51	23	1.8184	127.08	20	271.59	22
	山西	0.5449	104.05	17	1.5668	109.50	18	213.55	15
	内蒙古	0.4412	84.25	9	1.3428	93.84	13	178.09	10

续表

地区		单位交通事故直接财产损失（万元/起）	分值	排名	单位火灾事故直接财产损失（万元/起）	分值	排名	产出指标分值	排名
东北地区	辽宁	0.4986	95.21	15	0.6733	47.05	3	142.26	4
	吉林	1.2687	242.27	30	0.4810	33.61	2	275.88	23
	黑龙江	1.1453	218.70	27	0.9350	65.35	7	284.05	25
华东地区	上海	0.4904	93.64	14	1.5493	108.28	17	201.92	11
	江苏	0.5050	96.43	16	1.5371	107.43	16	203.85	12
	浙江	0.4111	78.51	6	1.8701	130.70	22	209.20	13
	安徽	0.4188	79.98	8	1.2774	89.27	11	169.25	8
	福建	0.4000	76.37	5	1.4191	99.18	15	175.56	9
	江西	1.2980	247.85	31	1.9294	134.84	23	382.70	29
	山东	0.3859	73.70	4	0.7350	51.37	5	125.07	3
华中地区	河南	0.4706	89.86	12	1.0698	74.77	9	164.63	7
	湖北	0.7714	147.31	24	1.0737	75.04	10	222.35	16
	湖南	0.7421	141.71	22	1.6292	113.86	19	255.57	20
华南地区	广东	0.3153	60.21	3	2.6819	187.43	26	247.65	18
	广西	0.4542	86.73	11	3.6158	252.70	30	339.43	27
	海南	0.4732	90.35	13	2.6967	188.46	27	278.82	24
西南地区	重庆	0.2799	53.45	2	0.6857	47.92	4	101.38	2
	四川	0.6175	117.92	20	1.8613	130.08	21	248.00	29
	贵州	1.1909	227.41	28	5.3673	375.11	31	602.51	31
	云南	0.5474	104.53	18	3.5939	251.17	29	355.70	28
	西藏	1.2066	230.40	29	3.1844	222.55	28	452.94	30
西北地区	陕西	0.6210	118.58	21	2.0584	143.86	24	262.44	21
	甘肃	0.4158	79.41	7	0.9889	69.11	8	148.52	6
	青海	0.6058	115.68	19	1.3602	95.06	14	210.75	14
	宁夏	0.4457	85.10	10	0.1474	10.30	1	95.40	1
	新疆	0.2668	50.96	1	1.3157	91.95	12	142.91	5

资料来源：根据《中国统计年鉴（2014）》《中国统计年鉴（2013）》《中国法律统计年鉴（2013）》计算所得。

（三）各省份基本公共安全服务均等化效果指标分析

首先，就总体情况而言，全国各省份基本公共安全服务效果水平虽存在差距，但仍相对均衡，从分布直方图 3-53 来看，各省份基本公共安全服务均等化效果指标得分呈现轻微偏右态分布；从散点图 3-54 来看，各省份基本公共安全

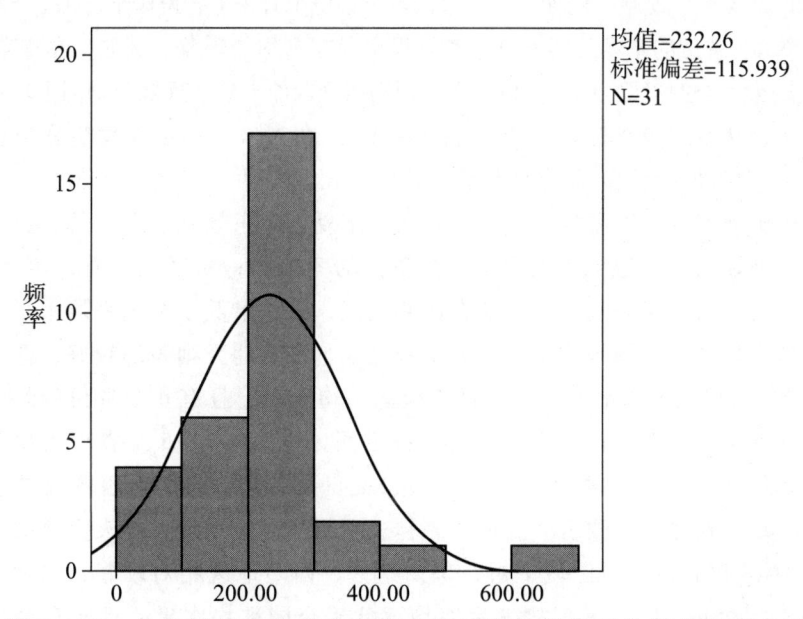

图 3-53　各省份基本公共安全服务均等化效果指标分值分布直方图

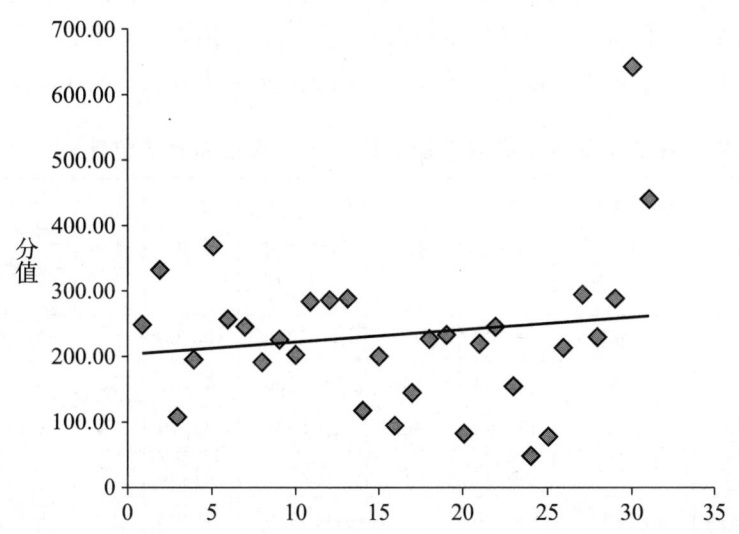

图 3-54　各省份基本公共安全服务均等化效果指标分值分布趋势图

服务均等化效果指标分值分布较为分散。其中，分值低于全国均值（即基本公共安全服务效果优于全国平均水平）的省份有 10 个，占总数的 32.26%。贵州、云南、广西、河南、河北依次位列前五位，而宁夏、新疆、内蒙古、天津、陕西则位列后五名。从区域来看，基本公共安全服务效果区域间差距较大，华中地区、西南地区效果相对较好，例如，华中地区 3 个省份中有 2 个省份位居全国前十名；华东地区、西北地区相对较差，例如，西北地区 5 个省份中有 3 个省份居于全国后五位；此外，区域内各省份的基本公共安全服务效果也存在不均衡现象。例如，在华东地区，浙江、安徽、福建均居全国后十位，而江西则居全国前十位，远低于全国平均水平。

其次，从各二级指标来看（见表 3-39），在人口交通事故发生率方面，全国共有 16 个省份低于全国平均水平，其中贵州、江西、河南、河北、云南效果水平居全国前五名，而浙江、天津、安徽、宁夏、广东效果水平较低，位居全国后五位，浙江人口交通事故发生率高于贵州的 8 倍多；从区域上看，西北地区、华北地区与华南地区表现较差，如在西北地区，除甘肃低于全国平均水平外，其他 4 个省份均高于全国平均水平，而华中地区、东北地区则表现较好，两大地区 6 个省份的人口交通事故发生率均低于全国平均水平，且有 6 个省份的效果水平居于全国前十名。在人口火灾事故发生率方面，全国共有 15 个省份人口火灾事故发生率低于全国平均水平，其中云南、贵州、广西、河南、西藏效果水平较高，而宁夏、新疆、内蒙古、陕西、吉林表现不佳，宁夏的人口火灾事故发生率是云南的 18 倍有余；在区域上看，华南地区、西南地区相对较好，例如，在华南地区 3 个省份人口火灾事故发生率均远低于全国平均水平，且居于全国前十位，而东北地区、西北地区、华北地区则相对较差，三大区域 13 个省份中除河北、山西外，其他省份人口火灾事故发生率均高于全国平均水平；此外，区域内各省份差别较大，例如，在华中地区，河南人口火灾事故发生率比湖南低 2 倍。

表 3-39　各省份基本公共安全服务均等化效果指标分值统计表

地区		人口交通事故发生率（1/10 万）	分值	排名	人口火灾事故发生率（1/10 万）	分值	排名	效果指标分值	排名
全国		14.5801	100.00		11.2373	100.00		200.00	
华北地区	北京	14.4823	99.33	16	16.4766	146.62	22	245.95	21
	天津	29.3003	200.96	30	15.0248	133.70	18	334.67	28
	河北	7.0967	48.67	4	6.8771	61.20	7	109.87	5
	山西	14.6088	100.20	18	10.7920	96.04	15	196.23	10
	内蒙古	14.5837	100.02	17	30.3012	269.65	29	369.67	29

续表

地区		人口交通事故发生率（1/10万）	分值	排名	人口火灾事故发生率（1/10万）	分值	排名	效果指标分值	排名
东北地区	辽宁	13.1595	90.26	14	18.8312	167.58	26	257.83	22
	吉林	8.9349	61.28	9	20.5527	182.90	27	244.18	20
	黑龙江	8.5606	58.71	8	15.1122	134.48	19	139.20	9
华东地区	上海	8.3271	57.11	7	18.7773	167.10	25	224.21	15
	江苏	16.8724	115.72	20	9.7715	86.96	14	202.68	12
	浙江	33.2812	228.26	31	6.3904	56.87	6	285.13	24
	安徽	29.2040	200.30	29	9.4405	84.01	13	284.31	23
	福建	22.5782	154.86	25	15.2028	135.29	20	290.15	26
	江西	6.3689	43.68	2	8.4147	74.88	10	118.56	6
	山东	13.2323	90.76	15	12.3056	109.51	16	200.26	11
华中地区	河南	6.8512	46.99	3	5.4327	48.35	4	95.34	4
	湖北	9.9983	68.57	10	8.5863	76.41	12	144.98	7
	湖南	13.0010	89.17	13	15.6635	139.39	21	228.56	16
华南地区	广东	23.8858	163.82	27	7.6968	68.49	8	232.32	18
	广西	8.0971	55.54	6	2.9603	26.34	3	81.88	3
	海南	22.0782	151.43	24	7.7565	69.02	9	220.45	14
西南地区	重庆	18.9966	130.29	22	12.7606	113.56	17	243.85	19
	四川	11.8058	80.97	12	8.5426	76.02	11	156.99	8
	贵州	3.5437	24.31	1	2.7526	24.50	2	48.80	1
	云南	7.9966	54.85	5	2.6851	23.89	1	78.74	2
	西藏	22.9808	157.62	26	6.2338	55.47	5	213.09	13
西北地区	陕西	15.8130	108.46	19	20.9353	186.30	28	294.76	27
	甘肃	11.2897	77.43	11	17.1994	153.06	23	230.49	17
	青海	18.4256	126.38	21	18.3944	163.69	24	290.07	25
	宁夏	27.4312	188.14	28	51.0665	454.44	31	642.58	31
	新疆	21.8375	149.78	23	32.6288	290.36	30	440.14	30

资料来源：根据《中国统计年鉴（2014）》《中国统计年鉴（2013）》《中国法律统计年鉴（2013）》计算整理。

(四) 总体结论

通过上述分析，以及图 3-55、图 3-56 和表 3-40，我们可以得出以下结论。

第一，从基本公共安全服务均等化指标总分值来看，各省份基本公共安全服务均等化水平基本呈现正态分布，说明全国各省份基本公共安全服务均等化水平较高。

第二，从基本公共安全服务均等化的"投入—产出—效果"各分指标来看，全国各省份在三个一级指标的分值不均衡，基本公共安全服务投入与产出、效果不必然存在明显的相关性，如新疆、宁夏分别在投入指标方面位居全国第 3 名和第 9 名，而在效果指标方面分别位居第 30 位与第 31 位；江西在投入指标方面位居全国第 29 位，而在效果指标方面则位居全国第 6 位；而江苏的投入指标、产出指标与效果指标均位居全国第十名左右。

第三，从区域来看，基本公共安全服务均等化水平存在较大差距。华中地区、华南地区相对较好，而西北地区、东北地区则较差；此外，区域内各省份基本公共安全服务均等化水平差异明显，如在华东地区，上海、山东居于全国前 5 位，而江西、安徽则位居全国后 5 位，在华中地区，河南、湖北居于全国前列，而湖南则远低于全国平均水平。

第四，从各省份具体情况来看，超过全国平均水平的省份有 9 个，西藏、北京、河南、上海、山东依次居于前五名，而宁夏、贵州、天津、陕西、江西则位列全国后五名。

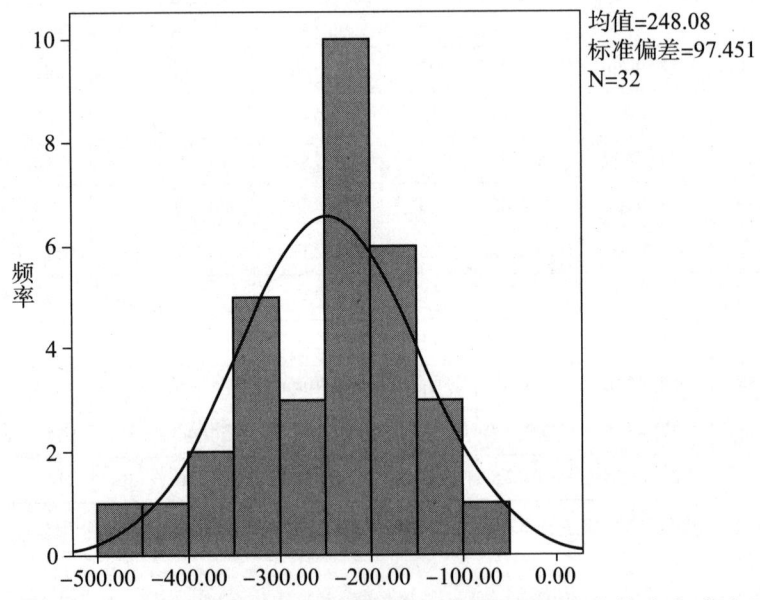

图 3-55 各省份基本公共安全服务均等化指标总分值分布直方图

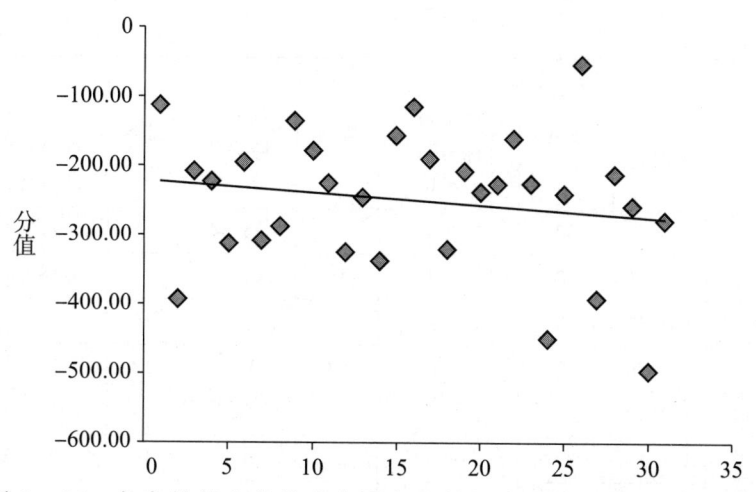

图 3-56　各省份基本公共安全服务均等化指标总分值分布趋势图

表 3-40　各省份基本公共安全服务均等化指标总分值统计表

地区		投入指标分值	排名	产出指标分值	排名	效果指标分值	排名	基本公共安全服务均等化指标总分值	排名
全国		200.00		200.00		200.00		-200.00	
华北地区	北京	366.70	2	235.73	17	245.95	21	-114.98	2
	天津	271.06	6	329.87	26	334.67	28	-393.47	29
	河北	171.19	24	271.59	22	109.87	5	-210.27	11
	山西	185.20	19	213.55	15	196.23	10	-224.58	13
	内蒙古	235.51	11	178.09	10	369.67	29	-312.26	24
东北地区	辽宁	203.63	15	142.26	4	257.83	22	-196.47	9
	吉林	211.96	14	275.88	23	244.18	20	-308.10	23
	黑龙江	189.71	18	284.05	25	193.20	9	-287.54	22
华东地区	上海	288.94	4	201.92	11	224.21	15	-137.19	4
	江苏	226.81	12	203.85	12	202.68	12	-179.72	7
	浙江	268.28	8	209.20	13	285.13	24	-226.06	15
	安徽	126.42	31	169.25	8	284.31	23	-327.14	26
	福建	219.15	13	175.56	9	290.15	26	-246.56	19
	江西	162.16	29	382.70	29	118.56	6	-339.10	27
	山东	167.93	25	125.07	3	200.26	11	-157.40	5

续表

地区		投入指标分值	排名	产出指标分值	排名	效果指标分值	排名	基本公共安全服务均等化指标总分值	排名
华中地区	河南	144.52	30	164.63	7	95.34	4	-115.44	3
	湖北	177.91	23	222.35	16	144.98	7	-189.42	8
	湖南	163.30	28	255.57	20	228.56	16	-320.82	25
华南地区	广东	270.76	7	247.65	18	232.32	18	-209.21	10
	广西	182.27	21	339.43	27	81.88	3	-239.04	17
	海南	271.30	5	278.82	24	220.45	14	-227.97	16
西南地区	重庆	184.78	20	101.38	2	243.85	19	-160.44	6
	四川	179.61	22	248.00	19	156.99	8	-225.39	14
	贵州	201.40	16	602.51	31	48.80	1	-449.91	30
	云南	192.32	17	355.70	28	78.74	2	-242.12	18
	西藏	611.84	1	452.94	30	213.09	13	-54.20	1
西北地区	陕西	166.38	26	262.44	21	294.76	27	-390.82	28
	甘肃	164.51	27	148.52	6	230.49	17	-214.50	12
	青海	240.03	10	210.75	14	290.07	25	-260.78	20
	宁夏	242.08	9	95.40	1	642.58	31	-495.90	31
	新疆	301.29	3	142.91	5	440.14	30	-281.76	21

资料来源：根据表 3-37、表 3-38、表 3-39 整理。

第四章

基本公共服务均等化公众满意度调查

"服务型政府的建设必然是以公众的满意度为前提和归宿,因而衡量服务型政府建设的好坏,最终的评价标准是看人民群众是否满意。"[①] 政府根据公众的实际需求提供基本公共服务与公共产品,同时,对公众关于政府相关基本公共产品和公共服务的满意度进行调查,根据调查得到的满意度适时调整基本公共服务供给结构和公共产品、公共服务的质量,从而提升政府的基本公共服务供给效率,完善基本公共服务体系,提升政府的公众满意度,形成一个良性的循环系统。

第一节 基本公共服务均等化公众满意度概述

一、基本公共服务公众满意度的概念

公众满意度这一概念是从"顾客满意度"发展而来的。"满意"是人的一种心理状态,是实际状况同人们期望对比的结果,"是一个人通过对一种产品的可

[①] 胡伟、吴伟、钟杨:《中国城市公共服务公众满意度蓝皮书》,上海人民出版社2013年版,第9页。

感知的效果或结果与他的期望相比较后形成的一种失望或愉悦的感觉状态"。[①] 对满意度的研究起源于西方国家企业对顾客进行引导、满意度测评的管理实践，1983年博尔丁等学者通过理论和实证的方法证明了满意度同顾客忠诚度呈现正相关的关系，此后30多年来顾客满意度一直是市场和企业管理研究的重点和热点，无论是理论层面还是实践层面，都把追求顾客满意度的提升当作经营管理的重要目标。对顾客满意度问题的持续关注是因为顾客满意度能够为企业带来较强的市场竞争优势和更高的市场占有率。目前关于顾客满意度的实践性操作主要分为两个类型，一种是特定交易的顾客满意度，即顾客对于自己购买的某种产品或进行的某次具体性消费交易的满意程度，最早市场营销研究的顾客满意度主要为这一类型；另一种是总体性满意程度，也被称为顾客的累积性满意程度，即顾客对于消费经历的整体性、统一性的满意程度，这是近些年来基于经济心理学对顾客满意度进行的定义和研究。

关于顾客满意度的概念，学界分别从不同角度对其进行了界定与描述。国外有的学者认为顾客满意度是通过评估付出的代价与获得的收益而形成的心理状态（Howard，Sheth）。有的学者认为满意度是一种情感上的衡量，反映出顾客在购买一种产品或享受一种服务后获得的正面感觉（Andrew，Withey）。有的认为顾客满意度是指顾客在对其购买产品或使用服务后的整体衡量，是由经验产生的一种态度（Fornell）。有中国学者指出"顾客满意度是指顾客的感觉状况水平，这种水平是顾客对企业的产品和服务所预期的绩效和顾客的期望进行比较的结果。"[②]

随着经济发展水平和人民生活水平的提高，公众不仅对自身享有的私人物品需求增加，对于政府等主体提供的公共物品和公共服务的需求也在增长，在公共物品和公共服务的数量和质量上都提出了更高的要求，这使得政府越来越重视其提供的公共服务能否得到公众的认可以及满意度的提升。"政府与公民之间的关系不同于工商企业与其顾客之间的关系"，[③] 因此，为了同企业领域的顾客满意度进行区分，关于政府部门提供公共物品和公共服务的评价采用"公众满意度"这一概念。本书的"基本公共服务均等化公众满意度"是指，公众在接受、享有政府提供的关于基本公共教育、基本卫生医疗、基本就业服务、基本社会保障、基本公共文化、基本公共环境以及基本公共安全等七大基本公共服务领域后，同其预期效用相比而产生的心理满足感。特别需要指出的是，本书中关于基本公共

[①] 范云峰：《客户不是上帝》，京华出版社2003年版，第109页。
[②] 朱国玮、胡伟：《ACSI用于评价政府部门顾客满意度——美国的实践及对我国的启示》，载于《美中公共管理》2004年第1期。
[③] 刘武：《公共服务接受者满意度指数模型研究》，东北大学出版社2014年版，第57页。

服务均等化的"公众满意度"是一种累积性的满意程度,即公众长期接受政府提供的各项基本公共产品和公共服务后累计的满意程度。

公众满意度具有主观性、相对性和模糊性等三大特征。首先,公众满意度具有主观性特征。公众满意度是公众对于政府提供的各项基本公共产品、公共服务产生的主观感受和体验,这种满足感是通过享有的相关服务同自身预期产生的。每个人的预期期望不同,得到的个体满意度分数也会不同。同时这种感受还受到个人的年龄、职业、收入、教育水平、价值观以及生活习惯等因素的影响,因此,并不具有严格的客观性。所以,在测量时应将上述这些因素考虑在内,计算这些因素在满意度得分中的比重。其次,公众满意度具有相对性特征。公众满意度是关于公众对政府提供的各项基本公共产品、公共服务的积累性满意程度,因此,它不是一成不变的,它会随着公众享有公共产品和公共服务的进程不断改变,是一个动态而非绝对的概念。从纵向上来讲,公众的基本公共服务满意度会随着时间的推移不断发生变化。因此,对基本公共服务公众满意度进行纵向时间对比可以更好地了解公众对于政府提供的各项公共服务的心理变化,从而帮助政府改进供给结构、途径与方法。从横向上来看,公众满意度在全国范围内也存在相对性,地区之间、城乡之间的公众满意度都存在差异性,通过对这些满意度进行横向对比,可以了解全国不同地区、城乡的公众满意度差异,为基本公共服务供给体系的进一步调整提供参考和依据。最后,公众满意度具有模糊性。作为一种主观性的心理感受,政府公共服务的公众满意度同政府基本公共服务均等化指标不同,它并不具有明确的客观差异,不能单纯以满意或不满意两种极端状态表示。人们对于政府基本公共服务的满意度常常因信息的不充分性、体验的不完整性以及需求的不同程度而受到影响。

二、公众满意度测评模型

随着顾客满意度理论发展的深入和实践的需求,研究者分别从不同的研究目的出发构建了顾客满意度模型,如日本学者狩野纪昭构建的 KANO 模型、美国学者构建的 SERVQUAL 服务质量衡量体系[1]、四分图模型(Quadrant、Matrix Model)以及顾客满意度指数模型(Customer Satisfaction Index, CSI)等。目前,使用最多的是以顾客满意度指数(CSI)对顾客的满意度进行量化计算。"顾客满意度指数就是将顾客满意度的衡量指数化,是对各种类型和各个层次具有代表性

---

[1] Parasuraman A., V. A. Zeithaml, L. L. Berry. SERVQUAL, "A Multiple-Item Scale for Measuring Consumer Perception of Quality," *Journal of Retailing*, Vol. 64, No. 1 (1988), pp. 12–40。

的顾客满意度的综合评价指数，是以各类产品和服务的消费及其过程为基础，反映社会经济产出和实际一般特征的一种全新的质量指标。"[1] 在顾客满意度指数模型中通常包括顾客期望（Customer Expectation）、顾客（感知）质量（Customer Quality）、顾客（感知）价值（Customer Value）、顾客抱怨（Customer Complaint）、顾客忠诚（Customer Loyalty）、企业形象（Corporation Image）、顾客满意度（Customer Satisfaction）指数。

顾客期望主要指顾客在购买产品或服务前对其将要购买的产品和服务抱有的希望，顾客期望源自于顾客自身的需求，不同的需求产生不同的期望，这是顾客在购买产品过程中对自身感受进行判断的依据之一。顾客期望受到媒体、广告、销售人员和其他消费者提供的产品相关信息以及个人经历的影响。

顾客（感知）质量指顾客在购买与享受相关产品和服务时对相关质量的实际感受，主要包括三个方面：产品的质量、产品的可靠性以及产品能否满足自身个性化的需求。感知质量是测量顾客满意度时重要的核心变量，它受到购买与享受相关产品和服务前的顾客期待的影响。"感知质量不同于客观或是实际质量；不特指产品的某一属性，而是产品所有属性更高层次上的抽象感觉；是一种整体判断，类似于一种态度。"[2]

顾客（感知）价值指顾客在购买和享受相关产品和服务时，对其支付的相关费用和享有的实际产品效果的自身体验，它受到给定价格下的质量和给定质量下的价格两方面因素的影响。"感知价值在第一次购买决策中非常重要，而通常在反复购买决策中对满意度的影响较弱。"[3] 感知价值对顾客满意度具有直接的影响，"与感知质量相同，感知价值与顾客满意度之间存在正相关关系"[4]。

顾客抱怨指当顾客购买的相关产品和服务不能满足其预期的效果时顾客就会产生不满，它是通过一定时期内回应抱怨问题的比例而进行计算的。顾客抱怨与顾客满意度之间呈现负相关性，顾客对产品和服务的不满越强烈、抱怨越多时，顾客的满意度就会越低。

顾客忠诚指"顾客在对某一产品或服务的满意度不断提高的基础上，重复购买该产品或服务，以及向他人热情推荐该产品或服务的一种表现，顾客忠诚包含两种成分：一种是情感成分，另一种是行为成分。"[5] 顾客满意度对顾客忠诚具有正向影响。

---

[1] 张新安、田澎：《顾客满意度指数述评》，载于《系统工程理论方法应用》2004年第4期。
[2] 刘新燕：《顾客满意度指数模型研究》，中国财政经济出版社2004年版，第40页。
[3] 朱国玮、郑培：《服务型政府公众满意度测评理论与实践》，科学出版社2010年版，第19页。
[4] 刘金兰、康健、白寅：《美国顾客满意度指数》，载于《管理学报》2005年第7期。
[5] 杨道田：《公民满意度指数模型研究——基于中国市场政府绩效的视角》，经济管理出版社2012年版，第39页。

企业形象指顾客关于企业的相关主观性联想，它有别于实体性的商品，主要受到企业口碑、名称、价格水平、商品的多样性等因素的影响。

顾客满意度是指顾客的整体性感觉水平，是顾客对其购买的企业产品、享受的相关服务与顾客感知质量、感知价值进行比较的结果。需要注意的是，顾客满意度只是满意度指数模型中的一个要素，并不是计算最终得出的整体性顾客满意度。

目前，已有很多国家和地区建立了相关的 CSI 模型，如瑞典的顾客满意度晴雨表指数测评模型（SCSB）、韩国的 KCSI 测评模型、德国的 DK 测评模型、美国的顾客满意度指数测评模型（ACSI）、欧洲的顾客满意度指数测评模型（ECSI），其中以瑞典的 SCSB 测评模型、欧洲的 ECSI 测评模型和美国的 ACSI 测评模型最具影响力、应用最广泛。1998 年，清华大学构建了我国第一个全国性的顾客满意度指数 CCSI。

（一）瑞典顾客满意度晴雨表（SCSB）

1989 年，瑞典首先建立了全国性的顾客满意度指数模型——瑞典顾客满意度晴雨表（Swedish Customer Satisfaction Barometer，SCSB），作为企业评估产品、服务质量以及公众接受度的调查测评工具。SCSB 中的顾客满意度是顾客对其购买的产品或服务的整体消费经历过程的评价，属于一种积累性满意度评价，该模型共有五个变量，即顾客期望、感知绩效（或称感知价值）、顾客满意度、顾客抱怨和顾客忠诚，其中顾客预期、感知绩效为前导性变量，顾客抱怨和顾客忠诚为结果性变量。

在这一模型中，顾客期望、感知绩效是两个基本性的影响要素。顾客期望是指顾客预期将会获得何种质量的产品和服务，而不是该产品或服务应当达到何种质量的预期。感知绩效指企业提供的商品或服务的质量同价格相比，顾客的感知定位。顾客抱怨和顾客忠诚在 SCSB 模型中为结果性变量，其中顾客抱怨是顾客不满意的结果。当顾客对其购买的产品或服务不满意时，会产生停止购买该产品、服务或向企业表达自己的不满、从而得到赔偿的结果。提升顾客满意度可以减少顾客的抱怨行为，而顾客抱怨转化为顾客忠诚的程度可以明显反映出企业或组织的工作绩效。当顾客抱怨与顾客忠诚间的关系为负，则意味着企业没有有效地处理顾客的不满，反之，则表明企业通过有效的抱怨处理系统消除了顾客的不满情绪并将其转化为忠诚顾客。顾客忠诚作为最终变量意味着顾客持续的购买、较低的价格敏感度、较少的促销费用。

(二) 美国顾客满意度指数 (ACSI) 测评模型

美国顾客满意度指数测评模型 (American Customer Satisfaction Index, ACSI) 是 1994 年由美国国家质量研究中心和美国质量协会共同发起的,是在瑞典顾客满意度晴雨表 (SCSB) 的基础上修正改造而成的。同时,从 1994 年开始,这一满意度测评模型被用于进行政府部门和公共服务机构的满意度评价。ACSI 模型是目前为止使用最为广泛、评价普遍较好的满意度指数模型,许多国家和地区的满意度测评模型都以其作为模版,结合实际情况进行修改,从而建立起适应自身需求的模型。ACSI 模型由国家整体满意度指数、部门满意度指数、行业满意度指数和企业满意度指数四个层面组成,是用来测评指数的一个方程组,它的改进之处主要是将潜在性变量——感知质量从感知价值中分离出来,将顾客满意度的决定因素拓展为五个变量,即顾客期望、感知质量、感知价值、顾客抱怨、顾客忠诚。其中,顾客期望有三个观测性变量,即对质量的总体期望、对产品满足顾客个性化需求的期望、对产品可靠性的期望。感知质量通过整体质量、产品满足顾客个性化需求的程度、产品可靠性的评价来度量,模型中的感知价值同 SCSB 模型的测量角度相同,即给定价格下的质量和给定质量下的价格;顾客抱怨指顾客正式或非正式的抱怨行为;顾客忠诚的观测变量包括两项,即重复购买的意愿和价格容忍度。在 ACSI 模型中,顾客期望、感知质量、感知价值同顾客满意度联结起来,顾客满意度与顾客抱怨、顾客忠诚这一结果又联系起来,其中感知质量与感知价值、顾客期望与感知价值、顾客期望与感知质量、感知质量与顾客满意度、感知价值与顾客满意度、顾客期望与顾客满意度、顾客满意度与顾客忠诚度之间呈正相关关系;顾客满意度与顾客抱怨二者之间为负相关关系;顾客抱怨同顾客忠诚之间呈负相关关系。

(三) 欧洲顾客满意度指数 (ECSI) 测评模型

欧洲顾客满意度指数测评模型 (European Customer Satisfaction Index, ECSI) 是在美国 ACSI 模型基础上进行借鉴改进的,保留了其基本框架和核心概念。主要包括四方面变化:一是增加了以潜在变量——企业形象作为结构变量,这一变量对顾客忠诚具有影响;二是去掉了顾客抱怨这一结构变量;三是将感知质量划分为感知硬件质量和感知软件质量,对于有形产品而言,感知硬件质量是产品本身的质量,感知软件质量为产品的服务质量,对于服务类产品而言,感知软件质量是服务过程中工作人员的态度、服务的环境等;四是将顾客忠诚的显性变量拓展为顾客推荐该公司或该品牌的可能性、顾客保持的可能性、顾客重复购买时是否会增加购买量。ECSI 测评模型针对不同企业和行业所具有的特点设定了一般测评和特殊测评两套体系，一般测评意在计算全国性意义上的顾客满意度，采用全国统一的调查问卷，从而为宏观经济运行和行业水平对比提供相应的基准水平；特殊测评根据不同企业、行业的特点，以特殊性的问题取代全国性的一般性问题，开展更为深入、针对性更强的调查。

（四）中国清华大学顾客满意度指数模型（CCSI）

20世纪90年代，顾客满意度测评开始在我国发展。1998年，清华大学经济管理学院组织建立了我国第一个全国性的顾客满意度指数模型（China Customer Satisfaction Index，CCSI）。CCSI模型以ACSI模型为基础，同时借鉴了ECSI增加的结构性变量——企业形象，将"形象"这一变量设为外生变量，创建了包含感知质量、预期质量、形象、感知价值、顾客满意度、顾客抱怨、顾客忠诚7个变量在内的满意度测评模型。结构变量"形象"以品牌的市场流行程度、品牌产品的特征显著度、产品使用者的特征显著度和顾客对公司的信任程度作为观测变量。

第二节　基本公共服务均等化公众满意度调查的意义和原则

一、基本公共服务均等化公众满意度调查的意义

"自20世纪80年代以来，在全球化、信息化、民主化等浪潮的冲击下，原有的以官僚制为基础的政府管理模式越来越表现出其不适应的一面，一场全球性的行政改革浪潮兴起。"[1] 当前，我国正面临着新的发展局势，经济飞速发展，人民的生活水平不断提高，公众对物质与精神文化生活的要求也逐年提升，行政体制及政府改革也随之不断推进和深化，提出建设服务型政府的改革目标。其首次出现于温家宝同志于2004年在《提高认识、统一思想，牢固树立和认真落实科学发展观》的讲话中。

国内理论界针对"服务型政府"的内涵进行了不同的阐释。张康之在《限制政府规模的理念》一文中把"服务型"作为与"统治型""管理型"相对的一

---

[1] 井敏：《构建服务型政府：理论与实践》，北京大学出版社2006年版，第1页。

种行政模式;刘厚金在《我国政府转型中的公共服务》一文中对"服务型政府"进行了更加准确、丰富的定义,即它是"以科学发展观为指导思想,兼顾经济和社会的全面发展,准确定位政府的角色,认真履行政府的公共服务职能的政府新模式。"① 而刘熙瑞则认为"服务型政府""是在公民本位、社会本位理念指导下,在整个社会民主秩序的框架下,通过法定程序,按照公民意志组建起来的以为公民服务为宗旨并承担着服务责任的政府。"② 中国(海南)改革发展研究院指出建设"服务型政府"应具备三个条件:无私、最小化和主权在民。③ 除此之外,姜明安、谢庆奎、迟福林分别从服务型政府的要求、紧迫性和其角色转变的角度进行了阐述。除理论界之外,我国近年来的政府工作报告也开始注重政府改革的必要性,多次提出政府在履行其职能时应更加注重公共服务能力的实现,逐步完善我国的公共服务体系,提高政府提供公共服务的能力,让人民群众能够真正享受到国家改革的红利,实现人民生活水平的提高,从而提高群众对政府的满意度。由此看来,完善公共服务体系建设、提升基本公共服务均等化建设的公众满意度已是政府工作的重点。

第一,基本公共服务均等化公众满意度调查是构建服务型政府的重要途径。在逐步建设服务型政府的过程之中,政府工作的重中之重就是要更好地了解公众的需求、提升公众的满意度。在这个工作标准的要求和约束下,一方面,政府官员应当走进群众,深入到百姓的生活之中,了解百姓的真实需求;另一方面,政府应逐步完善基础设施建设,拓宽公众参与政治、表达情感需求的渠道,同时参照公众的需求进行基本公共服务供给。服务型政府的实现程度成为衡量一个国家或地区发展水平和政府绩效的重要尺度,公共服务的涵盖面极其广泛,涉及社会普遍关注的生存和发展等问题。同时,随着社会经济水平的不断提高,公众的需求也在不断变化,进行基本公共服务的群众满意度调查有利于建设服务型政府、提高政府服务水平。面对风云变幻的社会形势,作为公共服务的主要提供者,政府能否切实掌握公共服务受用者的实际需求,提高公众对于政府公共服务供给的满意度,决定着我国政府公共服务供给效力的高低。公众需求是评价公共服务效能高低的逻辑起点,公众生存和发展条件的满足也是政府提供公共服务的主要出发点和落脚点。为了更好地实现公共利益,政府应及时更新管理理念,改变以政府为导向的、自上而下的供给方式,时刻将公众的需求放在首位。

---

① 刘厚金:《我国政府转型中的公共服务》,中央编译出版社2008年版,第8页。
② 刘熙瑞:《服务型政府——经济全球化背景下中国政府改革的目标选择》,载于《中国行政管理》2002年第7期。
③ 中国(海南)改革发展研究院:《建设公共服务型政府》,中国经济出版社2004年版,第18~19页。

第二，基本公共服务均等化公众满意度调查有助于提升政府的基本公共服务供给能力。"公共服务供给能力"不仅仅指政府所具有的能够为公民提供公共服务的能力，同时也应包含政府为公民提供公共服务的有效性。从根本上讲，政府公共服务供给能力的高低直接关系到公共服务体系建设的好坏。世界银行1997年的年度报告《变革世界中的政府》指出："政府的作用再度成为人们讨论的焦点，无论是发达国家还是发展中国家的政府，都对政府能力提出了新的要求。这种能力就是指有效地采取并促进集体性行动的能力。而从产出来看，政府能力就是政府提供公共产品和公共服务的能力。"[1] 政府能否实现其"服务型"特性的关键在于，它是否向公众提供了满足其生存和发展的公共服务。但是，只要提供了公共服务的政府就都是"服务型政府"吗？答案显然是否定的。在现实生活中，政府在客观上存在着自己的利益需求，即政府的自利性，而政府利益的实现常常凌驾于公共利益之上，政府在向社会提供公共服务的过程中，往往最先考虑的是自身利益的实现。公共选择理论学派对政府的这种行为做了十分精辟的分析。该学派认为个人在参与政治活动时的表现与参与经济活动一样，都是以"成本—收益"为依据，极力追求个人利益的最大化。与社会的普通成员不同，政府官员所追求的利益更为复杂和多元，而职位的升迁毫无疑问是其追逐的最重要的目标之一。在我国现实的政治生活中，官员职位的晋升仍然以上级组织的认同和授权为主要方式。这种方式有其存在的合理性，但它也会在无形之中导致政府职员为了求得上级领导或组织的满意，实现自己的政治利益，而利用基本公共资源大办"政绩工程""形象工程"等。这种情况下产生的基本公共服务经常脱离群众的实际需求相差甚远，造成公共服务低水平供给等深层次的矛盾。进行基本公共服务均等化公众满意度调查可以让政府更好地了解到公众使用公共服务后的感受，把握基本公共服务的公众满意度，从而适时地对基本公共服务体系进行调整，使其满足公众需求，提升公共服务的供给效率，最终提升政府的基本公共服务供给能力。

第三，基本公共服务均等化公众满意度调查有助于促进政府履行公共服务责任。"政府公共服务责任"是指政府能够针对社会民众的需求及时、准确地做出回应，并采取一定的有效措施，实现公众的利益和实际需求。只有具备"公共服务责任"的政府才能真正化解社会危机，为百姓提供优质的生活条件，提高群众对政府的满意程度，促使他们以更加积极、乐观的心态配合政府的治理。因此，"政府部门首先要改变观念，树立为人民服务的意识，坚持以人为本，确立责任

---

[1] Ajay Chhibber：《变革世界中的政府》，载于《国际货币基金组织和世界银行季刊》1997年第3期。

意识，以提高服务质量为己任，以公众是否满意为最高标准，以对民众忠诚负责为使命，在具体公务活动必须要做到关注民生、尊重民意、保障民权。"① 随着国家实力日渐强盛，经济水平逐步提高，公众对公共服务的需求日益多样化，在这种情况下，党和政府面临着如何满足公民多样化公共服务需求的新难题。目前，我国已初步建设了基本公共服务体系，而在新的历史时期，社会和民众提出了更高的要求，不仅需要政府加强其公共服务职能建设，更要注重时刻履行政府的公共服务职责。政府要从"官本位""政府本位"向着"公民本位"与"社会本位"进行转型，履行好自身的公共服务责任，调整公共服务供给结构，提高供给公共服务的质量，提升基本公共服务的公众满意度，这也是建设服务型政府的本质要求。

二、基本公共服务均等化公众满意度指标体系构建和调查问卷设计的原则

基本公共服务均等化公众满意度测量是否客观、准确，很大程度上取决于指标体系构建的科学性和调查问卷设计的合理性。构建满意度指标体系、设计调查问卷时应当坚持以人为本、公众导向、受益均等的价值性原则；也应把握系统性、代表性、可操作性、合理性等科学性原则。此外，在问卷设计时还应以客观、层次合理等原则为指导。

（一）价值性原则

价值性原则是构建基本公共服务均等化公众满意度指标体系和调查问卷设计的基础性原则，是为了保证指标体系的构建和调查问卷的设计符合社会公平正义、符合基本公共服务体系构建根本目的的基本原则。在我国社会经济快速发展，"服务型政府""责任政府"等目标设立的背景下，基本公共服务均等化公众满意度指标体系和调查问卷设计应当坚持以人为本、需求导向、收益均等的价值性原则。

第一，以人为本原则。"以人为本"原则同基本公共服务均等化公众满意度具有互为要求、相互依赖的逻辑。一方面，构建"服务型政府"、提高基本公共服务均等化公众满意度要求政府在构建基本公共服务体系、进行公共产品供给过程中坚持"以人为本"的原则；另一方面，提高基本公共服务均等化的公众满意度又是服务型政府"以人为本"理念的内在要求。"必须在以最广大

---

① 宋增伟：《服务型政府建设的理论与实践》，中国经济出版社2011年版，第94页。

人民根本利益为出发点的前提下,以解决人民群众最关心、最直接、最现实的利益问题为着重点,注重促进个体利益的增长和共享,建立健全基本公共服务体系,推进基本公共服务均等化。"① 随着社会经济的发展,公众对国家、社会事务的参与热情和参与程度不断提升,这要求政府应比以往更为关心公众本身,坚持贯彻"以人为本"的理念,将公众各项发展需求的解决程度、解决效率作为各部门绩效评估的标准,从而提升政府的合法性。因此,在构建基本公共服务均等化公众满意度指标体系和调查问卷时,应当坚持"以人为本"这一根本性原则。

第二,公众导向原则。基本公共服务体系的建立是以国家的经济社会发展水平为基础的,其构建的目的是为了保护公民基本的生存权和发展权,为公民的全面发展提供其所需的基本社会条件。公众不仅仅是基本公共服务的使用者,同时也是基本公共服务过程的参与者、评价者和监督者,以政府为主体、"供给导向"为主要方向,进行自上而下的基本公共服务供给,会造成基本公共服务政府供给与公众实际需求的脱节,从而造成基本公共服务供给效率的低下。公众有意愿并且具有表达自己实际需求的能力,实现基本公共产品、公共服务生产和供给效率的提升,应在制度设计和实际供给中坚持以公众需求为导向。由公共服务的实际使用者的需求来确定指标体系和调查问卷设计是最符合测评目的的。"只有正确的导向才能保证城市公共服务的市民利益为本的原则,偏离这个导向的任何'有为',不管方法如何,只能是资源的更大浪费。"② 因此,在构建基本公共服务均等化公众满意度指标体系和调查问卷设计时,着重强调基本公共服务供给是否满足了公众的实际需求,公众对于政府在这一方面进行的各项制度建设是否满意。

第三,受益均等原则。追求社会公平,促进改革发展成果全民共享是基本公共服务体系构建的目标之一;同时,基本公共服务均等化的发展、基本公共服务均等化公众满意度也是衡量国家制度的公平性和合理性的标准。"基本公共服务均等化凸显公平和正义的价值追求,其实质在于缩小不同区域和群体之间在基本公共服务方面的差异,从而促进社会公平。"③ 以促进基本公共服务均等化为目的的基本公共服务体系的建立要求在全国范围内公众具有享有基本公共服务相同的机会及统一的相关制度,能够享有大体相同的公共服务水平,这包括服务设

---

① 张贤明、邵薪运:《共享与正义:论有尊严地共享改革发展成果》,载于《吉林大学社会科学学报》2011年第1期。
② 金南顺:《城市公共服务理论与实践》,中国社会科学出版社2009年版,第34页。
③ 周明海:《浅析基本公共服务均等化内蕴的价值取向——基于社会建设视角的考察》,载于《湖北社会科学》2008年第1期。

施、服务人员、服务质量、人均财政投入等。同时，还要求全国各省份、东中西不同区域间、城乡之间的基本公共服务受益的程度与水平大致均衡。在构建基本公共服务均等化公众满意度指标体系和调查问卷设计时，要充分考虑受益均等原则。

（二）科学性原则

如前文所言，科学性原则是为保证基本公共服务均等化评价指标体系能够如实反映基本公共服务均等化客观情况所应遵守的原则。

第一，系统性原则。基本公共服务均等化公众满意度的测量是对政府基本公共服务供给各项内容的整体把握，其指标体系及调查问卷应是一个充分反映政府当前基本公共服务体系相关政策、制度的完整设计。因此，在构建基本公共服务均等化公众满意度指标体系和调查问卷设计时应保证其系统性和完整性，一方面能反映基本公共服务体系的各项基本性内容，另一方面能反映全国各地区的基本公共服务满意度情况。同时，还应保证各项测量指标和问卷调查题目设计的独立性，在保证获取足够的公众满意度信息与特点的基础上，注意避免指标的重复性和交叉性，保证各项指标的不可替代性。

第二，代表性原则。"政府基本公共服务是其他公共服务和非公共服务的基础，基本公共服务之外的服务范畴是在基本公共服务的基础上进行必要的发展和补充。"[1] 作为基础性的政府基本公共服务，在进行公众满意度指标体系构建和调查问卷设计时，不仅应该考虑它的系统性、完整性，而且应该注意其各项内容的代表性。一方面，应该对目前基本公共服务七项领域内被公众更为关心的教育、医疗、环境、就业、社会保障等问题予以重点关注，也应对这些领域中的具有代表性的内容进行重点关注和把握。另一方面，还应考虑到社会公众的代表性。政府基本公共服务的服务对象涉及不同类型、不同领域、不同地区的公众，而这些公众所享有的基本公共服务在程度和范围上是有差异的，由于其需求和期望不同，也会造成自身基本公共服务满意度的不同。因此，在构建基本公共服务均等化公众满意度指标体系和调查问卷设计时还应考虑到社会公众的不同特点，注重其代表性，从而提高指标体系和问卷调查的有效性。

第三，可操作性原则。基本公共服务均等化公众满意度调查指标体系及问卷调查来源于实际生活，是对公众主观层面关于政府公共服务供给内容、方式等的满意度调查。因此，在构建指标体系和调查问卷时，应以基本公共服务均等化测

---

[1] 黄恒学、张勇：《基本公共服务标准化研究》，人民出版社2011年版，第26页。

量指标体系为参考，保证具有可操作性，能够被真正实施和执行。另外，还应考虑到不同省份关于基本公共服务供给内容的不同，在指标设计和调查问卷设计时尽量不涉及特殊地区、特殊省份的独特性内容，做到指标体系和调查问卷的内容、时间、适用范围统一，从而保证全国层面、地区层面与城乡层面的满意度可比性。

第四，合理性原则。公众期望的公共服务质量应该有一个合理的限度，超出了政府的能力是无法实现的。[①] 当前，公众对于公共服务的需求质量、种类和方式不断增长，然而，一定时期内，政府的公共服务供给能力的提升是相对有限的，政府并不能满足公众所有的基本公共服务需求，超过政府实际能力的公共服务需求会对政府的财政等造成一定压力。因此，在构建基本公共服务均等化公众满意度调查指标体系及调查问卷设计时应当在公众需求和政府能力之间找到相对契合点，对于当前政府没有条件或者没有能力提供的内容暂时不进行测评，防止公众对政府的公共服务供给产生不合理的期望，保证指标体系和问卷设计符合当前的实际情况。

除此之外，在以基本公共服务均等化公众满意度指标体系为基础进行问卷调查时应当坚持以下几点原则。

第一，客观性原则。基本公共服务均等化的公众满意度是公众对于政府基本公共服务内容、方式等的主观性感受，既受到自身预期的影响，也受到周围其他个体感受、语言等的影响。因此，在进行问卷设计时避免引导性题目，具体调研时也应保证调研员语气的科学性，排除干扰因素，保证问卷的设计及调研过程的客观性，以实际的公众感受为基础，从而得出客观的结论，以免因为题目的设计以及调研员的语气对公众的实际满意度造成影响。

第二，层次合理性原则。在进行问卷设计时，应保证问卷所涉及的内容、题目在实际顺序安排上具有逻辑性，符合正常的大众思维习惯。应将被调查者普遍不想回答的隐私性问题，如收入、户口所在地、职业等等放在问卷的结尾。对于问卷中关于基本公共服务七大领域公众满意度的问题设计尽量做到先具体后抽象、先易后难，从而避免被调查者中途结束调查，保证调查的完整性。

除此之外，还应考虑到题目数量的合理性，避免题目冗长、题目的数量过多造成被调查者中断问卷调查，影响调查的整体效果。

---

① 黄恒学、张勇：《基本公共服务标准化研究》，人民出版社 2011 年版，第 65 页。

第三节　基本公共服务均等化公众满意度调查指标体系构建及调查问卷设计的依据

一、基本公共服务均等化公众满意度调查指标体系构建及调查问卷设计的政策依据

本书构建的基本公共服务均等化公众满意度调查指标构建体系及调查问卷设计在政策上以国务院出台的《国家基本公共服务体系"十二五"规划》为主，同时参考各地的基本公共服务体系"十二五"规划。随着我国经济发展总量和规模的不断扩大，我国全面建成小康社会也进入了关键时期，推进基本公共服务均等化，构建并完善基本公共服务体系，已成为今后政府工作的重点与难点。加强基本公共服务体系建设、提升政府的公共服务供给能力、促进改革发展成果共享是加强"服务型政府"建设，提升基本公共服务公众满意度的重要措施。2011年，第十一届全国人民代表大会第四次会议通过的《中华人民共和国国民经济和社会发展第十二个五年规划纲要》首次明确了我国基本公共服务体系建设的内容和重点领域，根据这一纲要制定的《国家基本公共服务体系"十二五"规划》详细规划了包括公共教育、就业服务、社会保障、医疗卫生、住房保障、公共文化、基础设施和环境保护在内九大领域的具体内容和实施的途径、地区与方式方法，是政府履行基本公共服务职责的重要依据。[①] 各省份也根据中央发布的这一规划制定了符合本省的基本公共服务体系发展规划，如《山东省基本公共服务体系建设行动计划（2013~2015）》《广东省基本公共服务均等化规划纲要（2009~2020年）》《上海市基本公共服务体系暨2013~2015年建设规划》《辽宁省基本公共服务体系发展规划（2013~2015年）》《江西省基本公共服务体系"十二五"规划》《浙江省基本公共服务体系"十二五"规划》《吉林省基本公共服务体系"十二五"规划》《海南省基本公共服务均等化重点民生项目发展规划（2011~2015年）》。本书构建的基本公共服务均等化公众满意度调查指标构建体系及调查问卷主要为其中同公众联系最为直接、最为密切的七大领域，即基本公共教育、基本医疗卫生、基本就业服务、基本社会保障、基本公共文化、基本公

[①] 《国家基本公共服务体系"十二五"规划》，中国政府网，http://www.gov.cn/zwgk/2012-07/20/content_2187242.htm。

共环境、基本公共安全。

二、基本公共服务均等化公众满意度调查指标体系构建及调查问卷设计的学理依据

基本公共服务均等化公众满意度调查指标构建体系及调查一直是近些年各国相关组织、机构的重点关注领域，已有很多国家和地区建立了相关的测评模型与指标体系，这些测评指标体系为本书基本公共服务均等化公众满意度调查指标构建体系及调查问卷的设计提供了重要的基础。如瑞典的顾客满意度晴雨表指数测评模型（SCSB）、韩国的 KCSI 测评模型、德国的 DK 测评模型、美国的顾客满意度指数测评模型（ACSI）、欧洲的顾客满意度指数测评模型（ECSI），其中以瑞典的 SCSB 测评模型、欧洲的 ECSI 测评模型、美国的 ACSI 测评模型、清华大学的顾客满意度指数 CCSI 为主，前文已经对上述几个指标测评模型做了详细的介绍。下面将对《中国城市政府公共服务能力评估报告（2012~2013）》的满意度指标体系和朱国玮、郑培关于政府宏观角度的公众满意度测评指标体系进行简要介绍。

（一）《中国城市政府公共服务能力评估报告（2012~2013）》城市基本公共服务满意度评价指标体系

"城市基本公共服务满意度以广大城市居民的主观感受和心理状态呈现出来，是公共服务需求被满足后的愉悦感和满意感。群众满意不满意、高兴不高兴、答不答应是衡量政府工作好坏的唯一标准。"[①] 中国社会科学院经济与社会建设研究室发布的《中国城市政府公共服务能力评估报告（2012~2013）》蓝皮书中，构建的公共服务满意度评价指标体系共包含公共交通、公共安全、公共住房、基础教育、社保就业、医疗卫生、城市环境、文化体育、公职服务九大类，共 47 个二级指标，56 个三级指标。

（二）朱国玮、郑培的"政府宏观角度的公众满意度测评指标体系"

朱国玮、郑培的政府宏观角度的公众满意度测评指标体系（见表 4-1）将政府当作一个整体性的系统，在指标体系的第二层设立了政府形象满意度、政府

---

① 钟君、吴正旲：《中国城市政府公共服务能力评估报告（2012~2013）》，社会科学文献出版社 2013 年版，第 9~10 页。

发展满意度、社会发展满意度、居民个人生活状况满意度四个指标,将第二层次指标扩展细化为第三层次可被调查的具体性指标。

表4-1　　政府宏观角度的公众满意度测评指标体系

第一层次	第二层次	第三层次
政府部门的公众满意度	政府形象满意度	政府政策制定的满意度:政府政策的制定应体现广大社会公众的利益; 政府政策的执行的满意度; 政府公务人员的行政效率:是否忠实履行职责; 政府官员是否清正廉洁; 政府公务人员考核、省钱的透明程度
	经济发展满意度	地区年GDP增长率:主要反映地区经济发展是否达到了公众满意的理想预期; 区域经济秩序和竞争程度:主要反映公众、组织对影响经济发展的市场经济秩序和竞争环境是否满意; 地区综合竞争力:主要反映公众对本区域与其他相关区域在区域竞争中所处的地位的满意程度; 城镇居民失业率和再就业率:反映公众对地区目前就业形势总体的评价; 产业结构发展满意度:从公众角度评价区域产业结构是否合理
	社会发展满意度	社会治安状况满意度:反映公众对社会治安的评价; 社会医疗、养老等社会保障的满意程度:评价公众对关乎自己生存的社会保障的满意程度; 社会公平满意度:反映个人对自己在社会中所处地位的评价; 生态环境保护的满意度:评价公众对自然生态环境及其保护力度的满意度; 对教育等公用事业的满意度:评价公众对社会总体公用事业和公共福利提供的满意程度
	居民个人生活状况满意度	个人经济状况满意度:反映居民对个人收入的评价; 个人职业满意度:反映公众对自己职业的现状和未来发展的满意程度; 个人居住条件满意度; 个人生活基本支出占总收入比重满意度; 个人发展预期满意度

资料来源:朱国玮、郑培:《服务型政府公众满意度测评理论与实践》,科学出版社2010年版,第53~54页。

第四节　基本公共服务均等化公众满意度指标测量体系和调查问卷设计的内容及执行情况说明

　　基本公共服务均等化公众满意度调查指标体系是一个具有多项指标的结构，运用层次化指标结构能够更加清晰地表达本书构建的满意度调查指标的相关内容。本书的基本公共服务均等化公众满意度以基本公共教育、基本医疗卫生、基本就业服务、基本社会保障、基本公共文化、基本公共环境、基本公共安全七大基本公共服务领域作为满意度调查的一级指标，以此为基础，细化形成二级指标和三级指标。按照指标体系的内容和前文所阐述的相关原则、依据设计了基本公共服务均等化公众满意度调查问卷，在具体问卷调查时，考虑到问题的敏感度以及调查者对问题了解程度的不同，对问卷的题目顺序设计进行了调整，见附录二。

一、基本公共服务均等化公众满意度指标测量体系和调查问卷设计的内容

（一）基本公共教育服务公众满意度调查指标体系构建及调查问卷设计

　　教育是促进公民全面发展的根本性措施，是提升国家软实力的重要手段，基本公共教育是教育的基础性阶段，是每个公民都应享有的权利。我国一直以来都非常重视基本公共教育的发展，为了保障公民的基本公共教育权利，国家制定了多项相关法律和规定。如《中华人民共和国宪法》第十九条规定"国家举办各种学校，普及初等义务教育"[1]，第四十六条规定"中华人民共和国公民有受教育的权利和义务"[2]。此外，还有《中华人民共和国教育法》《中华人民共和国义务教育法》等法律。2010年，国家出台了《国家中长期教育改革和发展规划纲要（2010~2020年）》（以下简称《纲要》），明确提出"建成覆盖城乡的基本公

---

[1]　《中华人民共和国宪法》，人民出版社2014年版，第16页。
[2]　《中华人民共和国宪法》，人民出版社2014年版，第25页。

共教育服务体系,逐步实现基本公共教育服务均等化,缩小区域差距。"[①] 根据《纲要》中关于基本公共教育的范围设定,结合《国家基本公共服务体系"十二五"规划》中规划的基本公共教育的具体内容,同时考虑到当前公众对于学前教育的重视情况,构建了基本公共教育服务公众满意度调查指标体系(见表4-2)。我们把基本公共教育公众满意度调查指标的二级指标设为幼儿园教育和中小学教育两个指标。幼儿园教育二级指标下共设立四项三级指标:①送孩子入托是否需要找关系或交赞助费;②幼儿园收费满意度;③幼儿园娱乐设施的满意度;④校车服务的满意度。中小学教育指标下共设立六项三级指标:①孩子入学是否需要找关系或交赞助费;②教师教学水平的满意度;③小学、初中教育阶段学校乱收费现象;④小学、初中教室桌椅等硬件设施的满意度;⑤小学、初中多媒体教学设施的满意度;⑥校车服务的满意度。

表4-2　基本公共教育服务公众均等化满意度调查指标体系

一级指标	二级指标	三级指标
基本公共教育	幼儿园教育	送孩子入托是否需要找关系或交赞助费
		幼儿园收费满意度
		幼儿园娱乐设施的满意度
		校车服务的满意度
	中小学教育	孩子入学是否需要找关系或交赞助费
		教师教学水平的满意度
		小学、初中教育阶段学校乱收费现象
		小学、初中教室桌椅等硬件设施的满意度
		校车服务的满意度

资料来源:根据笔者调查研究整理。

根据上面构建的基本公共教育服务均等化公众满意度调查指标体系,以前文所阐述的各项原则为标准,基本公共教育服务均等化公众满意度的问卷题目设计如下:

(1)您居住地孩子入托是否需要找关系或交赞助费?
　　□ 完全不需要　　　　　　　　　□ 偶尔需要
　　□ 多数需要　　　　　　　　　　□ 全部需要

[①]《国家中长期教育改革和发展规划(2010~2020年)》,中华人民共和国教育部网站,http://www.moe.edu.cn/srcsite/A01/s7048/201007/t20100729_171904.html.

(2) 您认为居住地幼儿园收费如何？
- □ 收费标准太高
- □ 收费标准比较高
- □ 收费标准可以接受

(3) 您对居住地附近的幼儿园的娱乐设施满意吗？
- □ 非常不满意
- □ 不太满意
- □ 一般
- □ 比较满意
- □ 非常满意

(4) 您对居住地附近的幼儿园校车服务满意吗？
- □ 非常不满意
- □ 不太满意
- □ 一般
- □ 比较满意
- □ 非常满意

(5) 您居住地附近的孩子上小学或初中是否需要找关系或交赞助费？
- □ 完全不需要
- □ 偶尔需要
- □ 多数需要
- □ 全部需要

(6) 您对居住地附近的小学、初中教师的教学水平满意吗？
- □ 非常不满意
- □ 不太满意
- □ 一般
- □ 比较满意
- □ 非常满意

(7) 您居住地附近的小学、初中是否有乱收费现象？
- □ 基本都有
- □ 大部分学校有
- □ 有些学校有
- □ 基本没有

(8) 您对居住地附近的小学、初中教室桌椅等设施满意吗？
- □ 非常不满意
- □ 不太满意
- □ 一般
- □ 比较满意
- □ 非常满意

(9) 您对居住地附近小学、初中的校车服务满意吗？
- □ 非常不满意
- □ 不太满意
- □ 一般
- □ 比较满意
- □ 非常满意

（二）基本医疗卫生服务均等化公众满意度调查指标体系构建及调查问卷设计

健康是人类最基本的权利之一，它是人类延续、经济发展、社会进步的保障，基本医疗卫生直接关系百姓身体康健。因此各国政府都致力于提高基本医疗卫生水平，从而提高国民的健康水平。政府财政能力的有限性决定了政府不可能无休止地提供所有类型的医疗卫生服务，为了保障公民的基本公共健康权利，国家制定了多项相关法律和规定。如《中华人民共和国宪法》，为我国医疗卫生服务提供了最根本的法律保障。国家还设立了一系列卫生法律，包括《中华人民共和国传染病防治法》《中华人民共和国执业医师法》《中华人民共和国职业病防治法》等以及《医疗机构管理条例细则》《外国医师来华短期行医暂行管理办法》《关于城镇医药卫生体制改革的指导意见》等相关卫生行政规章。我们把基本医疗卫生均等化公众满意度调查指标的二级指标设为基本公共卫生服务和医院服务两个指标。基本公共卫生服务二级指标下设立一项三级指标，即基本公共卫生服务的满意度。医院服务指标下共设立五项三级指标：①到诊服务的满意度；②就诊时长的满意度；③看病方便程度的满意度；④医生服务态度的满意度；⑤医疗费用收费合理性的满意度（见表4-3）。

表4-3 基本公共医疗卫生服务均等化公众满意度调查指标体系

一级指标	二级指标	三级指标
基本医疗卫生	基本公共卫生服务	基本公共卫生服务的满意度
	医院服务	导诊服务的满意度
		就诊时长的满意度
		看病方便程度的满意度
		医生服务态度的满意度
		医疗费用收费合理性的满意度

资料来源：根据笔者调查研究整理。

根据上面构建的基本医疗卫生服务均等化公众满意度调查指标体系，以前文所阐述的各项原则为标准，基本医疗卫生服务均等化公众满意度的问卷题目设计如下：

（1）您对政府提供的疫苗接种等传染病防治的基本公共卫生服务满意吗？
  □ 非常不满意   □ 不太满意
  □ 一般   □ 比较满意
  □ 非常满意

（2）您对居住地附近的医院导诊服务满意吗？
  □ 非常不满意   □ 不太满意
  □ 一般   □ 比较满意
  □ 非常满意

（3）您自己或家人最近一次在本地医院看病，从挂号到就诊需等待多长时间？
- □ 不用等待
- □ 1～15 分钟
- □ 15～30 分钟
- □ 30 分钟以上

（4）您对上述等待时长是否满意？
- □ 非常不满意
- □ 不太满意
- □ 一般
- □ 比较满意
- □ 非常满意

（5）您的住处距离最近的公立医院乘车需要多久？
- □ 1～2 小时
- □ 30 分钟～1 小时
- □ 15～30 分钟
- □ 15 分钟以内
- □ 不需要乘车

（6）您从住处去最近公立医院看病是否方便？
- □ 非常不方便
- □ 不太方便
- □ 一般
- □ 比较方便
- □ 非常方便

（7）您对居住地医院医生的服务态度满意吗？
- □ 非常不满意
- □ 不太满意
- □ 一般
- □ 比较满意
- □ 非常满意

（8）您认为自己或家人看病时，是否有不必要的检查或不合理的医疗费用产生？
- □ 有，非常严重
- □ 有，比较严重
- □ 有，但可以接受
- □ 没有

（三）基本就业服务均等化公众满意度调查指标体系构建及调查问卷设计

就业服务是政府的一项基本公共服务，它是政府用来调控市场和促进就业的重要手段。首先，它是弥补市场的手段，即通过提供就业服务加强对人力资源分配，维护人力资源市场的公平，弥补市场的缺陷。其次，它能落实宏观调控，政府为城乡所有劳动者提供基本的与均等的就业服务，发挥公共服务与社会管理等职能，确保各项政策有效的贯彻落实。为了构建与百姓的就业需求更加吻合的就业服务体系，保障基本就业服务的实施，《中华人民共和国就业促进法》规定："县级以上人民政府建立健全公共就业服务体系，设立公共就业服务机构，为劳动者免费提供下列服务：就业政策法规咨询；职业供求信息、市场工资指导价位信息和职业培训信息发布；职业指导和职业介绍；对就业困难人员实施就业援助等。"[①] 我们把基本就业服务均等化公众满意度调查指标的二级指标设为享受服务经历和享受服务满意度两个指标（见表4-4）。享受服务经历二级指标下设立一项三级指标，即是否享受过相关服务。享受服务满意度指标也设立一项三级指标：对居住地就业服务的满意度。

表4-4　基本就业服务均等化公众满意度调查指标体系

一级指标	二级指标	三级指标
基本就业服务	享受服务经历	是否享受过相关服务
	享受服务满意度	对居住地就业服务的满意度

资料来源：根据笔者调查研究整理。

根据上面构建的基本就业服务均等化公众满意度调查指标体系，以前文所阐述的各项原则为标准，基本就业服务均等化公众满意度的问卷题目设计如下。

（1）您过去三年内是否有就业需求？
□　是　　　　　　　　　　　　　　□　否
（2）您是否享受过政府提供的就业咨询、职业技能培训等服务？
□　是　　　　　　　　　　　　　　□　否
（3）您是否享受过政府提供的劳动关系协调或劳动权益保护等服务？
□　是　　　　　　　　　　　　　　□　否
（4）您是否了解您居住地所在政府提供的自主创业服务（如创业咨询、培训，创业小额贷款）？
□　是　　　　　　　　　　　　　　□　否
（5）您对您居住地所在政府提供的就业服务是否满意？
□　非常不满意　　　　　　　　　　□　不太满意
□　一般　　　　　　　　　　　　　□　比较满意
□　非常满意

（四）基本社会保障服务均等化公众满意度调查指标体系构建及调查问卷设计

社会保障发展到今天，已经成为国家社会经济发展必不可少的制度，它是由

[①]《中华人民共和国就业促进法》，中国政府网，http://www.gov.cn/flfg/2007 - 08/31/content_732597.htm。

国家和社会依法建立的，具有普惠性与全民性的国民生活保障体系。政府基本社会保障是由政府财政提供的，具有法律强制性和普惠性的基本社会保障，主要包括社会救助、社会保险、社会福利、社会优抚等方面。政府基本社会保障服务对社会经济发展具有重要意义，是国家长治久安与社会和谐发展的重要保证。为了进一步促进基本社会保障服务的规范化、制度化，国家颁布了一系列规章条例：1994 年国务院发布了《农村五保户供养工作条例》，1997 年国务院颁布了《国务院关于在各地建立城镇居民最低生活保障制度的通知》，1999 年颁布了《城镇居民最低生活保障条例》，2003 年国务院颁布了《城市生活无着的流浪乞讨人员救助管理办法》等。我们把基本社会保障服务均等化公众满意度调查指标的二级指标设为基本养老保险、基本医疗保险和社会救助三个指标（见表 4-5）。基本养老保险二级指标下设立一项三级指标，即基本养老保险服务的满意度。基本医疗保险指标设立两项三级指标：①基本医疗保险服务覆盖范围的满意度；②基本医疗保险服务报销比例的满意度。社会救助指标设立两项三级指标：①最低生活保障服务的满意度；②对特殊人群进行资金外帮扶的满意度。

表 4-5　　基本社会保障服务均等化公众满意度调查指标体系

一级指标	二级指标	三级指标
基本社会保障	基本养老保险	基本养老保险服务的满意度
	基本医疗保险	基本医疗保险服务覆盖范围的满意度
		基本医疗保险服务报销比例的满意度
	社会救助	最低生活保障服务的满意度
		对特殊人群进行资金外帮扶的满意度

资料来源：根据笔者调查研究整理。

根据上面构建的基本社会保障服务均等化公众满意度调查指标体系，以前文所阐述的各项原则为标准，基本社会保障服务均等化公众满意度的问卷题目设计如下。

(1) 您是否享有国家基本养老保险？
□ 是　　　　　　　　　　　　□ 否
(2) 您享有的基本养老保险类型为：
□ 职工基本养老保险　　　　　□ 城镇居民社会养老保险
□ 新型农村社会养老保险
(3) 您对自身享有的基本养老保险制度是否满意？
□ 非常不满意　　　　　　　　□ 不太满意
□ 一般　　　　　　　　　　　□ 比较满意

☐ 非常满意

(4) 您是否享有基本医疗保险服务？
☐ 是 ☐ 否

(5) 您享有的基本医疗保险类型为：
☐ 职工基本医疗保险 ☐ 城镇居民基本医疗保险
☐ 新型农村合作医疗（新农合）

(6) 您是否了解自己享有的基本医疗保险所提供的服务（如疾病覆盖范围、报销比例等）？
☐ 完全不了解 ☐ 了解较少
☐ 一般 ☐ 比较了解
☐ 完全了解

(7) 您对自身所享有的基本医疗保险服务的疾病覆盖范围是否满意？
☐ 非常不满意 ☐ 不太满意
☐ 一般 ☐ 比较满意
☐ 非常满意

(8) 您对自身所享有的基本医疗保险服务的报销比例是否满意？
☐ 非常不满意 ☐ 不太满意
☐ 一般 ☐ 比较满意
☐ 非常满意

(9) 您是否享有政府提供的最低生活保障？
☐ 是 ☐ 否

(10) 您对居住地所在政府为弱势群体提供的最低生活保障是否满意？
☐ 非常不满意 ☐ 不太满意
☐ 一般 ☐ 比较满意
☐ 非常满意

(11) 您是否接受过政府对流浪人员、低收入群体进行的资金外帮扶服务？
☐ 是 ☐ 否

(12) 您对居住地所在政府对流浪人员、低收入群体进行资金外帮扶服务是否满意？
☐ 非常不满意 ☐ 不太满意
☐ 一般 ☐ 比较满意
☐ 非常满意

(五) 基本公共文化服务均等化公众满意度调查指标体系构建及调查问卷设计

基本公共文化服务是指政府及相关公共部门考虑到公民的生活娱乐需要，为不同团体、不同社会阶层提供的公共文化产品与服务。政府所提供的公共文化服务大多集中在有形的基础性公共文化服务领域，包括公共文化服务场所（图书馆、博物馆、书屋）、公共文化传播设施（广播、电视）、公共体育设施服务（体育场馆、健身器材）、公共体育教育服务等。我们把基本公共文化服务均等化公众满意度调查指标的二级指标设为方便性和免费性两个指标（见表4-6）。方便性二级指标下设立一项三级指标，即享有基本公共文化服务方便性满意度。免费性指标也设立一项三级指标：图书馆、农家书屋等基本公共文化服务的满意度。

表4-6 基本公共文化服务均等化公众满意度调查指标体系

一级指标	二级指标	三级指标
基本公共文化	方便性	享有基本公共文化服务方便性的满意度
	免费性	图书馆、农家书屋等基本公共文化服务的满意度

资料来源：根据笔者调查研究整理。

根据上面构建的基本公共文化服务均等化公众满意度调查指标体系，以前文所阐述的各项原则为标准，基本公共文化服务均等化公众满意度的问卷题目设计如下。

（1）您经常去图书馆吗？
- □ 几乎每天
- □ 每周1~2次
- □ 每月1~2次
- □ 几乎不去

（2）您的住所距离最近图书馆或农家书屋等公共文化设施乘车需要多长时间？
- □ 1~2小时
- □ 30分钟~1小时
- □ 15~30分钟
- □ 15分钟以内
- □ 不需要乘车

（3）您从住所到最近的图书馆或农家书屋等公共文化设施是否方便？
- □ 非常不方便
- □ 不太方便
- □ 一般
- □ 比较方便
- □ 非常方便

(4) 您认为居住地所在政府提供的图书馆、农家书屋或流动电影放映车等公共文化设施是否能满足您的日常需求？

□ 完全能　　　　　　　　　　□ 还可以
□ 不能

（六）基本公共环境服务均等化公众满意度调查指标体系构建及调查问卷设计

我国总体上生态环境资源薄弱，人均环境资源极度匮乏，生态环境保护状况不容乐观。我国的生态环境现状对我国的环境保护工作提出了严峻挑战，也对我国公共环境服务提出了更高的要求。我国针对环境问题制定了一系列相关的法律法规，为政府提供基本公共环境服务提供了法律保障。《中华人民共和国宪法》作为国家的根本大法，对公共环境作出最高的原则性规定，如第二十六条规定"国家保护和改善生活环境和生态环境，防止污染和其他公害"[1]。除此之外，国家还颁布了一系列其他法律：《中华人民共和国环境保护法》《中华人民共和国环境影响评价法》及其解释、《中华人民共和国水污染防治法》及其解释、《中华人民共和国大气污染防治法》及其解释、《中华人民共和国环境噪声污染防治法》及其解释、《中华人民共和国固体废物污染环境防治法》及其解释、《中华人民共和国放射性污染防治法》《中华人民共和国清洁生产促进法》等。我们把基本公共环境服务均等化公众满意度调查指标的二级指标设为卫生和绿化两个指标（见表4-7）。卫生指标下设立两项三级指标：①街道卫生的满意度；②饮用水质量的满意度。绿化指标也设立两项三级指标：①城市绿化景观设施建设的满意度；②空气质量的满意度。

表4-7　基本公共环境服务均等化公众满意度调查指标体系

一级指标	二级指标	三级指标
基本公共环境	卫生	街道卫生的满意度
		饮用水质量的满意度
	绿化	城市绿化景观设施建设的满意度
		空气质量的满意度

资料来源：根据笔者调查研究整理。

根据上面构建的基本公共环境服务均等化公众满意度调查指标体系，以前文

---

[1] 《中华人民共和国宪法》，人民出版社2014年版，第18页。

所阐述的各项原则为标准，基本公共环境服务均等化公众满意度的问卷题目设计如下。

(1) 您对住所周边公共道路的卫生状况是否满意？
　□ 非常不满意　　　　　　　　□ 不太满意
　□ 一般　　　　　　　　　　　□ 比较满意
　□ 非常满意

(2) 您对居住地饮用水的质量是否满意？
　□ 非常不满意　　　　　　　　□ 不太满意
　□ 一般　　　　　　　　　　　□ 比较满意
　□ 非常满意

(3) 您对居住地绿化景观设施建设是否满意？
　□ 非常不满意　　　　　　　　□ 不太满意
　□ 一般　　　　　　　　　　　□ 比较满意
　□ 非常满意

(4) 您的居住地过去一年内是否出现过雾霾天气？
　□ 经常出现　　　　　　　　　□ 偶尔出现
　□ 从未出现

(5) 您对居住地空气的质量是否满意？
　□ 非常不满意　　　　　　　　□ 不太满意
　□ 一般　　　　　　　　　　　□ 比较满意
　□ 非常满意

(6) 您认为政府的环保宣传栏、宣传日等环境保护宣传措施对提升您的环境保护意识是否有帮助？
　□ 是，非常有帮助　　　　　　□ 是，但帮助不大
　□ 否　　　　　　　　　　　　□ 不在乎

(7) 您对居住所在地政府的环保宣传栏、宣传日等环境保护宣传活动是否满意？
　□ 非常不满意　　　　　　　　□ 不太满意
　□ 一般　　　　　　　　　　　□ 比较满意
　□ 非常满意

（七）基本公共安全服务均等化公众满意度调查指标体系构建及调查问卷设计

公共安全是社会和谐的重要组成部分，实施公共安全管理是国家的重要工作

和政府的主要职责。公共安全领域的政府主导性很强,主要包括社会治安、生产安全、食品安全、消防设备安全、防灾减灾、应急管理等领域。相关法律法规也较多,如在社会治安领域,有《关于提请全党重视解决青少年违法犯罪问题的报告》《关于加强社会治安的决定》《关于加强社会治安综合治理基层基础工作的意见》等。我们把基本公共安全服务均等化公众满意度调查指标的二级指标设为社会治安、交通安全、食品药品安全、信息安全和公共安全宣传五个指标(见表4-8)。在社会治安指标下设立一项三级指标,即社会治安的满意度。在交通安全指标下设立一项三级指标,即交通安全的满意度。在食品药品安全指标下设立两项三级指标:①食品安全状况的满意度;②药品安全状况的满意度。在信息安全指标也设立两项三级指标:①是否遇到过信息泄露情况;②是否担心自身信息泄露。在公共安全宣传指标下设立一个三级指标:对政府的公共安全宣传满意度。

表4-8　　基本公共安全服务均等化公众满意度调查指标体系

一级指标	二级指标	三级指标
基本公共安全	社会治安	社会治安的满意度
	交通安全	交通安全的满意度
	食品药品安全	食品安全状况的满意度
		药品安全状况的满意度
	信息安全	是否遇到过信息泄露情况
		信息安全的满意度
	公共安全宣传	对政府的公共安全宣传满意度

资料来源:根据笔者调查研究整理。

根据上面构建的基本公共安全服务均等化公众满意度调查指标体系,以前文所阐述的各项原则为标准,基本公共安全服务均等化公众满意度的问卷题目设计如下。

(1) 过去一年内,您或您的朋友是否遭遇或看见过打架斗殴的行为?
　　□ 经常　　　　　　　　　　　　□ 偶尔
　　□ 从来没有

(2) 过去一年内,您或您的朋友是否遭遇或看见过盗窃、抢劫行为?
　　□ 经常　　　　　　　　　　　　□ 偶尔
　　□ 从来没有

(3) 过去一年内,您或您的朋友是否遇到或看见过诈骗行为?
　　□ 经常　　　　　　　　　　　　□ 偶尔

☐ 从来没有

（4）您对居住地的社会治安状况是否满意？
　　☐ 非常不满意　　　　　　　☐ 不太满意
　　☐ 一般　　　　　　　　　　☐ 比较满意
　　☐ 非常满意

（5）您对居住地的道路交通安全状况是否满意？
　　☐ 非常不满意　　　　　　　☐ 不太满意
　　☐ 一般　　　　　　　　　　☐ 比较满意
　　☐ 非常满意

（6）您对经常食用的食品安全状况是否满意？
　　☐ 非常不满意　　　　　　　☐ 不太满意
　　☐ 一般　　　　　　　　　　☐ 比较满意
　　☐ 非常满意

（7）您对购买的药品的安全性是否满意？
　　☐ 非常不满意　　　　　　　☐ 不太满意
　　☐ 一般　　　　　　　　　　☐ 比较满意
　　☐ 非常满意

（8）您或您周围的人是否遇到过个人信息泄露的事件？
　　☐ 没有　　　　　　　　　　☐ 偶尔
　　☐ 经常

（9）您对您自身信息的安全性是否满意？
　　☐ 非常不满意　　　　　　　☐ 不太满意
　　☐ 一般　　　　　　　　　　☐ 比较满意
　　☐ 非常满意

（10）您认为社会治安、食品安全、个人信息安全等知识宣传对于提高您的安全意识是否有帮助？
　　☐ 是，非常有帮助　　　　　☐ 是，但帮助不大
　　☐ 否　　　　　　　　　　　☐ 不在乎

（11）您对政府在社会治安、食品安全和个人信息安全等方面的知识宣传活动是否满意？
　　☐ 非常不满意　　　　　　　☐ 不太满意
　　☐ 一般　　　　　　　　　　☐ 比较满意
　　☐ 非常满意

二、调查问卷具体执行情况

(一) 抽样方式

本调研采用分层 PPS 抽样,首先按抽样框中以市县为参照提供的电话号段的电话号码数由大到小排列,以抽取 2 400 人作为目标样本规模分别计算各市县应抽取的配额数,将配额数大于或者等于 10 人的市县分在一层,配额不足 10 人的市县分在一层。在配额满足 10 人的市县,按电话访谈系统随机抽取指定配额的电话号码进行访谈;对于配额不足 10 人的市县,按 PPS 抽样从中抽取 120 个市县,再从中选的市县中用电话访谈系统随机抽取 10 人进行电话访谈,计划抽取 2 427 人为样本。所抽取的样本中,参照给定的抽样框,中选的概率是相等的。在以抽样为依据进行调研后,由于一些县电话访谈的样本中没有女性样本,所以又对这类样本进行了补充,以免造成分析偏差,最后实际得到的样本数量为 2 523 份。

(二) 执行方式:电话调研

(三) 调查省份实际样本情况(见表 4-9)

表 4-9　　　　　调查省份实际样本情况

省份	数量	百分比(%)	省份	数量	百分比(%)
安徽省	107	4.2	辽宁省	76	3.0
北京市	91	3.6	内蒙古自治区	42	1.7
福建省	75	3.0	宁夏回族自治区	23	0.9
甘肃省	51	2.0	青海省	20	0.8
广东省	287	11.4	山东省	166	6.6
广西壮族自治区	90	3.6	山西省	22	0.9
贵州省	45	1.8	陕西省	76	3.0
海南省	17	0.7	上海市	77	3.1
河北省	107	4.2	四川省	107	4.2

续表

省份	数量	百分比（%）	省份	数量	百分比（%）
河南省	138	5.5	天津市	28	1.1
黑龙江省	72	2.9	西藏自治区	10	0.4
湖北省	96	3.8	新疆维吾尔自治区	53	2.1
湖南省	101	4.0	云南省	81	3.2
吉林省	71	2.8	浙江省	135	5.4
江苏省	156	6.2	重庆市	51	2.0
江西省	52	2.1			

资料来源：根据笔者调查研究整理。

（四）调查样本的人口学特征（见表4-10～表4-16）

表4-10　　　　　　　　调查样本性别情况

性别	数量	百分比（%）
男	1 559	61.8
女	964	38.2
合计	2 523	100.0

资料来源：根据笔者调查研究整理。

表4-11　　　　　　　　年龄

年龄	数量	百分比（%）
18～29岁	836	33.1
30～39岁	756	30.0
40～49岁	544	21.6
50～59岁	255	10.1
60～70岁	132	5.2
合计	2 523	100.0

资料来源：根据笔者调查研究整理。

表4-12　　　　　　　　　　文化程度

文化程度	数量	百分比（%）
初中及以下	682	27.0
高中或中专	722	28.6
大专	605	24.0
本科	462	18.3
研究生及以上	52	2.1
合计	2 523	100.0

资料来源：根据笔者调查研究整理。

表4-13　　　　　　　　　　户口类型

户口类型	数量	百分比（%）
农业户口	1 225	48.6
非农业户	1 249	49.5
其他	49	1.9
合计	2 523	100.0

资料来源：根据笔者调查研究整理。

表4-14　　　　　　　　　　居住地类型

居住地类型	数量	百分比（%）
市/县城的中心城区	1 047	41.5
市/县城的边缘城区	311	12.3
市/县城的城乡接合部	306	12.1
市/县城区以外的镇	241	9.6
农村	611	24.2
其他	7	0.3
合计	2 523	100.0

资料来源：根据笔者调查研究整理。

表 4-15 职业

职业	数量	百分比（%）
农民	366	14.5
党政机关工作人员	30	1.2
事业单位工作人员	286	11.3
社会团体、居/村委会工作人员	11	0.4
国有企业职工	206	8.2
私营/外资企业职工	601	23.8
自由职业者（包括个体工商户）	635	25.2
下岗、失业、待业人员	164	6.5
离退休人员	74	2.9
学生	150	6.0
合计	2 523	100.0

资料来源：根据笔者调查研究整理。

表 4-16 个人月收入

个人月收入	数量	百分比（%）
2 000 元以下	692	27.4
2 000~2 999 元	421	16.7
3 000~3 999 元	504	20.0
4 000~4 999 元	323	12.8
5 000~6 999 元	282	11.2
7 000~9 999 元	99	3.9
10 000 元以上	202	8.0
合计	2 523	100.0

资料来源：根据笔者调查研究整理。

第五节 中国基本公共服务均等化公众满意度状况分析

一、全国基本公共服务均等化公众满意度状况分析

我国全国性基本公共服务均等化公众满意度状况如图 4-1 所示，总体而言，

七大类服务项目的公众满意度较为均衡,得分均在 6~7 分。其中,公众对基本公共教育均等化的满意度最高,为 6.97 分;基本公共环境次之,满意度得分为 6.9 分;而公众对基本社会保障、基本公共安全、基本卫生医疗服务均等化的满意度较为一致,得分依次为 6.74 分、6.74 分、6.73 分;基本公共文化服务均等化的公众满意度为 6.55 分,排名相对落后;而我国公民对政府提供的基本就业服务均等化最不满意,仅为 6.11 分。

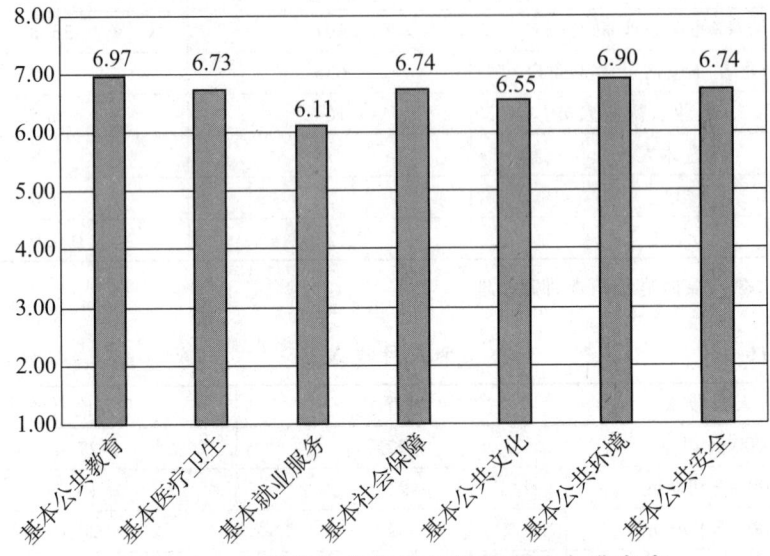

图 4-1 全国基本公共服务均等化公众满意度

下面,将详细地考察全国城乡之间以及各省份在不同的基本公共服务领域中的公众满意度得分及其排名,并就公众对各项基本公共服务相关问题的回答展开分析。

(一)全国城乡基本公共服务均等化公众满意度状况分析

如表 4-17、图 4-2 所示,我国城乡基本公共服务均等化公众满意度在基本公共教育、基本医疗卫生、基本社会保障、基本公共环境、基本公共安全这几项服务上,得分较为均衡,满意度分数也较高。基本就业服务、基本公共文化服务的满意度得分较低,并且城乡差距较大:基本就业服务的城市公众满意度为 6.33 分,农村公众满意度仅为 5.90 分;就基本公共文化服务而言,城市的满意度得分为 6.84 分,农村仅得 6.24 分。此外,也应该看到,尽管我国城市、农村对基本社会保障服务的公众满意度不低,且较为均衡,但不享有国家基本养老保险、医疗保险的人数仍然很多(见表 4-18、表 4-19)。

表 4-17　　　　　城乡基本公共服务均等化公众满意度分数

户口类型	基本公共教育	基本医疗卫生	基本就业服务	基本社会保障	基本公共文化	基本公共环境	基本公共安全
农业户口	6.92	6.69	5.90	6.81	6.24	6.86	6.77
非农业户口	7.03	6.81	6.33	6.71	6.84	6.94	6.73

资料来源：根据笔者调查研究整理。

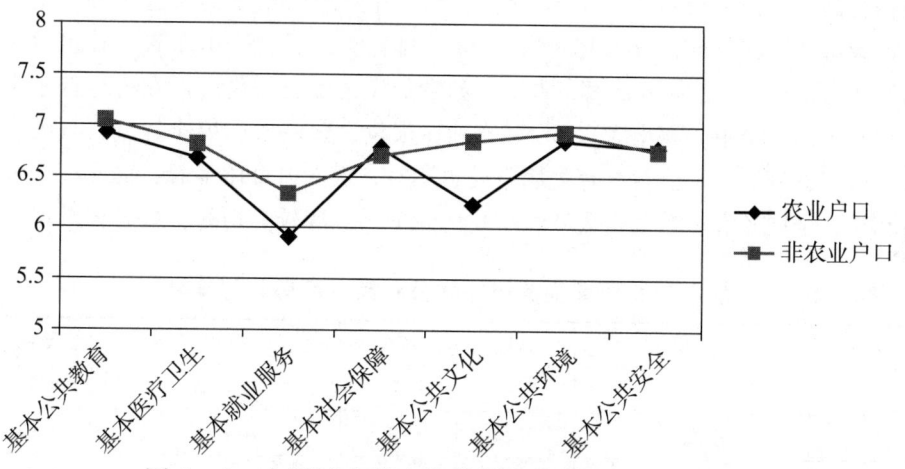

图 4-2　全国城乡基本公共服务均等化公众满意度

表 4-18　　　　　　国家基本养老保险享有情况

是否享有国家基本养老保险？		户口类型			合计
		农业户口	非农业户口	其他	
	是	526	768	24	1 318
	否	699	481	25	1 205
合计		1 225	1 249	49	2 523

资料来源：根据笔者调查研究整理。

表 4-19　　　　　　国家基本医疗保险享有情况

是否享有国家基本医疗保险		户口类型			合计
		农业户口	非农业户口	其他	
	是	929	967	40	1 935
	否	297	282	9	588
合计		1 215	1 249	49	2 523

资料来源：根据笔者调查研究整理。

(二) 全国分领域基本公共服务均等化公众满意度状况分析

1. 基本公共教育服务均等化公众满意度状况

如前所述,在七类基本公共服务项目中,我国公民对基本公共教育均等化的满意度最高,各省份在该项目上的得分有力说明了这一点。具体来看(见表4-20、图4-3),在调研的31个省份中,16个省份的基本公共教育均等化满意度得分高于全国平均水平(6.97分),15个省份的满意度更高达7分以上。其中,青海省的满意度得分最高,以7.42分排在全国首位;山东省、甘肃省则分列第2、第3位;北京市、贵州省、江苏省的满意度也较高。而在得分低于全国平均水平的省份中,海南省以6.52分排在末位,云南省、福建省、新疆维吾尔自治区等省份对基本公共教育的满意度也相对较低。但总体来看,同其他服务项目相比,全国各省份对基本公共教育均等化的满意度较为均衡,差异相对较小。

表4-20 基本公共教育服务均等化公众满意度得分与排名

名次	省份	分数	名次	省份	分数
1	青海省	7.42	17	四川省	6.96
2	山东省	7.24	18	湖北省	6.92
3	甘肃省	7.19	19	吉林省	6.90
4	北京市	7.16	20	江西省	6.85
5	贵州省	7.15	21	安徽省	6.84
6	江苏省	7.14	22	内蒙古自治区	6.83
7	山西省	7.11	23	河南省	6.81
8	上海市	7.11	24	河北省	6.81
9	广东省	7.10	25	天津市	6.80
10	湖南省	7.09	26	广西壮族自治区	6.75
11	西藏自治区	7.08	27	辽宁省	6.74
12	浙江省	7.06	28	新疆维吾尔自治区	6.58
13	宁夏回族自治区	7.06	29	福建省	6.57
14	重庆市	7.04	30	云南省	6.52
15	黑龙江省	7.01	31	海南省	6.52
16	陕西省	6.98			

资料来源:根据笔者调查研究整理。

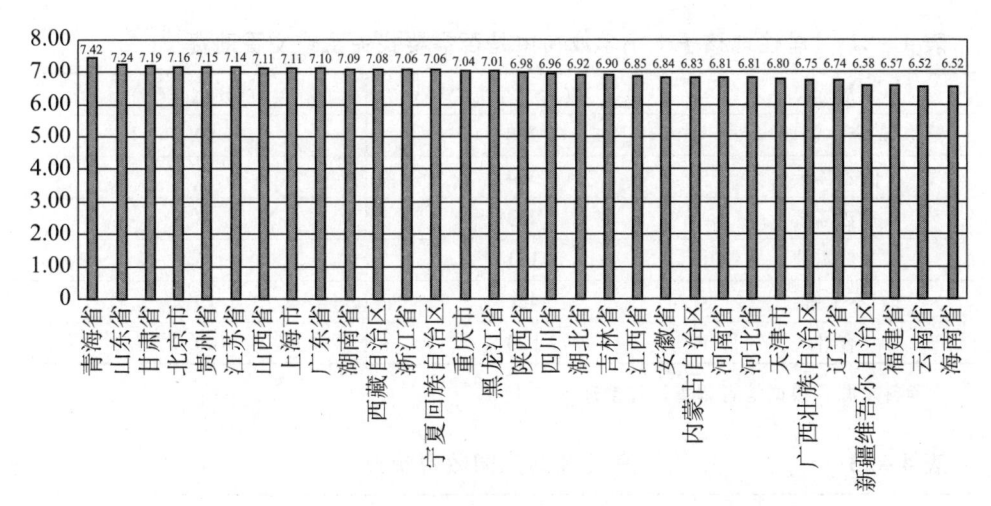

图4-3　基本公共教育服务均等化公众满意度

具体到基本公共教育领域的若干指标，例如基础教育的入学难度、收费情况，可以发现，54.4%的受访者表示自己居住地的孩子入托完全不需要找关系或交赞助费，50.2%的受访者表示自己居住地附近的孩子上小学或初中完全不需要找关系或交赞助费，53.6%的受访者则认为自己居住地附近的小学、初中基本没有乱收费现象，44.5%的受访者表示幼儿园收费合理。也就是说，一半以上的受访者对基本公共教育的上述相关服务给予了较高评价。但不容忽视的是，高于1/4的受访者表示，其居住地孩子入托、上小学或初中均在不同程度上（偶尔、多数、全部）需要找关系或交赞助费，高于1/5的受访者则认为小学、初中存在乱收费现象（见表4-21~表4-24）。

表4-21　居住地孩子入托是否需要找关系或交赞助费

指标	数量（个）	百分比（%）
完全不需要	1 373	54.4
偶尔需要	320	12.7
多数需要	195	7.7
全部需要	148	5.9
不了解	487	19.3
合计	2 523	100.0

资料来源：根据笔者调查研究整理。

表4-22　居住地孩子上小学或初中是否需要找关系或交赞助费

指标	数量（个）	百分比（%）
完全不需要	1 268	50.2
偶尔需要	394	15.6
多数需要	224	8.9
全部需要	151	6.0
不了解	486	19.3
合计	2 523	100.0

资料来源：根据笔者调查研究整理。

表4-23　　　　居住地幼儿园收费状况

指标	数量（个）	百分比（%）
收费标准太高	247	9.8
收费标准比较高	627	24.9
收费标准可以接受	1 124	44.5
不了解	525	20.8
合计	2 523	100.0

资料来源：根据笔者调查研究整理。

表4-24　　　居住地小学、初中是否有乱收费现象

指标	数量（个）	百分比（%）
基本都有	167	6.6
大部分学校有	101	4.0
有些学校有	259	10.3
基本没有	1 354	53.7
不了解	642	25.4
合计	2 523	100.0

资料来源：根据笔者调查研究整理。

2. 基本医疗卫生服务均等化公众满意度状况

在基本医疗卫生服务领域，不同地区的公众满意度差距较大。具体而言（见表4-25、图4-4），一半省份的满意度得分高于全国平均水平（6.73分），山东、甘肃、湖南三省的得分更高达7分以上，分列基本医疗卫生服务满意度得分的前三名；而海南省、福建省、重庆市的排名最为落后，海南省对该服务项目的满意度最低，仅为5.91分，远远低于全国平均水平。值得注意的是，华南地区

（广东省、广西壮族自治区、海南省）对基本医疗卫生服务均等化的满意度均低于全国平均水平。

表4-25 基本医疗卫生服务均等化公众满意度得分与排名

名次	省份	分数	名次	省份	分数
1	山东省	7.38	17	广西壮族自治区	6.71
2	甘肃省	7.06	18	安徽省	6.70
3	湖南省	7.02	19	陕西省	6.69
4	江苏省	6.93	20	辽宁省	6.63
5	贵州省	6.92	21	西藏自治区	6.60
6	内蒙古自治区	6.90	22	河北省	6.56
7	上海市	6.88	23	广东省	6.54
8	江西省	6.87	24	天津市	6.50
9	四川省	6.85	25	云南省	6.49
10	浙江省	6.80	26	河南省	6.48
11	宁夏回族自治区	6.78	27	青海省	6.48
12	北京市	6.77	28	山西省	6.43
13	吉林省	6.77	29	重庆市	6.32
14	新疆维吾尔自治区	6.76	30	福建省	6.12
15	黑龙江省	6.76	31	海南省	5.91
16	湖北省	6.73			

资料来源：根据笔者调查研究整理。

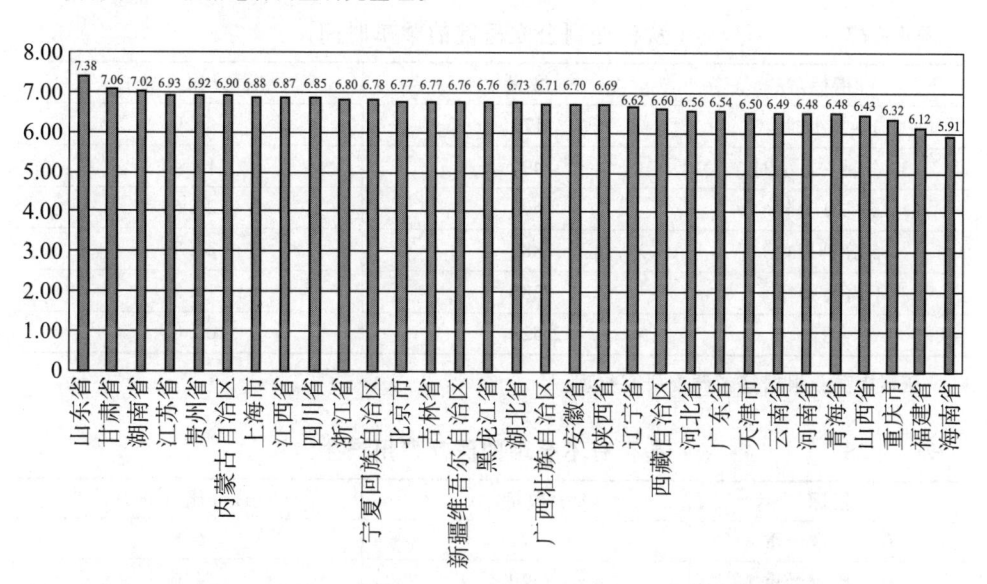

图4-4 基本医疗卫生服务均等化公众满意度

深入到基本医疗卫生服务的不同环节，本次调研考察了公众看病就医过程中的各项成本和费用，借此考察公众对该服务项目的认知和评价。其中，在"自己或家人最近一次在本地医院看病，从挂号到就诊需等待多长时间"问答中，近六成受访者耗费了较小的时间成本，等待时间在半小时以内甚至不用等待；但也有四成多受访者花费了 30 分钟以上。在"您的住处距离最近的公立医院乘车需要多久"问答中，七成以上受访者只用了不到 30 分钟甚至不需要乘车，但也有近两成受访者耗费了 30 分钟～1 小时，6.9% 的受访者耗费了 1～2 小时。此外，55.2% 的受访者认为自己或家人看病时并不存在不必要的检查或不合理的医疗费用；44.8% 的受访者则肯定了上述现象的存在，两成多受访者认为其比较严重甚至非常严重，也有两成多受访者表示可以接受。具体数据如表 4-26、表 4-27、表 4-28 所示。

表 4-26　　　　　　　　　挂号到就诊等待时间

指标	数量	百分比（%）
不用等待	327	13.0
1～15 分钟	503	19.9
15～30 分钟	578	22.9
30 分钟以上	1 115	44.2
合计	2 523	100.0

资料来源：根据笔者调查研究整理。

表 4-27　　　　　　　　从住处到公立医院的乘车时间

指标	数量	百分比（%）
1～2 小时	173	6.9
30 分钟～1 小时	490	19.4
15～30 分钟	693	27.5
15 分钟以内	882	34.9
不需要乘车	285	11.3
合计	2 523	100.0

资料来源：根据笔者调查研究整理。

表 4-28　　　　　　　　是否有不合理的医疗费用产生

指标	数量	百分比（%）
有，非常严重	171	6.8
有，比较严重	370	14.6

续表

指标	数量	百分比（%）
有，但可以接受	590	23.4
没有	1 392	55.2
合计	2 523	100.0

资料来源：根据笔者调查研究整理。

3. 基本就业服务均等化公众满意度状况

就全国层面而言，公众对基本就业服务均等化的满意度最低（6.11分）；具体到不同地区，公众对该项服务的满意度差异较大（见表4-29、图4-5）。其中，西藏自治区对政府提供的基本就业服务最为满意，以7分的满意度得分遥遥领先于其他省份；山东省、甘肃省以6.59分排在第2、第3位，江苏省、北京市紧随其后。与之相对，在调研的31个省份中，有13个省份的得分在6分以下，其中，海南省、福建省在基本就业服务上再次处于倒数第一、第二的位置，海南省对基本就业服务均等化的满意度仅为5.29分。值得注意的是，除西藏自治区外，我国其他4个自治区的满意度均低于全国平均水平。

表4-29　　基本就业服务均等化公众满意度得分与排名

名次	省份	分数	名次	省份	分数
1	西藏自治区	7.00	17	新疆维吾尔自治区	6.04
2	山东省	6.59	18	内蒙古自治区	6.00
3	甘肃省	6.59	19	陕西省	5.95
4	江苏省	6.51	20	天津市	5.93
5	北京市	6.46	21	宁夏回族自治区	5.91
6	浙江省	6.39	22	广西壮族自治区	5.91
7	上海市	6.36	23	云南省	5.90
8	黑龙江省	6.36	24	辽宁省	5.89
9	贵州省	6.36	25	湖南省	5.88
10	江西省	6.35	26	河北省	5.83
11	四川省	6.32	27	重庆市	5.73
12	青海省	6.20	28	安徽省	5.68
13	山西省	6.18	29	河南省	5.65
14	吉林省	6.11	30	福建省	5.60
15	广东省	6.08	31	海南省	5.29
16	湖北省	6.06			

资料来源：根据笔者调查研究整理。

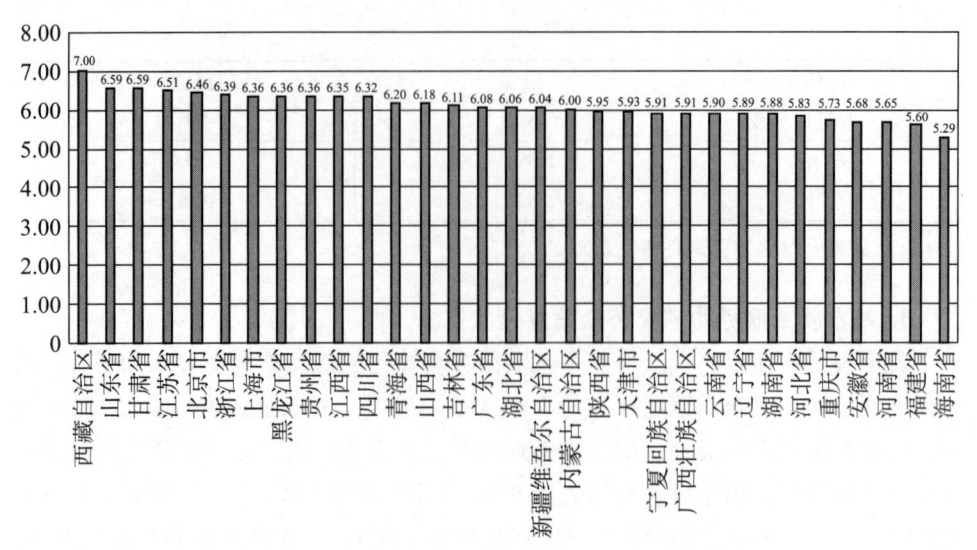

图 4-5　基本就业服务均等化公众满意度

基本就业服务均等化满意度低的原因有待探讨，但"是否了解您居住地所在政府提供的自主创业服务"的调研结果无疑具有一定启发。在 2 523 位受访者中，仅有 377 人表示了解，85.1% 的受访者根本不了解政府提供的此类服务（见表 4-30）。

表 4-30　是否了解居住地政府提供的自主创业服务

指标	数量	百分比（%）
是	377	14.9
否	2 146	85.1
合计	2 523	100.0

资料来源：根据笔者调查研究整理。

4. 基本社会保障服务均等化公众满意度状况

在对基本社会保障服务均等化的满意度评价方面，我国不同地区表现出了非常大的差异（见表 4-31、图 4-6）。其中，18 个省份的满意度得分高于（或持平）全国平均水平（6.74 分），山西省以 8.23 分排在基本社会保障满意度的首位，这也是所有基本公共服务项目满意度中的最高分；宁夏回族自治区、贵州省、四川省等 8 省的满意度得分也高达 7 分以上。另外，西藏自治区、辽宁省、福建省在该项目上的满意度得分均在 6 分以下，西藏自治区对基本社会保障的满意度最低，5.20 分的得分远低于其他地区，同时也是所有基本公共服务项目满意度中的最低分。此外，我国西北地区（陕西省、甘肃省、青海省、宁夏回族自治区、新疆维吾尔自治区）在该项目上的得分高于全国平均水平，东北地区（黑龙江省、吉林省、辽宁省）的满意度得分则低于或持平于全国平均水平。

表4-31　基本社会保障服务均等化公众满意度得分与排名

名次	地区	分数	名次	地区	分数
1	山西省	8.23	17	浙江省	6.82
2	宁夏回族自治区	7.73	18	黑龙江省	6.74
3	贵州省	7.40	19	上海市	6.73
4	四川省	7.19	20	安徽省	6.69
5	湖南省	7.18	21	湖北省	6.66
6	山东省	7.16	22	重庆市	6.60
7	广西壮族自治区	7.11	23	内蒙古自治区	6.55
8	河北省	7.06	24	海南省	6.48
9	青海省	7.00	25	广东省	6.39
10	江西省	6.95	26	河南省	6.24
11	江苏省	6.90	27	吉林省	6.22
12	北京市	6.89	28	天津市	6.21
13	甘肃省	6.88	29	福建省	5.99
14	陕西省	6.85	30	辽宁省	5.68
15	云南省	6.84	31	西藏自治区	5.20
16	新疆维吾尔自治区	6.83			

资料来源：根据笔者调查研究整理。

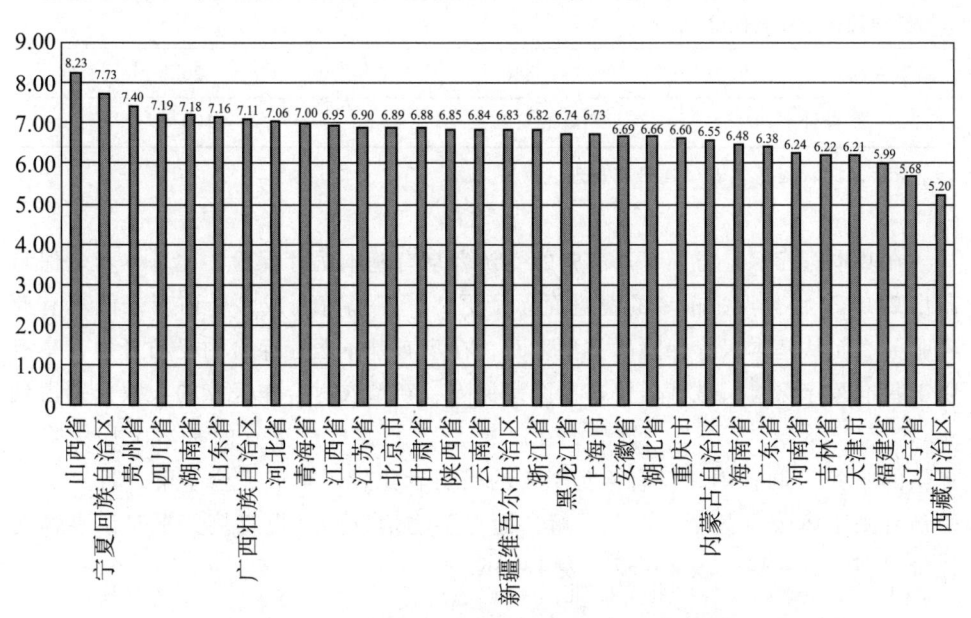

图4-6　基本社会保障服务均等化公众满意度

鉴于基本养老保险、基本医疗保险构成了我国基本社会保障服务的重要内容,接下来将重点考察二者的相关情况,以期为当前我国基本社会保障的满意度状况提供一定的解释。首先来看基本养老保险,仅有52.2%的受访者享有国家基本养老保险,近一半的受访者未能享受到政府提供的此类服务,过低的覆盖面在一定程度上降低了公众对基本社会保障的满意度。从基本养老保险的类型来看,在享有基本养老保险的受访者中,享有职工基本养老保险、城镇居民社会养老保险、新型农村社会养老保险的人数分别占到51.0%、22.8%、26.2%(见表4-32、表4-33)。

表4-32　　　　　　　　是否享有基本养老保险

指标	数量	百分比(%)
是	1 318	52.2
否	1 205	47.8
合计	2 523	100.0

资料来源:根据笔者调查研究整理。

表4-33　　　　　　　　享有的基本养老保险类型

指标	数量	百分比(%)
职工基本养老保险	672	51.0
城镇居民社会养老保险	300	22.8
新型农村社会养老保险	346	26.2
合计	1 318	100.0

资料来源:根据笔者调查研究整理。

在基本医疗保险方面,76.7%的受访者享有基本医疗保险,比基本养老保险高出24.5个百分点,前者的覆盖面无疑更广,但仍有两成多受访者未能享有此项服务。而从基本医疗保险的类型来看,在享有基本医疗保险的受访者中,享有职工基本医疗保险、城镇居民基本医疗保险、新型农村合作医疗的人数分别占到38.4%、23.8%、37.8%。此外,在"您是否了解自己享有的基本医疗保险所提供的服务"调查中,仅有不到1/4的受访者比较了解或完全了解,近六成的受访者则了解较少甚至完全不了解,而对事物信息的掌握直接关乎对该事物的评价(见表4-34、表4-35、表4-36)。

表4-34　　　　　　　　　是否享有基本医疗保险

指标	数量	百分比（%）
是	1 935	76.7
否	588	23.3
合计	2 523	100.0

资料来源：根据笔者调查研究整理。

表4-35　　　　　　　　　享有的基本医疗保险类型

指标	数量	百分比（%）
职工基本医疗保险	743	38.4
城镇居民基本医疗保险	461	23.8
新型农村合作医疗（新农合）	731	37.8
合计	1 935	100.0

资料来源：根据笔者调查研究整理。

表4-36　　　　　　是否了解自身享有的医疗保险所提供的服务

指标	数量	百分比（%）
完全不了解	538	27.8
了解较少	593	30.7
一般	343	17.7
比较了解	387	20.0
完全了解	74	3.8
合计	1 935	100.0

资料来源：根据笔者调查研究整理。

5. 基本公共文化服务均等化公众满意度状况

在基本公共文化服务领域，不同省份同样表现出较大的差异（见表4-37、图4-7）。总体来看，20个省份在该项目上的满意度得分高于（或持平）全国平均水平（6.55分），其中，西藏自治区、山西省、江西省、青海省的得分均在7分（包括7分）以上，排在该服务项目的前四位；上海市、江苏省、海南省紧随其后。在低于全国平均水平的11个省份中，天津市、云南省、重庆市得分均在6分以下，天津市在基本公共文化领域的满意度最低，仅为5.21分。此外，华东地区（江西省、上海市、江苏省、浙江省、安徽省、福建省、山东省）对基本公共文化服务的满意度普遍高于全国平均水平，其中三个省份更是高居全国第3位、第5位和第6位。

表4-37　基本公共文化服务均等化满意度得分与排名

名次	地区	分数	名次	地区	分数
1	西藏自治区	7.20	17	四川省	6.60
2	山西省	7.18	18	湖南省	6.59
3	江西省	7.12	19	福建省	6.56
4	青海省	7.00	20	北京市	6.55
5	上海市	6.99	21	广西壮族自治区	6.53
6	江苏省	6.86	22	河北省	6.39
7	海南省	6.82	23	辽宁省	6.37
8	贵州省	6.80	24	内蒙古自治区	6.33
9	山东省	6.78	25	河南省	6.17
10	新疆维吾尔自治区	6.72	26	陕西省	6.16
11	广东省	6.70	27	甘肃省	6.12
12	黑龙江省	6.69	28	吉林省	6.08
13	湖北省	6.69	29	重庆市	5.92
14	安徽省	6.64	30	云南省	5.78
15	浙江省	6.62	31	天津市	5.21
16	宁夏回族自治区	6.61			

资料来源：根据笔者调查研究整理。

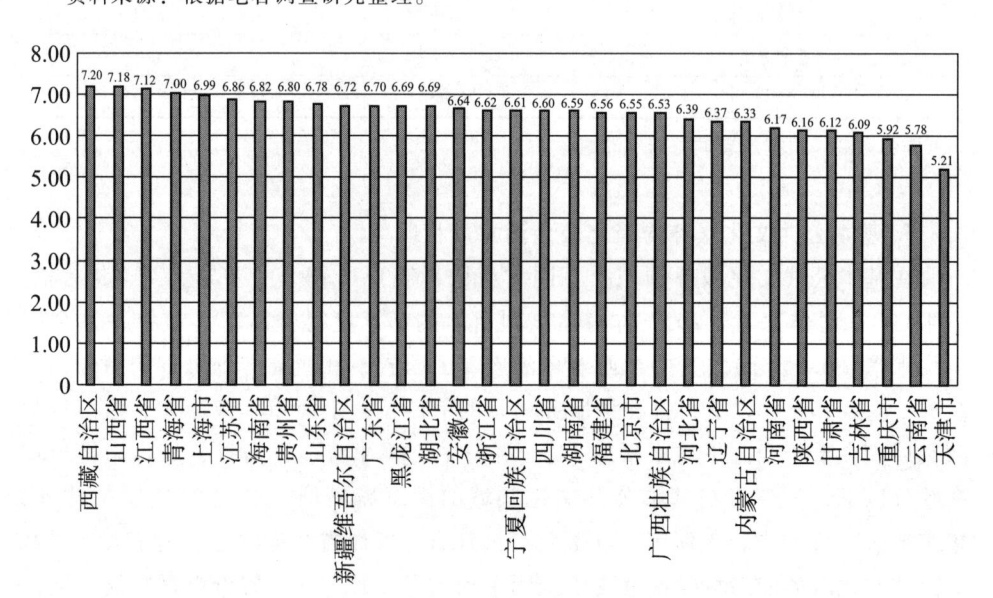

图4-7　基本公共文化服务均等化公众满意度

诚如前述，时间、金钱等享受服务所需的成本直接影响公民对服务的评价和满意度。在基本公共文化服务的一项调研中，近四成受访者到达（步行或乘车）离住所最近的公共文化设施的时间在15分钟以内，24.2%的受访者则需乘车15~30分钟，更有高于1/3的受访者需要30分钟~2小时的乘车时间才能到达最近的公共文化设施，超过35%的被访者认为住所到文化设施不够方便；有36.4%的被访者认为居住地所在政府提供的图书馆、农家书屋或流动电影放映车等公共文化设施不能满足日常需求（见表4-38、表4-39、表4-40）。可以说，公共文化设施的可达性和便利性在一定程度上影响着公众对基本公共文化服务的满意度。

表4-38　　　　住所距离最近图书馆或农家书屋等
公共文化设施乘车时间

指标	数量	百分比（%）
1~2小时	421	16.7
30分钟~1小时	497	19.7
15~30分钟	610	24.2
15分钟以内	565	22.4
不需要乘车	430	17.0
合计	2 523	100.0

资料来源：根据笔者调查研究整理。

表4-39　　　　住所到图书馆等文化设施是否方便

指标	数量	百分比（%）
非常不方便	306	12.1
不太方便	440	17.4
一般	451	17.9
比较方便	911	36.1
非常方便	415	16.4
合计	2 523	100.0

资料来源：根据笔者调查研究整理。

表4-40　　居住地所在政府提供的图书馆、农家书屋或流动电影
放映车等公共文化设施是否能满足日常需求

指标	数量	百分比（%）
完全能	370	14.7
还可以	1 234	48.9

续表

指标	数量	百分比（%）
不能	919	36.4
合计	2 523	100.0

资料来源：根据笔者调查研究整理。

6. 基本公共环境服务均等化公众满意度状况

在七类基本公共服务项目中，基本公共环境服务均等化的满意度得分位居第二，满意度最低的河北省也取得了 6.34 分。在调研的 31 个省份中，18 个省份的基本公共环境服务满意度高于全国平均水平（6.9 分），11 个省份的得分高于（等于）7 分，并且相邻名次的省份之间分数差距不大（见表 4-41、图 4-8）。具体来看，西藏自治区以 7.64 分排在第一位，贵州省以 0.13 分的差距位列第二，湖南省紧随其后；河北省、河南省、天津市对基本公共环境服务的满意度较低，得分依次为 6.34 分、6.36 分、6.50 分，但相比其他服务项目（基本公共教育服务除外）中处于同样位次的省份来说无疑得分更高。

表 4-41　基本公共环境服务均等化公众满意度得分与排名

名次	地区	分数	名次	地区	分数
1	西藏自治区	7.64	17	湖北省	6.92
2	贵州省	7.51	18	内蒙古自治区	6.91
3	湖南省	7.40	19	云南省	6.89
4	宁夏回族自治区	7.25	20	陕西省	6.86
5	广西壮族自治区	7.24	21	安徽省	6.84
6	四川省	7.22	22	广东省	6.83
7	海南省	7.20	23	北京市	6.79
8	山东省	7.14	24	上海市	6.77
9	江苏省	7.10	25	吉林省	6.69
10	黑龙江省	7.02	26	新疆维吾尔自治区	6.63
11	浙江省	7.00	27	福建省	6.57
12	重庆市	6.99	28	辽宁省	6.51
13	甘肃省	6.96	29	天津市	6.50
14	江西省	6.95	30	河南省	6.36
15	山西省	6.93	31	河北省	6.34
16	青海省	6.92			

资料来源：根据笔者调查研究整理。

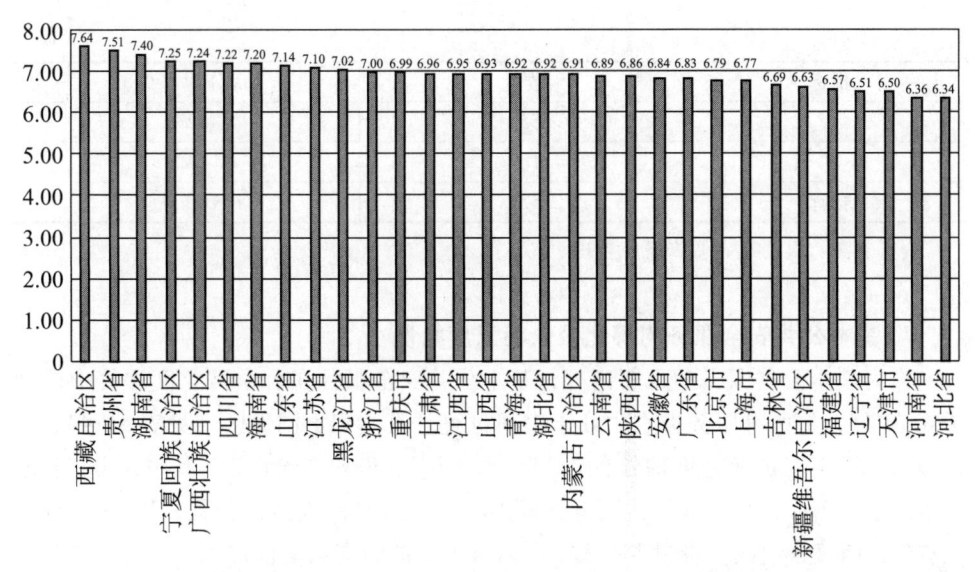

图 4-8　基本公共环境服务均等化公众满意度

在基本公共环境领域的具体指标方面（见表 4-42、表 4-43）。一方面，雾霾天气的出现频率关乎公众对环境质量的感知，进而影响公众对基本公共环境服务的满意度。在本次调研中，不到两成的受访者表示自己居住地过去一年内经常出现雾霾天气，而回答"偶尔出现""从未出现"的受访者则分别高达 40.8%、40.6%。另一方面，关于政府环保宣传措施对提升公民环保意识的作用，七成以上的受访者肯定了这一作用的存在，22.1% 的受访者则予以否定，更有少数受访者表示不在乎。至于上述措施作用的大小，三成以上受访者认为其非常有帮助，近四成的受访者认为帮助不大。可见，六成多的受访者并不看好政府环保宣传措施的实际作用。

表 4-42　　　　　　　过去一年出现雾霾天气的频率

指标	数量	百分比（%）
经常出现	468	18.5
偶尔出现	1 030	40.8
从未出现	1 025	40.6
合计	2 523	100.0

资料来源：根据笔者调查研究整理。

表 4-43　　　政府环保宣传对提升自身环境保护意识是否有帮助

指标	数量	百分比（%）
是，非常有帮助	854	33.8
是，但帮助不大	1 002	39.7

续表

指标	数量	百分比（%）
否	559	22.1
不在乎	108	4.3
合计	2 523	100.0

资料来源：根据笔者调查研究整理。

7. 基本公共安全服务均等化公众满意度状况

作为基本公共服务的重要内容，基本公共安全服务在公众满意度评价中得到了6.74分，在所有服务类别中处于中间位置。具体到不同地区（见表4-44、图4-9），4个省份的满意度得分在7分以上，所有省份均高于6分。其中，山东省继基本医疗卫生后，在基本公共安全领域再次给出最高的满意度分数，以7.34分高居首位；西藏自治区、贵州省、湖南省对该项服务的满意度也较高，分别排在第2、第3、第4位；江西省、海南省、福建省对基本公共安全服务均等化的满意度较低，福建省以6.04分排在末位。此外，除内蒙古自治区外，我国其他4个自治区对政府提供的基本公共安全服务均等化较为满意，得分均高于全国平均水平。

表4-44　　基本公共安全服务均等化公众满意度得分与排名

名次	地区	分数	名次	地区	分数
1	山东省	7.34	17	浙江省	6.74
2	西藏自治区	7.23	18	陕西省	6.71
3	贵州省	7.15	19	云南省	6.69
4	湖南省	7.00	20	湖北省	6.68
5	宁夏回族自治区	6.99	21	天津市	6.63
6	四川省	6.94	22	河南省	6.59
7	黑龙江省	6.94	23	河北省	6.55
8	山西省	6.94	24	广东省	6.54
9	新疆维吾尔自治区	6.92	25	辽宁省	6.51
10	江苏省	6.91	26	安徽省	6.47
11	甘肃省	6.89	27	重庆市	6.46
12	广西壮族自治区	6.86	28	内蒙古自治区	6.42
13	北京市	6.85	29	江西省	6.35
14	上海市	6.79	30	海南省	6.12
15	青海省	6.77	31	福建省	6.04
16	吉林省	6.76			

资料来源：根据笔者调查研究整理。

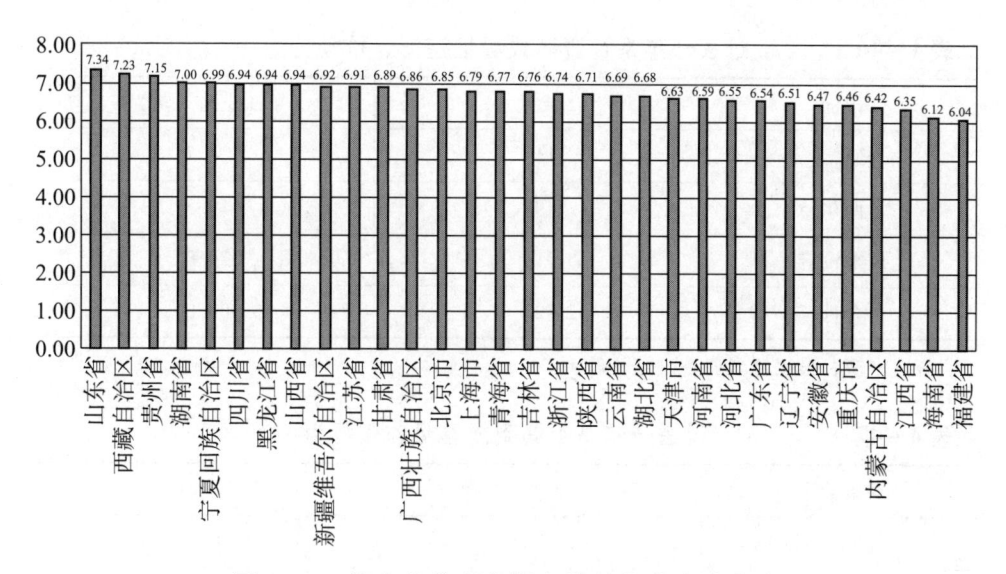

图 4-9　基本公共安全服务均等化公众满意度

深入基本公共安全服务领域，本次调研发现，过去一年内，自己或朋友从来没有遭遇或看见过打架斗殴行为的受访者高达 70.8%，而从来没有遭遇或看见过盗窃、抢劫行为的受访者比例更高，达到 75.8%；但不容乐观的是，比起上述社会治安事件，从来没有遇到或看见过诈骗行为、个人信息泄露事件的受访者明显减少，分别占比 62.2%、50.0%。相反，不同程度上遭遇过打架斗殴、盗窃抢劫、诈骗、个人信息泄露的受访者分别占比 29.1%、24.2%、37.8%、50.0%，不难看出，比起显著可见的打架斗殴、盗窃、抢劫等社会治安事件，更多的受访者或身边人经历过诈骗、个人信息泄露等隐性的公共安全事件。尤其值得注意的是，后者不仅在遭遇人数上多于前者，还在出现频率上高于前者：经常遭遇或看见打架斗殴、盗窃、抢劫行为的受访者占不到 5%，而经常遇到或看见诈骗行为的受访者则高出 8%，更有 1/4 以上的受访者或其周围人经常遇到信息泄露事件。具体数据如下所示（见表 4-45～表 4-48）。

表 4-45　过去一年是否遭遇或看见打架斗殴行为

指标	数量	百分比（%）
经常	122	4.8
偶尔	614	24.3
从来没有	1 787	70.8
合计	2 523	100.0

资料来源：根据笔者调查研究整理。

表 4-46　　　　　　过去一年是否遭遇或看见盗窃、抢劫行为

指标	数量	百分比（%）
经常	119	4.7
偶尔	491	19.5
从来没有	1 913	75.8
合计	2 523	100.0

资料来源：根据笔者调查研究整理。

表 4-47　　　　　　过去一年是否遇到或看见诈骗行为

指标	数量	百分比（%）
经常	335	13.3
偶尔	618	24.5
从来没有	1 570	62.2
合计	2 523	100.0

资料来源：根据笔者调查研究整理。

表 4-48　　　　　　是否遇到过个人信息泄露事件

指标	数量	百分比（%）
没有	1 262	50.0
偶尔	611	24.2
经常	650	25.8
合计	2 523	100.0

资料来源：根据笔者调查研究整理。

此外，围绕社会治安、食品安全、个人信息安全等知识宣传对提升安全意识有无帮助这一问题，两成以上的受访者认为没有帮助或不在乎，近八成的受访者则肯定了这一作用的存在。至于作用的大小，41.6%的受访者认为其非常有帮助，38.0%的受访者则认为其帮助不大。对比之前环保宣传措施能否提升公民环保意识的统计结果，更多的受访者认为基本公共安全领域的知识宣传非常有帮助，其人数超过了认为帮助不大的受访者（见表 4-49）。

表4-49　　　安全知识宣传对于提高自身安全意识是否有效

指标	频率	百分比（%）
是，非常有帮助	1 050	41.6
是，但帮助不大	959	38.0
否	434	17.2
不在乎	80	3.2
合计	2 503	100.0

资料来源：根据笔者调查研究整理。

二、各省份基本公共服务均等化公众满意度状况分析

在清楚每一类基本公共服务均等化满意度状况尤其是各省份满意度得分的基础上，本次调研计算出每个省份的基本公共服务均等化总体满意度并进行排名。在调研的31个省份中，3个省份的满意度得分高于7分，其余皆在6分以上。其中，山东省对政府提供的各项基本公共服务均等化的总体满意度最高，以7.09分高居首位；贵州省、山西省则以微弱分差位居全国第2、第3位；江苏省、宁夏回族自治区、湖南省对政府基本公共服务均等化的满意度也相对较高。与之相对，福建省对基本公共服务均等化的总体满意度最低，仅得6.21分；天津市、河南省、辽宁省的满意度也较低，得分依次为6.26分、6.33分、6.33分，排在全国下游。总体来看，基本公共服务满意度得分的地理分布并不具有明显的规律性，有必要考察每一省份的具体情况。

（一）山东省基本公共服务均等化公众满意度状况

在调研的31个省份中，山东省对基本公共服务均等化的总体满意度最高，得分为7.09分。在政府提供的七项基本公共服务中，五项得分在7分以上，按分值由高到低排列依次为基本医疗卫生、基本公共安全、基本公共教育、基本社会保障、基本公共环境（见图4-10）。其中，前两项服务的均等化满意度得分排在全国首位，基本公共教育位居全国第二，基本公共环境和基本社会保障也排在前十位。相较于上述基本公共服务项目，山东省在基本公共文化领域和基本就业服务领域的满意度较低，得分均低于7分，但仍高于全国平均水平，分别排在全国第9位和第2位。总体来看，山东省各项基本公共服务均等化的满意度均处于全国前列，不少服务项目的满意度更是远远高于全国平均水平，为总体满意度最高的省份。

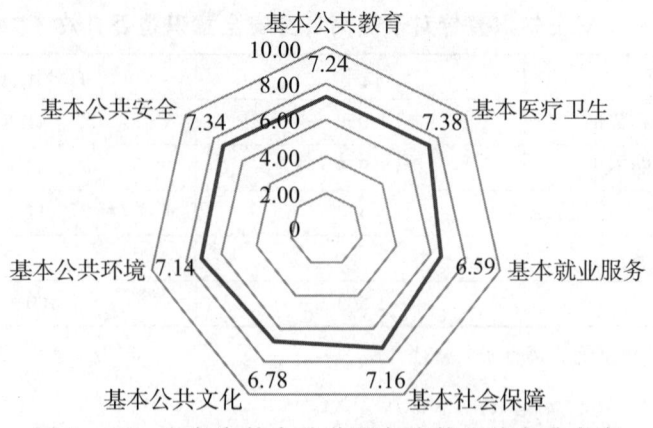

图 4-10　山东省基本公共服务均等化公众满意度

（二）贵州省基本公共服务均等化公众满意度状况

贵州省以 7.04 分的基本公共服务均等化总体满意度排在全国第 2 位。在政府提供的七项服务中，贵州省在基本公共环境、基本社会保障、基本公共教育以及基本公共安全领域的满意度得分均高于 7 分，基本公共环境得到了 7.51 的最高分；而基本医疗卫生、基本公共文化、基本就业服务三项的满意度相对较低，基本就业服务以 6.36 分排在本省末位（见图 4-11）。从全国范围看，贵州省在各项基本公共服务领域的满意度得分均排在前十位，其中，基本公共环境、基本社会保障、基本公共安全三项服务更是排进了全国前三。

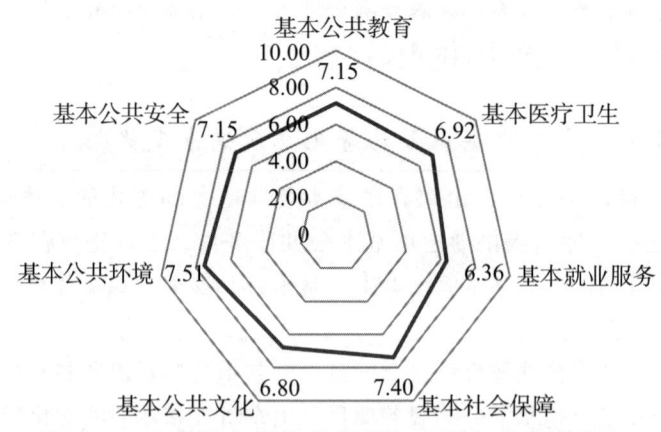

图 4-11　贵州省基本公共服务均等化公众满意度

（三）山西省基本公共服务均等化公众满意度状况

山西省对基本公共服务均等化的总体满意度相对较高，以 0.04 分的微弱差距排在贵州省之后，位列全国第三。但各项基本公共服务均等化的满意度差异较大，从山西省的雷达图（见图 4-12）上可以明显看出。具体而言，山西省在基本社会保障领域的满意度最高，达到 8.23 分，不仅位居该项的全国均等化之首，更是我国所有服务项目上的最高分；基本公共文化、基本公共教育的满意度得分次之，分别以 7.18 分、7.11 分高居全国第 2 位和第 7 位。其他四项基本公共服务均等化的满意度得分均在 7 分以下，其中，基本公共安全以 6.94 分位居全国第八；基本公共环境的满意度略高于全国平均水平，以 6.93 分排在全国第 15 位；而基本医疗卫生的满意度远低于全国平均水平，以 6.43 分排在全国倒数第四；基本就业服务虽以 6.18 分位居山西省各项服务的末位，但仍排在全国第 13 位。不难发现，山西省各项基本公共服务均等化的满意度极不均衡，各自分布在全国的上游、中游和下游。

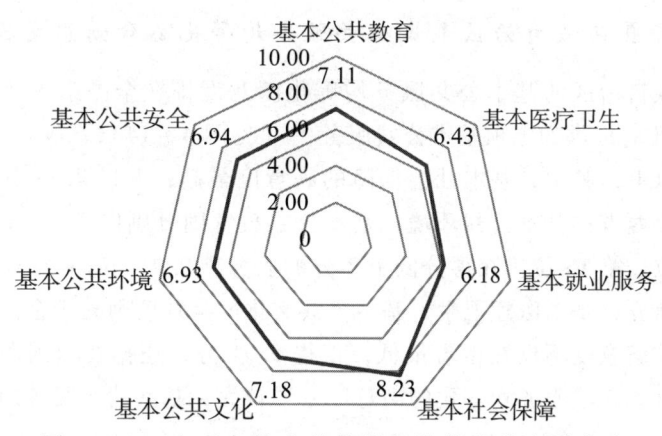

图 4-12　山西省基本公共服务均等化公众满意度

（四）江苏省基本公共服务均等化公众满意度状况

江苏省对基本公共服务均等化的总体满意度同样较高，以 6.91 分位居全国第四。除基本社会保障外，其他六项服务的满意度均处于全国前十位。从图 4-13 来看，基本公共教育、基本公共环境两项服务的满意度高于 7 分，前者以 7.14 分排在江苏省各项服务的首位，位居全国第六；后者虽有少许落后，但也排在全国第 9 位。江苏省其他五项服务的满意度得分均低于 7 分，其中，基本就业服务的满意度最低，仅为 6.51 分，但仍处于全国第四的位置；而基本公共文化、基本社会保障、基本医疗卫生三项服务的满意度较为接近，皆在 6.90 分左右。总体而言，江苏省的基本公共服务均等化满意度在各领域的分布较为均衡，从其雷达图上可见一斑。

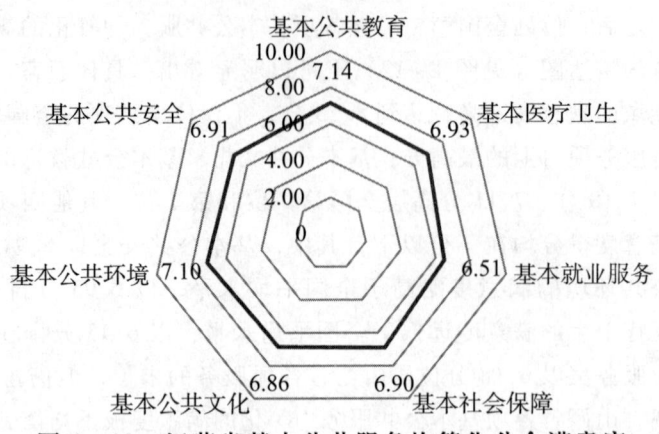

图 4-13　江苏省基本公共服务均等化公众满意度

（五）宁夏回族自治区基本公共服务均等化公众满意度状况

宁夏回族自治区的基本公共服务均等化满意度排在全国第 5 位，得分约为 6.91 分。在政府提供的七项基本公共服务中（见图 4-14），三项服务的满意度得分在 7 分以上，其中，基本社会保障的满意度最高，并以 7.73 分排在全国第二，仅次于山西省；基本公共环境、基本公共教育则分别以 7.25 分、7.06 分排在全国第 4 位、第 13 位。在得分低于 7 分的服务项目中，基本公共安全以 6.99 分位居全国第五；基本医疗卫生、基本公共文化的满意度则处于全国中游；而基本就业服务的满意度不仅在本省最低，仅得 5.91 分，还排在全国倒数第 11 位。总体来看，该省各项服务均等化的满意度差异较大，基本就业服务的满意度尤其亟待提升。

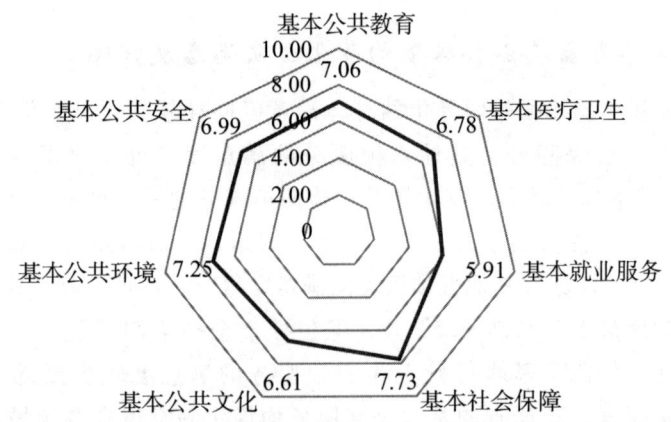

图 4-14　宁夏回族自治区基本公共服务均等化公众满意度

（六）湖南省基本公共服务均等化公众满意度状况

湖南省基本公共服务的总体满意度得分为 6.88 分，位居全国第六。在政府提供的七项基本公共服务中（见图 4-15），五项服务的满意度高于 7 分，但也出现 6 分以下的服务项目。从全国范围看，本省满意度最高的基本公共环境以 7.40 分排在全国第 3 位，得分次之的基本社会保障则以 7.18 分位居全国第五，紧随其后的基本公共教育、基本医疗卫生、基本公共安全的满意度大体相当，分别以 7.09 分、7.02 分、7.00 分排在全国第 10 位、第 3 位和第 4 位。与之相对，湖南省对基本公共文化、基本就业服务不甚满意，二者得分也都排在全国下游，其中，基本就业服务的满意度最低，仅为 5.88 分，远低于全国平均水平，严重拉低了湖南省的总体排名。

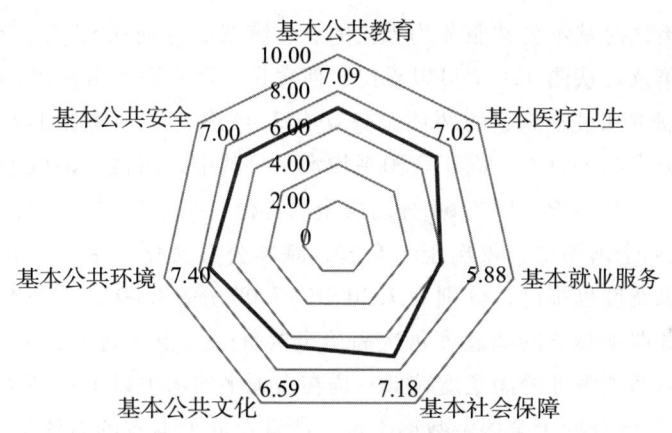

图 4-15　湖南省基本公共服务均等化公众满意度

（七）四川省基本公共服务均等化公众满意度状况

四川省基本公共服务均等化的总体满意度为 6.87 分，排在全国第 7 位。从图 4-16 中可以看出，最高的满意度分值出现在基本公共环境服务项目上，四川省以 7.22 分位居全国第六；基本社会保障也得到了 7.19 分的满意度分值，排在全国第 4 位。基本公共教育、基本公共安全、基本医疗卫生则分别以 6.96 分、6.94 分、6.85 分排在本省各项服务的第 3 位、第 4 位、第 5 位以及全国同类服务的第 17 位、第 6 位、第 9 位，但值得注意的是，基本公共教育是四川省唯一一个低于全国平均水平的服务项目。而基本公共文化、基本就业服务虽在本省七项服务中排名靠后，却在全国范围内处于中游位置，满意度得分依次为 6.60 分、6.32 分。

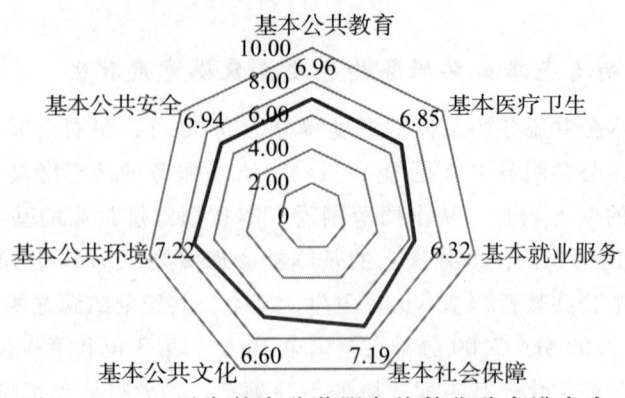

图 4-16　四川省基本公共服务均等化公众满意度

（八）西藏自治区基本公共服务均等化公众满意度状况

西藏自治区对基本公共服务均等化的总体满意度达到 6.85 分，在 31 个调研省份中位列第八。从图 4-17 可以看出，西藏自治区不同服务项目间的满意度差异颇大，最满意和最不满意的两项服务竟有 2.44 分之差。整体上看，五项服务的满意度得分在 7 分以上，高于全国平均水平。其中，西藏自治区最为满意的服务项目是基本公共环境，以 7.64 分高居全国首位；基本公共安全的满意度次之，以 7.23 分位列全国第二，仅次于山东省；基本公共文化、基本公共教育、基本就业服务的满意度也很高，分别为 7.20 分、7.08 分、7.00 分，基本公共文化和基本就业服务两项服务的满意度再次高居全国首位。相比之下，基本医疗卫生、基本社会保障两项服务的满意度较低，均在全国平均水平以下；基本社会保障更是以 5.20 分的低分处于全国倒数第 1 位，严重拉低了本省的总体满意度。因此，在如此不均衡的满意度结构下，西藏自治区必须致力于提升基本医疗卫生、基本社会保障服务的满意度，后者尤其应该成为政府工作的重中之重。

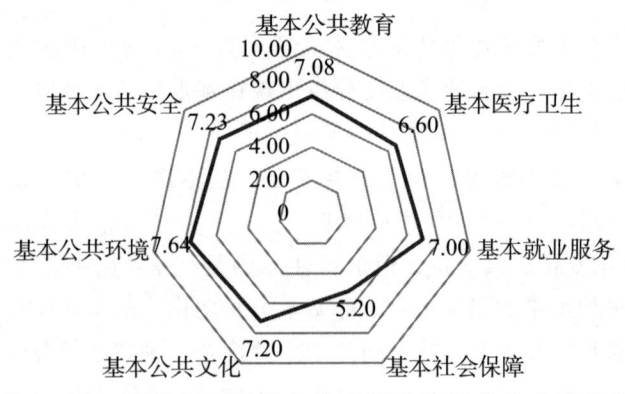

图 4-17　西藏自治区基本公共服务均等化公众满意度

(九) 青海省基本公共服务均等化公众满意度状况

青海省基本公共服务均等化的总体满意度得分为 6.83 分,位居全国第九。在政府提供的七项基本公共服务中,三项服务的满意度高于 7 分,其余也都在 6 分以上。从图 4-18 来看,青海省对基本公共教育领域的服务最为满意,并以 7.42 分高居全国首位;基本公共文化和基本社会保障的满意度较为接近,以 7.00 分排在全国前十位;满意度次之的基本公共环境、基本公共安全则分别以 6.92 分、6.77 分处于全国中游水平;基本医疗卫生服务的满意度较低,以 6.48 分排在全国倒数第五;而基本就业服务虽然是本省满意度最低的服务项目,但在全国排名相对靠前。

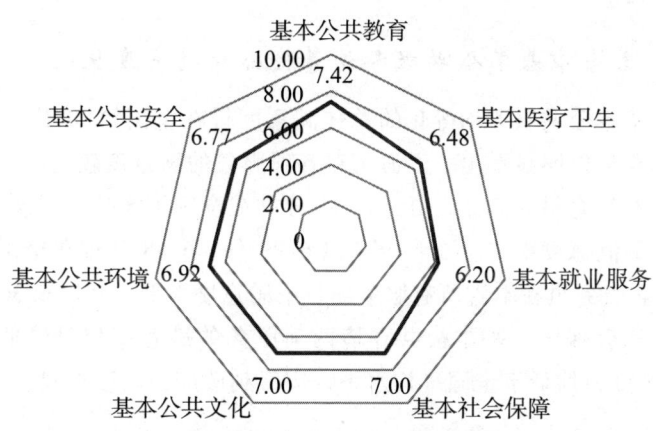

图 4-18 青海省基本公共服务均等化公众满意度

(十) 甘肃省基本公共服务均等化公众满意度状况

甘肃省对基本公共服务均等化的总体满意度位居全国第十,得分为 6.81 分。在七项基本公共服务中,两项服务的满意度高于 7 分(见图 4-19),其中,甘肃省对基本公共教育最为满意,并以 7.19 分排在全国第三;基本医疗卫生次之,以 7.06 分高居全国第二,仅次于山东。在低于 7 分的服务项目中,基本公共环境以 6.96 分排在本省所有服务项目的第 3 位,全国排名十三;基本公共安全、基本社会保障的满意度接近,均处于全国中游的位置;基本就业服务的满意度虽排在本省倒数第二,却以 6.59 分高居全国第三;甘肃省对基本公共文化服务最不满意,仅得 6.12 分,排在全国倒数第 5 位。可见,基本公共文化服务明显拉低了甘肃省的总体满意度,应成为政府改进的重点。

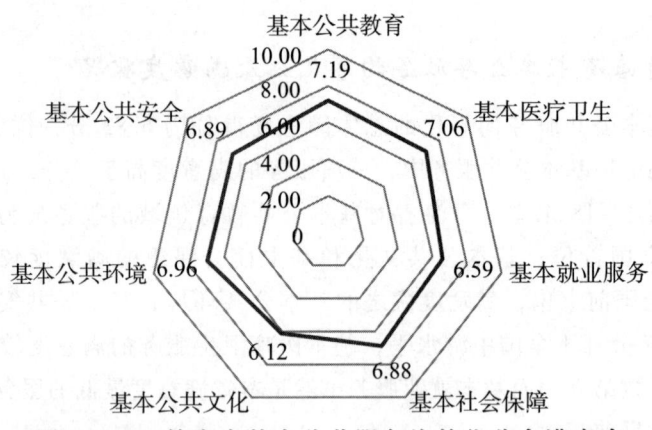

图 4-19 甘肃省基本公共服务均等化公众满意度

（十一）上海市基本公共服务均等化公众满意度状况

上海市对基本公共服务均等化的总体满意度排在全国第 11 位，得分为 6.80 分。从图 4-20 可以明显看出，上海市对各项服务的满意度较为均衡。其中，上海市对基本公共教育最为满意，并以 7.11 分排在全国第 8 位；对基本公共文化、基本医疗卫生的满意度次之，二者分别以 6.99 分、6.88 分排在全国第 5 位和第 7 位；基本就业服务虽在本省所有服务项目中满意度最低，却以 6.36 分排在全国第 7 位；基本社会保障、基本公共环境两项服务的满意度相对较低，分别得到 6.73 分、6.77 分，均低于全国平均水平，应得到政府的高度重视。

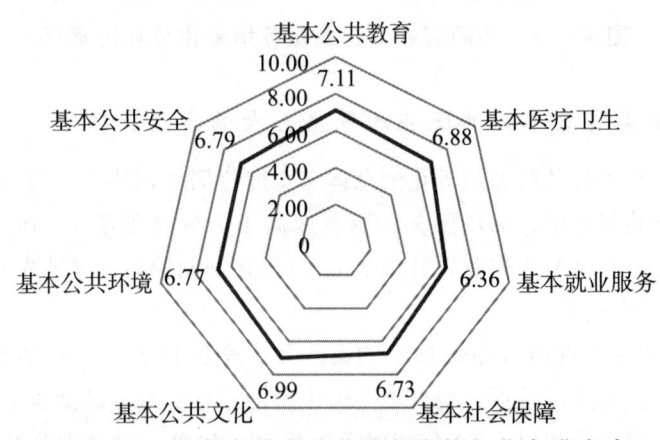

图 4-20 上海市基本公共服务均等化公众满意度

（十二）黑龙江省基本公共服务均等化公众满意度状况

黑龙江省基本公共服务均等化的总体满意度得分为 6.79 分，位列全国十二，在东三省中高居首位。在政府提供的七项基本公共服务中,基本公共安全、基本就业服务的满意度排在全国前十位,其他项目也都处于全国中上游。就该省而言,黑龙江省对基本公共环境最为满意,基本公共教育次之,二者分别得到 7.02 分、7.01 分;基本公共安全的满意度也相对较高,在所有服务项目中位居第三;基本医疗卫生、基本社会保障的满意度相似,分别为 6.76 分、6.74 分;基本公共文化、基本就业服务的满意度较低,后者以 6.36 分排在本省末位。从图 4-21 上可以明显看出,黑龙江省各项基本公共服务均等化的满意度差异较小,得分相对均衡。

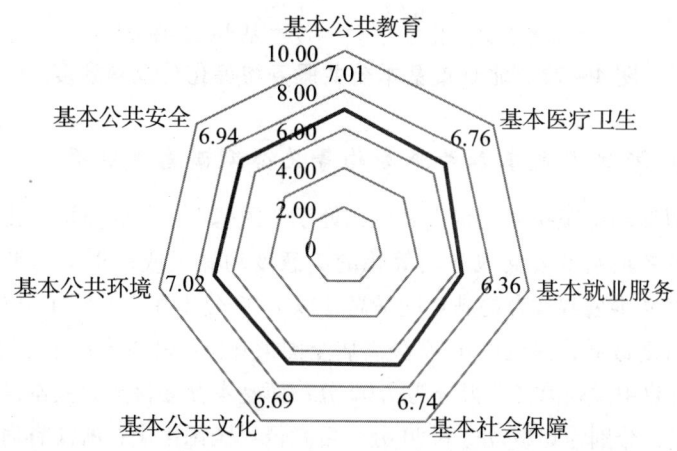

图 4-21　黑龙江省基本公共服务均等化公众满意度

(十三) 北京市基本公共服务均等化公众满意度状况

北京市对政府提供的基本公共服务均等化的总体满意度也排在全国前列,得分为 6.78 分。在七项服务中,基本公共教育、基本就业服务排在全国第 4 位、第 5 位,基本公共文化和基本公共环境两项服务的满意度则平于甚至低于全国平均水平,其他项目的满意度则处于全国中游的位置。从图 4-22 中可以看出,北京市对基本公共教育领域的服务最为满意,得分高达 7.16 分,是唯一一个超过 7 分的服务项目;基本社会保障、基本公共安全的满意度较为接近,分别为 6.89 分、6.85 分;基本公共环境、基本医疗卫生的满意度大体相当,分别为 6.79 分、6.77 分。相较而言,北京市对基本公共文化服务不太满意,得分为 6.55 分;而对基本就业服务最不满意,仅得 6.46 分,但远高于全国平均水平。综上,提升基本公共环境、基本公共文化两项服务的满意度应成为北京市的当务之急。

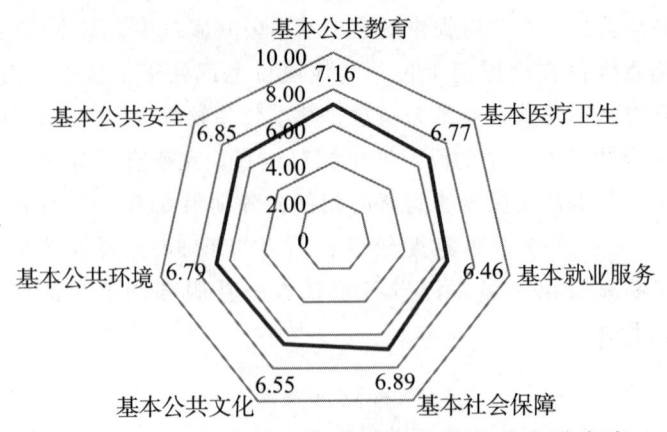

图 4-22　北京市基本公共服务均等化公众满意度

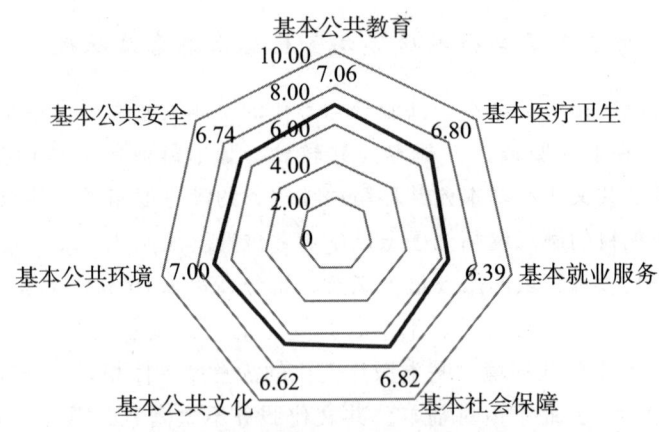

（十四）浙江省基本公共服务均等化公众满意度状况

浙江省以微弱差距排在北京市之后，处于全国基本公共服务均等化满意度排名的中上游，其各项基本公共服务均等化的满意度均高于或平于全国平均水平。其中，浙江省对基本公共教育的满意度最高，以 7.06 分排在全国第 12 位；对基本就业服务的满意度最低，但也以 6.39 分高居全国第 6 位；基本公共环境的满意度在本省所有服务项目中位列第二，得分为 7.00 分；而基本社会保障和基本医疗卫生的满意度较为接近，分别为 6.82 分、6.80 分，后者位居全国第十；浙江省对基本公共安全、基本公共文化的满意度较低，二者也都处于全国中游的位置（见图 4-23）。

图 4-23　浙江省基本公共服务均等化公众满意度

（十五）江西省基本公共服务均等化公众满意度状况

江西省以 6.77 分的基本公共服务均等化满意度得分排在全国第 15 位。在政府提供的七项服务中，江西省对基本公共文化服务最为满意，以 7.12 分位居全国第三；基本公共环境、基本社会保障的满意度也较高，均为 6.95 分，分别排在全国第 14 位、第 10 位；基本医疗卫生、基本公共教育两项服务的满意度较为接近，分别以 6.87 分、6.85 分排在本省所有项目的第 4 位、第 5 位，但前者位居全国第八，后者却低于全国平均水平；基本就业服务、基本公共安全的满意度较低，均为 6.35 分，但前者位居全国第十，后者则排在全国倒数第 3 位从图 4-24 可以看出，江西省各项服务的满意度分布并不均衡，基本公共安全尤其应该成为江西省提升基本公共服务均等化满意度的重点领域。

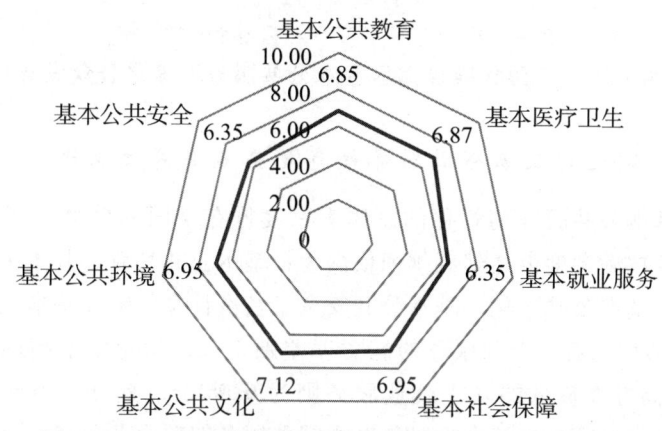

图 4-24　江西省基本公共服务均等化公众满意度

（十六）广西壮族自治区基本公共服务均等化公众满意度状况

广西壮族自治区基本公共服务均等化的总体满意度为 6.73 分，在 31 个调研省份中排名十六。基本公共环境、基本社会保障、基本公共安全三项服务的满意度高于全国平均水平，其他项目则低于全国平均水平。从图 4-25 可以看出，基本公共环境的满意度最高，基本社会保障次之，二者分别以 7.24 分、7.11 分排在全国第 5 位和第 7 位；基本公共安全的满意度得分为 6.86 分，排在本省所有服务项目的第三位，位居全国十二；基本公共教育、基本医疗卫生的满意度较为接近，分别为 6.75 分、6.71 分，前者排在全国倒数第 6 位；基本公共文化在七项服务中排名靠后，在全国也处于中下游；而广西壮族自治区满意度最低的服务项目是基本就业服务，仅得 5.91 分，位居全国倒数第 10 位。可以说，就满意度而言，广西壮族自治区既要巩固基本公共环境、基本社会保障两大服务领域的优势，更要补齐基本公共教育、基本就业服务、基本公共文化的短板。

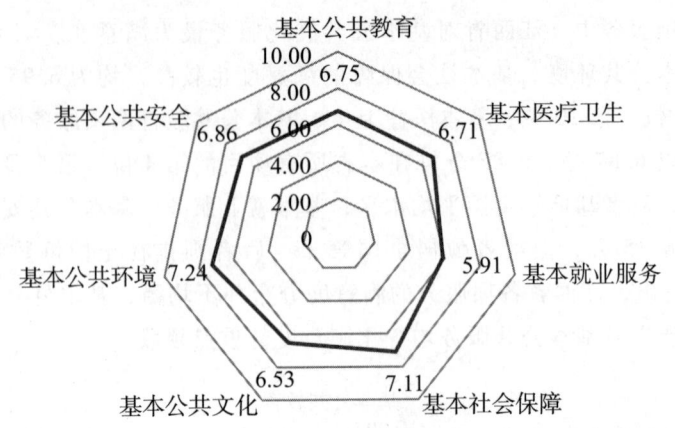

图 4-25 广西壮族自治区基本公共服务均等化公众满意度

(十七) 湖北省基本公共服务均等化公众满意度状况

湖北省基本公共服务均等化的总体满意度排在全国的后半区，得分为 6.66 分。七项服务按满意度由高到低排列依次为：基本公共教育、基本公共环境、基本医疗卫生、基本公共文化、基本公共安全、基本社会保障和基本就业服务（见图 4-26）。整体上看，七项服务的满意度差别不大，满意度最高的服务项目得到 6.92 分，满意度最低的基本就业服务则为 6.06 分。此外，虽然基本公共教育、基本公共安全、基本社会保障、基本就业服务四项服务的满意度得分均低于全国平均水平，但湖北省七项服务基本处于全国中游或中下游的位置，也就不难理解该省总体满意度排在全国第 17 位的原因了。

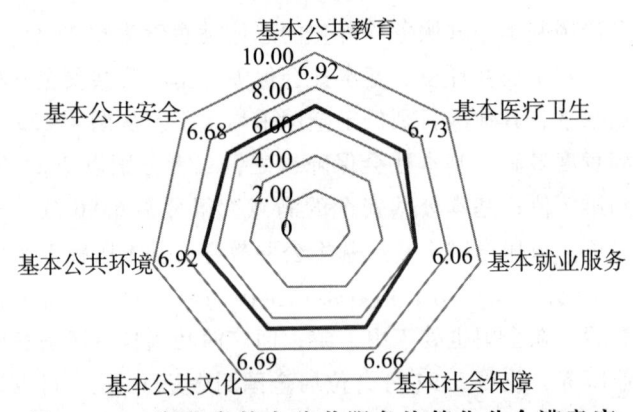

图 4-26 湖北省基本公共服务均等化公众满意度

(十八) 新疆维吾尔自治区基本公共服务均等化公众满意度状况

新疆维吾尔自治区基本公共服务均等化的总体满意度得分为 6.64 分，全国排名较为靠后，但各项服务满意度的结构相对均衡，得分均在 6~7 分（见图 4-27）。其中，基本公共安全、基本社会保障、基本医疗卫生、基本公共文化四项服务的满意度均高于全国平均水平，基本公共安全、基本公共文化更是排进了全国前十名。具体来看，该省对基本公共安全领域的服务最为满意，得分为 6.92 分；基本社会保障、基本医疗卫生则分别以 6.83 分、6.76 分排在该省所有服务项目的第 2、第 3 位，并处于全国中游的位置；基本公共文化、基本公共环境、基本公共教育紧随其后，得分均高于 6.50 分，但后两者的全国排名为倒数第 6 位、倒数第 4 位；满意度最低的服务项目是基本就业服务，仅有 6.04 分，低于全国平均水平。因此，基本公共教育、基本公共环境、基本就业服务理应成为新疆维吾尔自治区提升基本公共服务均等化满意度的着力点。

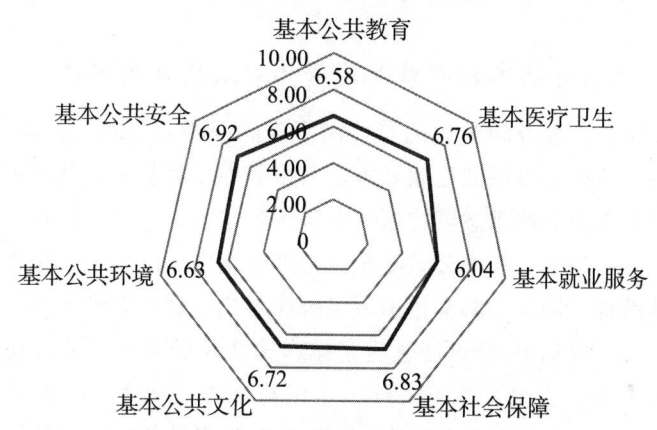

图 4-27 新疆维吾尔自治区基本公共服务均等化公众满意度

（十九）陕西省基本公共服务均等化公众满意度状况

陕西省基本公共服务均等化的总体满意度为 6.60 分，同样处在全国中下游的位置。从该省的雷达图可以明显看出，各项基本公共服务的满意度差别较大。具体来看（见图 4-28），陕西省对基本公共教育领域的服务最为满意，但仅排在全国第 16 位；基本公共环境的满意度次之，但略低于全国平均水平；排在省内第 3、第 4、第 5 位的是基本社会保障、基本公共安全和基本医疗卫生，其中，前者的全国排名是第 14 位，后两者的满意度则低于全国平均水平；基本公共文化的满意度较低，仅得到 6.16 分，排在全国倒数第 6 位；基本就业服务则以 5.95 分排在七项服务中的末位，同样低于全国平均水平。可见，陕西省各项基本公共服务均等化的满意度都亟待提高，基本公共文化和基本就业服务尤其如此。

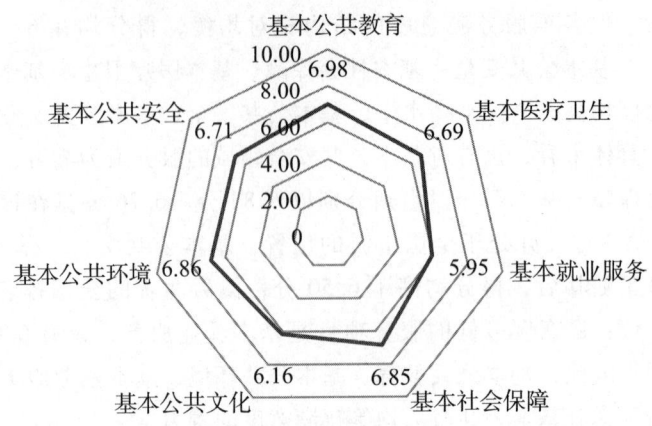

图 4-28　陕西省基本公共服务均等化公众满意度

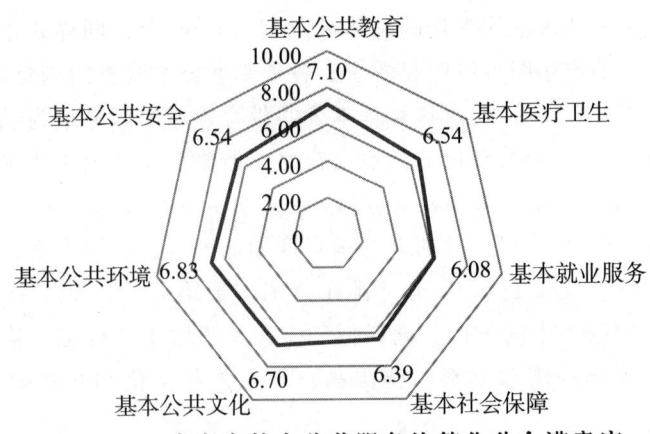

（二十）广东省基本公共服务均等化公众满意度状况

广东省基本公共服务均等化的总体满意度状况不容乐观，约为 6.60 分，排在全国中下游。在政府提供的七项基本公共服务中，除基本公共教育、基本公共文化外，其他五项服务的满意度均低于全国平均水平，而基本医疗卫生、基本社会保障、基本公共环境、基本公共安全全都处于全国后十名，与排在全国十位左右的基本公共教育、基本公共文化形成了鲜明对比。就广东省而言，基本公共教育的满意度最高，以 7.10 分遥遥领先于排在第 2 位的基本公共环境服务；基本公共文化、基本公共安全、基本医疗卫生则排在本省第 3、4、5 位，分别得到 6.70 分、6.54 分、6.54 分；基本就业服务的满意度最低，与倒数第 2 位的基本社会保障尚有差距，但在全国排名第 15 位。总体上说，除教育、文化领域外，广东省其他领域的基本公共服务均等化满意度都需要较大幅度的提升（见图 4-29）。

图 4-29　广东省基本公共服务均等化公众满意度

（二十一）内蒙古自治区基本公共服务均等化公众满意度状况

内蒙古自治区基本公共服务均等化的总体满意度为 6.56 分，排在全国倒数第 11 位。在政府提供的七项基本公共服务中，除基本医疗卫生、基本公共环境外，其他五项服务的满意度均低于全国平均水平。其中，基本公共教育排在全国倒数第 10，基本社会保障倒数第 9 位，基本公共文化倒数第 8 位，基本公共安全倒数第 4 位。就本省而言，基本公共环境的满意度最高，得到 6.91 分，略高于全国平均水平；基本医疗卫生以 0.01 分的差距位列省内第 2 位，高居全国第 6 位；基本公共教育则以 6.83 分排在第 3 位；基本社会保障、基本公共安全、基本公共文化分别以 6.55 分、6.42 分、6.33 分的满意度得分排在后面；而内蒙古自治区对基本就业服务最为不满，得分仅为 6.00 分，在全国排名第 18 位。可见，除基本医疗卫生领域外，该省其他服务项目的满意度普遍偏低（见图 4-30）。

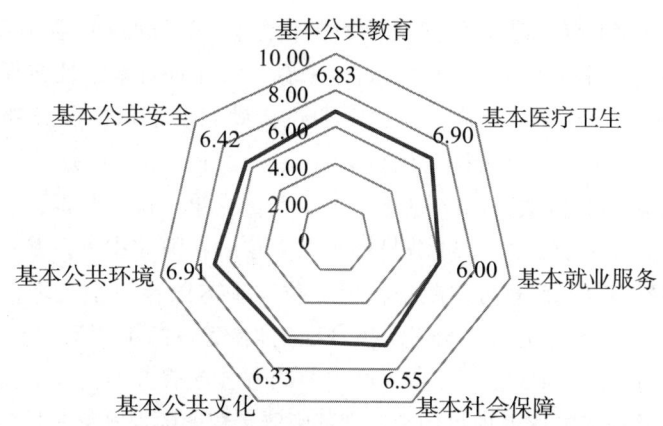

图 4-30 内蒙古自治区基本公共服务均等化公众满意度

（二十二）安徽省基本公共服务均等化公众满意度状况

安徽省基本公共服务均等化的总体满意度为 6.55 分，在 31 个调研省份中位列倒数第 10。在七项基本公共服务中，除基本公共文化服务外，其他六项服务的满意度均低于全国平均水平。其中，基本公共安全以 6.47 分排在全国倒数第 6 位，基本就业服务以 5.68 分的低分位居倒数第 4 位。虽然安徽省各项服务的满意度都不高，但除基本就业服务外，其他项目的满意度差异并不算大。安徽省对基本公共环境、基本公共教育的满意度最高，均为 6.84 分；排在第 3、第 4、第 5 位的基本医疗卫生、基本社会保障、基本公共文化的满意度较为接近，得分均在 6.70 分左右；倒是满意度最低的基本就业服务远远落后于倒数第 2 位的基本公共安全，后者得到 6.47 分（见图 4-31）。

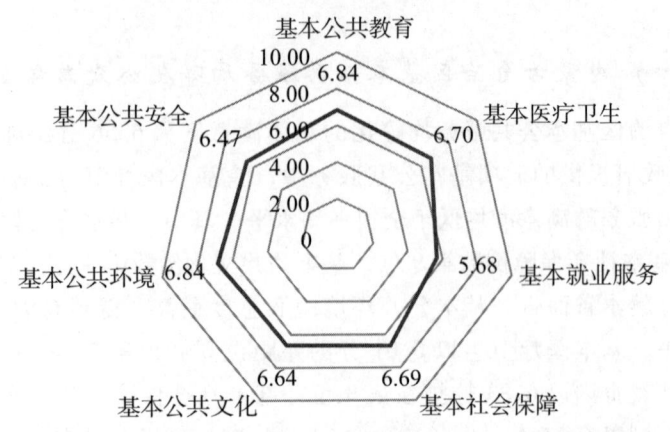

图 4-31 安徽省基本公共服务均等化公众满意度

(二十三) 河北省基本公共服务均等化公众满意度状况

河北省以 6.51 分的基本公共服务均等化总体满意度排在全国倒数第 9 位，并且其各项服务的满意度差别较大。具体来看，河北省对基本社会保障领域的政府服务最为满意，以 7.06 分高居全国第 8 位；满意度最低的服务项目是基本就业服务，仅得 5.83 分，全国排名倒数第 6 位。此外，基本医疗卫生、基本公共文化的全国排名均为倒数第 10，基本公共安全倒数第 9 位，基本公共教育倒数第 8 位，基本公共环境更是以 6.34 分排在全国末位。在河北省内，基本公共教育以落后基本社会保障 0.25 分的差距排在第 2 位，基本医疗卫生次之，基本公共安全和基本公共文化则分别以 6.55 分、6.39 分排在省内第 4、第 5 位，基本公共环境则以 6.34 分排在省内倒数第 2 位。综观河北省各项服务的公众满意度，除基本社会保障外，其他所有服务项目的满意度都亟待大幅度的提升（见图 4-32）。

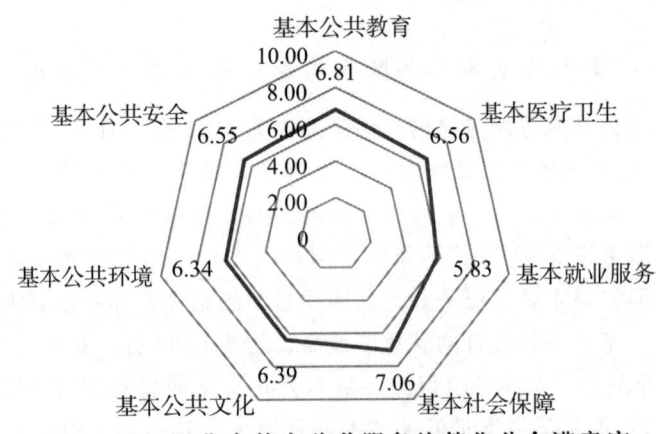

图 4-32 河北省基本公共服务均等化公众满意度

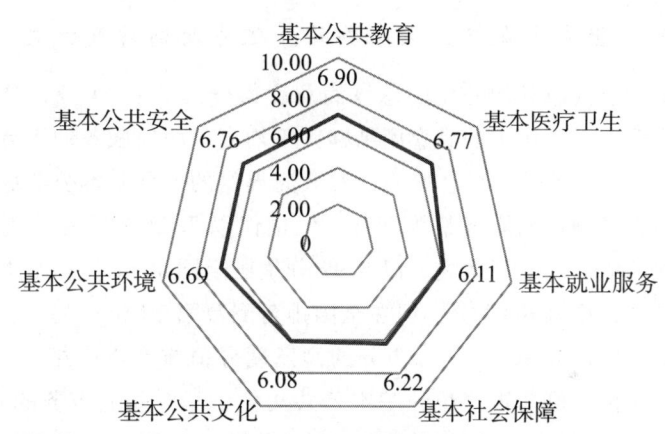

(二十四) 吉林省基本公共服务均等化公众满意度状况

吉林省对基本公共服务均等化的总体满意度也不高，以 6.50 分排在全国倒数第 8 位。该省各项基本公共服务均等化的满意度得分均在 6~7 分，整体结构相对均衡，按满意度由高到低排列依次为：基本公共教育、基本医疗卫生、基本公共安全、基本公共环境、基本社会保障、基本就业服务和基本公共文化。其中，基本医疗卫生、基本就业服务、基本公共安全三项服务的满意度高于或平于全国平均水平，其他四项服务的满意度则低于全国平均水平，基本公共文化、基本社会保障更是以 6.08 分、6.22 分排在了全国倒数第 4 位、倒数第 5 位的位置，是拉低吉林省基本公共服务均等化总体满意度的关键因素（见图 4-33）。

图 4-33 吉林省基本公共服务均等化公众满意度

(二十五) 云南省基本公共服务均等化公众满意度状况

云南省对基本公共服务均等化的总体满意度同样不容乐观，得分仅为 6.44 分，处于全国下游水平。在政府提供的七项基本公共服务中，仅基本社会保障一项服务的满意度高于全国平均水平，以 6.84 分排在全国第 15 位。而在得分低于全国平均水平的六项基本公共服务中，基本就业服务以 5.90 分排在全国倒数第 9 位，基本医疗卫生以 6.49 分位列全国倒数第 7 位，基本公共教育和基本公共文化均倒数第 2，满意度分别为 6.52 分、5.78 分，后者也是云南省满意度最低的服务项目。就云南省而言，各服务项目按满意度从高到低排列依次为：基本公共环境、基本社会保障、基本公共安全、基本公共教育、基本医疗卫生、基本就业服务和基本公共文化。总体而言，云南省各项基本公共服务均等化的满意度得分均偏低，共同造就了该省较低的总体满意度（见图 4-34）。

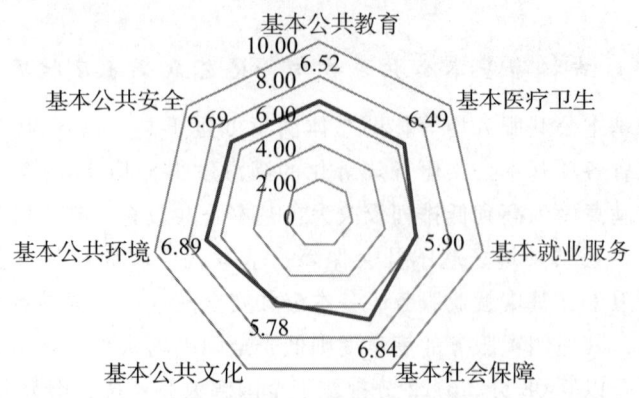

图 4-34　云南省基本公共服务均等化公众满意度

（二十六）重庆市基本公共服务均等化公众满意度状况

重庆市基本公共服务均等化的总体满意度得分约为 6.44 分，排在全国倒数第 6 位。总体而言，重庆市的满意度结构并不均衡，两项服务的满意度在 7 分左右，两项服务则低于 6 分。具体来看，在政府提供的七项基本公共服务中，重庆市对基本公共教育领域的服务最为满意，但也仅以 7.04 分勉强达到全国平均水平；基本公共环境的满意度次之，以 6.99 分位居全国第 12 位；基本社会保障的满意度相对较高，得到 6.60 分，但在全国排名倒数第 10 位；基本公共安全、基本医疗卫生则分别以 6.46 分、6.32 分的满意度分值排在本省第 4、第 5 位，位居全国倒数第 5 位、倒数第 3 位；基本公共文化、基本就业服务的满意度更低，都在 6 分以下，分别排在全国倒数第 3、倒数第 5 的位置，满意度最低的基本就业服务仅得到 5.73 分。可以说，除基本公共环境、基本公共教育领域的服务差强人意外，其他服务项目的满意度状况都不容乐观（见图 4-35）。

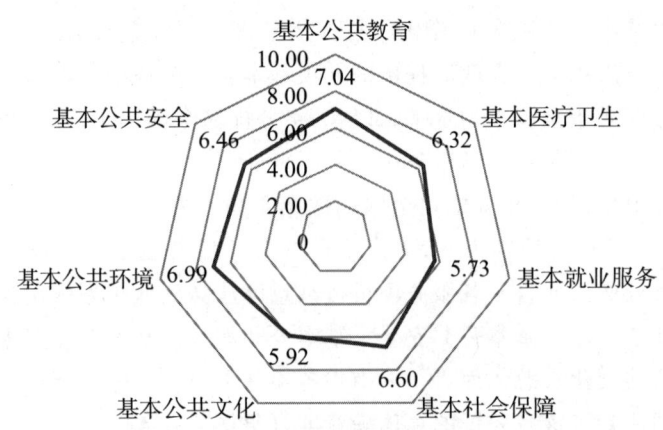

图 4-35　重庆市基本公共服务均等化公众满意度

(二十七) 海南省基本公共服务均等化公众满意度状况

海南省对政府提供的基本公共服务不甚满意,以 6.34 分的总体满意度排在全国倒数第 5 位。除基本公共文化、基本公共环境外,其他五项服务的满意度均低于全国平均水平。基本公共环境是海南省满意度最高的服务项目,以 7.20 分位居全国第 7 位;基本公共文化也以 6.82 分的满意度分值排在全国第 7 位。其他服务项目则与之形成了鲜明对比,其中,基本公共教育、基本医疗卫生、基本就业服务分别以 6.52 分、5.91 分、5.29 分排在全国末位,基本公共安全则以 6.12 分位居全国倒数第 2 位,基本社会保障的位次稍高,以 6.48 分排在全国倒数第 8 位。此外,海南省各项服务的满意度排名由高到低依次为:基本公共环境、基本公共文化、基本公共教育、基本社会保障、基本公共安全、基本医疗卫生和基本就业服务,其满意度的差值也相对较大。面对基本公共服务的上述分值与结构,海南省既要巩固基本公共文化、基本公共环境两项服务的较高满意度,更要着力改善其他所有服务项目的公众评价(见图 4-36)。

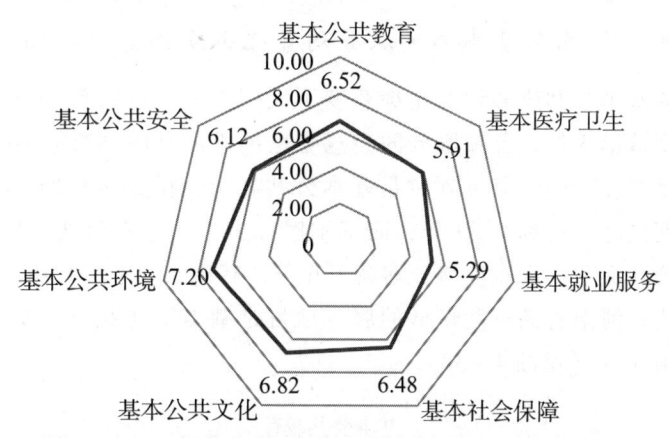

图 4-36 海南省基本公共服务均等化公众满意度

(二十八) 辽宁省基本公共服务均等化公众满意度状况

辽宁省基本公共服务均等化的总体满意度为 6.33 分,排在东三省末位,全国倒数第 4 位。该省不仅总体满意度低,各项基本公共服务均等化的满意度也都低于全国平均水平。其中,基本社会保障以 5.68 分排在全国倒数第 2 位,同时也是辽宁省满意度最低的服务项目。与之相对,辽宁省对基本公共教育的满意度最高,但也以 6.74 分位列全国倒数第 5 位;基本医疗卫生次之,得分为 6.63 分,处于全国下游;基本公共安全、基本公共环境的满意度相似,约为 6.51 分,分别排在全国倒数第 7 位、倒数第 4 位;基本公共文化的满意度较低,以 6.37

分位居全国倒数第 9 位；而基本就业服务的满意度仅高于基本社会保障，只有 5.89 分。可以料想，辽宁省若要提升基本公共服务均等化的总体满意度，不得不在各个领域均衡发力，不能有所偏颇（图 4-37）。

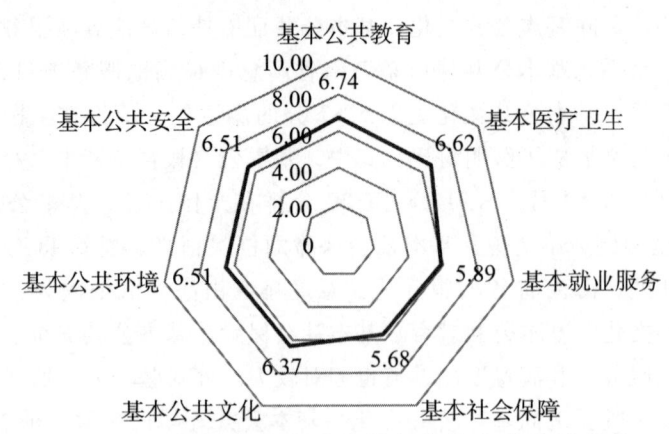

图 4-37 辽宁省基本公共服务均等化公众满意度

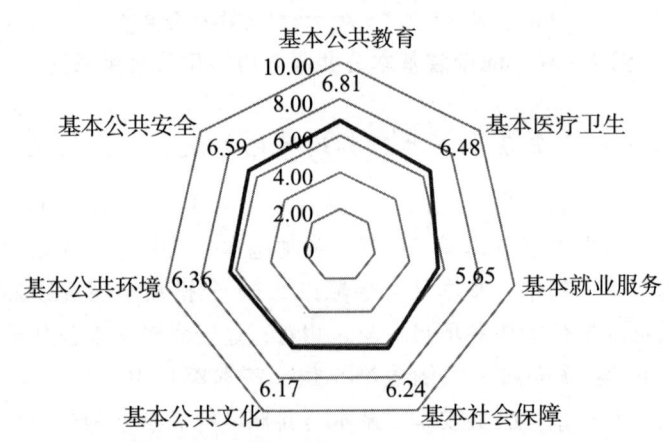

（二十九）河南省基本公共服务均等化公众满意度状况

河南省的基本公共服务均等化满意度不太理想，不仅以 6.33 分的总体满意度排在全国倒数第 3 位，各项服务的满意度也都排进全国倒数第 10 位。具体而言，河南省满意度最高的服务项目是基本公共教育，得分为 6.81 分；基本公共安全的满意度次之，得到 6.59 分；而基本医疗卫生、基本公共环境、基本社会保障、基本公共文化的满意度得分均高于 6 分，其中，基本公共环境的满意度全国倒数第 2 位；河南省满意度最低的服务项目是基本就业服务，仅以 5.65 分排在全国倒数第 3 位（见图 4-38）。

图 4-38 河南省基本公共服务均等化公众满意度

(三十) 天津市基本公共服务均等化公众满意度状况

天津市基本公共服务均等化的总体满意度以 6.26 分排在全国倒数第 2 位，不仅在华北地区处于末位，更是我国基本公共服务满意度最低的直辖市。天津市对七项服务的满意度无不低于全国平均水平，五项服务排进了倒数 10 名以内，基本公共文化服务的满意度更是全国最低，与倒数第 2 位的云南省差出 0.57 分。具体到天津市内，七项基本公共服务按满意度由高到低排列依次为：基本公共教育、基本公共安全、基本公共环境、基本医疗卫生、基本社会保障、基本就业服务以及基本公共文化，后两者的满意度得分均在 6 分以下。可以说，天津市各项基本公共服务的满意度状况虽都不尽如人意，基本公共文化却是最大的短板，在各项服务均等化满意度偏低的情况下，再一次严重拉低了天津市的整体排名（见图 4-39）。

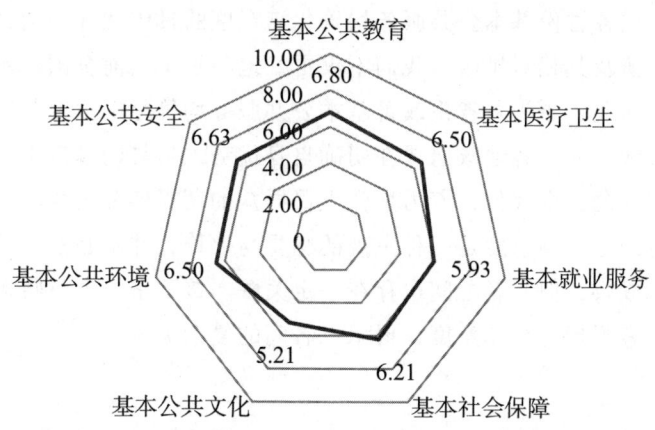

图 4-39　天津市基本公共服务均等化公众满意度

(三十一) 福建省基本公共服务均等化公众满意度状况

在本次调研的 31 个省份中，福建省对基本公共服务均等化的总体满意度最低，仅得到 6.21 分。具体来看，基本公共环境、基本公共教育两项服务的满意度最高，均为 6.57 分，但在全国分别排在倒数第 5、倒数第 3 的位置；基本公共文化、基本医疗卫生、基本公共安全三项服务的满意度得分也在 6 分以上，分别排在本省所有服务项目的第 3、第 4、第 5 位，其中，基本公共文化是福建省唯一一个高于全国平均水平的服务项目，后二者则分别位居全国倒数第 2 位和倒数第 1 位；福建省尤其不满于基本社会保障和基本就业服务，二者得分均在 6 分以下，并分别以 5.99 分、5.60 分的满意度分值排在全国倒数第 3、倒数第 2 的位置。这样一来，除基本公共文化服务勉强高过全国平均水平外，其他各项服务均排在全国倒数前五位，导致福建省基本公共服务均等化的总体满意度处于全国末位（见图 4-40）。

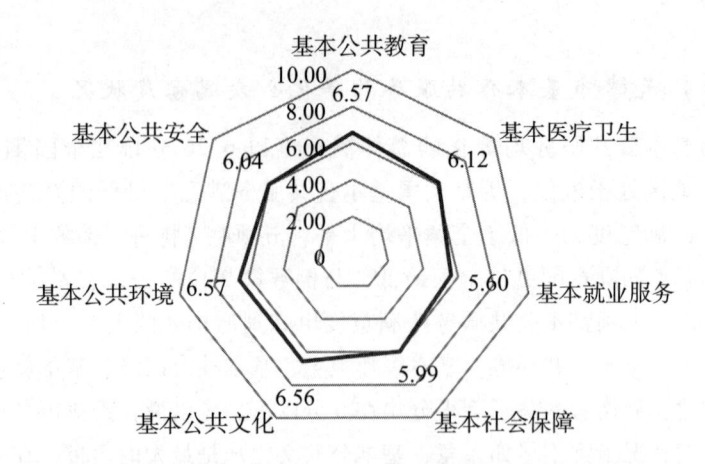

```
                基本公共教育
                  10.00  6.57
          8.00
基本公共安全         6.00      基本医疗卫生
      6.04    6.00        6.12
              4.00
              2.00
               0
基本公共环境 6.57              5.60 基本就业服务

              5.99
         6.56
   基本公共文化      基本社会保障
```

图 4-40 福建省基本公共服务均等化公众满意度

以上是全国各省份基本公共服务均等化满意度的具体状况。通过揭示各项服务的满意度分值及其相对排名，我们不仅更好地理解了当前全国基本公共服务均等化的满意度状况，更为各省份改善基本公共服务均等化满意度状况的努力提供了一定的参考和方向。各地政府要在明确自身优势、劣势的基础上，针对性地提升基本公共服务的公众评价，着力增强人民群众的获得感和满意度。

需要注意的是，满意度是一种主观的感受与评价，并不必然反映各地基本公共服务建设的成效，但二者之间也存在一定关联。接下来，本章将对比基本公共服务均等化的客观指标与满意度，揭示二者间的复杂关系。

第六节 基本公共服务均等化客观指标与公众满意度对比分析

一、基本公共教育服务均等化客观指标与公众满意度对比分析

表 4-50 显示，北京作为首都，教育资源最为丰富，在客观指标得分与满意度得分上均有良好的排名；上海作为我国的经济中心，教育资源也较为发达，在客观指标与满意度两项上也有不错的名次；但同为经济大省的广东却在教育均等化的客观指标上排名落后。作为教育大省的山东在基本公共教育服务均等化满意度排名中位列第二，同为教育大省的河北则排名较低。天津、内蒙古、吉林、黑龙江等省份的基本公共教育服务均等化客观指标得分较高，但排名均处于中后。

表 4-50　　基本公共教育服务均等化客观指标与满意度状况

地区		基本公共教育服务均等化客观指标得分	排名	基本公共教育服务均等化满意度得分	排名
华北地区	北京	1 500.18	1	7.16	4
	天津	1 298.39	3	6.80	25
	河北	930.75	25	6.81	24
	山西	1 123.26	10	7.11	7
	内蒙古	1 148.21	9	6.83	22
东北地区	辽宁	1 102.86	12	6.74	27
	吉林	1 277.12	4	6.90	19
	黑龙江	1 158.32	8	7.01	15
华东地区	上海	1 329.41	2	7.11	8
	江苏	1 100.79	13	7.14	6
	浙江	1 035.62	16	7.06	12
	安徽	1 018.40	18	6.84	21
	福建	1 019.22	17	6.57	29
	江西	927.35	26	6.85	20
	山东	956.23	23	7.24	2
华中地区	河南	908.66	29	6.81	23
	湖北	1 085.35	14	6.92	18
	湖南	982.32	21	7.09	10
华南地区	广东	900.80	30	7.10	9
	广西	912.19	28	6.75	26
	海南	1 013.61	19	6.52	31
西南地区	重庆	992.35	20	7.04	14
	四川	945.56	24	6.96	17
	贵州	896.49	31	7.15	5
	云南	922.94	27	6.52	30
	西藏	1 244.26	5	7.08	11
西北地区	陕西	1 203.82	6	6.98	16
	甘肃	1 179.57	7	7.19	3
	青海	1 083.45	15	7.42	1
	宁夏	970.86	22	7.06	13
	新疆	1 116.63	11	6.58	28

资料来源：根据笔者调查研究整理。

二、基本医疗卫生服务均等化客观指标与公众满意度对比分析

表 4-51 显示，就基本医疗卫生服务均等化的客观指标而言，沿海地区的排名相对较高，中西部地区的排名较低。总体来看，经济发达地区在客观指标与满意度上的排名均较高，但北京、天津、上海的满意度排名并不拔尖，而是处于中上游水平。经济欠发达地区中，西藏、新疆、青海、贵州等地的客观指标得分均较低，其中西藏得分为负；但内蒙古、宁夏等地的客观指标及满意度均有较高的排名。

表 4-51　基本医疗卫生服务均等化客观指标与满意度状况

地区		基本医疗卫生服务均等化客观指标得分	排名	基本医疗卫生服务均等化满意度得分	排名
华北地区	北京	874.02	1	6.77	12
	天津	658.98	4	6.50	24
	河北	490.87	12	6.56	22
	山西	386.07	22	6.43	28
	内蒙古	456.10	13	6.90	6
东北地区	辽宁	427.90	16	6.63	20
	吉林	421.17	18	6.77	13
	黑龙江	349.63	26	6.76	15
华东地区	上海	815.72	2	6.88	7
	江苏	590.40	5	6.93	4
	浙江	700.74	3	6.80	10
	安徽	438.46	15	6.70	18
	福建	553.87	7	6.12	30
	江西	442.10	14	6.87	8
	山东	542.11	8	7.38	1
华中地区	河南	410.70	19	6.48	26
	湖北	494.09	11	6.73	16
	湖南	355.81	24	7.02	3
华南地区	广东	567.73	6	6.54	23
	广西	8.38	30	6.71	17
	海南	407.36	20	5.91	31

续表

地区		基本医疗卫生服务均等化客观指标得分	排名	基本医疗卫生服务均等化满意度得分	排名
西南地区	重庆	351.10	25	6.32	29
	四川	356.20	23	6.85	9
	贵州	277.08	27	6.92	5
	云南	125.01	29	6.49	25
	西藏	-183.66	31	6.60	21
西北地区	陕西	507.65	10	6.69	19
	甘肃	423.08	17	7.06	2
	青海	388.90	21	6.48	27
	宁夏	518.68	9	6.78	11
	新疆	142.15	28	6.76	14

资料来源：根据笔者调查研究整理。

三、基本就业服务均等化客观指标与公众满意度对比分析

表4-52显示，在基本就业服务均等化方面，北京、山东、甘肃的客观指标得分与满意度得分均排名较高；福建、湖南、广西、海南、重庆的两项得分均排名靠后；内蒙古、辽宁、云南、宁夏、新疆的客观指标得分均有较高的排名，满意度则相对落后；黑龙江、江苏、浙江的客观指标得分排名虽低，满意度却有较好的名次。此外，就地区而言，华南地区的两项得分均排名不高，西北地区的客观指标得分均排在全国中上游。

表4-52 基本就业服务均等化客观指标与满意度状况

地区		基本就业服务均等化客观指标得分	排名	基本就业服务均等化满意度得分	排名
华北地区	北京	736.79	9	6.46	5
	天津	636.89	16	5.93	20
	河北	666.85	15	5.83	26
	山西	592.58	19	6.18	13
	内蒙古	1 381.24	1	6.00	18

续表

地区		基本就业服务均等化客观指标得分	排名	基本就业服务均等化满意度得分	排名
东北地区	辽宁	695.73	11	5.89	24
	吉林	537.26	23	6.11	14
	黑龙江	491.11	25	6.36	8
华东地区	上海	426.99	NA	6.36	7
	江苏	418.80	28	6.51	4
	浙江	481.76	27	6.39	6
	安徽	685.39	13	5.68	28
	福建	490.62	26	5.60	30
	江西	622.86	17	6.35	10
	山东	928.37	6	6.59	2
华中地区	河南	605.16	18	5.65	29
	湖北	712.80	10	6.06	16
	湖南	537.52	22	5.88	25
华南地区	广东	395.58	29	6.08	15
	广西	536.27	24	5.91	22
	海南	572.32	20	5.29	31
西南地区	重庆	539.67	21	5.73	27
	四川	990.18	5	6.32	11
	贵州	748.93	8	6.36	9
	云南	1 038.73	4	5.90	23
	西藏	148.00	NA	7.00	1
西北地区	陕西	685.84	12	5.95	19
	甘肃	774.12	7	6.59	3
	青海	685.05	14	6.20	12
	宁夏	1 055.50	3	5.91	21
	新疆	1 212.39	2	6.04	17

资料来源：根据笔者调查研究整理。

注：上海、西藏投入指标的数据缺失，故客观指标得分不计入排名。

四、基本社会保障服务均等化客观指标与公众满意度对比分析

表4-53显示，基本社会保障服务均等化在客观指标得分排名上基本遵循着各省的经济状况，但宁夏、青海作为欠发达省份的排名较高；从地区角度来看，东北地区的平均排名较高，其余地区沿海省份的排名较高；但作为沿海经济相对发达省份，福建的客观指标得分排名较低。满意度的排名则没有遵循经济发展水平，其中山西、宁夏、贵州、四川等省份的排名较高。中部地区的客观指标得分和满意度得分均排名较低。

表4-53 基本社会保障服务均等化客观指标与满意度状况

地区		基本社会保障服务均等化客观指标得分	排名	基本社会保障服务均等化满意度得分	排名
华北地区	北京	2 121.47	1	6.89	12
	天津	1 191.90	4	6.21	28
	河北	632.96	26	7.06	8
	山西	753.96	16	8.23	1
	内蒙古	932.90	10	6.55	23
东北地区	辽宁	1 066.64	6	5.68	30
	吉林	882.45	11	6.22	27
	黑龙江	953.49	9	6.74	18
华东地区	上海	1 524.65	2	6.73	19
	江苏	868.32	12	6.90	11
	浙江	1 242.74	3	6.82	17
	安徽	654.05	24	6.69	20
	福建	623.24	27	5.99	29
	江西	603.39	28	6.95	10
	山东	712.29	22	7.16	6
华中地区	河南	602.54	29	6.24	26
	湖北	743.32	18	6.66	21
	湖南	689.16	23	7.18	5

续表

地区		基本社会保障服务均等化客观指标得分	排名	基本社会保障服务均等化满意度得分	排名
华南地区	广东	845.93	13	6.39	25
	广西	581.12	30	7.11	7
	海南	716.38	21	6.48	24
西南地区	重庆	1 007.50	7	6.60	22
	四川	730.65	20	7.19	4
	贵州	567.25	31	7.40	3
	云南	642.72	25	6.84	15
	西藏	793.31	14	5.20	31
西北地区	陕西	747.35	17	6.85	14
	甘肃	734.92	19	6.88	13
	青海	982.87	8	7.00	9
	宁夏	1 071.01	5	7.73	2
	新疆	770.89	15	6.83	16

资料来源：根据笔者调查研究整理。

五、基本公共文化服务均等化客观指标与公众满意度对比分析

表4-54显示，北京、上海、浙江、西藏、青海、山西、福建等省份在基本公共文化服务均等化客观指标得分上排名较高，但北京的满意度排名相对较低。东北地区、华中地区、西南地区、西北地区的客观指标得分普遍较低，但也有例外，西藏、青海、新疆的客观指标得分与满意度得分均排名较高。而在经济发达地区中，上海的客观指标与满意度得分均排名较高；北京、浙江等地的客观指标得分虽高，满意度排名却较低。

表4-54　基本公共文化服务均等化客观指标与满意度状况

地区		基本公共文化服务均等化客观指标得分	排名	基本公共文化服务均等化满意度得分	排名
华北地区	北京	1 164.83	5	6.55	20
	天津	957.09	12	5.21	31
	河北	615.11	27	6.39	22
	山西	1 088.49	8	7.18	2
	内蒙古	1 060.35	9	6.33	24

续表

地区		基本公共文化服务均等化客观指标得分	排名	基本公共文化服务均等化满意度得分	排名
东北地区	辽宁	748.71	19	6.37	23
	吉林	870.20	14	6.08	28
	黑龙江	666.66	26	6.69	12
华东地区	上海	1 431.05	3	6.99	5
	江苏	778.32	18	6.86	6
	浙江	1 352.37	4	6.62	15
	安徽	744.69	20	6.64	14
	福建	1 123.76	6	6.56	19
	江西	741.49	21	7.12	3
	山东	577.01	30	6.78	9
华中地区	河南	594.07	28	6.17	25
	湖北	737.67	22	6.69	13
	湖南	691.10	24	6.59	18
华南地区	广东	717.68	23	6.70	11
	广西	586.31	29	6.53	21
	海南	914.64	13	6.82	7
西南地区	重庆	857.30	15	5.92	29
	四川	789.10	17	6.60	17
	贵州	568.07	31	6.80	8
	云南	682.95	25	5.78	30
	西藏	2 600.83	1	7.20	1
西北地区	陕西	1 030.74	10	6.16	26
	甘肃	960.72	11	6.12	27
	青海	1 564.97	2	7.00	4
	宁夏	819.06	16	6.61	16
	新疆	1 101.19	7	6.72	10

资料来源：根据笔者调查研究整理。

六、基本公共环境服务均等化客观指标与公众满意度对比分析

表 4-55 显示，在基本公共环境服务均等化方面，江苏、浙江、重庆、宁夏的客观指标得分与满意度得分均有不错的排名；天津、辽宁、上海、河南、湖北、云南、陕西的两项得分则处于全国下游；北京、山西、内蒙古、福建、广东、青海、新疆的客观指标得分排名较高，满意度的名次却相对较低；湖南、广西、海南、四川、贵州、西藏在客观指标上的得分排名较低，满意度却排名较高。此外，就地区而言，华北地区的客观指标得分普遍位于全国中上游，满意度无不位于中下游；东北地区、华中地区的客观指标得分均排在全国中下游。

表 4-55　基本公共环境服务均等化客观指标与满意度状况

地区		基本公共环境服务均等化客观指标得分	排名	基本公共环境服务均等化满意度得分	排名
华北地区	北京	1 025.94	5	6.79	23
	天津	931.04	17	6.50	29
	河北	861.62	13	6.34	31
	山西	1 049.70	4	6.93	15
	内蒙古	1 094.91	3	6.91	18
东北地区	辽宁	751.06	20	6.51	28
	吉林	806.46	15	6.69	25
	黑龙江	763.23	18	7.02	10
华东地区	上海	745.81	16	6.77	24
	江苏	977.03	7	7.10	9
	浙江	1 012.00	6	7.00	11
	安徽	794.46	14	6.84	21
	福建	843.64	12	6.57	27
	江西	717.75	23	6.95	14
	山东	879.59	10	7.14	8
华中地区	河南	598.16	31	6.36	30
	湖北	657.87	25	6.92	17
	湖南	641.64	28	7.40	3

续表

地区		基本公共环境服务均等化客观指标得分	排名	基本公共环境服务均等化满意度得分	排名
华南地区	广东	904.46	9	6.83	22
	广西	685.97	24	7.24	5
	海南	667.01	26	7.20	7
西南地区	重庆	945.28	8	6.99	12
	四川	634.34	29	7.22	6
	贵州	645.92	27	7.51	2
	云南	735.78	22	6.89	19
	西藏	634.80	30	7.64	1
西北地区	陕西	754.97	19	6.86	20
	甘肃	733.83	21	6.96	13
	青海	1 220.20	1	6.92	16
	宁夏	1 108.52	2	7.25	4
	新疆	889.44	11	6.63	26

资料来源：根据笔者调查研究整理。

七、基本公共安全服务均等化客观指标与公众满意度对比分析

表4-56显示，在基本公共安全服务均等化方面，西藏、山东、甘肃的客观指标得分与满意度得分均排名较高；天津、内蒙古、安徽、福建、江西均排名较低；北京、辽宁、上海、河南、湖北、广东、重庆的客观指标得分排名较高，满意度却不尽如人意；黑龙江、湖南、贵州、宁夏、新疆的客观指标排名虽低，满意度却相对较高。需要指出的是，西北地区在客观指标上的得分普遍排在全国中下游，满意度却位于中上游。

表4-56　基本公共安全服务均等化客观指标与满意度状况

地区		基本公共安全服务均等化客观指标得分	排名	基本公共安全服务均等化满意度得分	排名
华北地区	北京	-114.98	2	6.85	13
	天津	-393.47	29	6.63	21
	河北	-210.27	11	6.55	23
	山西	-224.58	13	6.94	8
	内蒙古	-312.26	24	6.42	28

续表

地区		基本公共安全服务均等化客观指标得分	排名	基本公共安全服务均等化满意度得分	排名
东北地区	辽宁	-196.47	9	6.51	25
	吉林	-308.10	23	6.76	16
	黑龙江	-287.54	22	6.94	7
华东地区	上海	-137.19	4	6.79	14
	江苏	-179.72	7	6.91	10
	浙江	-226.06	15	6.74	17
	安徽	-327.14	26	6.47	26
	福建	-246.56	19	6.04	31
	江西	-339.10	27	6.35	29
	山东	-157.40	5	7.34	1
华中地区	河南	-115.44	3	6.59	22
	湖北	-189.42	8	6.68	20
	湖南	-320.82	25	7.00	4
华南地区	广东	-209.21	10	6.54	24
	广西	-239.04	17	6.86	12
	海南	-227.97	16	6.12	30
西南地区	重庆	-160.44	6	6.46	27
	四川	-225.39	14	6.94	6
	贵州	-449.91	30	7.15	3
	云南	-242.12	18	6.69	19
	西藏	-54.20	1	7.23	2
西北地区	陕西	-390.82	28	6.71	18
	甘肃	-214.50	12	6.89	11
	青海	-260.78	20	6.77	15
	宁夏	-495.90	31	6.99	5
	新疆	-281.76	21	6.92	9

资料来源：根据笔者调查研究整理。

第五章

基本公共服务均等化的国际经验与国内创新

第一节 基本公共服务均等化的国际经验

一、以均衡区域发展促进均等化：德国的经验

德国位于欧洲中部，是欧洲最大的经济实体，也是世界上最早建立社会保障制度的国家。在世界历史上，德国虽然经历了数次战争与变革，却始终在经济、科技和社会事业发展方面位于世界前列。目前，德国已经建立了覆盖教育、医疗、就业、住房等涉及人的基本公共需求的完善的公共服务体系，实现了基本公共服务均等化。德国基本公共服务均等化实践中的成功举措和经验，值得我们学习与借鉴。

（一）德国基本公共服务均等化的背景与历程

德国公共服务体系与社会保障的发展历史悠久，最早可以追溯到中世纪的矿工自发组织。随着德国工业化进程的加快，社会物质水平快速提升，物质财富的主要创造者——雇佣劳动者却处于生活、工作毫无保障的艰难处境，这就带来了就业、医疗和住房等一系列社会问题。其实，早在19世纪40年代，一些企业家

和社会活动家就已经通过创立工厂储蓄所、发起工人合作社运动等方式解决工人的社会福利问题，但这些做法只是针对部分工人，受益面较窄且不成规模。在俾斯麦时期，德国政府为了缓和与工人阶级的矛盾，通过将社会保障纳入立法并增加工人福利的做法来缓和阶级矛盾。德国在1881年颁布实施《社会保障法》，于1883年和1884年分别实施了针对工人的《工人医疗保险法》和《工人工伤事故保险法》，在1889年又制定了《养老保险法》，这些法律的制定和实施开启了德国在公共服务体系和社会保障体系建设的新纪元。此后，德国相继颁布《帝国保险法》（1911）、《职员保险法》（1924）、《失业保险法》（1927）等一系列法规，逐步实现了公共服务体系的法律化。[①]

"二战"之后，德国实行联邦制，在经济上实行市场经济体制，注重发挥国家的社会与经济职能来保障公民权利和社会公正，基本公共服务体系建设得到进一步发展。1949年《德意志联邦共和国基本法》（以下简称《基本法》）得以通过，该法第二章第二十条第一款明确规定"德意志联邦共和国是民主的和社会福利的联邦制国家"，第七章第七十二条第二款也明确规定"为联邦领域内创造同等生活条件"。可见，实现基本公共服务均等化与全民福利成为此后公共服务体系建设的方向和要求。此后，德国通过颁布《农民养老金法案》和《护理保险法》等政策，进一步扩大了社会保险的规模和覆盖面。特别是1990年东德和西德实现统一之后，两德经济和社会体制逐步走向一体化，这就进一步拓展了基本公共服务体系的保障范围，进一步扩大了基本公共服务体系的覆盖面，两德的公共服务体系也逐步走向一体化与规范化。也就是说，德国经过100多年的发展，其基本公共服务体系日臻完善，形成了系统、完善的基本公共服务体系。

（二）德国基本公共服务均等化的主要举措

德国基本公共服务均等化的成功实践，可以从明确中央地方权责分工、财政有效转移支付、制度保障三个方面进行分析。

1. 明确中央与地方权责分工，健全基本公共服务体制

1949年的《基本法》规定了德国联邦制的组织结构、机构设置以及在财政方面的职权，并对联邦、州、地方政府（市镇乡、县、城市县、联合行政体）之间的层级关系和职能做出了界定。根据《基本法》"同等生活条件"的要求，在联邦区域内任何一个地区的居民都有权利享有基本的、均等的公共服务，为居民提供优良的公共服务是联邦政府和各地方政府的共同职责。德国属于强地方政府体制行列，地方拥有较高的自治权，因而地方政府在实际运作中不仅要履行地方

---

① 参见吕学静编：《各国社会保障制度》，经济管理出版社2001年版，第68页。

自治职能，还要承担上级政府分配的任务。在公共服务的供给方面，地方政府具有较大的责任，必须为居民提供普及、均等的公共服务。但这种责任也并非绝对强制性的，假如某个地方经济发展能力较弱，政府在基本公共服务供给方面没有足够的财政资金的话，这个地方政府就可以将这一职责上移至上一级政府部门。在具体职责分工方面，根据法律规定，联邦政府主要负责制定法律、政策，在外交、国防、国籍事务、迁徙自由、护照制度、货币政策、关税、空中交通、邮政电信等方面享有立法权。州政府是大部分法律政策的具体执行者，通过指令要求地方政府履行职责，比如与公共安全和秩序有关的职责（地方警务机构、登记制度和个人身份登记制度）和主持选举的职责；地方政府自行处理的职责主要有以下几个方面：①乡镇或县的一般行政管理；②教育制度（不含义务教育）；③卫生制度；④社会制度；⑤住宅建筑和城市规划；⑥交通管理；⑦公共服务设施；⑧文化娱乐和体育。[①]

2. 推进基本公共服务均等化的有效供给

第一，基本公共教育方面。德国是最早建立义务教育制度的国家，从16世纪至今大约有500年的义务教育历史。德国义务教育最早可以追溯到16世纪马丁·路德宗教改革时期，17、18世纪教育进一步世俗化、国家化，1619年的《魏玛学校章程》就明确规定8～12岁的儿童必须到学校读书。1872年《普鲁士国民学校和中间学校的一般规定》颁布实施，义务教育的学校数量、生源都有了大幅增长，初等教育的普及率得到进一步提升。魏玛共和国时期，教育权收归国有，义务教育的年限为6～14岁，并对18岁之前没有完成义务教育的实行免费职业义务教育。"二战"结束之后，联邦德国和民主德国分别颁布《德国教育民主化的基本方针》和《关于学校民主化法律》，都明确规定要实现免费的义务教育。两德统一之后，西德的义务教育模式得到统一实行，随后各州统一规定义务教育年限为12年（6～18岁）。至此，德国的义务教育政策在全国得到统一与普及，免费的基本公共教育得以实现。

德国不仅从政策方面推动教育均等化发展，还对义务教育的学制和经费投入做出了明确规定。德国是典型的教育双轨制国家，学生经过四年全日制的初等教育之后，在升入中等教育阶段时要经历两年的过渡学习，以确定自己是进入高等教育职业学校还是学术大学。也就是说，在中等教育阶段，学生面临分流的选择，他们可以根据自己的实力和兴趣选择接受不同类型的学校和教育，可以从12年的全日制教育或者9年的中等教育加3年的职业教育这两种形式中进行选择。此外，为了给每个儿童提供适当的教育，德国还将针对身心缺陷儿童的特殊

---

① 任进：《比较地方政府与制度》，北京大学出版社2008年版，第101页。

教育纳入了义务教育体系之中。在义务教育的投入方面，初等教育阶段的经费主要由地方政府负责，中等教育阶段的经费主要由州政府负责，州政府提供的教育经费占整个义务教育阶段总体支出的65%；在经费分配上，州政府负责支付教师工资及其他聘用人员的费用，地方政府主要负责教科书、班车、校舍建筑和维护修缮的费用，以及购买教学设备的费用等。①

第二，基本公共医疗方面。德国的医疗保险制度最早可以追溯到1883年的《疾病保险法》，在120多年的发展历程中经历了数次变革。为了建设完善的医疗保障体制，德国自20世纪70年代以来相继颁布了《医保价格控制法》（1977）、《卫生改革法》（1988）、《医疗护理结构法》（1993）、《医保费率减免条例》（1996）、《进一步加强法定医疗保险机构互助法》（1998）以及《法定医疗保险现代化法》（2004）等一系列法规。德国实行的是典型的社会医疗保险模式，政府主导医疗保障，同时发挥市场经济的基本作用，让更多的社会组织参与提供基本公共医疗服务，建立政府和市场共同承担的责任与风险分担工作机制，进而满足国民多元化的医疗需求，维护基本医疗卫生服务的公平性。目前德国已经形成了涵盖法定医疗保险、私人医疗保险、长期护理保险和福利医疗计划的完善的医疗保障体系。其中，法定医疗保险是德国医疗保险制度的基础，它涵盖了德国约88%的人口，在历年的医疗卫生年度总支出中也占有超过60%的比例。② 根据德国法律，所有符合条件的人员都必须参加法定医疗保险，在资金缴纳方面，保险费与收入相关，按照工资收入的一定比例缴费，对保费的收入上限也有明确规定。

在医疗卫生体系的管理方面，德国实行的是分级管理体制，联邦政府、州和县分别承担一定的管理责任和公共职能。联邦卫生部负责医疗保险法的起草与颁布实施，以及全国医疗保健事业的宏观统筹工作；州政府主要负责医院建设与统筹规划、公共医疗卫生服务以及对地方医疗机构的监督工作；地方政府或县政府主要负责对本辖区的医疗卫生、保健与卫生防疫等方面的工作。无论是联邦政府还是地方政府，它们都负责对医疗机构的监督和引导，在具体的收费、管理方面则主要由联邦公众医疗保险协会等600多个法定医疗管理机构负责实施。

第三，基本社会保障方面。德国社会保障制度分为社会保险体系和社会照顾，其中前者是社会保障制度中最为重要的组成部分，以全体国民为保障对象；后者是社会保障制度的补充部分，以特殊人群为保障对象。社会保险体系又可以分为养老保险、医疗保险、失业保险、工伤保险四个部分，其中前三者占社会保

---

① 孙启林主编：《世界主要发达国家义务教育均衡发展比较研究》，东北师范大学出版社2006年版，第85页。

② 姚玲珍：《德国社会保障制度》，上海人民出版社2010年版，第137页。

险总支出的 9/10 左右。目前，德国已经建立了覆盖全体国民的养老保险体系，具体可以划分为国家层面上的法定养老保险，企业层面的企业补充保险和个人层面的个人养老保险三个部分。法定养老保险带有国家强制的性质，以所有雇佣劳动者和一定的独立经营者为保障对象，在保费缴纳比例上雇员和雇主各占一半。与法定养老保险相比，企业层面上的企业保险和个人层面的个人养老保险并没有法定养老保险覆盖范围广，但也是养老保险体系的重要组成部分。前者是企业为员工提供的一种保险，主要是额外老年补贴，由企业主与员工按照自愿商定的协议执行，后者具有保险费用高、待遇好的特点，完全由个人自愿参加。失业保险是强制性质的，所有劳动者必须参加。1969 年《劳动促进法》施行之后，德国更加注重以促进就业来预防失业，政府不仅要为失业人员及其家属提供生活费用保障，也要在提高失业人员的就业能力方面提供保障措施。工伤保险以所有雇工和一定自主经营者为保障对象，主要是为了预防工伤事故和职业病。社会照顾是由国家、企业、个人共同营造的底层社会保障网，以需要照顾的特殊群体为保障对象，具体分为母亲保护儿童补贴、住房补贴、社会救济以及青年和教育助学金等多种形式。可见，德国社会保障制度具有多样化与多层次的特征，基本实现了居民全覆盖，在风险承担方面强调国家、企业和个人三方的责任，对于维护社会公正与实现有效供给起到了积极的促进作用。

3. 施行区域均衡发展的政策与法律，完善公共服务均等化的制度保障

德国在经济与社会的发展过程中一直都面临着区域间经济发展不平衡的问题，特别是两德统一之后，东西部经济社会发展水平的差距给基本公共服务均等化的实现造成了极大的挑战。德国在均衡区域发展的实践，可以从财政与立法两方面分析。与行政体制类似，德国也采用了联邦、州、地方政府三级财政体制，实行的是以共享税为主体的分税制。为了在全国实现"同等生活条件"，均衡不同地区的发展水平，德国政府制定了《财政平衡法》，对联邦与州以及州与州的税收分配、联邦州之间的财政平衡以及增值税分配和财政平衡的实施与结算都做出了明确规定。德国的财政转移支付制度分由财政纵向协调和财政横向平衡两部分构成。具体而言，财政纵向协调主要是联邦、州、地方政府之间的财政转移，横向平衡则是指州与州或地方与地方之间的财政转移。纵向财政转移支付制度为保障各州与地方履行政治和社会职能提供了保障，联邦政府对各州主要通过调整共享税比例、预先补助、返还性转移支付、加大对贫困州的投资以及建立"德国统一基金"等方式实现；各州对其所辖地方政府的支付则通过一般财政拨款和专项财政拨款的方式实现。[①] 横向财政转移支付就是从富裕的州（地方政府）转移

---

① 赵泳冰：《德国的财政转移支付制度及对我国的启示》，载于《财经论丛》2001 年第 1 期。

一部分财政到贫穷的州（地方政府），进而实现州际、地方政府间的财政平衡。

德国不仅从财政方面平衡区域发展，而且还从立法方面推动区域的均衡发展。早在1949年制定的《基本法》中就明确规定德国要为全联邦居民创造同等的生活条件与社会福利，因而促进区域均衡发展，让所有居民在不同地区享有相同的公共服务是联邦政府的必然职责。1967年6月德国颁布《经济稳定与增长促进法》，明确规定"联邦和各州应该通过各种经济的和财政的措施以达到总体经济的平衡"。1964年联邦政府成立区域经济政策部际委员会，并于1969年颁布实施《改善地区经济结构共同任务法》（GRWG），将区域均衡发展作为联邦和州政府的共同任务。该法还将落后地区分为不同等级的扶持区域，并明确了联邦与州政府的责任与职责。1998年1月修订的《空间规划法》进一步指出，联邦政府应该为居民创造共同的生活空间条件，"在生活条件整体上实质性落后于联邦平均水平或者有这种担忧的空间内，应优先改善其发展条件"。

（三）德国基本公共服务均等化成功实践的思考与启示

德国在实现全域"同等生活条件"过程中，特别注重区域均衡发展，从政府权责分配、财权事权划分和制度保障等方面健全基本公共服务供给体系，完善基本公共服务网络，促进各地区基本公共服务均衡化发展。

1. 在组织结构上，要明确各级政府在基本公共服务均等化中的分工与责任

在德国的《基本法》中对联邦、州与地方各级政府的职能与责任有着明确的规定，联邦政府面向的是整个国家和全体国民，负责全国范围内的法律与政策的制定工作，负责宏观调控工作；州、地方政府是基本公共服务的主要提供者和政策、法律的具体执行者。这就使得各级政府在提供公共服务的过程中能够各司其职，减少了不必要的冲突。随着社会经济的快速发展和居民基本公共服务需求的不断提升，要求政府建立更为多样化与多层次的公共服务，这就要求政府必须了解民情，知晓民意，提供民众急需的、基本生活方面的公共服务。德国各级政府权责明确主要体现为财权与事权统一，地方政府有较强的自治能力和灵活性。就我国的基本公共服务体系而言，中央政府是基本公共服务的最主要提供者，地方政府处于明显的弱势地位。这就要求在基本公共服务的供给中，明确中央和地方的财权与事权划分，科学界定各级政府的责任，共同推动基本公共服务均等化的实现。

2. 在制度安排上，利用财政、法律等手段推进区域基本公共服务均等化

区域经济发展不平衡一直是德国基本公共服务均等化面临的重要问题，德国政府通过纵向与横向财政转移支付制度促进不同区域间的财政均衡，通过颁布相关的法规与政策扶持经济困难和能力不足的区域，进而推动不同区域基本公共服务的均衡发展，实现居民在不同地区享受"同等生活条件"的目标。就我国而言，推动区域、城乡基本公共服务均等化是现在与未来基本公共服务建设的主要任务。基本公共服务均等化就是要让全体公民在不同地区享有相同的公共服务，满足公民的基本需求，体现社会公平公正与人的尊严。但目前我国东、中、西部地区在基本公共服务均等化方面发展极不均衡，乡村与城镇在基本公共服务均等化方面存在较大差距。这就要求政府在实现基本公共服务均等化的过程中，采取优惠政策扶持落后区域、地区公共服务的发展，利用各种手段激发落后区域与地区的发展能力，不断提升其基本公共服务水平，进而缩小区域、城乡之间基本公共服务的差距。

3. 在管理机制上，充分发挥市场在基本公共服务均等化过程中的积极作用

从德国的实践中我们可以看到，政府的作用主要体现在基本公共服务供给与监管中，基本公共服务体系的具体运作则交由市场和社会团体管理。德国的这一做法，明确界定了政府与市场在发展基本公共服务中的地位和作用，既减轻了政府的负担又最大限度地调动了市场和社会的力量。发展基本公共服务事业，政府在其中占有主导地位和第一负责人的位置，这是不容置疑的，但并非任何事情都要政府来管，必须充分调动市场和社会力量来共同发展基本公共服务事业。在推动基本公共服务均等化的进程中，正确处理政府与市场之间的关系，实现政府与市场之间的均衡与协调，成功发挥市场在资源配置中的决定作用，同时更要发挥好政府的作用，政府不是退出和不作为，而是政府与市场各就其位。今后，我国应该完善市场机制，充分调动社会力量，进一步健全市场和社会参与基本公共服务的相关机制，实现政府、市场与社会之间的良性互动。

二、政府购买公共服务：美国的经验

政府购买公共服务产生于西方国家，已经成为当今发达国家实现基本公共服务均等化的一种重要形式。随着我国市场经济的快速发展与行政体制改革的稳步推进，政府越来越重视市场机制在公共服务体系建设中的作用，并在上海、无锡等地方开展了政府购买公共服务的试点工作。2013年中共中央明确提出要使市场在资源配置中起决定性作用并充分发挥政府的作用，在公共服务体系建设方面要"推广政府购买服务，凡属事务性管理服务，原则上都要引入竞争机制，通过合同、委托等方式向社会购买"。① 然而，我国政府购买公共服务的实践起步较

---

① 《中共中央关于全面深化改革若干重大问题的决定》，载于《人民日报》2013年11月16日第1版。

晚，在发展中也存在着一系列问题，这就需要借鉴其他国家的成功经验。美国在政府购买公共服务方面有着丰富的实践经验，也是西方公共服务发展中的典型国家，值得我们学习与借鉴。

（一）美国政府购买公共服务的背景与历程

美国公共服务事业的发展与市场经济和社会力量的发展是分不开的。美国一直奉行的是洛克的"有限政府"原则，明确区分国家与社会的界限，政府在社会与经济发展中充当"守夜人"的角色。市场经济和社会力量在美国的成熟发展与优势地位使得它们能够充分介入到公共服务体系的建设之中，并为公众提供更多的选择。美国政府购买公共服务的实践最早可以追溯到1861年的一项关于联邦政府采购程序的法案，但真正发展是在20世纪60年代末70年代初。1964年美国总统林登·贝恩斯·约翰逊在密执安大学的一次演说中提出了雄心勃勃的"伟大社会计划"，该计划在1965年的咨文中得到进一步阐述。"伟大社会计划"包含建设美好环境、向贫困开战、发展教育事业等多方项内容，与此同时美国出现了从农村到城市的移民潮、老龄化等问题，使得社会对公共服务的需求增加。政府为了应对这些社会问题不得不增加对于公共服务的投入与补贴，财政负担随之加重。为了缓解财政压力，美国政府开始了向非政府组织购买公共服务实践，美国联邦政府"经济机构办公室"利用国防部的采购程序来确保对低收入家庭的教育服务是政府购买公共服务的首次尝试。[①] 从此以后，通过政府购买公共服务满足居民的基本公共服务需求的做法在美国各地得到了效仿与推广。

20世纪八九十年代美国在发展公共服务时提出了建设"花钱更少、服务更好"、提升公众满意度和"重塑政府"的口号，与此同时新公共服务等理念在社会上得到重视，建设服务高效的公共服务体系成为共识，政府购买公共服务得到蓬勃发展。但是过分强调社会与市场在公共服务体系建设中的作用给社会发展带来了一定程度的消极影响，因而21世纪伊始美国政府开始强调自身在公共服务中的领导与协调作用，实现政府与市场、非营利性组织的合作，充分发挥政府在提高公共服务水平与实现社会公平中的主导作用。据统计，在美国有超过3/4的美国人至少参加一个非营利性组织，老人、儿童、病人、残疾人、失业者、孤寡者、贫困人群都成为其服务对象。[②] 概言之，美国政府购买公共服务的实践提升了服务质量、降低了政府财政负担并推动了社会公正与国家福利事业的发展，有效地促进了基本公共服务的均衡化发展。

---

① 张建伟：《西方国家政府购买公共服务对我国的启示》，载于《东方企业文化》2010年第16期。
② 吕俠：《中国政府购买公共服务研究》，湖南师范大学出版社2015年版，第110页。

（二）美国政府购买公共服务的内容与特征

1. 合同外包——政府购买公共服务的主要形式

政府向谁购买公共服务？就公共服务的提供者而言，非营利性组织和私营企业是社会公共服务的主要提供者。非营利性组织也被称作"非营利部门""非政府组织""民间部门""第三部门"等，涉及学校、医院、社区等多种服务。非营利性组织与私营企业是相互竞争关系，都是社会公共服务的提供者，它们主要为社会提供儿童日托、照顾老人、私人教育、卫生保健、帮助残疾人、帮助移民与社会边缘人士等服务。就政府与非营利性组织的合作方式而言，主要分为合同外包、公私合作、特许经营和抵用券制度四种，其中合同外包是美国政府购买公共服务的最主要形式。合同外包又被称为合同出租，它是指政府与非营利性组织或私营机构建立合同关系，政府支付一定的费用，将社会服务交由非营利性组织或私营机构完成。政府负责确定公共服务的内容、成本和服务标准，同时负责监督外包合同的执行情况。

在国外，政府实施合同外包的形式其实有着悠久的历史，在18世纪的英格兰就曾在监狱管理、道路维护等方面实行过合同外包，但由于外包腐败等问题的出现使得合同外包这一形式一度受挫。20世纪80年代以来，随着政府失灵理论的兴起及民众对于公共服务需求的提升，合同外包在政府购买公共服务中得到应用。政府购买公共合同采用合同外包的形式既能实现公私合作，扩大公共服务提供主体，又通过引入市场机制增加竞争，有效地减轻了政府的负担和风险。合同外包是一种具有相对优势的政策工具，甚至有学者将其视为合同治理的表现形式。在美国无论是中央还是地方公共服务合同外包都特别普遍，调查显示1987年美国超过5 000人口的市镇和超过25 000人口的县99%实行过合同外包；从1982年到1997年，地方政府在选择替代性服务方式时，90%的服务使用合同外部的方式完成。[①]

2. 健全的政策与法律——政府购买公共服务的制度保障

美国是一个高度法治化的国家，政府政策的执行与监督都必须有法律法规的保障，在购买公共服务方面亦是如此。就程序与流程而言，政府向社会购买公共服务主要涉及政府、服务提供者、购买形式及合同三个方面，因而就需要对政府采购、公共服务以及公共服务提供者三方进行法律约束。从政府采购方面的政策与法律来看，该部分主要涉及的是政府责任履行，政府公共职能实现的问题。美国在规范政府采购方面颁布实施了包括《联邦采购法》《联邦财产与行政管理服

[①] 常江：《美国政府购买服务体制及其启示》，载于《政治与法律》2014年第1期。

务法》《购买美国产品法》《信息自由法》《WTO 政府采购协议》《联邦采购条例》和《公共合同法》在内的一系列政策与法律。据统计,"美国专门性的联邦政府采购法规以及与政府采购直接或间接相关的法律法规多达 500 多部,所涉及的法律法规十分广泛,有关条款多达 4 000 余个"。① 在规范社会公共服务方面,美国政府先后颁布了《社会保障法》(1935)、《食品券法》(1964)、《就业训练合作法》(1983)、《残疾人教育法》(1994)、《社会福利改革法案》(1996) 等法规,为解决居民养老、失业、残疾人教育等问题提供了法律依据。在规范服务提供者也就是非营利性组织和私营企业方面,目前美国在这方面并没有颁布专门性的法律,主要是通过税收和让利的方式实现对它们的规范与指导。

3. 监督评估——政府购买公共服务的重要保障机制

政府向社会购买公共服务是政府实现公共职能与风险分担的一种形式,这并不意味着政府的退出与责任的弱化,而是要实现政府与社会各就其位。美国政府除了从健全法律法规方面规范政府购买公共服务之外,还通过健全监督评估机制实现对社会组织的有效监管。政府外包公共服务在美国分为"设计型"和"绩效型"两种,随着外包形式的发展,后者逐渐成为主流。"绩效型外包被称为结果导向型管理,这种体系是指政府(包括其行政与立法部门)将重点放在政府最终行为的效果和花费上,借此来决定支出并评价支出效果。"② 可见,"绩效型"外包更加注重结果导向与公众的满意度,这就给政府与公共服务的提供者提出了更高的要求。在美国,对政府购买公共服务的监督与评估越来越受到重视,例如政府会对社会承担的教育援助项目、养老机构等进行考核、监督与评估,以便清楚了解公共服务的进展情况。在政府购买公共服务的流程中,监督评估虽然处于末端,但并不意味着政府购买服务的结束,它是一个循环的过程,非营利性机构公共服务运行的好坏直接影响下一次的政府采购合同的签订。

(三) 美国政府购买公共服务成功实践的思考与启示

在向社会力量购买公共服务方面,美国政府主要采用了合同外包的形式,并通过完善政策与法律、规范购买流程与健全评估机制等措施促进了购买程序的规范化与制度化,提升了公共服务水平与效率并有效地满足了居民需求。我们可以从美国政府购买公共服务的成功实践中获得以下几点启示。

1. 正确处理政府与市场的关系,明确二者的责任与分工

如何正确处理政府与市场之间的关系是政府购买公共服务必须考虑和面对的

---

① 郭锐、刘超:《法律与制度规范下的美国政府采购》,载于《经济视角》2007 年第 7 期。
② 王浦劬、萨拉蒙等:《政府向社会组织购买公共服务研究:中国与全球经验分析》,北京大学出版社 2010 年版,第 286 页。

问题，二者关系处理的好坏直接关系到公共服务体系建设的成败。美国发达的市场经济和成熟的社会组织为政府购买公共服务提供了基础和优势，但我们也发现，正是由于没有处理好政府与市场之间的关系也曾一度导致美国政府在购买公共服务中的挫折（比如，20世纪末美国购买公共服务的反思）。改革开放以来，我国市场经济体制改革与政府体制改革逐步推进，在公共服务体系建设中，政府越来越重视市场经济的作用。中共中央十八届三中全会明确提出在资源配置中要充分发挥市场经济的决定性作用和更好发挥政府的作用，"加强市场活动监管，加强各类公共服务提供"。政府在公共服务供给中始终处于主导地位，是第一位的，这是不容置疑的。但政府并不是公共服务的唯一主体，社会事业的发展使得公众对服务内容与服务水平有了更高的期待，要求我们进一步扩大公共服务主体，提升服务水平与效率，全面满足公众的愿望与需求。这就需要政府引入市场竞争机制，开展政府购买公共服务等多种方式为人民提供多样化、高水平的服务，同时也要明确政府购买公共服务的内容和范围，界定政府与市场在公共服务中的责任与分工，进而形成政府与市场各就各位、良性互动的局面。

2. 完善法律法规，推进政府购买公共服务的制度化

美国政府购买公共服务的一个重要经验就是健全法律法规，在公共服务的管理与执行中实现法制化。美国针对政府采购、非营利性组织与私营企业、社会服务等制定了专门的法律，在中央与地方也有相关的法律政策，这就为推动各方主体的责任与义务的界分，个人权利的实现以及公共服务体系的制度化提供了保障。在向社会力量购买公共服务方面，我国政府已经积累了一些经验。自1995年上海浦东新区率先探索政府购买公共服务模式以来，我国无锡、北京、广州等地也进行了类似的探索，涉及教育、养老、扶贫、卫生等多方面的内容。2002年6月，第九届全国人大常务委员会第二十八次会议通过了《中华人民共和国政府采购法》，对政府采购当事人、采购方式、采购程序和采购合同等都做出了明确规定。随后中央和地方政府相继出台了《关于城市社区卫生服务补助政策的意见》（2006）、《加快推进行业协会商会改革和发展的若干意见》（2007）、《关于促进浦东新区社会事业发展的财政扶持意见》（2005）等一系列政策性法规。目前，我国政府购买公共服务地方政府实践较早，但处于零星发展的状态；在法律保障上，全国层级的法律较少。这就需要政府建立和健全向社会购买公共服务的法律法规，明确购买主体、方式、程序、类型等内容，推动与提升政府购买公共服务的法治化与制度化水平。

3. 重视绩效测评，建立"绩效型"政府购买公共服务模式

从购买程序的规范化与制度化趋势来看，监督评估环节越来越受到重视，特别是在"绩效型"导向的作用下，美国政府越来越重视对社会组织提供的公共服务的测评,注重提升公众的服务满意度水平。政府向社会购买公共服务是风险与成本的分担形式,更是责任的分担,政府在其中负有最终的责任。这就需要政府在采购之前进行"成本—效益"分析,在购买公共服务之后建立长效地监督评估机制,实现对社会组织的有效测评与调节。政府购买公共服务应该以满足群众的需求、提升民众的满意度为目标,这就需要将政府购买公共服务的效果纳入对政府官员的考核之中,将社会组织的服务效果纳入政府公共服务体系建设之中。通过监督、问责等方式提升社会组织的责任意识和服务能力,建立"绩效型"服务模式进而推动公共服务体系的完善与发展。

我们也应该看到,美国在政府购买公共服务方面有着近半个世纪的实践经验,在学习美国成功经验的同时更要注意它与我国国情、公共服务发展状况的差异性。美国的合同外包方式与我国政府提出的"以合同、委托方式向社会购买服务"比较相似,需要指出的是,美国合同外包实践中也存在着"倒合同外包"的现象,政府购买服务的市场化手段绝非实现政府绩效的"魔力药方"[①]。因而,我们在发展公共服务的过程中,应该看到我国社会组织发展不够成熟、相关配套政策不够健全等问题,要有步骤地、渐进地提升基本公共服务均等化水平。

三、财政转移支付均等化:日本的经验

明治维新之后,日本的国家体制一直都是中央集权制,即使"二战"之后在美国的主导下推行了民主化改革和地方自治,中央政府依然在国家与社会中居于主导地位,政府干预体制对于日本经济管理和社会发展有着重要影响作用。目前,日本已经基本实现了基本公共服务均等化,实现了基本公共服务在不同地区的均衡配置,其成功的关键就是财政转移支付制度。因而,借鉴日本基本公共服务均等化的成功经验对于我国基本公共服务事业的发展具有一定的积极意义。

(一)日本基本公共服务均等化历程概述

在"二战"结束之前,日本在保障人民基本生活方面颁布了《恤救规则》(1874)、《健康保险救护法》(1922)和《医疗救护法》(1941)等法律,但这一时期的法律缺乏系统性,也存在保障内容单一、覆盖面较窄的问题。"二战"之后,日本经济、社会混乱,大多数人生活困难,为了维持社会秩序和保障国民

---

① 杨安华:《政府购买服务还是回购服务?——基于 2000 年以来欧洲国家政府回购公共服务的考察》,载于《公共管理学报》2014 年第 3 期;施从美:《政府服务合同外包:公共治理的创新路径—美国经验及其对中国的启示》,载于《国外社会科学》2014 年第 1 期。

生活，日本开始加强公共服务体系建设。1947年日本颁布《和平宪法》，在《和平宪法》二十五条中明确规定："一切国民都有维持健康的、有文化的、最低限度的生活的权利"，"国家必须在生活的一切方面，致力于提高和扩充社会福利、社会保障及公共卫生"。① 1950年日本颁布了《生活保护法》，明确了国家在生活保护中的责任并提出了最低生活保障原则。随后，日本又先后出台了包括《身体障碍者福祉法》《社会福利事业法》以及《失业保险法》在内的一系列法律，这些规定在完善政府公共服务体系的同时也保障了国民生活。这一时期，日本在完善公共服务法律体系的同时也实行了地方政府和财政体系改革。1949年的"肖普劝告"以地方自治精神为主，明确了中央和地方财权和事权划分原则并提出了建立地方平衡交付金制度的构想；1950年的神户公告则对中央和地方的事权进行了详细划分，并为其提供了法律规范。1961年日本正式实施了《国民健康保险法》和《国民年金法》，基本实现了"国民皆保险、国民皆年金"的目标。20世纪70年代初，日本持续加大对国民健康医疗、失业保险、儿童福利等方面的投入，并在80年代实现了全国养老保险一体化。日本基本公共服务均等化的一个突出特征就是它的分权财政体制，在税收管理方面具有高度的集中性，在公共产品和服务提供方面则具有分散性，通过政府间的转移支付来实现基本公共服务有效的配置，并且于20世纪六七十年代日本形成了较为完善的以公共服务均等化为目标的现代财政调整制度。②

（二）日本推动基本公共服务均等化的主要举措

1. 明确各级政府在公共服务事务中的事权责任

日本地方实行自治，地方政府可以分为都、府、道、县和市、町、村两级，它们虽然都服从中央的领导，但在法律上是平行的并且有自治权。日本基本公共服务的发展与中央政府与地方政府在事权划分密切相关。根据日本《地方自治法》的规定，中央政府主要负责国家管理，它包括司法，刑法和国家惩戒，国家的航空、气象及水路设施，国家运输和通信，邮政，国立教育及研究设施，国立医院和疗养设施，国立博物馆及图书馆等八项内容。③ 日本地方政府又被称为地方公共团体，地方公共团体事务与国家事务是对等的、相互独立的，地方公共团体与国家之间是共同的协作关系。具体到基本公共服务方面，都府道县主要负责义务教育、医院、美术馆等相关事务与基础设施的管理与维护；市町村主要负责

---

① 中国社会科学院法学研究所国家法研究室等编：《宪法分解资料》，法律出版社1982年版，第209页。
② 丁溪编：《日本经济》，中国商务出版社2010年版，第60页。
③ 魏加宁、李桂林：《对日本政府间事权划分的考察》，载于《财经问题研究》2008年第5期。

消防、公共卫生、城市规划等与国民生活密切相关的事务。除此之外，中央和地方公共团体还共同负责公路、河流、教育、社会福利、劳动、卫生等公共服务的供给。"共同负责的方式有两种，一种是将某项事务分为许多事项，然后明确规定中央与地方的责任范围；另一种是对某项事务确定中央与地方的责任范围，日本以前者居多。"①

2. 建立科学的财政转移支付制度

与事权划分相对应的是日本在中央和地方在税收上的差别，国家税收以国税为主，具有覆盖范围广、税源多的特征，地方税则与之相反。日本的税收就层级来看可以分为国税、都府道县税和市町村税三种，中央和地方都有自己的税种。就中央而言，它主要负责征收个人所得税和法人所得税；就地方而言，居民税是地方的主要税种，此外都府道县和市町村还分别从地方征收一定的事业税和固定资产税。从纵向来看，日本中央和地方在全国财政收入中所占的比例有着极大差别，中央收入占全国收入的2/3，地方占1/3。从横向来看，日本不同区域间存在着发展不均衡的问题，这就需要政府对经济发展能力较弱的地区加强财政的转移支付，以此促进地方的均衡发展。日本地方基本公共服务均衡化的实现主要是通过财政转移支付实现的，其财政转移支付主要是通过地方交付税制度和国库支付金来实现的。②

地方交付税制度是中央政府以财政转移支付的手段促进地方公共事业发展的制度，《地方交付税法》是其重要的法律根据和保障。根据《地方交付税法》的有关规定，为了均衡区域发展和保障国民在不同地方享受相同条件的基本公共服务，中央应该通过财政转移支付的手段实现区域财政均衡和各区域间基本公共服务的均衡发展。地方交付税制度的资金来源主要是中央所收取的国税收入，中央无条件转移给地方。国库支付金是日本促进财政均衡的另一重要手段，主要针对的是中央和地方共同负责的公共事务，例如，公路、港口等基础设施的建设。国库支付金的主要任务就是保障全国重要的基本公共服务的发展，比如前文所提到的基本公共教育、医疗保险和生活保障等都是国库支付金扶持和补贴的重点领域。

3. 完善基本公共服务制度建设

第一，基本公共教育方面。日本一直都特别重视教育，镰仓时代、江户时代和明治时期都对义务教育学制、教育层级和付费机制进行了探索，尤其是明治中后期日本建立了国家主义教育体制，并实行了免费的初等义务教育。"二战"之

---

① 任强：《公共服务均等化问题研究》，经济科学出版社2009年版，第155页。
② 日本财政转移支付的手段分为地方交付税制度、国库支付金和地方让与税三种，但地方让与税所在其中所占比重很低，文中不予考虑。

后，日本义务教育制度进一步获得重视和发展。《日本宪法》于1947年颁布实施，该法规定日本所有国民都享有相同的教育权利，"都有使受其保护的子女接受普通教育的义务"。同年，《教育基本法》和《教育学校法》开始实施，义务教育被延长至9年，6-3-3-4学制得以确立，其中小学和初中是义务教育。在教育经费保障方面，日本义务教育实行国库负担制度，义务教育的经费主要来自国家财政支出。为了实现教育机会平等和"接受同等教育"，日本颁布了《地方财政法》《偏远地区教育振兴法》和《学校教育法》等法规，对学校教师、基础设施和教育经费都做出了明确规定，并加大对偏远地区教育的扶持力度，从而促使不同区域和不同学校的教育得到均衡发展。据统计，日本在2000年度日本幼儿园的入学率达到61.1%，九年义务教育普及率约达100%[①]，可见日本在基本公共教育方面的实践有效地促进了教育机会均等化的实现。

第二，基本医疗保险方面。日本的医疗保险制度起步较早，自1922年开始先后颁布了《健康保险法》《船员保险法》《职工保险法》等相关法律，并于1961年实现了国民医疗保险全覆盖。日本医疗保险制度要求全民参加、强制加入，主要包括"雇佣者医疗保险"和"国民健康保险"两大部分。"雇佣者医疗保险"又可以细分为健康保险和各种共济保险，主要是根据《健康保险法》《私立学校教员共济法》和《地方公务员共济组合法》等法律建立的，其保障对象主要包括产业工人、政府机关人员、公共事业人员等在职职工及其家属。"国民健康保险"主要以农民、自由职业者和个体手工业者为保障对象。医疗保险费用由国家、企业单位和个人三方共同承担，保险内容主要包括疾病治疗、负伤医疗以及死亡补贴等。发展医疗保险和提供优质的医疗保障是日本政府的责任，国民医疗保险由国库负担一部分，但具体到不同的保险种类，国库负担比例也不一样。"对于健康保险，国库负担为保险支付额的13%；国家对国民健康保险的负担率是50%。"[②]

第三，基本生活保障方面。日本基本生活保障制度又称为社会救济制度，具有悠久的发展历史，最早可以追溯到701年的大宝律令和江户时代。随着工业化和现代化进程的加快，特别是《救护法》和《恤救规则》等法律的出台，日本基本生活保障制度日趋完善。根据《日本宪法》第二十五条"一切国民都有维持健康的、有文化的、最低限度的生活的权利"的规定，日本制定了《生活保护法》并明确提出要保障贫困国民的最低生活和促进其自力更生。目前，基本生活保障制度的救助对象主要包括老人、单亲、残疾者等生活贫困者。基本生活保障

---

① 陈永明编著：《日本教育——中日教育比较与展望》，高等教育出版社2003年版，第3页。
② 吕学静：《日本社会保障制度》，经济管理出版社2000年版，第86页。

制度的保障范围主要包括生活扶助、教育扶助、住宅扶助、医疗扶助、护理扶助、生育扶助、生业扶助和丧葬扶助等八个方面。其中，生活扶助是生活保障制度的核心内容，它主要包括为了维持日常所需的伙食、衣服寝具、家具杂货以及移送必需的支出。基本生活保障费用由国家全额支付，救济标准会根据国民平均消费水平做出调整。

（三）日本基本公共服务均等化实践的思考与启示

1. 完善法律法规，明确基本公共服务供给中的财权事权责任

为了保障基本公共服务均等化的有效实施，日本颁布了《地方财政法》《地方交付税法》《农业基本建设法》和《地方自治法》等一系列法律法规。例如，日本的《地方财政法》就明确规定了预算编制、预算执行和准备金用途等内容，并对文教设施、福利设施和消防设施等费用的使用做出了明确规定。日本此类法律法规的制定和实施明确了中央和地方的财权和事权，促进了公共服务管理的法治化和制度化。改革开放以来，我国政府出台了很多与基本公共服务相关的政策性文件，但是就目前出台的文件来看法律法规所占的比重较少，这就造成了公共服务管理与实施中责任与义务不清晰等问题。在促进财政转移制度化方面，可以借鉴日本的做法，通过法律法规确保财政转移和财政均衡，减少人为操作的空间，实现财政转移的法制化。在中央和地方公共服务事务分工与协作方面，通过法律界定各级政府在事权和财权方面的责任，细化各级政府的责任范围和需要协同配合的内容，促进财权与事权划分的科学化与规范化。

2. 完善财政转移支付制度，促进区域间基本公共服务均衡化

基本公共服务的供给以及均等化的实现依赖的是财政的支持，财政均衡化是实现公共服务在不同地区间均衡发展的最重要保障。从日本的做法中我们可以看到，日本政府通过财政转移的方式为地方发展公共服务提供了财力保障，这就解决了地方财政不均衡的问题。简言之，日本基本公共服务均等化的成功实践的一个秘诀就是财政转移支付制度，以地方财政均衡为突破口进而促进地方基本公共服务的均衡化发展。在发展公共服务的过程中，我国将一部分权力下放到了地方，地方具有一定的财权与事权，例如，在基本公共教育发展方面实行的就是"分级管理、以县为主"的模式。这就使得经济发展水平较低的地区不能为基本公共服务提供充足的资金支持，会进一步加剧地区之间基本公共服务发展的不均衡性。这就要求中央政府加大对能力不足地区的扶持力度，实现财政转移支付，促进地区之间财政均衡。

3. 实现民主决策和政府问责，健全财政民主化机制

日本实行地方自治，地方长官由本地居民选举产生，地方只对本地居民负责。在财权和事权的划分方面，日本采取的是财权和事权与政府责任、权力相匹配的形式，地方政府在本地基本公共服务建设中负主要责任。政府是民选的政府，民众将选票投给政府既是一种契约也是一种信任托付，政府必须提供符合民众需要的基本公共服务，切实维护民众的合法权益。目前，我国已经初步建立了较为完善的公共财政体系，但在基本公共服务的财政资金的走向方面缺乏健全的民主决策程序。新修订的《预算法》虽然在预算公开、公众参与和加强法律等方面推动了财政民主化建设，但财政民主化决策机制建设还需要进一步加强。[①] 公共服务建设的重大事项必须实现民主决策，也要加强官员问责和评价机制建设，进一步促进财政民主化。

四、推行强制型储蓄：新加坡的经验

新加坡是东南亚的一个岛国，国土面积为 719.1 平方公里，自然资源匮乏。1965 年新加坡建国之初，面临着失业率居高不下、居民生活环境恶化、不被国际社会看好的艰难处境，然而经过半个世纪的发展，新加坡现今已经成为"亚洲四小龙"之一，是全球四大国际金融中心之一，其国家和社会发展模式与治理经验被其他国家所学习与效仿。尤其需要指出的是，新加坡在民生保障方面推行强制储蓄型模式，以中央公积金制度为主体发展基本公共服务均等化事业，取得了巨大成功，引起世界各国的广泛关注。

（一）中央公积金制度——新加坡基本公共服务均等化的基础

中央公积金制度最初只是为了保障新加坡公民的养老问题而实施的强制性的储蓄计划，在此后几十年的发展中，它的内容不断得到丰富和拓展，在维持新加坡社会稳定和提升人民生活水平方面起到了重要的作用。必须指出的是，中央公积金制度并非一种均贫富的社会政策，它强调公民的自我保障意识和对家庭、社会的责任意识，始终贯彻的都是机会平等的理念。20 世纪 50 年代初，新加坡仍是英国的殖民地并饱受"二战"遗留的社会问题，绝大多数国民没有养老保障。1951 年新加坡政府对社会保障制度的可行性进行了专门的调查分析，并提出了以解决绝大多数中小企业的养老保障问题为目标的公积金计划。1953 年新加坡颁布实施《中央公积金法》，1955 年政府又成立了中央公积金局，至此中央公积金储蓄制度正式建立。此后，《中央公积金法》经过多次修改，范围也扩展为包括退休保障、住房保障、家庭保障、医疗保障和投资增值在内等多个方面。新加

---

① 姚海放：《法治政府与地方财政民主建设》，载于《广东社会科学》2015 年第 1 期。

坡政府于 1968 年、1984 年和 1995 年分别推出了公共租屋计划、保健储蓄计划和填补医疗储蓄计划，真正做到了"老有所养""居者有其屋"和"病有所医"。中央公积金制度从单一的养老保障为主发展到包括养老、医疗、住房等多方位的综合性社会保障制度，在新加坡基本公共服务均等化的过程中扮演着重要角色，新加坡也逐渐形成了强制储蓄型的基本公共服务均等化的发展模式。

新加坡公积金的缴纳是强制性的，每个人都必须缴纳公积金，公积金费用由雇主和雇员共同承担，政府只给予让利和让税的优惠。缴费的比例会随着经济发展状况的好坏而发生变化，在经济发展形势好的情况下缴费比例会高些，经济发展缓慢的情况下比例会低些。1955 年公积金制度实行之初，缴费比例为 10%，雇主雇员各占 5%；1968 年以后比例有所增加，1986 年总比例下降到 35%，其中雇主 10%，雇员 25%；1995 年后，采用差别缴费方式，针对不同企业不同年龄段的成员，实行有差异的缴费方式。① 总体而言，公积金的缴费比率会随着经济发展形势和雇员的年龄而浮动，经济发展年份不好和雇员年龄较大的情况下，缴纳比例都会降低。公积金每个会员名下设立三个账户，分别为普通账户（用于购买住房、保险、投资和支付子女教育费用等）、保健储蓄账户（主要用于医疗费用）和特别账户（平时不得动用，以备养老和应急之需）。②

在中央公积金的管理方面，新加坡中央公积金局实行的是国家集中管理模式，中央公积金局归劳工部统一管理，劳工部制定有关政策并对其进行监督。作为一个政府部门，中央公积金局主要管理全国的社会保障事业，它既是政策的制定者，又是强制储蓄业务的具体实行者。而在日常管理方面，中央公积金局采用的却是现代公司管理制度，采用企业化的管理模式。公积金局的工作人员的薪水并不是政府发放的，而是来自于公积金积累余额的利息。这就使得中央公积金制度能够有效地维护成员的利益，受政府强力的干扰较小。中央公积金制度实行半个世纪以来，取得了良好的社会和经济效益，它对于减轻政府财政负担，增强政府宏观调控能力和稳定国民经济都产生了巨大的促进作用。正是新加坡中央公积金制度的有效实施，才使得国民在养老、医疗、住房等方面的基本公共服务得到保障。

（二）新加坡基本公共服务均等化的具体实践

新加坡的基本公共服务是以中央公积金制度为主体的，主要体现在住房、医

---

① 毕世鸿编：《新加坡概论》，世界图书出版公司 2012 年版，第 320 页。
② 张桂琳等：《七国社会保障制度研究：兼论我国社会保障制度建设》，中国政法大学出版社 2005 年版，第 156 页。

疗和养老三个方面。

1. "居者有其屋"

新加坡在 1959 年获得自治权时，面临着经济发展不好和政局不稳定的挑战。李光耀认为"有恒产才会有恒心"，只有解决民众的住房问题，让他们有了自己的私产与安身之所，他们才会安定下来进而支持这个国家。为了解决这一问题，新加坡于 1960 年成立了建屋发展局，并制定了一系列政策直接干预房产市场。1964 年，新加坡实行"居者有其屋"计划，鼓励居民购买所居住的公共住房，鼓励没有购买私房能力的公民购买公屋的使用权；1966 年政府颁布《土地征用法令》，该法令明确规定政府拥有征用私人土地的权力，通过收归国有来降低建造房屋的成本；1968 年政府实行房屋储蓄计划，允许居民用公积金的存款来支付房款。此后，政府又相继出台了"设计和建筑计划"（1991）、"执行共管公寓计划"（1995）、"独立户型公寓计划"（1997）和"公积金住房额外补贴计划"（2007）等一系列相关政策，极大地满足了居民的住房需求。

为了确保居民能够买得起住房，新加坡政府动用强制性储蓄为购房融资。自中央公积金制度实行以后，新加坡雇员都会依法将一部分月薪存入公积金账户中，并用于购买住房等指定用途。正是中央公积金制度，才使得政府组屋的拥有率从 1965～1970 年的 7% 上升到了 1985 年的 76%，再上升到 2009 年的 95%；一般而言，大约 80% 的购房者完全可以用他们的中央公积金来支付月供，而无须再动用他们的净收入。① 新租屋的定价是低于市场价格的，政府给予首次购屋者以优惠，并根据居民收入的多少而给以补贴。一个月收入 5 000 元或以下的家庭，在购买新租屋或转售租屋时，可以获得高达 4 万元的额外公积金购屋补贴；月收入 8 000～10 000 元的高收入家庭，则可以享受 3 万元的公积金购房补贴。此外，政府的租屋政策还特别注重家庭传统，修建了大量的三室、四室和五室单元租屋，在房产资源配置上更倾向于已婚家庭。②

在公共住房的供给和需求的管理方面，建屋发展局通过引入预购租屋系统，保证租屋申请程序的公正性。建屋发展局在满足居民住房需求的同时，还特别注意优化公共住房结构，合理布局商业、居住、道路等用地，不断提升居民的居住质量和居住水平。可见，公共租屋政策和中央公积金制度是新加坡公共住房政策的两大支柱，特别是中央公积金制度为公共租屋的建设提供了稳定的资金来源，与此同时也真正满足了居民的住房需求。

---

① 黄雪珍等著，顾清扬译：《新加坡公共政策背后的经济学——新加坡的故事》，中央编译出版社 2013 年版，第 90～91 页。
② 毕世鸿编：《新加坡概论》，世界图书出版公司 2012 年版，第 328 页。

2. "老有所养"

新加坡养老保障制度之所以能够真正做到"老有所养",主要得益于居民年轻时的储蓄,它以中央公积金制度为基础,以其他社会保险计划为补充,从两个方面共同分担居民个人的养老负担。早在1955年中央公积金制度成立之时,它就是以解决居民的养老问题为目的的,那时就已经推出了养老储蓄计划。根据中央公积金制度的规定,年满55岁,会员的普通账户和特别账户就会转移到退休账户中,至此会员会有退休账户和保健储蓄账户两个账户,同时随着年龄的增长退休账户中的存款比例也会随之降低。只要会员年满55周岁并且退休账户的数额达到最低存款额,就可以一次性将公积金全部取出。如果最低存款未达到最低数额,可以通过继续工作、普通账号存款转移、现金补足以及家属补足等四种方式填补。随着人类平均寿命的增长,会员可能会提前用完账户中的存款,基于此,新加坡政府鼓励居民延长退休年龄来获得更多的公积金存款,并给予他们一定的福利补贴。

为了应对人口老龄化问题,确保老年人退休之后能够自给自足,新加坡政府于1995年推出了最低存款计划,对于最低存款额、存取程序以及退休年龄等都做出了明确规定。为了确保老年人能够拥有足够的退休储蓄,政府于2010年启动了终身入息计划,该计划于2013年得到全面推行,会员在56岁之前能够填补退休户头存款,并且加入终身入息计划,就能够得到中央积金局发放的红利。此外,新加坡政府推出了"老年保障盾牌计划",让有严重缺陷、需要长期得到照顾的老年人得到实惠;实行"老年人服务蓝图计划",提供家庭、托儿、老人护理"三合一"服务。基于中央公积金制度基础上的各种养老政策,为老年人提供了完善而优质的服务,形成了别具一格的、符合实际国情的养老保障制度。

3. "病有所医"

早期,新加坡实行的是英国的全民医保模式,但人口的持续增长及全民医保所造成的医疗资源浪费问题的出现,给新加坡的医疗卫生事业带来了很多困扰。新加坡政府在分析了英美等国家的医保模式及其在本国的适应性问题之后,认为应该为全体国民寻找一种有效的、符合本国实际的医疗保健服务,应该将医疗保健服务的选择与成本纳入医保模式之中,进而选择了一种雇主与雇员共同承担医疗保健成本的医保模式。目前,新加坡的医疗保障除了政府补贴之外,医疗保障计划已经能够基本覆盖居民所用的医疗费用,其中"三保"计划即保健储蓄计划、健保双全计划、保健基金计划是医疗保障计划的主要内容。

1984年4月保健计划正式启动,它是新加坡医疗卫生政策的基石,通过中央公积金制度中的保健账户来实现。保健计划可以用于本人或近亲的非基础治疗,也可以支付一定的住院费用和门诊费用,但却无法承担长期住院和重大疾病的费用。1990年医疗保健金融体系推出了健保双全计划,该计划与保健计划互为补充,它具有低成本、高赔偿的特征,可用于涵盖所用人的长期重大疾病的医疗成本。保健基金计划的注入资金来自于政府预算的结余,它主要用于支付那些没有负担能力或者极为贫困患者的医疗费用。新加坡政府还推出乐龄保健计划、暂时性乐龄伤残援助计划以及基本护理合作计划,它们与"三保"一起构成了新加坡独具特色的医疗保健计划。新加坡的公立医院的床位可以分为 A 级、B1 级、B2 级、C 级,四个层级的床位只是舒适程度的不同,患者在医疗设备与医生选择方面是相同的。选择不同的床位获得的政府补贴也不相同,患者选择床位的等级越低获得政府的补贴也就越高。[①] 此外,新加坡的卫生服务体系实行双轨制,分为公共卫生服务和私人医疗服务两种,患者也可以根据自身的实际情况和愿意支付的费用进行多样化的选择。可见,新加坡的医疗保障提供的是基础性的、多元化的、差异化的服务,很好地平衡了国家保障、个人责任与风险分担三者之间的关系。

(三) 新加坡基本公共服务均等化实践的思考与启示

新加坡在社会保障方面通过推进强制储蓄,建立以中央公积金制度为核心的基本公共服务体系,为居民提供了多层次的、优质的公共产品与服务。新加坡政府在养老保障、住房、医疗等方面的成功实践,值得我们学习与借鉴。

1. 坚持政府在基本公共服务中的主导地位,引入市场竞争机制,处理好政府、市场与个人三者之间的关系

从根本上来讲,公共服务就要为国家和民众提供私人物品之外的必要的公共资源,这是政府首要与基本的责任。新加坡通过强制手段让居民为自己购买保险,以及引入市场竞争机制发展中央公积金制度的做法,并没有弱化政府在公共服务中的主导地位,而是基于政府功能的合理定位。新加坡的中央公积金制度,将政府、市场与个人三者共同纳入社会保障制度之中,将风险与责任分解的同时,政府通过让税、让利等手段保障社会保障制度的落实,在三者之间实现了很好的平衡。我国在发展医疗、养老等基本公共服务的时候也应该正确处理政府、市场与个人之间的关系。政府虽然居于主导地位,但也不能任何事都要靠政府解决,政府应该摆好自己责任人与管理者的地位。要引入市场竞争机制,改善公共部门的服务质量,提高服务效率与水平,为民众提供多层次的优质服务。明确个人在公共服务发展中的地位和作用,在保障人人享有基本公共服务的同时,将个

---

① 黄雪珍等著,顾清扬译:《新加坡公共政策背后的经济学——新加坡的故事》,中央编译出版社 2013 年版,第 115~117 页。

人责任、风险承担与公共服务事业的发展结合起来。

2. 扩大基本公共服务的覆盖面，实现基本公共服务的差异化与体系化

新加坡的医疗、养老和住房等社会保障在保证居民享有基本公共服务的同时，也注重考虑不同层次群体的差异化需求。例如，在新加坡保健储蓄作为一种基本医疗保险，参保率高达80%以上，充分发挥了基本医疗的作用。同时，新加坡政府还针对一些有严重缺陷需要长期照顾的老年人制订了一系列乐龄计划，并在医疗、养老和住房方面给予一定津贴。我国目前虽然已经初步建立了以新型农村合作医疗制度、城镇职工基本医疗保险制度和城镇居民基本医疗保险制度为主体的新型医疗保险体系，但居民的参保率尤其是贫困农村、少数民族地区的参保率还较低，"低水平、广覆盖"的目标还没有完全实现。我国区域发展不均衡的情况也决定了基本公共服务发展水平的不均等性，这就要求政府在尽可能扩大基本公共服务覆盖面的基础上建立多层次、差异化的服务体系，满足不同层次人群的公共服务需求。

3. 进一步完善法律法规，提升基本公共服务的制度化水平

新加坡基本公共服务的成功实施与中央公积金制度的制度化实践是分不开的。中央公积金制度在新加坡不仅具有较高的法律地位，在管理与实际运行的过程中也具有较高的制度化水平，这就使得有关社会保障的各项政策能够得到有效实施。基本公共服务均等化的实施必须有法律保障，必须通过构建和完善相关的法律体系来确保基本公共服务制度的有效实施。然而，我国目前实行的养老保障、医疗保险等制度大都出自部门规章和行政法规，并没有太高的法律地位，在实际执行的过程中缺乏对于执行主体的约束力。与此同时，有关基本公共服务的政策在执行的过程中也面临着漏交费用、基金投资不规范等问题。这就需要以法律规范基本公共服务体系，促进基本公共服务的法治化与制度化，进而促进基本公共服务均等化的实现。

第二节　基本公共服务均等化的国内创新

一、打造"十大公共服务体系"：杭州的实践

杭州在实现基本公共服务均等化的过程中，注重健全与完善基本公共服务体系，并提出了以民主促民生的工作机制，将完善基本公共服务体系与建设"品质

之城"有机结合,有效地促进了不同人群之间和区域之间基本公共服务的均衡发展。杭州的实践可以从发展概况、主要措施、成效与启示三个方面进行分析。

(一) 杭州市基本公共服务均等化的发展概况

2010年10月《基本公共服务均等化行动计划2010年度实施计划》正式颁布实施,文件明确提出要以就业、社保、教育、卫生、公共文化、公共基础设施六项内容为重点推进基本公共服务均等化。此后,杭州市政府又相继出台了基本公共服务均等化行动计划2011年度、2012年度实施计划和《基本公共服务体系建设三年行动计划(2013~2015)》,在基本公共服务均等化的推进方式上"变项目推进为体系建设加项目推进"[①],使杭州基本公共服务体系得到了进一步健全与发展。"三年行动计划"明确提出要建立起"学有优教,劳有多得,病有良医,老有善养,住有宜居"的基本公共服务体系。在杭州市整体基本公共服务得到进一步发展的同时,其内部区域也形成了独具特色的基本公共服务发展模式。富阳区通过颁布和实施《富阳市中长期教育改革和发展规划纲要及学校布局专项计划》,实行"先看病,后付费"模式、居家养老"富阳模式"和构建乡村公共服务格局的"1+3框架",有效地推动了教育、医疗、养老和基础公共设施等基本公共服务的均等化。2015年,杭州市将萧山余杭两地的公共服务并入主城区,实现了同城待遇。可以说,杭州市基本公共服务体系在日趋完善的同时,区域、城乡和人群间的基本公共服务均等化水平也在不断提升。

(二) 杭州实现基本公共服务均等化的主要措施

1. 完善基本公共服务体系建设

政府是基本公共服务的主要提供者,也是基本公共服务标准、服务内容和体系建设的制定者和执行者。随着社会经济的发展,政府的基本公共服务供给和公共服务体系建设也必须随之进步,不能永久的停滞在较低的发展水平上,这就需要政府不断提供和群众生活息息相关的基本公共服务,满足群众不断发展的基本公共服务需求杭州市在国家九大体系和浙江省四大体系的基础上,将"生活必需品供给""环境气象服务"等内容纳入公共服务体系中,这样就形成了包括教育、养老、就业、社保、公共文化体育、住房、公共文化、基础设施、生活必需品和公共安全在内的十大公共服务体系。杭州"十大公共服务体系"是在结合自身实际情况和民众具体需求的条件下提出的,显示了政府在不断提升基本公共服务的

---

① 王水根等:《打造杭州特色的基本公共服务体系》,载于《杭州日报》2014年1月17日第A07版。

体系化和网络化建设，在创造条件为更多的群众提供基本公共服务，尽最大可能地满足民众的需求和期望。

2. 健全基本公共服务制度

杭州市围绕教育、社会保障、就业、住房、医疗等十大民生问题，通过加大政府投入、完善政策法规和建立基本公共服务有效供给机制等措施，有效地推动了基本公共服务体系的完善和发展。本章将从基本公共文化、基本社会保障和基本公共安全等三个方面介绍杭州基本公共服务实践。

一是基本公共文化服务。自2003年以来，杭州市为建设文化名城和提升民众的生活品质，在管理体制和供给方式上进行了改革。在管理体制上，杭州通过文化体制改革，创新管理模式和服务方式，以此满足文化事业的发展和民众的需求。此外，杭州市在公共文化服务供给方式上做出了改变，政府不再是唯一的供给主体，市场和社会力量被纳入了基本公共服务提供者的范畴中，促进了服务方式和服务内容的多样化。目前，杭州市已经基本形成了覆盖市、区县（市）、街道（乡镇）、社区（村）四位一体的公共文化服务体系，在硬件设施、公共图书馆、文化资源共享、群众文化活动、广播电视、电影放映等六个方面初步实现了基本公共服务均衡发展。例如，杭州图书馆秉持"平等、免费、无障碍"的服务理念，为广大群众尤其是残疾人等弱势群体创造了优越的读书环境，通过开展"贴近生活，贴近群众"等读者活动，一定程度上满足了人民群众的基本公共文化需求。

二是基本社会保障。为了进一步提高人民群众社会保障水平，杭州市政府从社会养老保险制度、基本医疗保障、社会保险、社会救助、社会福利和保障性住房等方面推进基本社会保障服务一体化建设。在完善城乡社会保障制度方面，杭州市先后颁布与落实了《杭州市城乡居民社会养老保险实施意见》和浙江省《农村五保供养工作条例》等政策，促进了基本社会保障的顺利推进与实施。与此同时，杭州还在社会保障管理和服务方式上做出创新，实施了"电子社保"服务，并开展了"全民参保登记计划"。[①] 截至2015年年底，杭州市城乡居民基本养老保险参保率、基本医疗保险参保率分别达到97.5%和98.96%，均超额完成"十二五"规划目标，基本实现全覆盖。

三是基本公共安全。实现经济社会有序发展，确保人民生活安居乐业，就必须维护人民群众的合法权益和满足人民群众的基本公共安全需求。就基本公共安全的含义而言，基本公共安全大致包括生活安全、生产安全和防灾减灾与应急管理三个方面。公共安全是社会和谐的重要影响因素，加强公共安全管

[①] 谈乐炎、周宇：《用"智慧"点亮杭州基本公共服务创新之路》，载于《小康》2015年第3期。

是政府的主要职责。近年来，我国在食品安全、生产安全等领域出现了很多安全问题，暴露了很多安全管理方面的隐患，这就需要政府和社会采取多种措施加强安全管理工作，切实维护人民群众的合法权益。杭州市在2013年明确提出了建设"和谐杭州"的目标，要求加强生活、生产和应急管理方面的安全工作。近年来，杭州市在保障人民群众基本公共安全方面做了很多工作。例如食品安全方面，杭州市政府在肉类蔬菜流通方面建立了追溯机制，通过各种措施深化食品安全专项治理，确保人民群众餐桌上的安全。加强食品安全工作，健全食品监管体制是保障食品安全的重要内容。杭州市政府通过加强责任追究机制建设，加大安全整顿力度，深化重点领域的综合治理等措施，切实维护人民群众的合法权益。在公共安全体系建设方面，杭州市在"十三五"规划中进一步提出了要"创新完善立体化社会治安防控体系"和"加强智慧安防建设"的目标。

3. 以民主促民生，创新基本公共服务管理服务方式

人民是国家的主人，政府必须对人民负责。扩大基本公共服务供给，不断满足民众的生活需求和实现改革开放成果共享是政府的主要职责。政府作为基本公共服务的提供者，基本公共服务必须实现由"供给导向"向"需求导向"的转变，否则就会出现供非所需和供不应求的情况。基本公共服务实现"需求导向"必须知晓民意、了解民情，知道民众的现实需求和期望是什么，这就需要在建立公民参与机制和民主决策机制。在民主决策机制中，让公民参与进来，既是有利于公民实现知情权和参与权，也有利于政府及时了解民众之所需、民众之所求，才能在沟通和交流中建立共识。杭州推行"阳光行政"，建立政府、公民和媒体"三位一体"的工作机制，有效地实现了公民参与，也促进了政治民主的实现。杭州这种以民主促民生的工作机制，在现实生活中有效化解和消除了官民矛盾与隔阂。民众在基本公共服务建设和发展的问题上也有了发言权，民主成为改善民生的重要力量。例如，在农贸市场的改造升级、免费单车系统建设等一系列涉及基本公共服务建设方面，在工程决策、信息公开、工程监督及质量回访等方面接受民众监督，真正实现共建共享。

（三）杭州基本公共服务均等化实践的成效及思考

"十二五"期间，杭州市基本公共服务体系得到进一步发展与完善，"品质之城"建设进一步加快。杭州市在基本公共服务方面的努力和创新，为进一步完善基本公共服务体系和实现基本公共服务均等化起到了促进作用，也得到了社会的广泛认可。在2011~2013年3个年度的城市基本公共服务满意度调查中，杭州连续3年在全国38个主要城市中排名处于前10名，体现了杭州基本公共服务供给的稳定性。① 2012 年和 2015 年杭州市在"中国公共服务小康指数"调查之"15 城市公共服务满意度"排行榜中都居榜首位置。②

创新公共服务管理和服务方式，实行开放式决策模式是实现基本公共服务均等化的最好选择，也是必然要求。杭州推行"民主促民生"机制，在政府和民众之间架起了沟通和协商的桥梁，既保障了民众的参与权和知情权，又为政府提升管理和服务水平创造了良好的条件。杭州市通过"杭网议事厅"网络互动平台了解民意、问计于民、问需于民，有效地减少了政府与民众之间的隔阂和社会矛盾。"兼听则明偏信则暗"，政府在决策的时候应该积极听取多方意见和建议，建立民主决策机制。就发展基本公共服务而言，政府在贯彻与实施民生政策的时候就应该让服务对象也就是广大人民群众参与进来，实现共同管理和服务，这样才能将民众需求和政府供给有机结合起来。

二、以城乡一体化带动基本公共服务均等化：成都的实践

实现城乡一体化、提升城乡基本公共服务均等化水平是我国城乡经济发展中一个必须面对和解决的重大问题。成都市自 2003 年至今在统筹城乡经济一体化进程方面进行了有益的探索和尝试，取得了良好的效益和社会影响，在推进城乡基本公共服务均等化方面的成功实践尤其值得国内其他地方学习与借鉴。成都以城乡一体化带动基本公共服务均等化，其实践经验可以从发展历程、举措和启示三个方面进行分析。

（一）成都以城乡一体化带动基本公共服务均等化的发展历程

第一，城乡基本公共服务均等化的发展阶段（2003~2007 年）。2003 年成都市在全国率先实施"城乡一体化"发展战略，首先在都江堰市、龙泉驿区、双流县、大邑县和郫县等五个区（县）先行试点，不久之后又将金牛区、武侯区等 5 个城区纳入了试点范围。在"城乡一体化"发展战略的实施中，成都市将城乡基本公共服务作为一项重要的内容来抓。2004 年 2 月《关于统筹城乡经济社会发展，推进城乡一体化的意见》正式出台，文件明确提出要"初步建立城乡一体的经济社会发展管理体制和运行机制"，要在就业和社会保障制度、基础设施建设和社会事业发展（农村教育、卫生、文化建设）等方面推进城乡基本公共服务一

---

① 吴正晗主编：《中国城市基本公共服务力评价（2012~2013）》，社会科学文献出版社 2013 年版，第 245 页。
② 谈乐炎、周宇：《用"智慧"点亮杭州基本公共服务创新之路》，载于《小康》2015 年第 3 期。

体化。① 随后，成都市通过推进"三个集中"（工业向集中发展区集中、农民向城镇集中、土地向规模经营集中）的发展模式和"四位一体"（经济建设、政治建设、文化建设、社会建设）的发展战略，将城市发展和农村建设有效地统一起来，打破城乡二元制结构，使农村的基础设施、教育、卫生和社会保障等公共事业建设得到了进一步发展，大大缩小了城乡之间的差距。2007年6月7日，成都成功设立"全国统筹城乡综合配套改革试验区"，城乡一体化进程进一步加快。随后，成都市政府出台了《关于推进统筹城乡综合配套改革试验区建设的意见》，文件指出要从市场化改革、服务型政府建设和民主政治建设等方面进一步推进城乡一体化，要求大力推进城镇和乡村地区基本公共服务均衡发展。

第二，城乡基本公共服务均等化进一步完善阶段（2008年至今）。成都市自2003年以来开展关于完善农村基本公共服务和社会管理的工作有效地缩小了城乡公共服务的差距，为了深入推进城乡统筹、提高村级公共服务和社会管理水平，成都市政府于2008年颁布实施了《关于深化城乡统筹进一步提高村级公共服务和社会管理水平的意见》（试行）。文件明确提出要实现农村基层公共服务要实现"四个有"② 的目标，要求重点加强农村和社区基本公共服务体系建设，从制度、管理和服务三方面推动城乡基本公共服务均等化。《关于全域成都城乡统一户籍实现居民自由迁徙的意见》于2010年11月正式颁布实施，该文件的正式出台意味着成都要以户籍制度改革为突破口，使城乡居民不论是在城市还是乡村都能够享受到大致相同的基本公共服务。文件在具体内容方面分为统一户籍管理制度、就业失业登记、社会保障制度、住房保障体系和义务教育公平化等12个方面。2017年5月，成都市提出了要完善城市基本公共服务设施、推进全域基本公共服务设施均等化布局和构建全市15分钟基本公共服务圈的发展目标。在基本公共服务均等化化"十三五"发展规划中，成都市进一步提出"到2020年，基本形成与全面体现新发展理念的国家中心城市相匹配、与高标准全面建成小康社会相衔接、覆盖城乡、优质均衡的基本公共服务体系。"③

（二）成都实现城乡基本公共服务均等化的主要举措

成都市政府谋求从政策制度、财政保障和管理体制等方面为城乡基本公共服

---

① 《关于统筹城乡经济社会发展，推进城乡一体化的意见》，成都市政府网站，http://www.chengdu.gov.cn/portals/TccxhptController/detail.do? classId=0002120530&id=69348。

② "四个有"即有一套适应农民生产生活居住方式转变要求、城乡统筹的基本公共服务和社会管理标准体系；有一个保障有力、满足运转需要的公共财政投入保障机制；有一个民主评议、民主决策、民主监督公共服务的管理机制；有一支协同配合、管理有序、服务有力的村级公共服务和社会管理队伍。

③ 《成都市基本公共服务均等化"十三五"规划》http://www.cddrc.gov.cn/infoopen_detail.action? id=1734365&tn=2&classId=02060201。

务均衡发展创造良好的政策和制度环境，以建设和完善城乡一体的基本公共教育、医疗卫生和社会保障为重要内容，以实现城镇居民和乡村居民享有大致相同的基本公共服务为目标，不断增强政府基本公共服务供给能力，逐步缩小成都市各地区间、城乡间基本公共服务发展水平的差距。关于成都的具体举措，我们可以从以下两个方面进行分析。

1. 完善相关的配套机制，为城乡基本公共服务提供制度保障

成都基本公共服务均等化的有效、有序开展离不开城乡一体化，它也得益于基本公共服务相关配套机制的完善发展。成都城乡统筹的总体思路是创造公平机会、促进基本公共服务均等化和居民参与民主决策。[①] 无论一个人是在城市或者农村，在理论上而言，他都应该享受相同的、均等的基本公共服务，但是由于城乡"二元制"的存在使得很多农村居民无法享受与城市居民相同的公共服务，甚至二者之间的差距非常之大。在推进城乡一体化的过程中，成都市以土地制度改革和户籍制度改革为突破口，推行城乡居住一元化，这些措施为推动城乡一体化和基本公共服务均衡化创造了良好的外部条件。在管理体制方面，成都通过推动公共服务相关部门的资源整合提升了服务部门的工作效率和协调能力。健全与完善农村民主，"还权于民"，让更多的农村居民参与到基本公共服务管理中来，实现公共服务中的"管""办"结合，发展符合村民需求的"对口味"的基本公共服务。在资金投入上，成都将公共服务资金纳入了公共财政预算范围，将乡镇与农村列入重点扶持和照顾地区，加大对该地区的财政倾斜力度。此外，成都市政府还特别重视城乡基本公共服务设施的均衡发展，实施了多种措施加强农村基础公共设施建设。

2. 推进城乡一体化的基本公共服务制度建设，促进基本公共服务均等化

第一，基本公共教育方面。自2003年开始，成都市就将基本公共教育均衡发展作为城乡一体化的重中之重。为了实现城乡教育均衡发展，成都市先后颁布了《关于扩大优质教育资源覆盖面提升城乡教育服务水平的若干意见》（2009）、《关于做好2010年外来务工就业农村劳动者子女接受义务教育具体工作意见的通知》（2010）和《关于进一步深化市（区）县域内公共教育资源均衡配置的意见》（2012）等一系列政策性文件。成都市政府通过多种措施实现教育基础实施、人员配置、办学条件等教育资源的均等化，建立覆盖城乡的基本公共教育供给体系和长效机制，有效地缩小了城镇和乡村之间以及各学校之间的差距。在教育公共服务制度上，为了打破城乡"二元制"结构，成都市通过行政管理体制改

[①] 约翰·奈斯比特、多丽丝·奈斯比特著，魏平、毕香玲译：《成都调查》，中华工商联合出版社2011年版，第11页。

革实现了教育局乡村中小学的直接管辖,通过统一城乡办学条件,实现了城乡学校"三个满覆盖"的目标。在经费投入方面,重点向农村倾斜,"2009 年全市教育经费总投入约 129.46 亿元,其中农村教育投入 74.4 亿元;市级财政用于农村教育转移支付资金 18.7 亿元,占同年市本级教育投入的 59.52%"。① 此外,成都市还通过加大对困难人群子女教育、城乡学校捆绑发展、辐射优质教育资源等措施,实现城乡基本公共均衡发展。

第二,基本医疗卫生方面。农村是实现城乡基本医疗卫生一体化的短板也是关键。为了实现城乡基本医疗卫生服务的均衡发展,成都市出台了《关于进一步加强农村卫生工作的意见》(2007)、《关于乡(镇)公立卫生院规范化建设的实施意见》(2007)和《关于构建基层公益性医疗卫生服务体系的意见(试行)》(2009)等文件,坚持公共卫生事业发展的公平性与可及性原则,建立了县、乡、村三级卫生服务体系。为了提升乡村医院的医疗水平,成都市实施了县乡共管、乡镇对乡村一体化管理等方式,深入农村、社区提供基本医疗、卫生保健等服务。在加强乡村卫生站人才建设方面,成都市于 2006 年就出台了《关于加强城市支援农村卫生工作的通知》,通过乡镇对口帮扶、县级医院支援、城市农村医务人员"上挂下派"交流等方式提升农村医疗卫生服务水平,促进城乡医疗卫生一体化发展。在基本医疗卫生网络建设方面,成都市基本医疗卫生服务体系已经能够基本涵盖城乡所有居民,基本实现了城乡全覆盖。成都市每年基本卫生服务经费标准已经达到了 20 元/人,初步达成了"城市居民 10～15 分钟,乡村居民 20～30 分钟健康圈"的可及性目标。②

第三,基本社会保障方面。成都城乡基本社会保障主要包括基本医疗保险、基本养老保险、就业服务制度和社会救助四项内容③,基本建立起了覆盖城乡的、多层次的社会保障服务体系。在基本医疗保险方面,实行"自愿参保、个人缴费、政府补贴",通过加大基本医疗保险保障制度、改进费用结算办法等方式,逐步完善基本医疗保险制度。成都养老保险分为职工养老保险和居民养老保险两类,政府通过多种措施逐步扩大养老保险的覆盖范围和保障对象,目前已经将城镇居民、城镇职工和农村居民纳入了城乡一体的养老保险体系。在就业服务制度

---

① 周波:《推行城乡教育一体化促进教育均衡发展的大量经验可借鉴》,载于《成都日报》2011 年 11 月 4 日第 19 版。

② 成都市社科院课题组:《推进城乡公共服务均等化的成都实践》,载于《成都发展改革研究》2011 年第 4 期。

③ 与此相关的政策性法规主要包括:《成都市农民养老保险试行办法》(2007)、《成都市农民养老保险办法》(2008)、《成都市城镇个体劳动者基本养老保险和基本医疗保险补充规定》(2008)、《关于做好和促进城乡充分就业工作的通知》(2009)、《成都城乡居民养老保险试行办法》(2010)和《成都市深化医药卫生体制改革总体方案》(2010)。

方面，将农民纳入公共就业服务体系，从规范资源配置、服务管理和制度保障等方面完善就业体系建设，并建立了市、县、乡、村四级公共服务就业平台，有效地促进了基本公共就业体系的完善化与制度化。成都市先后出台了《关于构建城乡一体化社会救助体系的意见》（2005）、《关于深化城乡一体化社会救助工作的实施意见》（2009）以及《关于建立健全城乡困难群众临时救助制度的意见》（2011）等一系列政策文件，形成了城乡标准统一、保障范围广泛的社会救助体系。

（三）成都以城乡一体化带动基本公共服务均等化实践的思考与启示

改革开放事业至今已经走过了近40年的光景，随着改革开放事业的逐步推进和持续发展，我国农村居民的基本公共需求逐步显现出来，已经成为全面的现实需求，这是统筹城乡发展和城乡一体化必须面对和解决的问题。目前，我国城乡基本公共服务需求失衡现象依然存在，满足城乡居民特别是农村居民的基本公共服务需求，建立完善的基本公共服务体系和网络，是缩小城乡基本公共服务差距进而推进城乡经济社会一体化的必然要求。城乡一体化不仅仅是经济的一体化，也是基本公共服务的一体化。实现全民共享改革开放的发展成果与全面建设小康社会，要求我们进一步扩大对城乡特别是农村公共产品和基本公共服务的有效供给，持续提升政府在公共服务方面管理水平和制度化水平。

1. 强化政府主导，明确政府责任，全面统筹城乡基本公共服务均等化

为民众提供满足日常生活的基本公共服务，实现基本公共服务的有效供给是政府的职责，这是毋庸置疑的。政府在基本公共服务的供给中居于主导地位，但并非唯一的供给者。政府大包大揽和强行干预社会发展的做法已经被证明是错误的，政府并不是万能的，服务型政府和"有限政府"理论也告诉我们政府应该充分发挥好自身的职能。政府与市场都是基本公共服务的供给者，但是二者也有主次之分，并不是所有的公共服务都可以市场化。在统筹城乡发展的进程中，政府应该明了自身在实现基本公共服务均等化中的责任和地位。成都市政府以城乡一体化带动基本公共服务均等化，从教育、医疗和就业等方面全面完善城乡公共服务体系，缩小了城乡基本公共服务差距。在明确自身责任主体的同时，改革公共服务管理与服务模式，从分类供给、经费保障、统筹建设、人才队伍建设等方面全面提升公共服务水平。特别是在供给方面，成都坚持"需求导向"，充分发挥民众在建设和完善城乡基本公共服务体系中的主体性作用，切实保障了城市居民和农村居民共享城乡公共服务一体化与改革发展的成果。

2. 推进城乡基本公共服务配套制度改革，为实现基本公共服务均等化提供制度保障

任何一项改革的成功推行都不是独立的，它都需要相关的配套制度，需要一系列政策、法规作为保障。实现城乡基本公共服务均等化，涉及城乡"二元制"结构、土地、教育、医疗、就业等一系列问题，任何一个问题解决不好都有可能对整体的改革事业造成困扰。成都城乡基本公共服务均等化的成功实践离不开相关配套制度改革的成功跟进，基本公共服务体系的建立和完善与城乡制度一体化是分不开的。成都市通过改革农村土地、城乡户籍、财政等问题，促进相关法律法规与政策的配套实施，保证了城乡居民在基本公共服务均等化实现过程中的机会平等，有效地推动了城乡基本公共服务的制度化与法治化。目前，我国城乡之间和区域之间基本公共服务供给水平并不均衡，这就需要我们进一步健全和完善相关的政策和制度，为均衡区域、城乡基本公共服务提供保障。

三、打造"基层公共文化服务包"：昆明的实践

昆明在发展基本公共文化和促进基本公共文化均等化方面积累了丰富的经验并取得了较大的社会影响，其成功实践的关键是打造"基本公共文化服务包"。昆明通过整合文化政策、资金、项目等多种资源，统一规划、统一部署，重点发展基层公共文化，并鼓励所辖地区发展特色文化，呈现出基本公共文化体系完善、基本公共文化服务网络健全、群众文化权益有效满足的良好发展态势。昆明的实践可以从发展历程、主要做法、取得的成效和启示四个方面进行分析和介绍。

（一）昆明探索基层公共文化服务新路径的历程与背景

2011年昆明市政府对全市基层公共文化服务建设进行调研发现，基层存在着"重建轻管、建用脱节、效用不高"等问题。为了解决其存在的问题，满足人民群众的文化需求，昆明市政府从2012年1月开始先后出台了《建立健全基层公共文化服务运行机制逐步实现公共文化服务均等化的实施意见》《基本公共文化服务项目及重大公共文化服务项目》以及《关于进一步加强基层公共文化服务运行机制建设的若干意见》等一系列文件，并配套实施了相关政策，这些政策被统称为"基层公共文化服务包"。"基层公共文化服务包"的成功实践获得了中宣部的高度重视，并作为样板在全国范围内推广。"昆明市'基层公共文化服务包'是指从政策措施、服务项目、投入资金、服务队伍、监管考核5个方面对昆明市基层公共文化服务进行系统分类'打包'，做到'有设施、有内容、有人员、有经费、有机制、有考核'。"[①] 文化产业一直是昆明市重点支持发展的产

---

① 余结红、肖依群：《云南昆明"基层公共文化服务包"：探索均等化服务新模式》，载于《中国文化报》2015年7月16日第1版。

业，发展与完善基层基本公共文化服务是其重要内容。2010年初，昆明就已经完成了30个乡镇（街道办）文化站和420个基层文化活动（站）室的建设。到2011年，昆明已在全市建立了15个图书馆、110个博物馆和15个文化馆，建成810个农家书屋和55个文体活动广场，1 233个行政村实现了数字电影全覆盖的目标。

2012年《昆明市建立健全基层公共文化服务运行机制逐步实现公共文化服务均等化的实施意见》（以下简称《意见》）颁布实施，文件提出建立健全基础公共文化服务运行机制要坚持四大原则："保证基本、惠及全民"；"创新机制、强化服务"；"坚持公平合理、均等便利"；"坚持公众参与、多样广泛"。《意见》明确提出昆明要打造"十五分钟文化圈"和建设"基层公共文化服务新格局"。在《昆明市基本公共文化服务项目及重大公共文化服务项目》中，昆明对乡镇文化站和村文化室文化服务的公共空间设施场地的使用、公共电子阅览室的开放以及书报刊借阅等都做出了详细而明确的规定。2012年11月，《关于印发进一步加强基层公共文化服务运行机制建设若干意见的通知》正式出台，文件提出要在完善基础设施网络、强化经费保障、提高服务效能、充实人才队伍、创新服务方式、加强宣传引导和健全绩效考核体系等方面进一步加强基层公共文化服务机制建设。[①] 随后，昆明市在《昆明市深化文化体制改革实施方案》《深化文化体制改革实施方案重要改革举措及工作项目分工》以及"十三五"规划等政策文件都明确提出要实现基本公共文化均等化和标准化。目前，昆明市已经初步建立了较为完善的、覆盖市、县、乡、村的公共文化服务网络，形成了以"基层公共文化服务包"为基础的公共文化服务体系。

（二）昆明的主要做法

1. 构建"基层公共文化服务包"，为城乡基层群众公共文化服务提供制度保障

第一，政策措施打包。加强部门协作，整合政策资源，规范服务体系。发展与完善基层公共文化服务体系是一个复杂的工程，它实际牵涉到基层政府与上级政府，基层政府各部门之间的衔接与合作，因而需要全面、系统、科学的规定和规范，需要完善、统一的政策体系安排。昆明市通过对公共文化服务中的政策和措施进行整合和梳理，形成了标准统一、方便可行的政策体系。第二，服务项目打包。昆明市政府将文化项目分为基本公共文化服务项目和重大公共文化服务项目，并根据县、乡、村民众的不同需求和实际情况进行集中建设和管理。乡镇

---

① 《关于印发进一步加强基层公共文化服务运行机制建设若干意见的通知》，昆明市政府网站，http://www.km.gov.cn/zffw/zffw/593461.shtml。

（街道）文化站要根据乡镇（街道）居民的需求，提供包括公共空间设施场地的使用、公共电子阅览室开放、书报刊借阅等基本公共文化服务项目；村（社区）文化室也要根据辖区居民需求，提供包括公共空间设施场地的使用、公共电子阅览室开放、农家书屋维护等8项基本公共文化服务项目。与此相对应地，昆明市政府规定"县（市、区）文化馆、图书馆等专业公共文化机构要负责组织实施大型文艺演出活动、公益性电影放映、流动图书馆服务、基层文化骨干培训等重大公共文化服务项目"。① 第三，投入资金打包。昆明市政府通过整合中央、省、市、县的资金，统一管理，统一分配，重点扶持和乡镇和村一级的基本公共文化服务。第四，服务队伍打包。高素质的人才队伍是基层公共文化服务体系能够发挥良好作用的重要条件。昆明市政府根据县、乡、村的不同情况，因地、因时、因人制宜，提出建立两条人才队伍的策略，即专兼结合的基层文化工作队伍。2013年昆明市通过举办"昆明市公共文化专题培训班"，对全市19个县（市）区的图书馆馆长、文化馆馆长及部分专业骨干、135个文化站站长共计270人进行了培训，提高其服务能力。昆明市建立专兼结合的人才队伍的方案很好地解决了基层专业人员少，人员不稳定的问题，通过整合人才资源，规范用人程序，在保证有人做事的情况下，最大限度地吸纳优秀人才从事基层公共文化事业，强化了人力保障。第五，绩效考核打包。昆明市出台了《基层公共文化服务运行绩效考核办法》，还提出强化考核结果在资金安排、激励和监督方面的作用，将经费投入与主要领导的考核结果相挂钩。

2. 由"供给导向"向"需求导向"转型，实现文化惠民政策与群众需求相结合

昆明市此前一直采用的是"政府提供，群众参与"的"供给导向"的服务方式，从政府供给的角度最大限度地为群众提供基本服务。然而，这种服务模式却造成了群众参与度不高的问题，并不能真正将群众文化需求与政府文化惠民政策对接起来。为了解决这一问题，昆明市提出发展公共文化要树立"群众第一"的服务理念，"办"群众真正喜欢的文化，实现了由"办"到"管"的转变。虽然只是一字之间的变化，却是两种服务理念的根本转变。在"群众需求，政府满足"的服务模式下，政府通过调动群众的参与热情，激发群众的创造活力，实现了民生政策与群众需求的有机结合。在服务理念转变的同时，昆明市政府充分发挥自己搭台、提供服务的角色，让群众唱主角，因地制宜地发展基层公共文化服务。在五华区、盘龙区和西山区通过开展"零距离"工程和"定制服务"等措施，创新了基本公共文化服务，形成了"一地一特色"的良好发展态势。

---

① 《昆明市人民政府关于印发昆明市建立健全基层公共文化服务运行机制 逐步实现公共文化服务均等化实施意见的通知》，载于《昆明市政府公报》2012年第3期。

(三) 昆明"基层公共文化服务包"建设取得的成效

自 2012 年至今,昆明市实行"基层公共文化服务包"政策以来,开创了一条"服务群众为宗旨、政府推动为主导、公共财政为支撑、整合资源为核心、完善机制为重点、强化保障为关键"的基层公共文化服务体系建设新路子,取得了很大的成功。① 其一,形成了较为完善的公共文化服务网络,有效保障与满足了人民群众的基本公共文化需求。人具有社会属性,过优良的社会生活是每个人的追求和梦想,拥有丰富的精神文化生活是优良社会生活的重要组成部分。因而,满足人民群众精神文化方面的需求就需要政府加大对基本公共文化服务方面的有效供给。截至 2016 年 5 月,昆明市图书馆、文化馆和文化站已经全部免费开放,农村数字电影覆盖率高达百分之百,广播电视覆盖率高达 99%。以上数据只是昆明基本公共文化成果的一个缩影,昆明通过多种措施不断加大对基本公共文化事业的投入,有效地实现和保障了群众的文化权益。其二,城乡群众的文化民生得到进一步改善与提升,群众的基本文化需求得到满足。"昆明'基层公共文化服务包'成为昆明推动基层公共文化服务规范化、均等化的重要措施,也成为昆明'文化惠民'工程的重要抓手。"② 昆明市通过打造"一会一校一场三工程"(社区文化沟通协会、社区居民素质网络培训学校、"大家乐"文化广场、外来务工人员文化共享工程、"八个一"文化低保工程、社区人才队伍培养工程),不断满足群众的文化需求。社区文化沟通协会作为一种社区文化整合平台在全市已经被得到推广应用。昆明市各地都有多样化的文化活动,例如,"五华讲坛""春城文化节""撒梅文化""阳宗大香会""爬西山民俗娱乐活动""巴江之春""魅力海埂耀动滇池"等活动,都是地方文化服务系统的重要组成部分。这些具有地方特色的、多样化的文化服务体系得到群众的广泛好评,真正实现了社会服务提升和文化发展成果的共享。其三,"基本公共文化服务包"的社会效益。昆明的发展基本公共文化服务做法被云南省在各地方推广,其成功实践也得到中宣部的高度重视和肯定,将其作为样板在全国推广。

(四) 对于昆明市打造"基层公共文化服务包"的几点认识

第一,坚持人民群众至上,以满足人民群众实际的需求为导向是基层公共文

---

① 《昆明基层公共文化服务包走出文化改革发展新路子》,昆明市政府网站,http://sg.km.gov.cn/c/2016-03-23/1287623.shtml。

② 余结红、肖依群:《云南昆明"基层公共文化服务包":探索均等化服务新模式》,载于《中国文化报》2015 年 7 月 16 日第 1 版。

化服务体系建设的价值取向。建立健全公共文化服务体系必须坚持基本性和均等性的原则,发展适合民众需求的公共文化。这就要求公共文化事业的发展必须坚持广覆盖、保基本、公正平等的价值导向,使得每个社会成员的文化需求和文化权益都能得到实现和保障。昆明市政府在充分了解群众需求和服务体系建设现实问题的基础上,进一步明确政府责任,创新文化管理和服务模式,发展群众实际需要的、"对口味"的文化服务,将文化政策与民众需求有机结合,为全民文化权益的实现和基本公共文化服务体系的完善提供了条件。第二,坚持政府主导、创新服务模式是完善和发展基本公共文化服务体系的重要基础。基本公共文化服务的发展牵涉到多个政府部门,在政策、资金、管理等方面需要科学规划,必须坚持和发挥政府主导地位与作用。昆明市立足于本市实际,通过整合政策措施、服务项目、投入资金、服务队伍、监管考核等资源,优化资源机构和服务体系,实现效用和功能的最大化,有力地推动了基本公共文化服务体系建立和发展。昆明市以民众需求为导向,创新服务模式,提出了变"办"为"管"的方式,有效地调动了群众的参与热情和管理热情,实现了基本公共文化的共建共享。第三,坚持因地制宜、逐步提升是基本公共文化服务体系建设充满活力的基本规律。昆明市的做法之所以能够取得良好的成效和社会影响,其中一个重要原因就在于坚持因地制宜,逐步推进与提升的发展规律。昆明市政府在发展基本公共文化服务的过程中逐步加大对于公共文化事业的投入,有阶段、分步骤地落实。这种"渐进式"的发展模式既实现了文化需求与财政能力之间的平衡,又能够一定程度上避免冒进行为。

四、国内其他地区基本公共服务均等化的实践

就总体而言,杭州、成都和昆明三地是我国基本公共服务均等化成功实践的缩影,也是典型地区,我国其他地区也进行了相关的探索与实践。有的地区虽然起步较晚却具有明显的地方特色,也有一些地区已经进行了成功实践却没有引起相应的关注。必须指出的是,这些地区对于丰富我国基本公共服务均等化实践,创新基本公共服务发展模式,发展具有地方特色的基本公共服务具有启示意义。

(一)政府购买公共服务:合肥的实践

随着《关于政府向社会力量购买服务的指导意见》和《中共中央关于全面深化改革若干重大问题的决定》政策的出台,政府向社会购买公共服务在国家层面上得到鼓励和支持。近年来,合肥市在政府向社会购买公共服务方面进行了一些有益探索,并取得较好的成效和社会效益,其实践经验值得学习和借鉴。2014

年 7 月,合肥市出台了《关于深入推进政府向社会力量购买服务的实施意见》,这是一份专门针对政府购买公共服务的文件,对于如何购买、向谁购买、为谁购买、购买什么样的公共服务等都做出了明确说明。文件提出要在结合合肥市"十二五"基本公共服务体系规划和社会服务"1+4"① 政策的基础上,在基本公共服务和社会管理方面先行开展试点工作。政府向社会购买公共服务涉及购买主体、购买内容、购买程序等一系列问题,必须严格规范各个环节和各方力量,只有这样才能促进购买程序的规范化,才能真正明确各方的责任和分工,才能实现以购买公共服务促进基本公共服务均等化的初衷。

在购买内容上,合肥市 2014 年主要在养老、卫生、教育、气象等方面展开试点,2015 年将购买内容进一步扩展为社会审计、数据库运行维护、社会服务人才培训、社区养老项目、殡葬服务、公安等领域。在资金投入方面,据统计,2015 年合肥市投入了将近 2.92 亿元用于购买 110 项公共服务。在监督考核机制建设方面,合肥市加强对购买内容和承接主体的监督与考评,对于约束社会组织和规范购买程序都起到了积极的促进作用。在正常的购买程序中,监督考核往往处于最后的位置,但并不意味着监督考核不重要,其实监督考评既是对实践经验的总结也是下次合作的起点。加强对购买程序和购买各方力量的考核与监督,有利于进一步规范政府的购买程序和建立科学规范的购买机制。在发展成效方面,合肥市政府通过购买居家养老和残疾人托养项目,新增了 1 700 个就业岗位;减轻了政府的财政负担。② 可以说,虽然起步较晚还有很多需要完善的地方,但合肥市在政府向社会购买基本公共服务的实践取得了阶段性的成功。合肥市根据自身的实际情况和群众的具体需求发展满足群众基本生活需求的公共服务,特别是注重发展针对老年人、弱势群体和经济困难群众的公共服务,有效促进了基本公共服务均等化。

(二)"7+2"模式:深圳盐田的实践

深圳市盐田区在推进和实现基本公共服务均等化方面具有良好的发展基础。"十二五"期间,在基本公共就业方面,盐田区充分就业社区覆盖率高达百分之百;在基本公共教育方面,盐田是"全国县域义务教育发展基本均衡区";在基本社会保障方面,盐田已经基本建成了系统、完善的三级养老服务网络体系;在

---

① 即《关于进一步加强和改进社会服务工作的意见》《合肥市加快培育发展社会组织办法》(试行)、《合肥市社会服务人才队伍建设办法》(试行)、《合肥市社会服务平台认定与补助办法》(试行)和《合肥市政府购买社会服务办法》(试行)。
② 《合肥市政府购买服务调研报告》,安徽省政府网站,http://www.ahcz.gov.cn/portal/zdzt/gmfw/sxjz/1452454051509838.htm。

基本公共文化方面，公共文化馆全部免费向公民开放，其中"城市街区24小时自助图书馆"覆盖率居全市首位。① 为了进一步贯彻落实《中共中央关于全面深化改革若干重大问题的决定》《中共中央关于全面推进依法治国若干重大问题的决定》和《广东省基本公共服务均等化规划纲要（2009~2020年）》等文件精神，进一步提高盐田区人民群众的生活质量，满足人民群众的基本需求，实现社会公平正义，盐田区于2015年颁布实施了《盐田区基本公共服务均等化计划（2015~2020）》，并明确提出了"7+2"模式。盐田区将原来的基本公共教育、就业、社会保障、医疗卫生、住房保障、公共文化和基础设施七项内容拓展为包括基本公共环境和基本公共安全在内的九项内容。

《盐田区基本公共服务均等化计划（2015~2020）》明确指出，盐田要建立覆盖全面、水平优质的基本公共服务体系。基本公共服务的均等化的实现离不开基本公共服务体系的建立和完善，只有形成广覆盖、保基本的基本公共服务网络才能真正为所有居民提供满足生活需求的基本公共服务，也才能让居民共享社会发展成果，最终实现社会公平正义。就基本公共服务供给而言盐田区具有先天优势和良好的基础，这就要求政府提供更高水平的基本公共服务，在实现"低水平的最好"的基础上实现"高水平的最好"，发展高水平的基本公共服务。盐田将公共生态环境和公共安全纳入了基本公共服务的保障范围，显示出了该地区在结合自身特色和国家政策的基础上发展高水平基本公共服务的努力和探索。在基本公共生态环境方面，盐田的生活垃圾无害化处理被称为"盐田模式"，具有丰富的实践经验。在基本公共安全方面，盐田提出要实现健全食品药品安全监测网络，构建精细化的社会治安防控体系等目标。我们可以看到，虽然盐田"7+2"基本公共服务均等化模式较晚提出，但是具有较高的理念定位和较高的质量要求，是符合自身优势和水平的基本公共服务均等化模式。

（三）城乡客运公共服务均等化：宜都的实践

湖北宜都在推动城乡交通体系一体化和完善城乡交通网络的过程中，积极推行城乡客运一体化。2014年《宜都市推进"村村通客车"实施方案》正式颁布实施，文件明确提出要建立"路、站、运、管、安"五位一体的发展机制。② 为了推进该方案的顺利实施，宜都市强化了一系列保障措施。在交通体系构建方面，宜都市通过科学规划交通线路，改造班车，实行分区、分段票价和最高限价

---

① 《深圳市盐田区国民经济和社会发展第十三个五年规划纲要》，深圳盐市政府网站，http://www.yantian.gov.cn/cn/a/2016/e25/a206246_651918.shtml。
② 《宜都市推进"村村通客车"实施方案》，湖北省政府网站，http://www.moc.gov.cn/st2010/hubei/hb_meitikjt/201509/t20150917_1878218.html。

机制等措施实现资源整合，建立了科学完善的公共交通服务网络。在路面等基础设施建设方面，宜都市严格执行建设标准，实行路面扩宽、升级改造，并统一候车亭、招呼站牌等设施建设，实现统一化。为了满足最广大人民群众的交通需求和生活需要，宜都市将客运路线延伸到了所辖区域的偏远自然村和行政村，尽最大可能满足了人民群众的出行需求，针对山区学生特别建立了学生专线补贴机制。2015 年宜都市 100% 行政村全部通达客车。① 宜都市城乡客运公共服务一体化的成功实践，满足了农村居民出行便捷、安全和经济的要求。在推动城乡客运交通一体化的过程中，宜都市建立了覆盖城乡的统一完善的基本公共交通网络，并特别照顾偏远地区的农村居民，为更多的居民享受基本公共服务创造了条件。

（四）建设"幸福佛山"：佛山的实践

近年来，佛山市在推进和实现基本公共服务均等化方面进行了一些有益探索，特别是从 2010 年佛山市提出建设"民富市强幸福佛山"以来，更加注重区域、城乡和不同人群间基本公共服务的均衡发展。2010 年《佛山市基本公共服务均等化发展规划（2010~2020 年）》颁布实施，文件明确提出要在教育、医疗、交通和就业等八个方面使居民享有均等化的基本公共服务。在社会管理机制创新方面，佛山市政府通过下放权力的方式，积极引入社会和市场力量，让更多的社会组织在基本公共服务领域发挥重要作用。截至 2014 年 8 月，佛山市共有各种社会组织 4 205 家，包括社会救济、社会福利、养老助残在内的多种基本公共服务都可以向社会组织购买。

与此同时，佛山市通过多种措施完善基本公共服务的供给和制度建设。在基本公共教育方面，佛山市建立了系统的学前教育资助体系，让家庭情况困难的学童、残疾儿童等群体得到了实惠。在义务教育的经费保障方面，2013 年佛山市的公费拨款标准达到了小学生 750 元/年，初中生 1 150 元/年。此外，在完善特殊教育体系方面，佛山市针对残疾儿童少年实施了十五年免费教育。② 在基本公共文化建设方面，佛山市为进一步推动基本公共文化服务体系的网络化和可及性，提出了建设"1+7"公共文化制度体系和打造"城乡十分钟文化圈"的策略。在基本公共医疗卫生和基本社会保障方面，佛山实现了城乡医疗保险一体化的目标，同时新型农村社会养老保险制度也初步建成。此外，佛山还初步建立了包括区间公交、区内公交和镇内公交在内的三级公共交通网络，有效地推动了医

---

① 《宜都市积极推进城乡客运一体化》，湖北省政府网站，http://www.hbjt.gov.cn/zwdt/fzsm/yc/106831.htm。

② 《佛山市大力推进基本公共服务均等化》，中国政府网站，http://www.mof.gov.cn/xinwenlianbo/guangdongcaizhengxinxilianbo/201312/t20131212_1024042.html。

疗卫生、公共交通和社会保障等方面的基本公共服务均等化。实现基本公共服务均等化是民生事业,也是实现人的尊严和满足人的基本生活需求的题中应有之义。我国从古至今都特别重视民生,"民为邦本,本固邦宁",政府怎样实践民本思想和提高民众生活水平?就基本公共服务方面而言,坚持民本思想就是要求政府不断增加人民群众的"获得感"和"幸福感"。佛山市将发展基本公共服务纳入"幸福佛山"的范畴,并采取多种措施促进基本公共服务均等化的实现,其做法值得我们借鉴。

(五) 流动人口卫生计生基本公共服务均等化: 桂林、玉门和贞丰的实践

随着工业化进程的加快和城市发展的需要,越来越多的外来人口开始涌入城市,如何实现对外来人口或者流动人口的管理和服务是每个城市不得不考虑和解决的问题。桂林市是全国流动人口卫生计生基本公共服务均等化试点城市,该城市通过创新服务模式,改善工作机制和加强制度保障等措施,实现了流动人口的有效管理。其次,流动人口管理与服务涉及就业、教育、医疗卫生等一系列问题,这就需要统筹安排,扎实推进流动人口管理和服务工作。桂林市通过颁布实施《流动人口计划生育基本公共服务均等化工作实施方案》,将计生卫生工作纳入政府考评之中,进一步完善了责任落实机制。桂林市以诚信计生建设为载体,通过整合政府资源建立了覆盖乡(镇、街道办)和社区的"一站式"综合工作平台,将流动人口的生育服务、子女教育、社会保障等纳入服务范围。此外,桂林市还建立了"五化"服务模式即"立体化、人本化、个性化、亲情化和精细化服务"[1],有力地推动了流动人口医疗卫生和计划生育均等化的落实。

甘肃玉门市在流动人口管理方面创建了"334"管理服务模式,即"三大网络""三大机制"和"四零服务"。[2]"三大网络"即部门化协作网络、社区网络化服务网络和新市区长效化服务网络;"三项机制"即一体化的统筹协调机制、规范化的科学管理机制和多元化的群众自治机制;"四零服务"即在计生服务中要实现"零距离""零门槛""零差别"和"零障碍"。玉门市实现了流动人口与户籍人口在就业、子女入学和就医等十个方面的相同待遇,进一步扩大了基本公共服务的受益人群,有效地促进了基本公共服务在不同群体之间的均衡发展。

---

[1]《桂林市建立"五化"服务模式积极推进流动人口卫生计生基本公共服务均等化落实》,广西省政府网站, http://www.gxhfpc.gov.cn/gzdt/gs/2014/1027/5674.html。
[2]《玉门市深入推进流动人口基本公共服务均等化》,载于《甘肃经济日报》2014年4月24日第3版。

在生育保健服务方面，贵州省贞丰县通过创新管理和服务方式，推出了计生"双全"服务模式，有效地推动了基本公共服务均等化。在计生范围覆盖方面，贞丰县将服务阶段从人的出生扩大到了人生命的全过程，针对不同阶段的人群提供了不同的服务方式，主要包括针对婴幼儿的成长过程服务、针对青少年的道德、性心理教育咨询、针对育龄对象的孕育服务和针对老年人的健康保健服务。服务对象从单一的育龄人群推广到了全部人群，真正实现了人群全覆盖。此外，贞丰县通过资源整合、科学规划基本形成了覆盖县、乡、村三级的计生技术服务体系。全县免费服务落实率、已婚育龄夫妇享有的基本计生技术服务落实率和流动人口免费服务率均达100%。[①]

[①] 黄诚克、曾楚禹：《贞丰计生"双全"服务模式推进基本公共服务均等化》，载于《贵州日报》2010年7月14日第1版。

第六章

需求导向：基本公共服务均等化的核心原则

第一节 基本公共服务需求导向的逻辑阐释

广义的公共产品注定是差异化的，除某些纯公共产品是由政府提供外，大量准公共产品在不同情况下或是由政府、社会、市场分别提供的，或是由三者联合供给。市场化的供给方式可以使民众依据自己的偏好、需要和支付能力灵活地选择其所需公共产品的质和量。同时，在市场化的非基本公共服务供给格局中，无论实际获得还是获得的差异感知，公众对此都可以接受，同样的道理也适用于公共服务的市场化供给中。

但是，狭义的基本公共服务基本上是由政府供给的，它必须严格满足非排他性和非竞争性的特征，保证每个公民都平等地享受到基本的公共服务（即保证公共服务的均等化）。这种均等化既是客观的，又是主观的：它意味着基本公共服务必须排除个体差异、阶层差异等各种外部性条件，同时实现公民对某一公共产品实际的获得与使用大致相当，以及公民的获得感大致相当。但是，社会内部不同群体汲取能力的客观差异限制了政府公共产品实现供给均衡的努力，公众的认知差异则影响了他们对公共服务产品及效果的解读，因此，单方面的供给无法达到基本公共服务均等化的这种严格要求或预期目标。

公众不仅是公共产品的使用者，更是公共服务过程的参与者、评价者和监督者。目前，学术界对公众参与的传统研究主要集中在参与的形式和程序上，而公共需求本身却往往被忽视。事实上，只有承认公众需要存在主客观差异，并以此为基点安排公共服务的生产和供给，才能真正实现公共服务均等化的要求和目标。建立以需要为导向的公共服务供给体系的意义正在于此。

一、公共服务供给导向的基本逻辑及缺陷

供给导向的公共服务体系，注重公共服务生产与供给侧的研究。在许多学者看来，公共产品的内容与覆盖率、公共财政安排与绩效考核、公共服务流程及其法制化与制度化以及公共服务价值导向等研究内容，都可以通过公共服务供给端的改革得以实现。持供给导向的学者相信，当前公共服务所面对的问题基本上是在供给过程中发生的，而解决这些问题的办法则需要由供给端的改进完成。因此，增加供给总量、改进供给质量、提升供给效率、改善供给体验感，成为当前基本公共服务均等化研究的热点与核心。

（一）公共服务供给导向的基本逻辑

公共服务供给导向所涉及的问题有很多，但其基本逻辑主要沿着两条线索进行：第一个是如何实现供给充足；第二个是如何实现供给均等。

1. 公共服务的供给充足

通常情况下，公共服务供给充足主要包括两个方面：一是内容可以适应社会发展程度；二是水平可以满足公众需要。理论上不是只有公共服务充足供给，才能实现公共供给均衡，而公共财政投入充分，公共服务供给才能充足，两者构成基本公共服务均等化的基本前提。就公共服务的规范性研究而言，传统的政治学与古典财政学对公共服务的供给内容与供给水平给予了持久的关注，其研究内容主要包括基本公共服务所应涵盖的各个方面，如公共服务与政府职能、政治统治的关系，公共服务与国民经济、宏观经济形势、GDP/GNP 等经济指数的一般关系，公共服务占公共预算中的比例，地方公共服务的统筹程度、央地公共财政转移支付的方式等。

公共服务的充足供给为公共服务均等化提供了更为宽松的政策环境。"如果政府财力充裕，政府既可以在医疗、养老保险和失业救济等涉及全体公民的领域实现比较充分的供应，也可以为社会提供差异化的公共服务，充分的供给足以降

低利益集团间的竞争性，能力差距也就不是一个重要的问题了"①，这意味着均等化所面临的改革阻力将进一步降低。一旦公共服务的供给在内容和水平上无法满足民众需要、陷入短缺风险，公共服务供给者将面临更为苛刻的政策压力，也更难以保持公共性的身份，社会的焦虑情绪进一步扩大，基本公共服务均等化政策的实施将失去回旋的空间。

2. 公共服务的供给公平

广义的公共服务可能存在着差异化的供给，但基本公共服务却对均等化存在着严格的要求。但是，均等化其实是一个模糊的概念，什么是均等化，如何实现均等化，基于不同的视角会得到不同的结论。因此，均等化的内涵、界定的标准、实现途径、社会意义，都是供给公平的重要研究内容。古典财政学与福利经济学关注经济意义上的财政剩余均等化，即政府主导下的福利转移和财富二次分配，政府往往被假定具有天然的公共性，公共服务均等化问题则被简化为技术性的国家财政预算如何理性再分配的问题。② 而政治学、社会学意义的供给公平更强调公共服务供给主体如何获得与维持公共性、均等化的效果如何得到社会认同。在此意义上，财政支出是否合理只是问题的一个方面，而社会公众的广泛参与，尤其是公共服务的供给方和需求方如何通过公共协商达成"理想共识"，也是基本公共服务体系制度设计必须考虑的因素。

（二）传统基本公共服务供给导向的缺陷

以供给为导向的公共服务体系，强调了公共服务体系建设政府的主体责任、财政安排和制度供给。公共服务供给侧的发展无疑推动了公共服务体系的建立健全和基本公共服务均等化水平的不断提升。但是，单纯凸显公共服务的供给导向，忽视公共服务供需均衡，也会导致一系列的问题。这主要体现在以下四个方面。

1. 财政投入递增与供需矛盾激化

古典财政学与福利经济学片面强调公共财政投入在基本公共服务供给中的作用，在某种意义上将公共服务当成了政府的绝对责任。依此逻辑建设的福利国家，政府与公民之间的权责关系被极大简化了，政府只要保证福利水准的不断提升，就尽到了对公民的义务。战后西方福利国家制度的发展，也在这一逻辑下经历了高速发展到矛盾激化进而不断衰落的过程。基本公共服务的指标不是静止

---

① 于海洋：《基本公共服务均等化进程中的社会谈判——基于"政府—社会"二元关系的探讨》，载于《江汉论坛》2014年第6期。

② J. M. Buchanan, Federalism and Fiscal Equity. *American Economic Review*, Vol. 40, No. 4 (1950), pp. 583–599.

的。随着西方国家战后经济腾飞,公众对基本公共服务标准的要求日益提升,政府公共财政投入规模和占 GDP 比例也随之递增。公共财政支出增加转而引发政府责任的无节制扩张、政府对公共服务市场的替代、过度干预,以及官僚机构的膨胀。① 一旦西方经济陷入低潮,政府财政收入增长势头无法维持,公共服务体系与公众预期之间就会发生激烈碰撞。福利国家的改革在西方社会引起了持续的社会冲突。事实上,依靠财政杠杆,将公共服务均等化简化为财政问题,忽视了公共服务体系的系统整合与制度建设,不恰当地简化了公共服务建设的复杂性,片面调公众对公共财政的预期与依赖,最终使国家财政政策陷入僵化和缺乏调整空间的地步。

2. 供给过程替代了使用过程

公共服务的供给导向聚焦于公共产品的生产和供给过程,忽视了供给后受众的使用过程。公共财政学说将预算的合理分配视为公共服务的终点,假定各级政府在获得了合理的财政拨款后就会自发购买、生产和分配公共产品;公共选择理论则聚焦于公私机构间的竞争机会,他们假定只要一个公众可以自由选择的机制存在,基本公共服务的均等化困境就可以解决②;新公共管理与新公共服务理论则以政府体制和民主机制的建设为目标。总之,公共服务各种学说的理论边界往往被定义在公共产品的供给过程(即公共服务的生产、流通与分配)的终止,也就是说只要公共服务供给主体提供了在程序和数量上均等的公共产品,就实现了其职责。这种观点在本质上忽视了公众在接受和使用各种公共产品过程中发生的磨损,及由此带来的不均衡效应。即便公共产品的供给过程上是民主的,统计学上是均等的,公共服务依然可能因为各种主客观条件产生均衡和不公正的效果。公众对民主机制的熟悉程度会影响其参与公共服务机制的效果,地理与人文环境的差异使相似公共支出的效率及有效性出现差异,各阶层行为模式的差异会带来截然不同的使用习惯与评价标准。公共服务受众在接受和使用公共服务过程中会产生形形色色的问题,形成强大的受众惯性,这会对公共服务造成巨大的影响,并反过来扭曲公共服务的供给过程。不过,在传统的供给导向的研究过程中,这些因素都被排除在研究议程之外了。

3. 供给均等的标准客观化

均等化标准的客观化忽视了政策话语合理性的相对性。均等化究竟如何评估,存在着复杂的标准。公共财政建立了复杂的客观化评估标准,通过人均财政剩余、具体公共产品人均占有量等具体指标考察均等化。新公共服务、新公共管

---

① 陆象淦:《"福利国家"危机与社会保障问题》,载于《国外社会科学》1986 年第 1 期。
② 郑晓燕:《中国公共服务供给主体多元发展研究》,上海人民出版社 2012 年版,第 43 页。

理学说则试图通过客观化的制度设计来衡量均等化程度。评价标准的客观化来自供给过程研究的单向性与客观化。对于公共服务传统研究而言，公共服务是一个供给方占主导地位的过程，尽管供给主体可以多元化，但是这些主体是在一个高度制度化和程序化的环境中做出决策，完成公共服务的生产与供给，把公共服务供给分化为一个个具体的环节与程序，并需要通过一系列客观化的评价标准来衡量公共服务均等化的效果。但是，客观化的评价标准忽视了社会文化与群体认知等主观性因素对公共服务的重要意义。均等化与财政学意义上的人均财政剩余和统计学意义的平均分配，并不是在所有场合都可以重合。什么是公平，什么是均等，本身就带有高度的社会性和主观性。在不同的语境和文化下，均等化存在着多元的解读方法。一种政策话语下公平的公共服务政策，在另一个环境中则可能代表着严重的不均衡。而特定环境下被接受的均等化政策事实上可能偏离了客观的均等化标准。例如，英国为了防止苏格兰脱离大英帝国，在社会保障、福利补贴和就业层面的优惠政策，在制度框架内以人均财政剩余为标准来看是恶化了均等化效果的，但是在苏格兰与英格兰两大族群的民族平等的话语下，优惠政策又是符合均等方向的。事实上，大多数多民族国家对少数民族的福利补贴大多具有类似特征。

4. 公共服务客体的身份弱化

随着传统公共服务体系过分强调政府主导的缺陷日益展现，公共服务理论多元治理日益得到社会认同。以私有化和治理理论为代表的新公共服务理念强调多元主体参与到公共服务中的意义和作用。但是，多元治理理念虽然意识到公共服务需要广泛的公共参与，但是其研究偏重于供给侧的多元，而忽视了公共服务受众的多元性以及相匹配的公共产品的多元性。"事实上，公共服务均等化范式为了建构一个简约的逻辑——社会成员的身份被简化为单纯的'公民'，他们生存发展所依赖的复杂社会结构和多元身份可能被刻意忽略。在这种情况下，除了因政府财政政策造成的不平等外，其他可能导致社会成员间矛盾与分歧的社会性因素很难被该范式考虑进来"[①]。理论上讲，任何基本公共服务所面临的受众都是多元的，但是特定公共产品与公众身份差异的耦合情况各有不同，这种区别会影响公共政策的制定难度和公共产品的供给效果。公共服务并非存在于真空当中，公共服务所存在的社会环境主要就是由多元的受众组成。不同的受众存在着明显的身份差异和能力差别。身份差异影响了不同群体对基本公共服务的预期和偏好，决定了他们接受公共产品的情况；受众间明显的能力差异则主要体现于他们

---

① 于海洋：《公共服务均等化进程中的社会谈判——基于"政府—社会"二元关系的探讨》，载于《江汉论坛》2014 年第 6 期。

对公共服务供给过程的游说能力及反馈能力。能力差异的存在，使公共服务体系的某些环节及整体塑造可能会朝特定方向发展，这种反馈最终会促使公共服务供给发生某些改变。

二、基本公共服务需求导向的内涵

公共服务体系不是供给主体单向的政策输出，而是供需双方互动平衡的产物。公共服务需求既具有刚性，又具备一定程度的灵活性、复杂性、多元性和可塑性。在具体的政策规划和操作过程中准确把握公共需求，依据需求供给公共产品和公共服务，对于改善公共服务质量具有重要意义。

（一）供给导向与需求导向的关系

公共服务供需关系的对立统一落实在具体的政策领域，会有供给导向与需求导向之别。也就是说，公共产品如何被具体的消费者接受、认同，并依据消费者的具体需求进行生产和调整，需求特殊的制度形式和政策模式才能实现。但是，需求导向的目标不是颠覆供给导向的制度与政策，而是对供给导向的补充和完善。供给导向和需求导向的关系不是矛盾割裂的，而是相互依存、相互承接和互有侧重。只有在供给侧与需求侧之间建立有效的联动关系，公共服务体系才能有效运作。具体来说，二者间的关系可以从两个方面加以理解。

一方面，公共服务政策的供给导向与需求导向具有逻辑与程序层面的承接关系：从政策科学的角度而言，理想的公共服务体系应该是一个完整闭合的政策链条，公共服务的生产和供给不能脱离受众存在。公众的需求即便不能通过制度化的路径及时有效的反馈，它依然会以其他形式（如用工荒、人口外流、社会抗议等方式）对公共服务政策造成影响。政策供给方也不可能完全忽视受众的需求组织公共产品的生产。强调需求导向并非要否定供给侧的既有制度与政策，而是要对供给政策与供给实践进行必要的改进，使公共产品供给过程能够精准估算公共服务生产规模，细化产品分配方案，倒逼生产端按照实际需要调整供给方案，优化公众满意感。供给方的改革，也会进一步增强其对公众的影响力，提高政府的威望，使供给方获得更高的社会威望。

另一方面，公共服务政策的供需导向各有侧重。公共服务的供需关系需要整合在统一的框架内，但二者又具有逻辑和实践层面的区别。供给导向的公共服务政策强调公共权威、关注供给方权力分配与职能分工，重视供给效率与程序公平。但是单纯的供给政策研究往往注重政策的宏观性，忽视受众的多元性，或者按照可测量的标准对公众进行简单划分。需求导向的政策则重视宏/中观公共服务政策的落地问题。需求导向视角下，公共服务受众的身份是多重的，既是公共服务的享有者，又是公共服务决策的参与者，还是公共服务效果的监督评价者。公众需要程序化、制度化的参与路径，对公共服务的实际效果加以评估，使群体性需求加以整合，平衡阶层差异，增加所有群体实际政策体验上的公平感，寻求社会公众间的最大公约数。相较于统计学意义的均等化，需求导向的公共服务政策更关注基于参与产生的社会学意义的公平感。

（二）需求导向的双重内涵

基本公共服务的均等化，应该是"福利平均和政治公平合二为一的产物，它在承认社会成员的差异客观存在的基础上，同时关注社会成员福利水平的获得和公民权的实现"[①]。公共服务需求导向的目的在于更好地服务于均等化，实现社会的公平正义，保证公共产品被公民有效应用。

1. 民主层面：公众需求的表达与效力

理想状态的基本公共服务体系是，社会公众可以通过民主形式表达并制定对于公共产品的需求清单，而政府按照清单生产和供给。但是，基于政策推行便利性、可操作性和可评估性的考虑，公共服务供给政策存在着用收益分配公平代替社会公平和政治公平的倾向。国家通过测算和预估公共产品的财政投入和政策效果，采用财政转移支付和提供政策服务的手段，实现单位公共产品的人均占有额在统计学意义下的均衡。这种政策取向很大程度上偏离了中国经济社会发展极不均衡的现状，使包括地区、城乡和阶层差别在内的复杂国情无法体现出来。作为公民权利的一个重要体现，如果要真正促进公民权利的平等化，公共服务均等化就必须推动公共服务体系的民主化，这包括两个主要方面。

第一，集体协商与集团平等权利的实现。发展不均衡是中国长期形成的客观国情，均衡则是未来长期奋斗的目标。尽管统计学意义的绝对均等化是基本公共服务均等化最终要达到的任务，但就中短期而言，具体的公共产品所能达到的均等化，其实是在一定时间和一定范围内目标人群内的大致均衡。传统公共服务强调个体间大致均衡，但就民主制度设计的大框架而言，不同社会身份和阶层间的集团平等同样重要。为了保证某一群体的诉求不被排除在公共服务的设计和实践外，需要在制度和程序上让所有个群体在公共服务财政预算、份额分配、配套政策等问题上具有平等的发言权，保证公共服务的供给统筹考虑所有群体的偏好与诉求，不被某一群体偏好或政府的行政惯性绑架。我国可以利用包括各级人大、

---

① 于海洋：《民族地区基本公共服务均等化的多元解读》，载于《中央民族大学学报（哲学社会科学版）》2013年第3期。

政协、社会团体在内的民主协商渠道，以集体协商为手段，集团间平等权利实现为依托，密切公共服务供给体系与相关立法、决策、咨询、监督和反馈体制之间的黏性关系。

第二，特殊权利的特别保护机制。传统观念认为，基本公共服务体系的目的不是满足各民族成员所有的公共服务需求，其供给对象是各民族成员带有共同性的某些基本需求，也就是说，公共服务否定差异性而追求产品的普适性。事实上公共产品可能具有普适性，但是，公共产品的受众及其对公共产品的汲取能力是无法做到无差别的。任何普遍供给的基本公共产品都可能会面向某些使用存在障碍的特殊群体，他们的使用障碍可能是由公共产品使用路径、配套措施安排失当造成，也可能是该公共产品与这一群体的偏好不符造成。对于社会公众而言，基本公共服务除了满足一般意义上生存发展需要外，均等化更是平等权利实现的保障条件。针对特殊群体的特殊需求，对普适性公共产品进行改造会增加公共产品的供给成本，在财政成本上可能是不经济的，也不符合对公共产品的一般理解，但它却关系到不同阶层集体权利的实现问题。虽然授予弱势群体或少数群体以特殊权利并给予特殊保障，可能引起统计意义上的不均等，并使额外成本由全体受众分担。但是，特殊权利的特别保护机制仍具有重要意义，它保证弱势群体或少数群体在均等化问题上表达诉求的权利和渠道，使基本公共服务均等化在政治意义上促进社会公正。

2. 效率层面：公众需求的回应与实现

财政转移支付是当下中国实现区域间基本公共服务均等化最为常见也最为有力的手段，但实践中以预算管理和转移支付为手段的中央控制也经常会降低基层单位的自主性与活力，并影响均等化战略的效果。尽管财政剩余均等化存在着一个悖论，财政剩余均等化与实然层面的均等化效果并不等同，财政拨款的实际效果有赖于供给与需求的密切配合。要想实现公共产品的生产和供给实现效率化，公众有意愿且有能力表达自己的需求并使其上升到制度化层面十分重要。

第一，建设公众需求反馈能力的培养机制。公共服务均等化的运行与落实，依靠公众对具体政策与产品的消费。在消费过程中，公众对公共服务的供给质量数量、供给方式会产生具体的评价，但是这种评价往往是零散和情绪化的。公众缺乏将自己意见整合起来的能力，又缺乏将其转化为具备可操作性的反馈咨询意见的能力。公众对公共服务具体意见的搜集、整理、分析、整合、提炼、反馈需要专业化和科学化的团队，具有影响力和权威性的反馈渠道，因此，公众咨询能力的提升，需要相应的投入和政府的支持。国家应该承认公众反馈机制是基本公共服务均等化制度当中必要的组成部分，并为此承担相应的成本。具体来说，政府有必要协助公众破除公众在收集公共产品信息、提出意见渠道方面的制度性障碍，对专业化需求反馈机制的募资方式、组织形式和参与渠道等给予制度和程序上的便利。

第二，强化公众对供给方决策的影响能力。在供给导向的公共服务体系当中，供给方在资源占有、偏好表达和制度建设方面的绝对优势，使需求方即使提出意见，也缺乏真正使自己意见上升为公共服务体系意志的能力。为了强化公众对供给方决策的实际影响力，就要培育公民的参政议政能力，推进公共服务决策的民主化。为此，需要鼓励组织化的公众参与，改变公共服务体系对政府的单向依赖，给予这些组织和政府进行谈判的资格。

第三，扩大公共服务市场体系中公民选择空间。现代公共产品的生产和供给很大程度上是由市场完成的。日趋发达的公共产品市场为我们的生活提供了大量多元的公共服务，与之相应的是公众对公共产品的选择余地也随之增加。在一个真正有效率的供给导向的公共服务体系中，公众应该获得对公共服务的自由选择权利。这意味着绝大多数公共产品应该同时拥有超过一个供给方，这些供给方相互竞争，而公众用货币或"租用凭单、教育凭单"等多种形式对供给方和公共产品做出选择。充分利用市场杠杆、强调市场自由竞争原则有利于实现真正的资源优化配置，实现公众与供给方的双向选择。当然，在中国这样一个公共服务市场化、社会化程度不足的公共服务体系当中，落实公众的选择权需要政府承担更大的责任，这主要包括两个方面的内容：一是政府应该进一步放开公共服务市场，引入更多的公共产品生产商和社会组织；二是政府应该将公共服务对公众的直接供给尽可能转化为提供有价凭据，为公众的选择权提供路径上的便利。

3. 倡导需求导向的意义

供给侧政策取向与需求侧政策取向同时存在于公共服务体系当中，在什么时期选择怎样的政策，取决于公共服务体系建设的阶段。对于那些现代化程度较高、经济社会发展较为均衡的国家而言，社会公众更为关注个体享有公共服务的状况，从而有利于降低复杂的身份差别对于基本公共服务均等化的影响。而那些现代化水平尚有待提升、存在严重社会分化与身份固化的国家来说，社会公众对于社会身份差异的敏感性则更为强烈，他们更愿意从群体性视角理解和评估公共服务，更重视群体间横向比较的整体差异。改革开放以来，我国经济建设取得了重大成就，公共服务体系初步建成，但是人民群众对于公共服务日益增长的需要与公共服务体系发展不充分的现状形成了突出的矛盾。鉴于我国存在较为严重的社会固化现象，公众对公共服务既追求个体满足，也期待群体满足。平衡公众的个体需求与群体需求，使差异性公众需要形成政策影响力，将极大推动我国基本公共服务均等化的发展。具体而言，这种推动作用表现在两个方面。

第一，需求导向通过效率供给、民主供给，有效缓解供给不足带来的社会矛盾。我国公共服务体系建设长期受制于投入不足，公众对公共服务的预期与各级政府实际投入之间的矛盾越来越大。尽管国家投入巨大，但弥补公共服务投入历史欠账不是朝夕间可以完成的任务。供给紧张影响了公共服务的政策效果，使国家公共服务供给选择余地大为减小。在这种情况下，需求导向公共服务可以有效增强公共支出的使用效率，防止资金浪费。在我国，"种种'政绩工程''形象工程'，让原本就很紧张的公共资源无法得到优化配置"[1]。需求导向可以打通公共服务落地的"最后一里路"，以需求杠杆调节供给政策和供给路径，倒逼公共服务供给实现效率化。另外，民主供给通过提高公众对公共服务工作的参与程度，增加公众知情权和参与感，强化公众对于公共服务水平提升的直观感受。鉴于均等化本身就是一个具有高度社会性的评价标准，改变公众在传统公共服务体系中完全被动的地位，改善公众体验可以有效提升公共服务相对均衡的社会体验。

第二，需要导向可以有效平衡公共服务市场路径与政治路径。米什拉认为福利体系内的市场要素与民主政体之间存在着矛盾冲突。市场经济追求利润最大化，通过竞争来实现效率；民主政体讲究平等参与，追求充分就业、福利保障[2]。二者的平衡一直是现代公共服务体系建设的难点，需求导向通过鼓励公众参与、公众评价和公众反馈，实现了公众在公共服务市场和公共决策体系内的双重存在。公共服务市场与公共服务决策的民主决策机制，在政策导向、运行逻辑上存在着诸多的不协调，甚至会造成激烈的竞争；在这种情况下单纯依靠供给端的政策协同，会造成公共服务政策调整的延迟滞后以及资源配置的浪费。只有公众在公共服务体系当中真正充当重要的角色，并具有影响公共服务全流程的权力，公共服务体系在微观层次才能体现出足够的灵活性。因为，公众具有公共服务享有者和公共决策参与者的双重角色，可以灵活转换双重身份，并对公共服务政策路径的调整做出最符合受众需要的反应。

第二节 基本公共服务供需失衡的表现

国家的供给和需求之间，永远存在着紧张关系。经济发展水平的提升、国家财政能力的增加，会使公众对福利水平的社会预期随之调高，基本公共服务标准

---

[1] 李德：《公共服务供给应注重"耦合度"》，载于《人民日报》2015年12月22日第5版。
[2] 米什拉著，郑秉文译：《资本主义社会的福利国家》，法律出版社2003年版，第161页。

也会相应调整。在一个动态的公共服务体系当中，供不应求、供非所需现象永不会消失。国家可以通过一系列量化的指标对基本公共服务的指标加以客观化，并以此判断基本公共服务在质和量上是否存在着稀缺的问题。但是，公共服务稀缺的客观指标和社会性判断之间是不存在绝对界限的。公众需求的发展和提高，会使稀缺、不足、错位问题一再出现。因此，探讨基本公共服务供需失衡，必须框定特定的时代背景和政策背景。我国作为一个正处于经济增速又持续快速发展走向"新常态"、经济社会结构调整加快进行的国家，公共服务领域内的供需失衡现象也具有鲜明的时代特征和中国特色。

一、供不应求：基本公共服务供给缺位

2010年全球经济危机不但对西方发达国家形成了全面的冲击，也对包括中国在内的新兴经济体产生了巨大的消极影响。"过去30年中国经济以年均10%速度增长态势已不复存在，经济增长率从2007年的14.2%快速下滑至2008年的9.6%，到2014年下降到7.4%"。[①] "2012~2014年，全国的财政赤字规模分别为8 000亿元、1.2万亿元、1.35万亿元，同期财政赤字率由1.5%上升到2.1%、2.1%，2015年政府工作报告显示，2015年拟安排财政赤字1.62万亿元，比上年增加2 700亿元，赤字率从上年的2.1%提高到2.3%。"[②] 经济下行的压力与包括医疗、养老体系在内公共服务体系的支付压力相互叠加，使我国福利开支相关政策的社会关注度持续增加。中国公共产品供需关系的紧张程度在新的经济社会背景下更为凸显。中国语境下的基本公共服务稀缺既包括总量的稀缺，也体现为供给体系的结构性稀缺。

（一）基本公共服务供给总量的稀缺

改革开放30多年以来，我国对公共服务领域的投入有了大幅度的增加。但是，公共服务开支的增加幅度与国家GDP的增幅、国家财政收入的增幅并不成正比。在我国现行财政分权模式下，近年来虽然各级政府纷纷加大了对公共服务的投入力度，但是各级政府尤其是地方政府依然将经济增长视为政府的首要责任。地方政府往往相信，虽然对经济的投资会在短期内影响公共服务投入，但从长期看它会增强地方公共事业发展的潜力。这一逻辑存在两个问题：一是它没有说明地方政府何时、以何种方式将工作重心转向公共服务；二是它扭曲了公共服

---

①② 郝磊、张朝：《新常态下中国宏观经济形势与对策选择》，载于《技术经济与管理研究》2016年第1期。

务事业的发展方向。各级政府往往依据哪项公共建设会促进经济发展来选择公共支出的重点，而那些基础性、不易取得短期回报的公共项目无人关注。陷入长期财力短缺、发展不均衡困境的公共服务体系扭曲了生产要素的配置，最终恶化了经济发展的长期前景。2010 年全球经济危机爆发以后，中国经济出现了巨大的下行压力。地方政府债务规模膨胀、财政乏力，公共事业投入的增长受到了进一步的限制。

（二）公共服务供给的结构性稀缺

当下中国由于生产力发展水平的限制，公共服务供给规模还远不能满足人民群众日益增长的需要，而公共服务体系在生产、供给、决策、管理等诸多环节中存在的效率低下、供给不力的问题进一步加剧了公共服务供给的结构性稀缺状况。这主要体现在以下三个方面。

1. 供给体系膨胀导致行政费用过高

公共服务的生产与供给，需要供给方付出相应努力，由此产生运行费用也被计算在公共服务支出之内。但是，现行公共服务供给部门由于机构臃肿、缺乏效率，各级财政对公共服务领域的投入增加并没有让消费者实际收益，反而被供给部门自身吞噬。公共部门的人员膨胀、费用上涨冲抵了国家增加公共支出的努力。例如，2015 年《国务院关于深化医药卫生体制改革工作进展情况的报告》指出，2009 年医改以来全国财政医疗卫生累计支出 4 万亿元，其中中央财政支出累计 1.2 万亿元。但是"看病贵依然是个大问题"，个人实际支出费用不降反升。[1] 统计资料显示，2013 年和 2008 年相比，人均住院费用增长 60%，人均一次门诊费用增长 45%，医疗费用高速上涨的趋势非常快[2]。《中共中央、国务院关于深化国有企业改革的指导意见》明确指出，"公益类国有企业以保障民生、服务社会、提供公共产品和服务为主要目标，引入市场机制，提高公共服务效率和能力"[3]。

2. 优质基础性公共资源的稀缺

不可否认的是，各级政府对公共服务的重视程度日益增加，在公共服务方面的投入力度也不断增强。截至 2015 年末，我国职工医保、城镇居民医保和新农合参保人数超过 13 亿人，参保覆盖率稳固在 95% 以上。2015 年末全国参加城镇

---

[1] 《国务院关于深化医药卫生体制改革工作进展情况的报告》，中国人大网，http://www.npc.gov.cn/npc/xinwen/2015-12/22/content_1955662.htm。
[2] 《新医改六年，再向哪些"硬骨头"下刀》，载于《中国人大》2016 年第 2 期。
[3] 《中共中央、国务院关于深化国有企业改革的指导意见》，中国政府网，http://www.gov.cn/zhengce/2015-09/13/content_2930440.htm。

职工基本养老保险人数 35 361 万人，比上年年末增加 1 236 万人①。我国已经基本实现了基本公共服务广覆盖的目标，但是公共产品供给存在着严重的地区差别、城乡差异还有行业差异。基础性教育、公共卫生、医疗养老资源分布不均，优质公共服务资源在少数大城市、少数人群内循环，基层沉淀不足。以河南省 2013 年河南省市级和乡镇级公共财政预算支出之间的差距为例，从总量来看，市级 2013 年支出 1 344.98 亿元，而乡镇级别仅为 330.48 亿元。从教育指标来看，市级支出为 211.39 亿元，而乡镇只有 18.09 亿元，医疗卫生市级支出 63.09 亿元，乡镇级 2.07 亿元②。投入差距与分布不均使大量应该流向均等化的资金转向扶植少数"立竿见影"的大项目，基础性公共资源普遍质量不高，增加了公共服务消费者之间的竞争。

3. 特殊群体公共服务稀缺

基本公共服务均等化除了要向全社会提供具有普遍性和基础性的公共产品以外，也应该考虑具有特殊身份的特定人群、族群的特殊需要。中国的多民族性、社会经济文化发展的巨大差异性使我国对基本公共服务均等化的考量必须兼顾多元。特殊地区、特定人群存在着某些自己无法解决，但又对其生存具有重要意义的公共需求。如果没有国家财政政策的灵活安排、法律制度的特别保障和各级供给主体的有效协调，这些群体的均等化需求将陷入困境。例如，据统计，2010 年人口普查时汉族城镇化率 51.87%，实现程度为 86.45%，少数民族人口城镇化率为 32.84%，实现程度为 54.73%。全国总人口平均受教育年限为 8.76 年，其中汉族为 8.84 年，少数民族则为 7.84 年。③ 少数族裔在城镇化和公共教育方面的权利落差极为明显。在 2013 年我国女性就业人员占全社会就业人口的 45%，但女性高就业率并存的是职业结构的不合理性。女性占据高等级职位的比例只是男性 1/15④。女性公平就业权利缺乏法律、制度的倾斜保障。为保证包括少数民族、女性在内的各种特殊主体享有与社会平均水准大致相当的公共服务，我国需要为他们设计与之相适应的特殊公共产品，彻底改变特殊公共服务稀缺的现状。

---

① 《中华人民共和国 2015 年国民经济和社会发展统计公报》，载于《经济日报》2016 年 3 月 1 日第 13 版。

② 褚吉瑞：《城乡公共服务均等化问题研究——以河南省为例》，载于《中国集体经济》2016 年第 1 期。

③ 郑长德：《中国少数民族全面建成小康社会进展评估——基于人口普查数据的分析》，载于《民族学刊》2016 年第 1 期。

④ 王智、邓满：《我国女性就业的性别歧视现状及对策分析》，载于《重庆电子工程职业学院学报》2015 年第 6 期。

二、供非所需：基本公共服务供给错位

除了供给不足，我国公共服务供需关系中还存在着严重的供非所需现象，供给错位使资源配置流向错位的方向，加剧了公共服务供给结构业已存在的不均衡。供给方与需求方在公共产品生产和供给过程中存在权利不平等、偏好不一致、沟通不顺畅等一系列问题，并对基本公共服务均等化的实现造成了持久的消极影响。

（一）政府供给错位

传统公共服务理论假定政府的角色是中立的，可以超越于社会利益分歧之上对价值进行权威性分配。但事实上，政府不单是公共服务的生产与分配者，更在经济社会发展中承担了复杂的角色。这些角色在特定时期的冲突，使政府的公共决策往往做出不利于均等化进展的决定。首先，经济发展长期在各级政府绩效考核中占据绝对优势的地位，这使地方政府更趋向于将资源投入生产领域，对分配和再分配领域的长期模式不仅导致了很多地方公共服务严重的历史欠账，更使政府在经济增长与公共服务决策中持续倾向前者。其次，地方政府对"大项目"和"任期回报"的偏好使地方公共事业发展更多向公共服务硬件体系、"短、平、快"见效项目倾斜，公共服务领域的制度建设相对滞后，基础性投资无法获得相应资源。最后，各级政府在公共服务财政拨款、制度建设和政策设计方面的绝对优势地位，公共企业和公众缺乏影响公共服务政策的手段和能力。"在决策缺乏有效制约和监督的条件下，各级政府均等化决策将表现出高度的随意性和主观性……公众需求高、难出政绩的基本公共服务不能得到充分供给。"[①]

（二）市场供给错位

广义的公共服务涵盖范围极广，公共服务企业与一般意义的市场经济主体并非在所有情况下都界限分明。公共服务供给责任与盈利冲动同时存在于公共产品市场当中，一旦监管乏力，公共产品的供给就可能发生严重的错误现象。这种错位主要表现在两个方面：一是公共企业凭借垄断地位生产并强迫公众消费其并不需要的产品。我国的公共服务市场并不是完全自由开放和充分竞争的，公共企业在一个由复杂的审批和准入壁垒保护的市场当中，对生产什么、如何生产具有更

[①] 郭小聪、刘述良：《中国基本公共服务均等化：困境与出路》，载于《中山大学学报（社会科学版）》2015 年第 5 期。

多的选择权利。公共企业可以用绑架消费、强制购买等方式将符合自己偏好和利益的产品强制性推销给公众，中小学学区的不透明划分、强制性的城镇化、行政扶植下的扶贫项目推广等都属此列。二是公共企业可以利用公众议价能力弱化强行提高公共服务价格。公共企业的成本核算机制极为复杂，政府补贴政策混乱，公共企业的盈利企图往往不易为一般消费者察觉。各类公共企业与政府之间存在着复杂的人、财、物关联，部分公共企业的涨价冲动与地方政府的不作为、默认抑或暗中鼓励紧密相关①。我国近年来频繁出现的"逢听必涨""有听证、无监督"现象都体现了公共企业的盈利冲动。

（三）社会供给错位

"针对公共服务供给中市场和政府双重失灵引发的两难困境，很多学者提出了公共服务供给的第三条路径：第三部门供给。其中，美国学者萨拉蒙将提供公共服务列为第三部门的首要功能。"② 西方社会治理实践的发展更是希望通过社会主体（包括第三部门和个人）的发展弥补公共服务供给过程中的政府失灵和市场失灵问题。但是，社会主体的发展并不能彻底改变供需关系中需求方的弱势地位。各种社会组织一旦进入公共服务生产领域，同样会产生诸多错位现象，并进一步加剧公共服务领域的供需失衡。截至 2016 年 3 月 4 日，全国社会组织数量已超过 60 万家，其中慈善基金会数量已达 4 856 家。截至 2014 年底，我国慈善基金会行业净资产已超过 1 055.11 亿元，当年公益支出 321.49 亿元③。但是，我国社会组织与个人在实际运作过程中也出现了很多问题。首先，社会供给主体在公共服务供给领域的专业性不足，不能满足社会大众的普遍需要。截至 2014 年底，全国共有社会团体 31.0 万个，比上年增长 7.2%。其中，工商服务业类 34 099 个，科技研究类 16 923 个，教育类 11 412 个，卫生类 10 060 个，社会服务类 44 630 个，文化类 30 101 个，体育类 20 848 个，生态环境类 6 964 个，法律类 3 270 个，宗教类 4 898 个，农业及农村发展类 60 202 个，职业及从业组织类 19 867 个，国际及其他涉外组织类 516 个，其他 45 946 个④。但是这些组织征募专业人才的努力仍然受困于第三部门职业前景不明确、待遇较低等问题。同时，针对第三部门在公共服务生产、服务、供给、监督等领域的专业服务资质，

---

① 《谁来遏制公共服务企业的盈利冲动》，载于《法制日报》2008 年 1 月 16 日第 3 版。
② 莱斯特·萨拉蒙：《全球公民社会非营利部门国际指数》，北京大学出版社 2007 年版，第 27 页。转引自许继芳、周义程：《公共服务供给三重失灵与我国公共服务供给模式创新》，载于《南京农业大学学报（社会科学版）》2009 年第 1 期。
③ 《基金会数据总览》，基金会中心，http://data.foundationcenter.org.cn/。
④ 《中国社会组织数量》，中国网，http://guoqing.china.com.cn/。

我国目前还缺乏专门和全面的管理体制。第三部门业务水平的参差不齐降低了公众对其所供给服务的信任程度和购买欲望，而这又反过来使第三部门走向专业化的努力更加艰难。其次，社会组织主体独立性不足，在协助公众监督政府和公共企业方面能力不足。我国政府目前对社会组织的注册、管理还存在着很多诸多限制。包括《社会团体登记管理条例》和《民办非企业单位登记管理条例》在内的政策文件，并没有赋予社会组织监督政府、公共企业的权利，反倒对社会组织限制很多。因此，在法律、制度和政策层面，我国的社会组织很长一段时间内无法向西方国家那样，承担起代替公众监督政府和公共企业供给行为的职责。我国近年来公益组织在发起环境保护诉讼方面屡遭挫折体现了社会组织在这方面的困境。最后，部分社会组织公益性不足，无法提供公众需要的公共产品。与政府、公共企业相似，社会组织也并不天然具有"公正"的身份。2014年全年，我国共查处民办非企业单位违法违规案件1 920起，其中取缔非法民办非企业单位41起，行政处罚1 879起①。在一个缺乏监管、发育不成熟的供给体系当中，社会组织很容易丧失公益性，出现逐利倾向，或转而服务某些特殊群体。包括红会商业项目和郭美美事件在内的一系列丑闻曝光，向我们展现了公益缺失的高风险。

第三节 基本公共服务供需失衡的原因

建设服务型政府，完善公共服务体系，是当前党和政府工作的重中之重。如何让公民共享改革发展成果，分享改革红利，更好地满足自身的物质文化需求，是摆在党和政府面前的一项重大课题。改革开放以来，我国在促进经济增长、提升公民生活品质等方面取得了重要进展，公共服务体系日益健全，公共服务的质量和水平逐步提升。但与此同时也应该注意到，我国基本公共服务体系建设与经济发展速度相比仍相对落后，基本公共服务投入在政府财政支出中所占比例较低，基本公共服务供给存在一定的缺位现象。受传统行政体制的影响，我国的基本公共服务供给过于依赖上级的任务指标和考核内容，"决策者往往根据政绩和利益的需要决定基本公共服务的类型、数量和质量，热衷于投资一些易出政绩的短、平、快项目，而那些公众需求高、难出政绩的基本公共服务却不能得到充分供给"②。不仅如此，面对公众需求的发展变化，政府也没有及时公共服务体系

---

① 《中国社会组织数量》，中国网，http://guoqing.china.com.cn/。
② 郭小聪、刘述良：《中国基本公共服务均等化：困境与出路》，载于《中山大学学报（社会科学版）》2010年第5期。

进行调整,导致公共服务的供给内容、供给方式同公众期望存在较大差异,基本公共服务供给存在一定的错位现象。

政府在基本公共服务供给中的缺位和错位造成了基本公共服务供不应求、供非所需、供需次序脱节等供需失衡现象,不仅降低了基本公共服务的供给效率,造成政府资金与资源的浪费,更降低了公民对基本公共服务的满意度,难以真正满足公众需求。"公共产品的最优供给与公共产品的需求状况直接相关,只有达到公共产品的供求均衡,才能使消费者效用达到最大化"。[①] 换言之,政府必须把握公众的真实需求,以公众需求为导向适时调整基本公共服务的供给内容、供给结构,转变以往"政府单向性"的供给模式,代之以公民与政府"双向互动"的模式。为此,有必要从政府信息公开、公众需求表达、政府回应等不同环节深入挖掘我国基本公共服务供需失衡的原因,以解决基本公共服务供给中的缺位、错位问题。

一、政府信息公开制度不完善

基本公共服务体系以公众需求为导向,首先必须加强政府和公众之间的信息交流,尤其要通过信息公开制度使公众了解政府基本公共服务的供给内容、供给程序等相关信息。充足的信息是公民有效表达利益诉求的前提,更是参与政策制定的必要条件。在此意义上,对公众知情权的满足是公民参与基本公共服务体系建设的基石,否则以公众需求为导向的基本公共服务体系建设便成了空谈。2012年4月,温家宝发表于《求是》杂志的文章《让权力在阳光下运行》强调:"我们提出把政务公开作为政府施政的基本准则,要求所有政府工作都要以公开为原则、不公开为例外、除涉及国家秘密、商业秘密和个人隐私的事项,一律向社会公开。"[②] 2008年5月1日,《中华人民共和国政府信息公开条例》(以下简称《条例》)正式出台,作为公民获取政府信息的重要保障,该《条例》明确要求政府主动进行信息公开,并对信息公开的原则、范围、程序进行了规定,尤其在附则中明确了"法律、法规授权的具有管理公共事务职能的组织公开政府信息的活动,适用本条例。教育、医疗卫生、计划生育、供水、供电、供气、供热、环保、公共交通等与人民群众利益密切相关的公共企事业单位在提供社会公共服务过程中制作、获取的信息的公开,参照本条例执行,具体办法由国务院有关主管

[①] 林万龙:《中国农村公共服务供求的结构性失衡:表现及成因》,载于《管理世界》2007年第9期。

[②] 温家宝:《让权力在阳光下运行》,载于《求是》2012年第8期。

部门或者机构制定",① 该规定保障了公民在关乎其切身利益的教育、医疗等基本公共服务领域所享有的知情权。《条例》施行后,各级政府机关在推进信息公开的工作中多措并举,取得了一定进展,但公众满意度并不高。当前制约我国政府信息公开的因素主要如下。

首先,政府的公共服务意识有所缺失。政府部门理应代表公共利益,为公民服务,但是按照"经济人"假设,其在制定公共政策的过程中考虑更多的往往是部门的政绩和利益,政府与公众之间、不同层级的政府之间、不同部门之间存在着博弈关系,在利益驱动下,政府有时会背离其公共利益的属性,出现与民争利、以权谋私的行为。加上"官本位"思想的影响,一些政府官员和部门脱离公众,漠视公众的需求和利益,对公众提出的信息公开要求缺乏应有的重视,甚至不时出现政府部门阻挠公众获取相关信息的情况。其次,公民申请政府信息公开的程序复杂、成本过高。虽然《条例》对政府的信息公开程序、内容等进行了规定,但这是一种粗线条的规定,对于什么信息必须公开、什么信息可以公开、什么信息不得公开、信息公开遵循什么程序等具体操作层面的问题并没有做出清晰界定;对公民申请政府信息公开的程序、途径也没有进行明确规定,实践中公民申请政府信息公开的程序烦琐、成本过高。最后,政府信息公开的质量不高。"形式多,实质少;结果多,过程少;原则多,具体少"是当前政府信息公开的普遍表现,公开内容精准化、精细化不足,"初公开"变成了"粗公开",公开的信息缺乏实质性内容,对于公民最迫切想要了解的相关内容和细节公开不足,信息公开逐渐走向形式化,难以有效满足公民的需求。例如,对于公众普遍关心的政府财政收支状况,政府部门的公开内容并不完备,财政收入与支出的条目、类型不够细致,公民不能从中了解到财政资金的具体来源和流向。此外,我们也要注意到,《条例》的法律等级并不高,目前我国还没有关于政府信息公开尤其是保障公民依法申请和依法获得政府信息的专门法律,加上"缺乏成熟的宪法解释制度以及宪法司法化的判例实践"②,政府信息公开制度在法律层面有所欠缺。

二、公众需求表达渠道不畅通

"现实中某些政策之所以会违背民意,其原因主要在于公众的需求与偏好未

---

① 《中华人民共和国政府信息公开条例》,中华人民共和国科学技术部网站,http://www.most.gov.cn/。
② 徐鹏:《深化我国政府信息公开制度改革研究》,载于《东北师大学报(哲学社会科学版)》2014年第4期。

被纳入公共政策的制定过程，因此政策制定者必须充分考虑政策目标群体的需求与偏好"①。在基本公共服务体系建设过程中，公民参与缺位、需求表达不畅是造成当前基本公共服务供需失衡的重要原因。纵观当前基本公共服务供给过程，"政府强主导，公民弱表达"是其显著特点，公民难以及时有效地将自身需求表达出来，由此造成基本公共服务供给同公众需求的脱节。

畅通公众需求表达渠道、实现基本公共服务体系建设中的公民参与，是保障公民权利的必然要求，也是健全基本公共服务体系、提升基本公共服务供给效率的应有之义。公民参与具有深厚的理论基础：公民参与理论认为人民是国家的主人，政府应保证公民最大限度地参与国家公共事务。以此理论为基础的协商民主理论更加强调保障公民平等、公开地发表意见，通过主体间协商共同解决公共问题。民主行政理论则以批判传统官僚制行政为起点，其代表人物马克斯·韦伯（Max Weber）认为民主行政的特点在于，"一是每个人都有资格参与公共事务处理的平等至上主义的假设；二是所有重要的决定都留给所有社群成员以及它们所选择的代表考虑；三是把命令权限制在必要的最小的范围；四是把行政机关的地位从主子的行政机关变成公仆的行政机关"②。在此基础上，民主行政理论经过新公共行政、多中心治理、后现代公共行政以及新公共服务理论的发展与充实，为公民参与提供了价值选择和制度设计。上述理论在其各自的研究领域中，从不同的角度对公民参与提供了相应的理论基础和范式基础，公民参与的重要性得到了充分论证。但在实践中，我国的公民参与并不充分，公民需求表达渠道并不畅通，保障公民参与、公民需求表达的制度建设还不够完善，具体而言：

首先，我国法律对公民参与和需求表达的实质性内容和相关程序规定不足。自 1954 年第一部《宪法》颁布以来，我国宪法几经修改，不断完善和发展，尤其是 1982 年颁布的《宪法》对公民的基本权利保障进行了新的调整，对公民应该享有的各项公共服务权利、公民参与的权利和原则进行了相应规定，但仍存在缺陷。一方面，关于公民参与权的法律规定仍不完善，除原则性规定外，多以列举方式规定公民享有的参与权、公众表达的若干途径，这在一定程度上导致公民参与和需求表达方面的权利出现缺失和不完善。另一方面，当前我国"对公民参与权的实现与程序尚无健全的法律体系保障"③，关于公民诉求未得到满足时的申诉、救济等保障性条款仍不完善。这使得相关法律规定只能沦为书面上的保

---

① 马雪松：《回应需求与有效供给：基本公共文化服务体系建设的制度分析》，载于《湖北社会科学》2013 年第 10 期。

② 文森特·奥斯特罗姆著，毛寿龙译：《美国公共行政的思想危机》，上海三联书店 1999 年版，第 87 页。

③ 柯华：《善治视阈下我国公共决策中公民参与障碍及其化解路径探析》，载于《四川大学学报（哲学社会科学版）》2015 年第 4 期。

障,在实际政治生活中难以落实,同时也增加了公众参与和表达的成本,使公众依据现有规定、通过现有渠道表达自身需求、参与政策制定较为困难。

其次,我国公民参与和需求表达的常规渠道畅通性不足。人民民主是社会主义的生命,人民代表大会制度是我国公民参与和需求表达的最重要、最权威路径。自1954年《宪法》确立以来,历经60余年的发展和完善,人民代表大会制度日益发挥重要作用,但也暴露出一定的问题,人大代表的代表性、人员构成、产生方式等方面的不足在一定程度上制约了人民代表大会的功能发挥。一方面,我国人民代表大会的精英化倾向明显,不利于普通民众的需求表达。这一点我们可以从人民代表大会的构成变化中发现,"自改革开放以来,工人农民在人大代表中所占的比例越来越小。在第四届全国人民代表(1975~1978年)中,工人农民的比重占到51.6%,此后这一比例基本上呈逐年下降的趋势,到第十届(2003~2008年)下降到18.5%,到第十一届(2008~2013年)工人农民代表数量有所回升,但是2亿农民工也仅有3名代表"。[①] 全国人民代表大会是人民行使自身权利、管理国家事务的重要制度,其代表比例理应符合国家基本阶层现状,从而反映不同阶层、不同群体的诉求和利益。但当前我国人大代表中普通群众所占比例较低,其利益诉求和服务需求难以传递至决策层,国家政策可能无法反映他们的实际需要。作为我国民主发展的另一形式,政治协商会议的精英化倾向则更为明显,其成员为民主党派、无党派及人民团体等组织中的精英人士,普通民众几乎无法通过政治协商会议直接表达自身诉求。另一方面,我国人大代表的产生方式和兼职性特点容易造成公众需求的过滤。县级以上人大代表通过下一级选举间接产生,普通群众的需求很难通过人大代表直接传达至决策层,层级越往上,人大代表所代表出来的公众需求和利益便越有可能脱离群众的实际,被代表出来的需求和利益是过滤后的需求,其真实性和完整性可能大打折扣。再者,由于兼职性特点,人大代表缺少充足的时间和经费去深入接触群众,了解群众的实际需求和利益,这使其既不能很好地将政策下达并解释给普通群众,又无法真正了解公众所需,也就很难向决策层传达公众的需求和利益。除人民代表大会、政治协商会议外,听证制度、信访制度也是我国公民参与和需求表达的常规渠道,但也存在各自的问题。就听证制度而言,相关法律对其内容、程序的规定不够细致,并且听证会的开设是偶尔性的、个案类的,远没有实现常态化和制度化,甚至有时只是政府用来表明自身民主行政、达到绩效考核目标的一种形式,无法有效发挥公民参与和利益表达的预期功能。就信访制度而言,当前我国信访存在"体制不顺,机构庞杂,缺乏整体系统性""功能错位,责重权轻,人治色彩

---

① 张贤明:《低成本利益表达机制的构建之道》,载于《吉林大学社会科学学报》2014年第2期。

浓厚""程序缺失，立案不规范，终结机制不完善"[1]等诸多弊病，公众通过信访渠道表达利益诉求的实际成效不容乐观。

最后，我国非常规的公民参与和需求表达渠道不尽完善且畅通性不足。民间组织是独立于政府机关、不同于企事业单位的社会团体组织，主要包括社会团体、民办非企业单位、基金会等，具有非营利性的特点，是党和政府同社会公众之间的联系纽带和沟通桥梁。然而，当前我国民间组织的独立性不足，严重制约了其作用的发挥。具体来看，我国的社会组织登记管理制度尤其是双重管理体制"在很大程度上使社会组织依附于政府及其职能部门"[2]，强化了民间组织的行政色彩。依据相应的管理条例，民间组织多挂靠在不同的部委之下，甚至一些基本的业务活动都要得到业务主管部门的审批，从而呈现"非官非民、半官半民、不官不民"的状态。此外，一些民间组织的资金主要由政府提供，或是管理人员由政府官员兼任，这些组织受政府影响更大，"民间性"进一步弱化，很难称得上独立自主地发挥作用，更不用说代表组织成员向政府表达利益诉求了。

三、政府需求回应有效性不足

回应是服务型政府的重要职责，也是完善基本公共服务体系、提升政府公共服务供给能力的重要内容。关于回应的概念，不同学者在理论和实践层面进行了相应阐释。格罗弗·斯塔林（Grover Starling）从行政管理的角度对回应进行了解释，认为"回应意味着政府对民众对于政策变革的接纳和对民众要求作出的反应，并采取积极措施解决问题"[3]。何祖坤认为回应"就是政府在公共管理中，对公众的需求和所提出的问题作出积极敏感的反应和回复的过程"[4]。具体到基本公共服务领域，回应的主体是各级政府部门及其公职人员，他们应对公众的各项公共服务需求、意见做出敏感的反应和及时的回复；回应的客体则是基本公共服务的享有者——社会公众；回应的先决条件是"公民愿意且能够通过多种渠道表达自己的偏好"以及"政府能够接受到公众意见，且愿意将公众偏好整合进入政治决策之中"[5]。在基本公共服务政策制定及服务供给过程中，政府的回应能力受诸多主客观因素的影响：客观方面包括相关制度和机制（例如，信息公开、

---

[1] 于建嵘：《抗争性政治：中国政治社会学基本问题》，人民出版社2010年版，第218~222页。
[2] 扶松茂：《中国政府与社会组织间关系发展的风险及对策研究》，载于《天津行政学院学报》2015年第2期。
[3] 格罗弗·斯塔林著，陈宪译：《公共部门管理》，上海译文出版社2003年版，第132页。
[4] 何祖坤：《关注政府回应》，载于《中国行政管理》2000年第7期。
[5] 孟天广、李锋：《网络空间的政治互动：公民诉求与政府回应性——基于全国性网络问政平台的大数据分析》，载于《清华大学学报（哲学社会科学版）》2015年第3期。

电子政务等）的完善性、协调性、便捷性等；主观方面涉及政府部门及其公职人员的服务意识、主观意愿等。鉴于回应性是现代政府的本质属性之一，也是衡量政府民主程度的重要标准，改革开放以来，我国各级政府对回应问题都予以了一定关注，构建了一系列具有回应功能的制度和机制，例如，政务公开、听证制度等。在当前公民主体意识不断觉醒、政治参与欲望不断增强的背景下，政府通过有效的沟通和回应机制来感知、识别公民的利益诉求尤其是服务需求并将之纳入到政策制定的过程中来，是构建责任政府、服务型政府以及进一步深化改革的必然选择。

不仅如此，政府回应对基本公共服务体系的良性运转而言至关重要，它能够使政府以较低的成本得知公众最迫切需要的服务项目，进而合理安排服务供给的顺序和时间表，动态性地解决供需失衡问题。其中，政府回应的自觉性和稳定性、政府回应的效率和实效性等构成了政府回应能力的衡量指标，关乎基本公共服务体系的完善程度。目前，我国各级政府虽然在上述方面做出了各自的尝试和努力，但总体成效有限，并不同程度地存在着"回不对应，即回应的内容与公众的诉求不对应；回应与公众的诉求背道而驰；回应中的掩饰偏导，对公众的回应采取模糊战术，粉饰太平，给人产生一种偏导或误导；回应迟缓，久拖不办；回应错位，在回应社会需求的过程中，不分轻重缓急，本末倒置"[①]等问题。究其原因，政府机关的官僚作风屡禁不止、服务意识不强，政府回应的制度化不足尤其是评估机制、监督机制缺位等因素无疑扮演了重要角色。尤其在当前阶段，时效性不足是制约我国政府回应能力的突出问题，并导致基本公共服务效用的大幅度降低，以及公众对政府公共服务供给有效性的质疑。为了保障并提升基本公共服务供给水平，供给方应该在合理的时间范围内积极、快速地回应公民需求。因为对服务接受者而言，服务项目的效用通常是不固定的，会随着时间的推移而逐渐减少。也就是说，在耗费同等公共资源的情况下，延迟供给会降低接受者的效用，形成与预期结果的偏差，这种偏差很有可能引发公民不满，并降低对政府部门的信任程度。具体来说，政府回应的时效性不足主要出于以下原因。

第一，政府在公共服务供给过程中职责定位不清晰。就目前来说，我国基本公共服务供给并没有形成规范、有效的分工机制和问责机制，以至于在供给过程中出现权责脱节、责任不清、有权无责等现象。造成政府职责定位不清的原因如下：首先，公共服务供给中政府工作缺少统一标准，要求过于宽松。改革开放后，市场经济体制造成了我国城乡间、地区间的发展差距，各地方具体的政治、经济、社会环境也呈现出多样化的特点。客观环境的复杂性使得中央难以为各级

[①] 陈路芳：《提高政府回应能力必须完善和强化问责制》，载于《行政论坛》2009年第5期。

政府关于基本公共服务职能的履行提出统一的、较为具体的执行措施。尽管这在一定程度上赋予各级政府一定的行动空间，但也使得政府在履行职责时显得过于灵活。例如，一些行政官员根据个人喜好开展基本公共服务供给工作，造成部分政府职能履行不到位、某些基本公共服务的供给滞后甚至缺失。其次，基本公共服务领域立法的不健全使基本公共服务的供给存在较大的随意性和多变性。此外，由于相关法律立法层级不高、法律条文散乱等原因，当基本公共服务供给不足、难以满足需求的时候，公民难以通过法律渠道维护自身权益。最后，在以绩效为主要评估对象的当前政治环境中，很多政府部门、政府官员为了追求自身政绩、部门利益，往往将工作偏重于那些见效快的项目上，忽视长期的基本公共服务制度与机制的构建。

第二，公民在基本公共服务供给过程中主体意识不强。尽管政府承担着总负责者和主要供给者的角色，但这并不表示政府是基本公共服务体系建设中的唯一主体。在构建基本公共服务体系的过程中，公众是否能够充分发挥自身作用直接关系着体系的完成程度与建设水平，也是我国"以人为本"执政理念是否有效地与制度建设结合起来的试金石。目前，导致我国公民在公共服务供给中主体性不强的原因可以归结为以下两点：首先，缺乏利益表达的制度化渠道。当前，公众主要是被动地接受国家建设的成果，关于公民意愿的表达和向上的输送还处于初步发展阶段，许多政治参与和需求表达的平台流于形式。在这种情况下，民意表达不畅，也造成了公民无法发挥其应有的主体地位。这样一来，相关制度建设与法律支持的缺乏，加上传统行政模式对政府回应的漠视与轻视，公民的政治主体性不可避免地遭到了削弱。其次，由于公民自身能力有限、法律意识相对淡薄、政治参与积极性不高等因素的限制，整个社会并没有孕育出参与型的政治文化，公民往往被动参与，而政府对公众需求又缺乏足够的重视，这在很大程度上降低了公民的主体意识，以及政府回应的可能性与时效性。

第四节　建立需求导向的基本公共服务均等化实现机制

服务型政府不仅是民主政府、法治政府、责任政府，其更突出的一层含义是"顾客导向型"政府，也就是说，政府必须在制定公共政策、提供公共服务的过程中始终坚持"以人为本""公众导向"的原则，以公众对各项公共服务的实际需求和期望为基础性要求，确定并调整基本公共服务供给的内容、数量、顺序、方式等，并将公众的基本公共服务满意度作为绩效评估的重要标准。具体而言，完善基本公共服务体系，实现以公众需求为导向的基本公共服务均等化，应从以下几个方面着手。

一、构建长效的政府信息公开机制

满足公众的知情权是加强公众同政府部门沟通、互动的重要条件，也是促进公众参与基本公共服务体系建设、完善公共服务体系的重要环节，只有对政府提供的各项服务有所了解，公众才能将自身的意见和需求更好地反馈给政府，促进政府及时调整基本公共服务的内容和结构。如前所述，自《条例》实施以来，我国各级政府在信息公开方面取得了重要进展，但当前政府信息公开不同程度地存在应公开的未公开、公开不全面、公开不及时、公开信息不一致、依申请公开阻力重重、将申请用途和目的作为受理或公开与否的前提[1]等问题，以致公众对政府信息公开情况的满意度较低，对基本公共服务相关内容也不甚了解。有鉴于此，政府应着力构建长效的信息公开机制。

首先，强化人本观念，提升政府及其工作人员的服务意识。建设服务型政府、完善基本公共服务体系，要求各级政府部门必须时刻将广大人民的根本利益作为其制定政策、方针的出发点和落脚点，做到"权为民所用，利为民所谋，情为民所系"，真正做到发展为了人民，发展依靠人民，发展成果全民共享。自党的十六届三中全会提出"以人为本"理念以来，各级政府部门在相关工作中取得了重要进展，但与此同时，部门利益当先、轻视甚至忽视公民利益和诉求的现象依然存在，在政府信息公开工作中报喜不报忧的现象时有发生，官僚作风严重，政府官员为了自身的升迁、相关部门为了自身的利益往往选择性地进行信息公开，更有甚者阻挠公民依法申请信息公开的行为。政府部门应该转变既有的"官本位"思想，树立"以人为本"的服务理念，以"公民本位、社会本位、权利本位"代替"官本位"，时刻将公民利益、公众需求放在首要位置，着力实现事务型公开向权利型公开的转变[2]，保障公民享有的知情权，并对公民依法申请的信息公开进行及时处理。

其次，简化政府信息公开的程序，提升政府信息公开的质量。如前所述，构建高效的信息公开机制，是确保各级政府兼顾不同群体、不同阶层利益的重要前提，也是公民参与基本公共服务体系建设、明确自身需求的重要途径，高效的信

---

[1] 吕艳滨：《政府信息公开制度实施状况——基于政府透明度测评的实证分析》，载于《清华法学》2014年第3期。

[2] 杨建成：《政府信息公开制度与我国的实践》，载于《中共中央党校学报》2012年第4期。

息公开机制更是建立阳光政治、透明政府的重要保证。当前,破解"形式多,实质少;结果多,过程少;原则多,具体少"难题是政府信息公开工作的重点,也是建立公众需求为导向的基本公共服务体系的重要前提。具体可从两方面入手:一方面,明确政府信息公开的具体内容和范围,何种信息必须公开、何种信息可以公开、何种信息不得公开,应该在法律层面予以明确规定,并对以往粗线条的公开内容精细化,以防出现形式化、程序化的现象。另一方面,解决政府信息公开"怎么做"的问题。对于政府信息公开的程序、方式进行明确规定,简化公民申请政府信息公开的程序,并完善信息公开问责制度、救济制度、赔偿制度等①,从程序上解决公民申请信息公开的后顾之忧。

二、完善低成本的公众需求表达机制

公众对基本公共服务的需求受到多重因素的影响,经济发展水平无疑是一个重要变量。2008 年,我国的 GDP 总量为 316 752 亿元,人均 GDP 突破 3 000 美元大关;2010 年,GDP 总量为 408 903 亿元,超过日本,跃居全球第二;2014 年,我国的 GDP 总量达到 635 910 亿元。② 经济的快速发展客观上刺激了公众的基本公共服务需求,后者对服务的数量和种类提出了更高的要求。但另一方面,相较于经济改革的显著成就,我国的政治体制改革相对滞后,当前基本公共服务供给仍呈现"政府强主导,公民弱表达"的格局,公民的政治参与和需求表达严重不足,由此导致了一系列不良后果,如政府对基本公共服务资源分配的不公、政策制定与实施背离公众期望、服务供给不符合公众的实际需求、供给低效甚至无效等。在此背景下,要彻底扭转基本公共服务供需失衡的局面,"必须逐步改变基本公共服务均等化实践中以政府为主导、'自上而下'的决策机制,更多地选择不同类型、不同深度的公民参与形式,为公众意愿表达提供途径,从'政府点菜'转向'公众选择'。"③ 当然,拓宽公众需求表达机制、增强政府和社会的互动绝不仅仅是应对当前基本公共服务供需失衡及其恶果的无奈之举,也是顺应当前国情的必然选择。

其一,构建服务型政府要求完善低成本的公众需求表达渠道。2004 年温家宝第一次提出"努力建设服务型政府"这一理念;同年,又提出了"要把政府

---

① 徐鹏:《深化我国政府信息公开制度改革研究》,载于《东北师大学报(哲学社会科学版)》2014 年第 4 期。

② 根据《中国统计年鉴(2009)》《中国统计年鉴(2011)》和《中国统计年鉴(2015)》整理。

③ 张紧跟:《论国家治理体系现代化视野中的基本公共服务均等化》,载于《四川大学学报(哲学社会科学版)》2015 年第 4 期。

办成一个服务型政府,为市场主体服务,为社会服务,最终是为人民服务";2005年,政府工作报告写入"服务型政府"并赋予其如下内涵:"创新政府管理方式,寓管理于服务中,更好地为基层、企业和社会公众服务。健全社会公示、社会听证等制度,让人民群众更广泛地参与公共事务管理。大力推进政务公开,加强电子政府建设。增强政府工作透明度,提高政府公信力。"不难发现,服务型政府不仅是为人民利益服务的政府,更是尊重人民意志和意愿的政府,广泛容纳公众参与正是服务型政府的内在要求。构建服务型政府,必须为公民参与创造良好的环境,为公众表达需求提供一条便捷、畅通的渠道。唯有如此,政府才能更好地感知和把握公众对各项基本公共服务的真实需求,进而更好地为人民的意愿和利益服务。

其二,公民意识的觉醒要求完善低成本的公众需求表达渠道。"对公务员来说,越来越重要的是要利用基于价值的共同领导来帮助公民明确表达和满足他们的共同利益需求,而不是试图控制或掌握社会新的发展方向"[1]。在当代中国,公民早已不再是被动接受政府恩惠的客体,而越来越成为政治生活的主体和政府服务的对象。公民意识的觉醒是社会发展的产物,法治政府的建设以及法制进程的加快尤其增强了公民的权利意识,他们日益将参与关乎自身利益的政府活动看作每一个公民应有的权利,认为自己有权利也有义务向政府表达利益和需求。对政府而言,与其抗拒不如接受公民意识觉醒的事实,既然公众是基本公共服务的终极享有者和最直接的利益相关者,那么只有倾听他们的真实需求并在政策过程中权衡不同群体和阶层的利益,才有可能实现基本公共服务的目的和宗旨。

其三,完善低成本的公众需求表达渠道也是尊重基本公共服务的性质、提升政府服务供给效率的必然要求。当前,经济的快速发展造成社会阶层的不断分化,社会结构日益复杂化,不同的利益群体应运而生,这一系列因素加剧了基本公共服务需求的阶层差异、地区差异,过去自上而下单一的政府决策方式和服务供给模式已经难以适应日趋复杂的公众需求。经验表明,"供给导向型"的公共服务供给模式往往导致实际需求难以表达、表达结果失真、表达低质或过度等一系列问题[2]。而建立低成本的公众需求表达渠道,让政府清晰了解公众差异的、动态的需求状况,有助于及时调整基本公共服务体系,改进基本公共服务供给的数量和种类,进而提升政府的财政使用效率和服务供给效率。

综上所述,完善低成本的公众需求表达机制不仅具有迫切性和必要性,还具

---

[1] 罗伯特·B. 登哈特、珍妮特·V. 登哈特著,丁煌译:《新公共服务:服务而不是掌舵》,中国人民大学出版社2004年版,第41页。

[2] 赵成福:《基本公共服务均等化价值意蕴的多维解析》,载于《河南师范大学学报(哲学社会科学版)》2014年第6期。

有不可估量的积极价值。为此，必须多管齐下，拓宽并畅通公众需求表达渠道。

首先，在法律层面对公民参与和需求表达予以明确规定。法律是公民行动的坚强后盾，只有将公民参与的形式、权利、义务、救济渠道等以法律形式固定下来，才能增强公民参与和需求表达的底气和信心。一方面，在内容上，要对公民享有的各项参与权、表达权进行详细规定。当前，"根据中国宪法规定，公民享有言论、出版、集会、结社、游行、示威的自由。应该说，这一规定为公民以多种方式表达意见和愿望提供了宪法依据。但是，宪法的这一规定是一个相当原则性的规定，要想使这些权利真正能够得到保障，还有待于下位法的进一步落实。"① 也就是说，有必要依据宪法原则，为公民在基本公共服务领域的参与权和表达权提供具体的、可操作性强的法律规定，引导并规范相关的公民参与和需求表达行为。另一方面，在程序上，要进一步细化、优化公民参与的程序并完善相关法律规定，推动公民参与、表达程序的科学化与合理化，以降低表达成本、激发参与动力。

其次，畅通常规的公民参与和需求表达渠道。一方面，适当纠正我国人民代表大会代表以及政协委员的精英化倾向。"从法理上讲，全国人大作为国家最高权力机关应该全面反映全国各个阶层、各个群体的意志和利益，但普通劳动者在国家权力机关中所占的分量与他们在总人口中的主体性地位明显不成比例也是一个不争的事实"②，而政协委员更是各个行业的精英，全国人大和政协的这种状况在一定程度上阻碍了普通群众的利益诉求在国家政策过程中的有效、充分表达，极易导致各项政策对普通群众利益的忽视。因此，有必要根据当前经济发展的要求，适当调整全国人大代表和政协委员的人员构成，使其符合当前国家经济发展形势下的阶层构成，尤其要增强人大代表的代表性。同时，应适当提高专职人大代表的比例，使其有精力、有机会去深入接触群众，倾听他们的真实声音，从而在政策制定过程中更好地考虑公众的实际需求。除此之外，要进一步改革和完善信访制度、听证制度等公民参与和需求表达的常规渠道，通过法律、行政等层面的改革充分挖掘上述制度在民意表达方面的潜能。

再次，引导正式制度之外公民参与和需求表达渠道的良性发展。如前所述，作为非常规的公民参与和需求表达渠道，民间组织在吸纳、传递公众需求方面扮演着重要角色。作为常规制度的补充，民间组织更能深入普通民众，让公众以更为便捷、成本更低的渠道进行需求和利益的表达。当前我国登记在册的民间组织数量可观，组织成员更是不计其数，合理的政府支持和引导有助于释放民间组织汇集并传输成员意志的巨大潜力，从而为需求导向型的基本公共服务体系建设增

---

①② 张贤明：《低成本利益表达机制的构建之道》，载于《吉林大学社会科学学报》2014 年第 2 期。

添助力。具体而言,一方面,要深入推动社会组织管理体制改革,通过在民政部直接登记逐步改变挂靠政府部门的局面,以此增强民间组织的独立性,实现自由良性的发展;另一方面,改变政府官员兼任民间组织管理人员的状况,弱化政府对民间组织的影响力,强化民间组织的"民间性",以自主发挥利益表达的功能。

最后,为公众需求的有效表达创造良好的外部环境。良好的外部环境有助于增强参与动力、降低表达成本,并为各项参与渠道和表达机制的创立和运行提供条件;良好环境的缺失则可能导致公众不敢表达、不愿表达,使公众在事关自身利益和权利的政策、措施面前沉默不语、漠不关心,或者以更加激烈、不甚理性的方式进行参与和表达。为推动公民参与和需求表达,完善需求导向型的基本公共服务体系,第一,要为公众需求的表达创造一个良好的法制环境。对公民的相关权利、义务作出明确而细致的法律规定,用法律的力量保护公民表达的权利和表达的途径。第二,要在全社会范围内创造一种理性、包容的文化环境和舆论环境。例如,削弱"官本位"思想、"关系"文化的影响;鼓励公民理性表达意见,避免极端化和不理性的言行;鼓励平等的交流和协商,包容不同的意见表达;正确发挥媒体(包括微博、微信等新媒体)作用,使其既成为公民表达意见的开放平台,又适当发挥引导、规范公民言论的功能。

三、构建高效的公众需求回应机制

回应是互动的关键,回应机制的稳定性、有效性是确保政府与公民良性互动的根本所在。行政管理学者格罗弗·斯塔林认为:"回应意味着政府对民众关于政策变革的接纳和对民众要求做出的反应,并采取积极措施解决问题"[1],如果公众需求在基本公共服务供给过程中无法得到及时有效的回应,那么任何形式的制度建设都难免流于形式,基本公共服务体系将无法发挥预期效果。"政府回应就是政府在公共管理过程中,对公众的需求和提出的问题做出积极敏感的反应和回复的过程"[2],政府回应和公民参与存在双向互动、相互促进的关系,对公民需求进行积极有效的回应是培养公民参与热情的前提条件,因为回应体现的不单单是政府对公共服务的关注,更体现出政府对公众利益的重视与强调。政府回应不是简简单单地对公民需求予以回复,囿于民意的局限性,人民的意志与人民的利益可能存在冲突,在此意义上,政府不仅要回应,更要正确地回应。也就是

---

[1] Grover Starling. *Managing the Public Sector*. The Dorsey Press, 1986: 115-125.
[2] 何祖坤:《关注政府回应》,载于《中国行政管理》2000年第7期。

说，政府回应"不仅要设法满足民之所愿，也要考虑民之所益"①。

协商是政府回应机制的重要环节，建立有效的协商机制是以公众需求为导向提升政府公共服务供给能力的必然选择。首先，以协商为形式的参与不仅可以让公众表达自身偏好，满足其参与决策过程的愿望，而且还在一定程度上增强了社会对政府权力运作的监督。其次，协商机制的建立有助于提高政府对公众需求的回应效率。出于自利动机，政府的基本公共服务决策常常与公民意愿出现偏差，通过协商建立有效的沟通机制，能够让公民明确表达出自身在公共资源分配方面的意愿和选择，并据此对相关政府部门施加压力；而面对公众差异性的基本公共服务需求，政府有必要通过协商，有针对性地满足公众需求，保证决策结果的正确性，从而提升回应效率。就此而言，建立以协商为特征的政府回应机制是提升公共服务供给能力的重要内容。对政府而言，通过协商和回应，不仅可以增强人们对政府公共服务供给相关政策与过程的认同，提升政府公信力，还可以根据公民对公共服务的具体要求有的放矢地采取相应的供给模式，以提高政府公共服务供给的公众满意度，最终实现社会和谐，达成增强执政能力、稳固执政根基的目的。对于公众而言，通过在基本公共服务领域的利益表达和协商过程，能够有效地为自己争取合法的权利，并进一步激发自身的政治兴趣和参与热情，提高参与公共管理活动的积极性。

电子政府是增强政府回应效率和回应能力的又一重要途径。凭借其常态性、便捷性等特点，电子政府有望成为政府回应的权威平台。"电子政务的实质在政府有效利用现代信息和沟通技术，通过不同的信息服务设施，以便捷的方式更好地履行公共服务职能，以提高政府的效率，节约政府的行政成本，增强行政的透明度，从而塑造政府的服务形象"②。运用信息技术在互联网这一平台上构建一个与实际政府功能一致的虚拟型政府，在政府与公众之间构建起便捷、快速的沟通桥梁，可以进一步强化政府回应行为的反应能力和反应速度。政府不仅可以减少行政成本、提高行政效率，更可以通过网络途径对自身提供的各项基本公共服务状况对公民进行满意度调查，或对部门、公职人员的工作态度进行调查。电子政府的发展也为公众构建了一个同政府进行直接交流的平台，公民可以以更平等的方式发表自己的意见和建议。电子政府的构建、电子政务的发展使政府对自身和社会的管理向公众全面开放，让公众了解具体而言，公民可通过电子政府了解有关基本公共服务供给的最新内容与政策变动等重要信息；政府也可借助电子政府平台通过问卷调查等形式及时了解公民对基本公共服务的需求状况。基于此，

---

① 李伟权：《政府回应论》，中国社会科学出版社 2005 年版，第 54 页。
② 杨光斌：《公民参与和当下的中国治道变革》，载于《社会科学研究》2009 年第 1 期。

中央与地方政府应加大电子政府的建设力度。首先，提高电子政府的普及程度。电子政府的良性运转在一定程度上取决于信息化技术在行政业务部门及相关单位之中的普及程度。为推动电子政府建设，促进基本公共服务供给过程中行政资源的整合，有必要在政府各部门之间、政府与社会之间建立一个高效的电子政府网络。其次，以制度化建设提升电子政府水平。制度是规范和约束人们行为的一系列准则，电子政府具有一般政府的主要特征，需要遵循制度化的发展道路。通过加强立法，建立信息公开制度、网络参与制度，实现电子政府服务内容的规范化、标准化，增强公民的需求表达能力和公民对政府的影响力，以提高政府的基本公共服务供给水平。最后，提高公务人员的电子政府业务水平。信息化时代要求政府转变、创新工作方式，即实现政务的公开化、信息的网络化、办公的高效化。当前我国公务人员服务精神、业务水平的欠缺是阻碍电子政府进一步发展的重要因素，因此，建立健全相应的业务培训和考核机制，以人员素质的提升带动政府网络服务水平的提升是加强我国电子政府建设的重要途径。

积极适应网络环境，提升对基本公共服务领域内网络民意的政府回应性。除电子政府外，"网站、博客、微博等网络化平台成为公民表达政治观点、态度和政策偏好的重要载体"[1]，也成为政府获知公众诉求与需求的重要来源。互联网的迅猛发展既为政府回应提供了难得的机遇，也为传统的政府回应模式带来了严峻的挑战，网络时代的到来向政府回应能力提出了更高的要求。基于此，政府应积极转变观念，增强对网络民意的重视力度与回应理念，不再将之视作洪水猛兽而恐惧担忧；在此基础上，从中挖掘、整合基本公共服务方面的重要信息，以调整、完善基本公共服务体系。具体来看，可通过完善舆论反馈的机制（如强化专门的信息部门、建立跨部门的信息沟通和领导机制）、提升政府回应公共舆论的话语能力、有效整合网络空间的政府回应渠道和传统制度性政府回应渠道[2]等途径加强政府回应能力建设。

四、创设动态的基本公共服务供给机制

需求导向的基本公共服务体系是由诸多要素和不同环节构成的有机整体，其中，政府信息公开为公民获取基本公共服务领域的相关信息提供了条件，是基本公共服务体系建设的必要前提；公民需求表达和政府需求回应则致力于真实需求

---

[1] 孟天广、李锋：《网络空间的政治互动：公民诉求与政府回应性——基于全国性网络问政平台的大数据分析》，载于《清华大学学报（哲学社会科学版）》2015年第3期。

[2] 陈新：《互联网时代政府回应能力建设研究——基于现代国家治理的视角》，载于《中国行政管理》2015年第12期。

的搜集和整合，是基本公共服务体系"需求导向"的核心体现；作为上述环节的延伸和落脚点，服务供给构成了基本公共服务体系运行的关键环节以及满足公众需求的关键步骤。"如果说在'政治锦标赛'与财政分权体制下，地方政府追求GDP增长的政府行为难以完全改变，而一个地区经济发展水平及其政府公共服务财政供给能力在一定时期内很难有很大增长，那么，在既定的财政能力下，调整基本公共服务的政府供给结构对于推进基本公共服务均等化工作来说，具有重大的意义。"[1] 而在调整优化基本公共服务供给结构的过程中，鉴于公众基本需求具有"阶层多样性、区域差异性和发展动态性"[2]，政府必须创设灵活、动态的基本公共服务供给机制，分阶段、有侧重地向社会公众提供符合需要的基本公共服务项目。

第一，加强对事关公民基本政治权利的公共服务项目的投入。生存权与发展权是公民的基本政治权利，是宪法赋予的基本权利。长期以来，党和政府将这一理念应用于基本公共服务体系的建设过程中，在事关公民基本政治权利的公共服务项目上承担责任，不断加大财政投入。但不可否认的是，相比城镇居民，农村居民的生存权和发展权并未得到切实有效的保障，尤其是他们的发展权。因此，我国的基本公共服务体系建设必须着眼于城乡统筹发展的大局，将事关农村居民基本政治权利的公共服务项目摆在突出重要的位置。

首先，加大城乡统筹管理力度，增强城乡人员流转的畅通性。城乡之间可以有差别，但不能有人与人之间的身份差别。有鉴于此，应"统筹城乡基本公共服务资源配置，推进城乡基本公共服务一体化规划、建设和运营管理，促进城乡基本公共服务共建共享，努力避免城乡差距因基本公共服务非均等化而出现的代际转移"[3]，使基本公共服务平等惠及城乡居民。其次，加大对农村的财政支持尤其是转移支付力度。"事实证明，政府的转移支付和专项支持对于提升欠发达地区基本公共服务水平有着明显作用。"[4] 在城乡基本公共服务明显不均、农村居民权益受损的背景下，必须利用转移支付等手段加大对农村基本公共服务的财政投入，包括区域间的转移支付、对特定基本公共服务的转移支付、对特殊群体的转移支付等，使每位公民都能够获得公平的生存权和发展权的保障。最后，完善

---

[1] 郭小聪、代凯：《供需结构失衡：基本公共服务均等化进程中的突出问题》，载于《中山大学学报（社会科学版）》2012年第4期。

[2] 马雪松：《回应需求与有效供给：基本公共文化服务体系建设的制度分析》，载于《湖北社会科学》2013年第10期。

[3] 邢伟：《"十三五"时期健全基本公共服务体系的总体思路》，载于《宏观经济管理》2015年第2期。

[4] 刘宇、林万龙：《我国基本公共服务现状的实证分析》，载于《西北农林科技大学学报》2014年第2期。

农村的各项制度建设，保障农村居民有序参与公共事务。政府在满足农村居民经济需求的同时，也应致力于满足其参与公共生活的需要，即通过拓宽政治参与的制度性渠道，使政治参与平台能够惠及城乡所有公民。在此过程中，既要加强城乡自治组织建设，以更好地发挥其紧密联系群众的优势和汇集真实民意的作用；又要加大电子政府的建设力度，使信息技术成为收集、整合公众需求的重要手段，使城乡居民共享信息化发展的有益成果。

第二，优先发展与公民满意度差距较大的基本公共服务项目。构建需求导向的基本公共服务体系必然要求政府将公民满意不满意作为服务供给和政策制定的重要依据。因此，"公众的需求偏好与公众对基本公共服务供给的满意度是衡量政府推进基本公共服务均等化工作的重要指标"，[1] 而发展与公民满意度差距较大的基本公共服务项目就成了政府切实履行公共服务职责的重要方向。具体而言，政府一方面应加强公众满意度与政府政策制定的对接。公众需求的表达与政府政策的制定之间存在一定的距离，因此政府相关职能部门有必要就公民的需要和公众对政府提供的各项基本公共服务的满意度展开调研，并根据研究结果对政府的公共服务供给结构和内容进行优化。另一方面，政府应建立灵活、弹性的管理机制。以公众需求为导向加强基本公共服务供给能力建设要求将政府的公共服务供给同公众需求紧密结合起来，但囿于各种限制，政府对公共服务供给的调节有时会严重滞后于公民需求。因此，对于那些公民满意度较低却有需求时效性的公共服务项目，应由相关的政府部门、完善的公共政策对其供给做出灵活性的调整，缓解因公共服务供给缺位产生的负面效应。

第三，注重基本公共服务供给同公民经济需求、政治需求之间的联系。随着经济的不断发展、公民生活水平的提高，公民基本需求的内涵也发生了相应变化。在很多地区尤其是经济发达地区，经济的快速发展满足了公民经济生活的基本需求，公民的基本需求已经向参与公共管理活动、实现自我管理等政治需求或文化需求发展。公民需求的转变对政府执政和基本公共服务供给提出了新的要求。诚然，"几乎与民生相关的领域都离不开基本公共服务"[2]，但当前政府必须高度关注基本公共服务供给同新时期公民经济需求、政治需求的联系，尤其要在推动经济建设、满足公民基本经济需求的基础上，以公众需求的收集和整理为基础，有步骤、有计划地满足公民的政治需求，从而不断提升政府供给基本公共服务的针对性和有效性。

---

[1] 郭小聪、代凯：《国内近五年基本公共服务均等化研究：综述与评估》，载于《中国人民大学学报》2013年第1期。

[2] 姜晓萍、吴菁：《国内外基本公共服务均等化研究述评》，载于《上海行政学院学报》2012年第5期。

在明确基本公共服务同公民经济需求、政治需求关联的基础上，政府有必要加强对上述需求中基本需求的识别能力，将实践经验和信息分析相结合、经验分析和理论分析相结合，"在公众的差异性需求中采集普遍的'公共需求'，以公众公开透明参与'公共需求'目录制定，并形成一整套严格的公共需求调查与测算方法"[①]。当前阶段，可以以社区、街道为主要载体，收集、辨别并满足公众基本的经济需求和政治需求。之所以如此，原因在于，基本公共服务体系的建设主要围绕公民的日常生活展开，借此满足的公民基本需求也应与其日常生活息息相关。也就是说，就基本公共服务的目标指向而言，公民经济需求和政治需求的满足平台必然贴近其日常生活，社区和街道理应成为满足公民基本需求的平台，政府应予以必要的扶持和资源投入。

---

① 张晓杰、王桂新：《基本公共服务供给的有限性与有效性研究》，载于《上海行政学院学报》2014年第1期。

第七章

多元协同：基本公共服务均等化的基础架构

第一节 基本公共服务多元主体的基本关系

自国家诞生，政府就以某种形式提供某些必要的公共服务。公共服务的定义、内涵、覆盖范围及实践方式都具有鲜明的时代和文化差异性。不同文明、不同国家公共事务制度发展的历史路径构成了我们理解其公共服务及多元主体关系的宏观背景，只有在特定的宏观背景下公共服务的制度建设和政策设计才具有现实意义及可行性。

一、西方公共服务多元主体的历史与规范分析

（一）从模糊到清晰：政府主导地位的确立

1. 从罗马共和至近代：政府在公共服务领域地位的虚弱

通常认为，西方公共服务的诞生及发展，可以追溯至古希腊罗马时期。尽管政府最初履行的公共服务职能，在理念和操作层面与现代意义上国家—公民间契约关系相去甚远，但不可否认该时期的国家已经采用多种法律和制度形式对贫民法律、政治和生计方面的权益加以保障。以济贫职能为例，罗马共和时期，在盖

乌斯·格拉古（Gaius Sempronius Gracchus）担任"保民官"时期通过颁布《粮食法》要求政府对罗马城市平民提供最低粮食保障，在制度理念和操作层面已经具备了现代基本公共服务的绝大多数特征。这种定期给平民阶层提供一定数量公共产品的做法尽管在共和－帝制时代出现了多次反复，但总体而言，罗马统治者延续了这一做法。① 不过，古希腊罗马时期政府究竟该承担哪些公共服务职能，并不是那一时代政府关注的重点。而且随着"罗马治下和平"的结束，西方各国中央政府权威与可支配财力下降以及封建制度的确立，即便是有限的公共职能，封建王国也无力承担。政府的退出使中世纪公共服务职责转而由宗教组织、行会等组织承担的。古希伯来人在《摩西五经》中就明确要求"整个土地所得要十分之一用来济助贫民"。② 这一思想被基督教和伊斯兰教的教义继承和发展。在西方工业革命以前，以教区为单位的"宗教—慈善"保障更是成为基督教世纪公共服务的最主要供给者。③ 基督教会除了以其1/3或1/4收入对贫民进行赈济，在重大节日还需提供特别募捐济贫。而自9世纪开始的基尔特行会制度在11世纪晚期就已经十分发达，通过行会会员间的共济与补偿，在那个时代承担了相当于现代保险制度的很多功能。总体而言，近代以前的国家尽管存在公共服务职能，但并没有将公共服务上升到独立的和重要的地位，因此也没有尝试在观念与制度层次对政府与非政府主体在公共服务供给方面的角色、职能加以明确。

近代以来，工业化的发展促进了新兴资产阶级和无产阶级的发展。城市化与工业化进程使社会救济需要更趋强烈。以各种形式"友谊社"存在的工人互助组织在英德等国也得到了极大的发展。19世纪末，英国友谊社成员总数已接近成年男人人口的半数。④ 保险行业的雏形则脱胎于欧洲地理大发现和大航海时代意大利城市共和国的商业实践，并从航海保险逐渐扩展到人身保险、火灾保险、年金保险、财产保险等多个领域。早在17世纪，以市场形式运作的保险行业已经和宗教救济体系共同成为社会福利体系的基石。与之相比，民族国家不仅近两个世纪后才得以建立，而且公共服务也并非早期国家职能的首要任务。19世纪国家提供的有限公共服务更侧重于国防、治安、教育等领域，对社会保障、医疗服务等公共服务领域的参与则十分谨慎。笃信资本主义自由市场的欧洲国家普遍相信，社会保障职能不仅可能是国家力不可及的，而且只有在不伤害企业主利益的情况下才是合理的。英国曾经为缓解圈地运动导致的贫困与失业问题，在18世

---

① 马雷著、胡庆祖译：《西方文明史》，海南出版社2008年版，第63页。
② 《圣经·旧约·申命记》："耶和华的子民们，在每年年底，农民应将田地收获粮食十分取一分，牧民应将牛羊群十分取一分，或将其换成银子送到城里，给无份无业的利未人，并孤儿寡妇。"
③ 林本炫：《宗教与社会福利》，引自林万亿等著：《台湾的社会福利：民间观点》，五南图书出版公司1984年版，第143页。
④ 黄素庵：《西欧福利国家面面观》，世界知识出版社1985年版，第39页。

纪持续增加济贫支出。但国家支出的增多（斯宾汉姆制度）受到了巨大非议，当时的社会精英抨击济贫是对资本主义发展的破坏，对努力工作者的不公平。西尼尔明确指出旧济贫制度的最大问题在于"目前灾难的主要原因，是济贫法破坏了最重要、最广泛的政治关系——企业主与工人的关系"。[①] 在此背景下出台的1834年《新济贫法》，虽然承认国家有社会救济的法定义务，但是又强调国家救济不得"阻碍工业发展"，"济贫院内救济"必须以令人生厌为前提，使人们不到万不得已不接受救济。[②]

2. 近代政府有限公共责任意识的觉醒

随着民族国家建立、公共财政规模扩大及公民权利意识的觉醒，国家职能范围日趋扩展，履行公共服务职能所必需的手段和能力也随之提高。古典政治经济学、财政学领域的很多学者关注到这一问题并对国家的公共服务职能从各个层面加以阐释。但是，国家对公共服务认识的发展不能脱离其时代背景存在，"守夜人"理念指导下的政府所承担的公共服务职能注定是有限的，而且不以控制和影响其他公共服务供给主体为目标。因此，这一时期的公共服务实践是多元的，但多元主体间的关系在很大程度上是不明确的。学者们更多关心的是新生的民族国家应该承担哪些公共服务职能。

作为古典经济学派的代表人物，亚当·斯密（Adam Smith）在《国民财富的性质和原因研究》中，从国家职能的角度探讨了国家所应履行的职能。斯密罗列的包括国防安全、社会治安、公共设施、国民教育等在内的诸多国家职能已经具备了公共产品的特征，但他依据英国和欧洲那个时期公共服务的历史经验和现实情况，认为这些职能并非只有政府履行，公众和市场也可以作为供给者参与公共服务实践。他划分政府与社会角色差异的依据就是是否存在利润。[③] 出于对"守夜人"政府观的笃信，斯密将一切能够获得利润的事务都划入市场范畴，政府角色则被限定在那些公众无法负担、市场缺乏兴趣供给的领域。按照斯密的逻辑，政府在公共服务供给的问题上对私人领域并无领导权力，也谈不上对其他公共服务供给主体的影响控制了。

萨伊（Say, Jean Baptiste）、穆勒（John Stuart Mill）沿用了亚当·斯密在公共服务问题上"公共—私人"领域二分法的思路，虽然在公共服务所涉及范围上提出了各自的意见，但都承认政府所应提供的公共产品是有限度的。不过，对于18世纪后期以前的学者而言，政府与市场的关系是泾渭分明和非此即彼的。他

[①] 杜岗·巴拉诺夫斯基著，张凡译：《周期性工业危机史》，商务印书馆1982年版，第308~309页。
[②] 林显宗、陈明南编著：《社会福利与行政》，五南图书出版公司1997年版，第53页。
[③] 亚当·斯密著，郭大力、王亚南译：《国民财富的性质和原因研究》，商务印书馆1974年版，第253页。

们意识到了政府能力的局限性，因而在逻辑上政府和其他公共服务供给主体的关系是各司其职的，但却不是分工合作的。多元主义概念在这一时期并不存在，政府对市场和社会已存在的公共服务行为也没有财政与政策意义上的指导和合作关系。

3. 政府主导地位实践和理论层面的确立

19世纪晚期，资本主义的发展更为成熟，工人阶级发展壮大，社会运动和工人运动此起彼伏。与此同时，国家体制也进入到了一个相对成熟稳定的阶段，国家职能膨胀、公共支出增长，国家已经具备了承担更多公共服务责任的准备。与天主教会关系恶劣的德国首相俾斯麦，参照基督教"十分献一"原则在1883年和1889年先后出台了以社会保障为目标的《疾病保险法》和《老年残废保险法》，从教会手中接管了济贫保障的职责。1905年英国也通过了新的社会保障法案，现代意义社会保障制度的雏形开始显现。但政府在公共服务方面主导地位的确立则是两次世界大战及冷战的特殊历史背景的产物。这体现在以下三个方面：首先，战时管制型经济体制重塑了政府与市场与社会的关系，政府在利用经济与政策杠杆全面动员经济社会主体方面积累了丰富经验，而企业主、工会等其他行为体也逐渐适应了在更为严格的约束下与政府合作；其次，1929~1933年经济危机及罗斯福新政的成功，加强国家对社会经济的干预，抵制市场失灵为核心的凯恩斯主义被西方各国普遍接受，政府预算规模膨胀、国家资本主义加快发展；最后，共产主义运动的蓬勃发展和战后欧洲社会激烈的经济社会矛盾，促使欧洲走上了建立福利国家之路。英国在"二战"后出台《国民工伤保险法》被视为欧洲福利国家体制建立的标志性事件之一。这一体系出台的背景就是"二战"造成的大量伤残人士在私有保险体系下无法获得有效保险服务，而保险法规定的国家财政保障工人意外伤害赔偿的原则则被整个西方复制。[①]

政府公共服务供给能力及意愿的双重增强，必然会反映到这一时期的学术见解当中。德国古典财政学派的代表人物阿道夫·瓦格纳（Adolf Wagner）在1882年提出了著名的"瓦格纳法则"，即政府支出占国民生产总值的比重总会不断提高。而导致财政支出相对增长的理由之一就是政府公共服务职能的不断扩大。瓦格纳认为公共事业的投入是必要的，财政收入的增加可以冲抵公共事业所花费费用。瓦格纳对公共服务的关注与其在税收问题上秉持的社会正义理念是相关的，他认为税收可以起到矫正社会不公正、促进社会分配正义的作用，这种观点已经趋向于认为政府在公共服务当中具有第一责任人的作用。

---

① 英国文书局、劳动和社会保障部社会保险研究所编译：《贝弗里奇报告——社会保险和相关服务》，中国劳动社会保障出版社2004年版，第35页。

现代财政学之父马斯格雷夫（Richard Abel Musgrave）与罗斯托（Walt Whitman Rostow）则共同提出了经济发展阶段论，进一步阐释了不同经济发展阶段对公共投入侧重点的影响。在经济发展的初级阶段，政府对公共基础设施在社会总投资中占到很高的份额；在经济增长的中期阶段，公共支出的重点转向解决市场失灵问题，对自发的市场行为进行干预；到了经济发展的成熟阶段，公共支出的重点会转移到教育、医疗和社会福利服务等领域，政府在社会财富和福利再分配方面的政策性支出在公共支出结构中将占据最大的份额。① 经济发展阶段与财政投入匹配的论点明确了政府在不同历史时期公共服务所工作的重点，探讨了政府所能采用的财政和政策手段。马斯格雷夫与罗斯托虽然没有明确政府与其他公共服务供给主体的关系，但由于政府承担了全面的公共服务职责，其主导作用是明确的。

英国经济学家庇古（Arthur Cecil Pigou）在其代表作《福利经济学》中，提出了公共物品政府供给学说。庇古的在论述政府承担公共服务最大责任的观点主要包括两个方面：第一，公共服务供给的市场机制具有盈利取向，市场主体不会依据公众需要生产合规供给公共产品，一个由市场主导的公共产品供应机制会因私人部门的逐利性和盲目性产生巨大的资源浪费。政府作为公共权力载体，可以代表民意诉求，利用税收和政策手段对市场部门公共产品生产过程中的副外部性进行纠正。第二，政府供给公共服务的途径既包括税收杠杆，还包括建设公共设施、向贫民提供免费或补贴性公共产品。其目的是针对社会内部收入差距进行矫正。萨缪尔森（Paul A. Samuelson）以公共服务供给均衡为着眼点，提出了萨缪尔森模型：萨缪尔森承认市场竞争形成的资源配置是有效率的，但市场供给无法兼顾公共物品非排他性和非竞争性的特征，这是市场供给的固有缺陷。借助萨缪尔森模型，他对公共产品进行了细致分类，推导出纯公共服务有效供给的条件，以及市场在适当条件下参与公共服务的可能。

总体而言，19世纪中叶至20世纪中期，公共产品的生产实践并没有发生革命性的变化，在公共服务规模不断膨胀的大背景下，国家、市场、教会、社会组织所提供的公共产品数量究其绝对意义而言都是增加的。这一历史阶段真正发生变化的是多元供给主体之间的关系：所有主体都接受了关于市场失灵的共有知识（Common Sense），承认了政府在公共服务领域的领导地位，接受政府所划定的角色，并慢慢适应按照政府所规划的公共服务方案进行公共产品的生产和供给。

---

① 马斯格雷夫著，董勤发译：《比较财政分析》，上海三联书店和上海人民出版社1994年版，第33页。

(二) 政府主导地位的动摇与多元供给理念的兴起

福利国家制度的推广在冷战时期曾经起到有效维护西方社会稳定、促进社会消费、保障公民权利等诸多积极作用。至 20 世纪 50 年代，欧洲各国已经普遍建立了完善的公共服务体系。但是政府影响力的扩大也导致了一系列问题，批评者认为政府实际上由对市场失灵现象加以干涉转向代替市场。政府公共服务规模的扩大、程度的加深和对企业应承担财务和政策成本的强制规定，抑制了企业投资活力，打击了劳动者的就业积极性，并造成了公共财政沉重的支付压力。20 世纪 70 年代西方陷入滞涨之后，西方社会迅速陷入了"经济萧条—失业加剧—政府无力支付—公众恐慌—进一步萧条"的恶性循环之中。政府在供给公共服务当中的臃肿、低效、政策失灵等问题全面暴露出来。"政府失灵"问题引起了诸多反思并产生了丰富的理论成果。这些理论侧重点各有不同，但主要围绕两个主题进行，一是包括政府、市场和公民社会在内的各种参与主体应该在公共服务当中承担怎样的角色，二是他们之间的关系如何重新界定与整合。前文已经反复强调，在公共服务的实践过程当中，西方社会一直维持着多主体协同供给的局面，因此理论上并不存在新的公共服务主体，只有对这些主体职能与角色的重新定位。新公共管理、新公共服务、后新公共管理等诸多理论流派首先要解决的问题就是如何对各主体尤其是政府主体在公共服务方面的职能进行新的阐释。

1. 新公共管理运动对政府/市场角色的重新定位

20 世纪 80 年代，新公共管理运动在西方兴起。以戴维·奥斯本（David Osborne）、特德·盖普勒（Ted Gaebler）、凯斯·施沃（Keith Schwer）为代表的许多管理学者提出，政府需要按照企业家精神，对臃肿、低效、不专业的公共服务体系进行大规模改革。他们将西方公共服务体系面临的危机理解为一场管理危机，认为只有采用现代企业的组织、立场、方法和技术才能促使福利体系同时解决减少支出和增加供给两个看似矛盾的目标。全钟燮（Jong S. Jun）对新公共管理运动的主旨加以概括，那就是，"（1）权力下放和权力下放的结构；（2）在单一机构内强调纵向协调和自治；（3）管理主义与管理技术；（4）合同、私有化和企业家精神；（5）以市场为导向、视市民如顾客；（6）反对韦伯的官僚制；（7）放松管制和市场交易；（8）绩效管理和输出。"[①] 在政治哲学层面，新公共管理学说一方面代表了"小政府"学说的价值回归，公共服务的去国家化和市场化都是这种政府"有限理性"理念指导下的产物；另一方面，新公共服务学说又

---

① Jun Jong S, The Limits of Post-New Public Management and Beyond, Public Administration Review, 2009, Vol. 69, No. 1, pp. 161–165.

以"有效验的三 E：经济、效率和效能"为导向，[1] 期望按照企业逻辑重建政府施政理念，对亚当·斯密"政府—市场"二分法具有颠覆意义。在具体的政策领域，新公共管理运动在英国、爱尔兰、美国等西方国家的政策实践，以私有化、政府公共部门专业化独立化、效绩管理和评价体系的引入为基本特征。

在新公共管理学说的逻辑框架内，政府在公共服务体系当中不再具有主导角色。不仅公共产品的生产大量转移到企业当中，公共服务供给过程的咨询、决策和执行行为也大量由企业或企业化了的各级政府机构承担，传统政府职能在政府、（半）独立化的公共组织及企业间进行重新分配。将公共服务受众定义为"顾客"，按照"顾客"需要组织公共服务的生产和供给，暗示着政府与企业在单一的市场逻辑下具有基本等同而非主从的关系。而作为顾客身份的公民，只有作为个体具有表达其偏好并对政府、企业行为作出评价的权力。但作为整体，他们并未参与到公共服务的决策、供给和生产当中。

新公共管理的理念及实践在西方产生了很大影响，但也引起了很大的争议。私有化和政府职能重塑，虽然在短期内提升了政府效率，但是它既未很好地解决"政府失灵"的问题，又可能对民主治理原则造成损害。一方面，私有化之后的公共部门只对与政府签订的合同负责，失去了垄断性"公共性"身份的政府，则要面对效率与成本的现实压力和虚化的"顾客"责任，因此私有化后的公共服务体系仍存在严重的逐利可能，以损害公民利益的代价降低公共服务成本。沃纳通过对地方政府私有化进程的实证研究发现，公共部门的私有化，并未像新公共服务理论所预期那样必然会降低成本，更无法证明短期的费用降低会导致长期费用降低的结论。有大量证据显示私有化后的公共部门会采取降低服务水准的方式降低费用。[2] 英国在经历了撒切尔主义私有化浪潮后的社会撕裂、贫富差距扩大甚至苏格兰独立浪潮，都与当初激进的私有化进程有关。另一方面，新公共管理学说虽然在理论上将公民置于"顾客"的地位，但实际上顾客的定位并未完整概括公民在公共服务过程当中应有的合法权利和责任。在实践当中，更是导致公民权利在公共产品生产过程中的完全缺位。

2. 新公共服务到治理理论：社会地位的重新崛起与多元治理

以罗伯特·登哈特（Robert B. Denhardt）和珍妮·登哈特（Janet V. Denhardt）为代表的新公共服务学说针对西方公共服务体系面临市场失灵和政府失灵的双重风险，提出了对公共服务改革的理解："在民主社会里，当我们思考治理

---

[1] Pollitt Christopher, *Managerialism and the Public Services: The Anglo - American Experience*, UK: Oxford and Basic Blackwell, 1990.

[2] Bel G, ME Warner, Challenging Issues in Local Privatization. *Environment and Planning C: Government and Policy*, 2008, Vol. 26, No. 1, pp. 104 - 109.

制度时，对民主价值观的关注是极为重要的，效率和生产力等价值观不应丧失，但是应被置于民主、社区和公共利益这一更加广泛的框架体系之中。"① 新公共服务理念强调在民主价值的基础上，在政府、市场、社区及各种公民组织之间建立一种多重身份认同，它们之间依据复杂的制度、政策、文化网络进行合作，争取共赢的局面。新公共服务理论希望建立一个基于责任分担和共享的公共产品供应体系，它只有在一个空前复杂的治理系统中才能发挥作用。也就是说，只有公民以各种身份各种组织形式、更为积极地参与到公共服务当中，政府主动改变自身偏好与公民建立协同关系，才能够坚持公共服务中的公益原则。

就多元主体的关系而言，登哈特夫妇承认政府在公共服务当中仍要承担最主要的角色，但是基于对民主价值的笃信，新公共服务理论视野下的政府角色是非中立的。登哈特认为只有政府与公民之间建立高度一致的观念与偏好取向，政府才能有效发挥其主导作用。但是，鉴于新公共服务理论强调"政府的基本目标是公共利益，而不是行政效率"②，因此政府、公民与公共服务市场主体之间的关系在本质上是矛盾的而非一致的，是相互制约而非相互合作的。

新公共服务理论的产生与西方社会自 20 世纪 70 年代以来公民社会的深入发展密不可分。新公共服务理论引入了公民社会与治理理论的若干思想，但其重点仍集中在政府职能重构上。系统阐释包括政府在内的各种供给主体间的关系，则成为多元治理理论的任务。治理理论修正了"政府"和"市场"二元分析方式，加入了"社会"这一新的分析单元，并以治理模式弥补政府和市场的双重失效。治理是一个非常复杂且宽泛的概念，它既包括正式的政府机制，同时也包含非正式的机制与组织。治理理论的主要奠基者詹姆斯·罗西瑙（James N. Rosenau）指出，治理可以被理解为活跃于各活动领域内的管理机制集合，它们并不必须获得正式授权，而是依据对共同目标的认同而活动。按照罗西瑙的理解，治理只有被多数人接受，或者至少被它所影响的那些最有权势的人接受，才会生效的规则体系。③ 那么，非正式的权利机制如何在社会产生，又以何种方式参与到公共服务当中？鲍勃·雅索普（Bob Jessop）用了治理的自组织性解释包括非政府组织在内的社会主体参与到治理过程中的方式。雅索普对社会的自组织做了三种形式的划分：人际关系网、组织间关系的自组织（以有着明确目标和任务的组织之间的谈判和正面协调为基础而且又以组织间的共同利益和具有达到互利的独立资源

---

① 罗伯特·登哈特著，丁煌译：《新公共服务——服务，而不是掌舵》，中国人民大学出版社 2004 年版，第 510 页。
② 郑晓燕：《中国公共服务供给主体多元发展研究》，上海人民出版社 2012 年版，第 41 页。
③ 詹姆斯·N. 罗西瑙主编，张胜军、刘小林等译：《没有政府的治理——世界政治中的秩序与变革》，江西人民出版社 2001 年版，第 4~5, 10 页。

为基础)、具有纲领性或负有明确使命的组织。[①]

治理理论一经阐发便在多个领域引起重要影响,公共服务的多元治理也成为一个热门议题。这其中包含两个重要问题,一是社会主体在公共服务体系当中充当怎样的角色,二是多元主体之间的协同模式如何建构。就第一个问题来说,现阶段西方社会比较成熟的社会主体是由第三部门构成。大量非政府组织、非营利部门、公共组织及活跃的社会活动人士都是第三部门的构成单元。他们的最大特征在于以公众利益为行动导向,不会因为追求利润降低公共服务质量,也不会因为屈从政府部门意志而忽视或扭曲公众对公共服务的实际意见。[②] 另外,第三部门的职能具有很强的模糊性和渗透性,第三部门在身份上具有独立性,但是在公共服务职能的分配上却和政府及私人部门之间存在着复杂含混的合作关系。公共部门与私人部门之间的传统界限早已打破,现代公共服务体系所提供的产品与服务种类繁多,来源复杂,绝大多数公共产品的生产、供给和消费过程都不可能只有一个政府、企业或社会组织完成。不同主体往往在公共服务链条的不同节点上充当不同角色。就第二个问题而言,多元主体的协同治理,从根本上颠覆了传统的政府主导或市场主导的观点。多元治理不仅强调公共服务主体多元,更强调这些主体之间地位、功能与话语权的均衡。而第三部门之所以能够起到均衡政府与市场的作用,公民社会的发达和自治才是其具有影响力的基础。公共服务多元治理在逻辑上必然是多中心的,它们之间的合作关系以各种正式和非正式的制度为纽带,主体间保持形式独立,难以简单地以谁为主导界定。[③] 在成熟的公共服务体系当中,公共服务多元主体间都会形成有效的协调机制。但这种协调机制不是同一形态的,而是依据不同主体在角色、职能方面的动态均衡。

(三) 治理困境与多元主体间关系的变化性

回顾西方公共服务体系发展的历史沿革,今天西方国家走向多元协同治理之路实际上是其经济与社会发展逻辑的内生产物。中世纪君权的虚弱与教权对欧洲政治社会体系的全面渗透,古典政治经济学对政府职能的忧虑,从政治传统的层面解释了西方社会反复出现限制政府对公共服务主导地位的社会运动。地理大发现以来西方资本主义经济的发展及保险业的兴起,则从经济层面解释了市场化与私有化在西方公共服务体系当中的历史地位。中世纪教权对社会救济的控制,市

[①] 鲍勃·杰索普:《治理的兴起及其失败的风险:以经济发展为例的论述》,载于《国际社会科学》1999 年第 3 期。

[②] Hansmann, Henry, The Role of Non-profit Enterprise. *Yale Law Journal*, Vol. 89, 1980, pp. 835–901.

[③] 埃莉诺·奥斯特罗姆著,余逊达、陈旭东译:《公共事务的治理之道》,上海三联书店 2000 年版,第 98 页。

民阶层与行会组织的发展、"友谊社"、斯宾汉姆制度的发展,则体现了社会力量在公共服务体系当中的作用。缺乏对具体历史路径的梳理,我们便无从理解西方公共服务体系建设的总体偏好。政府、市场与社会主体三边关系的动态平衡在不同历史阶段有所侧重,但西方各国公共服务建设的基本逻辑却具有内在的延续性。可以说,不是多元主体协同供给理论创造了相关实践,而是多元协同实践创造了相关理论。离开了特定的现实环境,则我们无法理解公共服务特定阶段的路径选择。

具体到当代的公共服务体系变革,20世纪70年代~20世纪90年代,是当代西方公共服务供给方式发生重大变革的时期。由政府承担全部责任、主导公共服务的供给模式已然式微,私有化和第三部门的兴起,使公共服务多元协调供给成为今天公共服务改革的主要方向。但是,公共服务体系多元改革的成果早在实践之初就受到了很大质疑,欧债危机之后这一趋势进一步加剧。首先,无论单纯的私有化、还是不受约束的第三部门,就费效比而言都没有真正起到其倡导者所预期的效果。统计数据显示,以英国、爱尔兰为先导,整个欧洲都实行了不同程度的公共服务私有化改革。但私有化不但导致公共产品质量降低,公共服务支出也未有降低。公共支出占国民生产总值的比例,1960年为28%,1980年为43%,1990年为44%,1996年为46%。这意味着当初私有化的初衷多有落空。以英国前首相布莱尔提出的"第三条道路"为例,工党政府对第三部门的支持实际上列入就业新政当中。青年人进入志愿者机构和环境服务队工作可以获得国家的就业补贴。[①] 这意味着,即便在第三部门发达的欧洲,第三部门也并未具有独立的生存能力。第三部门一方面是公共服务多元供给的重要主体,另一方面也成为公共支出的重要负担之一。其次,就社会效果而言,公共服务主体多元化也没有达到理论预期的促进公共性的效果。欧洲公共服务体系改革引发了严重的社会撕裂和贫富分化,欧债危机社会抗议行动越发严重。在欧洲各国公共支出普遍超过国家预算40%且公共服务多元化实践多年的情况下,财政支出不足已不是解释欧洲福利制度困境的唯一理由。私有化导致福利体系公共性不足已经成为共识,但第三部门公共性缺乏的问题却未得到公共服务体系建设后发国家的重视。其实,莱斯特·萨拉蒙(Lester M. Salamon)明确指出过西方社会存在着"志愿者组织的神话",慈善筹款不足、组织与作风缺陷及不专业使其存在着各种资源配置的低效及价值取向的非公共性现象等多种问题。[②] 治理理论希望依据公共精

[①] 顾俊礼、田德文主编:《福利国家论析——以欧洲为背景的比较研究》,经济管理出版社2002年版,第149页。

[②] 耿长娟:《萨拉蒙对非营利组织理论的新发展及启示》,载于《江南大学学报(人文社会科学版)》2014年第4期,第22页。

神重塑多元主体之间的文化认同,通过正式与非正式制度协调制约彼此的偏好,但是治理原则并没有强有力的证据证实,依据治理之道建设的公共服务体系能够以更小的成本、更好的公共精神服务于西方社会。因此,多元协同治理并非西方公共服务体系改革的终结,政府、市场与社会主体之间的关系仍然在进一步调整当中。

二、中国语境下多元主体关系的特殊内涵

我国公共服务体系的设计与规划不是一个孤立与割裂的过程,它既要借鉴西方国家成熟先进的经验,也要与中国公共服务体系发展的历史与现实路径匹配。西方公共服务各种学说提出了若干种可能性,这些理论在逻辑上各有侧重,但其建议的具体绩效则不能单从价值层面加以臧否,而是需要在特定历史阶段和政策背景下进行评估。中国特定的历史经验和现实国情,决定了中国公共服务不可能完全照搬照抄西方的经验,需要具有自己特有的格局。这种差别,当然会体现在制度设计与实现层面,但其更深刻嵌入到中国公共服务独特的理念当中。

(一) 中国民生思想传统

中国古代政治哲学和王道实践一直高度重视民本、民生事务。孟子作为将孔子"仁爱"思想与国家"仁政"思想衔接起来的重要思想家,在政治哲学高度提出了"先王有不忍人之心,行不忍人之政,治天下可运之掌上"的观点。[①] 并进一步将国家对民众的救济责任具体为"老而无妻曰鳏,老而无夫曰寡,老而无子曰独,幼而无父曰孤。此四者,天下之穷民而无告者。文王发政施仁,必先斯四者"。[②] 就明确指出了政府承担对臣民救济保障的职责。《礼记》则对君主职责做出规定:"秀春之月,天子布德行惠,命有司发仓廪,赐贫穷,赈乏绝"。[③] 墨子更进一步指出:"其为政乎天下也,兼而爱之,从而利之;又率天下之万民,以尚尊天事鬼,爱利万民。是故天、鬼赏之,立为天子,以为民父母。"[④] 认为对民众"爱之"和"利之"是统治者能被"立为天子"的前提。

民本与民生思想对国家职能和责任的重视,直接影响到中国古代政治制度的设计。在尚崇古复古的古中国,《礼记》对中国历代王朝制度架构具有空前重要

---

① 《孟子·公孙丑上》。
② 《孟子·梁惠王上》。
③ 《礼记·月令》。
④ 《墨子·尚贤中》。

的指导意义。《周礼·荒政十二》从官位设置、政府职能、救济职能等多个角度对周王朝在农田水利建设、赈灾防灾、社会救济的职能进行了全面细致的阐述。例如,《荒政十二》中明确规定了春官、冬官等官在内各官署在农业水利方面的职责,并详述了地官以下遂人、稻人、旅师、廪人、仓人、遗人等低级属吏在田间除草、灌溉、存储等事务上具体职责。《礼记·王制》则阐述了国家仓储备荒之道。中国历代政治制度继承和发展《礼记》所设计的制度原则,《地官》中描述"司稼掌巡邦野之稼……以年之上下出敛法,掌均万民之食,而则减价粜,敛则增价粜,以赒灾民之急"的原则,在战国时被魏相李悝具体化为泽被后世的"平粜政策",利用政府收购手段调节丰年、荒年粮食价格,保障农民的基本权益。① 西汉时,耿寿昌更因地制宜,进一步将"平粜政策"变成影响深远的"常平仓"制度。② 凡此种种,古代中国中央政府在大型水利设施修建、国防安全、灾害救济等方面比同时代的西方国家承担了更多的义务。卡尔·马克思在比较东西方国家政府职能之后也认为,在诸如水利设施建设和利用等公共事务中,东方国家由政府承担,而西方国家则往往交给私人部门负责。③

在儒家"五伦"思想和"家、国、天下"政治框架的指导下,宗族、家庭本就不仅是单纯的社会单元,而是具备了相当程度的政治功能,并与封建王朝分担政治、法律和社会功能。无论公共设施的营建,还是养老救济、社会治安维护等公共职责,以血缘为纽带的中国传统宗族都有所涉及。尤其是在地方,在以世族、仕宦、乡绅为代表的地方乡贤阶层广泛承担了"救贫、赈灾、济老、修学、正俗"等公共职责。以家庭家族为单位的社会保障体系至今仍在中国社会起着重要作用。弗里德曼因此将中国古代的宗族概括为一个福利单元。④

但是,传统儒家伦理中的"家""国"单元都具有很强的统治属性,强调支配与服从、依附与尊卑,忽视个人权利意识。可以说"宗法制度,这是一种以父权和族权为特征的、包含有阶级对抗内容的宗族家族制度"⑤ 因此,与宗法制捆绑的中国古代地方民生体系,实际是中央政府公共服务职责在地方的复制,并不具有西方中世纪宗教福利体系和行会互助制度那样独立的制度逻辑与发展路径。

与宗族乡贤相比,商人和商业在中国古代政治哲学当中地位较低。《国语·齐语》中已提出士农工商"四民之说"。孟子、荀子先后提出"重农"思想,这一思想在战国时期在秦国变法后发展为"上农除末"的官方意识形态。

---

① 《地官·司稼》。
② 《汉书·食货志》。
③ 《马克思恩格斯全集》(第二卷),中央编译局2005年版,第65页。
④ Maurice Freedman. *Lineage Organization in Southeastern China*: *London School of Economics Monographs on Social Anthropology*, No. 18, London: The Athlone Press, 1958, p. 130.
⑤ 钱宗范:《周代宗法制度研究》,广西师范大学出版社1989年版,第1页。

至西汉武帝末期"盐铁会议",文学家们认为"百姓就本者寡,趋末者众"乃是"百姓困乏""富国祸民"的根源,并以此确立了"进本退末,广利农业"、抑制工商国策在儒家政治理念中的支配性地位。① 统治阶级对商业的敌视和轻视态度使这一阶层虽然广泛参与到民生事务当中,却一直无法在该领域获得相应的政治地位和发言权。因此,商人阶层在中国古代和近代公共服务体系当中所起作用,大约分为两个方面,一是商人阶层在购买土地后转变为地主阶层,并以地方士绅的身份参与地方公共事务;二是配合各级衙门要求出资"乐捐",在这种情况下商人阶层本身只是单纯履行义务,并不具有相应权利,也没有独立的身份。

总结我国古代政治思想传统,民本与民生思想在历代王朝实施理念当中一直居于无可争议的重要地位,中央政府对于公共服务具有一贯的和首要的责任。而作为政府权力延伸的宗族力量则在地方性公共事务当中承担重要职能。但是,中国传统社会不存在西方社会里相对独立的宗教、行会组织,市场和社会供给主体发育不充分且对公共服务政策缺乏决策权,政府与其他主体间没有形成深厚密切相互依赖,反倒出现了政府绝对控制导向下的单向依赖。因此,我国也没有发展出内生于本我经济社会土壤的私有化及社会供给逻辑。

(二) 中国公共服务体系建设的现实基础

公共服务多元体系的模式不是一成不变的,多元主体之间的平衡关系在不同历史与现实情境下自然各有侧重。不同的供给主体在漫长的演化过程中,成熟程度不同,承担角色不同,职能分工的边界不同;各国公共服务传统与发展路径,也因此在很大程度上起到了这种框定作用。

历史制度主义认为制度的产生和变迁建基于既存制度基础之上,② 总结中国公共服务体系发展的现实基础,中国公共服务多元主体在发展上缺乏均衡是其首要特征。与西方相比,中国历史上从未出现过政府、市场与社会力量的平衡,也从未出现过事实上的多元并存、相对独立的供给局面。具体而言,中国缺乏西方中世纪封建时代王权旁落的漫长历史,中央政权在民生福利方面的职责具有延续性和稳定性。政府与民众在民生问题上的权责关系及互动呼应具有悠久传统。中央政权在民生问题上第一责任人的地位,不但在中国古代政治哲学和政府政策中反复得到确认,更在民众中形成了广泛的政治认同。中华人民共和国成立后,无

---

① 《盐铁论·本议》。
② 何俊志:《结构、历史与行为:历史制度主义对政治科学的重构》,复旦大学出版社2004年版,第173页。

论是计划经济时代国民经济体系的奠基，还是改革开放后市场体系的建设，都具有强烈的政府主导色彩。中国政府不仅承担了法律与政策层面的责任，更深刻介入到市场的生产运行过程当中。与国外相比，中国政府在改革开放中承担了一个特殊的角色，那就是所有重大改革举措的设计者和规划者的角色。无论公共服务企业的市场化，还是社会组织的发展，没有中央政府的顶层设计和具体扶植，是不可想象的。

中国社会并不存在深厚的市场经济基础，也没有形成相应成熟的市场伦理。改革开放以来，我国社会主义市场经济体系初步建立，但是中国市场经济体制仍然处于建设和发展当中，市场秩序与法制化水平、包括资本、人力在内生产要素的配置水平和流动状况并不完善。2015 年习近平总书记在中央财经领导小组第十二次会议上提出供给侧结构性改革方案，就是针对中国市场相对忽视市场作用、忽视非经济要素作用等问题。公共服务市场自诞生之日起就具有强烈的"市场失灵"倾向。在我国并不完善、无法提供有效供给的市场当中，如果骤然采取英国撒切尔夫人时代激进的私有化政策，公共服务的沉重负担直接转移到市场当中，中国公共服务体系必将陷入巨大的混乱当中。

最后，中国缺乏西方社会强大的宗教传统，也不存在相对独立和具有延续性的市民社会传统。我国的本土宗教，虽然也具有一定的慈善职能，但这种职能并未上升到影响民生的高度，因此也不存在西方宗教慈善体系那样，自近代以来一直不断地培育并向第三部门转移公共服务职能的过程；而中华人民共和国成立后尤其是改革开放以后社会组织虽然取得了长足的进步，但社会组织管理体制的法制化制度化水平仍待完善，社会组织自身的筹资、管理水平与所能负担的责任尚有不足。

（三）中国语境下基本公共服务多元主体协同供给的内涵

厘定"协同"的概念是准确把握基本公共服务协同供给内涵的基础。在英语世界，"协同"概念主要包括名词形式的"Collaboration"和动词形式的"Collaborate"，主要指"和他人一起工作，尤其是以生产或创造某一事物为目的"。由此可知，"协同"意味着多元主体之间以实现共同目标而一致行动，特别强调公共事务治理领域多主体间的关系维度，倡导"共同治理"。此外，与"Collaboration"相近的词汇还有"Cooperation"与"Coordination"，分别含有合作与协调之意。区分二者之间的差异点十分重要。[①]"Cooperation"主要强调参与主体之间非

---

① Jane F. Hansberry, *An Exploration of Collaboration Organizational Effectiveness in Denver County Human Service Organizations*, University of Pittsburgh, 2005, P. 24.

正式的关系,而"Coordination"则更加注重参与主体之间正式的组织关系。"Cooperation""Coordination"与"Collaboration"通常被认为在逻辑层次上是逐渐递进的。英语世界的协同概念为我们理解基本公共服务多元主体协同供给提供了异域视角,中文语境下的协同则更有利于在中国独有的历史传统、实际国情和制度环境中理解基本公共服务多元主体协同供给的本质属性。在中文语境下,"协同"一词由来已久,深深根植于历史悠久的中国传统文化和政治智慧当中。根据《说文解字》的解释,"协,众之同和也",意即众人同声应和,一齐发力;"同,和会也",意即会和,一起。① 在《辞源》中,协同作为作为独立词语出现,意为"和合,一致",② 强调各方的协调与一致。比如,《汉书·律历志上》记载,"咸得其实,靡不协同"。在《辞海》中,协同的含义是"同心合力,相互配合"。③ 如《后汉书·吕布传》:"将军宜与协同策谋,共存大计"。在《现代汉语词典》中,协同作为一个动词,意味着"各方相互配合或甲方协助乙方做某件事"。④ 如协同作战、协同办理。由此可知,中文语境中,协同偏重于强调不同参与者之间的合作、协调,为了完成某件事情、实现共同目标的相互配合与共同合作。

基于上述分析,我们认为基本公共服务多元主体协同供给的内涵包括以下几方面:首先,基本公共服务涉及不同领域、涵盖不同主题,政府部门、市场组织与社会组织是主要参与主体。其次,多元主体在基本公共服务供给中地位相对平等、互相尊重,而非隶属关系,不同参与主体各司其职,在不同领域、不同环节发挥各自优势。再次,参与基本公共服务协同供给的多元主体之间具有较强的互动性。各参与主体通过对话、交流、讨论等协商方式进行充分互动,从而实现信息与资源的互联互通。最后,基本公共服务多元主体协同供给关系较为正式。多元主体通过科学完备、有序衔接的协调机制增强相互信任感并进行供给活动。"制度作为一系列规则,暗含着道德的合理性和强制性,以及对协同主体治理权利的保护性,成为相互信任的保障。"⑤

从上述可知,基本公共服务多元主体协同供给是指以政府部门、市场组织和社会组织为主的多元参与主体基于公众的需求,采用协商对话等沟通交流方式,实现资源与信息的共享共建、互联互通,并通过制度化的协调机制,相互配合、协调统一、有序供给基本公共服务的过程。

---

① 《说文解字》,中华书局1963年版,第293、156页。
② 《辞源》,商务印书馆1979年版,第417页。
③ 《辞海(第六版)》,上海辞书出版社2009年版,第2527页。
④ 《现代汉语词典(第6版)》,商务印书馆2012年版,第1440页。
⑤ 欧黎明、朱秦:《社会协同治理:信任关系与平台建设》,载于《中国行政管理》2009年第5期。

第二节 中国基本公共服务多元主体协同供给的基本状况

一、基本公共服务多元主体协同供给的发展历程

基本公共服务供给在西方国家率先起步，也经历了从政府垄断供给到多元协同供给的阶段。从第二次工业革命到 20 世纪中后期，西方发达国家的公共服务供给模式主要以政府垄断为主。由于这种模式具有供给内容统一、供给效率较高等特点，一直被大多数国家所青睐。然而，20 世纪 70 年代以后，随着政府信任危机与财政危机的加重、私营部门优势的显现，西方发达国家兴起了公共服务供给市场化改革，即从政府垄断供给模式转向公私部门合作等模式转变。萨瓦斯（E. S. Savas）、胡德（Christopher Hood）、奥斯本与盖布勒等人大力主张政府改革，并提出了政府工具的民营化改革与企业家政府等观点。他们倡导重新审视政府职能，综合运用公私合作、合同出租、一般的用者付费制与凭单制度[①]等多种形式推进公共服务市场化改革。由此可以发现，"市场化"是基本公共服务多元主体协同供给的第一阶段。20 世纪 90 年代以后，打破"政府—市场"二分法的呼声高涨，在理论研究方面，学术界逐步探索基本公共服务协同供给的其他道路，着重要求发挥政府、市场以外其他参与主体在公共服务供给中的作用。其中，萨拉蒙提出了"公共服务中的伙伴"概念，强调了非营利组织在公共服务供给中的地位与作用。此外，社群主义者也大量地分析了社区在公共服务供给中的功能。在实践探索方面，美国社区委员会、英国社会发展工程、澳大利亚家庭社区护理等新型探索不断涌现并发挥了积极作用。"社会化"成为基本公共服务多元主体协同供给的第二阶段。21 世纪以来，随着协同治理理论的不断发展与创新，西方国家学者逐步关注公共服务多元参与主体之间的相互配合、密切协作与有序衔接，倡导多元供给主体的协同供给之路，"多元协同"成为基本公共服务供给的主要特点。

通过西方国家基本公共服务供给模式变革的历程，我们可以发现，多元主体协同供给的局面并非一蹴而就的，而是伴随经济发展和社会进步逐渐形成的。从

[①] 宋世明：《工业化国家公共服务市场化对中国行政改革的启示》，载于《政治学研究》2000 年第 2 期。

中华人民共和国成立以来我国经济社会的发展历程来看，先后经历了计划经济时期和市场经济时期，在不同时期，基本公共服务供给模式有所差异，因此，梳理我国基本公共服务多元主体协同供给的发展历程，需要以国家经济体制改革的进程相联系，从社会发展进步的进程中分析、归纳基本公共服务多元主体协同供给的变化情况。具体而言，我国基本公共服务协同供给的发展历程，可以以改革开放为标志，前一个阶段是计划经济时期，由国家垄断供给；改革开放后，市场经济体制确立，基本公共服务体制改革伴随市场经济体制改革而发生变迁。

（一）计划经济时期：国家垄断、计划供给

中华人民共和国成立后，国家政治经济社会发生重大变革，国家与社会、市场的关系也随之发生了根本性变革。首先，在国家和市场的关系方面，中国政府全面照搬苏联经验，通过"垄断生产要素市场"以及"在所有行业实行公有制"[①]两种方式取代市场，并于1957年建立起比较完整的计划经济体制。在计划经济体制下，政府取代了市场和企业，其力量得到前所未有的释放和发挥，逐渐垄断一切资源，得以快速调动国家人力、物力、财力等各项资源，以指令性计划为主要手段进行资源配置，所有经济活动都被纳入体制轨道。其次，在国家与社会关系方面，政府对社会组织加强控制，社会组织依附于政府。一方面，一些民间组织被政治化，即将一部分民间组织纳入政治体制之内。"主要是指政治性倾向明显，具有政治协商和参政议政功能的八大民主党派如中国民主同盟、九三学社等，在政治协商制度下，它们被归为政治党派，从而区别于一般民间组织"。[②]另一方面，一部分民间组织被撤销。党和国家通过颁布《社会团体登记暂行办法》，以"社会团体"的名称来规范民间组织，并具体规定了民间组织存在和登记的主要办法，以此取缔了一批非法的"封建组织"和"反动组织"。通过一系列的政治、经济和法律手段，国家掌控了社会大部分资源，并控制了大部分社会空间，形成了一元统一的社会格局和高度集中的经济体制。

在这一时期，与高度集中的计划经济体制和一元统一的社会体制相对应，基本公共服务供给采取了典型的计划垄断供给模式。具体来看，首先，政府成为基本公共服务供给的唯一主体。由于政府掌握着几乎所有的社会资源，为全体公民提供满足生存和发展所需的基本公共服务成为其天经地义的职责。相比之下，其他社会主体完全被政府替代，没有发展的空间和资源。市场组织方面，由于市场

[①] 曹正汉：《国家与市场关系的政治逻辑：当代中国国家与市场关系的演变（1949~2008）》，中国社会科学出版社2014年版，第13~14页。

[②] 车峰：《我国公共服务领域政府与NGO合作机制研究》，中央民族大学出版社2013年版，第66~67页。

被取消，私营企业或民营企业通过社会主义改造收归国有，在政府计划的统一政令下进行社会生产，已经不具备提供基本公共服务的条件。社会组织方面，无法接收到公民的基本公共服务需求，更不具备提供基本公共服务的空间和资源。其次，政府为社会居民提供基本公共服务的主要方式是基于行政指令的直接生产。这一时期，基本公共服务供给制度是单一的供给制度。国家依据行政法律法规制度，凭借行政计划和垄断地位对接基本公共服务的社会需求。在基本公共服务供给领域，政府是唯一的权威，而且，在大多数时间内，不仅是基本公共服务，甚至连准公共服务以及一些私人物品都是由政府提供的。虽然，基本公共服务的需求主体多种多样，但供给主体只有政府。反过来，作为唯一供给主体的政府，为了及时满足所有社会居民的服务需求，就必须采用高效的供给方式。因此，在这一时期，政府提供基本公共服务的方式是直接生产，"主要通过政府部门的服务和通过政府控制的国有企业或非企业机构来进行"。[①] 最后，城乡实行分割的福利体系，城镇居民由单位配给，农民居民由集体负责。中华人民共和国成立初期，出于战略发展的需要，我国基于户籍制度实行了城乡对立的发展模式，福利体系也呈现出二元分割的特征。我国在推进工业化发展的过程中，在城镇广泛建立起劳动保险和各项福利制度；在农村则推行人民公社制度，农民的福利由集体负责。相应地，城乡之间基本公共服务的供给模式截然不同。在城镇，基本公共服务供给"单位化"。单位是计划经济时期中国城镇一种独特的社会组织形式。国家通过单位把社会个人组织起来，并通过单位执行国家的政策、方针、路线。社会个人则归属于其所在的单位，为单位工作、劳动的同时，接受单位所提供的保障。在这种单位体制下，城镇居民的所需的基本公共服务由单位提供，包括养老、教育、医疗、住房等各种各样的服务都被纳入单位福利之中。单位具体承担着基本公共服务供给所需的经费，其主要来源则是国家财政拨款以及国有企业自身的盈利。在农村，农民被划归到不同的人民公社，其基本公共服务需求则由公社、生产大队和生产队负责，集体经济积累和国家补助成为经费来源的主要渠道，由于国家补助较为有限，集体经济积累又是由农民创造的，实质上，是农民自身承担了其基本公共服务的成本。

（二）改革开放以后：一主多元、协同供给

改革开放以来，国家政治经济社会发生了深刻变化，从高度集中的计划经济体制转变为社会主义市场经济体制，从政社合一的一元化社会体制转变为国家与

[①] 车峰：《我国公共服务领域政府与 NGO 合作机制研究》，中央民族大学出版社 2013 年版，第 72 页。

社会逐步分离。与此同时，国家开始整顿和重建公共服务体制，逐渐打破政府的垄断地位，放活市场主体和社会组织在基本公共服务供给中的空间，公共服务体制经历了市场化和民营化改革。关于改革开放以后，公共服务体制的改革问题，不少国内学者进行了梳理和总结，目前来看，关于改革开放以来公共服务体制改革历程的观点主要分为三阶段说和四阶段说。首先，坚持三阶段说的学者以叶响裙为代表，她认为，随着改革开放的深入，我国公共服务体系经历了初步调整、急剧变革和重构三个阶段。① 在她看来，20世纪80年代到90年代初是公共服务体系初步调整的阶段，这一时期改革的重点是社会保障制度改革，以权力下放和放松管制为主要特征。20世纪90年代初期到2002年是公共服务体系急剧变革的时期，除了社会保障制度基础完善以外，教育、医疗卫生、住房等领域也发生了急剧的变革，该时期的改革坚持"效率优先，兼顾公平"的理念，对公共服务体系进行了市场化和社会化改革。2002年以来是公共服务体系的重构时期，党和国家认识到前一阶段公共服务体系改革的偏差和后果，更加重视民生问题的解决，加大公共服务的投入，着重解决城乡失衡问题，强化政府在基本公共服务供给中的责任，并鼓励社会组织和私营企业参与公共服务供给。其次，坚持四阶段说的学者以姜晓萍为代表。她认为，改革开放后，为了适应市场经济体制和行政体制改革的需求，我国公共服务体制改革经历了四个阶段。② 1978~1984年为公共服务体制的恢复阶段，重点工作是恢复、整顿公共事业，并建立相关的制度安排。1985~1992年是公共服务体制改革的启动阶段，重点工作在于打破政府的垄断地位，放松对其他社会主体的管制。1992~2003年是公共服务体制改革快速发展阶段，这一阶段开启了公共服务的市场化和社会化改革，重点关注城镇地区公共服务的需求，造成了农村地区公共服务供给短缺。2003~2008年是公共服务体制的完善阶段，重点解决城乡失衡的矛盾问题，强化政府在基本公共服务供给中的责任。此外，郑晓燕、范逢春等人也坚持四阶段说，虽然在具体阶段时间点的划分上有细微差异，但主要阶段划分及特征概括大同小异。

　　实际上，无论是三阶段说还是四阶段说，都是从历时性角度对中国公共服务体制改革的纵向梳理，在纵向的梳理中我们可以发现，我国公共服务体制的变革经历了速度由慢到快、领域由窄到宽的发展轨迹。无论从哪种划分方式，我们也都可以发现，市场化和社会化是我国公共服务体制改革的必经之路，如果从公共服务供给主体的角度来看，市场化和社会化的变革过程也是供给主体间关系的变化过程，市场化改革反映政府和市场在公共服务供给中的关系变革，而社会化改

---

① 叶响裙：《公共服务多元主体供给：理论与实践》，社会科学文献出版社2014年版，第60页。
② 姜晓萍：《中国公共服务体制改革30年》，载于《中国行政管理》2008年第12期。

革更多地反映政府和社会组织在公共服务供给中的关系变革。由此，我们可以窥见改革开放以来，公共服务体制变革过程中多元主体协同供给的发展历程。

首先，市场化改革过程中，政府与市场组织合作供给公共服务的发展历程。公共服务的市场化改革与我国市场经济体制的建立和完善伴随而生。从改革开放之初到 1992 年社会主义市场经济体制确立的一段时期内，国家开始重新引入市场，包括重新开放农村集市、确立农业家庭经营制度、允许个体经济私营经济的出现等等。这一时期，改革的重点还是在于国有企业，因为"改革开放的前 30 年，国营企业是中国经济活动与生产的主要组织载体"。[1] 随着改革开放的深入，我国通过"放开搞活""放权让利""强化国有企业生产自主性"等措施处理政府与企业的关系。与此同时，在基本公共服务供给方面，国家逐渐改变城镇居民单位供给的体制，促进企业员工由"单位人"向"社会人"转变，打破政府大包大揽的局面，责任下移，扩大企业的自主经营权。1992 年，邓小平"南方谈话"后，中国正式开启市场经济体制改革。同年，党的十四大正式提出"我国经济体制改革的目标是建立社会主义市场经济体制"。[2] 此后，我国社会主义市场经济体制改革步入新的发展阶段，公共服务体制改革也进入急剧变化、快速发展的时期。这一阶段，在经济体制改革和行政体制改革双重改革背景下，中央政府进一步通过权力下放和放松管制实现公共服务体制改革，同时，"尝试通过引进市场机制的各种激励方式与途径创立新的公共服务管理体系"。[3] 市场开始在公共服务供给中发挥作用。2001 年国家计委颁布《国家计委关于促进和引导民间投资的若干意见》（以下简称《意见》）为市场组织真正在基本公共服务中发挥作用提供了法律基础，《意见》指出，"进一步转变思想观念，促进民间投资的发展"，"鼓励和引导民间投资以独资、合作、联营、参股、特许经营等方式，参与经营性的基础设施和公益事业项目建设"。[4] 此后，国家相关部委相继出台《关于加快市政公用行业市场化进程的意见》《市政公用事业特许经营办法》《关于鼓励支持和引导个体私营等非公有制经济发展的若干意见》等文件，为市场组织参与基本公共服务供给降低了门槛、拓宽了渠道、营造了环境，市场组织得以在基本服务供给过程中发挥积极作用。

---

[1] 李汉林、魏钦恭：《嵌入过程中的主体与结构——对政企关系变迁的社会分析》，中国社会科学出版社 2014 年版，第 52 页。

[2] 《加快改革开放和现代化建设步伐 夺取有中国特色社会主义事业的更大胜利——江泽民在中国共产党第十四次全国代表大会上的报告》，中国政府网，http：//www.gov.cn/test/2008 - 07/04/content_1035850.htm。

[3] 郑晓燕：《中国公共服务供给主体多元发展研究》，上海人民出版社 2012 年版，第 66 页。

[4] 《国家计委关于印发促进和引导民间投资的若干意见的通知》，载于《国务院公报》2002 年第 26 期。

其次，社会化改革过程中，政府与社会组织合作供给公共服务的发展历程。在改革开放初期的一段时间内，市场取向的经济改革，带来了一系列制度的变迁，在社会领域的突出表现就是重塑了国家和社会的关系，国家控制社会的局面得到一定缓解，民间组织得以发育成长。另一方面，在放松对社会管制的同时，国家行政力量依然不断渗透到市场和社会领域，在经济活动和个人生活方面发挥着重要影响。这样一来，既要推动政社分离，又试图加强控制成为政府与社会关系相互缠绕、紧密结合的真实写照。在这种情况下，政府支配、社会组织协力配合成为政府和社会组织在基本公共服务供给领域的主要特征。具体而言，在基本公共服务供给过程中，政府出于绝对优势地位，能够支配和控制社会组织的行为，甚至决定社会组织的存废；而社会组织在权力上依附于政府，缺乏独立性和自主性。同时，由于社会组织自身建设原因以及筹集资金、调配资源能力的原因，还不具备提供大规模基本公共服务和主持大型慈善项目的能力，尚不能强大到与政府讨价还价或者平等协商。进入21世纪后，面对复杂的社会利益关系、突出的社会矛盾问题和急切的民生建设要求，党和国家认识到必须推进社会管理和社会建设体制机制改革。在此背景下，"科学发展观"成为处理国家与社会关系的重要理念，尤其是《中共中央关于构建社会主义和谐社会若干重大问题的决定》明确提出，"健全社会组织，增强服务社会功能"，"支持社会组织参与社会管理和公共服务"。[①] 由此可见，党和国家已经将社会组织视为能够相互合作、共同治理社会的重要建设力量。[②] 随着社会管理领域政府与社会组织互动的不断增加，基本公共服务供给过程中政府与社会组织的关系也悄然发生变化，由之前的政府支配、社会配合逐渐变为政府主导、相互合作，即在基本公共服务供给过程中，政府仍然担负主要责任，但已经不是唯一责任主体，社会组织开始具备一定的活动空间。另一方面，政府逐渐转变角色，与基本公共服务直接生产者的角色开始剥离，转而制定法律法规和相关政策，为其他社会主体参与提供基本公共服务创造良好的政策环境，并承担监督任务。社会组织则在环境保护、传染病救助、扶贫开发以及社区建设等领域与政府展开合作，形成合作共赢的关系。

再次，全面深化改革新时期，政府、市场和社会多元主体协同供给的新发展。党的十八大以来，中国进入全面建成小康社会和全面深化改革的新时期。随着政府和市场、政府和社会关系进一步规范，基本公共服务供给主体间的协同关系也逐步明确。《中共中央关于全面深化改革若干重大问题的决定》（以下简称

---

① 《中共中央关于构建社会主义和谐社会若干重大问题的决定》，中国政府网，http://www.gov.cn/test/2008-08/20/content_1075519.htm。

② 车峰：《我国公共服务领域政府与NGO合作机制研究》，中央民族大学出版社2013年版，第88页。

《决定》)从顶层设计的高度进一步理清多元主体的关系。在政府与市场关系方面,《决定》指出,"经济体制改革是全面深化改革的重点,核心问题是处理好政府和市场的关系,使市场在资源配置中起决定性作用和更好发挥政府作用"。①在政府与社会关系方面,《决定》强调,创新社会治理体制,要"正确处理政府和社会关系,加快实施政社分开,推进社会组织明确权责、依法自治、发挥作用"。②同时,对基本公共服务供给过程中,各供给主体的角色和职责,《决定》也有所涉及,"推广政府购买服务,凡属事务性管理服务,原则上都要引入竞争机制,通过合同、委托等方式向社会购买","适合由社会组织提供的公共服务和解决的事项,交由社会组织承担"。③ 这些提法和表述都为基本公共服务多主体协同供给指明了发展方向。《国家基本公共服务体系"十二五"规划》则更加具体地指出,"创新基本公共服务供给模式,引入竞争机制,积极采取购买服务等方式,形成多元参与、公平竞争的格局,不断提高基本公共服务的质量和效率","创新公共服务供给方式,实现提供主体和提供方式多元化"。④ 2013年9月26日,国务院办公厅发布《国务院办公厅关于政府向社会力量购买服务的指导意见》,提出了政府与社会力量协同供给基本公共服务的具体操作办法,这意味着基本公共服务多主体协同供给进入实践阶段。在现实层面,不少地方多主体协同供给基本公共服务的先例也为政府、市场和社会共同提供基本公共服务积累了有益经验,如南京市向社会组织购买养老服务、昆明市打造的"基本公共文化服务包"、深圳盐田先行先试推出的"7+2"模式、成都的城乡一体化模式、郑州城市社会公共卫生服务供给等都充分体现了政府与市场、社会组织同心协力共同提供基本公共服务的实践探索。

二、基本公共服务多元主体协同供给的突出成就

虽然与西方国家相比,我国多元主体共同参与基本公共服务供给起步稍晚、时间稍短,但伴随市场经济体制的建立和完善,以及社会治理体制的发展与创新,多元主体共同供给基本公共服务也取得了一定的成效。

(一) 多元主体协同发展的政策规范逐步完善

随着市场经济体制改革的不断深化以及社会治理体制创新的持续深入,我国

---

①②③ 《中共中央关于全面深化改革若干重大问题的决定》,载于《人民日报》2013年11月16日第1版。

④ 《国家基本公共服务体系"十二五"规划》,载于《国务院公报》2012年第21期。

对基本公共服务供给体制的认识也更加全面,且从多方面探索多元主体协同供给的有效方式和管理模式。改革开放后,社会主义市场经济体制得到合法认定,与此相关的一系列政策文件和法律法规相继出台。在经济体制改革过程中,政府对社会的控制开始松动,社会组织获得了生长的有利空间。由于改革之初政府试图强化对社会组织的管制,同样出台了一系列政策文件和法律法规规范社会组织的活动。随着这些政策文件和法律法规的不断完善,关于基本公共服务供给主体多元发展的相关规定也日益明晰。

2001年12月,国家计委颁布的《国家计委关于促进和引导民间投资的若干意见》被看作公共服务领域向政府之外主体开放的标志性文件。该意见指出,"除国家特殊规定的以外,凡是鼓励和允许外商投资进入的领域,均鼓励和允许民间投资进入;在实行优惠政策的投资领域,其优惠政策对民间投资同样适用;鼓励和引导民间投资以独资、合作、联营、参股、特许经营等方式,参与经营性的基础设施和公益事业项目建设"。[①] 2002年建设部下发《关于加快市政公用行业市场化进程的意见》,意见指出"开放市政公用行业市场。鼓励社会资金、外国资本采取独资、合资、合作等多种形式,参与市政公用设施的建设,形成多元化的投资结构"。[②] 一年之后,为了加快推进市政公用事业市场化进程、规范市政公用事业特许经营活动,建设部再度发文,颁布《市政公用事业特许经营管理办法》,具体规定了参与特许经营的具体操作办法。2005年,国务院颁布《关于鼓励支持和引导个体私营等非公有制经济发展的若干意见》,提出放宽非公有制市场经济准入,允许非公有资本进入垄断行业和领域、社会事业领域、金融服务领域、国防科技工业建设领域。[③] 这些政策文件和法律法规的出台为非公有制经济进入公共服务领域创造了良好环境,有力促进了公共服务市场化改革。

在有关市场组织参与公共服务供给相关政策文件和法律法规不断出台的同时,涉及社会组织的相关规范也日益完善。首先,一系列法律法规的制定为社会组织独立自主地生长和发展创造了制度环境。《基金会管理办法》《社会团体登记管理条例》《民办非企业单位登记管理暂行条例》《基金会管理条例》等等一系列法律法规推动了政社分离,促进了社会组织数量的增长和类型的多元。其次,关于社会组织参与公共服务的相关政策和法律法规也逐步出台。2006年颁布的《中华人民共和国国民经济和社会发展第十一个五年规划纲要》首次将民间

[①] 《国家计委关于印发促进和引导民间投资的若干意见的通知》,载于《国务院公报》2002年第26期。

[②] 《关于加快市政公用行业市场化进程的意见》,载于《中国建设报》2003年1月6日第6版。

[③] 《国务院关于鼓励支持和引导个体私营等非公有制经济发展的若干意见》,载于《人民日报》2005年2月25日第8版。

组织的发展与管理列入国民经济与社会发展规划,[①] 这意味着社会组织在经济社会领域的地位得到承认。在地方层面,部分地方政府制定了社会组织参与公共服务的相关规章,如深圳市先于 2007 年出台《深圳市发挥民间组织在社会工作中作用的实施方案(试行)》,又于 2009 年与民政部签署《推进深圳民政事业综合配套改革合作协议》,鼓励、支持并规范社会组织参与公共服务供给。

进入全面深化改革新时期以来,党和国家集中出台了一批新的政策文件和法律法规,规范指导多元主体在公共服务领域的参与行为。2013 年 9 月,国务院办公厅发布《国务院办公厅关于政府向社会力量购买服务的指导意见》,规定政府购买公共服务的承接主体包括"依法在民政部门登记成立或经国务院批准免予登记的社会组织,以及依法在工商管理或行业主管部门登记成立的企业、机构等社会力量","购买工作应按照政府采购法的有关规定,采用公开招标、邀请招标、竞争性谈判、单一来源、询价等方式确定承接主体,严禁转包行为"。[②] 2015 年 5 月,国家发改委、财政部、人民银行联合发布《关于在公共服务领域推广政府和社会资本合作模式的指导意见》(以下简称《意见》),《意见》指出,为让广大群众享受到优质高效的公共服务,改革创新公共服务供给机制,大力推广政府和社会资本合作(Public-Private Partnership,PPP)模式,"在能源、交通运输、水利、环境保护、农业、林业、科技、保障性安居工程、医疗、卫生、养老、教育、文化等公共服务领域,鼓励采用政府和社会资本合作模式,吸引社会资本参与"。[③] 同年 6 月,国家发改委、财政部、住建部、交通部、水利部和中国人民银行五部委再次联合印发《基础设施和公用事业特许经营管理办法》,鼓励和引导社会资本在能源、交通运输、水利、环境保护以及市政工程等参与基础设施和公用事业建设运营,并具体规定了特许经营的实施办法。

(二) 基本公共服务供给主体多元发展

在公共服务体制变革过程中,基本公共服务的供给主体,即政府、市场和社会组织的角色和职能也在不断发生变化,比如,政府经历了从"大包大揽"到"角色缺位"再到"角色回归"的过程;市场则经历了"听从指令"到"自主经营"的过程;而社会组织则得到生长和壮大的空间,在基本公共服务供给过程中

[①] 车峰:《我国公共服务领域政府与 NGO 合作机制研究》,中央民族大学出版社 2013 年版,第 85 页。

[②] 《国务院办公厅关于政府向社会力量购买服务的指导意见》,中国政府网,http://www.gov.cn/xxgk/pub/govpublic/mrlm/201309/t20130930_66438.html。

[③] 《关于在公共服务领域推广政府和社会资本合作模式的指导意见》,载于《国务院公报》,2015 年第 16 期。

发挥着越来越重要的作用。

第一，在多元主体协同供给体制中，政府能够有效地实现职能转变。我们知道，计划经济时期，城镇居民都以"单位人"的角色存在，农村居民则隶属于集体以"集体人"形式存在。[①] 彼时的基本公共服务基本上通过单位配给或集体供给。政府全面负责社会居民所需的基本公共服务的经费供给、生产和分配等各个环节的工作。改革开放初期，我国经济体制发生剧烈变化，各种非公有制经济形式快速出现，打破了公有制的垄断局面，传统的基本公共服务供给方式面临体制的挑战。一系列的国企改革、家庭经营改革使"单位人""集体人"向"社会人""自由人"转变，政府在经济转型过程中在基本公共服务供给方面出现了一定程度的"缺位"，城镇地区基本公共服务供给不均、农村地区基本公共服务缺失的现象逐步出现。随着改革开放的深化，政府逐渐意识到民生问题的重要性，开始探索更加高效、更加科学的基本公共服务体系。政府开始意识到市场组织和社会组织在基本公共服务供给过程中的重要作用，并放开市场组织和社会组织在基本公共服务领域的准入门槛，逐渐建立起多元化的供给机制。在多元主体协同供给体制中，政府的角色从"大包大揽"的全能型政府转变为"有所为，有所不为"的有限职能和有限责任政府。[②] 其职能也进一步得到优化，虽然政府仍然是基本公共服务供给的主体，但不再是公共服务的直接生产者，而是通过职能分解、委托和授权等形式把生产职能转移给国有企业、私营企业等市场组合和非营利组织、社区等社会组织，转而专注于基本公共服务供给政策的制定和监督，促进基本公共服务决策制定、执行和监督职能分开，进而实现社会权力和政府角色回归。在多元主体协同供给的体制下，政府根据社会公众对基本公共服务的需求状况以及国家财政预算，决定基本公共服务的生产，但由谁生产、如何管理等事项则根据市场机制竞争决定，"政府从企业领导者的确定、用工多少、成本核算、盈亏效益、质量控制等企业经营方面的各种事务中解脱出来"，[③] 政府只需进行绩效管理，根据社会公众的反馈，对基本公共服务生产者的生产状况进行质量评估，并决定其后续合同情况即可。

第二，在多元主体协同供给体制中，市场主体积极参与多个领域的基本公共服务供给。虽然政府仍然是基本公共服务供给的主体，但其垄断地位已被逐渐打破，某些领域已经引入市场机制，多种市场主体参与到基本公共服务的供给中。

---

① 汪玉凯等：《基本公共服务均等化与政府责任》，引自中国（海南）改革发展研究院：《基本公共服务与中国人类发展》，中国经济出版社 2008 年版，第 302 页。

② 王浦劬、莱斯特·M. 萨拉蒙：《政府向社会组织购买公共服务研究》，北京大学出版社 2010 年版，第 23 页。

③ 郑晓燕：《中国公共服务供给主体多元发展研究》，上海人民出版社 2012 年版，第 75 页。

首先，在电力、铁路、民航、通信传统垄断行业，实行政企分开，对相关职能部门和事业单位进行公司化改造，降低准入门槛，打开市场化通道。比如，1998年国家撤销电力部，成立国家电力公司，此后国家电力公司又被拆分为国家电网公司和中国南方电网有限责任公司。中国通信领域也经历多次市场化改革，1994年成立中国联通，打破"老中国电信"的垄断地位，之后历经三次拆分与重组，形成今天中国联通、中国电信、中国移动的格局。2013年3月，铁道部撤销，组建国家铁路局，承担原铁道部的行政职能；同时组建中国铁路总公司承担企业职责。其次，在基础设施建设领域逐步放宽对民营企业的限制，并在教育、科技、医疗、卫生、文化等领域引入市场主体并发挥积极作用。1994年，福建泉州名流实业股份有限公司采用BOT（建设—经营—移交，PPP的一种形式）模式参与兴建了泉州刺桐大桥，开创了国内民营资本参与基础设施建设的先河。而在教育、科技和文化领域，市场主体参与提供基本公共服务的实践更是比比皆是。如大量出现的民办私立学校，硬件设施、教学管理、教学质量丝毫不亚于公立机构。在社会福利和体育领域，采用发行福利彩票和体育彩票的形式进行筹资，用于社会福利事业和体育设施建设，很多随处可见的社区体育器材均为体育彩票公司捐建。从现实效果来看，在基本公共服务供给过程中引入市场机制，通过竞争机制为公民带来了更多的选择机会，很大程度上提高了基本公共服务供给的质量和效率。一方面，在利益驱动下，市场主体想要赢得市场占有率，就不得不努力较低生产成本、提高质量，生产处更多社会公众需求的基本公共服务；另一方面，市场主体在竞争环境中能够更好地发挥信息整合优势和快速反应能力，充分发挥市场机制优胜劣汰的作用，进而提高基本公共服务生产效率。

  第三，在多元主体协同供给体制中，社会组织发挥着越来越重要的作用。有观点认为，"政府与民间组织不是简单的管理与服从、控制与被控制的关系，而是协商合作关系。因此，要把政社分开作为政府转型的一项重要任务，尽快把某些公益性、服务性、社会性的公共服务职能转给具备条件的民间组织"。[①] 党的十七大报告则明确提及"建立党委领导，政府负责，社会协同，公众参与的社会管理格局"。这是社会组织在社会管理、公共服务领域的合法地位得到确认。改革开放以来，中国社会组织得到长足发展，据民政部统计，截至2014年底，我国社会组织总数达到60.6万个，其中社会团体31.0万个，基金会4 117个，民办非企业单位29.2万个，遍布工商服务、科技研究、教育、卫生、社会服务、文化、体育、生态环境、法律、宗教、农业及农村发展、职业及从业、国际及其

---

① 顾时红：《民间组织应更多介入公共服务》，载于《中国政协报》2007年12月13日第B02版。

他涉外等各个领域,并以每年超过 10% 的速度增长。① 随着社会组织数量的增加和规模的壮大,其制度化建设、人员素质也在不断提高,在社会治理和公共服务等方面发挥着重要的作用。比如,在 2008 年汶川地震中,社会组织发挥了极大作用,在资金捐赠、信息搜集、组织救援、医疗服务、心理咨询等方面展现出独特优势。具体到基本公共服务多元主体协同供给的体制中,社会组织的作用愈发不可替代。不少地方政府在向社会组织购买公共服务方面进行了有益尝试和不懈探索。早在 1995 年,上海市浦东新区、上海浦东新区社会发展基金会、上海基督教青年会三方共建的"罗山会馆"被视为中国政府向非营利组织购买公共服务的最早探索。② 此后,政府向社会组织购买公共服务的逐步进入实践,如 2003 年南京市鼓楼区购买居家养老服务、2003 上海市普陀区"社区民间服务中心"、2005 年无锡市将结核病交给民营医院托管、2007 年深圳市培育了鹏星社会工作服务社、社联社会工作服务中心以及深圳慈善公益网等三家社会工作机构进行社会服务试点、2010 年北京市政府通过民生服务行动购买社会服务等。随着各地政府购买公共服务实践的示范效应和推广,中央政府开始重视并积极行动起来,先后出台了《关于政府向社会力量购买服务的指导意见》《关于做好政府购买服务工作有关问题的通知》等文件规范政府向社会力量购买公共服务,标志着实践进入稳步实施阶段,社会组织在基本公共服务供给中的作用愈发明显。

(三) 多元主体协同供给领域不断扩展、供给方式日益多样

目前,我国多元主体协同供给基本公共服务的领域从垃圾处理、供水供气供暖等与生活密切相关的公用事业领域逐渐拓展到交通、水利、教育、医疗、卫生、体育、文化、福利、环保等更多的领域。况且,"国家允许非公有资本进入传统垄断行业和领域,允许非公有资本进入社会事业领域,支持非国有资本参与公用事业与基础设施建设"③。这为多元主体的合作提供了更多的可能和更宽广的空间。多元主体在基本公共服务供给领域不断扩展的同时,其供给方式也日益多样化。从西方国家的经验来看,基本公共服务供给一般可以分为政府主导模式、市场主导模式、第三部门主导模式以及协同供给模式。其中,协同供给模式即为政府、市场和社会等多元主体合作供给基本公共服务的模式。有学者认为,根据基本公共服务合作主体的不同,公共服务合作供给可以分为四种形式,即政

---

① 《2014 年社会组织发展统计公报》,中国政府网,http://www.mca.gov.cn/article/zwgk/mzyw/201506/20150600832371.shtml.

② 《中国政府购买社会组织服务研究报告》,基金会中心网,http://crm.foundationcenter.org.cn/html/2014-01/806.html.

③ 谭英俊:《中西公共服务市场化改革比较研究》,载于《商业研究》2012 年第 6 期。

府与私人部门或非营利组织的合作、私人部门与非营利组织之间或私人部门之间的合作、多元主体的合作。① 而就多主体合作供给基本公共服务的具体方式来说，美国著名学者萨瓦斯进行了比较全面的总结归纳（见表7-1）。

表7-1　　　　　　　　　公共服务供给的制度安排

生产者	安排者	
	公共部门	企业
公共部门	政府服务	政府出售
	政府间协议	自由市场
企业	合同承包	志愿服务
	特许经营	自我服务
	补助	凭单制

资料来源：[美] E.S.萨瓦斯，周志忍等译：《民营化与公司部门的伙伴关系》，中国人民大学出版社2002年版，第70页。

这对于我国基本公共服务多元主体协同供给具有一定的借鉴意义。从我国近年来基本公共服务供给的实践来看，这些方式已经不再是新鲜事物，已经成为中国多元主体协同供给基本公共服务的运作方式。具体来看，第一，公私合资合作制。所谓公私合资合作制，是指"政府和私人共同出资、相互合作的一种制度安排"。② 在现实中，新型农村合作医疗制度是一种典型的公私合资合作制。该制度由政府组织、引导、支持，农民自愿参加，个人缴费、集体扶持和政府资助的方式筹集资金。根据《2014年我国卫生和计划生育事业发展统计公报》数据显示，截至2014年底，全国参加新型农村合作医疗人口数达7.36亿人，参合率达到98.9%。③ 新农合医疗制度，通过国家与农民的合作关系，有效解决了农村居民看病难、看病贵的问题。第二，托管制，即在公共服务设施所有权不变的情况下，政府将经营权委托给特定的非政府部门进行管理。前文提到过的上海市"罗山会馆"便是典型的政府委托、社团经营、市民参与的模式。此外，2005年无锡市将当地结核病防治交给民营的安国医院托管，由政府职能部门根据民众反映

---

① 石国亮、张超、徐子梁：《国外公共服务理论与实践》，中国言实出版社2011年版，第75页。
② 常修泽：《政府提供公共品也可采用"公私伙伴关系"机制》，引自中国（海南）改革发展研究院：《中国基本公共服务建设路线图》，世界知识出版社2009年版，第122页。
③ 《2014年我国卫生和计划生育事业发展统计公报》，中国政府网，http://www.moh.gov.cn/guihuaxxs/s10742/201511/191ab1d8c5f240e8b2f5c81524e80f19.shtml。

进行考核评估，并据此向院方拨款。第三，特许经营制。特许经营是基本公共服务协同供给的另一种形式，是政府授予企业在一定时间和期限内提供公共产品或经营某项服务的权利，在合同期间，企业可以赚取利润并承担风险。2015年6月，国家发改委、财政部等六部委联合颁布《基础设施和公用事业特许经营管理办法》，允许在能源、交通运输、水利、环境保护、市政设施等基础领域进行特许经营。第四，政府购买。政府购买公共服务就是把原来由政府直接生产的公共服务通过招标、合同、委托等形式转交给企事业单位或社会组织，再根据服务的数量和质量支付费用。政府购买公共服务的形式在越来越多的领域展开，除了前文提到的诸多案例之外，2009年，天津市开发区向泰达社会服务中心购买社区服务转移政府职能、2016年四川遂宁市购买植保病虫害防治公共服务等地方实践逐步推广。中央政府层面，除了出台多项措施加以保障、支持和规范之外，还成立了由原国务院副总理张高丽担任组长的政府购买服务改革工作领导小组，进行指导、协调、统筹事关政府购买公共服务的各项工作。

三、基本公共服务多元主体协同供给的主要问题

基本公共服务多元主体协同供给强调多元主体的配合与协调，但协同供给各要素之间仍不可避免地存在衔接不畅与配合脱节等问题。当前中国，基本公共服务的多元供给主体就表现出明显的地位不平等；权力与资源的占有比重失衡；由于"缺乏实现高度整合的必要技术与制度手段、沟通不同治理过程与领域的'公分母'，以及拥有整合能力的推动者"，[①] 基本公共服务多元主体协同供给碎片化倾向明显；此外，由于政治权力的扩张，多元主体协同供给过程容易滋生权力寻租等腐败问题。

（一）多元供给主体的地位不平等

平等是基本公共服务多元主体之间协同的基本前提。基本公共服务的协同供给，必须要求主体间享有相对平等的权利、具备大致平等的能力、拥有相对平等的地位。参与基本公共服务协同供给的多元主体应相互尊重、相互配合，在基本公共服务决策过程中享有大致均等的话语权，要避免政府垄断决策、政府过度干预其他参与主体等现象。在现实中，基本公共服务供给主体之间的非平等现象还广泛存在，政府权力过于强大且集中，其他参与主体无法独立进行供给行为。此外，政府在社会资源拥有与分配能力、信息获取与处理能力、决策制定、影响能

[①] 敬乂嘉：《合作治理——再造公共服务的逻辑》，天津人民出版社2009年版，第184页。

力等多方面占据着绝对优势，导致市场组织与社会组织在多元主体协同供给中的地位不高。为此，要构建完善的信息交流机制，通过听证会、研讨会等多种形式，并采取协商、对话、讨价还价等方式进行沟通互动，从而实现基本公共服务多元主体之间信息交流、资源共享与责任共担。在互动交流过程中，"需要一个明晰的对话协商制度来界定各行为主体之间的权责配置和互动方式，以降低互动网络中的不确定性和机会主义"。① 由此可以看出，在层级较低、人数较少的基层群众自治组织中更有利于实现参与主体地位的平等，而在层级越高、人数越多的组织中则难度较大。导致多元供给主体地位不平等的因素主要有以下几方面，其一，当下中国多元参与主体中市场与社会组织的话语权相对于政府部门弱势明显。虽然近年来随着服务型政府的建设，政府部门不断简政放权，但政府权力集中的现象仍没有得到根本改善，政府部门对资源与信息的占有与控制能力远超于其他参与主体，特别是在基本公共服务的政策制定过程中，无论是议程设置还是最终决定环节，政府部门均占有绝对优势。政府部门可以通过设置与修改准入门槛等方式实现对市场与社会组织的控制，从而很难实现三大参与主体的地位平等。其二，基本公共服务供给能力的差异也加大了多元供给主体地位的非均等化。基本公共服务多元主体协同供给的有效实施关键在于多元主体各司其职，充分发挥不同主体的比较优势，从而弥合单一主体供给的缺陷。然而，在当下中国社会组织数量虽有所增加，但自身能力特别是自主性不足。社会组织大都依靠政府或私人资金维持运转，从而使得"政府的资金会诱使非营利机构把精力集中在与非营利组织自身认为重要或愿意去做的并不一致的领域，从而扭曲非营利机构的使命"。②

（二）多元供给主体的权力与资源配置不均衡

权力与资源的合理配置是实现基本公共服务多元主体协同供给的内在要求。从现实情况来看，合理配置权力与资源是协同治理有效与否的关键要素。"如果参与者没有能力、组织、地位和资源与其他参与者分享，那么协同治理过程则倾向于力量强大的行动者。"③ 例如，美国环保组织认为协同治理有利于实业集团的利益，从而对协同治理提出了严重质疑。埃彻里维亚（John Echeverria）就曾在普特拉河流域协同治理过程中由于经济利益导致协商失衡问题对协同治理进行

---

① 邓念国，《公共服务提供中的协同治理：一个研究框架》，载于《社会科学辑刊》2013 年第 1 期。
② [美] 莱斯特·M. 萨拉蒙著，田凯译：《公共服务中的伙伴——现代福利国家中政府与非营利组织的关系》，商务印书馆 2008 年版，第 111 页。
③ Chris Ansell, Alison Gash, Collaborative Governance in Theory and Practice. *Journal of Public Administration Research and Theory*, 2007, Vol. 18, pp. 543–571.

了批评，他认为环保组织与经济利益集团在经济能力、影响决策能力等多方面存在着较大差异，在协同治理过程中，开发者更倾向于与其密切联系并能获得巨额经济回报的经济利益集团。① 因此，如果不能有效解决协同供给过程中弱势群体利益表达与影响决策的能力，协同供给将走向"形式化"甚至产生更大的危害。

在实践维度，基本公共服务多元主体协同供给过程中权力与资源的非均衡配置主要表现在以下几个方面：其一，在具体问题上部分参与主体缺乏可代表自身利益的组织；其二，有的参与主体在参与专业技术类问题的协商沟通中缺乏必要的知识与技巧；其三，有些参与主体缺乏足够的时间与精力充分参与协同供给过程。② 当前中国基本公共服务的供给主体中，社会组织所面临的问题尤为突出。有的学者指出"世界发达国家、发展中国家每万人拥有社会组织数一般分别超过50个和10个以上。"③ 而截至2014年底，中国共有社会组织60.6万个，当年中国每万人拥有社会组织数仅约为4.4个。④ 这也充分表明中国社会组织力量的薄弱，也严重制约了社会多元主体的利益表达。除社会组织数量外，社会组织的自身能力也存在较大不足，优秀专业技术人才以及高水平管理者的缺失在一定程度上也阻碍了社会组织功能效用的发挥，加之社会组织地位不高、资金短缺等因素则进一步限制了社会组织的活力。

权力与资源的非均衡配置也使得基本公共服务协同供给的部门主体或重要利益相关者无法参与供给过程，从而损害了协同供给的公正性与有效性。因此，合理配置权力与资源是有效实现基本公共服务多元主体协同供给的必然选择，也是协同供给模式相对于传统基本公共服务供给模式的基本特征。在传统政府垄断、自上而下的供给模式过程中，政府部门运用其享有的高度集中的公共权力，通过行政配给的方式进行资源的分配，在此情形下，"公共权力资源配置、运作呈单极化和单向度的特征，政府由上而下单向性地运用权力，无须市场、社会的同意与参与"。⑤ 而基本公共服务多元主体协同供给则强调在基本公共服务供给过程中打破政府垄断模式，由单一主体、单一方式向多主体、多中心的治理格局转变，努力实现权力与资源在不同供给主体间的均衡配置。

---

① Echeverria, John D., No Success Like Failure: The Platte River Collaborative Watershed Planning Process, *William and Mary Environmental Law and Policy Review*, Vol. 25, No. 4 (2001), P. 559.
② Chris Ansell, Alison Gash. Collaborative Governance in Theory and Practice, *Journal of Public Administration Research and Theory*, 2007, Vol. 18, pp. 543–571.
③ 岳金柱：《解决制约培育和发展社会组织"瓶颈"对策的思考》，载于《社团管理研究》2009年第11期。
④ 根据《中国民政统计年鉴（2015）》《中国社会服务统计资料》与《中国统计年鉴（2015）》相关数据计算而得。
⑤ 郑卫荣：《政府治理视角下的公共服务协同治理》，载于《经营与管理》2010年第6期。

权力与资源的分配是多向度的,"不仅存在非政府部门对于公共权力的分享,同时存在政府部门对原先非管辖领域的介入"。① 在当下中国,政府部门权力可以较为容易地介入到不应管辖的市场或社会领域,而非政府组织对公共权力的分享则难度较大。一方面,重新配置权力与资源涉及政府部门及官员的切身利益,因此阻力较大。中国政府部门长期掌握着高度集中的公共权力,政府部门及其官员基于强大的权力而享有较大的特权与寻租腐败机会。非政府组织对政府部门权力的分享,则会使得"官员们看到他们的作用在衰减,因而竭力应付他们难以理解的政策变化,毕竟这些新政策与他们一生经历的截然不同。抵制变化是人的天性"。② 另一方面,权力与资源的非均衡配置也容易产生消极效应。在权力与资源的分配和转换过程中,由于缺乏制度化的权力清单,因此"受到多种压力驱使的政府在短期利益支配下,可能忽略对于权力授予及其运作的必要管理,导致权力的不当授予"。③ 应将何种权力,通过什么方式授予给谁,授予程度多少等问题都具有不确定性,因而一定时间内,权力与资源分配过程中不可避免地会产生有违基本公共服务内在价值的行为。

(三) 基本公共服务供给的碎片化

协同供给在有效弥补基本公共服务供给主体与形式的单一性方面发挥了极其重要的作用,切实提升了基本公共服务的供给效能。然而,多元主体协同供给犹如一枚硬币的两面,在其发挥优势的同时也随之产生了一些负面效果,特别是基本公共服务供给的碎片化问题。"所谓公共服务供给碎片化,是指在公共服务供给的过程中,由于利益偏好的多样化,加之多元供给主体内部及其相互之间组织功能和部门相对分散,因而缺乏有效沟通与协调合作,无法以共同行动为社会公众提供公共服务,导致公共服务供给质量低下、效率不高的状态。"④ 具体表现为以下三个方面:其一,供给部门碎片化。当前中国中央与地方政府部门存在着垂直管理与属地管理的"条块分割"矛盾,不同层级与不同部门权责不清、职能重叠,从而导致基本公共服务供给过程中部门间协调性不足、沟通不畅。其二,供给主体碎片化。随着基本公共服务供给主体的多元,也容易产生主体碎片化倾向,各个主体缺乏有序衔接与密切协调机制,从而无法从整体角度满足人民群众的需求。其三,供给区域碎片化。由于中国地域辽阔等特征,基本公共服务供给

---

① 敬乂嘉:《合作治理——再造公共服务的逻辑》,天津人民出版社 2009 年版,第 157 页。
② E. S. 萨瓦斯,周志忍等译:《民营化与公私伙伴关系》,中国人民大学出版社 2002 年版,第 316 页。
③ 敬乂嘉:《合作治理——再造公共服务的逻辑》,天津人民出版社 2009 年版,第 161 页。
④ 张贤明、田玉麒:《整合碎片化:公共服务的协同供给之道》,载于《社会科学战线》2015 年第 9 期。

在地域方面也存在碎片化状况，当前中国地方政府的权力边界以区域的地理边界为准，由于不同区域内的基本公共服务供给主体"各自为政"，从而无法实现跨区域的有效合作，"导致了相近地区高政绩回报公共服务的过度供给，又加剧了这些地区内部低绩效回报公共服务供给缺失的矛盾"。[①]

基本公共服务供给碎片化的形成具有历史性，当代中国政府在机构与职能设置方面的历史特点对其具有重要影响，同时也产生了诸多弊端。首先，基本公共服务供给碎片化带来的部门主义、地方主义、团体主义直接导致基本公共服务供给政策的"碎片化"倾向，从而严重影响了决策的科学性与公正性；其次，基本公共服务供给的碎片化也影响了基本公共服务供给政策的有效执行，部门分散、主体裂化使得供给效率降低；最后，基本公共服务供给的碎片化也加剧了基本公共服务供求失衡状况，由于缺乏利益整合平台，从而无法对多样化的需求进行整体性的有效回应。此外，当前中国受现代性与后现代性因素双重影响，因此中国基本公共服务多元化与碎片化状况同时并存，这也加剧了基本公共服务多元主体协同供给的难度。

（四）多元主体协同供给可能滋生腐败

基本公共服务协同供给涉及政府部门、市场组织与社会组织等多个主体，因此在当前中国权力制约与监督体系尚未健全的情况下，实行政府与市场和社会合作更容易滋生权力寻租等腐败问题，所谓腐败是指"运用公共权力实现私人目的的行为。其基本特征是公共权力和公共资源的非公共、非规范（不符合公认的法律或道德规范）的运用"。[②] 所谓寻租是指"少数人利用合法或非法手段谋取经济租金的政治活动和经济活动"。[③] 在基本公共服务供给过程中，由于政府权力相对较大相对于市场与社会组织享有较多的自由裁量权，且权力具有隐蔽性，从而导致政府官员容易运用公共权力攫取个人利益。西方国家学者也已意识到这种问题，有的学者认为"腐败容易在公共部门和私营部门的边界发生。政府的承包合同、特许经营权和补贴可以通过贿赂、串谋和勒索来获得。凭单制会受到一系列诈骗行为的威胁，如伪造、盗用、出售以及非法收购食品券。此外，腐败还会发生在没有任何私营部门卷入的直接的政府活动中"。[④] 中国学者则认为腐败是公司合作的普遍现象，并列举了不同的腐败类型："一是将公共服务外包给政府

[①] 唐任伍、赵国钦：《公共服务跨界合作：碎片化服务的整合》，载于《中国行政管理》2012年第8期。

[②] 王沪宁：《反腐败：中国的实验》，三环出版社1990年版，第6页。

[③] 胡鞍钢、康晓光：《以制度创新根治腐败》，载于《改革与理论》1994年第3期。

[④] E. S. 萨瓦斯著，周志忍等译：《民营化与公私部门的伙伴关系》，中国人民大学出版社2002年版，第324~325页。

官员的利益关联企业;二是操纵招标过程,收受贿赂;三是不当授予权力并分享其带来的经济利益;四是在不当领域以不当方式将公共服务外包给不具备生产能力的组织;五是将国有资产通过不正当手段转移到官员或其亲属名下;六是政府官员退休后进入关联私营企业工作,获取股权或红利。"①

在现实政治实践中,基本公共服务多元主体协同供给过程中的腐败现象在卫生、教育、社会保障等多个领域问题突出、损失严重。"从近年来公开披露的腐败案件看,公共服务领域的腐败更为集中地表现在公共投资活动中。从投资立项审批到项目招标,从物资采购到施工,腐败几乎渗透到各个环节。"②而由于基本公共服务具有普惠性特点,享受人数众多,加之腐败的隐蔽性与复杂性,人民对腐败现象的关注度和感受度均较低,在一定程度上加剧了腐败问题的产生。

综上所述,基本公共服务多元主体协同供给面临着诸多挑战,严重制约了基本公共服务的供给效能与人民群众对基本公共服务的获得感、满意度。因此,在当前中国的现实背景下,探寻符合中国国情的基本公共服务多元主体协同供给的实现机制尤为重要且迫切。

第三节　中国基本公共服务多元主体协同供给的实现路径

中国基本公共服务供给模式变革的过程,需要特别注意解决不同供给主体间的关系问题。探寻中国基本公共服务多元主体协同供给难题解决之道是实现基本公共服务均等化的现实要求。理论和事实证明,政府部门、市场组织和社会组织等不同主体间的协同供给模式是当前中国基本公共服务供给体系发展的必然选择。应该根据当前中国社会所具备的现实条件,提出有针对性的思路与对策,具体而言要以创新协同理念、发展多元力量、优化组织结构、强化制度支撑为主要着力点。

一、理念之维:基本公共服务协同供给实现机制的思想引擎

理念创新是协同行动的前提与基础,对协同行动具有指引作用。基本公共服务协同供给的理念创新需要回答两个问题,一是为什么要实现基本公共服务协同供给;二是如何实现基本公共服务协同供给。前者属于价值理性维度,是道德伦

---

① 敬乂嘉:《合作治理——再造公共服务的逻辑》,天津人民出版社2009年版,第139~144页。
② 魏群、郭芳、高尚全:《公共服务与政府转型》,载于《小康》2008年第1期。

理意义上的偏好表达与目的选择，涉及基本公共服务协同供给的合法性与合理性问题。后者属于工具理性维度，是关于基本公共服务协同供给在具体操作层面如何行动的思考与回答，涉及基本公共服务协同供给的行动方式问题。由此可知，基本公共服务协同供给的实现机制在理念维度包含目的理念和方式理念双重要素。其中，目的理念指向基本公共服务协同供给是一种有目的的价值追求；方式理念指向基本公共服务协同供给的具体操作过程。进一步说，目的理念决定基本公共服务协同供给的方向，而方式理念则影响基本公共服务协同供给的效果。因此，目的理念和方式理念共同构成基本公共服务协同供给实现机制的理念之维。而促进基本公共服务协同供给实现机制的良性运转，也需要在理念维度同时关涉目的理念和方式理念两个维度的问题。

（一）从目的理念出发，需要重塑对基本公共服务协同供给的正确认知，增强基本公共服务协同供给的合法性与合理性

造成协同供给缺失的原因是多方面的，而对协同供给的认知存在误解是其重要方面。重塑对基本公共服务协同供给的正确认知应把握三个方面：科学内涵、问题实质与行为绩效。首先，准确把握基本公共服务协同供给的科学内涵以提升多元主体参与协同行动的思想动力。基本公共服务是与私人服务和一般性公共服务相区别的、面向全体人民的公共服务，具有公共性、普惠性、公正性与均等性等基本特征。而协同供给则是要求政府、市场、社会等多元主体广泛协商、共同参与，因为"满足公共需要的政策和项目可以通过集体努力和合作过程得到最有效并且最负责的实施"。[①] 简言之，基本公共服务协同供给不同于政府垄断式的供给模式，而是以公共需求为导向，政府公共部门、市场企业、社会组织团结协作，共同提供基本公共服务。其次，准确把握基本公共服务协同供给的问题实质以增强协同供给合法性的思想基础。基本公共服务协同供给目的在于完善基本公共服务供给体系、促进基本公共服务均等化，其本质是解决人民群众最关心、最直接、最现实的利益问题，属于公共服务领域的民生问题。这意味着基本公共服务协同供给的问题实质是如何解决一个公共问题，而公共问题的公共性又蕴含着人类社会的共生共在性、人与人之间的相互依存性。从这个角度出发，基本公共服务协同供给的实现需要广泛利益相关者——亦即政府部门、市场组织、社会组织乃至个人——共同参与、团结协作。最后，准确把握基本公共服务协同供给的行为绩效以增强协同供给合理性的思想前提。从问题实质的角度理解基本公共服务有助于认

[①] 珍妮特·登哈特、罗伯特·登哈特著，丁煌译：《新公共服务：服务，而不是掌舵》，中国人民大学出版社2004年版，第99页。

识其合法性问题,而从行为绩效的角度则有助于认识其合理性。政府垄断供给基本公共服务已不适应现代化治理的现状,而基本公共服务多元主体供应则可能产生碎片化倾向。这说明传统供给方式的行为绩效已无法满足社会公众的需求,因此,如何提升其供给效率是基本公共服务面临的棘手问题。协同供给通过运用协同治理理论,构建多元主体间沟通、协商与交流机制,有效整合供给主体的碎片化,从而实现基本公共服务多元主体协同供给,大大提升了基本公共服务的供给效率。

(二)从方式理念出发,需要培养基本公共服务多元供给主体的协同精神,强化其参与协同供给的思想引擎

虽然在基本公共服务供给过程中存在着政府部门、市场组织与社会组织等多个主体,但并非意味着每个主体"各自为政",而是拥有共同目标即切实维护人民基本权益,实现公共利益最大化。无论是不同供给主体、不同区域还是同一主体不同部门、不同层级,都要树立共同目标,培养协同合作精神,超越狭隘的个人主义、部门主义、地方保护主义的桎梏。因此,在基本公共服务协同供给的具体操作过程中,在方式理念层面应培养多元供给主体的三种意识。其一,要培养基本公共服务协同供给主体的平等意识。主体地位平等是"治理"与传统"统治"与"管理"的重要差别,多元参与主体的地位平等也是实现有效协同治理的重要条件。就此而言,应该培养多元供给主体的平等观念,努力实现多元供给主体间权利平等、责任均衡。即使在现实中无法实现绝对平等,但在理念层面应不断提升多元参与主体互相尊重的意识,以协商而非强制解决分歧。其二,要培养基本公共服务协同供给主体的信任意识。信任作为重要的社会资本形式,是实现基本公共服务多元主体协同治理的黏合剂。罗伯特·帕特南指出:"在一个共同体中,信任水平越高,合作的可能性就越大。而且,合作本身会带来信任。"[①] 所以,基本公共服务协同供给需要较高程度的信任以减少不同主体沟通合作的成本,提高协同供给效率。其三,要培养基本公共服务协同供给主体的责任意识。责任包含三个有机组成部分:"第一,责任主体的分内之事;第二,责任主体没有做好分内之事时应受的谴责和制裁;第三,对责任主体行为的评价。"[②] 因此,基本公共服务协同供给的多元主体要明确各自权利与义务,积极主动承担应做之事;如果供给出现问题,则要对相应主体进行谴责或制裁,从而构建职责划分明确、责任风险共担机制,从而有效实现基本公共服务多元主体协同供给。

---

① 罗伯特·帕特南著,王列、赖海榕译:《使民主运转起来:现代意大利的公民传统》,中国人民大学出版社 2015 年版,第 220~221 页。

② 张贤明著:《论政治责任:民主理论的一个视角》,吉林大学出版社 2000 年版,第 4 页。

二、主体之维：基本公共服务协同供给实现机制的力量驱动

政府部门、市场组织与社会组织是基本公共服务协同供给的基本主体，三大主体积极参与、密切配合、有序衔接是基本公共服务协同供给的理想状态。然而，长期以来，受计划经济体制等因素的影响，中国基本公共服务的供给主要由政府垄断，市场组织与社会组织力量薄弱，发展障碍较多，难以发挥应有作用，严重阻碍了基本公共服务多元主体协同供给的实现。发展多元主体的基本力量、理顺主体间的相互关系是实现基本公共服务协同供给的关键环节。在此维度，应该围绕转变政府职能、激活社会资本、培育社会组织等方面努力推动政府部门、市场组织和社会组织的改革创新。

（一）转变政府职能、明确政府职责，坚持政府在基本公共服务供给中的主体地位与主导作用

基本公共服务多元主体协同供给要求改变传统的政府单一供给模式，实现多元供给主体的协同合作，但这并不意味着政府不作为。在中国政治环境下，政府仍然是基本公共服务的主要供给主体。但这并不意味着政府仍然大包大揽，而应将部分职能适度卸载。构建基本公共服务协同供给的实现机制，必须切实转变政府职能，进一步简政放权，深化行政体制改革，明确政府在协同供给中的责任，不断增强政府的公共服务能力，建设服务型政府。其一，政府是基本公共服务的生产者。满足"底线需要"、具有非竞争性与非排他性是基本公共服务的主要特征，市场组织与社会组织无法独立提供，为了弥补市场与社会的"失灵"问题，政府应当成为基本公共服务的主要生产者。其二，政府是基本公共服务供给政策的制定者。一方面政府应该建立健全与基本公共服务相关的发展规划、标准与政策等，明确基本公共服务供给的路线图与时间表，保障基本公共服务的标准化与均等化；另一方面政府应该制定相关的法律法规以及政策等支持与引导不同领域公共事业的健康发展。其三，政府是基本公共服务最主要的资金提供者。为基本公共服务的有效供给提供必要的资金支持是政府的重要职能，要不断增加基本公共服务财政支出总量，明确政府间事权和支出责任，增强基层财政的保障能力；完善财政转移支付制度，加强对革命老区、少数民族地区、边疆地区与贫困地区的财政转移支付；不断完善公共财政预算，优化财政支出结构，实现改革发展成果共享。其四，政府是基本公共服务多元主体协同供给有效运行的监督者。基本公共服务多元主体协同供给有利于提升基本公共服务的有效性与满意度。但是，多元主体协同供给容易滋生腐败，因此政府应该通过建立健全法律法规等措

施加强对协同供给过程的监督。

（二）引入市场机制、激活社会资本，充分发挥市场组织在基本公共服务供给中的协同作用

为了更好地适应与发展社会主义市场经济，充分发挥市场在资源配置中的决定性作用，基本公共服务供给模式也应该打破传统供给模式的垄断状态，积极引入市场机制，实现基本公共服务供给的多元化。其一，鼓励、支持和引导非公有制经济发展，建立健全社会主义市场经济法律体系，营造有利于社会投资主体公平有序竞争的市场环境，促进社会主义市场经济的健康发展。其二，逐步扩大基本公共服务的开放领域，规范市场准入标准，鼓励和引导社会资本逐步进入教育、医疗、养老等基本公共服务领域，如大力发展民办幼儿园、兴办养老院、建设公共体育馆与图书馆等。其三，创新政府与市场组织的合作方式，加强对合作过程的监督与管理。积极推进政府购买、特许经营、合同委托等提供基本公共服务的方式，同时建立政企沟通机制和公平竞争机制，对招投标、资质认定、责任划分、退出机制等环节进行监管。其四，充分发挥政府引导社会资本的作用，通过对市场组织的优惠政策如财政补贴、税收减免等方式引导社会资本流入基本公共服务领域，激活社会资本；同时应该加强对基本公共服务消费者基本需求的关注，增加人民群众的选择权，提高社会公众对基本公共服务的满意度。

（三）鼓励和引导社会组织发展、增强社会组织活力，不断激发社会组织参与基本公共服务供给的积极性

中共中央十八届三中全会提出"正确处理政府和社会关系，加快实施政社分开，推进社会组织明确权责、依法自治、发挥作用。适合由社会组织提供的公共服务和解决的事项，交由社会组织承担"。[①] 当前，中国社会组织的发展稍显滞后、力量相对薄弱，参与基本公共服务多元主体协同供给的积极性与创造性较低。因而，应该从以下几方面提升社会组织在基本公共服务多元主体协同供给中的作用。其一，承认社会组织的主体地位，增强社会组织的自主性。多元参与主体的地位平等是实现基本公共服务多元主体协同供给的前提，增强社会组织的自主性是发挥社会组织作用的基础。政府应该转变思想，由微观管理向宏观调控转变，理顺政府与社会组织的关系；"社会组织则应审慎地寻找与各种制度逻辑

---

① 《中共中央关于全面深化改革若干重大问题的决定》，载于《人民日报》2013年11月16日第1版。

(特别是强制性逻辑)的契合点,寻求自主性的发展空间。"[①] 其二,鼓励和支持社会组织发展,壮大社会组织力量。当前国情下,中国社会组织的发展仍需要政府的扶持与引导,政府应该加大对社会组织的资金支持并运用政策杠杆,优先扶持与基本公共服务领域相关的社会组织。其三,加强社会组织自身建设,提升其参与供给公共服务的能力。建立健全社会组织内部的制度化管理,加强对社会组织从业人员基本素质的培训,提升他们的技能专业化水平。其四,强化对社会组织的管理,促进社会组织健康有序发展。政府应该建立健全与社会组织相关的法律法规及考核制度,严格规范社会组织及其从业人员的行为。

三、结构之维:基本公共服务协同供给实现机制的组织模式

政府、市场与社会三者之间的结构安排和组织模式与基本公共服务协同供给效果密切相关。就此而言,基本公共服务协同供给实现机制在结构之维的核心任务是科学合理地设计多元主体之间的内部结构和组织模式。从政治设计的角度来看,基本公共服务协同供给实现机制的内部结构和组织模式,关涉政府、市场和社会三个主体间的相互关系。在这里有两个问题需要着重思考:一是在基本公共服务协同供给实现机制中,参与基本公共服务供给的主体有哪些、它们之间是如何排列组合的;二是参与基本公共服务供给的过程中,多元主体的协同程度如何。从这两个问题出发,可以从两个方面思考基本公共服务协同供给实现机制的组织模式:一是以参与协同供给的主体数量和组合方式为评判标准的模式;二是以供给行动的协同程度为评判标准的模式。

(一)在以主体数量和组合方式为评判标准的模式中,实现多元主体从参与供给到协同供给的发展

一般认为,基本公共服务供给主体分别为政府(公共部门)、市场(企业等营利组织)和社会(社会组织和个人)。根据供给主体的参与情况可以将基本公共服务供给模式划分为7种类型,如图7-1中A到G七个区域所示。在这7个区域中,有三种极端组织模式,即 A、B 和 C,分别只有单一供给主体。区域 A 代表官僚制供给模式,即政府垄断基本公共服务供给,是唯一供给主体。区域 B 代表市场化供给模式,即企业等市场主体基本公共服务的提供者。区域 C 代表社会化供给模式,即社会组织和个人是基本公共服务的主要提供者。除了单一供给

[①] 王诗宗、宋程成:《独立抑或自主:中国社会组织特征问题重思》,载于《中国社会科学》2013年第5期。

主体模式之外，还存在多主体共同提供基本公共服务的混合模式。区域 D 是政府部门与市场组织混合供给模式，即"公私伙伴关系（PPP）"；区域 E 是政府部门与社会组织混合供给模式，也称之为"参与式治理"；区域 F 是市场组织和社会组织混合供给模式；区域 G 则是多元主体协同供给模式。

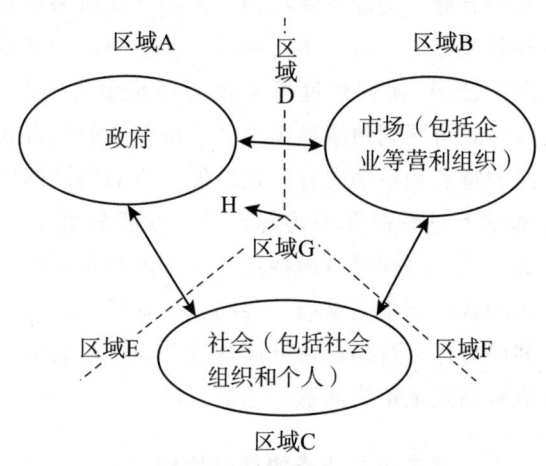

图 7-1　基本公共服务多元主体供给模式

资料来源：李文钊、蔡长昆：《政治制度结构、社会资本与公共治理制度选择》，载于《管理世界》2012 年第 8 期。

区域 A、B、C 为基本公共服务单一主体供给模式，而其他供给模式则为多主体供给模式，这在一定程度上有利于协同供给的实现。从区域 D 来看，政府部门与市场主体各自发挥比较优势，满足社会公众生存和发展的基础性公共服务由政府提供，而差异化的、较高层次的公共服务则由市场供给。从区域 E 来看，政府采用政策与资金支持等方式，大力激发社会组织活力，发挥其提供志愿性公共服务的优势。从区域 F 来看，市场组织与社会组织相互配合、密切协作共同承担基本公共服务的供给任务。而区域 G 则是基本公共服务多元主体协同供给的最佳选择，也是理想化模式。在该模式下，政府部门、市场组织与社会组织能够最大限度地发挥各自优势，通过信息共享、有序衔接等机制协商对话、共享信息、整合资源，最终实现政府主导、社会参与、市场运作、群众受益的基本目标。在这种模式中，不同供给主体各安其位、各司其职、各尽其责，作为占据主导地位的政府部门，应该总揽全局、统筹谋划、制定供给政策、增强监管力度，努力促进协同供给过程与效果的公平正义；市场组织则应充分发挥市场在资源配置中的决定性作用，要在供给方式与供给内容创新等方面发挥重要作用；非营利性的社会组织也要发挥灵活多样的优势不断完善基本公共服务供给的效能。

（二）在以供给行动协同程度为划分标准的模式中，实现多元主体从低水平协同到高水平协同的迈进

即使在多元主体共同参与到基本公共服务供给的情境下，协同程度也不可一概而论，协同水平有高有低。美国学者约翰·瓦纳（John Wanna）认为，协同程度是协同活动的一种归类方式，聚焦于何种层次的协同活动是显而易见的，以及协同行动的规模有多广泛。[①] 协同程度可被视为逐步攀升的阶梯（见表7-2），从底端最低水平的敷衍式协同到顶端最高水平、最复杂的整合式协同。每个层级的协同行动具有不同的特点和活动内容。在最低层级的协同网络中，行动者只是在已有合作存量的基础上进行微弱的边际调整，承担较低水平的政治与管理风险。随着协同程度的递增，协同网络的特征与行动内容相应产生变化。在最高水平的协同网络中，行动者遵守规范承诺，共同承担责任与风险，通过变革性互动与实质性赋权，在共同目标与行动策略方面达成共识，政府部门和非政府部门建立行动联盟，无疑能够高效地解决问题、达成目的。

表7-2　　　　　　　　基本公共服务协同供给的程度

协同程度	相关行动内容
最高水平：高度规范的协同承诺；经常性最高程度的政治/管理风险	网络化行动者之间的多样化互动；实质性的参与和赋权；寻求高度利益相关者和内部行动者的共识与合作；构建政府和非政府行动者的联盟
中高水平：较强的协同承诺；高水平政治/管理风险	利益相关者积极参与决策或政策制定与实施过程；将决策能力转移给委托方；更加复杂具有创新性的政策传输过程
中等水平：承诺参与多方投入或入股；中等政治/管理风险	机构间讨论与协同后的正式承诺；参与政府策略；正式的联合行动和联合资助计划
中低水平：动态化参与协同工作；有些政治/管理风险	联合生产；供应链的技术改造；协助遵守义务；跨越交付与合规体系直接与委托人磋商；系统化运用评估数据；公开报告委托人偏好
最低水平：边缘化动态性的调整幅度；低水平政治/管理风险	运用咨询流程增加调整装置；委托人讨论和反馈机制；获取关于别人需求与期望的信息

资料来源：John Wanna, Collaborative Government: Meanings, Dimensions, Drivers and Outcomes. Janine O'Flynn and John Wanna, *Collaborative Governance: A New Era of Public Policy in Australia*?, ANUE Press, 2008, P. 4.

[①] John Wanna, Collaborative Government: Meanings, Dimensions, Drivers and Outcomes. Janine O'Flynn and John Wanna, *Collaborative Governance: A New Era of Public Policy in Australia*?, ANUE Press, 2008, P. 4.

需要注意的是，协同参与者的聚集方式是影响协同程度的重要因素，即协同网络中的行动者是如何被组织起来的，换言之，多元主体是自愿参与协同行动的还是被强制或强迫参与协同行动的会对协同程度与协同效果产生重要影响。按此标准协同行动可以分为自发性参与、诱致性参与、强制性参与三种情形。自发性参与是指行动者在道德层面或法理层面认同协同行动的性质与目标而主动参加；诱致性参与是行动者的理性选择，认为其参与协同行动能够获得现实的或潜在的利益；强制性参与是指行动者受到来自他者的压力或胁迫之后参加协同行动。行动者的主动性、积极性必然影响协同行动的程度与效果，强制性参与的协同程度显然低于自发性参与的协同程度。因此，在基本公共服务协同供给实现机制的内部结构与组织模式设计方面，不妨采取循序渐进的策略，一方面对协同供给的参与者的利益需求予以适当满足，对其承受的损失予以必要补偿；另一方面，增加多元主体对基本公共服务协同供给合法性与合理性的认同感，提升其参与协同行动的主动性与自觉性，进而实现基本公共服务从低水平协同供给向高水平协同供给的迈进。

四、制度之维：基本公共服务协同供给实现机制的行动规范

基本公共服务协同供给实现机制本身如同一个完整的组织系统，除了在理念、主体和结构方面进行设计之外，还需要配套制度的完善。因为制度支撑系统，并通过功能整合促进系统的发展。同时，制度能够塑造观念、确定界限、规范行动，对制度环境中的行为者产生引导作用。所以，基本公共服务协同供给实现机制的制度之维的核心任务是通过相应的制度建设，为多元主体参与基本公共服务协同供给提供良好环境、设置行动规范、塑造实现路径。从基本公共服务协同供给的实现过程来看，配套制度应该包含参与制度、协调制度和评价制度三个方面。

（一）以构建多元主体的参与制度为基础，激发参与活力、拓宽参与渠道、维持参与动力

多元主体积极参与是基本公共服务协同供给实现机制的内在要求与成功保障。首先，运用法治思维与法治方式确立多元主体的角色定位。政府在基本公共服务协同供给体系中占有主导地位，对基本公共服务的需求偏好、供给标准、优先顺序等相关政策性、纲领性内容进行把握。市场组织与社会组织作为基本公共服务供给的协同者，应该在遵守法律法规、尊重政府地位的前提下，积极发挥各自的比较优势。同时，市场组织与社会组织应该加强自身建设，不断增强基本公共服务供给能力，从而保持相对独立性，避免沦为强势主体的附庸。其次，强化

制度创新与政策变革拓宽多元主体的参与渠道。参与渠道建设是有效实现多元主体参与基本公共服务供给的关键因素。在基本公共服务协同供给政策制定方面，建立健全听证会、质询建议等渠道，确保多元供给主体能够全面参与基本公共服务的政策制定过程；在基本公共服务协同供给的实现方式方面，可以采用合同承包、特许经营、凭单制、托管制等多种形式，保证基本公共服务的供给具有灵活性、适应性。最后，通过奖惩机制和激励措施维护多元主体参与动力的持续性。激励是维持参与动力的有效措施，惩罚则是供给主体履责不力所应承担的后果。对于基本公共服务多元主体而言，应针对其独有性质和利益诉求，采取不同的激励措施、制定有效的奖惩机制。比如，对于政府部门，可以将基本公共服务均等化水平作为政府绩效考核的重要指标和官员晋升的评价标准；对于市场组织，可以运用政府补贴、优惠政策以及行政处罚等手段；对于社会组织，可以采用经费支持、等级评定、政治认可等方式。

（二）以构建多元主体的协调制度为枢纽，加强部门沟通、促进信息共享、整合资源配置

政府、市场和社会的运转遵循不同的行为逻辑和指导原则，政府部门、企业和社会组织在各自的组织结构、工作方法等方面风格各异。基本公共服务多元主体协同供给的实现，关键还在于"是否具有制度或正式程序的保障，确保各类主体在公共服务中的行动得到协调，优势得到发挥，功能得到耦合"。[1] 从这个角度来看，协调制度是基本公共服务协同供给实现机制的枢纽。其一，建立跨部门沟通机制，促进多元主体间的有效沟通。在基本公共服务协同供给实现机制中，多元主体间的有效沟通是基本公共服务供需均衡、递送有效的基本保障。这就需要在多元主体之间建立有效的衔接网络，在网络中，政府、市场和社会能够互通有无、有序衔接。通过开放立体式的参与网络建设，使得多元参与主体相互交流协作，减少协同供给成本、提高协同供给效率。其二，建立信息共享机制，搭建大数据流通平台。如果说，人力、物力、财力是协同行动的显性资源，那么，信息则是协同行动的隐性资源。是否掌握充分的信息直接决定协同行动的成败。因此，实现基本公共服务协同供给，需要多元主体之间信息对称。实现信息资源的整合与共享需要互联网技术的运用与支撑，在大数据时代，应搭建跨时空、跨部门的无障碍信息共享平台，通过立体化的信息网络系统实现不同主体、不同部门、不同地域的组织间信息的共建共享。其三，建立资源整合机制，促进资源有

---

[1] 夏志强、毕荣：《论公共服务多元化供给的协调机制》，载于《四川大学学报（哲学社会科学版）》2009年第4期。

效配置。传统基本公共服务供给方式的弊端之一就是资源配置不合理,要么供非所需,要么供需失衡。协同供给的实现机制需要通过资源整合机制的建立努力实现不同参与主体在人力资源、物质资源等方面的合理配置,使服务资源能够人尽其力、物尽其用。

(三) 以构建多元主体的评价机制为保障,明晰监督主体、确立评价标准、细化问责方式

根据国际经验,结果导向型的绩效管理方式是衡量基本公共服务是否供给有效的标准。但在中国,重投入轻产出、重形式轻结果仍然是基本公共服务供给体系的弊病。为改变这种局面,需要从评价机制入手,引导基本公共服务供给的结果导向。就此而言,构建基本公共服务多元主体协同供给的评价机制,加强对多元主体协同供给过程的监督显得十分重要。一方面,要明晰协同供给的监督主体。公众是基本公共服务的成本承担者与最终受益者,因而,公众是基本公共服务协同供给过程的监督主体。公众有权利获取基本公共服务供给各个环节的相关信息,并对各个环节进行监督,以确保服务供给的质量和效率。另一方面,要确立协同供给的评价标准。公众是基本公共服务的成本承担者,也是服务的对象,理应将他们的主观感受作为协同供给的评价标准。因而,应该加强基本公共服务的公众满意度调查,并将其结果作为基本公共服务均等化水平的重要评价指标。与此同时,在基本公共服务多元主体协同供给过程中,还要不断完善相应的责任追究机制,对多元供给主体应该对公众的需求与反馈进行积极回应,并细化问责方式。具体来看,对于政府部门,可以追究其政治责任、行政责任或者决策责任,要求其改进工作方式;对于市场组织和社会组织,可以追究其法律责任,进行行政处罚,甚至取消供给资格。

基于上述分析,政府部门、市场组织与社会组织共同参与、协同供给,既顺应中国基本公共服务供给模式改革的发展趋势,也符合推进国家治理体系和治理能力现代化这一全面深化改革总目标的基本要求。当前中国基本公共服务协同供给实现机制的构建与完善,需要在理念、主体、结构和制度四个维度同时发力,以理念建设驱动思想引擎、以主体建设增进力量发展、以结构建设优化组织模式、以制度建设强化行动规范,为社会公众提供优质、高效的基本公共服务,以满足其生存和发展的基本需求。

第八章

财政均衡：基本公共服务均等化的推动力量

在确立了公众需求导向、多元供给等基本公共服务的导向性目标和实现手段后，能否真正实现基本公共服务均等化还依赖于政府的公共财政设计，财政的均衡性是实现基本公共服务均等化的推动性力量，公共财政和基本公共服务均等化二者间有着重要的关系。公共财政在不同层面和程度上影响甚至决定着基本公共服务均等化的实现。它的公共性是基本公共服务均等化的前提，其供给的充足程度决定了基本公共服务提升的水平，同时，公共财政的制度化设计也影响着基本公共服务均等化的推进路径。同样，基本公共服务均等化是公共财政的主要目标，基本公共服务均等化对公共财政起着塑造性的作用，均等化的发展进程进一步推进了公共财政体制的改革。在经历了"统收统支""分类分成""总额分成""收支包干"等财政体制后，1994年的分税制改革重新确立了中央政府和地方政府间的财政关系，这一财政体制一直延续至今。分税制改革有效解决了当时中央政府财政困难的局面，提升了其宏观调控能力，但仍然存在很多缺陷，不利于基本公共服务均等化的推进。我国政府间事权与支出责任划分不够清晰，这造成了基本公共服务供给责任的模糊；央地政府间事权与财权财力不匹配导致基本公共服务供给效率低下，同时其转移支付手段的不规范加剧了基本公共服务供给的不均等。改善政府间的财政关系，建立现代公共财政制度，推进基本公共服务的均等化，应当明确政府间事权与支出责任，厘清政府间基本公共服务职能划分；匹配政府间事权与财权财力，提高政府公共服务供给能力；完善财政转移支付制度，促进区域间基本公共服务均等化。

第一节 公共财政与基本公共服务均等化

一、西方公共财政理论的历史沿革

(一) 古典主义的公共财政理论

1776年亚当·斯密的《国民财富的性质和原因的研究》出版,标志着财政学作为一个独立的学术领域出现。亚当·斯密是在一个宏大的框架下试图对国家职能、国家、市场及社会关系做出全面探讨,但鉴于财政手段既是政府核心职能之一,又对政府履行其他必要职能具有至关重要的作用,所以他对政府财政的职能范围做出了明确的界定:公共安全、公共收入、公共服务、公共工程、公共机构、公债被纳入财政管理的框架当中,奠定了公共财政理论的研究范畴。亚当·斯密对于公共财政理论发展的另一重大贡献在于,廉价政府理念引申出了公共财政责任的边界观,公共财政应该承担什么样的责任,不能承担什么样的责任成为古典主义财政理论首先要考虑的命题。斯密在考察了意大利城市共和国衰落原因后,认为以过度发行国债为显著特征的财政权扩张,显著降低了资本积累的水平,并给国家更轻率做出战争决策和募集战争经费提供了助力。斯密对政府财政权的膨胀及滥用深具戒心,约束和限制国家的财政权力从此成为古典主义财政学说的基本精神。

在继承亚当·斯密财政理念的基础上,大卫·李嘉图(David Ricardo)、让·巴蒂斯特·萨伊(Jean Baptist Say)以及约翰·穆勒(John Stuart Mill)等古典经济学家对财政、税收、国债等经济现象做出了更为详尽的解释。李嘉图对政府职能的扩张(增税是这种扩张最为明显的表现之一)极为警惕,他承认税负虽然是必需的,但认为税负要么来自资本要么来自公众收入,如果是来自前者则可能直接挤占生产性消费的投入,如果来自后者则可能降低公众消费能力和欲望,因此总体而言税收会减少社会再生产所需资源的积累。[①] 国家与私人相比,在推动社会财富增加方面是乏善可陈的。因此,李嘉图提出,竭尽所能的减轻税负才

---

① 大卫·李嘉图著,郭大力、王亚南译:《政治经济学及赋税原理》,商务印书馆1976年版,第129页。

是促进经济增长的好办法。

让·巴蒂斯特·萨伊提出了著名的政治经济学"三分法"学说，即经济分为财富生产、分配、消费三部分。国家不能生产财富，但其效用存在于分配和消费环节，在这一假定基础上萨伊认为"赋税一经被政府或其官员消费，对整个社会来说，价值便消失了……最好的财政计划是尽量少花费，最好的赋税是最轻的赋税"。[①] 萨伊要求政府职能被压缩到最低限度，并相应提出了税负的五原则（最适度税率、只烦扰纳税人而不增加国库的情况达到最小程度、负担公平、在最小程度上妨碍再生产、有利于国民道德）。

约翰·穆勒对政府职能的理解比李嘉图、萨伊稍显积极，他意识到除了保护公众的最基本需要外，公共财政还应投入到那些对公众长远需要有益的公共事业当中。穆勒反对无节制的自由主义，注重必要情况下的政府干预，尽管这意味着公共财政在目标和手段层面将更广泛深入的介入到市场和社会当中。同时，他认为政府有能力善用公债等财政手段，提高吸纳国内外游资、投资生产领域；这些财政措施可能产生利国利民的结果。[②]

（二）凯恩斯主义的发展

古典主义财政理论主张限制政府财政权力，慎用税收、国债等财政手段，总体而言反对政府对公众及市场经济行为施加干预。在他们看来，政府财政手段及能力的扩张无疑会对社会财富的积累、公民个体权利的实现构成威胁。20世纪30年代，古典财政理论受到了凯恩斯主义经济学说强有力的挑战。以《就业、利息和货币通论》的出版为起点，积极的财政观开始被其鼓吹者迅速引入政策领域，并主导了20世纪30~70年代西方各国的经济政策。凯恩斯主义学说的突破性主要体现在以下几个方面：第一，在社会总需要与财政政策之间建立了直接的联系，使干预型财政政策在逻辑上成为可能。凯恩斯（John Maynard Keynes）在逻辑上颠覆了古典主义财政学为政府财政政策设置的藩篱，使政府角色的假定发生了根本性的改变。政府财政能力拓展与生产性消费积累的关系不再是零和的；反之，政府的干预具有巨大的积极作用，成为遏制市场失灵、有效需要不足、弥补改善社会总需求和国民收入的推动力量。第二，通过对财政赤字预算、政府投资、调整货币供应量及利率等财政手段的分析，为积极财政政策的实施及效果评估奠定基础。凯恩斯主义的不断发展，不但给传统的财政手段赋予了新的意义，

---

① 萨伊著，陈福生、陈振骅译：《政治经济学概论》，商务印书馆1982年版，第501~502页。
② 约翰·穆勒著，朱泱等译：《政治经济学原理及其在社会哲学上的应用》下卷，商务印书馆1991年版，第266页。

更提出了许多新的干预措施和政策。包括预算、公债、政府投资在内的新政策工具的发现，在极大扩张政府的财政权力、丰富公共财政政策选项的同时，也使政府角色更加复杂。宏观经济调控使国家对市场和社会的渗透和影响更加普遍深入，公共财政在政策布局、侧重上具有了更多的可能，大量看似公共性的财政开支最终产生的经济社会效果日趋复杂和难以判断，批评者对凯恩斯主义财政理念的公共性及其效果产生了很多争议。

保罗·萨缪尔森（Paul A. Samuelson）于 1954 年发表的《公共支出的纯理论》以规范界定公共产品的概念为基础提出了新古典学派的综合理论。[①] 萨缪尔森的经典著作《经济学》经过了近十次修订，但他始终坚持"所有的社会都是既带有市场经济的成分也带有指令经济的成分的混合经济"的观点，认为积极干预型政府已经是现代经济体系运行中的一个基本事实，主张市场经济理论与国家干预理论的中和，既要防止市场失灵，也要防止"政府失灵"，为此政府财政要承担"矫正市场失灵，对收入进行再分配，稳定经济并促进经济增长"的三个职能。但是以琼·罗宾逊（Joan Robinson）、卡尔多（Nicholas Kaldor）、帕西内蒂（Luigi L. Pasinetti）为代表的所谓新剑桥学派反对萨缪尔森等过于强调利用税收调节社会需求水平、积极干预市场经济平衡的政策思路，他们更趋向于将财政制度的设计投向社会财富再平衡领域，主张利用税收、转移支付等多种手段缩小贫富差距，实现国民收入均等化。[②] 当然，新剑桥学派也敏锐地意识到单纯的财政政策无法实现社会分配公平与正义的目的，财政政策只有嵌入更宏大的制度框架内统筹才能实现均等化的目标。

（三）后凯恩斯主义财政理论

凯恩斯主义的核心观念在于建立一个管制型和干预型的政府，积极介入市场经济的运行以抗衡资本主义体系愈演愈烈的市场失灵风险。继承凯恩斯思想传统的学者的差别在于干预的手段和程度，而非对干预本身有所质疑。但是，由于无法解释也无法解决 20 世纪 70 年代西方出现的长期"滞胀"局面，凯恩斯主义受到了广泛的批评。批评者主张各异，但总体而言他们对公共财政的理解更倾向于矫正社会初次分配、实现社会资源二次配置公平；同时，他们虽然都承认国家对经济生活的积极干预已经是难以修正的现实，但从各种角度主张对这种干预加以限制。

[①] Paul A. Samuelson, "The Pure Theory of Public Expenditure," *Review of Economics and Statistics*, Vol. 36, No. 4, 1954, pp. 387–389.

[②] 琼·罗宾逊、约翰·伊特维尔著，陈彪如译：《现代经济学导论》，商务印书馆 1982 版，第 4 页。

以马斯格雷夫（R. A. Musgrave）为代表的财政职能理论，通过界定财政职能体系、财政与市场关系等财政学基本概念，建立了规范的财政学理论体系。《财政学原理：公共经济研究》明确了国家财政的三个基本职能：资源配置、收入分配和宏观经济稳定。在马斯格雷夫看来，国家财政在三个基本职能中究竟侧重于哪个，取决于"经济发展阶段"决定的财政支出重点。财政支出中的民用支出具有初期、中期、成熟期的阶段之别，政府在不同阶段对基础设施、公共服务的支出比例会出现阶段性波动。① 马斯格雷夫认为公共部门膨胀和支出增加具有合理性，是社会福利水平增加的必然结果。

以布坎南（James M. Buchanan, Jr.）和图洛克（Gordon Tullock）等学者为代表的公共选择学派，意识到政府支出和税收是在"政治市场"而非经济市场中进行的。政府的财政选择受制于具有特定偏好的程序和制度，国家财政政策和干预措施并不天然具有普遍意义上的公共性，利益集团、政府部门、不同阶层都可以通过某种程序对财政支出和税收施加影响，使制度和政策在希望达到某种公共目的时面临额外成本。为保证财政活动的公共性，需要建立与税收、公共支出选择相应的政治决策机制。② 一个合理的政治决策机制在财政决策方面应该反映社会各阶层的偏好与诉求；在财政管理方面应该规避寻租风险，建立符合民主原则、受到严格监督的管理体制；在财政分配领域则需要使税收与支出和国家经济增量间建立平衡关系，防止财政规模膨胀至高于经济增长水平的地步，严控赤字与货币增发行为。

以弗里德曼（Milton Friedman）、拉弗（Arthur Betz Laffer）和万尼斯基（Jude Wanniski）为代表的货币学派和供给学派认为市场应该在资源配置中占据无可争议的主导地位，大规模的政府干预会对市场起消极作用，因此应该限制国家的财政规模；供给学派认为劳动力和资本等生产要素的有效供给而非政府财政支出带来的社会需求促进了经济增长，货币学派则认为凯恩斯式的政府干预反倒会诱发和加剧经济不稳定。

二、基本公共服务均等化与公共财政的关系

回顾公共财政理论的历史沿革，我们发现对何谓"公共性"、国家财政是否"先天"就具有公共性、公共财政的边界、策略等问题，不同学者给出了不同的

---

① R. A. Musgrave and A. T. Peacock, eds. *Classics in the Theory of Public Finance*, London: Macmillan Press Ltd. 1958, pp. 137–141.

② 李燕等著：《政府公共服务提供机制构建研究：基于公共财政的研究视角》，中国财政经济出版社2008年版，第276页。

答案。这种区别既是学术性的，也是实践性的。公共财政的内涵具有明显的"历史时间性"，在不同语境、不同政策环境和目标导向下有时会呈现出截然相反的特征。鉴于任何国家行为都无法回避或绕过财政措施，公共财政与不同政策语境杂糅成为现代公共行政的一个基本特征，这也要求我们在理解具体问题时，要把宏大的公共财政理念与具体的政策语境结合起来。基本公共服务均等化语境下的公共财政就具有公共产品与公共财政理念的交叉特征，在公共服务均等化的政策目标导向下，公共财政的某些特征得以凸显，另外一些特征则不被强调。需要强调的是，那些本属于公共财政范畴却在基本公共服务均等化语境下不被重视的特征，依然可能对公共服务的供给和分配产生重大影响。忽视公共财政体系的整体性和独立性，或是公共财政要达到的均等化目标，都会影响到基本公共服务均等化目标的实现。如何理解二者间的交叉，则成为基本公共服务均等化理论一个重要的内容。

（一）基本公共服务均等化与公共财政政策取向的差异

当代西方公共财政理论对公共财政的理解是建立在市场—国家二元框架内的，沃什（Kieron Walsh）对公共财政做出整体层面的解释，他将公共财政视为服务市场经济、矫正市场失灵的重要手段和财政安排。政府利用财政手段集中社会资源，通过一系列制度设计和政策选择为市场提供公共产品和服务，以满足社会需求。[1] 对于绝大多数公共财政学者而言，财政政策的主体—政府首先是作为市场经济活动中一个特殊的参与者存在的。国内学者也持有类似解释。很多学者认为公共财政是与市场经济匹配的、以服务市场经济为目标的一种财政制度安排，"公共财政是为市场提供公共服务的国家财政……是弥补市场失效的国家财政"[2]。宏观意义的公共财政承担了国家大部分经济职责，尽管自马斯格雷夫以来几乎所有学者都承认维护收入分配结构是公共财政的基本职责，但是公共财政社会职责的存在依然是为了维护市场经济制度运行而设计的。

基本公共服务均等化是指在基本公共服务领域内尽可能使居民享有同样的权利，享受大致水平相当的基本公共服务。党的十八大明确提出了基本公共服务均等化总体实现的目标。指出要"加快政府主导、覆盖城乡、可持续的基本公共服务体系"建设。从现有理论文献和各级党政机关的政策文本中可以发现，基本公共服务均等化的实质是强调"底线均等"，强调分配的公平正义。虽然从长期看"基本"和"均等化"的标准都要随着国民经济规模增长、公

---

[1] Kieron Walsh, *Public Service and Market Mechanism*. Macmillan Press LTD. 1995, pp. 15-26.
[2] 张馨：《论公共财政》，载于《经济学家》1997年第1期。

共服务供给水平和质量的提高而提高，但公共产品的生产并不构成均等化研究的中心议题。

比较基本公共服务均等化和公共财政两个概念，我们发现二者在学科谱系、研究方法、目标导向上都存在着差异。公共财政概念来自公共经济学（Public Economics），政府被视为一个独立的经济主体，参与到市场经济当中并承担相应的角色和责任。在公共经济学的语境下，市场经济体系的良性发展是公共财政的根本目的，国家财政配合市场经济固然可以起到（更好）供给公共服务的目的，但是这些都是市场经济发展对社会的衍射，也是市场经济有序发展的保障。也正是基于这种公共财政服务于市场的基本判断，楼继伟在 2006 年将公共财政职能概括为"弥补市场缺陷，直接配置公共资源；总需求调节；建立社会经济发展的激励机制；向社会提供财经行为规范；接受社会监督"。[①] 可以说，公共财政的经济职能优于社会职能，维护经济稳定、促进经济发展优于民生考虑。基本公共服务均等化则更多包含着政治社会学的内容，其价值内核在于共享发展、公平正义。要克服普遍存在的身份差异、城乡差异、地区差异，基本公共服务均等化虽然需要借助大量的经济、财政手段，但其根本宗旨依然是利用政治手段修正市场自发运行累积的资源垄断与分配失衡问题。从概念比较中我们可以看到，公共财政强调市场稳定，均等化强调分配正义，二者虽然都以政府为实施主体，且强调身份与行为的公共性，但目标导向并不一致。也就是说，如果说弥补了市场失灵和政府失灵就等于国家财政实现了公共性的话，那么这种公共性与基本公共服务均等化语境下要求的公共性还是有距离的。

（二）公共财政是基本公共服务均等化的必要条件

那么，基本公共服务均等化与公共财政的重叠部分，或者说二者的契合点在哪里？

1. 财政的公共性是基本公共服务均等化的前提

公共财政区别于一般国家财政的最大特征，就在于其资源汲取、分配要遵循公共性原则，满足社会公众的公共需要。财政制度与政策的公共性与公共服务的均等化具有价值观层面上的契合性。区别于封建时代财政服务于少数统治者和统治集团，近代民族国家建立以来共同体意识的不断加强，使公众愿意基于认同感和平等原则共享国家资源与财富。公共财政是各级政府汲取社会资源的最主要手段，也是实现公民获得公共服务的物质基础。国家通过税收、转移支付等方式对社会财富进行汲取、转移和再次分配能力的增强，并不是偶然的，而是国家治理

---

① 楼继伟：《构建和谐社会，公共财政大有可为》，载于《中国财政》2006 年第 7 期。

结构日益民主化的必然结果。这一趋势反映了公共利益原则对国家财政行为影响程度的加深。正是由于这种公共性同时被国家和公众接受，社会财富的二次分配才能够顺利进行，政府才能具有进行财政制度改革、向一般公众提供大致相当的公共产品的制度动力；而公众才可以接受累进税制、转移支付、地区间横向一体化等涉及自身利益调整的敏感举措。从这一意义上讲，财政的公共性构成了公共财政服务于均等化战略的基础。

与公共财政职能的多样性相比，基本公共服务均等化专注于公共资源的分配正义。公共服务的生产和供给可以部分通过市场化的方式完成，但均等化本质上属于公共产品的配置过程。鉴于公共产品往往是市场无法提供或无兴趣提供的，政府需要承担公共产品的生产、供给、流通和分配职责。随着现代公民对公共福利需求的增长，基本公共服务在规模上急速扩张。从公共产品的生产和供给过程来看，无论是政府直接供给，还是委托市场、第三部门生产，基本公共服务的生产成本都要由国家负担；而公共服务通过各种流通环节最终大致相当地分配到公民个体手中，所产生的流通成本也需要由各级政府承担。如果没有国家财政的公共性，那么基本公共服务均等化战略的经济基础将不复存在。

在一个真正表现出公共性的财政体系中，公共服务本身就是财政活动的目的，而不仅仅是保障市场经济运行的工具和手段。公共财政作为均等化的财政前提和实施工具，服务于而非独立于国家的公共服务体系。

2. 财政供给充足程度的实现是提升基本公共服务水平的前提

基本公共服务在本质上属于由国家供给的一种公共资源和产品。公众对基本公共服务的认可程度除了取决于均等化水平外，公共服务的质量和数量同样是重要的指标。均等化与充足程度不是同一个问题，但都是基本公共服务均等化所必需的。毕竟，一个国家的基本公共服务均等化，总是要先解决有和无的问题，然后才能谈及好和坏的问题。作为公共产品生产供给所需资金的来源，公共财政在基本公共服务均等化战略的实施过程中，既要解决公共产品的生产、购买问题，又要通过转移支付、税收体制、补贴等多种形式解决公共服务的失衡问题。公共服务供给的充足程度，对于均等化战略而言具有以下三点意义。

首先，供给程度决定了公共服务的"基本"标准。基本公共服务是一种兜底性的公共服务，但什么是基本，基本标准的依据是什么，却经常取决于国家财政所拥有的财力和能力。宏观意义上，一个国家基本公共服务是由其当前的经济社会发展阶段和社会福利水平决定的，但在具体的政策实践当中，国家公共服务的底线基准并不总能与经济和福利水平保持一致，过度福利和福利不足在当前各国公共服务实践当中都有所体现。各国公共服务的基本标准更多是由其既往的公共服务水平所决定，也就是说，公共服务过去供给的充足程度会直接影响当前对

"何谓基本"的判断。在现代财政体系当中，财政预算在一般情况下难以出现重大波动，任何改变都是渐进式的，所以说公共服务的基本标准是取决于现有供给程度的，而不会出现骤然的改变。

其次，供给的充足程度决定着均等化的难易程度。在逻辑上，公共服务的均等化水平和供给的充足程度并没有直接的因果关系。一个国家可能在供给不充足的情况下实现供给公平，也可能在供给总量很大的情况下出现供给失衡现象。[①] 但是，在绝大多数情况下，供给的充足程度与均等化效果之间存在着明显的正相关关系。公共产品供给的充裕，会在很大程度上缓解各个阶层的竞争状况，相对稀缺程度的降低又会给基本公共服务均等化战略的实施争取更为余裕的空间。换句话说，充足的供给降低了基本公共服务均等化的难度，使政府有更多的策略可以选择。

最后，公共财政的增长预期影响着均等化战略的设计规划。基本公共服务均等化是一个国家的中长期战略部署，其目标设计需要均衡考虑地区间、城乡间、阶层间各种差异的严重程度和政策难度，更要考虑解决失衡问题可能支付的成本和代价。鉴于均等化不是一朝一夕可以实现的，均等化成本能够在一定阶段内被逐渐吸收，对公共财政供给程度的长远预期就成为各级政府追求短期利益还是立足长期的关键。在一个国家财政充足程度乐观且可预期的情况下，基本公共服务均等化往往可以获得更多的资源，进行更具根本性的政策规划。

3. 公共财政的制度设计影响基本公共服务均等化的推进路径

前文已经指出，公共财政和基本公共服务均等化在公共性方面的共识，使二者间彼此合作成为可能。但是，公共财政和公共服务对公共性的理解还是有所区别的，这种区别主要体现在具体的制度设计和政策实践当中。"如果不考虑国家为财政功能实施而设计的大量制度和程序，单凭比较完整的公共财政理论，是没办法将财政保障对象和程度具体化的。"[②] 公共财政的具体运作，会对基本公共服务均等化过程和发展路径产生实质性的影响。

首先，公共财政体制中的权责分配会深刻影响均等化的发展路径。公共财政是国家体制的有机部分，其制度设计则与国家发展的历史路径息息相关。因此，不同国家的公共财政体制机制往往区别很大，这种区别对国家基本公共服务均等化战略的落实造成了深刻的影响。以权责分配为例，建立在西方联邦、邦联分权体制下的公共财政体制，其财政制度往往更注重权力下放，强调地方政府权力与责任的均衡；深受大一统政治文化影响的中国，财政权力的集中程度更高，中央政府承担的责任更为全面，地方政府依附色彩则更为浓厚。财政制度的区别落实

---

① 于海洋：《基本公共服务均等化过程中的社会谈判》，载于《江汉论坛》2014年第6期。
② 武彦民、李明雨：《公共选择：公共财政理论可操作化的必由之路》，载于《财经论丛》2010年第2期。

到基本公共服务均等化领域，就表现为基本公共服务均等化实施主体和实施路径的巨大差别。西方国家更易形成中央地方各司其职的多元治理格局，权力分散有助于其他行为体（公共企业、第三部门）参与到公共服务的生产供给当中。而中国的基本公共服务均等化则更强调国家的领导地位，注重政府推动下的多元协调。财政权力的集中和统一，使地方政府成为均等化的执行部门而非设计者。

其次，公共财政制度的偏好差异会影响均等化的政策目标。公共财政的职能边界是模糊而具有弹性的，在不同历史阶段对财政公共性的解读也会有所区别。中国是社会主义国家，社会主义公有制占主导地位决定了国有企业的生存、发展都具有典型的公共利益属性，国家利用财政手段直接参与到国有企业的具体经营当中是具有公共性和正当性的。西方国家以私有制为基础，国家财政更强调对市场经济和财富分配的外部管理、监督职责，并不鼓励国家财政直接干预市场经济的日常运作。国内外公共财政职能的差异落实到基本公共服务均等化当中，带来了公共服务政策的区别。西方公共服务政策强调福利导向，强调分配过程中的公平正义；而中国公共服务除了以上内容外，还对国有企业的生存发展、国有企业员工的就业、福利、医疗、养老承担特殊的直接的责任。中国政府在基本公共服务均等化中担任更多的角色，履行更多的责任，也因此享有制度设计和实施方面的更大权力。

（三）基本公共服务均等化是公共财政的主要目标

1. 基本公共服务均等化对公共财政偏好起到塑造作用

由于现代政府对社会和市场都存在着巨大的干预权，公共财政的边界也随之具有很强的模糊性和可变性。古典与后古典主义财政学对凯恩斯主义的激烈批判，正是源于对政府滥用自由裁量权及政府失灵的恐惧。公共财政的三个基本职能，即配置资源、财富分配和稳定经济，理论上都具有公共性，但是这种公共性在具体政策实践中是否能够达到好的效果，实现公共利益的最大化，却存在很多不确定性。我国政府在市场经济建设当中起到了特别重要的作用，公共财政对国民经济的直接干预也一直争议不断。党的十八大以来基本公共服务均等化战略的提出，对公共财政目标体系的设计起到了很好的激励和导向作用。我国公共服务体系历史积欠很多，建设底线性保障体系投资巨大。强调均等化是公共财政的主要目标，客观上构成了公共财政资源流的再配置，有助于公共财政减少对市场经济的过多干预，将有限资源更多投入到公共性而非经营性领域，从这一意义上，均等化强化了公共财政既有偏好的某个侧面，并对社会资源的调度起到了杠杆作用。

2. 均等化进程为公共财政体制改革提供动力

关于公共财政改革的问题，国内一直存在着观点的分歧。分歧的焦点不是要不要改，而是怎么改的问题。有些学者认为"资本主义的公共需求财政，片面强调需求的一面，忽略了需求与实现之间的可能存在的矛盾，对公共需求没有制约，这就使财政理论本身存在不完备的缺陷"。[①] 我国作为社会主义国家，公共财政要坚持政府主导下的"调节、监管、管理职能"，这意味着公共财政有改革的必要，但改革不会完全以改革需求为导向，不会动摇政府与其他经济社会主体的关系，改革要考虑政府的承受能力。还有一种观点看到，我国当前公共财政存在着"政府性收入的增长幅度大大高于居民收入的增长幅度""经济发展与改善民生关系没有理顺""城市、乡村财力与支出责任不匹配"等一系列问题。政府干预市场过度、政府对社会管理过度使公共财政事实上承担了无限责任。在这种情况下公共财政需要下决心对政策重点进行转移，改变政府包办一切的做法。

到底是微调还是进行结构性重组，公共财政目前并没有给出清晰的答案。这固然有我国处于经济社会转型期、政府角色复杂多元的因素，更是因为财政体制改革涉及利益过多、改革缺乏抓手和着眼点。如何找到一个能够有效地凝聚社会共识的切入点，对公共财政体制改革具有重要意义。我国的基本公共服务均等化进程是一个规模宏大的系统工程，均等化目标的实现有赖于多元主体的均衡发展，政府—市场—社会间权责的重新分配，城乡统筹、地区统筹和阶层统筹的综合考量，行政流程的重组和监督问责机制的配套。基本公共服务均等化服务于单一的目标，但其发展却会对国家体制、社会体系进行公共性导向的改造，并产生若干重要的实质性影响。基本公共服务均等化的过程是一个改革的过程。这个改革的过程会对我国现有财政体系的调整起到积极的外部作用，它不仅对公共财政提出若干新的标准和要求，更为公共财政改革扫除了诸多外部障碍，理顺了政府—社会—市场的利益关系，使税收、预算、转移支付、政府采购等财政行为可以在一个新的平台和环境下运行。

三、均等化语境下的公共财政均等化

（一）财政均等化的内涵

均等化语境下的公共财政，主要考虑财政均等的问题。布坎南对财政均等的定义是"具有相似状况的个人能够获得相等的财政剩余（净财政剩余是指税收和

[①] 周洁：《论社会主义公共财政》，载于《时代金融》2015年第2期。

财政支出收益之间的差额），即每个人从公共产品获得的回报与其所承担的税负之差都相等"。① 也有国内学者把财政均等化表述为"基于公平，使拥有不同财政能力的次级政府能以大致相当的税率征税，并提供大致相当的公共服务"。②理论上要实现基本公共服务的均等化效果，财政均等应该保障每位公民间的财政剩余都大致相等。但是，在具体的政策实践当中，考虑到当代国家普遍存在的城乡、地区和阶层差异以及行政区划，国家财政均等是以行政区划意义上的地区为基本单位，通过财政转移支付、地区税负差异等方式保障地区政府财政能力大致均等，然后依靠地区政府的公共服务实践使各地公民能够享有基本一致的公共服务。

在考察财政均等化定义的过程中，基于目标、功能和相应的制度程序的区别，人们对财政均等化的理解存在着狭义和广义的区别。狭义的财政均等化，其目标仅在于为基本公共服务均等化的实施主体（主要是各级政府）提供充足而大致相等的财力③，公共财政对于公共服务过程而言只充当财力供给者的外部性角色，并不直接参与和影响公共产品的生产、供给和分配。广义的公共财政均等化，则将财政措施视为公共服务体系中重要的组成部分和政策工具。很多学者极为关注财政手段与公共服务供给者（政府、市场、第三部门）的复杂互动关系与相互影响，希望利用财政杠杆撬动社会资源、引导公共产品的生产、供给、分配过程。这些学者与古典主义财政学持相反立场，他们往往对国家在基本公共服务中的地位和作用持积极态度，毕竟积极的财政手段往往意味着活跃而直接的政府行为。在这一意义上来说，与政府财力相比，很多学者和政策设计者更关心的是政府的"财政能力"，即"政府以公共权力为基础而筹集财力、提供公共产品以满足地区内公民的公共需要、稳定地方公共经济、合理进行再分配的能力的总和"。④

（二）公共财政的政策工具

无论狭义还是广义的财政均等化，在具体的均等化实践当中，都需要借用具体的制度和政策才能发挥实际作用。如何利用及重点利用哪些财政手段，成为考

---

① Buchnana N. James, Federalism and Fiscal Equalism, *The America Economy Reviews*, 1950, Vol. 40, P. 584.
② 李凌、卢洪友：《西方财政均等化制度设计研究及其启示》，载于《科学社会主义》2008 年第 2 期。
③ 关于财力，本文指涉的是胡德仁的定义，即"政府财力是指在一定时期内某一政府所拥有的、可以自主支配和使用的、以价值形态体现的经济资源的总称，包括政府的预算内外财力"。引自胡德仁：《中国地区间财政均等化问题研究》，人民出版社 2011 年版，第 134 页。
④ 李文星、蒋瑛：《地方政府财政能力的理论建构》，载于《南开经济研究》2002 年第 2 期。

察国家公共财政均等化路径的基本依据。具体而言，公共财政的政策工具，包括以下几个方面。

一是税收。公共财政的起点就是税收的公共化。征税，是政府汲取社会经济资源的最基本方式，也是社会福利走向均衡或失衡的主要原因之一。"税收政策的基本功能，一是依法为国家聚集财政资金，二是调节国民收入及居民收入分配。"[1] 布坎南把差异性的税率视为政府实现"财政剩余"均等目标以及提高社会福利水平的基本途径。一个符合基本公共服务均等化语境下财政要求的税收制度，首先应该是公平化的制度，税负应该建立在公众能够承担的前提之下，并实现税负公平，具有在不同阶层、地区和城乡间调节社会财富的功能；[2] 其次，税收制度应该是法制化的制度，只有杜绝权力干预、树立法律权威，才能够使纳税人的共同利益得以维护，实现财政制度的公共性与民主性。

二是预算。财政预算是政府的基本收支计划，是政府对未来一段时间工作安排的财政规划。预算的建立一方面可以统筹安排国家财政资源，反映政府收支活动；另外一方面也起到了"规范、控制和监督政府行为"的作用。[3] 预算的双重属性使其产生了内在的紧张关系，预算制度既是政府的财政管理工具，具有明确的绩效要求；又体现了公众对政府行为的监督制约，要求财政资金的流向及使用情况公开透明。1950年美国总统预算办公室使用绩效预算（Performance Budgeting）表达了预算的双重需求，即政府提供的每项劳务都要付钱；政府花的每一分钱都应当有效果；花了钱而没有获得公共劳务，或者获得的劳务与花的钱不相称，这都是浪费；对制造浪费的人应当使其付出代价。如何兼顾绩效与公开，国家财政的公共性就成为平衡二者关系的关键。只有预算体现出明确的公共性，国家财政才能获得民众的支持和认可，并实现基本公共服务均等化的效果。现代预算遵循"公开性、可靠性、完整性、统一性和年度性五大原则"[4]，这些原则可以被视为预算公共性的具体体现。

三是转移支付。转移支付在本质上属于政府内部的一种补贴行为，"由社保与社会福利构成，内容有各种补贴、往来拨款、资本转移与债务利息支出"。[5] 无论是区域政府间的横向比较，还是中央—地方政府间的纵向比较，政府内部财政收支状况都存在显著差异，这种差异限制了各级政府提高公共服务水平、拉平

---

[1] 高强：《完善公共财政体系需要研究的几个问题》，载于《上海财经大学学报》2012年第5期。
[2] 胡乐明、杨静：《公共财政问题研究述评》，载于《管理学刊》2010年第12期。
[3] 朱大旗：《实现公共需要最大化》，载于《中国改革》2010年第4期。
[4] 陈共：《财政学》，中国人民大学出版社2009年版，第337~338页。
[5] 钟晨：《美国财政政策对完善我国财政公共支出制度的借鉴》，载于《经济体制改革》2008年第5期。

区域差异、阶层差异和城乡差异的能力，且无法在财政收入的初次分配中解决。因此，财政资金的转移成为实现区域间财政分配公平与合理的基本手段。转移支付在保障不同地区的居民"享有大致相等的公共服务"方面起到了不可替代的作用。[①] 现有的转移支付方式分为一般性转移支付、专项支付。一般性转移支付是最常见的转移支付方式，也是财政转移支付制度的基础；专项转移支付往往出现在"中央—地方"制度框架内，它能够更灵活地针对各地公共服务不均衡的具体情况做出反应，但也存在着项目重复、监管困难、实施成本高等一系列问题。

四是政府采购公共服务。政府采购既是国家财政的重要职能之一，也体现了政府角色的转变。通过向公共企业、社会组织购买各种公共服务，政府脱离了公共产品的直接生产，转向利用财政杠杆鼓励、监督市场提供更好的公共产品。政府采购实际上是一个提出公共服务标准、引导市场力量进入公共产品生产供给环节、监督公共产品质量与流通的过程：政府在采购过程中必然要建立一系列标准，这些标准涉及市场准入资格、招投标制度、公共服务质量控制标准的明确化，并将这些标准用制度化、法制化的形式固定下来。政府采购的制度化使公共服务市场得以开展有序竞争，为社会资本的进入建立可以预期的前景，并使政府对公共企业和第三部门的扶植鼓励政策规范化，通过成熟的外部性监督和鼓励机制抑制了寻租的可能。

第二节 当前中国政府间财政关系对基本公共服务均等化的影响

改革开放 30 多年来，我国经济增长迅速、经济总量不断攀升，同改革开放初期相比，人均 GDP 已经增长了十几倍。在这一背景下，我们也应看到，由于过度追求经济效益，忽视社会效益，我国的基本公共服务建设相对落后，城乡之间、区域之间以及群体之间存在明显差异。为了促进改革发展成果惠及全体社会成员，党的十七大明确提出，要积极推进基本公共服务的均等化，实现城乡统筹和区域的协调发展。政府在推进基本公共服务均等化中起着不可替代的重要作用，但推进基本公共服务均等化不仅需要中央政府的牵引力，更与地方政府自身

---

① E. S. Saves, On Equity in Providing Public Services, *Management Science*, 1978, Vol. 24, No. 8, pp. 24–30.

的经济实力相关,要充分发挥中央与地方两个方面的积极性。由于各级政府的职责、掌握的资源不同,在推进基本公共服务均等化这一工作中所应承担的责任也各不相同。促进改革发展成果共享、加快推进基本公共服务均等化要求进一步理顺中央政府和地方政府的关系,特别是二者间的财政关系,并进一步厘清二者在推进基本公共服务均等化过程中的不同职责。中央和地方政府的财政关系主要体现在"事权"和"财权"两个方面,地方政府事权过重,财权不足将会造成其提供基本公共服务时力不从心;在地区上,中西部地区同东部地区财政收入差距过大会加剧区域之间基本公共服务不均衡的问题,不利于全国范围内基本公共服务的均等化;而城乡之间,由于各级政府所掌握的事权与财权不匹配,导致城乡地方政府对本辖区提供的公共服务水平出现差距,不利于城乡基本公共服务的均等化。因此,合理配置央地之间的"事权"与"财权"便成为推进基本公共服务均等化的核心问题。对二者关系的平衡不仅涉及经济问题,更涉及我国的政治改革问题。当前,在社会转型、推进基本公共服务均等化以及加强社会管理创新的背景下,我国中央政府和地方政府的"事权"与"财权"不匹配问题更加凸显,并成为制约政治社会进一步发展的障碍。因此,探究央地之间的"事权"与"财权"的划分,成为理顺中央与地方关系以及推进基本公共服务均等化的重要问题。

自中华人民共和国成立以来,我国中央与地方的财政关系根据各时期的不同需要不断调整,先后经历了统收统支、分类分成、总额分成、收支包干以及分税制等五个阶段。1950年,面对复杂的国际环境和困难的国内环境以及巩固新生政权、恢复国民经济发展的需要,中央政府开始采取一系列措施统一国家经济管理和税收管理,以便解决当时财政收支不均、中央政府财政困难的局面。1950年,国家颁布了《关于统一全国财政经济工作的决定》《关于统一管理1950年度财政收支的决定》两部政策性文件,开始实行统收统支办法,即税种、税收规则等全部由中央财政部统一规定,地方的主要财政收入上缴中央,地方财政支出由中央统一拨款。1951~1958年,国家财政进一步实行分类分成办法。为了增强地方积极性,加快地方经济发展,1951年中央颁布了《关于1951年财政收支系统划分的决定》《关于划分中央与地方财政经济工作上管理职权的决定》,规定"在中央统一领导和管理的基础上,实行分级管理,即中央级、大行政区级、省(市)级三级财政管理体系。国家财政支出分为中央财政支出及地方财政支出,财政收入分为中央财政固定收入、地方财政固定收入和固定比例分成收入"。[①]

---

① 《中央人民政府政务院关于一九五一年度财政收支系统划分的决定》,载于《山东政报》1951年第4期。《政务院关于划分中央与地方在财政经济工作上管理职权的决定》,载于《天津政报》1951年第24期。

1959～1970年，实行总额分成的财政办法。1958年颁布的《关于进一步改进财政管理体制和改进银行信贷管理体制的几项规定》中明确规定，"下放财政收入的管理权，下放财政支出的管理权，收支按计划包干，中央财政进行地区之间的平衡，总额分成、一年一变"。① 1971～1975年，实行收支包干财政办法。受极"左"思潮的影响，为了贯彻中央号召的发挥地方积极性的口号，1971年颁布的《财政收支包干试行办法》，决定从1971年起实行"定收定支、收支包干，保证上缴（或差额补贴）、结余留用，一年一定，的财政管理体制"。② 1976～1979年，实行收支挂钩，总额分成的办法。1976年财政部发布《关于财政管理体制问题的通知》，决定再次实行"收支挂钩，总额分成"的方法。1980～1984年，实行"划分收支，分级包干"的财政办法。党的十八届三中全会后，经济建设成为国家整体工作的重心，财政体制调整也因此在这一时期被赋予了更大的空间。1980年国务院颁布《关于实行"划分收支、分级包干"财政管理体制的暂行规定》，在保证中央统一领导以及必不可少的开支基础上，明确各级财政的权力和责任，确保权责结合，明确划分中央、地方的财政收支范围。1985～1987年，实行"划分税种、规定收支、分级包干"的总额分成办法。1985年，国务院颁布《关于实行"划分税种、规定收支、分级包干"财政管理体制的规定》，明确"财政收入划分为中央财政固定收入、地方财政固定收入以及中央和地方财政共享收入。地方财政收支基数以1983年的决算收入和既得财力为基础，将地方固定财政收入和中央、地方共享收入加总，同地方支出挂钩，按照分成比例实行总额分成"。③ 1988～1993年，实行收支包干办法。1988年国务院颁布《关于地方实行财政包干办法的决定》，"决定在37个省、自治区、直辖市、计划单列市实行六种不同的收支包干办法，包括收入递增包干、总额分成、总额分成加增长分成、上解递增包干、定额上解、定额补助"。④

财政包干下的中央地方财政关系造成中央政府的财政收入占整体国家财政收入比例的日益下降。为了改善这种弊端，重新将财政权集中到中央政府，保证中央财政的充足，1993年中共中央十四届三中全会通过了《关于建立社会主义市场经济若干问题的决定》，同年，国务院颁布《国务院关于实行分税制财政管理

---

① 兴华：《一九五九年开始实行"总额分成，一年一变"的财政体制》，载于《财政》1983年第5期。
② 《1971年经济大事记》，网易财经，http://money.163.com/09/0821/17/5H8QKG1000253JP5.html。
③ 《国务院关于实行"划分税种、核定收支、分级包干"财政管理体制的规定的通知》，中华人民共和国国家民族事务委员会网站，http://www.seac.gov.cn/art/2011/1/19/art_59_108315.html。
④ 《关于地方实行财政包干办法的决定》，北大法宝，http://www.pkulaw.cn/fulltext_form.aspx/pay/fulltext_form.aspx?Db=chl&Gid=3945。

体制的决定》，决定从1994年开始实行分税制。分税制将所有税种划分为中央税、地方税和共享税三种类型，并设立不同的中央、地方税务系统对各自税种进行征收、管理。分税制具有以下几个特点：一是按照中央政府和地方政府各自享有的事权划分各级政府的财政支出责任，国家安全、外交以及关系到全国性的宏观调控所需要的支出由中央政府负责；地方性的社会、经济发展所需财政支出由地方政府负责。二是以事权与财权相匹配为原则划分中央政府和地方政府的税收。三是以1993年的地方实际财政收入和中央、地方税收划分为基数，对地方政府进行税收返还，从而降低分税制改革的阻力，保证地方政府的积极性。分税制改革保证了中央财政收入的充足和中央政府对地方政府的主导，同时建立了相对合理的中央—地方财政关系，但我们也应看到分税制后，地方政府享有的财权、财力受到很大程度的削弱，与此同时地方的管理职责、支出责任却在不断增加，地方收支不平衡现象日益严重。

学者辛向阳将中央与地方关系分为四种类型：联邦制下的制度型分权模式、中央地方分立模式、地方自治下的分治式分权模式、集权体制下的中央集权模式。其他学者也都对央地之间的关系进行了划分，但无论是哪一种，都是以中央与地方之间的事权、财权分配作为其划分基础，由此可见配置好事权与财权是理顺央地关系的重要内容。在政府的公共物品和公共服务供给制度中，财政体制在很大程度上关系着各级政府提供公共物品和公共服务的能力。政府间的事权、财权、财力关系着不同层级、不同地区间居民可以享受的公共产品、公共服务的广度和层次，因此中央政府和地方政府的财政关系对基本公共服务均等化的实现具有重要的影响。我国现行央地财政关系存在着很多不利于实现基本公共服务均等化目标的地方，在一定程度上加剧了基本公共服务不均等的程度，如政府间事权与支出责任划分不清晰造成基本公共服务供给责任模糊，央地政府事权与财权财力不匹配导致基本公共服务供给效率低下，转移支付不规范加剧了基本公共服务不均等。

一、政府间事权与支出责任划分不清晰造成基本公共服务供给责任模糊

"各级政府间财政支出责任的合理划分，是实现财政体制规范化和通过财政体制来促进公共服务均等化的重要前提之一。"[①] 当前，我国中央政府与地方政

[①] 王玮：《多重约束条件下我国均等化财政制度框架的构建》，中国社会科学出版社2011年版，第57页。

府在事权和支出责任上划分不清晰，政府存在着缺位、越位等现象，本应属于中央政府事权范围内的职责，应由其承担的支出责任被全部推给了地方政府或部分推给了地方政府；同时属于地方政府事权范围内的职责，应由地方政府承担的支出责任也部分被中央政府所承担。事权这一概念属于我国特殊经济体制下产生的词语，国外多将其定义为"政府支出"，指的是不同层级间政府责任的划分。对于"事权"这一概念，不同学者给予了不同的解释。有一些认为"事权"是某一级政府所拥有的从事一定社会经济事务的责任和权力。一些学者认为"事权"是在财政体制的事权、财权、财力三要素中最为基础性与先导性的要素，它决定着不同层级政府间的财权和转移制度的设立和安排，因此实现财力与事权的匹配应当特别注重事权的优化配置。还有学者认为"事权是""政府的权力和职权，即政府基于自身职能享有的管理国家事务、经济文化事务、社会事务等方面的权力和职权"。[①] 综上所述，事权是政府职能、权力以及权限，即不同层级政府在政治、经济发展等层面的职权，由此延伸出来的各项职能支出则称之为支出责任。事权的清晰界定是科学地进行财政分权的前提，而各级政府间事权的清晰划分是建立在政府职能界定清晰、合理的基础上的，只有在各级政府职责清晰的条件下，其事权划分才更具合理性。总体上看，分税制改革在事权划分上并没有解决政府职能界定不清晰的情况，政府缺位、越位现象依然明显。在经济管理权力高度集中的计划经济体制下，政府总揽了国家、社会的一切经济发展事务，政企不分现象严重，企业的监管、投资等都要受到政府的规划和管理。经济体制改革后，虽然这种现象已经明显好转，但仍存在明显的问题。一方面，政府越位现象依然存在，很多应该依靠市场、企业自我管理、自我调整的事务依然处于政府的监管之内，如企业发展方向、投资规模等；另一方面，政府存在缺位的现象，一些本应由政府承担的责任，由于资金等一系列原因被政府所忽视，企业承办了大量的这类基本公共服务供给。

政府事权的主要分为三种类型，即中央政府的事权、地方政府的事权以及中央政府和地方政府的共有事权。根据这一划分可以将支出责任分为中央政府应承担的支出责任、地方政府的支出责任以及二者共同承担的支出责任。我国的相关法律法规对此界定较为模糊，导致各级政府的职责缺少确定性，进而造成了各级政府间的事权混乱。具体而言《宪法》《地方各级人民代表大会和地方各级人民政府组织法》《国务院组织法》对我国各级政府的职能做了简要规定，"中央政

---

① 孙德超：《三分事权：推进基本公共服务均等化的前提性基础》，载于《河南师范大学学报》2011年第11期。

府负担国家社会政治事务和宏观经济的管理,主要包括处理涉及国与国之间的公共事务、调节地区间的经济结构和产业结构,干预资源配置活动;地方政府负责处理区域性社会公共事业、社会政治事务、社会经济事业"。① 1994年的分税制改革规定按照中央与地方政府的事权划分确定各级的财政,然而却对如何划分中央与地方的事权没有明确规定,中央政府和地方政府在提供基本公共服务时所应履行的责任都十分笼统。目前我国法律法规关于各级政府间的职责以及事权划分属于原则性规定,并没有细化,以致出现各级政府职责同构、职责错位、缺位等现象。这种模糊不清的事权划分不仅造成政府在履行职责的过程中出现互相推诿的情况,甚至出现中央政府和地方政府都不履行责任的真空状态,也造成中央政府、地方政府无法根据自身职能设定长期的发展规划,财政资金的效率大大降低。除了外交、国防等专属于中央政府的事权,地方政府拥有的大部分事权属于中央政府的影子,二者的职责几乎相同只是范围大小的区别,"职责同构"现象明显。除职责同构外,不同层级政府间事权、支出责任的不清晰还体现在:一是本应属于中央政府事权范围内的职责,由中央政府承担的财政支出责任,被完全推给了地方政府。在实际政府运作中,上级政府常常利用我国行政权力的垂直分布特点,将事务转移给下级政府,"中央请客、地方买单"现象明显,中央政府将本应由其承担的事权转嫁给地方政府的同时,并没有对地方进行资金转移或资金补贴,在地方财政收入不足的情况下,中央政府的这种做法进一步加重了地方的财政负担,地方政府财政赤字日益增加。世界银行2001年的一份报告指出,我国大约30%的公共支出发生于中央政府,而其余70%公共支出由地方政府承担,在地方政府承担的支出中,约有一半的支出发生在省级以下地方政府。相比于其他国家,我国地方政府尤其是基层政府的支出责任更大。二是属于中央政府事权范围内的责任部分地转移给地方政府。例如,一些全国性的宏观调控,其受益范围明显超出地方性区域,但由于资金缺口等原因,中央政府往往要求地方政府对这些工程进行配套资金补贴以弥补自身资源不足。三是属于地方政府事权范围内的职责,属于地方政府的财政支出责任由中央政府承担了一部分,这对中央财政也造成了一定的负担。

"如果中央与地方政府各自职能不能够清晰界定,将会导致各级政府在履行职能、提供公共服务的过程中相互推诿,使各项政策的执行与落实背离施政的良好意愿与功能预期。"② 由于我国中央政府与地方政府事权划分不明晰,很多本

---

① 夏书章:《行政管理学》(第3版),中山大学出版社2003年版,第177~178页。
② 马雪松:《中央与地方关系的完善与发展——十六大以来的新探索》,载于《理论探索》2012年第5期。

该由地方政府履行的公共服务职能变成由中央政府承担，该由上级政府承担的公共服务职能推给了下级政府，各级政府在基本公共服务供给过程中分工不明确。在追求经济增长速度的现实下，本地区的 GDP 增长成为地方政府绩效评估的硬指标，而基本公共服务均等化效果则是软指标，有些公共服务职能虽明确规定由上级政府负责，在实际的政策执行中却强加给了基层政府，省级政府更注重提供促进本地区经济发展的功能，将更多精力放在推动地区经济发展上，加大招商引资的力度。在这种情况下，地方政府的基本公共服务职能经常被忽视，从而出现缺位现象。事权划分模糊不清，使得各级政府难以对自己的事权做出长远规划，导致政策短期效应的出现。

造成我国中央政府和地方政府事权、支出责任划分不清晰的原因主要有以下两个方面。一是在我国的垂直性权力结构体系中，中央政府处于各级政府的领导地位，宪法赋予其分配地方政府职权的权力，可以根据国家社会经济发展的需要，对各级政府的职能进行具体划分，这就造成了中央政府和地方政府关系调整的随意性和自上而下的单向性，而经济人假设中主体的自利性特点又让地方政府尽力追求自身利益最大化，不断同中央政府博弈，寻求中央政策的灰色地带和死角。二是受"人治"管理传统的影响，中央政府和地方政府的事权、支出责任的划分基本上都是以行政命令、行政通知的方法为主，即便宪法等一些法律有事关二者事权划分的条款，但大多属于宽泛性的原则。"中国对中央与地方的权限调整，基本上属于政策性调整。一个红头文件下来，就可以将某些权力下放给地方；又发一个红头文件，就可以将地方的权力收归中央。"① 必须要承认这类政策、通知、规定，可以在短期内快速有效地对中央和地方的关系做出调整，以便更好地适应经济发展的要求。但在这种法律规定缺失和过于宽泛的情况下，中央政府所做出的调整缺乏明显的法律依据，同时地方政府也处于一种被动的接受地位，很难按照法律规定对自身的利益进行维护。

二、央地政府事权与财权财力不匹配导致基本公共服务供给效率低下

广义上的财权指"包括政府资产所有权、大型项目的审批和投资权、财政税收方面的权力"②。狭义的财权指"政府在取得财政收入、安排财政支出以及对

---

① 薄贵利：《集权分权与国家兴衰》，经济科学出版社 2001 年版，第 221 页。
② 孙德超：《财政体制的政治分析》，社会科学文献出版社 2012 年版，第 82 页。

财政收入和支出过程进行管理等方面的权限"[①]。中华人民共和国成立以来,中央政府与地方政府之间进行了多次权限调整,1949~1978年,中央政府对地方政府的权力进行了两放两收。对目前中央与地方关系仍具有影响的应是1978年之后关于中央与地方事权、财权进行的两次调整。改革开放后,为了促进经济快速发展,中央政府采取了放权让利的政策,赋予地方政府更大的事权与财权。地方政府获得了很多原属于中央政府经济管理的事权,同时,地方财政在国家整体财政中的地位也有很大提升。除此之外,中央政府还给予经济特区以及沿海开放城市很多经济特权。这一时期,地方政府的积极性增强,但中央财政收入减少,"1993年,中央政府的财政收入只占全国财政收入的22%"[②],中央政府对于全国的宏观调控能力下降。为了改变中央财政收入过低的状况,提升中央政府宏观调控能力,1993年,国务院发布《国务院关于实行分税制财政体制的决定》(以下简称《决定》),从1994年1月1日起改革地方"财政包干"体制,对各省、自治区、直辖市以及计划单列市实行分税制财政管理体制。其目的在于挽救"财政包干"模式下中央的财政危机,重新确立中央与地方之间的财政分配关系,加强对各省财政权力的控制。分税制改革将税源大的税种如关税、消费税确立为中央税划归中央政府,税收金额较小的税种确立为地方税划归地方政府,从而保证中央的财政收入,使中央获得更大的财源。与此同时,《决定》规定:"中央税、共享税以及地方税的立法权都要集中在中央。"[③] 由此可见,我国地方政府的税权完全掌握在中央政府手中,地方政府并不具有税种开征权以及税率调整权。

公共服务体系的完善,基本公共服务均等化的实现是建立在全国以及各地区基本公共服务财政体系均等的基础之上,即应该保证央地间财权、财力的合理化,同时促进各层级政府和横向政府间财政的均等化。我国目前的财政分权模式可以归纳为非对称型的财政分权模式,即"一国在划分财政权限时,财权与事权并不是完全匹配,或者匹配程度较低,财政收益权更多集中在中央政府的模式"[④]。在事权层层下移的同时,我国的财权却反方向上移,央地政府之间"事权"与"财权""财力"明显不匹配。首先,同中央政府相比,地方政府所享有的财权过少,而需要承担的财政支出却相对较多,事权、财权比例不协调。1994年的分税制改革规定"按照中央与地方的事权划分,合理确定各级

[①] 刘溶沧、李茂生主编:《转轨中的中国财经问题》,中国社会科学出版社2002年版,第374页。
[②] 国家统计局:《中国统计年鉴》,中国统计出版社1999年版,第267页。
[③] 国务院:《国务院关于实行分税制财政管理体制的决定》,载于《中华人民共和国国务院公报》,1993年第30期。
[④] 刘剑文:《中央与地方财政分权法律问题研究》,人民出版社2009年版,第31页。

财政的支出范围。凡属中央应支出的经费由中央承担，凡属地方应支出的经费由地方负责"[①]。分税制改革的目标是为了解决一直以来中央政府财政收入严重不足，宏观调控能力较弱的问题。改革后，中央财政收入大幅上升，地方财政收入缩水明显，可供地方政府支配的财政资源有限。在中央上收财权的同时，并没有将原属于地方政府的支出责任上归中央，而近些年市场经济的发展赋予了地方政府更多的地方管理职责，地方政府的财政支出比重不断增加。从图 8-1、图 8-2、表 8-1、表 8-2 中可以看出，我国中央政府同地方政府的财政收入比例在 50% 左右呈现出曲线形变化，而地方政府的财政支出却基本处于增长中，并且涨幅明显。1994 年中央政府财政收入比重为近 20 年间最高，占全国总体财政收入的 55.7%；1994~1997 年呈小幅度下降趋势，1996 年为 49.4%，首次下降至 50% 以下，1997 年中央财政收入占全国总体财政收入的 48.9%；1999~2002 年，中央财政收入占全国性财政收入比重呈上升趋势，1999 年中央财政收入占全国性财政收入的 51.1%，到 2002 年基本增长到与 1994 年同等的财政收入比重，为 55%；2002~2006 年，中央财政收入占全国性财政收入的比重呈现下降趋势，2006 年比重达到 52.8%；2007 年中央政府财政收入占全国性财政收入比例上升至 54.1%，2007~2014 年中央财政收入占全国财政收入比重呈现下降趋势，从 2011 年降至 49.4% 开始一直处于 50% 以下，2014 年为 45.9%。地方财政收入占全国性财政收入比重 1994 年为 44.3%，至 1997 年财政收入比例达到 51.1%，呈现上升趋势，1997~2004 年呈整体下降趋势，2004 年降至 45.1%，2007~2014 年呈逐步上升趋势，2007 年地方财政收入占全国性财政收入的比重为 45.9%，2011 年地方政府财政收入占全国财政收入比重突破 50%，2014 年上升为 51.4%。如图 8-2 所示，在财政支出比重上，1994 年分税制改革后，中央政府财政支出比重总体上呈现下降趋势；截至 2014 年，中央政府财政支出仅占全国性财政支出的 14.9%。1994~2000 年，中央财政支出占全国性财政支出比重基本维持在 30% 左右。从 2003 年开始，中央政府财政支出占全国性财政支出比重大幅下降，2004 年降至 27.7%，2010 年开始首次降至 20% 以下，这一年的中央财政支出仅仅占全国财政支出的 17.8%，2012 年更是突破 15%，全年财政支出仅占全国性财政支出的 14.9%。1994 年后，地方政府一直承担着全国财政支出的大部分责任，财政支出占全国性财政支出比重较高，并呈现大幅上升趋势，财政支出的规模、速度上升均比较明显。2003 年以前，地方政府财政支出占全国性财政

[①] 国务院：《国务院关于实行分税制财政管理体制的决定》，载于《中华人民共和国国务院公报》1993 年第 30 期。

支出比重较为稳定，基本维持在70%左右，2004年开始，地方政府承担着越来越沉重的财政支出责任，2004年上升至72.3%，2006年上升至75.3%，2009年地方政府财政支出占全国财政支出比重突破80%，2010年上升至82.2%，2011年上升至84.9%，2012年这一比重突破85%，至2014年一直维持在85%以上。

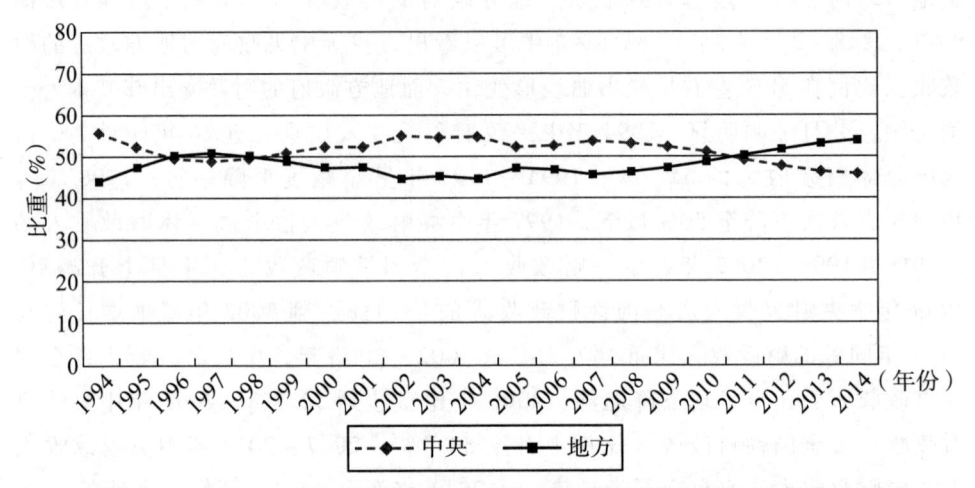

图8-1 1994~2014年中央和地方财政收入占财政收入总额的比重

资料来源：根据《中国统计年鉴（2015）》整理。

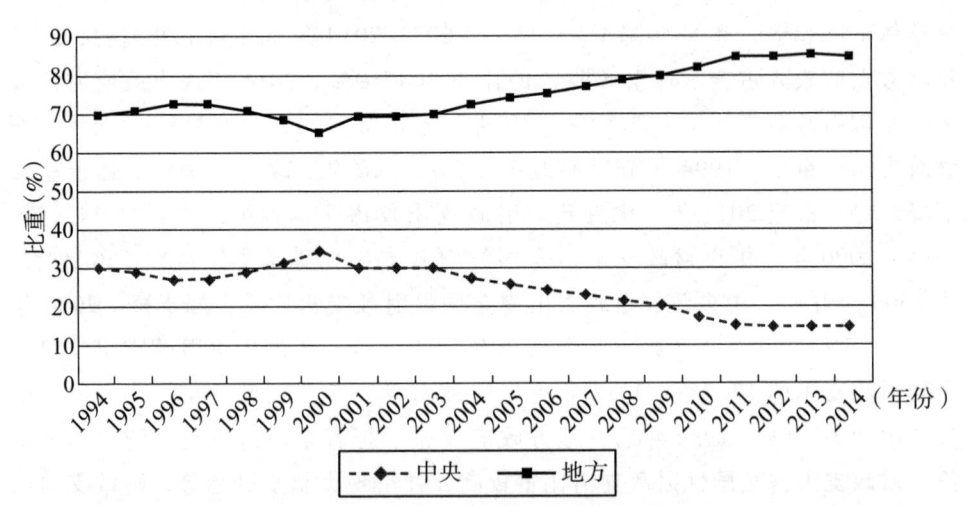

图8-2 1994~2014年中央和地方财政支出占财政支出总额的比重

资料来源：根据《中国统计年鉴（2015）》整理。

表 8-1　1994~2014 年中央、地方财政收入及比重

年份	绝对数（亿元） 全国	绝对数（亿元） 中央	绝对数（亿元） 地方	比重（%） 中央	比重（%） 地方	增幅（亿元） 中央增幅	增幅（亿元） 地方增幅	增幅（亿元） 全国增幅	中央增幅占全国增幅比重（%）	地方增幅占全国增幅比重（%）
1994	5 218.10	2 906.50	2 311.60	55.7	44.3	1 948.99	-1 079.84	869.15	224.2	-124.2
1995	6 242.20	3 256.62	2 985.58	52.2	47.8	350.12	673.98	1 024.10	34.2	65.8
1996	7 407.99	3 661.07	3 746.92	49.4	50.6	404.45	761.34	1 165.79	34.7	65.3
1997	8 651.14	4 226.92	4 424.22	48.9	51.1	565.85	677.30	1 243.15	45.5	54.5
1998	9 875.95	4 892.00	4 983.95	49.5	50.5	665.08	559.73	1 224.81	54.3	45.7
1999	11 444.08	5 849.21	5 594.87	51.1	48.9	957.21	610.92	1 568.13	61.0	39.0
2000	13 395.23	6 989.17	6 406.06	52.2	47.8	1 139.96	811.19	1 951.15	58.4	41.6
2001	16 386.04	8 582.74	7 803.30	52.4	47.6	1 593.57	1 397.24	2 990.81	53.3	46.7
2002	18 903.64	10 388.64	8 515.00	55.0	45.0	1 805.90	711.70	2 517.60	71.7	28.3
2003	21 715.25	11 865.27	9 849.98	54.6	45.4	1 476.63	1 334.98	2 811.61	52.5	47.5
2004	26 396.47	14 503.10	11 893.37	54.9	45.1	2 637.83	2 043.39	4 681.22	56.3	43.7
2005	31 649.29	16 548.53	15 100.76	52.3	47.7	2 045.43	3 207.39	5 252.82	38.9	61.1
2006	38 760.20	20 456.62	18 303.58	52.8	47.2	3 908.09	3 202.82	7 110.91	55.0	45.0
2007	51 321.78	27 749.16	23 572.62	54.1	45.9	7 292.54	5 269.04	12 561.58	58.1	41.9
2008	61 330.35	32 680.56	28 649.79	53.3	46.7	4 931.40	5 077.17	10 008.57	49.3	50.7
2009	68 518.30	35 915.71	32 602.59	52.4	47.6	3 235.15	3 952.80	7 187.95	45.0	55.0
2010	83 101.51	42 488.47	40 613.04	51.1	48.9	6 572.76	8 010.45	14 583.21	45.1	54.9

续表

年份	绝对数（亿元）			比重（%）		增幅（亿元）			中央、地方增幅占全国增幅比重（%）	
	全国	中央	地方	中央	地方	中央增幅	地方增幅	全国增幅	中央增幅占全国增幅比重	地方增幅占全国增幅比重
2011	103 874.43	51 327.32	52 547.11	49.4	50.6	8 838.85	11 934.07	20 772.92	42.5	57.5
2012	117 253.52	56 175.23	61 078.29	47.9	52.1	4 847.91	8 531.18	13 379.09	36.2	63.8
2013	129 209.64	60 198.48	69 011.16	46.6	53.4	4 023.25	7 932.87	11 956.12	33.7	66.3
2014	140 370.03	64 493.45	75 876.58	45.9	54.1	4 294.97	6 865.42	11 160.39	38.5	61.5

资料来源：根据《中国统计年鉴（1995~2015）》整理。

表 8-2　1994~2014年中央、地方财政支出及比重

年份	绝对数（亿元） 全国	中央	地方	比重（%） 中央	地方	中央增幅	增幅（亿元） 地方增幅	全国增幅	中央、地方增幅占全国增幅比重 中央增幅占全国增幅比重	地方增幅占全国增幅比重（%）
1994	5 792.62	1 754.43	4 038.19	30.3	69.7	442.37	707.95	1 150.32	38.5	61.5
1995	6 823.72	1 995.39	4 828.33	29.2	70.8	240.96	790.14	1 031.10	23.4	76.6
1996	7 937.55	2 151.27	5 786.28	27.1	72.9	155.88	957.95	1 113.83	14.0	86.0
1997	9 233.56	2 532.50	6 701.06	27.4	72.6	381.23	914.78	1 296.01	29.4	70.6
1998	10 798.18	3 125.60	7 672.58	28.9	71.1	593.10	971.52	1 564.62	37.9	62.1
1999	13 187.67	4 152.33	9 035.34	31.5	68.5	1 026.73	1 362.76	2 389.49	43.0	57.0
2000	15 886.50	5 519.85	10 366.65	34.7	65.3	1 367.52	1 331.31	2 698.83	50.7	49.3
2001	18 902.58	5 768.02	13 134.56	30.5	69.5	248.17	2 767.91	3 016.08	8.2	91.8
2002	22 053.15	6 771.70	15 281.45	30.7	69.3	1 003.68	2 146.89	3 150.57	31.9	68.1
2003	24 649.95	7 420.10	17 229.85	30.1	69.9	648.40	1 948.40	2 596.80	25.0	75.0
2004	28 486.89	7 894.08	20 592.81	27.7	72.3	473.98	3 362.96	3 836.94	12.4	87.6
2005	33 930.28	8 775.97	25 154.31	25.9	74.1	881.89	4 561.50	5 443.39	16.2	83.8
2006	40 422.73	9 991.40	30 431.33	24.7	75.3	1 215.43	5 277.02	6 492.45	18.7	81.3
2007	49 781.35	11 442.06	38 339.29	23.0	77.0	1 450.66	7 907.96	9 358.62	15.5	84.5
2008	62 592.66	13 344.17	49 248.49	21.3	78.7	1 902.11	10 909.20	12 811.31	14.8	85.2
2009	76 299.93	15 255.79	61 044.14	20.0	80.0	1 911.62	11 795.65	13 707.27	13.9	86.1
2010	89 874.16	15 989.73	73 884.43	17.8	82.2	733.94	12 840.29	13 574.23	5.4	94.6

第八章　财政均衡：基本公共服务均等化的推动力量

续表

年份	绝对数（亿元）			比重（%）		增幅（亿元）			中央、地方增幅占全国增幅比重	
	全国	中央	地方	中央	地方	中央增幅	地方增幅	全国增幅	中央增幅占全国增幅比重	地方增幅占全国增幅比重
2011	109 247.79	16 514.11	92 733.68	15.1	84.9	524.38	18 849.25	19 373.63	2.7	97.3
2012	125 952.97	18 764.63	107 188.34	14.9	85.1	2 250.52	14 454.66	16 705.18	13.5	86.5
2013	140 212.10	20 471.76	119 740.34	14.6	85.4	1 707.13	12 552.00	14 259.13	12.0	88.0
2014	151 785.56	22 570.07	129 215.49	14.9	85.1	2 098.31	9 475.15	11 573.46	18.1	81.9

资料来源：根据《中国统计年鉴（1995～2015）》整理。

其次，我国各区域地方政府财政收入差距明显，而事权几乎相同，造成区域间地方政府事权与财权不匹配。分税制改革中，地方政府的财政收入主要依靠中央政府对地方的税收返还资金，"2004 年，中央对地方税收返还及原体制补助 4 379.1 亿元。其中西部地区占 20%，中部地区占 23%，东部地区占 57%"[①]，中西部地区同东部地区地方政府在财政收入上差距过大。

最后，在各级地方政府中也存在事权财权不匹配的现象。在地方政府中，省级政府主要负责本行政区内基本公共服务均等化政策的制定，而市、县、乡则承担了大部分基本公共服务均等化的具体执行工作，基层政府在基本公共服务均等化中承担了相当多的事责。然而，中央政府对地方政府的税收返还以及转移性支付资金在垂直型的行政体制中，层层节流，真正流入到基层政府并用于推进基本公共服务均等化的资金较少。

我国政府间这种"事权"与"财权"不匹配的现象加剧了区域、城乡基本公共服务的不均等的情况。实行分税制以来，中央政府所掌握的财政资源有了大幅度提升，宏观调控能力极大增强，通过一系列措施推动了落后地区的发展，促进了政府基本公共服务供给能力的提高，但这其中也存在很多问题。在提供基本公共服务的过程中，相较于中央政府，地方政府更贴近本辖区居民，更了解本辖区的社会经济发展状况，对居民需求的掌握更准确。这些特点为地方政府推进基本公共服务均等化提供了可行性和优势。我国事权层层下移，基层政府承担了较多的基本公共服务职能，然而由于缺少相应的财权，地方政府提供基本公共服务的能力极其薄弱，从财权财力的纵向分布来看，省市级的财权财力强于县级政府，县级以下的政府财政能力较弱，很多上级下派的工作都是在非常规的情况下完成的，基本公共服务供给带有强烈的应付色彩，供给水平较低，并没有形成基本公共服务供给的良性机制。另外，由于资金不足，基层政府在提供基本公共服务时执行力较弱，基本公共服务的范围以及标准出现了很大程度的偏差，要么没有按原有标准提供服务，降低了公共服务的水平，要么完全不提供，给我国基本公共服务均等化的实现增加了难度。财政收入的分配从省级政府到市、县、乡层层节流，各级政府掌握的资金存在很大差距，这导致城乡之间基本公共服务差距的进一步拉大。另外，由于地方政府财政困难，为了完成上级下派的任务，解决公共服务供给中的资金问题，滥用行政权、增加行政性收费，严重背离了政府宗旨与政策意图。

三、转移支付不规范加剧基本公共服务不均等

转移支付（Transfer Payment）又被称为无偿性支出，是中央政府以不同层级

[①] 张奇雁：《基本公共服务均等化视角下的中央与地方关系》，载于《前沿》2009 年第 4 期。

政府间存在的财政能力差异为基础，为了改善不同层级政府间或地区的财政收支失衡，提升基本公共服务供给水平均等化进行的单向度的财政资金转移。从实质上来看，转移支付是为了加强国家宏观调控的能力，为保障国家内部不同区域间政府实际公共服务能力和居民享有的基本公共服务水平在相对平衡的水平线上的一种行为，广义上属于政府财政再分配。转移支付制度有两种分类方式，一种是按照资金转移的政府层级方向进行划分，分为纵向转移支付和横向转移支付。纵向转移支付指上下级政府间发生、不限于中央政府对省级政府的"通过特定的财政管理体制把各地区所创造的财力数量不等地集中起来，再根据各地区财政收支平衡情况和实施宏观调控政策的需要，将集中起来的部分财政收入数量不等地分配给各地区，以此实现各地区财力配置的相对平衡"[1]。上级政府对下级政府的无条件资金转移，有利于平衡上下级政府间的财政不均衡，解决地方政府的财政困难。纵向转移支付主要发生在相邻两级政府之间，越级政府间的转移支付较少，本书主要指中央政府向省一级政府进行的转移支付。横向转移支付主要指同级政府间的无条件财政资金转移是经济发达地区、财政收入较为充足的政府对较为落后地区、财政收入严重不足的政府进行的无条件资金转移。另一种分类方式是国际的通用划分方式，分为一般性转移支付和专项转移支付。转移支付具有较强的灵活性，上级政府可以根据经济、人口、社会等条件的变化，以及中央的政策转向和地方政府的发展规划对转移支付的形式、规模进行灵活性地调整，以便其更好地适应当下的状况。我国现行的政府间财政转移支付主要由三部分组成，即中央政府对地方政府的税收返还、一般性政府间转移支付以及专项转移支付。转移支付是实现基本公共服务均等化必不可少的手段。"政府间财政转移支付是实现地区公共服务均等化的重要制度保障，而公共服务均等化是转移支付制度的目标"[2]，其作用主要体现在以下方面：一是分税制改革后，在初次分配中，中央政府的收入所占比重较高，地方政府的收入较少，地方政府存在很大程度上的财政收支不平衡，为了弥补地方政府的财政赤字，中央政府在纵向上对地方各级政府主要是省级政府进行资金转移。在一省内部，省级政府也会对下级市、县级政府进行财政补贴，从而保证各级政府基本公共服务供给的财力，满足政府所必需的行政开支和地区建设经费，满足政府管理区域内部居民的教育、医疗等基本公共服务需求，从而促进社会的稳定发展。二是缓解我国区域间的政府财力不均衡，缩小基本公共服务均等化的区域性差异，提升经济发展水平较为落后地区的基本公共服务供给的水平。与经济发展水平较高的东部地区相比，中西部经济发

---

[1] 孙开：《财政体制改革问题研究》，经济社会科学出版社2004年版，第199页。
[2] 陈颂东：《中国的转移制度与地区公共服务均等化》，载于《经济经纬》2008年第1期。

展速度较缓、经济发展程度不高，因此中西部地区的财政收入相对较少，中央政府进行税收返还留给地方政府可用于基本公共服务投入的资金也同东部地区差距较大，转移支付可以在一定程度上对中西部财政收入不足的情况进行调节，保证其基本公共服务供给的支出。《中华人民共和国国民经济和社会发展第十一个五年规划纲要》对财政体制特别是转移支付"促进区域协调发展"做了明确规定，"财政政策，要增加对限制开发区域、禁止开发区域用于公共服务和生态环境补偿的财政转移支付，逐步使当地居民享有均等化的基本公共服务"[①]。三是中央政府可以通过专项转移支付来支持完成某些特定的基本公共服务建设，并通过建立特定目的的专项转移资金引导地方政府加强某类基本公共服务建设。此外，转移支付也具有一定的经济调节功能，政府可以通过财政转移支付，利用政府这只"看得见的手"，对市场自我调节、配置失效的领域进行合理的资源配置，从而优化经济结构与社会结构。

  政府间的财政转移支付，特别是中央政府对于地方政府的财政转移支付，是实现区域间、横向各级政府间财政平衡的重要措施，然而，我国中央政府对于地方政府的各种转移支付形式都没有按照基本公共服务均等化的内在要求进行规划设计，财政转移支付多依靠政策性文件，随意性较大，因而无法通过转移支付达到的政府间、区域间横向财政平衡作用。虽然近些年来我国财政转移支付规模不断扩大，但我国转移支付结构复杂、设置种类较多，一般性转移支付规模较小、专项转移支付规模过大、分配办法不合理，同时缺少同级政府间的横向财政转移支付，这些都使转移支付难以发挥应有的均等化作用。

  从总体上看，我国财政转移支付缺乏相应的法律依据，转移支付后期的监督管理不足。首先，我国并没有关于财政转移支付的相关法律，转移支付的法律体系建设相对滞后，转移支付缺乏必要的稳定性，随意性较大。当前，我国关于财政转移支付的具体实施办法基本上是国务院和财政部制定的，属于行政性条文和规章，级别较高的为1993年国务院发布的《关于实行分税制财政管理体制的决定》、财政部制定的《过渡期财政转移支付办法》以及关于中央对地方进行财政转移支付办法的若干文件，这些政策性文件并不具有较高的法律权威，其稳定性和规范性也相对较弱。由于缺乏相应的法律依据，我国转移支付的方式、程序也不合理、不清晰，转移支付的公开性、透明性不足。同时，牵涉到转移性支付的部门较为分散，几乎中央政府中的每一个部门，如教育、科技、卫生、民政等，都是财政转移支付的主体，并没有专门机构对转移支付的各个主体进行整合、统

---

  ① 《中华人民共和国国民经济和社会发展第十一个五年规划纲要》，中华人民共和国中央人民政府网站，http://www.gov.cn/gongbao/content/2006/content_268766.htm。

一管理，这也容易造成中央财政转移支付缺乏全国性的统一规划，弱化了中央政府对地方政府进行财政转移支付的基本公共服务均等化效果。其次，我国财政转移支付缺乏有效的监督管理。中央政府在对地方政府进行财政转移支付后，并没有对这一部分资金进行后期监管，地方政府对这一部分资金的支配较为随意，容易出现截流、挪用、浪费的现象。

另外，当前我国的财政转移支付制度本身仍存在很多不规范的地方，这些都加剧了基本公共服务的不均等。一是转移支付制度中的税收返还造成地区间财政不均衡的进一步加剧。作为转移支付的主要部分，中央政府对地方政府的税收返还是地方政府财政收入的重要来源。1994 年地方政府通过税收返还获得的财政转移占中央当年向地方进行财政转移支付总额的 75.4%，1995 年所占比重为 73.7%，并在一段时期内维持在 50% 以上，占据了中央对地方财政转移支付的大部分比重。2006 年以来，其呈逐年下降的态势（见图 8-3），2008 年降至 20% 以下，仅为 18.6%；2011 年这一比例缩小至 15% 以下，仅为 12.6%；2012 年这一比例为 11.3%，2013 年为 10.5%；2014 年更是降至 10% 以下，缩小为 9.8%，2015 年的比例减少到 9.1%。但是，中央政府对地方政府进行税收返还的整体绝对值却一直在增加，1995 年税收返还金额为 1 867.3 亿元；1996 年增加至 1 949 亿元；1997 年突破 2 000 亿元，增加了 1 012 亿元；2002 年突破 3 000 亿元，增加至 3 007 亿元；2008 年为 4 282.16 亿元；2011 年突破 5 000 亿元，增至 5 040 亿元；2012 年增至 5 128.04 亿元；2013 年增至 5 047 亿元；2014 年增至 5 082 亿元（见表 8-3）。1994 年的分税制改革以 1993 年地方政府的财政收入作为基数，按照相应比例对地方政府实行税收返还，实行来源地原则，东部沿海地区经济较为发达，作为税收返还的转移支付规模也相对较大，而中西部地区由于天然的经济发展不利因素，地方财政收入较少，税收返还收入也相对较少。因此，在调节地区性基本公共服务发展不平衡，促进全国基本公共服务均等化的层面上，财政转移支付中的税收返还办法加剧了地区间的不平衡，使其向两个极端方向发展，起到的是反向的调剂作用。二是一般性转移支付的规模较小，难以发挥平衡地区间、政府间财政的作用。我国的一般性转移支付主要包括均衡性转移支付、民族地区转移支付、调整工资转移支付、农村税费改革转移支付、定额补助、结算财力补助以及其他一般性转移支付。发达国家的经验表明，一般性转移支付是进行社会财富二次分配，促进政府间基本公共服务均等化效果最为显著的转移支付形式，然而，我国的一般性财政转移支付规模较小，其绝对规模和结构性规模不符合当前的需要，没有真正发挥出其平衡政府间财政、促进基本公共服务均等化的作用。1994 年我国的一般性转移支付占中央对地方转移支付总比重的 6.7%，1995 年这一比重为 11.5%，虽然这一比重在 2000 年以后呈快速增长的态势，2013年突破至50.7%，然而同经济发展程度较高的国家相比，我国的一般性转移支付比重还是较低，绝对金额也不足，难以对其进行调整以促进基本公共服务的地区均等化（见表8-3）。三是，一般性转移支付中的均衡性转移支付①规模较小。1995年，我国均衡性转移支付仅为20.7亿元，这一金额仅占中央对地方财政一般性转移支付的7.1%，其后，这一比例和资金绝对值都有明显增加。2008年我国的均衡性财政转移支付为3 511亿元，仅占一般性转移支付的42.2%，2011年均衡性转移支付规模为7 488亿元，占一般性转移支付比例为40.9%，然而，难以实现平衡地方财政不均的目的，无法缓解地方财政困难（见表8-4）。四是我国专项转移支付规模过大，分配办法不合理。"专项转移支付的基本特征是指定用途、专款专用，设立专门的管理办法。按照有无配套要求，专项转移支付可分为非配套拨款和配套拨款。按照用途划分，专项拨款主要用于特定的经济社会发展项目实施方面。"② 在促进地区间基本公共服务均等化的功能上，专项转移支付的效果比一般性转移支付的效果要弱。从表8-3中可以看出，我国专项转移金额、比重基本呈逐年增加的趋势。1994年专项转移支付仅占财政转移支付的17.9%，2008年增加至45.2%，并基本维持在40%左右。同时，2008年，我国专项转移资金绝对值超过一般性转移资金，为10 381.75亿元，2009年、2010年金额始终超过一般性转移支付。当前这种专项转移支付比重过大的情形不利于中央政府统筹全国性财力促进基本公共服务均等化，也不利于地方政府科学地进行区域内的长期发展规划提升辖区内的基本公共服务水平。另外，我国落后区域接受中央政府的专项转移支付尤其是基本公共服务方面的专项转移支付较少，这是因为当前多数专项转移项目都要求地方政府提供相配套的制度，这样经济发展水平较高的地区就有能力满足中央政府的要求从而获得这部分专项转移资金，而较为落后的地区由于没有较强的实力提供配套的资金、制度，从而无法获得这部分专项转移资金。因此，这一部分的专项转移资金更多地流入到了经济发达的地区，反而加剧了基本公共服务均等化的反向效应。同时，我国当前的专项转移支付设立的项目过多，科学性较差。在央地政府事权、财权划分不清晰的情况下，我国专项转移支付几乎包含了当前地方政府支出的所有类别，涉及范围过大。中央政府划拨给地方政府后，经过逐级划拨，资金较为分散，

---

① 根据《2012年中央对地方均衡性转移支付办法》规定，均衡性转移支付由以下部分构成：按照《国务院关于印发所得税收入分享改革方案的通知》（国发〔2001〕37号）规定，当年中央财政因所得税收入分享改革增加的收入以及中央财政另外安排的预算资金。《国务院关于印发所得税收入分享改革方案的通知》，中华人民共和国财政部网站，http://yss.mof.gov.cn/zhuantilanmu/zhongguocaizhengtizhi/cztzwj/200806/t20080630_55299.html。

② 李杰刚：《基本公共服务视角下的转移支付制度重构研究》，中国财政经济出版社2014年版，第215页。

表 8-3　2006~2015 年我国财政转移支付规模情况

单位：亿元

项目	1995 年	2006 年	2007 年	2008 年	2009 年	2010 年	2011 年	2012 年	2013 年	2014 年	2015 年
合计	2 532.9	13 589.4	18 137.89	22 990.76	28 563.79	32 341.09	39 921.21	45 361.68	48 019.92	51 591.04	55 097.51
税收返还	1 867.30	3 930.20	4 121.02	4 282.16	4 886.70	4 993.37	5 039.88	5 128.04	5 046.74	5 081.55	5 018.86
所占比重	73.7%	28.9%	22.7%	18.6%	17.1%	15.4%	12.6%	11.3%	10.5%	9.8%	9.1%
一般性转移支付	290.90	5 024.90	7 125.37	8 326.85	11 317.20	13 235.66	18 311.34	21 429.51	24 362.72	27 568.37	28 455.02
所占比重	11.5%	37.0%	39.3%	36.2%	39.6%	40.9%	45.9%	47.2%	50.7%	53.4%	51.6%
专项转移支付	374.70	4 634.30	6 891.50	10 381.75	12 359.89	14 112.06	16 569.99	18 804.13	18 610.46	18 941.12	21 623.63
所占比重	14.8%	34.1%	38.0%	45.2%	43.3%	43.6%	41.5%	41.5%	38.8%	36.7%	39.2%

资料来源：根据相应年份《中国财政年鉴》和相应年份《中央对地方税收返还和转移支付决算表》整理。

表 8-4 2006~2015 年我国一般性转移支付结构情况

单位：亿元

项目	1995年	2006年	2007年	2008年	2009年	2010年	2011年	2012年	2013年	2014年	2015年
均衡性转移支付	20.70	1 529.90	2 503.80	3 510.51	3 918.00	4 759.79	7 487.67	8 582.62	9 812.01	10 803.81	18 471.96
民族地区转移支付（自2012年起并入"老少边穷地区转移支付"）		155.60	172.70	275.79	275.88	330.00	370.00	559.31	621.80	697.02	1 256.95
调整工资转移支付		1 588.80	2 185.70	2 151.24	2 357.60	2 375.68	2 647.00	2 361.55	2 429.34		
农村税费改革转移支付		751.30	759.30	762.54	769.47	769.46	769.46	752.60	752.60		
资源枯竭城市转移支付			8.30	25.00	50.00	75.00	135.00	160.00	168.00	178.00	178.00
县级基本财力保障机制奖补资金		234.60	339.30	438.18	547.79	682.53	775.00	1 075.00	1 525.00	1 678.00	1 778.00
定额补助（原体制补助）	115.20	132.10	134.10	136.14	138.14	140.14	145.14				
结算财力补助	155.00	557.50	650.10	348.88	369.22	435.35	523.10				
体制结算补助								1 191.58	1 480.01	1 865.26	993.64
固定数额补助										4 095.79	
其他一般性转移支付	0.00	75.10	372.07	678.57	2 891.10	3 667.71	5 458.97	7 938.43	9 053.97	10 115.75	6 770.11
均衡性转移支付占一般性转移支付比重	7.1%	30.4%	35.1%	42.2%	34.6%	36.0%	40.9%	40.1%	40.3%	39.2%	64.9%
合计	290.90	5 024.90	7 125.37	8 326.85	11 317.20	13 235.66	18 311.34	21 429.51	24 362.72	27 568.37	28 455.02

资料来源：根据相应年份《中国财政年鉴》和相应年份《中央对地方税收返还和转移支付决算表》整理。

难以发挥专项转移制度应有的导向性作用。最后，我国转移支付制度的形式较为单一，缺少同级政府间的横向转移支付办法。我国目前实行的是单一的纵向财政转移支付制度，同级政府间的横向转移支付还未建立。同中央政府对地方政府的纵向财政转移支付相比，同级政府间的横向财政转移支付对基本公共服务均等化的实现具有直接的明显效应。一方面，横向转移支付可以通过对口性帮扶，实现发达地区政府对欠发达地区政府的直接性资金转移，减少同级政府间的财力差异，平衡二者的基本公共服务供给能力，促进全国性的基本公共服务均等化；另一方面，虽然我国的中央财政收入和财政支出较为稳定，但当前经济发展速度总体放缓，中央财政收入具有缩减趋势。同时，为加强中央政府的宏观调控能力、刺激社会整体经济发展，在中央政府加大财政支出以供给侧推进整体经济稳定发展时，同级政府间的横向财政转移支付可以减少中央政府的财政压力并保证转移支付的持续性，对促进落后地区基本公共服务增量有着重要作用。1979年全国边防工作会议报告中提出"组织内地发达省、市实行对口支援边境地区和少数民族地区，即北京支援内蒙古，河北支援贵州，江苏支援广西、新疆，山东支援青海，上海支援云南、宁夏，全国支援西藏"。①我国从此正式确立了"对口支援"的机制，然而这种对口援助并不属于真正意义上的政府间横向财政转移支付。我国目前的同级政府间对口帮扶支援，如支援汶川，并不属于真正意义上的横向财政转移支付，这种对口帮扶仅仅是源于中央政府的政策性文件而进行的行政性、暂时性援助，对调节地区性的公共产品、公共服务供给，促进基本公共服务均等化的作用并不明显。

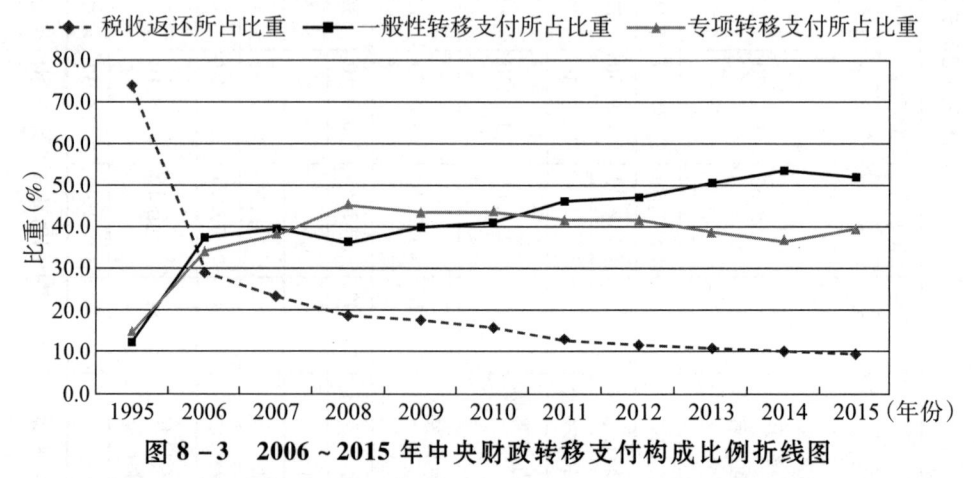

图8-3　2006~2015年中央财政转移支付构成比例折线图

资料来源：根据相应年份《中国财政年鉴》和相应年份《中央对地方税收返还和转移支付决算表》整理。

---

① 转引自 http://www.hebmzt.gov.cn/tabid/73/InfoID/894/frtid/101/Default.aspx，2009年4月9日。

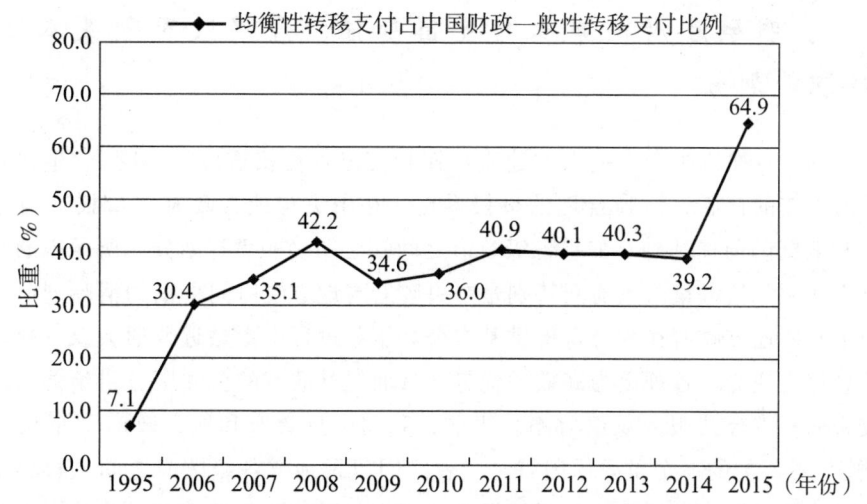

图 8-4 2006~2015 年均衡性转移支付占中央财政一般性转移支付比例折线图

资料来源：根据相应年份《中央对地方税收返还和转移支付决算表》整理。

第三节 实现基本公共服务均等化的财政政策选择

政府要为社会全体成员的生存和发展承担责任，基本公共服务均等化的核心在于政府为公民实现生存和发展提供最基本的公共产品和公共服务，并确保全国范围内社会成员享受到普遍均等的待遇，从而减少地区间、城乡间以及公民个体之间的差距，使改革发展成果惠及全体社会成员。"推进基本公共服务均等化是一项系统工程，牵涉的领域极为广泛，特别是考虑到中国人口众多、社会结构异质化程度高的特点，更是应注意科学统筹、合理有序的推进。"[①] 因此，基本公共服务均等化的推进过程中要发挥好政府的作用，理顺中央政府同地方政府的关系。调整中央政府与地方政府之间的关系，应以基本公共服务均等化为目标，不断完善相应制度推动中央政府、地方政府"事权"和支出责任的清晰界定，做到权责统一，同时保证"事权"与"财权"相匹配，发挥财力调整机制的作用，形成事权、财权、财力三者稳定的关系，同时要完善我国的财政转移支付，建立"纵向为主、横纵交错"的财政转移支付体系，构建科学合理的转移支付结构，规范转移支付的分配办法。

---

① 张贤明、高光辉：《公正、共享与尊严：基本公共服务均等化的价值定位》，载于《吉林大学社会科学学报》2012 年第 4 期。

一、明确政府间事权与支出责任，厘清政府间基本公共服务职能划分

党的十八届三中全会提出"建立事权和支出责任相适应的制度"，事权是各级政府工作的核心，清晰合理的事权界定，是中央与地方政府"事权"与"财权"相匹配的前提基础。如果各级政府之间缺乏明确的事权划分，所承担的财政支出责任便无从考量。政府间特别是中央政府与地方政府间事权的清晰划分主要是为了发挥地方政府在为公众提供基本公共服务过程中更贴近普通大众、获取需求信息更为便捷、管理更为高效的优势，从而提升政府的公共服务供给能力，提高政府的基本公共服务供给效率。当前，我国中央政府和地方政府"事权"与"财权"不匹配的一个重要原因就是二者之间以及地方各级政府之间事权界定过于宽泛，随意性和盲目性大。应根据我国现实状况与相关规定进一步将中央政府与地方政府的事权法定化、具体化。

合理划分中央政府同地方政府的事权及支出责任首先要清晰界定政府的职权范围，明晰政府同市场、企业、特别是国有企业的关系，避免政府越位、缺位。"行政隶属关系中的企业领导，虽然在名称上有了'总裁'或'总经理'等新的称谓，但这些依然是'官阶梯'上的一格。企业领导以'官本位'为主，'经营领导'比'经营企业'更努力，这种行政隶属关系中的企业是很难成为现代企业的。"[①] 政府应尽量减少对企业的干预，特别要转变以往对企业的管理方式、手段和程序，以间接引导的方式保证企业自由地进行市场化参与，做到政企分开，避免越位。同时，对于政府机构应承担的基本公共服务需求，政府应避免将其过度市场化，将这一功能推给企业和市场，造成基本公共服务供给不足、供给体系不完善，公众的基本公共服务满意度较低的情形。

实现基本公共服务均等化不应当是上级政府对下级政府的要求，而是各级政府的共同职责，该由本级政府承担的事务性责任不能强行转嫁给下级政府。在中央和地方政府的公共服务职责划分上，应"遵循在中央统一领导下，充分发挥地方的主动性、积极性的原则。"党的十八届三中全会公布的《中共中央关于全面深化改革若干重大问题的决定》指出"适度加强中央事权和支出责任，国防、外交、国家安全、关系全国统一市场规则和管理等作为中央事权；部分社会保障、跨区域重大项目建设维护等作为中央和地方共同事权，逐步理顺事权关系；区域性公共服务作为地方事权。中央和地方按照事权划分相应承担和分担支出责任。中央可通过安排转移支付将部分事权支出责任委托地方承担。对于跨区域且对其

---

① 李爱鸽：《改革我国现行分税制需要解决的几个问题》，载于《当代经济科学》2002 年第 3 期。

他地区影响较大的公共服务，中央通过转移支付承担一部分地方事权支出责任。保持现有中央和地方财力格局总体稳定，结合税制改革，考虑税种属性，进一步理顺中央和地方收入划分"①。应按照一定的原则划分政府间的事权。其一是受益原则，可以按照公共产品的受益范围划分中央和地方政府的事权。具体而言，要根据基本公共服务受益的公众范围确定该项公共服务应由哪一级政府提供，从而确定政府在基本公共服务中的事权划分。对于外溢性较强的公共性产品和服务，当政府提供的基本公共服务为全国性的公共物品，其受益的公众范围是全国性时，应将这类基本公共服务划归中央政府的服务体系中，将其列在中央政府事权中，如基本公共医疗服务、国防、义务教育服务等。受地区、经济发展和传统因素的影响，不同地区的公众对于基本公共服务的需求偏好存在很大差异，如果由中央政府统一为各地提供这些公共服务，就会出现政府公共服务供给同公众实际需求脱离的现象，因此当政府提供的基本公共服务受益具有区域性限制，受益人属地效应是明显的，应将其纳入地方事权范围内，由地方政府承担这一基本公共服务职能，如地方性的交通。当基本公共服务的受益范围具有跨区域性时，由中央政府或由中央政府牵头促进地方政府间的合作，同级地方政府共同承担提供此项基本公共服务的职能。其二是效率原则，基本公共服务的供给效率如何，很大程度上同政府的公共服务供给方式、供给是否符合公众需求相关。基本公共服务是为了在经济发展日益迅速的情况下，让公众在共建基础上共享改革发展成果而制定的一项政策，因此满足公众需求是其基础性、根本性的目的。地方政府具有先天的贴近公众、了解公众以及快速反应及处理公众需求信息的优势，因此为了避免信息的不对称，保证基本公共服务供给的动态平衡，应将贴近公众的基本公共服务供给事项交由地方政府承担，以此保证基本公共服务供给的效率，提升公众的基本公共服务满意度。从宏观层面看，中央政府应注重有关全国性以及区域间的基本公共服务政策的制定，地方的省级政府注重本辖区内基本公共服务政策的制定，层次较低的政府应将自身重点放在基本公共服务均等化政策的具体执行过程中。

  中央政府和地方政府事权的划分是构建合理央地财政关系的基础性要素，应明确法律对这内容的规定，避免随意性。目前我国关于中央与地方政府间的财政关系仅仅在《宪法》《地方各级人民代表大会和地方各级人民政府组织法》《国务院组织法》及1994年分税制改革的相关规定中做了一些原则性、框架性的规定，均对央地政府间财政关系作出了明确的法律规定。纵观全球经济发达的国

---

  ① 《中共中央关于全面深化改革若干重大问题的决定》，载于《人民日报》2013年11月16日第1版。

家，基本上都存在关于央地政府间财政关系的明确法律规定，通常分为两种情况，一种是以《宪法》进行明文规定；另一种是以地方性法律进行规定。以宪法对央地政府间财政关系进行规定更具规范性和稳定性，但灵活性较弱，不利于适时调整；以地方性法律进行规定有利于根据经济社会发展的不同阶段对央地财政关系进行适时调整，但不利于长期的稳定发展。我国在制定相关法律时，应充分考虑两种途径的利弊，可由宪法进行原则性的规定，以专门性的央地财政关系法进行细节性规定，同时在制定相关法律法规过程中，注意为二者关系的灵活调整留出一定空间，让中央政府和地方政府在平等的协商机制下进行沟通，减少暗箱操作和非制度性博弈。

二、匹配政府间事权与财权财力，提高政府公共服务供给能力

"十一五"规划纲要中提出，要"建立健全与事权相匹配的财税体制"。在划分财权时，应以事权作为基础，拥有多少事权就应给予多少财权，党的十八大要求"加快改革财税体制，健全中央和地方财力与事权相匹配的体制，完善促进基本公共服务均等化和主体功能区建设的公共财政体系，构建地方税体系，形成有利于结构优化、社会公平的税收制度"。① 稳定可靠的财权对于保证地方政府收入以及确定预算方案有着重要作用，从而有利于地方政府事权的长期规划。因此，从长远发展看，要建立相匹配的央地间"事权"与"财权"关系，并在制度化层面对其进行规范。在当前事权层层下移、财权过度上移的情况下，中央政府应适当改变财权过度集中的现象，适度下放财权给地方政府，培育地方政府可靠稳定的税收来源。1994年分税制改革的主要任务是重新划分全国财政收入在中央政府和地方政府间的分配，改变以往中央财政紧缺的局面，保证中央政府的财政收入，并未对中央政府和地方政府的事权、财权进行清晰界定，当然更没有做到中央政府同地方政府事权与财权财力的合理匹配。

调整央地间财政关系，首先应当坚持事权与财权相结合，中央政府下放财权。财权是政府财力的基础，是政府权力的重要组成部分。1994年的分税制改革中，中央政府将收入较多、较为稳定的税权上收，地方政府享有征收权力的税种创造的收入大幅缩水，只能依靠收费等非正规、不稳定的途径平衡本地区财政收支状况。事权决定财权、坚持事权与财权相结合，是现代财政制度的一条基本

---

① 《进一步理顺中央与地方的财政关系》，中国共产党新闻网；http://theory.people.com.cn/n/2013/0608/c40531-21788652.html。

性要求，中央政府应当根据央地政府间事权的划分，重新匹配政府间的财权，结合地方政府的实际情况、税种的特点和性质等因素，将一部分税收权力重新划拨给地方政府。

"由于不同国家、不同地区的社会经济发展程度不同，以及对中央宏观调控或政治意图的考虑，大多数国家在中央与地方政府事权与财权的匹配上往往采取非对称分权的方式。"[①] 我国地方政府财权的减少是一种制度上的设计，因此，对我国这种非对称性分权方式的完善不能简单地依靠政府间的对称性分权。同时，在一定时期内，各级政府的事权与财权具有一定的刚性，不能随意调整。因此，从我国当前的实际情况出发，应注重发挥财力调整机制的作用，形成事权、财权、财力的动态平衡机制。财力是指"各级政府在一定时期内拥有的以货币表示的财政资源，来源于本级政府税收，上级政府转移支付、非税收入及各种政府债务等"[②]。它与财权既有联系又有区别，拥有一定财权的政府必定具有相应的财力，而拥有一定财力的政府却不一定具有相应的财权。由于财力具有易转移以及弹性大等特点，对于弥补我国地方政府财权不足，促进区域之间、城乡之间的基本公共服务均等化有着重要作用。解决地方政府事权、财权不匹配，发挥财力平衡机制的作用，应注重财力对于基层政府以及欠发达地区地方政府的倾斜，从而推动基本公共服务均等化。第一，财力要向基层政府倾斜。地方政府是基本公共服务供给的重要责任主体，在地方各级政府中，基层政府最接近群众，所需要提供的基本公共服务也最多，但其所掌握的有效资金少之又少，在提供基本公共服务时常常捉襟见肘。因此，上级政府应加强对基层政府的资金转移，保障基层政府提供基本公共服务的资金。第二，财力要向中西部欠发达地区倾斜。由于一些历史因素以及地理位置的劣势，中西部地区经济严重落后。如果仅靠其自身发展，很难改善财力不足、经济落后的状况。因此，中央政府在进行一般性转移支付时，要加大对中西部地区转移力度，促进区域间基本公共服务的均等化。

三、完善财政转移支付制度，促进区域间基本公共服务均等化

当前在地方政府的财政收入中，财政转移支付占有相当大的比重，然而，目前财政转移支付缺乏法律依据和后期监管，财政转移支付制度本身结构不合理，分配实施办法不科学，往往造成地方政府基本公共服务供给过程偏离预期总体目

---

① 贾小雷：《事权、财权与财力：我国地方财政关系法制化的困境》，载于《安徽大学法律评论》2012年第3期。

② 周琬、杜正艾：《建立健全财权、财力与事权相匹配的机制》，载于《行政论坛》2011年第5期。

标，基本公共服务供给效率下降。应根据当前我国社会和地区发展的特点，重新构建符合实际的财政转移支付制度，注意其结构的优化、管理方式的规范化以及运行的合理有序性，从而保证转移支付真正发挥平衡政府间财力、促进政府间基本公共服务供给能力均衡的作用。

完善政府间转移支付制度，应当确立法治、公平、效率的前提性原则。首先，应当确立财政转移支付制度的法治性原则。在依法治国理念的指导下，完善财政转移支付的立法环节，保证转移支付的每一个环节能够在法律的框架下运行，促进其规范化、透明化。其次，要坚持财政转移支付制度的公平性原则。我国不同地区、不同省份间经济发展程度、人口数量、社会发展程度都有较大差异，各地区间的基本公共服务水平也处于不均等的状态，在完善转移支付制度促进基本公共服务均等化的过程中，应当始终坚持公平性的原则，确保底线公平、保证机会公平，加强结果公平。确保底线公平，通过财政转移支付制度保证不同区域、各省份间具有较为均衡的基本公共服务供给资源，保证落后地区地方性政府也享有相应的基本公共服务水平；保证机会公平，在以转移支付为手段促进地区间、政府间财政平衡进而促进基本公共服务均等化的过程中，应当保证不同地区、不同省份都享有公平的机会，调整关于地方政府提供配套机制的规定加强结果公平，在确保底线公平、机会公平的基础上，也要注重加强转移支付的结果公平，对于有困难的地区、政府，要予以一定的倾斜，从而保证不同地方的政府具有大致相当的基本公共服务供给能力。最后，要坚持财政转移支付制度的效率原则。应建立财政转移支付的预案，对全国性、不同地区、不同类型的基本公共服务的财政转移支付进行提前规划，保证财政转移支付有据可依。同时，要坚持财政转移支付制度的监督、评价体系，提高转移支付资金的使用效率，避免在转移支付过程中地方政府部门对资金进行截流、挪用，也要避免政府官员为了自身政绩，利用这一部分资金进行重复性建设或需求性较弱的基本公共服务建设。

在上述原则的指导下，可以从以下几方面完善财政转移支付制度首先，应建立财政转移支付的科学体系。一是完善当前中央政府对地方政府的财政转移支付制度，要着眼于全国总体条件进行中央政府对地方政府的财政转移，这主要是指中央对省、自治区、直辖市、计划单列市等进行的财政性转移支付，从而保证各地区、各省级单位间财力的大体均衡，使省级行政单位具有相当的基本公共服务供给能力，从而保证基本公共服务在全国范围内的均等化。二是构建省级以下政府的财政转移支付，理顺不同层级政府间的关系，确立同"条块"相适应的财政转移支付体系。我国现实的国情较为复杂，人口多、地域广，不同区域、不同省份间经济发展程度、行政区划设置、人口、资源分布等都有着明显的差异性，单一的转移支付手段并不能适应这样的现实条件。同时，加强省级政府对下级政府尤其是基层政府的财政转移支付。在基本公共服务供给中,省级政府主要负责本省的整体性基本公共服务目标、框架的建立和进程的推进,基层政府负责具体的基本公共服务供给。同时,可在同级地方政府间建立横向转移支付体系,东部发达地区同中西部地区形成对口帮扶,财力发达的地区援助财力不足的地区,从而达到缩小地区差异、提升中西部地区财力的作用。横向转移支付是在同级政府间进行横向的资金转移,同中央对地方的纵向财政转移支付相比,它更为便捷,同时在平衡政府间财力、推进地区间基本公共服务均等化的效果上更明显。横向转移支付能够有效地减轻因财政转移导致的中央政府财政压力,我国目前的横向对口援助型转移支付基本上是关于民族事务、重大自然灾害恢复重建等内容,主要是政治发展或中央政府下发的政治性指标,并不属于经常性的转移支付形式。应当改变目前这种以行政命令为主要形式、民族事务和灾后重建为主要内容的横向对口支援,确立全国范围内合理科学的横向转移支付。一方面,在大区域划分上,实行东部经济发达地区对中西部落后地区的横向财政转移支付;在省级行政单位上,经济条件较好的省份对经济发展较为落后的省份进行横向资金支持,从而缩小各省份之间基本公共服务的供给能力。另一方面,各省份内部也可参照省级行政单位间的横向转移支付办法,本省内部的不同地市级行政单位进行对口资金转移帮扶,从而加快本省内部的基本公共服务均等化进程。采用横向转移支付手段时,应注意资金转移的管理和使用,可按照实际情况建立相应的转移标准、办法和转移支付的绩效考核,从而保证横向转移资金的使用效率。中央政府对地方政府的转移支付、省级政府以下的转移支付与同级政府间的横向转移支付相结合,构建"纵向为主、横纵交错"的财政转移支付体系,形成完善的转移支付路径。

其次,优化转移支付的结构。其一,适度降低税收返还在转移支付中的比重。1994年分税制改革,确立了中央政府按"基数法"对地方政府进行税收返还的财政转移支付,可以说,这是中央政府在为了增强其宏观调控能力而上收财权的情况下,维护地方既有利益、推进分税制改革顺利推进的过渡性措施。但它不利于现阶段的全国性基本公共服务均等化的推进,同时,税收返还所占比重过大不利于转移支付制度的优化以及使用效率的提高。应根据当前的实际状况和各地经济发展的整体状况,逐步缩小税收返还占财政转移支付的比重,减少税收返还资金的绝对值,并将其逐步并入一般性转移支付中。其二,优化一般性转移支付的结构,扩大一般性转移支付的规模。应侧重中央对于地方政府的一般性转移支付,这是调整政府间纵向收入不均等以及缩小区域间政府收入差距的重要方式。由于历史、地理等因素,我国区域间、各省份之间经济水平差异明显,这拉大了区域间基本公共服务的差距,中央政府通过一般性转移支付向中西部地区进行资金倾斜，一定程度上可以缓解中西部地区基本公共服务供给落后的情况，加快推进全国范围内基本公共服务均等化工程的建设。纵向上，中央向地方各级政府进行资金转移，化解了初次分配中中央政府所占比重过高、地方政府所占比重较低而导致地方政府资金短缺的局面。有必要进一步规范中央政府对地方政府的一般性转移支付，增强其透明度。加大均衡性转移支付的资金规模，扩大其在转移支付中的比重。对均衡性转移支付以外的其他一般转移性支付类别，如调整工资转移支付、农村税费改革转移支付等进行合理的归并和清理。某些一般性转移支付是国家在当时的经济发展情况下为了有效推进相关政策而设立的，已经无法适应当前的经济环境，对这类已完成其历史使命的一般性转移支付应当及时取消；对仍然具有功能性作用但不足以单独设立项目的一般性转移支付应当予以改革、归并，从而完善一般性转移支付的结构。其三，调整专项转移支付，缩小专项转移支付的比例，"只有国家鼓励、并且属于国家和地方共同负担的事项，中央才设立专项转移支付，属于地方支出责任范围内的事务，中央不安排专项。"[①]当前，我国的专项转移支付资金规模过大，占中央对地方财政转移支付的比重过大，这不利于基本公共服务的均等化。同时，我国专项转移支付的项目条目过多，审批程序宽松，没有专门机构对其进行管理。应对现有的专项转移支付项目进行清理与整合。要厘清不同层级政府间以及同级政府不同部门间各自的职责，归并重复性的专项转移支付项目，对各项专项转移支付进行统一管理。取消不利于基本公共服务均等化的专项转移支付，同时将与地方性事务联系紧密的专项转移支付划为一般性转移支付。

最后，改进转移支付的资金分配方法。在税收返还和一般性转移支付分配时，改"基数法"为"因素法"，主要参照各地标准的财政收入、财政支出间的差额以及可用于财政转移支付的资金总额，按照统一公式计算。因素法指"根据影响地方支出的各种社会经济因素（如人口、行政机构设置、市政建设、教育、卫生等）及其影响程度记分，按得分多少分配财力"[②]。当前，我国的转移支付计算中，只有均衡性转移支付和民族地区性转移支付采用了"因素法"计算，其他基本上仍采用原有的"基数法"。"因素法"这一测算方法更为科学，透明度更强，减少了人为因素的干扰，对影响财政收入能力和财政支出需求的各项客观因素，如人口数量、密度、城市化水平等进行综合性的测量分析，从而减少区域不均和效率低下的情况，较好地进行地区间财力的科学配置。改"基数法"为"因素法"不能一蹴而就，应当根据不同的转移支付类型、各地区的不同情况渐

---

① 叶静：《审计署称4 300亿财政转移支付"不透明"》，载于《中国经济周刊》2006年第27期。
② 邓子基：《财政理论专题研究》，中国经济出版社1998年版，第283页。

进推行。

我国在梳理央地财政关系、改革财政体制时应充分考虑建设责任政府、服务型政府的目标，将基本公共服务均等化纳入财政体制改革、调整央地财政关系的考量中，从而确保中央政府和地方政府在提供基本公共服务时，具有清晰明确的事权和支出责任划分以及与事权相匹配的财权、财力。同时，还应注意转变我国财政支出的方向，改变以经济发展为主要目标的财政投入模式，"财政支出的主要投向，由专注于生产建设领域逐步扩展至整个公共服务领域，这意味着中国财政体制机制逐步从生产建设财政走向公共服务财政"[①]。

公共财政是基本公共服务均等化的必要性条件，完善的公共财政有利于均衡政府间基本公共服务供给能力，维持全国范围内不同地区政府、各级政府大致相当的基本公共服务供给水平。基本公共服务均等化必须依托于政府间财政能力的均等化，如果没有相应财力的支持，基本公共服务均等化的政策推进就成了"无源之水"，不具备操作性和可行性。在各级政府事权、支出责任清晰界定的基础之上，保证各级政府财权的合理性分配，发挥财力的均衡性作用，以规范的财政转移支付手段为补充，对落后地区、亟待发展地区、改革的项目进行资金补充，并应当根据社会发展的不同阶段、基本公共服务均等化推进的不同阶段，适时调整财政政策，保证各级政府具有相应的满足公众需求的财政能力，保证基本公共服务的受益范围、受益人群、受益程度的均等，保证基本公共服务在不同区域间、城乡间、不同阶层间的均等化。

[①] 高培勇：《公共财政：概念界说与演变脉络——兼论中国财政改革30年的基本轨迹》，载于《经济研究》2008年第12期。

第九章

统筹兼顾：基本公共服务均等化的重要路径

第一节 统筹城乡发展实现基本公共服务均等化

一般来说，中国基本公共服务均等化面临的问题主要集中在三个方面：城乡不均、区域不均与群体不均。相比之下，城乡之间基本公共服务不均等的问题尤为突出，成为当下亟须解决的迫切问题，这可以从两个方面进行理解：其一，由于我国长期存在的城乡二元经济结构及其后遗症的影响，城乡之间经济社会发展差距不断加大，形成了相对割裂的基本公共服务供给体系，农村地区基本公共服务需求难以得到满足、供给极为有限，城乡基本公共服务不均问题积重难返，无法在较短时间内系统解决。其二，农村地区基本公共服务供给缺失是造成当前社会矛盾的重要因素，对现阶段城乡差距、贫富差距扩大化有直接影响，成为新型城镇化发展道路的阻碍因素。而城镇化是现代化的必由之路，是保持经济持续健康发展的强大引擎和促进城乡协调的重要抓手。从这个角度讲，加快实现城乡间基本公共服务均等化，公平高效地为城乡居民提供均等的基本公共服务，既是全面建设小康社会的切入点，也是统筹城乡发展的突破口。从西方国家的经验来看，它们都非常重视城乡之间基本公共服务的均等化问题，美国通过市场化、民营化改革确立了农村地区基本公共服务供给的多元化模式。德国从20世纪50年代起建立财政转移支付制度，实现财力分配的横向均衡与纵向均衡相结合，强化农村地区基本公共服务供给的财力保障。韩国则通过新村运动改善农村基础设施建设，保障农民社会福利，较好地处理了城乡差距问题。反观中国基本公共服务城乡差距问题，其实质在于城乡之间基本公共服务供给制度构建割裂并与现有政策背离，政府职责出现缺位与错位。因此，改善城乡之间基本公共服务的非均等化现状，需要关注基本公共服务供给的制度安排，在新型城镇化道路进程中促进城乡一体化发展，以城乡制度衔接与政策协同实现基本公共服务均等化。

一、中国城乡基本公共服务供给体制的历史演进

城乡基本公共服务供给失衡是在社会发展变迁背景下凸现出来的社会问题，这些问题的出现表面上看是城乡两种不同供给模式之间存在张力所导致的结果，而其背后隐含的却是更加深刻的制度性因素。自中华人民共和国成立以后，重大经济政策的出台与政治体制的变革直接支配着城市与乡村关系的变迁，但问题是，传统的农村基本公共服务供给制度却没有随着市场经济的发展与城市供给制度同步发生转变，并未形成符合我国实际国情的基本公共服务供给体制。因而，审视不同历史时期、不同社会背景、不同制度环境下城乡基本公共服务供给制度的历史演进和制度变迁有助于探寻城乡基本公共服务供给失衡的根本性矛盾与原因。从目前研究来看，关于城乡基本公共服务供给制度历史演进的探索与研究呈现两种进路：一种是分类研究法，即按照基本公共服务不同种类的内容进行分类梳理，如对义务教育制度、医疗卫生制度、社会保障制度、基础设施建设等具体内容的供给制度发展历程进行逐一分析；另一种是历史阶段法，即按照历史发展进程对基本公共服务供给制度进行多阶段划分，多分为二阶段、三阶段或四阶段。从历史制度分析的角度看，对某一制度进行历时性观察，扩展研究对象的历史分析视阈，有助于提升揭示变量之间因果关系的效用；而且通过对重要背景条件的强调，"以历史资料为基础而进行研究的优势是，在有关因果关系的论证中，提高了对时间界限或期间效果的敏感性"。[1] 因此，本章在城乡基本公共服务供给制度的历史梳理上采取划分阶段的方式，在阶段划分的时候特别重视制度变迁的历史关键时刻、特殊历史事件以及国家重大决策的作用。"中国城乡公共服务供给体制的演变与公共财政和行政管理体制改革密切相关"。[2] 因此，本书参照中国财政体制、行政管理体制以及市场经济体制改革的变迁历程审视城乡基本公

---

[1] 何俊志、任军锋、朱德米编译：《新制度主义政治学译文精选》，天津人民出版社2007年版，第184页。

[2] 联合国计划开发署编：《中国人类发展报告·2007~2008：惠及13亿人的基本公共服务》，中国对外翻译出版公司2008年版，第34页。

共服务供给制度的演进，由于农村和城镇基本公共服务体制的演进并非完全同步，所以本章重点以农村基本公共服务供给制演进历程为线索，兼顾城镇基本公共服务制度的变化。基于此，将城乡基本公共服务供给制度划分为人民公社时期的基本公共服务供给体制、家庭联产承包制至农村税费改革前的城乡基本公共服务供给体制和农村税费改革后的城乡基本公共服务供给体制。

（一）计划经济时期的城乡基本公共服务供给体制

中华人民共和国成立后，经过一段时期的调整与过渡，伴随着农业合作化运动的不断推进，中国进入人民公社时期。人民公社体制下，实行"党政不分、政社合一、政经统管"的制度模式，这是一种高度集中的计划经济体制，在这种经济体制下，中国建立了农村以人民公社为载体、城市以单位为依托的基本公共服务供给模式。

在农村，基层政府（包括公社、大队和生产队）成为基本公共服务供给的唯一主体，主导着农村公共服务与资源的分配，提供农村生产、生活所需的公共产品。在决策体制方面，实行自上而下的行政命令式决策程序，农村基本公共服务的供给内容、供给数量、供给方式等问题都由上级政府决定，公社需求在很大程度上代表着农民需求。然而这一时期农村基本公共服务的资金来源却以制度外渠道为主要方式，在当时制度内的财政渠道主要落实到公社一级的公共产品，生产大队和生产队的基本公共服务主要依赖制度外渠道，资金来源主要是公社总收入中的公积金和公益金的提留，其实质是社队成员承担了基本公共服务的成本。这套基本公共服务供给制度在当时农村经济发展水平较低的情况下以较低成本维持了农村地区的稳定。但从更深层次看，这套基本公共服务供给制度与传统政府供给基本公共服务制度存在不同，我们通常讲的政府供给基本公共服务制度是指政府以公共财政作为基本公共服务供给的资金保障，而对这一时期农村基本公共服务供给制度而言，政府虽然掌握着一定决策权，但不为基本公共服务供给提供财政支持，表现为"农村公共服务制度内决策，但制度外筹措供给资金的特殊模式"。[①]

在城镇，我国基本公共服务供给实行的是"以政府包揽、分级负责、平均分配为主的高度集中、统一计划的供给制度"。[②] 城镇地区的义务教育、医疗卫生、社会保障和基础设施建设由国家统一负责，所需经费也由国家包揽。在具体操作

[①] 韩小威：《中国农村基本公共服务供给的制度模式探析》，中国社会科学出版社2012年版，第85页。

[②] 卜晓军：《我国城乡公共服务均等化的制度分析》，西北大学博士学位论文，2010年，第57页。

方式上，以单位制为主要载体，实现基本公共服务低水平的广泛覆盖。"单位是集政治、经济社会等多方面功能于一身的合体，也是使用政府分配资金，为职工提供基本公共服务的主体"。① 在当时公有制经济体制格局下，城镇居民是公有制单位职工的身份，他们的福利一切由单位负责。

这一时期的城乡基本公共服务供给制度呈现出截然不同的两种模式，城镇地区的基本公共服务由政府统一包揽，城镇居民凭借单位职工身份享受着相对充足的社会福利；农村地区虽然政府掌握基本公共服务供给的决定权，却不提供财政支持，由农民分摊基本公共服务成本，实质上是一种"以支援工业为目标、以政府供给为表象、以农民合作为实质的供给制度"，② 这不仅拉大了城乡基本公共服务的差距水平，而且加速了城乡二元结构的形成。

（二）改革开放至农村税费改革前的城乡基本公共服务供给体制

党的十一届三中全会，我国的发展重心由阶级斗争为纲转移到以经济发展为中心上来，实行改革开放政策，并不断进行市场经济体制改革。在农村，随着家庭联产承包责任制的实行，存在了20多年的人民公社逐渐解体，新的农村基本公共服务供给制度逐渐成形。

在农村，社会管理体制由"政社合一"转变为"乡政村治"，基本公共服务供给制度也发生了相应的变化。首先，在供给主体方面，开始呈现出多元化的特征。家庭联产承包责任制的实行，极大程度上调动了农民的生产积极性，这在一定程度上促进了农业发展和农民经济水平，农民有了可以自主支配的私人产品。与此同时，农民个体对公共产品投入的关注却在减少。人民公社的解体消解了人民公社时期农民基本公共服务供给制度的基础，一方面，市场化改革使农村基层政府对资源的汲取和分配能力远不如人民公社时期那样强烈，通过行政命令的形式来配置乡村公共产品难度增加；另一方面，为了弥补基层政府在基本公共服务供给方面的后退，村委会成为农村基本公共服务供给的重要主体。在财政能力较强的地区，乡镇政府能够承担起提供农村基本公共服务的职责；但在财政能力较弱的地区，乡镇政府无力提供基本公共服务，村委会只能通过自筹资金的方式提供基本公共服务，如有些村庄的农田灌溉水利设施建设，由村委会出一部分资金，村民均摊筹集一部分资金。此外，有些较早成长起来的乡镇企业、非政府组织也开始成为基本公共服务的供给主体，多元化的基本公共服务供给体系初步形

---

① 联合国计划开发署编：《中国人类发展报告·2007~2008：惠及13亿人的基本公共服务》，中国对外翻译出版公司2008年版，第33页。
② 吕新发：《农村基本公共服务制度创新——基于均等化目标下的研究》，光明日报出版社2012年版，第80页。

成。其次，国家财政对农村基本公共服务的整体投入依然不足，央地财权事权划分不清晰，致使农村地区基本公共服务供给仍然短缺。人民公社解体之后，在基层设立乡镇政权、农村设立村委会，相应地建立乡镇一级的财政机构。如此一来，人民公社时期农村基本公共服务的资料来源由政府财政和人民公社转变为国家财政和乡镇财政。由于国家财政对农村、农业的投入严重不足，虽然国家农业财政支出总额在不断上升，但其财政支出的比重却没有明显变化，这意味着国家财政对农村的支持力度并没有相应提升。农村基本公共服务的资金来源仍然主要依靠制度外的乡镇收费。家庭联产承包责任制实施之后，产权制度的变革引发了国家和农民关系的变化，即"使基层政府的财政汲取体制从人民政府→农民的分配型汲取转为了农民→政府的收入型汲取"，[①] 这种关系的变化必然导致农村基本公共服务制度外筹资方式的变化，最明显的就是筹资对象由人民公社时期的集体组织变为了农民个体，因而农民成为基本公共服务成本的直接承担者，这无疑加剧了农民的负担。此外，在晋升竞标赛的引导下，乡镇政府以及官员将更多注意力置于地方经济发展，忽视了基本公共服务的供给。改革开放后，以经济建设为中心成为政府部门的行为指南，官员政绩考核和政治晋升与经济发展状况直接挂钩，所以无论是政府还是官员，更加强化经济职能，其后果则是弱化了公共服务职能，使农民基本公共服务需求无法得到及时满足。

在城镇，计划经济时期的基本公共服务供给体制一直延续到国有企业改革。随着市场经济体制改革的不断深化，城镇基本公共服务供给制度开始了重大改革，基本公共服务供给制度进入重构阶段。逐渐开始由"公平优先"的价值导向转向"效率优先，兼顾公平"，在继续坚持政府主导地位的同时，国家开始引进市场组织和社会组织参与基本公共服务的供给，并采取多种措施提高基本公共服务供给的效率和质量，以减轻基本公共服务对国家财政的负担。国家开始在医疗卫生、社会保障、公共就业领域推行基本公共服务体制改革，如在医疗卫生领域于1998年颁布《关于建立城镇职工基本医疗保险制度的决定》，要求建立覆盖全体城镇职工的医疗保健制度；在公共就业领域先后颁布《关于建立社会主义市场经济时期劳动体制改革总体设想》《劳动法》《全面实行劳动合同制的通知》等一系列法律和文件，全面实行劳动合同制，统包统配的就业政策退出历史舞台。

在这一时期，影响城乡基本公共服务供给制度的重大事件就是1994年的分税制改革。分税制改革划分了中央和地方的财权，但并未明确政府间财政转移支付制度，使不同层级政府间的财政能力严重失衡。省市一级的地方政府财政能力

[①] 韩小威：《中国农村基本公共服务供给的制度模式探析》，中国社会科学出版社2012年版，第103页。

相对较好，承担着城镇地区的基本公共服务供给职责；而乡镇政府本身没有财权，却承担着农村地区基本公共服务的支出责任，由于乡镇政府财力低下、资源匮乏，导致农民基本公共服务供给相对短缺，不得不通过向农民收费的方式解决资金问题。这进一步拉大了城乡之间基本公共服务的均等化水平。

（三）农村税费改革后的城乡基本公共服务供给体制

为了减轻农民的负担，理顺国家、集体和农民三者之间的关系，彻底解决"三农"问题，强化农业发展、维护农村稳定，国家决定进行农村税费改革。"农村税费改革是农村分配领域继土地革命、家庭联产承包责任制之后的又一次重大改革，它的最大意义在于实现了农民负担与公共财政的一退一进，对农村的公共产品供给体制产生了重大影响"。[①] 一个重要变化是国家开始意识到基本公共服务的城乡差距问题需要得到重视，更加注重统筹城乡发展，推进城乡基本公共服务均等化。

首先，告别过去以制度外渠道为主的方式，转变为依靠公共财政为主的制度内筹资，政府真正成为农村基本公共服务的供给主体。税费改革，特别是取消农业税之后，乱收费、乱摊派的现象得到遏制，公共财政体制不断得到完善，很大程度上缓解了财政不足导致基本公共服务供给缺失的问题。随着社会经济的持续发展，国家公共财政力量不断增强，国家财政介入农民基本公共服务供给领域，对农村基本公共服务的支持力度不断加大。

其次，农村基本公共服务的筹资渠道不断拓展，"一事一议"制度成为农村基本公共服务资料来源的新途径。"一事一议"是指取消农业税后，原由乡统筹和村提留中开支的农田水利基本建设、道路修建、植树造林、农业综合开发有关的土地治理项目和村民认为需要兴办的集体生产生活等其他公益事业项目所需资金，不再固定向农民收取，采取"一事一议"的筹集办法。2007年，农业部颁布《村民"一事一议"筹资筹劳管理办法》对村民筹资筹劳进行规范。"一事一议"已经成为农村地区基础设施建设筹集资金的重要办法，通过村民参与解决了国家财政无法覆盖领域基本公共服务的筹资问题。

最后，建立城乡一体化的基本公共服务供给体制。当前，我国已经进入全面建成小康社会和全面深化改革的关键时期，推进以民生为重点的社会建设，扩大公共服务，让全体人民共享改革发展成果，实现基本公共服务均等化已经成为当下的价值诉求。并且随着经济的深入发展，"以工带农""工业反哺农业"的发展战略已经具备条件。所以，新时期的基本公共服务供给体制更加强调城乡一体

[①] 徐琴：《我国城乡基本公共服务差异及其效应研究》，武汉大学博士学位论文，2012年，第46页。

化发展，一方面，基本公共服务的政策和投入逐渐向农村倾斜，以弥补多年来二元结构造成的城乡差距；另一方面，通过实施新型城镇化发展道路，建立城乡一体化的基本公共服务供给制度，在基本公共服务设施布局方面实现城乡均衡。

二、中国城乡基本公共服务非均等化的现实状况

如上所述，我国城乡之间长期实行两套截然不同的基本公共服务供给体制，城市基本公共服务由公共财政保障供给，城市居民能够免费或以较低成本获得基础教育、医疗卫生、社会保障等大量基本公共服务；农村地区的基本公共服务由县乡政府或农民集体自治组织提供，基层政府财政能力有限导致基本公共服务供给不足，农村居民无法充分享受到保障生存和发展的基本公共服务，而且自身还要承担基本公共服务的成本，负担加重。而随着经济发展和社会，党和国家逐渐重视农村地区基本公共服务的需求问题，也采取措施强化农村基本公共服务供给，但就目前来看，城乡之间基本公共服务非均等状态仍比较明显，这里以基础教育、医疗卫生和社会保障为例进行说明。

（一）城乡基础教育非均等

基础教育是国家和民族兴旺发达的基本保障，是经济和社会持续健康发展的内在动力。一直以来，党和国家都十分重视教育发展事业，特别是义务教育制度的推行很大程度上保障了我国基础教育的健康发展。但是，由于城乡二元发展结构的惯性的影响，城乡之间在基础教育方面仍呈现出非均等的状况，这主要体现在义务教育投入、办学条件和师资力量三个方面。首先，义务教育投入方面，农村教育经费投入相对较低。"基础教育公共服务的发展必须由财政支出来支持，即财政对基础教育经费的保障"。[①] 然而，从生均基础教育经费来看，城乡之间仍存在差距。以"义务教育均衡发展"为主题的《国家教育督导报告2005》显示，2004年，全国小学和初中生均预算内公用经费城乡之比分别为1.4∶1和1.3∶1。[②] 自2004年之后的10年时间里，农村中小学生均教育经费仍低于全国平均水平（见图9-1）[③]，2004年农村小学生均教育经费低于全国平均水平235.11元，而在2013年这一数字不仅没有缩小，反而增加到248.77元；这一差距在初中生均经费的体现更加明显，2004年农村初中生均教育经费低于全国平均水平438.78

[①] 和立道：《中国城乡基本公共服务均等化问题研究》，社会科学文献出版社2014年版，第126页。
[②] 国家教育督导团：《国家教育督导报告2005》，载于《教育发展研究》2006年第5期。
[③] 图表根据2004~2014年《中国教育经费统计年鉴》整理而来，2012年数据缺失。

元，2013 年这一数字为 457.67 元。按照城乡教育均等化的目标考虑，农村生均教育经费高于全国平均水平才能有望缩小与城市教育投入的差距，但实际却相反。其次，办学条件方面，城乡之间也存在差距。办学条件是指基础教育得以顺利开展所需要的基础设施保障，包括校舍状况、图书馆、教学仪器等。目前，农村基础教育办学条件仍落后于城市，就校舍状况来看，据《中国教育统计年鉴（2013）》的数据显示，67.5%的小学危房分布在农村，严重危害农村小学生的生命安全。在其他方面，农村办学条件也落后于城镇地区，如城区和镇区每千名小学生拥有的计算机分别为 105 台和 70 台，农村小学每千名小学生拥有的计算机则为 63 台。在其他更高级的教学设施中，农村学校与城镇学校的差距更大，如城区学校和镇区学校互联网覆盖率分别为 91.78% 和 80.86%，农村学校网络覆盖率仅为 59.36%，不足六成。这都体现出城乡基础教育办学条件的差距。最后，师资力量方面，城乡也存在差距。教师质量是基础教育的软件条件，对基础教育效果有最直接的影响。通过多年的发展，农村基础教育教师质量有了一定的提高，但相比城镇地区仍存在一定差距。一方面，农村教师负担的学生数要大于城镇地区。众所周知，班额越大，老师负担的学生数越多，老师平均到每个学生身上的注意力就越少，这会对教学质量产生不利影响。由于农村师生比高，专任教师数量不足，导致民办教师、聘任制教师大量存在，农村教学质量无法得到保障。另一方面，城乡教师质量也存在差距。据《人类发展报告》的数据显示，2006 年，城乡教师学历合格率差距不大，但高学历教师比例却有明显差距，城市和县镇初中高学历教师比例分别为 82.54% 和 72.41%，而农村地区仅为 53.61%；

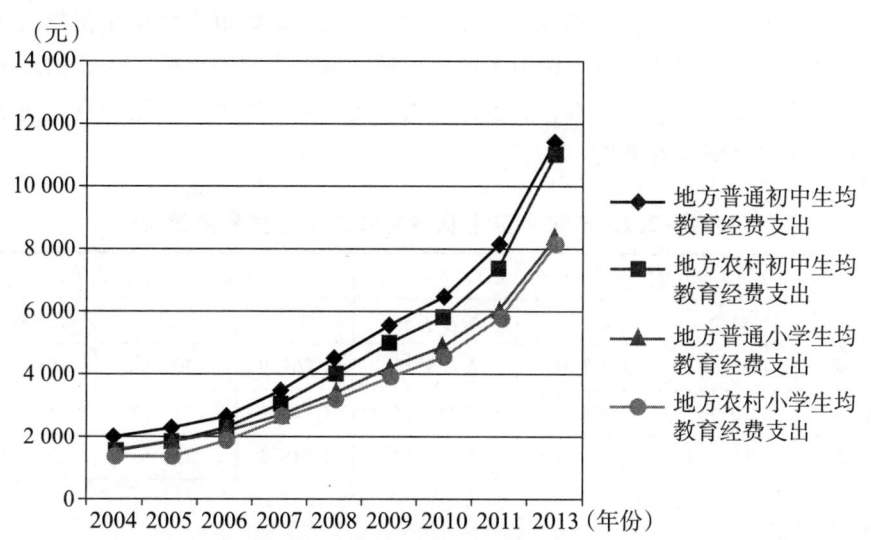

图 9 - 1　2004 ~ 2013 年地方普通中小学和农村中小学生均教育经费支出情况

资料来源：根据《国家教育督导报告（2005）》数据整理。

这一差距在小学教师体现得更为明显,城市和县镇小学高学历教师比例分别为 68.47% 和 41.15%,农村小学仅为 29.97%,[①] 还不到三成,这大大限制了农村基础教育的教学质量。

(二) 城乡医疗卫生非均等化

身体健康是人类一切行为的基础,是社会发展的保障。为社会成员提供高效的医疗卫生服务是政府的重要职责。虽然,国家在医疗建设事业上加大投入力度,但就现实情况来看,"看病难、看病贵"依然是萦绕在广大社会成员心头的难题。究其原因,城乡之间医疗卫生的非均等化是其重要因素。一是城乡医疗卫生投入存在差距。在医疗卫生费用的支出方面,无论是卫生总费用,还是人均卫生费用支出,都偏向城市,农村卫生费用较低。如表 9-1 所示,2004~2013 年 10 年间,城市和农村卫生经费投入在不断增加,但与此同时,二者的差距也不断拉大,2004 年城乡卫生总费用差距为 2 288.13 亿元,2013 年这一数字上升到 15 620.95 亿元,十年前后差距拉大了 6.8 倍。人均卫生费用方面,2004 年城乡人均卫生费用差距为 960.3 元,2013 年则为 1 959.7 元,差距拉大了两倍多。这样的支出结构说明医疗卫生投入在向城市集中。二是城乡之间医疗卫生资源存在差距。城乡医疗经费投入差距的必然结果就是城乡医疗卫生资源的差距。以医疗卫生机构床位数为例,如表 9-2 所示,从总数来看,似乎农村医疗卫生机构床位数多于城市地区,要知道这是建立在广大农村总人口的体量之上的。每千人口医疗卫生机构床位数是一个更加能够反映真实状况的指标,2008~2014 年,城市每千人口医疗卫生机构床位数持续稳定在农村每千人口医疗卫生机构床位数的 2 倍左右。如果看每千农业人口乡镇卫生院床位数,城乡之间的差距更大。如果考虑城乡医疗卫生资源的质量因素,二者之间的差距恐怕会更大。三是城乡之间医疗卫生技术人员之间存在差距。

表 9-1　　2004~2013 年城乡卫生总费用和人均卫生费用情况

年份	卫生总费用（亿元）			人均卫生费用（元）		
	城市	农村	城乡差距	城市	农村	城乡差距
2004	4 939.21	2 651.08	2 288.13	1 261.9	301.6	960.3
2005	6 305.57	2 354.34	3 951.23	1 126.4	315.8	810.6
2006	7 174.73	2 668.61	4 506.12	1 248.3	361.9	886.4

---

① 联合国计划开发署编:《中国人类发展报告·2007~2008:惠及 13 亿人的基本公共服务》,中国对外翻译出版公司 2008 年,第 65 页。

续表

年份	卫生总费用（亿元）			人均卫生费用（元）		
	城市	农村	城乡差距	城市	农村	城乡差距
2007	8 968.70	2 605.27	6 363.43	1 516.3	358.1	1 158.5
2008	11 251.90	3 283.50	7 968.40	1 861.8	455.2	1 406.6
2009	13 535.61	4 006.31	9 529.30	2 176.6	562.0	1 614.6
2010	15 508.62	4 471.77	11 036.85	2 315.5	666.3	1 649.2
2011	18 571.87	5 774.04	12 797.83	2 697.5	879.4	1 818.1
2012	21 280.46	6 838.54	14 441.92	2 999.3	1 064.8	1 934.5
2013	23 644.95	8 024.00	15 620.95	3 234.1	1 274.4	1 959.7

资料来源：根据《国家卫生和计划生育统计年鉴（2015）》数据整理。

表9-2　　　2008~2014年城乡医疗卫生机构床位数情况

年份	医疗卫生机构床位数（张）			每千人口医疗卫生机构床位数（张）			每千农业人口乡镇卫生院床位数（张）
	合计	城市	农村	合计	城市	农村	
2008	4 038 707	1 963 581	2 075 126	3.05	5.17	2.20	0.96
2009	4 416 612	2 126 302	2 290 310	3.32	5.54	2.41	1.05
2010	4 786 831	2 302 297	2 484 534	3.58	5.94	2.60	1.12
2011	5 159 889	2 475 222	2 684 667	3.84	6.24	2.80	1.16
2012	5 724 775	2 733 403	2 991 372	4.24	6.88	3.11	1.24
2013	6 181 891	2 948 465	3 233 426	4.55	7.36	3.35	1.30
2014	6 601 214	3 169 880	3 431 334	4.85	7.84	3.54	1.34

资料来源：根据《国家卫生和计划生育统计年鉴（2015）》数据整理。

从表9-3可知，无论是卫生技术人员总量，还是执业医师和注册护士等不同类型的医疗人员，每千人口拥有量城市总是多于农村2~3倍。城乡之间医疗卫生经费、资源和技术人员方面的差距直接导致城乡居民健康水平的差距，如表9-4所示，2014年，农村新生儿死亡率、婴儿死亡率、5岁以下儿童死亡率和孕产妇死亡率分别是城市的1.97倍、2.23倍、1.90倍和1.08倍，这说明，我国城乡居民健康水平差距仍较大。

表9-3　　　　2008~2014年每千人口卫生技术人员数

年份	卫生技术人员（人）			执业（助理）医师（人）			其中：执业医师（人）	注册护士（人）		
	合计	城市	农村	合计	城市	农村		合计	城市	农村
2008	3.90	6.6	2.80	1.66	2.68	1.26	1.35	1.27	2.54	0.76
2009	4.15	7.15	2.94	1.75	2.83	1.31	1.43	1.39	2.82	0.81
2010	4.39	7.62	3.0	1.80	2.97	1.32	1.47	1.53	3.09	0.89
2011	4.61	6.68	2.66	1.83	2.62	1.10	1.50	1.67	2.62	0.79
2012	4.94	8.54	3.41	1.94	3.19	1.40	1.58	1.85	3.65	1.09
2013	5.27	9.18	3.64	2.04	3.39	1.48	1.67	2.04	4.00	1.22
2014	5.56	9.70	3.77	2.12	3.54	1.51	1.74	2.20	4.30	1.31

资料来源：根据《国家卫生和计划生育统计年鉴（2015）》数据整理。

表9-4　　　　2008~2014年5岁以下儿童和孕产妇死亡率

年份	新生儿死亡率（‰）		婴儿死亡率（‰）		5岁以下儿童死亡率（‰）		孕产妇死亡率（1/10万）	
	城市	农村	城市	农村	城市	农村	城市	农村
2008	5.0	12.3	6.5	18.4	7.9	22.7	29.2	36.1
2009	4.5	10.8	6.2	17.0	7.6	21.1	26.6	34.0
2010	4.1	10.0	5.8	16.1	7.3	20.1	29.7	30.1
2011	4.0	9.4	5.8	14.7	7.1	19.1	25.2	26.5
2012	3.9	8.1	5.2	12.1	5.9	16.2	22.2	25.6
2013	3.7	7.3	5.2	11.3	6.0	14.5	22.1	23.6
2014	3.5	6.9	4.8	10.7	5.9	11.2	20.5	22.2

资料来源：根据《国家卫生和计划生育统计年鉴（2015）》数据整理。

（三）城乡社会保障非均等化

普惠性、全覆盖是基本公共服务均等化的目标要求，但这一目标要求在城乡社会保障层面还远未达成。我国社会保障制度是在特定历史环境中和制度背景下形成的，在"工业优先、城市优先"的发展战略情境下，国家社会保障制度建设的重心主要放在城市地区。城市地区起步较早、建设已相对完善；而农村地区社会保障制度才刚刚起步,仍处于探索阶段,甚至有些领域还比较薄弱,甚至留有空白。城乡之间的社会保障在供给制度和保障水平层面都存在较大差异。一方面,城乡社会保障供给制度存在差异。在城乡二元发展的战略背景下,城市地区社会保障制度方面先于农村建立,并逐步得到完善;农村地区的社会保障制度在后发劣势下,起步晚、发展慢。如表9-5所示,城镇地区在养老保险、医疗保险、失业保险、工伤保险、住房保障等方面已经建立起较为完善的社会保障制度;相比之下,农村养老保险、医疗保险水平低,失业保险、工伤保险、住房保障制度尚未建立。另一方面,城乡社会保障水平的差距。城乡社会保障制度的差距直接导致了城乡居民社会保障水平的不同。就养老保险来看,2009年末全国参加城镇基本养老保险人数为23 550万人,全国参加农村养老保险人数为8 691万人,二者差距甚大。从2009年起开展新型农村社会养老保险试点,探索建立"个人缴费、集体补助、政府补贴"相结合新农保制度。2011年年末全国参加城镇基本养老保险人数为28 391万人,国家新型农村社会养老保险试点地区参保人数32 643万人,首次超过城镇养老保险参加人数[①],这预示着城乡养老保险在覆盖面方面的差距逐渐缩小。就医疗保险来看,城乡居民实行不同的医疗保险制度,城市居民医疗保险由社会统筹和个人账户相结合,保险水平比较高。从2003年起,农村地区实行新型农村合作医疗制度,由农民自愿参加,个人、集体和政府多方筹资,解决农村看病贵、看病难的问题。据《2014年我国卫生和计划生育事业发展统计公报》数据显示,截至2014年底,全国参加新型农村合作医疗人口数达7.36亿人,参合率为98.9%,[②] 可以认为,我国城乡医疗保险覆盖率均达到较高水平。但从城乡居民医疗保健支出来看,二者还存在差距,由表9-6可知,近五年来农村居民人均医疗保健支出仅为城镇居民的一半左右,但其占消费性支出的比重却大于城镇居民,这说明农村居民医疗卫生负担较重。就最低成果保障水平来看,根据《2015年11月份社会服务统计月报》数据显示,2015年11月,城市居民最低生活保障人数为1 721.6万人,农村居民最低生活保障人数为4 933.4万人,从绝对数字来看,似乎农村最低生活保障覆盖面更广。但从保障水平来看,该月城市最低生活保障支出水平297.8元每人每月,而农民最低生活保障支出水平为139.5元每人每月,城市最低生活支出保障水平是农村的2.13倍,这个差距明显过大。

---

① 资料分别来自于《2009年度人力资源和社会保障发展事业统计公报》和《2011年度人力资源和社会保障发展事业公报》。
② 资料来源于《2014年我国卫生和计划生育事业发展统计公报》。

表 9-5　　　　　　　　　　中国城乡社会保障制度比较

社会保障类型		城镇社会保障模式	农村社会保障模式
养老保险	保障方式	社会统筹与个人账户相结合	家庭为主
	保障对象	城镇劳动者	纯农户
	资金来源	国家、企业、个人共同负担	个人缴费、集体补助、国家扶持
	统筹范围	省级	县级
	保障性质	强制性	自愿性
	资金运行	现金收付转向部分积累	个人储蓄积累
	共济性	较强	较弱
医疗保险		社会统筹与个人账户相结合	合作医疗
失业保险		企业、个人交纳	土地保障
工伤保险		普遍建立	尚未建立
最低生活保障制度		城市最低生活保障标准	农村最低生活保障标准
住房保障制度		经济适用房和廉租房	无

资料来源：吕新发：《农村基本公共服务制度创新——基于均等化目标下的研究》，光明日报出版社 2012 年版，第 105 页。

表 9-6　　　　　　2010~2014 年城乡人均医疗保健支出情况

年份	城镇居民		农村居民	
	人均医疗保健支出（元）	医疗保健支出占消费性支出（%）	人均医疗保健支出（元）	医疗保健支出占消费性支出（%）
2010	871.8	6.5	326.0	7.4
2011	969.0	6.4	436.8	8.4
2012	1 063.7	6.4	513.8	8.7
2013	1 136.1	6.1	668.2	8.9
2014	1 305.6	6.5	753.9	9.0

资料来源：根据《2014 年我国卫生和计划生育事业发展统计公报》数据整理。

三、中国城乡基本公共服务非均等化的原因探析

基本公共服务均等化是漫长的过程，长期以来造成的城乡基本公共服务非均等化的现状无法在短期内得以彻底解决，这是我们目前必须面对的现实。但是，准确剖析城乡基本公共服务非均等化的原因是当前更值得注意的问题，唯有如

此,才能有针对性地提出解决方案。我国城乡基本公共服务非均等化的原因是多方面的,从宏观角度看,由于国家发展战略导致的城乡二元结构是我国城乡基本公共服务非均等化根本性原因,经济发展失衡、户籍制度割裂、供给制度二元等城乡二元结构的后遗症严重加剧了城乡基本公共服务的差距水平。从中观角度看,公共财政制度的不完善是我国城乡基本公共服务非均等化物质性原因,分税制以及转移支付制度使得城乡基本公共服务投入不均。从微观角度看,基本公共服务需求表达机制失衡也是造成我国城乡基本公共服务非均等化的重要因素,城乡居民在基本公共服务需求表达能力和表达组织方面的失衡成为城乡基本公共服务非均等化的催化剂。

(一) 城乡二元结构的影响

我国目前城乡基本公共服务非均等化问题的制度根源可以追溯到城乡二元结构,它导致了农村地区基本公共服务供给的严重不足,加剧了城乡基本公共服务非均衡发展。在城乡二元结构体制下,城乡之间实行二元分立的基本公共服务供给体制,这种不均衡的供给体制主要源自我国长期以来实行的"先城市后农村""先工业后农业"的发展战略。中华人民共和国成立后,在特殊的国际、国内环境下,为了实现经济快速发展的目标,实行工业赶超的战略,将大部分注意力和资源向城市和工业领域倾斜。为了建立种类齐全的工业体系,确保工业发展的资金需求,一方面,国家通过实行工农业产品价格"剪刀差"的形式,以行政强制手段扭曲产品价格和生产要素价格,压低重工业生产的成本;另一方面,将农民限制在农业领域,除完成自身生存所需要的资源外,还要向城市和工业发展提供原料与资金。就这样,国家从农村、农民汲取大量的农业剩余和财政资源输入到城市和工业,以确保国家工业和城市发展的优先性,由此形成了城乡二元的经济结构。城乡二元结构除导致城乡经济发展失衡之外,还表现在建立了城乡二元户籍制度,1958年,国家颁布《中华人民共和国户口登记条例》,将全国居民划分为农业户口和非农业户口,形成了极为严格的户籍管理制度,限制了城乡人口的双向流动。如此一来,"在城市与农村、市民与农民之间,树立了一堵不可跨越的制度之墙——户籍墙"。[①] 户籍墙两侧,不仅农民和市民的生活被阻隔开来,连二者的社会福利、平等权利也被区别对待。在基本公共服务层面的体现,就是同一种基本公共服务的供给对农民和市民全然不同。在二元经济结构和二元户籍制度的作用下,形成了二元化的基本公共服务供给制度,对不同户籍的居民实行

---

① 周作翰、张英洪:《城乡二元体制的建立:农村与市民的制度分野》,载于《湖南师范大学社会科学学报》2009年第2期。

不同的基本公共服务供给政策：城市居民所需要的基本公共服务，由单位或政府包揽供给，资金来源主要是公共财政，基本公共服务资源大幅度向发达地区、城市地区倾斜，使得城市地区医疗卫生、基础教育、社会保障等基本公共服务供给持续高效；而农村居民需要的基本公共服务由农村集体经济组织供给，政府负责的较少，公共财政在农村基础设施、水利工程、医疗卫生等领域的投入相对较少，加之农村地区基层政府和自治组织财政能力羸弱，基本公共服务的成本和费用最终由农民分担，这不仅加重了农民的负担，更拉大了城乡之间基本公共服务的差距。

（二）公共财政制度的缺陷

"财政制度贯穿在整个财政资源的汲取和公共服务的提供活动中，财政资源决定了财政制度，但反过来，财政制度的优劣会直接影响财政能力的强弱"[①]。这反映到基本公共服务上，就直接影响着城乡均等化水平。我国公共财政制度的缺陷使农村地区基本公共服务因缺少足够的财力支撑而远远落后于城市。其一，国家财政支出向城市地区倾斜。如上文所述，城乡二元结构使国家的注意力和资源向城市地区集中，国家财政支出也更多地投向城市，致使用于农业的财政支出严重不足。有学者统计，2001~2005年，支农支出在国家财政支出中所占比重维持在7%~8%的水平；2006~2010年，中央财政用于"三农"的支出比重由14.5%提高到17.5%，比例虽然有所增长，但与工业生产服务的支出相比仍明显偏低。[②] 较低的财政投入显然无法满足农村居民对基本公共服务的需求，是农村地区基本公共服务水平较低的重要原因。其二，"分税制"确立的财政制度致使事权与财力不匹配，削弱了地方政府提供基本公共服务的财政能力。1994年，我国进行了分税制财政体制改革，在调整了中央和地方财政的收支划分并理顺各级政府间的财政分配关系的同时，也导致了事权与财力不匹配、地方政府财政困难的问题。按照事权划分原则，不同层级的基本公共服务应该由相应层级的政府提供并承担相应的支出责任。但我国法律只规定了横向政府间的职责划分，并没有明确说明中央和地方政府间的事权与支出责任。分税制改革后，财权与财力层层上移，而事权却不断下落，结果是中央政府承担的基本公共服务责任明显偏低，而基层政府担负着基本公共服务的主要支出。这种制度安排导致县乡级政府财政困难、财力减弱，这加大了城乡基本公共服务的差距。因为县乡政府处于财

[①] 赵永正主编：《城乡公共服务均等化与地方财政体制》，四川大学出版社2013年版，第120页。

[②] 耿卫新：《城乡基本公共服务均等化：破解城乡统筹发展的突破口》，载于《河北学刊》2011年第5期。

政链的末端，财政汲取能力本来就弱，有限的财政收入大部分要投入到经济建设中去，财政吃紧的县乡政府无力维持基本公共服务的供给，容易造成农村基本公共服务的低效率、低质量，进而加剧了城乡间基本公共服务不均等。其三，城乡间财政转移支付制度不合理未能实现通过财政均等化促进基本公共服务均等化的目标。"财政转移支付具有解决财政纵向失衡、财政横向失衡和矫正辖区间公共产品外溢三个基本功能"。① 科学合理的财政转移支付制度有助于通过实现财政均等化进而促进基本公共服务均等化，缩小区域间、城乡间基本公共服务差距。我国现行财政转移支付制度不仅未能实现这一目标，反而直接导致城乡基本公共服务分配苦乐不均。具体而言，占比重较大的税收返还导致资金流向经济发达、财政能力强的城市地区，农村地区获益有限；一般性转移支付在我国转移支付格局中所占比重较小，对基本公共服务均等化的作用有限；专项转移支付虽然能够起到均等化的效果，但在实际操作过程中"分配缺乏科学依据和标准，存在人为性、随意性问题"，② 大多数专项资金被城市地区攫取，农村地区无法得到。这些问题共同导致的结果就是拉大了城乡之间基本公共服务的差距。

（三）需求表达机制的失衡

在公共选择学派看来，公共物品的需求、供给和生产便是将个人选择转换为社会选择的过程。从这个角度来看，基本公共服务的需求表达是基本公共服务供给与生产的基础和前提。在基本公共服务均等化的过程中，社会公众通过一定的机制或渠道将自己的基本公共服务需求表达出来，引起基本公共服务供给主体的重视，在供给制度设计和执行过程中回应公众需求，实现供需均衡。在我国，城乡之间基本公共服务非均等化的现状与农村居民需求表达机制缺失有密切联系。农村居民是农村基本公共服务的需求主体，在农村基本公共服务供给机制中居于核心地位，他们清晰了解自己对于基本公共服务需求的数量和质量，并能准确及时地将自己的需求转化为真实有效的需求信息，③ 而这些需求信息是农村基本公共服务供给机制有效运转的前提条件。然而，现实层面的农民需求表达机制却处于缺失状态，导致城乡居民基本公共服务需求表达失衡，进而阻碍了城乡基本公共服务均等化。其一，城乡居民基本公共服务需求表达能力失衡。需求表达主体的自觉性程度和科学文化素质是需求表达能力的重要衡量标准，决定着需求主体能否精确提炼自身需求并主动用最恰当的语言概括出来。城镇居民在市场经济发

---

① 和立道：《中国城乡基本公共服务均等化问题研究》，社会科学文献出版社 2014 年版，第 179 ~ 180 页。
② 叶晓玲：《城乡基本公共服务均等化问题研究》，西南交通大学出版社 2011 年版，第 123 页。
③ 樊丽明、石绍宾等：《城乡基本公共服务均等化研究》，经济科学出版社 2010 年版，第 141 页。

展的浪潮中培育了较强的权利意识,在维护经济利益和政治权利方面主动进行利益表达的意愿强烈。相比之下,农村居民却缺乏捍卫自身权利的自觉性,加之长期以来自上而下的决策体制,使农村居民习惯了被表达。另一方面,相比于城镇居民,农村居民受教育程度较低。有学者认为,尽管公民受教育程度与公民的利益表达能力不一定成正比,但利益表达和其社会文化程度无疑有着必然联系。[①]目前,我国农村居民总体上受教育程度、政治素质和法律意识均落后于城镇居民,这在很大程度上限制了农村居民需求表达的深度与广度。其二,城乡居民基本公共服务需求表达组织失衡。组织是社会公众表达利益需求的载体,有助于增强社会公众需求表达的有效性。在中国,城乡居民在需求表达组织的发育层面表现出很大差异。从西方国家来看,农会或农协是农业从业人员的利益代言人,不仅负责检查本国的农业政策,甚至在国际舞台上也发挥着十分重要的作用。美国有农民协进会、欧洲有欧盟农民联合会、日本有日本农业协同组织,这些农民组织代表着农民的利益,在需要时为农民发声。而在我国,作为一个拥有6亿多人口的农业大国,目前还没有一个统一性的农民组织,虽然存在过农会等农民组织,也都是为了革命或政治运动的需要,改革开放以后,农民组织逐渐消失,这说明农民组织化程度低是一个无可辩驳的事实。在城镇却存在着各种各样的社会组织,除了影响最为广泛的工会之外,还存在各种各样的行业协会,它们都是城镇居民基本公共服务需求的发声筒,以组织力量影响着政府决策。

四、中国城乡基本公共服务均等化的实现路径

第一,强化城乡间基本公共服务的制度衔接与政策协同。基本公共服务均等化作为一项保障居民生存和发展权的公共政策,要发挥良好的效率还需要其他相关制度与政策的配合,因为"良好的政策需要有适当的制度基础与其他政策在制度机制上相兼容","基本的制度资源是良好的公共政策的基础"。[②]当前,制约城乡间基本公共服务均等化进程的重要制度因素是户籍制度。户籍制度不仅直接造成了城乡对立的二元格局,还严重阻碍了人口、资源要素在城乡之间的自由流动,加剧了社会分化和城乡割裂,致使城乡间基本公共服务严重失衡,因此,强化城乡间基本公共服务制度供给与政策协同的首要任务是加快推进户籍制度改革,打破传统的城乡分割的二元户籍制度,建立能够消除两种户口带来限制的城

[①] 吴群芳:《利益表达与分配:转型期中国的收入差距与政府控制》,中国社会出版社2011年版,第130页。

[②] 毛寿龙:《公共政策的制度基础》,载于《北京行政学院学报》2000年第1期。

乡统一的户口登记制度，落实放宽户口迁移政策，使城乡居民获得统一身份。在此基础上"建立与统一城乡户口登记制度相适应的教育、卫生、计生、就业、社保、住房、土地及人口统计制度"，① 剥离或剔除附着在户籍制度上的种种经济差别功能和社会福利权利，真正使城乡居民在共享改革发展成果和基本公共服务面前具有相同、平等的权利和同等的机会。其次，要建立一体化的基本公共服务标准，推进城乡基本公共服务制度衔接。长期以来，我国基本公共服务的供给，都具有明显的社会身份倾向。特别是在城乡二元对立的社会格局和农业户口与非农业户口的身份标签下，基本公共服务的供给一直偏向城镇地区的城镇居民，农民要么无法享受到相应的基本公共服务，要么享受到的基本公共服务数量和质量远远落后于城镇居民。因此，"摆脱身份传统的影响、建立起一视同仁的公共服务供给制度，对实现公共服务均等化目标来说是至关重要的"。② 当前来看，构建城乡统一的基本公共服务供给制度，突破口在于实现城乡基本公共服务标准的一体化。基本公共服务标准是指"在一定时期内为实现既定目标而对基本公共服务活动所指定的技术和管理规范"。③ 通过制定统一的城乡基本公共服务标准可以有效将基本公共服务供给与社会身份标签进行剥离，切实保障所有社会成员（既包括城市居民，也包括农村居民）享受基本公共服务的权利，不因身份限制权利，进而实现城乡基本公共服务全覆盖、广受益。基本公共服务标准受到经济发展状况和居民需求程度的影响，在制定城乡统一的基本公共服务标准时也需要考虑标准适用地区的实际状况，应因地制宜，切忌"一刀切""一风吹"。最后，继续深化新型城镇化道路战略，促进城乡基本公共服务均等化政策协同。新型城镇化道路是在全面建设小康社会的决定性阶段，党和国家提出的重大发展战略，对于促进我国现代化进程、保持经济稳定健康持续发展具有重要意义。新型城镇化道路更加重视人的因素，坚持统筹发展，为实现城乡基本公共服务均等化目标提供了重要契机。一方面，新型城镇化道路强调有序推进农业转移人口市民化，实现"符合城镇条件人口落户城镇"，这与户籍制度改革具有异曲同工之处，能够弥合因身份不同带来的城乡居民所享受的基本公共服务的差距。另一方面，新型城镇化道路注重推动城乡一体化发展，主张"推进城乡规划、基础设施和公共服务一体化"，④ 这有助于促进城乡之间基本公共服务均等化政策协同。通过一体化的体制机制建设，扩大财政制度向农村地区倾斜，统筹城乡之间基础设施建

---

① 《关于进一步推进户籍制度改革的意见》，中国政府网，http://www.gov.cn/xinwen/2014-07/30/content_2726848.htm。
② 王玮：《多重约束条件下我国均等化财政制度框架的构建》，中国社会科学出版社2011年版，第99页。
③ 《国家基本公共服务体系"十二五"规划》，载于《国务院公报》2012年第21期。
④ 《国家新型城镇化规划（2014~2020）》，载于《人民日报》2014年3月17日第9版。

设，强化城乡之间基本公共服务连接。城乡基本公共服务设施的配置与布局打破城乡界限，以服务半径和人口为依据，统筹空间布局，形成城乡一体的基本公共服务覆盖网络。

第二，实现城乡间财政转移支付方案合理设计。财政体制是城乡基本公共服务均等化的物质基础。其中，转移支付制度是实现城乡基本公共服务均等化最重要的财政手段。我国城乡间基本公共服务均等化程度不高与财政转移支付制度存在缺陷有一定的关联。我国目前财政转移支付制度侧重于控制功能，存在诸如财力性转移支付规模不大、专项补助政策导向不突出、转移支付管理不规范等问题。[①] 因此，为了有效调节城乡之间基本公共服务的均衡配置，实现城乡基本公共服务均等化的目标，必须合理设计城乡之间财政转移支付方案。首先，要明确中央与地方的事权和支出责任，这是完善转移支付的基础性原则。长期以来，各级政府在基本公共服务领域事权与支出责任划分不清。划分各级政府事权需遵循"政府职能决定事权、公共服务的收益范围决定事权、经济活动的规模决定事权及效率和公平的原则"，[②] 并以法律形式对中央、地方事权范围尽行明确规定，使其制度化、规范化。在明确事权范围的基础上，中央和地方政府按照事权划分承担相应的支出责任。其次，优化转移支付结构，这是完善城乡转移支付的具体路径。从目前我国政府间转移支付体系来看，主要包括体制性转移支付（以税收返还为主要形式）、一般性转移支付和专项转移支付。城乡间财政转移支付方案设计可由此入手，具体而言，一是逐步取消体制性转移支付（税收返还）。税收返还是分税制改革时中央与地方政府妥协的产物，在当时对财政体制改革起到了促进作用。但从随后的实践来看，税收返还体现了对地方既得利益的维护，不仅未能实现不同地方之间的财政均衡，反而拉大了地区间财政能力差距，不利于实现基本公共服务均等化。因此，必须予以取消。二是调整和强化一般性转移支付。从国外经验来看，一般性转移支付是用来促进均等化的重要手段。它的优势在于不对转移支付资金的使用进行具体规定，接受拨款的地方政府可以自主安排使用，这大大增强了地方政府根据实际情况提供基本公共服务的自主性。从促进城乡基本公共服务均等化的角度出发，应该增强一般性转移支付的比重，使其成为转移支付的主要形式。尤其是在农村医疗卫生、基础教育以及基础设施建设等财政要求较高的领域，基层政府无力承担，必须依靠上级政府，加大对农村地区的转移支付力度。三是严格规范专项转移支付。与一般性转移支付一样，专项转移支付也具有均等化的功能，但其在实现城乡基本公共服务均等化上所产生的作

[①] 叶晓玲：《城乡基本公共服务均等化问题研究》，西南交通大学出版社 2011 年版，第 177 页。
[②] 胡志平：《非均衡走向均衡：农村公共服务供给的政治经济学》，法律出版社 2012 年版，第 351 页。

用不同。专项转移支付是上级政府部门为实现特定政策目标补助给下级政府的专项资金,资金接受者必须严格按照规定使用资金,无权挪作他用。目前来看,专项转移支付仍是我国财政体制的重要组成部分,但因其项目复杂、种类繁多而致使出现监管不力的问题,因此,应该强化对专项转移支付的规范和监管力度,如需要明确专项转移的标准、控制专项转移的规模、规范专项资金的使用,提升专项转移的配置和使用效率。此外,还应注重转移支付的配套改革,如改进转移支付的测算方法,摒弃"基数法"而改用"因素法",通过选取能够反映地方财政能力和收支需求的客观性因素来确定转移支付额度。

第三,促进城乡间基本公共服务设施均等配置。如果说,制度供给与政策协同从宏观层面为城乡基本公共服务均等化提供了体制机制的顶层设计,财政支出转移从中观层面为城乡基本公共服务均等化提供了财政投入保障,那么,服务设施均等配置则是城乡基本公共服务均等化在物质载体和空间布局方面的必要条件。一般而言,基本公共服务设施是指"在特定的社会发展条件下,为维持经济发展的稳定以及社会的公平与正义,满足全体公民最基本的生存和发展所必须提供的具有空间表现形态的公共服务设施"。[1] 作为基本公共服务衍生出来的一个概念,基本公共服务设施是基本公共服务的物质载体和空间表现形态。从这个角度讲,基本公共服务设施均等化是基本公共服务从资源到服务的中间转化环节,是服务均等化的过程保证,因为"大部分法律、财政和其他政策制度所提供的基本公共服务资源和权利并不能直接到达居民,而是必须通过设施将这些资源转化为服务并在相应设施中提供给居民个人后,才能产生基本公共服务结果。"[2] 对于城乡之间的基本公共服务均等化而言,制度、政策、财政等诸多方面资源的投入必须通过具体的基本公共服务设施才能够转化为城乡居民享受服务结果方面的均等。作为统筹城乡发展的空间路径,实现城乡基本公共服务设施均等配置显得尤为重要。《国家新型城镇化规划(2014~2020)》中所提到的,要"根据城镇常住人口增长趋势和空间分布,统筹布局建设学校、医疗卫生机构、文化设施、体育场所等公共服务设施""推进城乡规划、基础设施和公共服务一体化"。[3] 这为实现城乡基本公共服务设施均等配置在政策指向、内容界定和发展途径提供了重要依据。具体而言,一是要明确城乡基本公共服务设施均等配置的基本原则。城乡基本公共服务设施均等配置的最终目的在于满足城乡居民的基本公共服务诉求,使其能够公平可及地享受到大致均等的基本公共服务,因此,城乡基本公

---

[1] 胡畔:《基本公共服务设施区位评价》,东南大学出版社2015年版,第5页。

[2] 罗震东、张京祥、韦江绿:《城乡统筹的空间路径——基本公共服务设施均等化发展研究》,东南大学出版社2012年版,第45页。

[3] 《国家新型城镇化规划(2014~2020)》,载于《人民日报》2014年3月17日第9版。

服务设施配置的首要原则在于保证结果均等。同时，作为从资源向服务的中间转化环节，城乡基本公共服务设施配置在保证结果均等的过程中也应尽力做到形式正义和过程公平。形式、过程与结果均是社会正义不可或缺的要素。虽然我们强调城乡基本公共服务设施配置首要原则在于保证结果正义，但结果正义并不能脱离形式正义和过程公平而存在，如果对结果正义的追求脱离了形式正义和过程公平，不仅会造成结果的不正义，而且还有可能侵犯个人权利。二是要促进城乡基本公共服务设施合理布局的科学规划。《城市居住区规划设计规范》《城市公共服务设施规划规范》《村镇规划标准》等相关规定是目前中国城乡公共服务设施配置、规划的政策依据，虽然这些政策规定不断改进，但仍体现出较为明显的静态特征，"当前，我国城乡公共服务设施规划仍按照人口分布相对均衡的计划经济时期静态的指针与服务半径标准进行配置"，[1] 这种布局规划方式可以保障应有的服务范围内有相应的服务设施，但却带来一系列问题，比如一方面它忽略了人口快速流动和城市社会空间分异的社会现实，导致公共服务设施与居民需求脱节；另一方面无法解决公共服务设施安置地点的公平与效率之间的张力问题。更严重的是，这种布局规划方式使得拥有更多人口的城市获得了数量更多、质量更优的基本公共服务设施，从市区到郊区再到乡村形成明显的"中心—边缘"结构，导致城乡之间基本公共服务设施资源分配严重不均衡。因此，科学合理的规划方式应打破城乡界限、统筹城乡空间，真正做到公共服务设施布局以居民需求为准绳、以城乡均衡为导向，实现城乡基本公共服务设施布局标准与规范一体化。三是要把握城乡基本公共服务设施均等配置的发展阶段。均等化并不等于简单的平均化和无差异化，也不是一种固定的静止状态，而是不断调整的动态过程。如果忽略社会经济发展的差异而盲目追求城乡基本公共服务设施的全面均等，可能导致资源的极大浪费。因此，城乡基本功夫设施均等配置必须充分考虑不同区域的发展特征和服务需求，有选择、有步骤地实施设施配置均等化策略。笔者认为，城乡基本公共服务设施配置均等化需要经历从数量均衡到质量均等的发展阶段。在数量均衡阶段，城乡基本公共服务设施布局的覆盖范围与人口规模与分布空间相适应，在设施数量层面基本实现均衡。在质量均等阶段，在实现城乡基本公共服务设施布局对城乡居民全覆盖的基础上，更加强调基本公共服务设施质量的提高，使城乡之间的基本公共服务设施更加符合一体化标准的要求。四是要强化城乡基本公共服务设施均等配置的技术支撑。城乡基本公共服务设施配置均等化，除了需要在规划层面设定标准、合理规范以外，还需要强大的科学手

---

[1] 谢波、彭觉勇、罗逍：《基本公共服务设施均等化的内涵及其规划策略——基于西方发达国家实践经验的思考》，载于《规划师》2014年第5期。

段作为技术支撑,通过运用恰当的计量模型和技术路线,在正确对待城乡地理差异和社会空间分异的前提下,科学合理地细化城乡基本公共服务设施的区位布局,弥合基本公共服务设施布局公平与效率之间的张力。例如,可以充分利用 GIS 地理空间分析系统,准确测量基本公共服务设施的服务半径可到达性以及覆盖率等相关内容,切实实现基本公共服务设施布局的科学性、合理性。

第二节 协调区域发展实现基本公共服务均等化

改革开放以来,中国经济实现快速发展,基本公共服务水平却呈现出了与经济发展水平不相匹配的状态,因此需要政府为社会成员提供基本的、公正的、与经济社会发展水平相适应的公共物品和服务。由于受历史原因和国家政策导向等多种因素的影响,国内各区域之间的基本公共服务水平差距呈现出了愈加明显的态势,中国当前不同地区居民享有的基本公共服务水平差距较大。因此,实现区域基本公共服务均等化是解决我国区域发展矛盾的现实需要,缩小区域差距是现阶段实现基本公共服务均等化的任务之一。

"区域基本公共服务均等化是指在一定的社会经济发展水平下,为了确保一国范围内各地区所有居民在基本生存权和发展权方面所享受的基本公共服务水平差距逐步缩小,而促使各级政府增加基本公共服务投入和进行区际协调的过程。"[1] 关于如何实现区域基本公共服务均等化,有学者主张"无论一个人生活在一个国家的任何地区,只要是该国的公民都有享受最低标准的基本公共服务的权利,提供主体的政府主导、无偿性等是区域基本公共服务均等化的特征"。[2] 有学者认为区域基本公共服务均等化是指"为了确保一国范围内各个地区所有居民在基本生存权和发展权方面所享有的基本公共服务差距的缩小,敦促各级政府增加基本公共服务的投入和进行区域之间的协调"。[3] 综上所述,区域基本公共服务均等化旨在通过缩小我国地域之间的经济发展差距,通过促进区域之间的合作,加强区域之间的资源流动,提高区域基本公共服务的供给水平。因此,当前中国政府越来越侧重健全扶持力度,按照基本公共服务的要求加大对我国欠发达

---

[1] 汤学兵:《论中国区际基本公共服务均等化的路径选择和保障机制》,载于《财贸经济》2009 年第 7 期。

[2] 丁辉侠:《区域基本公共服务均等化的内涵与本质属性》,载于《理论月刊》2011 年第 9 期。

[3] 刘细良、刘迪扬:《我国区域基本公共服务均等化实证研究》,载于《统计与决策》2011 年第 5 期。

地区的支持力度。区域基本公共服务均等化无论从目的还是从过程来看都致力于推动各个区域之间的基本公共服务均等公平，考虑到各区域的地理条件和经济发展阶段等因素，其公众对基本公共服务均等化的要求会有区域间的差别，因此政府在满足公众的需要时也会侧重考虑各个区域的实际情况和需求。

一、中国区域基本公共服务供给制度的历史演进

按照国家实施主体功能区规划和区域发展的战略要求，针对我国不同区域的资源承载能力、发展潜力和现有格局，国家将国土空间确定主体功能定位，明确国家的开发方向，有序开发，逐步形成人口、环境和经济发展相协调的开发格局。缩小区域城市之间的差距是实现目标的必要前提，但中国当前的基本公共服务区域配置明显失衡，各个区域基本公共服务资源配置差距显著，并呈逐渐扩大的趋势，这其中受深刻的历史因素和先天资源影响。

中国的区域基本公共服务供给和城市的发展密切相关。从中华人民共和国成立初期到改革开放，中国公共物品的生产者和供给者是一致的，实行由政府包办的公共物品供给机制，民众一般偏向对食品和住房等物质方面的需要更强烈，公共物品的分配实行绝对的平均主义。在这样一个国家包办、平均主义的年代，中国的公共服务供给总体水平欠缺，效率不高，并呈现出向城市倾斜、乡村基本公共服务发展缓慢的状态。

进入到改革开放时期，尤其是"20世纪80~90年代的公共服务体系改革，实现了从单一供给主体到多元供给主体的转变、从国家免费供给到居民付费享受的转变"[1]。由于地方政府存在职能弱化的问题导致其公共服务投入严重不足，致使公共服务供给无论从均等化还是从可及性来说都呈现严重不足的局面。[2] 相较于公共服务供给，各级政府以经济发展为追求目标，公共服务在各级政府的财政支出中并不占据优先地位。在20世纪80~90年代，中国政府开始逐步推动公共服务体系改革，改革沿袭了传统的城乡二元化的模式。由于缺乏资金扶持，农村的基本公共服务供给基本处于停滞状态，城市的公共服务体系也面临重大转变。传统计划经济时代的免费服务变为付费享有的状态，由于刚刚起步，加上政府的投入匮乏，公共服务资源分配不足的新问题逐渐出现。在这一时期，公共服务供给的责任逐渐下放到地方，国家实行以分权为主的行政和财政体制改革，地方政府的财政和行政能力大幅提高。中央政府于1994年进行了分税制改革，界

---

[1][2] 郁建兴：《中国的公共服务体系：发展历程、社会政策与体制机制》，载于《学术月刊》2011年第3期。

定了中央政府和地方政府的财权分配,但对事权却没有具体的划定。过度承担事权的地方政府由于缺乏有力的财政支持,很难为民众提供足够的公共服务供给。国家对地方政府的考核标准依然是以 GDP 为主,因此即使是相对发达区域的地方政府也很难竭尽全力来完成基本公共服务的供给任务。总体而言,由于从大锅饭过渡到个人付费,公共服务的质量和水平较之前相对提高,但由于财政匮乏等问题,各级政府对公共服务的投入热情并不高,致使公共服务的普及性不高,中国的贫困群体,农民处于公共服务供给的边缘地带,也就造成了城乡之间、区域之间的公共服务差距逐步拉大。①

2002 年中共中央十六大报告首次对政府的基本职能做出界定,明确提出了公共服务是政府的基本职能,并强调需要加强政府的公共服务职能。《中共中央关于制定国民经济和社会发展第十一个五年规划的建议》中首次提出了"按照公共服务均等化原则,加大国家对欠发达地区的支持力度。"② 2007 年中共中央十七大报告中提出了"缩小区域发展差距,必须注重实现基本公共服务均等化,引导生产要素跨区域合理流动"。之后党的多次重要会议强调将"基本公共服务均等化"作为政府工作的重要目标。这标志着中国政府开始推动以"基本公共服务均等化"为目标的公共服务体系建设基本公共服务均等化通过公共服务向偏远地区、欠发达地区和弱势群体的投入来缩小中国区域之间、城乡之间和不同群体之间的公共服务差距。这标志着中国在经历多年的改革开放后,政府开始落实为社会成员提供大致均等的、与社会经济发展水平相适应的公共产品和服务。中国区域间基本公共服务矛盾的产生敦促政府着力解决区域间基本公共服务供给不均衡的问题。

二、中国区域基本公共服务非均等化的现实状况

(一)中国区域公共服务配置呈现地区和资源失衡状态

中国的区域发展由于历史和政策方面的原因,呈现出不均衡发展的态势。中华人民共和国成立后到改革开放之前,国家一直采取扶持内地的区域政策,改革开放之后,国家提出允许一部分人先富起来的战略,开始以东部沿海地区为发展

---

① 郁建兴:《中国的公共服务体系:发展历程、社会政策与体制机制》,载于《学术月刊》2011 年第 3 期。
② 《中共中央关于制定国民经济和社会发展第十一个五年规划的建议》,新华网,http://news.xinhuanet.com/politics/2005-10/18/content_3640318.htm。

重点,造成了区域发展不平衡的状况。邓小平针对区域发展不平衡状况于1988年提出了"两个大局"的战略思想,即"要沿海地区对外开放,尽快发展起来,从而带动内地的发展,这是一个大局;等到沿海发展到一定时候,需要反过来帮助内地的发展,这是另外一个大局"。事实上,这种非均衡发展的战略后来使中国的区域发展差距逐渐拉大。因此,国家在坚持"两个大局"的基础上开始注重区域均衡发展,提出"西部大开发"和振兴"东北老工业基地"等相关政策。相关战略政策的实施虽然取得了巨大的成果,但区域的协调发展标准逐渐GDP化,某种程度的地方保护主义以及基本公共服务差异化等问题也伴随而来。在机制作用下,资源要素依然向发展条件好、回报率相对高的区域流动,区域协调发展的任务十分艰巨。按照主体功能区的规划,以GDP作为区域协调发展的标准很难实现,因此,需要将区域基本公共服务的均等化作为区域协调发展的新标准。

我国政府在20世纪80~90年代过于重视经济增长和经济建设,对于基本公共服务方面重视相对不够,尽管每个人的生活水平较改革开放之前有很大程度的提高,但是社会福利供给并没有明显改善。国家通过出台一系列政策,使得政府公共政策的重心从经济发展过渡到社会政策方面,在教育、医疗、养老和基本生活保障方面加大了投入和扶持的力度。虽然政府的投入经过多年的努力取得了一些进展,但区域之间在基本公共服务方面的发展依然处于失衡状态。如在教育领域,中国城市和农村在义务教育阶段已经基本实现了免费,但区域之间的教育资源分配差距十分明显。总体而言,经济发达地区的教育资源普遍优于欠发达地区,即使在同一区域之内,教育资源的分配也呈现不均衡的状态,公众关注的学区资源分配并未真正落实到均等公正。在医疗领域,国家也针对性地采取了相应的解决措施,如建立城镇居民医疗保险制度,农村实行新农合制度等,对于缓解"看病难"的状况有所缓解,但各个区域的医疗资源分配差距仍然十分明显,相较于医疗资源丰富的北上广区域,偏远地区的医疗资源十分有限,很难保证基本的医疗服务。因此,基本公共服务均等化是协调区域发展的当务之急。相对于20世纪八九十年代,中国的基本公共服务呈现逐步完善的状态,公共服务的均等化程度有所提高。"但社会政策所明显具有的城乡二元化和身份碎片化特征,在城乡间、群体间实施差异的公共服务,不但没有实现完全意义的机会均等,还大大限制了投入均等与结果均等的实现程度。"[①]

(二) 缩小区域基本公共服务供给差距的立法不完善

相关法律是缩小区域基本公共服务供给差距的有效保障,为此需要健全相关

---

① 郁建兴:《中国的公共服务体系:发展历程、社会政策与体制机制》,载于《学术月刊》2011年第3期。

的立法体系，完善相关法律配套，保障我国区域基本公共服务均等化的实现。我国"十一五"规划纲要首次对推进区域基本公共服务均等化进行了专门阐述，推进区域基本公共服务均等化也成为国家一直以来非常重视的活动。"十二五"规划纲要中更是明确提出了"逐步缩小城乡区域间人民生活水平和公共服务差距"的目标。

当前关于区域基本公共服务的立法体系并不健全。我国先后为实施区域基本公共服务均等化出台了很多相关的政策，如国家的"十一五"规划纲要、"十二五"规划纲要中都有关于促进区域基本公共服务发展的内容。党的十七大、十八大报告中也明确提出要缩小区域发展，实现基本公共服务均等化的目标。事实上，相关政策为国家的立法提供了具体的理论资源，如我国的《教育法》中对扶持边远少数民族地区的相关规定，《就业促进法》对国家关于支持区域经济发展，统筹不同地区就业增加的规定等。①但大多立法更多从宏观层面给予规定，缺乏相关的立法理念。我国现有促进区域基本公共服务均等化的相关立法大多着眼于对欠发达地区的特殊照顾，并未从根本上将区域基本公共服务均等化理念贯彻其中。所以我国大部分区域的基本公共服务呈现出相关立法简单，缺乏规范的制度设计的问题，立法更多起宏观的指导作用，缺乏具体层面的对策和处罚措施。对于如何缩小区域间基本公共服务供给，缺乏具体操作性法律法规。同时，我国大多数的基本公共服务立法没有对中央政府和地方政府对于推进区域基本公共服务的重任进行明确规定，从而致使对政府的约束力不够，很难保证各级政府将区域基本公共服务置于工作重点。

（三）区域基本公共服务均等化的理念缺失

基本公共服务均等化政策是实现区域均衡发展的重要途径，也是保证欠发达地区享受到发达地区改革成果的重要途径。伴随着城市化发展进程的启动，民众的需要层次也会随之提高。随着基本物质需求的满足，对于教育，医疗和环境保护等基本公共服务的需求随之产生。但中国城市化的进程与基本公共服务均等化的过程并非并行不悖，中国的城市化进程很大程度上是人口数量的持续增加，而非整个城市相应配套水平的实质提高。有学者甚至认为中国的城市化在某种意义上是虚假的城市化，在这个过程中并没有给城市居民带来充足的公共服务设施，区域间的基本公共服务水平呈逐步扩大的趋势。②

中国大部分的区域基本公共服务相关立法的主要理念是对欠发达地区的帮扶

---

① 谭正航：《论我国区域基本公共服务均等化的立法完善》，载于《吉首大学学报》2014年第2期。
② 张晓杰：《城市化、区域差距与基本公共服务均等化》，载于《经济体制改革》2010年第2期。

和救济，缺乏总体上的区域公平理念，也难从公民基本权利和政府义务的视角来完善区域基本公共服务均等化的总体制度和路径设计。政府一直以来是中国公共物品和服务的主要供给者，由于各地区经济发展水平和财政实力的差距，各个区域之间的基本公共服务供给水平呈现越来越大的差异。中国的城乡二元结构使基本公共服务在城乡和区域之间差异明显。现行中国对各级政府的考核标准很大程度上是考量创造的经济利益，而对公共服务的社会性和公益性相对重视不够，造成经济落后地区的公共服务水平更加低下，对基本公共服务均等化的实现非常不利。从协调区域发展的视角来看如何实现公共服务均等化是当务之急。

我国由于很长时间内过于重视 GDP 指标，公共服务均等化问题没有得到应有的重视。居民收入一次分配的地区差距，经过二次分配反而有扩大的趋势。发达地区的教育经费、医疗机构覆盖水平，人均基本医疗保险支出与欠发达地区甚至达到数倍的差距。瑞典经济学家缪达尔（Karl Gunnar Myrdal）认为，在正常的情况下，由于地区间工资水平和人均收入的差距，某些地区的发展会相对快一些，一些地区的发展会相对慢一些。一旦某些地区领先于其他地区，往往会在既得优势上继续发展，而发展缓慢地区会相对而言更加缓慢，因此，单靠市场机制很难协调区域之间的发展，需要政府的干预打破这种状况。政府需要保证各个区域的民众享受到大致相当标准的教育、医疗和社会保障。只有建立普遍完善的面向全体民众的基本公共服务供给机制，才是缩小区域差距的最优选择。

（四）政府之间的横向和纵向财政转移支付制度不完善

一般而言，政府可以通过转移支付制度来构建政府财政平衡机制。我国的转移支付主要是由税收返还、一般性转移支付和专项转移支付三个部分组成。[①] 而税收返还遭到很多诟病的原因来自其采取的技术返还方法，非但不具备横向平衡效应，而且很大程度上其原初的设计是出于对地方政府既得利益的维护，是与均等化进程背道而驰的。专项转移支付从实际区域的分布看，往往发达地区得到的专项拨款要多于欠发达地区。因此当前的转移支付制度并不利于区域基本公共服务均等化的实现。

从性质上而言，区域基本公共服务均等化是区域财政均等化的最终体现，区域财政均等化的根本目标是为了实现区域公共服务水平的均等化。[②] 合理的转移支付制度是促进资源合理流动、有效配置的必要条件。转移支付制度的设计必须

[①] 刘德吉：《基本公共服务均等化：基础、制度安排及政策选择——基于制度经济学的视角》，上海交通大学出版社 2013 年版，第 94 页。

[②] 张启春：《区域基本公共服务均等化与政府间转移支付》，载于《华中师范大学学报（人文社会科学版）》2009 年第 1 期。

要考虑财政的横向和纵向之间的平衡。除了中央政府对地方政府的纵向转移之外，横向支付，即同一层级的政府之间的分配也是转移支付制度必须考虑的层面。对于区域基本公共服务均等化的目标而言，横向的财政转移支付具有重要意义。区域基本公共服务均等化很大程度上是中国政府现阶段转移支付的重要目标，使各级政府具备供给基本公共服务的能力，而政府的职能与公共财政的支出范围是基本一致的。城乡的协调发展也离不开财政制度的支持和保障。当前中国的城乡分割现象严重，城市和农村改革服务的差距巨大，如何建立覆盖城乡的公共服务体制，是各级政府需要关注的重点。因此，从区域基本公共服务的视角来看，政府间财政转移支付制度发挥着关键的作用。政府间转移支付制度是理顺政府间财政关系的关键，其实现横向的财政转移支付均等化的目标与区域基本公共服务均等化的目标是一致的。区域基本公共服务均等化的目标是能够在现有的财政能力下提供大致均等的公共服务，为此需要设计转移支付工具体系，通过转移支付这一机制，保证即使各个区域存在经济和财政能力上的差异也能提供大致均等的公共服务。

三、中国区域基本公共服务非均等化的原因探析

（一）缺乏对区域基本公共服务资源进行调配的手段和方式

由于多年来国家坚持政策导向，缺乏中国区域发展的总体规划，没有对区域基本公共服务资源进行调配的方式和行之有效的手段。国家先后出台的沿海优先政策加剧了沿海和内地资源发展的差距，并呈现愈加明显的态势，后来提出的"西部大开发"和"振兴东北老工业基地"的政策却没有真正带动相关区域的发展。西部和东北地区的经济发展和基本公共服务供给距离沿海地区依然存在差距。同时由于各个区域都存在片面发展的状况，过度重视本区域发展前景的规划，缺乏对全国统筹发展观念和意识关注，加上国家缺乏总体专业的区域发展调节结构和政策，基本公共服务产生问题或者各个区域出现争利的情况难免发生，导致很多问题无从下手。

（二）政府在区域基本公共服务均等化过程中的法律责任缺失

法律是保障区域基本公共服务差距缩小的有效手段，国家为缩小区域基本公共服务均等化先后出台了多项法律，并对缩小区域基本公共服务差距做了相关明确的规定，但我国的相关法律大多停留在宏观政策指导层面，缺乏落实基本公共

服务均等化的理念，同时具体层面的对策和追责措施相对缺乏。我国区域基本公共服务立法由于缺乏整体的公平发展观念，导致缺乏宏观上协调各个区域基本公共服务发展的立法，而且在区域内也缺乏相关立法以保障基本公共服务供给的范围和具体标准。同时，区域基本公共服务均等化的法律制度对实施主体的责任义务并无明确的规定，导致各级政府缺乏有效的监管和约束。各个区域之间的基本公共服务供给政策缺乏有效的协调，区域各级政府出台的相关法规和政策缺乏统一的标准，也没有专门的协调机构进行区域之间的协调。中国大部分的区域缺乏对政府的法律责任追究机制以及相关制度的约束规定，导致如果政府责任缺失却无法追究政府的法律责任。而且大部分区域的立法机关并没有对政府的追责机制，导致很难追究政府的法律责任。

（三）缺乏对区域基本公共服务供给的正向激励措施

当前的各级地方政府依然以经济指标作为绩效考核的主要标准，因此如何激励地方政府加强区域之间的有效合作是完成区域基本公共服务均等化需要考虑的问题。区域基本公共服务供给的良好状态需要相关的立法和政策作为配套保障，同时需要各级政府的相关配套立法。关于区域之间在供给基本公共服务过程中如何进行有效的合作、地方政府在供给基本公共服务过程中的政绩评估等方面都需要有相关的正向激励，保证各级政府首先有意愿和动力来完成基本公共服务的供给。中央政府虽然在不断增加财政投入的力度，宏观上提高了国家财政对基本公共服务的保证能力，但是由于缺乏地方财政对基本公共服务投入的引导和激励措施，很难保证地方政府把财政资金和其他社会资本有效投入到基本公共服务的供给领域。由于当前缺乏对各个区域基本公共服务供给的正向激励政策和措施，各级政府受传统的经济优先发展观念的影响，难以真正落实财政资金对基本公共服务供给的保障。

（四）转移支付制度不合理

中国现阶段政府间转移支付的目标是为了实现区域基本公共服务均等化，对于我国政府而言，要保证地方政府具备供给基本公共服务的能力。近年来，我国基本公共服务财政保障水平有所提高，随着国家财政实力的增强和财政支出结构的优化，基本公共服务的支出也有所增长。国家用于医疗、教育、就业和社会保障方面的公共财政支出呈现每年递增的趋势。

提供基本公共服务是各级政府的责任，而其具备的财政能力是各级政府供给能力的保证。因此，区域基本公共服务均等化的实现需要公共财政制度的保障。政府间转移支付制度不仅要实现财政的纵向平衡，同时也要实现横向的平衡。转移支付的纵向平衡是指中央政府与地方政府在事权与财权不对等的情况下向地方政府实行转移支付,而横向的不对等更多的是由于各个地方政府在先天资源禀赋和财政能力方面存在的差异造成的。各地由于财政能力基础的不同,造成满足基本公共服务的能力也相应地不同。对于区域基本公共服务均等化的实现,横向的转移支付平衡具有更为重要的意义。

政府间转移支付从本质上来说是以实现各地公共服务水平均等化为最终目标的一种财政平衡制度。[①] 我国现阶段的转移支付制度的重点目标是实现区域基本公共服务均等化,因此,横向的财政转移支付制度是解决发达地区和欠发达地区基本公共服务供给水平差距的重要手段。我国当前政府之间的横向和纵向的财政转移不平衡状况都比较严重。横向财政转移上,由于转移支付与各地政府的财政利益分配直接挂钩,各层级的政府之间也存在十分复杂的利益关系,因此转移支付往往成为政府间利益博弈的重要手段。发达地区与欠发达地区的税收返还基数差距很大,返还额度也会有所差别,这样不但不会使区域之间的发展差距逐渐缩小,反而使基本公共服务均等化难以实现。纵向财政转移中,中央对地方政府的转移支付在各个地方政府收支不均衡情况下,转移支付的分配方式并不规范,同时各地的收支存在差异,中央政府按照基数法来进行税收返还反而会导致各地的经济发展不平衡状况进一步加剧。

四、中国区域基本公共服务均等化的实现路径

区域的基本公共服务均等化需要协调区域之间的经济发展,缩小区域之间的发展差距,提高欠发达区域的经济发展水平,促进区域之间资源的合理流动,强化区域基本公共服务均等化的水平。当前中国的基本公共服务供给还限于上级对下级政府的政策传达或者本级政府的相关政策条例层面。由于各地区在供给基本公共服务时会存在供给数量和质量的区别,如何侧重欠发达地区的供给扶持就显得比较困难,显然,全国的统一标准很难实现真正的区域基本公共服务均等化。有必要根据我国基本公共服务均等化的战略目标,明确各个区域的基本公共服务均等化的范围和标准,同时根据基本公共服务的类别进行标准的制定,明确同一类别基本公共服务的提供标准。在制定标准时,应当保障该标准是各个地方政府所能提供的最低限度的基本公共服务数量和质量。同时要推进主体功能区基本公共服务政策,制定统一的基本公共服务标准。按照城镇化的发展需要,加快基

---

① 张启春:《区域基本公共服务均等化与政府间转移支付》,载于《华中师范大学学报(人文社会科学版)》2009年第1期。

本公共服务能力方面的建设,力争做到基本公共服务的设施布置、供给规模和城镇化的发展相适应。加大财政转移支付和财政投入,确保做到不会因为经济开发活动而影响基本公共服务水平的提高。建立健全区域基本公共服务均等化协调机制。加强区域政府间的磋商协调,保持区域之间的基本公共服务的标准和服务范围大体一致,推动地方政府在区域间的基本公共服务均等化的统筹功能,适应区域一体化的发展要求。

国家应当加快财政支出制度改革的进度,对财政支出结构进行合理的调整,将基本公共服务在财政支出中的比重提升,完成从投资型财政体制向公共服务型财政体制转变。合理划分中央政府和地方政府之间的财权和事权,力图做到中央统筹平衡各个区域的基本公共服务标准,并做到相应的配套保障机制。逐步降低甚至取消税收返还的比例,对于专项转移支付要合理调配,使转移支付制度真正发挥实现区域基本公共服务均等化的作用。中央政府可以在合理设计转移支付制度的基础上给予各地方政府必要的自主权,调动地方政府的积极性。加大中央财政对欠发达区域的公共服务扶持力度,缩小区域之间的基本公共服务供给水平的差异。要保证中央政府和地方政府在确保标准的范围内的财政保障,中央政府根据地方的税收等现实情况来确定对各个区域的转移支付。同时,严格的标准需要科学的评估。如果没有对相关的标准进行监督和评价,那么制定标准会变得毫无意义。因此,需要针对各类基本公共服务均等化的数据标准制定相关的问责制度,力求对地方政府供给基本公共服务问责提供制度保障。

合理划分中央政府和地方政府的供给责任和职能。我国法律对政府的职责有宏观的规定,但在具体事务的操作中却不容易把握,这导致各级政府在具体事务的责任问题上容易互相推诿,不仅会影响各公共服务供给的数量和质量,长久下去会造成政府职责不清,互相扯皮,效率低下。因此,有必要制定相应的法律法规对各层级政府供给基本公共服务的职责范围作出明确的规定。一般来说,中央政府负责宏观的原则把握,如责任范围的制定,服务标准的制定和财政转移支付,服务监督评估等;地方政府主要负责具体的执行,如服务的实施和具体的落实等。根据受益范围的不同来确定各级政府供给公共服务的范围。在基本公共服务的供给过程中,中国各级政府之间对基本公共服务供给所承担的责任划分问题并没有明确的规定,基本情况是中央政府拥有统揽全局的财权,而地方政府承担了具体的基本公共服务的供给责任。而政府间公共服务责任的界定应当以公共产品的层次性为依据,对于与民生保障相关的基本公共服务,应由中央和省级政府承担主要的供给责任,地方政府承担具体的供给管理责任,以此逐步改变基层政府供给责任过重、中央与省级政府供给责任相对较轻的非对称分权格局。① 通过立法形式明确不同层级政府对公共服务供给过程中的责任,明确事权和财权的划分并且加以规划,有助于公众对各级政府的监督问责,促进各级政府能够有效地行使职责。政府如何解决区域基本公共服务差异,除了合理引流劳动力,并解决户籍制度对基本公共服务的束缚,尤为重要的是政府需要弥补区域间的基本公共服务差距,考虑加大对基本公共服务弱势区域的扶持力度,尤其对中部和西部地区等的基本公共服务供给,最终建成覆盖全国的公共服务体制。

第三节 兼顾流动人口基本公共服务均等化

1990年第四次人口普查中,人口迁移开始单独设立统计项目,迁移人口数量为2 135万人,占总人口的1.89%;在2000年第五次全国人口普查迁移人口的数量达到1.44亿人,占总人数的11.6%;2010年第六次全国人口普查,迁移人口总数就飙升至2.6亿人,与2000年人口普查相比增长80.7%,这意味着我国目前每五个人中就有一个人为流动人口。在人口迁移成为中国社会的基本国情的情况下,流动人口的管理与服务已经不再是国家社会管理的某项次要任务,而成为惠及国民的普遍任务和基本公共服务均等化的重要内容。

一、国外流动人口基本公共服务均等化的实践经验

人口流动是经济规模增长和经济全球化的必然结果,也是各国城市化进程中面临的普遍问题。西方国家由于在工业化和全球化道路上走在前列,其公共服务体系投入更大、制度建设更为健全、取得的经验也更为丰富。因此,研究国外尤其是西方发达国家在流动人口公共服务方面的实践经验,对我国流动人口公共服务均等化的政策设计和实施具有很强的借鉴意义。综合考察发达国家相关方面的政策法规,其流动人口均等化服务行之有效的政策手段主要包括以下三个方面。

第一,在制度层面消除流动人口与固定人口间身份差别,为流动人口公共服务均等化消除制度壁垒。流动人口融入居住城市,最根本的问题就是国家和地方层面歧视性的制度安排。如果一个制度把定居人口与流动人口区别开来,并赋予两类人口不同的法定权利,那么人口流动就必定是受到约束的,流动人口与固定

---

① 郑曙光:《促进基本公共服务均等化立法政策探析》,载于《浙江学刊》2011年第6期。

居民间制度性的"门槛"也会具有合理性。工业化早期的西方国家也曾试图约束流动人口,1569年英国枢密院在全国范围内实行"秘密监视和搜查"流民的计划,流民被视为城市疾病、犯罪和怠惰行为的源头。[①] 在伊丽莎白时代《旧济贫法》出台之前,政府从未从官方层面承认有基于流动人口以必要救济的义务,而将其视为必须管理、镇压的对象。但随着城市化进程的加速、城市经济与社会功能的完善,迁徙自由渐渐成为被社会认同的公民基本权利,与之相配套的公共服务也在法律和制度层面得以解决。发达国家在普遍坚持覆盖全部所有人口的社会保障体系,从根本上使流动人口与定居人口的二元区分不再具有意义。加拿大通过联邦政府以中央财政转移支付的方式平衡各地在基本社会保障领域的财政能力差异。而英国为了解决人口流动带来的住房短缺现象,自1919年通过《住房及城市计划法》(《安迪生方案》)后,地方政府开始为改善所在城市内住房短缺承担义务。政府为改善所有人(包括流动人口)居住条件提供补贴。[②] 总的来看,各国坚持在社会制度和服务上推行全国统一的标准,地方政府间虽然存在福利差异,但大都以法律形式禁止用定居年限来限定国内人口享受福利的资质。

第二,在政策方面鼓励而非限制人口流动,用全国性信息系统建设消除流动人口公共服务的信息壁垒。流动人口享受基本公共服务的一个重要困难在于,个体的流动性可能造成国家和地方政府间、地方政府之间在提供各项服务措施时出现管理和衔接困难。追踪和掌握流动人口的流动轨迹,对地方政府制定公共服务规划、划拨经费和人员具有极为重要的意义。发达国家利用其成熟的社会信息采集网络,打破了各部门对单独信息的部门垄断,在更高层面实现了社会数据采集和管理的网络化,进而解决了流动人口公共服务享受公共服务的信息壁垒。比如,英国1967年出台的《出生、死亡、结婚注册登记法》及挪威1970年修订的《人口登记法》,都明确将流动人口信息的统和职责归于中央层面,以降低地方政府信息采集和流动人口信息登记的成本。在德国,公民移居所需的户口迁移手续完全由迁入地户籍管理部门和迁出地协调解决。德国公民在迁居他地时只需要有工作、有住宿地即可。日本则推行"住民票"制度,居住票的申领无须复杂手续和费用,只要移民完成一定的居住年限并有固定职业则可申请登记。在这方面,美国SSN与LRS并行的制度模式效果最为引人注目。美国人口管理依靠社会安全号制度(SSN)与生命登记制度(LRS),对公民的生命事项和个人信息进行伴随一生的追踪与管理,成为高度流动的美国社会进行有效人口管理的信息基石。全国范围内单一化的信息管理制度,降低了西方国家政府对流动人口进行信

[①] A L Beier, Vagrant and The Social Order in Elizabethanengland, *Past and Present*, No. 64, 1974, p. 6.
[②] 巴尔著,郑秉文、穆怀中译:《福利国家经济学》,中国劳动社会保障出版社2003年版,第23页。

息管理的成本，也避免了各级政府因信息不足而限制人口流动的政策。

第三，多种方式鼓励移民融入，鼓励流动人口融入居住地社会，为流动人口公共服务均等化消除社会壁垒。流动人口从迁徙到一个地方到真正融入当地社会当中，都有一个困难的过程。没有所在地社会与文化层面的接纳与配合，流动人口真正享受到基本公共服务的程度将大打折扣。随着公共服务市场化和社会化趋势的加强，地方社区和微小公共企业对公共服务的生产和供给意义越来越大。包括教会、志愿者组织、各种非政府组织在内的多元行为体，对于引导流动人口熟悉、接受和配合当地公共服务政策，起到了巨大的作用。以社区为载体，流动人口迅速实现了安居乐业，又降低了所在城市在公共安全、医疗卫生等方面的供给压力。[①] 包括欧洲、北美在内的西方国家纷纷将社区自治为基础的多元供给视为未来公共服务发展趋势。

二、流动人口享受基本公共服务的历史进路

中华人民共和国成立以后的人口流动形势发生了几次大的波动，而这些大的波动背后存在着复杂的政策考量，考察政策变量的差异有助于我们理解流动人口管理与服务政策的历史演变及其内在逻辑。这种历史惯性也为我们理解今天流动人口公共服务政策所面临的问题及其解决方案提供了依据。

我国人口流动政策的变化与中华人民共和国成立以来经济社会结构的重大变化有关，大体上可以分为以下几个阶段。

第一阶段：中华人民共和国成立至1958年期间，我国人口流动相对自由的阶段。中华人民共和国成立以后尤其是社会主义改造以前，我国人口流动政策相对自由，在国家层面没有出台限制性政策。一方面，农村土地改革给予3亿多农民对土地的所有权，这极大鼓励了农村经济的恢复。剩余农产品的增多鼓励了城乡间商品交换，农业人口出现小规模自发向城市流动的趋势。另一方面，新中国工业基础的建立和城市活力的复苏，也极大地刺激了农业人口向城市企业职工身份的转化。但是，随着人民公社制度的建立和粮食统购统销政策的实施，我国城乡人口流动的经济基础逐渐缩紧，只是这种经济层面的抑制流动趋势传导到法律与政策层面尚需时日。1958年中国人口流动规模反倒出现了不正常的骤增趋势。"大跃进"运动的展开使中国工业经济短时期内规模剧增，为满足中央提出的"赶英超美"的目标，各级地方政府以厂矿招工形式将大批农民引入县市。在1958年

---

① Lynda Herbert‑Cheshire, Vaughan Higgins, From Risky to Responsible: Expert Knowledge and the Governing of Community‑led Rural Development, *Journal of Rural Studies*, No. 3, 2004, pp. 289–302.

以前，尽管我国也出台了《关于特种人口管理的暂行办法（草案）》（1955年公安部出台）、《国务院关于建立经常户口登记制度的指示》（1955年国务院颁布）等针对流动人口的管理文件，但总体而言城乡居民户籍制度改变的管制并不严格，户籍制度与公共服务也没有密切的捆绑关系。其中，国务院《关于建立经常户口登记的指示》中甚至明确规定外出6个月以上者必须办理户口迁出手续。如果这一政策得以坚持，那么我国随后几十年内城乡二元结构的分化趋势就不会出现，人口的自由流动也可能成为现实。

第二阶段：1958年至"文化大革命"结束。"大跃进"运动所造成的巨大浪费和损失，再加上"三年困难时期"的影响，中国经济遭遇了重大困难。这反映在人口流动问题上则体现为城市人口过剩、就业形势恶化与粮食供应危机。1960年8月，在"三年困难时期"的高峰期，党中央发出了"全党动手，大办农业、大办粮食"的批示，要求挤出一切可能挤出的劳动力充实农业生产。人口"盲目"流动的问题被上升到维护国家生死存亡及计划经济体制、"人民公社"制度存续的政治高度上，国家开始以严厉的政策措施从城市分流人口。1961~1963年，国家开展了精减城镇职工和城镇人口的专项工作，不到三年时间内"精减职工2 546万人。其中64.4%，即1 641万人从城镇又回到了农村。城镇人口从1961年1月至1963年6月，共减少2 600万人，形成了近代中国历史上罕见的大规模城镇—乡村的人口流动浪潮。"1964年党中央和国务院发出了《关于动员和组织城市知识青年参加农村社会主义建设的决定》，加上1961年时就已经开始的少量上山下乡青年，截至1977年，全国共计近1 800万知识青年上山下乡。[①]

除缓解城市粮食供应压力等因素外，我国计划经济体制的发展和重工业化程度的加深构成了遏制城乡人口流动的深层次动因。贯穿计划经济时代始终的工业化进程，尤其是以重工业和军事工业为主的"赶超型"经济发展战略，迫切需要大量的资本积累。为了加速国家工业化进程的资本积累速度，我国长期采取降低农产品价格、抬高工业品价格的"剪刀差"制度。限制农业人口流动，限制人民公社的福利程度，向城市人口尤其是工业部门提供更好的，其实是国家工业战略的一个有机部分。农民在某种程度上成为国家宏观政策的辅助性资源。[②] 为此，即便在"三年困难时期"已经度过的情况下，我国仍然采取了更为严格的统购统销和粮食定量供应政策，居民基本生活资料被纳入了计划经济的范畴。人口大规模流动在经济层面已不可行。1958年1月9日，《中华人民共和国户口登记条例》在全国人民代表大会常务委员会通过。规定从农村迁入城市的人口必须有城

[①] 辜胜祖、刘传江：《人口流动与农村城镇化的战略管理》，华中理工大学出版社2000年版，第180~184页。

[②] 赵忠：《中国的城乡移民》，载于《经济学》2004年第3期。

市的招工或招生证明，或者有城市户口登记机关的允许迁入的证明，这个文件标志着中国城乡分割的人口管理体制正式开始。限制人口流动具有了明确的法律基础，包括公安部、劳动部等部委随后又颁布了《关于加强户口管理工作的意见》《关于农村劳动力安排的指示》《关于劳动力安排和职工工资的报告》等文件。

第三阶段："文化大革命"结束至2006年。"文革"结束以后，我国迅速走上了改革开放的道路。经济总量的扩大、建立社会主义市场经济体制和融入全球化的现实需要，使中国人口流动趋势变得无可遏制。但是，我国改革开放以来的人口政策长期表现出允许流动和限制流动人口收益和权利的矛盾特征。一方面流动人口与城市固定居民的相对收入差距不但没有缩小，反而日益增加；另一方面二者间的权利差距也被延续下来。

在政策层面，我国在改革开放以来流动人口的制度设计和实践一直存在着形式自由与实际限制的严重矛盾。1984年10月13日国务院发出了《关于农民进入集镇落户问题的通知》允许对"在集镇有固定住所，有经营能力，或者在乡镇企事业单位长期务工"的农民及其家属办理入户手续。国家首次对自发性农业流动人口进入城市的户籍地位给予肯定。但从后来的立法实践看，这种对农业流动人口获得城市户籍的规定更多考虑的是就近定居，而非跨省尤其是向发达地区大型城市的人口流动。1985年公安部颁布了意义深远的《关于城镇暂住人口管理的暂行规定》（以下简称《规定》），《规定》提出16周岁以上在非出生地城市居住超过3个月的人口都要办理暂住证。全国各地后继推行的人口管理规定基本都参照该《规定》。暂住证的核心诉求是对流动人口进行管理而非服务，而暂住证制度的推广在很大程度上成为对城乡二元体制的再次确认。1998年公安部公布的《关于贯彻〈国务院批转公安部关于解决当前户口管理工作中几个突出问题意见的通知〉有关问题的通知》，再次明确了"继续坚持严格控制大城市规模的原则"，对流动人口在大城市定居进行严格限制的规定被延续到今天。2000年由中共中央和国务院发布的《关于促进小城镇健康发展的意见》规定："从2000年起，凡在县级市市区、县人民政府驻地镇及县以下小城镇有合法固定住所、稳定职业或生活来源的农民，均可根据本人意愿转为城镇户口，并在子女入学、参军、就业等方面享受与城镇居民同等待遇，不得实行歧视性政策。"[①] 2005年中央政法委下发的《加强流动人口综合治理工作的意见》，再一次确认了"引导农村富余劳动力向非农产业和城镇有序转移"的思想，文件提出强化流动人口各项服务措施，但延续了支持向中小城市尤其是县一级"小城镇"流动而限制大中城

---

① 《关于促进小城镇健康发展的意见》，中国政府网，http：//www.gov.cn/gongbao/content/2000/content_60314.htm。

镇流动的政策思路。

　　这一时期一系列政策文件在宏观层面贯彻了"有序流动"的指导思想。这种有序流动反映的是对既有流动的追认和管理，而非对人口流动长期趋势的预见。在政策伦理层面，它与改革开放以前的人口流动政策思维有极大的相似之处，那就是倾向于从消极层面评价人口流动所造成的问题、困难，将其视为必须严格控制的对象，而非将其视为公民自由权力的实现和经济成长国家转型的巨大财富。因此，具体到执行层面尤其是大中型城市当中，有序流动被转化为简单的"行政阻挠"政策，而且管制性政策日益细密，服务性政策则是原则性规定较多细化内容较少。我国各级地方政府在制订流动人口管理办法时具有很少受到法律约束的自由。基于地方本位主义的思维，地方政府往往简单地将流动人口等同于"劳动力"，通过简单粗暴的限制性政策规避自己对流动人口承担法律、政策层面的义务。这就导致了下位法对上位法的普遍侵害。尽管在法律层面，我国《劳动法》《义务教育法》等法律已经明确规定流动人口及其子女享有平等的就业和义务教育权利。但是实际运行中劳动就业、义务教育权利的获得与城市户口绑定极紧，地方政府对流动人口的公共服务目前解决的是"有"和"无"的问题，而非"平等"或"歧视"的问题。

　　在经济层面，中国的改革开放是一场经济社会结构的重大转型。但是在改革路径的选取上，我国仍延续了重城市轻乡村、重积累轻分配的既有思路。尽管1985年农产品统购统销政策取消，但是农业产品结构和市场渠道的建设改造并没有得到与城市工业体系相同的重视。国家投入的长期欠账和政策忽视使工农业"剪刀差"现象依然没有得到解决。"1998～2009年的大部分时间内，工业产品价格的年增长幅度大于农副产品的年增长幅度。工业产品与农业产品利润之间差距的扩大产生的直接后果就是农业增产不增收。……（农业）财政支农支出基本没有达到《农业法》规定的'国家财政每年对农业总投入的增长应当高于国家财政经常性收入增长幅度'"的要求，1990～2002年，对农业的总投入仅有1990年、1991年、1994年、2002年的增长幅度高于国家财政经常性收入的增长幅度。"① 国家对农业和农村投入的不足是为了保证城市工业体系建设的优先地位，这也在经济层面解释了农村人口向城市迅速转移的动力问题。但也正是基于同样的理由，为了保证城市工业体系服务体系具有廉价的劳动力、保证各级政府具有足够的财政能力支持地方经济的发展，流动人口公共服务被限制在一个很低的程度。这有助于降低各项发展的财政负担、保持我国劳动力价格的竞争优势。在很

---

① 材料引自《中国统计年鉴》，引自曾万明，《我国统筹城乡经济发展的理论与实践》，西南财经大学博士论文，2011年，第57～61页。

长一段时间内,限制流动人口分享经济收益和享受平等权利的行为并不被认为是与社会主义市场经济体制相违背的,反而认为是市场经济形成过程中一种必要的和有益的政策补充。

第四阶段:2006年至今。2006年3月,全国人大通过《国民经济和社会发展第十一个五年规划纲要》(以下简称《纲要》),《纲要》明确指出"加快公共财政体系建设。逐步推进基本公共服务均等化"。同年10月中共中央《关于构建社会主义和谐社会若干重大问题的决定》对基本公共服务均等化做了更为全面详尽的阐述,"完善公共财政制度,逐步实现基本公共服务均等化。健全公共财政体制,调整财政收支结构,把更多财政资金投向公共服务领域,加大财政在教育、卫生、文化、就业再就业服务、社会保障、生态环境、公共基础设施、社会治安等方面的投入。"① 在实现基本公共服务均等化的大背景下,流动人口公共服务均等化问题在国家流动人口政策中被置于更为重要的位置。由于流动人口公共服务问题涉及复杂的跨区域跨领域的协调问题,不可能由单一部门的单一政策加以推进。目前我国的流动人口公共服务均等化工作在三大框架下有序推进。一是城乡一体化战略;二是社会管理创新;三是社会保障体系建设。

2007年,党的十七大提出"建立以工促农、以城带乡长效机制,形成城乡经济社会发展一体化新格局"。城乡二元结构改革加速,国家财政支出面向农村倾斜,在流动人口户籍所在地承担流动人口大部分公共服务支出责任的情况下,占流动人口很大份额的农民工因此获益。2008年10月,党的十七届三中全会通过《关于推进农村改革发展若干重大问题的决定》(以下简称《决定》),《决定》指出我国已进入着力破除城乡二元结构、形成城乡经济社会发展一体化新格局的重要时期,要在城乡规划、产业布局、基础设施建设、公共服务一体化等方面尽快实现突破,推动城乡经济社会发展融合;强调到2020年基本建立城乡经济社会发展一体化体制机制。城乡一体化战略的出台,其背景在于我国经济发展模式的转型与改变。② 随着人口红利的消失和大中城市用工荒的蔓延,中国经济过去几十年依靠农村廉价劳动力保持竞争力的经济模式出现了巨大的转型压力。东部沿海地区"腾笼换鸟"和产业升级的举措,使流动人口的区域选择出现根本性调整,中国经济适应中高速增长的新常态亟须在全国范围内亟待挖掘更深的经济社会成长空间。城乡一体化战略的本质是开掘广大农村地区的经济纵深,而流动人口的公共服务问题正是这一战略得以实现的社会基石。2007年,吉林、江

---

① 《关于构建社会主义和谐社会若干重大问题的决定》,新华网,http://news.xinhuanet.com/politics/2006 - 10/18/content_5218639.htm。

② 《关于推进农村改革发展若干重大问题的决定》,中国政府网,http://www.gov.cn/test/2008 - 10/31/content_1136796.htm。

苏等 12 个省直辖市，先后变更了户口制度，建立统一的"居民户口"，消除了农业户口和非农户口二者间的差别。尽管统一户口制度还未能解决旧的户籍与公共服务与福利挂钩的问题，但它已经在名义上宣示了传统户籍制度的改革必要，并为今后进一步改革提供了法理前提。2011 年 3 月，《国民经济和社会发展第十二个五年规划纲要》明确提出："坚持工业反哺农业、城市支持农村和多予少取放活方针，充分发挥工业化、城镇化对发展现代农业、促进农民增收、加强农村基础设施和公共服务的辐射带动作用，夯实农业农村发展基础，加快现代农业发展步伐"[①]，并首次提出逐步缩小城乡、区域间人民生活水平和公共服务差距。流动人口公共服务均等化问题成为国家的大政方针。中央和地方开始进一步加大对流动人口公共服务的财政支持力度。很多城市开始试点流动人口公共服务落地政策并加以推广。

在我国，流动人口公共服务服务在传统上属于城市社会管理工作的一部分。医疗、教育、卫生保健、治安等部门都具有管理和服务流动人口的某些职责，但这些职能的整合则采取某个部门为主其他部门协同的方式完成。传统的条块分割的社会管理体制在很大程度上遏制了国家对流动人口的有效管理，而缺乏对流动人口基础状况的有效掌握和管理，流动人口公共服务则缺乏最起码的政策基础。2011 年 2 月，胡锦涛总书记在社会管理及创新专题研讨班上强调要"进一步加强和完善流动人口和特殊人群的管理和服务，建立覆盖全国人口的国家人口基础信息库，建立健全实有人口动态管理机制"。"十二五"规划纲要则提出："以居民需求为导向……加快社区信息化建设，构建社区综合管理和服务平台。"[②] 我国希望在管制型政府向服务型政府的转型过程中，通过政府职能的整合与重塑为解决流动人口公共服务与管理问题提供制度与组织基础。2011 年以后我国着手在国家层面试点建设国家人口基础信息库，部分地方政府则试点建立涵盖人口、公共卫生等领域的综合治理服务平台。目前，以民政部门为主体的社区综合管理和服务平台在全国范围内已经推广和建立。包括无锡、杭州、上海、北京等地都开始在制度层面建设不同部门的统筹机制。在地方试点工作中，人口计生部门、国家发改委、公安部门、卫生部门作为牵头方的尝试都存在，这也显示了我国社会管理体制中缺乏顶层架构的问题。

流动人口公共服务中最主要的内容就是流动人群的社会保障问题。据劳动与社会保障部的数据分析，2007 年农民工参加基本养老保险的人数远远不到 20.41%，最多也就在 13% 左右，参加失业保险的不到 11.44%，应该在 7% ~

---

①② 《国民经济和社会发展第十二个五年规划纲要》，中国政府网，http://www.gov.cn/2011lh/content_1825838.htm。

8%左右。[1] 这意味着绝大多数流动人口未被纳入我国现有的社会保障体系当中。造成流动人口参保率低的主要原因则在于制度和收入两大层面。从制度角度来看，我国的社保制度存在着程度不一的地域分割问题。在省内统筹日益完善的情况下，目前则主要表现在省际分割上。由于无法随人转换，现行制度又规定流动劳动力必须在工作地缴费满15年后方能享受养老保险，这就意味着只要一个劳动者如果是跨省流动，那么他只要在一地工作15年以下则参保意义不大，只能以退保解决。这对高度流动的劳动力而言几乎是无法企及的"门槛"。[2] 同时，我国流动人口尤其是农民工的绝对收入很低，在城乡分割的就业市场当中他们的劳动收入积累率很低，除非用工单位或当地政府可以承担相关成本，他们在缺乏明确预期的情况下不愿意参与到收益率较低的现有体制当中。相关研究显示，尽管外来工人的劳动技能和收入优于本地农民工，但外来工人参加社会保险的概率显著低于本地农民工，这一数据证明了在缺乏政府保障的情况下，农民工依靠个人收入无法承担社会保障的成本。[3] 从把流动人口覆盖进社会保障体系的问题上，除了解决省际壁垒外，流动人口社会保障的政策归口问题也是政策选择的焦点。我国目前存在着两种政策取向，一是就近取向，将流动人口就近纳入接收地的社保体系当中。这其中又细分为城保方式和农保方式：即将流动人口纳入当地城镇社保当中还是农村社保当中，这两种取向在东部沿海地区都存在试点。二是户籍取向，由于农民工的流动具有很强的季节性，在城市的排除下流动人口尤其是农民工往往会在家乡按照固定居所。因此很多农民工都采取了在户籍所在地参保的办法解决自己的"后顾之忧"。应该说，户籍取向的社保制度是城乡二元体制的产物和延续，它在本质上并不能解决流动人口的自由流动和权利保障问题。而就近取向也存在很大的困境，社会保障的省际分割问题不是简单的某个城市试点可以解决的问题。事实上在没有高层次统筹的情况下，个别地方将流动人口纳入地方公共服务既缺乏长期的政策动力，更严重依赖地方财政的政策宽松与否，这些经验几乎是无法复制和推广的。为此，如何有针对性地建立与流动人口匹配的社会保障制度是一个长期的课题。

三、流动人口公共服务供给过程存在的问题

首先，我国流动人口基本公共服务供给状况的改善，其根本问题在于强化相

---

[1] 郑秉文：《改革开放30年中国流动人口社会保障的发展与挑战》，载于《中国人口科学》2008年第5期。
[2] 国务院研究室课题组：《中国农民工调研报告北京》，中国言实出版社2006年版，第248页。
[3] 谢桂华：《中国流动人口的人力资本回报与社会融合》，载于《中国社会科学》2012年第4期。

应制度的动态性，而非降低流动人口的流动性。就政治和文化层面而言，中国历史上一直存在着防范和反对人口流动的传统。中华人民共和国成立以后，出于优先发展重工业、建立国家工业化和国防现代化的需要，我国自第一个五年计划开始执行"农业补贴工业"的政策，① 城市和乡村在产业结构和功能上的区分日益显著，城乡收入差距随之拉开。乡村向城市转移人口的动力随之增加。但是，由于我国执行的是高度的计划经济政策，人口转移也被国家纳入国家产业结构布局的统筹考虑当中。因此，除有计划的农村招工外，我国并不鼓励农业人口的自由流动，抑制而非鼓励流动成为我国人口政策的基本特征。1958 年农村人民公社制度建立，1958 年《中华人民共和国户口登记条例》实施，就此形成了静态化的城乡二元户籍制度，依附在二元身份背后的福利差距也随之固化和扩大。改革开放以来，我国社会主义市场经济体制的建立和发展迫切需要人口的自由流动，但是中国割裂的静态化的城乡结构和人口管理模式却并没有发生根本性的改变。从 1989 年 3 月国务院颁布的《关于严格控制民工外出的紧急通知》到 1994 年 11 月劳动部又发布的《农村劳动力跨省流动就业管理暂行规定》，我国政府在一段时期以内的基本思路仍然是严格管制人口流动为主，而非将精力集中于城市功能的转化升级。1994 年中国流动人口的规模过亿，中国各级主管部门已经意识到人口流动的趋势无法逆转，但在维持现有不公平的流动态势和促使流动人口定居他乡之间，各级地方政府依然缺乏足够动力选择后者。这其中的原因除地方财政能力有限外，更关键的问题在于地方政府治理能力存在局限性。流动人口享受公共服务水平的提升不仅仅是政策性功能性问题，更关系到地方政府治理结构的升级问题。

其次，我国流动人口管理长期以来缺乏科学全面的制度统筹，存在着明显的制度过密化（Involution）特征。"过密化"这一术语由美国学者杜赞奇（Prasenjit Duara）创造，形容制度数量的增加与效率日益低下互为因果相互循环的趋势。② 在国家层面，我国流动人口管理政策长期以来缺乏顶层设计，流动人口的管理权限分散在治安、计生、公共卫生、教育等不同部门。流动人口公共服务国家层面的政策设计往往以部委间的协调为主，其出台的政策文件具有目标导向和任务导向的特征，以实现某一具体指标为目的，但通常不涉及部门功能整合重组和政策规范统筹方面的制度设计。

中央政府顶层设计的缺失对地方政府流动人口公共服务政策造成了很大的影响。按照我国政府结构"职责同构"的基本原则，地方政府在职能、职责和机构

---

① 王红军：《建国初期我国工业化道路的探索及得失》，载于《南都学坛（哲学社会科学版）》1996 年第 4 期。

② 王庆德：《防止制度建设过密化》，载于《北京日报》2015 年 6 月 8 日第 17 版。

上与中央政府保持高度一致。① 流动人口管理和服务的碎片化趋势因此由中央扩散到地方并进一步放大。地方政府继承了来自更高层级的条块分割的管理体制,各部门间在信息收集、政策设计、管理模式、预算使用上存在着严重的制度壁垒:一方面各部门的职能层叠架构,重复投入和利用率不高现象普遍存在;另一方面管理权限不清使部门间推诿塞责成为可能,流动人口公共服务出现长期性的覆盖盲点。同时,过密化的制度设计增加了统一领导和监管的难度,与流动人口管理相关的各项制度在历史路径上存在着应急和临时的色彩,各级地方政府和相关部门可以根据自己的需要选择政策切入点与重点,控制政策幅度。各部门在"管什么、管不管、怎么管、管多久"的问题上具有很大的自主权限,而他们在信息收集、政策执行方面的很多政策都是相互叠加、矛盾和抵消的。目前有一种论调将流动人口公共服务供给不足的问题归咎于地方政府财政投入不足,但是这一研究通常没有将部门因制度过密化导致的预算浪费考虑在内,条块分割化的服务结构极大增加了流动人口服务统筹的成本。

再次,流动人口群体的高度流动性和各项基本"素质"问题成为困扰基本公共服务供给的重要问题。现有研究流动人口公共服务的文献不约而同地指出,流动人口流动性强,受教育程度相对较低,年龄结构较轻,法制维权意识较低,在接受所在地政府管理和服务方面具有"被动性"较强的特征②。一旦缺乏他们的主动配合,各地政府在搜集掌握流动人口基本信息、进行有效管理和提供针对性服务方面就会遇到巨大的困境。在这些困难背后体现的是两个深层次问题:第一,相关部门习惯以城市居民为参照系来看待流动人口的公共服务工作,注意到流动人口的整体素质、配合相关部门工作等方面与城市固定人口的差距,用处理城市居民公共服务事宜的思路和流程看待流动人口公共服务工作。在我国城乡二元结构差异根深蒂固、公共服务均等化需要较长历史周期的情况下,即有工作思路、方法和机制不但不能解决流动人口公共服务的实际问题,反倒成为新机制建立和发展的桎梏。第二,流动人口往往有效利用地方政府提供的各项公共服务,体现了流动人口群体与各地公共服务体系黏合力弱、配合度低的问题。我国流动人口既包括高流动性的群体,也包含大量已经在城市定居尚不具备城市居民身份的人群。这些群体对基本公共服务存在极大的需求,但他们却没有形成对城市公共服务体系的依赖关系。强调流动人口群体素质并无多少政策意义,如何制定适合该群体的政策才是解决该问题的关键。流动人口与既有服务黏性弱,究其自身

---

① 朱光磊、张志红:《"职责同构"批判》,载于《北京大学学报(哲学社会科学版)》2005年第1期。

② 杨春:《对推进流动人口计划生育基本公共服务均等化的思考》,载于《人口与经济》2014年第11期。

而言,涉及该服务的供给数量、质量、供给方式、针对性及便利性等多个问题,这些问题可能是系统性的也可能是个别的,但他们都可能推高公共服务的使用成本,使流动人口做出消极或拒绝配合所涉公共服务的决定。

最后,就是流动人口公共服务政府供给不足、市场化程度较低、多元协同供给程度较低的问题。我国流动人口由于其庞大的人口基数和刚性的公共服务需求,其公共服务供给的需求和市场潜力是巨大的。但是这种潜力因为市场的混乱、政府补贴和管理政策的不到位,由一个公共产品市场化异化为单纯的市场行为。流动人口因此以高昂的价格承担了公共服务缺位而转嫁来的公共服务成本。

长期以来,中国政府对于公共服务的生产基本处于垄断地位,基本公共服务的供给过程具有很强的计划经济特征。从发达国家公共服务模式的发展历程来看,从政府垄断到政府、社会、市场共同供给已经成为一个普遍的趋势。但这一转型在我国进展得相对缓慢,流动人口公共服务领域体现得尤为明显。由于流动人口聚居地区公共设施匮乏,历史欠账过多,流动人口总体收入又明显低于城市固定人口,[①] 其消费习惯、生存发展需求都存在着迥异于城市固定居民的特征。目前我国流动人口在所在地城市大多形成了以城中村、城乡接合部等为载体的"大杂居、小聚居"地理格局。流动人口因为长期被拒绝在城市公共服务大门之外,因此依靠市场和社会途径获得公共服务的趋势在很多方面反倒超过城市居民。这些流动人口聚居地区已经初步形成了一个涉及医疗、养老、教育等行业的公共服务市场。但是,目前流动人口所习惯的公共企业往往具有规模小、质量差、资质低、来源不稳定等众多缺陷,其可持续发展能力和提供符合国家标准公共服务的能力都极其薄弱。更为重要的是,社会资本和社会组织进入流动人群公共服务市场的意愿,受到政府规制欠缺和管理乏力的制约。在政府没有开放这一市场并建立一个规范和法制化的管理体制时,优质的企业就要由自身承担相应的风险和成本,而这对本身就具有前期投入大、资金回笼缓慢特征的公共产品生产企业来说,是难以忍受的。

四、流动人口基本公共服务均等化的对策建议

人口流动规模的扩大是经济全球化和现代化的必然产物,而实行流动人口基本公共服务均等化则是我国建设和谐社会、实现社会公平正义、保证公民权利平等的迫切要求。如何让流动人口共享公共开放的成果、消解城乡二元结构带来的福利鸿沟,不是简单的几项政策可以解决,而是一项复杂的系统工程,它既需要

---

① 吴兵:《农民工"退保潮"因何而起》,载于《人民日报》2008年1月8日第10版。

国家人口政策的顶层设计，财政、法律、民政、公共卫生等政策规划方面的统筹兼顾、更需要社会化、市场化的操作手段。综合考察现阶段我国流动人口公共服务相关工作的实际运行状况，以下几个方面的工作在未来一段时间内可能成为流动人口公共服务均等化工作的重点。

首先，在社会文化和行政文化层面，破除对流动人口歧视性的僵化社会认知。长期以来，流动人口的形象被符号化、污名化，"不讲卫生""素质低""不讲规矩"等刻板印象使我国流动人口管理的政策实践经常性的以防范、管制为主。地方政府对"外乡人"和"本地人"差异对待成为市民和行政部门都默认的共识，流动人口公共服务工作的落后、不作为等种种弊病都无法引起民众、舆论和主管部门的同等重视，社会文化的消极影响为流动人口公共服务中的种种懒政、怠政提供了生存的土壤。随着我国行政体制改革的深入，公民意愿对于各级政府施政定策的影响越来越大，建立在城乡二元制度基础上的身份差异及其所形成的关于"外乡人"的刻板印象，未来成为扭曲城市固定居民对流动人口公共服务工作的认同和配合程度的关键因素，影响到各级政府及主管部门在政策设计和政策实施过程中的政策，更将影响到流动人口对所在地区的认同感、公民责任的建设。我国流动人口公共服务政策建立的基础首先就是要建立一种共生性、包容性的移民文化，鼓励培养定居人口与流动人口在情感和文化上的共识，对现行制度和宣传工作中潜藏和表面化的歧视性制度、规范和话语加以清理，形成一种欢迎流动人口融入所在地的社会氛围。

其次，在国家层面对地方政府的流动人口政策进行制度整合，在一个兼顾流动人口管理与服务的大框架内实现流动人口公共服务工作的进步与提升。我国各地近年来密集出台了大批流动人口管理与服务政策，这些政策为全国范围内流动人口公共服务的均等化提供了坚实的基础。但是，地方政府政策的过密化趋势意味着各地各部门的政策之间存在着频繁的不兼容现象。这意味着中央不仅要承担加大财政投入、提供指导原则的职责，更要承担落实顶层架构、破除制度壁垒的具体职能。这种制度统和的顶层设计包含以下几个方面。

第一，由中央对地方所出台流动人口政策进行督促、审查和规范。而一个可以惠及和覆盖流动全部人口的动态公共服务体系，不但不是流动人口、卫生医疗、教育、计划生育等具体政策任务的简单叠加，反而应该预防各项工作目标推进过程中相互的孤立、重叠、交叉，加剧目前业已存在的制度"过密化"趋势。这需要中央层面以更高的法律与政策权威对地方相关工作进行统筹监督。例如，2014年7月30日，国务院印发了《关于进一步推进户籍制度改革的意见》，指出要在2020年前将1亿农业转移人口及其他常驻人口在城市落户，暂时未落户的也要逐步享受基本公共服务。截至2015年11月3日，已经有25个省（自治区、直辖市）出台了户籍制度改革方案，国家要求到年底每个省（自治区、直辖市）都必须出台方案。这就是中央层面对地方层面相关工作的督促和审查。

第二，对地方陈旧的不符合流动人口公共服务均等化目标的既有政策加以清理。在过去数十年里，我国陆续出台了大量转型政策，用于解决流动人口的管理和服务工作。这些政策有些在今后一段时间仍将发挥重要的作用，有些则已经明显不适应当下的需要。与不合时宜政策挂钩的则是，各级政府和职能部门难以破除的工作方法、工作流程和配套制度。在中央加大了对流动人口公共服务政策的统筹力度后，如何清理旧的政策及其影响，如何建立与新规则向适应的工作方法、制度，成为各级政府和主管部门必须正视的首要任务。各级政府需要打破在旧政策基础上缝缝补补的习惯，针对流动人口的实际特征建立一个真正配套的政策体系。

第三，建立联协工作模式，重新厘定各具体职能部门的职能边界。我国目前从中央到地方形成了以各部委联合办公、协同治理的流动人口公共服务工作格局。但这种工作的模式越到地方协同难度越大，政策精神到实践所经历的政策链条过长，其整合作用的真正发挥有赖于部门间的高质量协调。就根本而言，部门协调困难问题的解决有赖于中国行政体制大部制改革的进一步推进。具体到当前的情势，则需要在各部门协同工作中建立强有力的协调机制，建设部门权责清单，扫除公共服务职能落实死角。2015 年 12 月 22 日结束的城市工作会议提出了"五个统筹"的基本原则，即"一、统筹空间、规模、产业、提高全局性；二、统筹规划、建设、管理，提高系统性；三、统筹改革、科技、文化三轮驱动，提高持续性；四、统筹生产、生活、生态三大布局，提高宜居性；五、统筹政府、社会、市民三大主体，提高积极性。"[1] 并首次树立了"主要领导亲自抓，建立健全党委统一领导、党政齐抓共管的城市工作格局"的责任制度[2]。城市工作的升级为打破流动人口公共服务条块分工的壁垒提供了契机，在城市功能总体完善和可持续发展的大背景下，流动人口公共服务可以在一个新的政策平台上获得发展。

第四，降低流动人口享受公共服务的"门槛"，推动公共服务便利化和流动人口基本公共服务的"一站式"服务体系的建设。既有研究发现，流动人口对地方政府推出的公共服务项目往往缺乏热情，地方政策与流动人口间缺乏黏性既形成了资源浪费，也造成公共服务不均衡状况的进一步恶化。为增加流动人口与所在地公共服务间的衔接程度，各职能部门需要在公共服务的配套服务及便利化措

---

[1][2]《中央城市工作会议：拟到 2020 年基本完成棚户区改造》，新华网，http://www.chinanews.com/gn/2015/12 - 22/7682977. shtml。

施上下更多功夫，做更大努力。具体讲，地方政府需要开发和利用新的信息平台，降低流动人口享受公共服务的信息壁垒；增加流动人口公共卫生服务站等专职措施的数量，增加相关设施、人力和资金投入，降低流动人口享受公共服务的物质成本，合并相关服务的办理和执行机构、场所，简化审批力度，降低流动人口享受公共服务的行政成本。通过一站式审批、一站式服务的方式，流动人口对所在地公共服务体系的依附性增加，其配合流动人口管理和服务部门工作的热情及责任感也会随之增加，这又会在更大范围内促进我国流动人口管理工作的总体发展。

最后，完善公共服务多元供给模式，以市场化为契机提升流动人口公共服务的质量。目前，在我国流动人口聚居的区域内，已经形成了以各种市场化、社会化的公共服务设施，满足流动人口群体对基本公共服务的刚性需要。包括民办学校、微小诊所、社区医院在内的各种所有制形式的公共服务供给方形成了一定的服务规模。目前流动人口公共服务工作的焦点在于进一步破除政策和市场层面的歧视性环境，增加政府对现有多元供应主体的政策和财政补贴力度，培育新兴的市场和社会主体参与到流动人口公共服务工作当中。具体措施应该包括：

第一，设立专项资金、争取配套资金，以此调动社会资本参与流动人口公共服务当中。2012年3月，《中央财政支持社会组织参与社会服务项目公告》中决定，以中央财政专项资金支持社会组织参与社会服务。2013年7月国务院总理李克强主持召开国务院常务会议，专题研究推进政府向社会力量购买公共服务事宜。从党中央到地方，我国已经设立大量的专项资金用以支持公共服务主体的多元化、提升公共服务的质量。流动人口公共服务体系历史积欠甚多，公共企业介入到流动人口的教育、公共卫生、养老等领域时，必然考虑资本投入的长期性及风险控制等问题。设立专项资金、争取配套资金，不仅可以帮助公共企业解决成本问题，更是一个政策导向的信号，它避免以行政手段强制干预供给企业的生产经营活动、用经济杠杆刺激企业投入的决心、引导企业进入政府优先考虑的领域。

第二，同时发展私人所有的微小公共企业与混合制形式存在的公共企业。流动人口收入水平的限制，使其公共服务的获得方式也必然有别于城市固定居民，较之后者具有更为分散化、碎片化的态势。资本聚集化程度低但规模小、经营灵活、与流动人口有"亲谊乡情"的微小型私人企业对于在城市中"大分散、小聚居"的流动人口群体而言，在供给公共服务方面是一个更好的选择。这些"乡情化"的微小企业具有亲民近民的先天优势，但也面临着服务质量、意识方面的问题，因此他们需要和城市内原有的大型公共企业相互配合，前者布网、后者设点，合理分工、共同搭建流动人口公共服务网络。

第三，政府工作的核心内容是为流动人口公共服务市场树规立制。在市场的培育阶段，地方政府的工作重点主要有两个，一是设立负面资产清单，对影响到公共企业发展的行政权力、法律法规进行清理，对政府需要退出经营的领域进行公示，建立一个政策法规环境透明可控的经营环境。二是设立流动人口公共服务市场规划，对相应服务市场的培育阶段、开放次序、开发重点及每阶段政府的优惠补贴政策向市场主体明确说明。

第四，以具有典型意义的城中村、城乡接合部为试点，探索适合各地特殊需要的流动人口基本公共服务均等化模式。我国各地区域经济社会发展极为不平衡，流动人口省际流动、省内流动的方式和就业结构多种多样，因此不能以一种固定的模式框定各地流动人口公共服务的实际情况。在一个行政区域内选择具有典型意义的流动人口聚居地进行试点，进行公共企业培育建设、公共服务网络推广的试点工作，有助于稳定有序地推进工作的进展，积累政府、公共企业的管理经营经验起到示范效应，进一步刺激社会资本的进入。

第五，以公共企业利润审计为抓手，建立公共企业监管机制。西方各国政府对公共企业监管的经验各有不同，但综合法国、德国公共企业的发展轨迹，无论特许经营、采购招标、直接资助、政府资产的委托代理，政府的意志都是通过契约形式对企业施加影响的。我国很多地区基层政府与公共企业合作的经验匮乏，政府在复杂情况下把握公共利益的能力也较弱。因此上级政府机关主导下的利润审计就成为限制企业自利倾向、保证流动人口利益的直观有效的工具。通过限制利润，降低成本，虽然不是改善企业提供公共服务质量的全部内容，但它是保证公共企业公共性最容易操作的办法，并为政府和公共企业间搭建了一个有效的沟通平台。

第十章

监督问责：基本公共服务均等化的坚实保障

第一节 基本公共服务均等化是政府的责任

国务院于2012年在《国家基本公共服务体系"十二五"规划》中对基本公共服务是政府责任做出明晰规定："基本公共服务，是指建立在一定社会共识基础之上，由政府主导提供的、与经济社会发展水平和阶段相适应，旨在保障全体公民生存和发展基本需求的公共服务。享有基本公共服务属于公民的权利，提供基本公共服务是政府的职责。"[①] 基本公共服务的公共性和普惠性要求政府作为实施主体，而公共服务涉及公共教育，文化卫生、公共交通和社会福利等方方面面，就基本公共服务的实施主体而言，政府应当在提供公共服务的过程中发挥不可替代的主导作用，理应承担不可推卸的责任。

一、基本公共服务均等化涉及底线公平，要求政府承担义务

基本公共服务均等化是社会主义市场经济发展到一定程度的制度安排。基本公共服务均等化以实现社会的公平正义为目标，并以满足大多数人对公共资源的

---

① 《国家基本公共服务体系"十二五"规划》，载于《国务院公报》2012年第21期。

基本需要为目的。对基本公共服务均等化的理解应该牢牢把握"基本"和"均等化"两个维度，并将其有机结合起来。

所谓基本，是指所有需求层次中最低层次的公共服务，是为满足社会成员的最低要求。但强调"基本"并非意味着其他"非基本"的公共服务不重要，而是基本公共服务乃是政府对社会成员的最低限度的承诺与保障，事关社会成员的生存与发展的基础条件。基本公共服务的内容较为广泛，一般包括和社会公众密切相关的基础民生性服务，如养老保障，社会救助和社会就业等；社会公共事业性服务，如公共教育、医疗服务等；公益基础性服务，如公共设施、环境保护等内容。政府提供公共物品种类的宽泛性也决定了只有政府可以在基本公共服务均等化的过程中发挥主导作用。基本公共服务均等化，应该辐射到全体社会成员，惠及每一位公民，切实满足公民对公共资源的最基本要求和需要。和民生相关的基本公共服务均等化是保证社会公平正义的本质特征和内在要求，但这种均等化并非绝对的平均化和无差别化，而是在提供基本公共物品的过程中，政府有责任有义务来保证社会每个成员公平平等地享有社会发展带来的成果，在保证社会基本底线公平的情况下，使每一位社会成员都是改革红利的受惠者。这种公平是社会所应该为其成员提供的最基本的公平均等，无论是教育公平，还是医疗服务，抑或环境生态等基本公共服务领域，都需要政府保证社会的底线公平，使公众感知到起码的社会公平的存在。

所谓均等化，其理论渊源可从著名的罗尔斯的正义论中探寻。罗尔斯的正义原则向来被学界奉为圭臬，其提出的正义原则阐发的对社会公共物品的分配原则为学界所认同。正义原则是良好社会的基本导向，维系社会的基本公平正义是民主社会的应有之义。罗尔斯关于正义的两个原则的表述是："每个人对平等的基本权利和自由之完全适当体制都拥有一种平等的要求，而这种体制与所有人的同样体制是相容的；社会和经济的不平等应该满足两个条件：第一，它们所从属的职位和公职应该在公平的机会平等条件下对所有人开放；第二，它们应该符合社会最不利成员的最大利益。"[①] 罗尔斯认为，正义的主题是社会结构的本质要求，他强调社会资源的公平分配，通过分配社会有限的资源并照顾社会最不利群体来达到社会的公平正义。社会资源的分配底线要关照到公民的生存与发展权，基本公共服务均等化要遵循社会公平正义的原则，因为社会公平正义也是一个社会良性运行的底线。罗尔斯的两个正义原则表明其正义理论的重心是平等，即确保平等的自由和确保平等的机会和平等的利益分配。可见罗尔斯对正义的论述强调对

---

① 姚大志：《从〈正义论〉到〈政治自由主义〉——罗尔斯的后期政治哲学》，载于《中国人民大学学报》2010年第1期。

整个利益分配方面宏观的道德规范，而非对具体细节原则的勾画。而罗尔斯的正义原则在具体的基本公共服务领域，可引申为基本公共服务均等化涉及到底线的公平原则，公民有权利公平可及地获得大致均等公平的基本公共服务。正是涉及底线公平，政府履行职责的应有之义就是把基本公共服务均等化作为对社会成员承担的义务来承担相应的责任，在推行基本公共服务均等化的过程中应该发挥主导作用，切实承担政府责任。在另外一个层面，这也是政府维系的基础所在，是保证社会正义的底线要求。

二、基本公共服务均等化事关民生发展，要求政府履行职能

改革开放 30 多年以来，中国在实现自身实力提升和地位提高的过程中也衍生出了一些关乎民生的社会矛盾和问题。简单来说，中国近几十年来谋求经济总量增长的同时并未很好地解决由此衍生的社会民生问题：城乡发展不均衡，贫富差距，社会保障机制匮乏、教育资源欠缺、环境污染严重等问题伴随着中国经济的高速增长，并呈愈演愈烈的趋势。这些事关民生的矛盾和问题从根本上来讲是由政府基本公共服务供给不到位、不均等导致的。说改革开放之初政府将经济建设作为其首要职能，并无精力和能力来解决社会民生问题，那么在经历了 30 多年的经济能力积累过程之后，政府已经有能力有责任也必须要解决民生问题。解决民生问题已成为当代中国政府刻不容缓的责任，而提供基本公共服务则是解决民生问题的有效途径。基本公共服务均等化关注民生保障和完善，而改善民生始终是政府必须履行的职能。评价政府执政能力的标准已经不单单是简单的经济发展速度，取而代之的是公众的满意程度。"把百姓民生的改善，国民的福祉作为衡量发展的最高标准，用民众生活质量和满意指数来取代简单的经济发展指数"[①] 作为政治合法性来源的支撑和考量政治发展水平的标杆。因此，明确政府的职责范围尤为重要。政府职能是指行政机关在管理活动中的基本职能和功能作用，主要涉及政府管什么、怎么管、发挥什么作用的问题。[②] 随着社会的变化发展，政府的职能也是不断发展变化的，而对政府职能做出与社会发展相适应的调整和反应是政府赖以生存和发展的前提条件。虽然在不同的时代和不同环境中政府的职能具有相对稳定性，但政府职能的实施重点和实现方式会随着时代的不同表现出具体的差异性。究其政府行政管理，实际涉及两大领域：一是政府对社会公共事务的管理，二是政府对公共行政体系自身事务的管理。据此，学者们将政

---

① 张贤明：《改革发展成果共享与政府责任》，载于《政治学研究》2010 年第 6 期。
② 夏书章：《行政管理学》（第 2 版），中山大学出版社 1998 年版，第 49 页。

府职能划分为两大范畴：一是政府对社会公共事务管理方面的作用；二是政府对自身事务的管理。① 政府职能从经济建设到公共服务，是社会经济持续发展的客观要求和必然趋势。在社会主义市场经济条件下，过分地强调政府的经济建设职能容易陷入误区，即不恰当地把本应由政府为主提供的公共产品和公共服务推向了市场和社会，长此以往，会导致社会经济发展与社会公平正义发展不成正比的关系。因此，政府职能从经济建设到公共服务的转变，是新阶段我国政府职能转变的基本目标。必须准确把握这一转变及其发展趋势，把民生问题纳入政府的职责范围之内。② 民生问题和每个人休戚相关，关乎人的尊严，而人的尊严则是推行基本公共服务均等化的出发点和落脚点。

基本公共服务涵盖民生的诸多方面，推进基本公共服务均等化的过程就是推进民生公平。在某种意义上，保障"民生"就是由基本公共服务来实现的。改善民生也主要通过提升政府的公共服务水平来完成。政府履行公共服务职能的目的在于促进社会的发展，其中之一就是通过强化政府的公共服务职能来促进经济的持续健康有序发展。③ 民生发展与政府责任密切相连，与民生发展密切相关的基本公共服务均等化要求政府履行职能，改善民生涉及到政府的职能定位问题。在当前社会主义市场经济条件下，政府需要履行诸多职能，而其中政府最重要的职能就是向社会提供公共产品和基本公共服务。基本公共服务关乎民生的基本需求，传统的医疗，基础教育和生态环境等基本公共服务与民生休戚相关。政府对基本公共服务的供给越充足，民众个人需要投入的私人产品就会越少。这就意味着政府基本公共服务的供给充足和适当才会减轻民众个人的负担，使得公众有更多的意愿和更多的能力投入到非基本公共服务领域，从而拉动我国经济的发展。关乎民生的基本公共服务必须由政府为主导来进行规划和管理，否则很难保障公共服务的有效供给，也不利于社会的稳定和发展。公众对于基本公共服务供给的满意程度取决于政府履行责任的状况，因为政府的责任在于保护所有公民而非其中一部分人，所以，在中国提高政府责任对于维系公众对基本公共服务的满意度是十分必要的。

基本公共服务与民生发展在内涵上具有内在的契合性。从供需视角来看，基本公共服务立足民生发展，是社会稳定和谐的必然选择，基本公共服务本身就是为了更好地满足民生的需求而提供的服务。实现老有所养，病有所医、学有所教，住有所居，保障民生正是政府为了满足民生而需要履行的职责。而从需求方面来看基本公共服务与民生的关系，更多地需要关注社会公众的服务需求，即需

---

① 吴爱明等：《服务型政府职能体系》，人民出版社 2009 年版，第 4 页。
② 张贤明：《论政治责任》，吉林大学出版社 2000 年版，第 47 页。
③ 吴爱明等：《服务型政府职能体系》，人民出版社 2009 年版，第 39 页。

要什么公共服务、不需要什么公共服务,而政府所提供的基本公共服务是否符合社会公众的需求,则是衡量基本公共服务有效性的重要考量。从供给视角看民生,强调的是国家供给公共服务的能力与社会公众的公共服务需求相匹配,提高政府供给公共服务的能力,提高民众的满意度。

谋民生之利,解百姓之忧、关注百姓最关心、最现实的利益问题是政府应当履行的基本职责。民为邦本,本固邦宁。近年来中国政府高度重视民生问题,党的执政理念也越来越多地向民生政治倾斜。自党和国家提出"权为民所用、情为民所系,利为民所谋"之后,我国也陆续推出了诸如新型农村医疗制度、基本公共服务均等化等一系列民生工程,这些民生工程无疑在提升民众对政府职能的满意度方面具有积极的促进作用。实现基本公共服务均等化有利于夯实政府执政的合法性,这也表明中国政府在实现继续追求经济增长的同时将关注重点向民生领域倾斜。政府改善民生的主要手段是通过提供基本公共服务来为民众提供大致公平均衡的公共物品和公共服务,来解决城乡之间、群体之间的差异,提升公众对政府的满意度和幸福感,从而增加公众对政府的理解和支持。在提供基本公共服务的过程中,政府责任对于社会弱势群体而言尤为重要。党的十八大报告重点阐述民生问题时提到,"改善民生力度不断加大、城乡就业持续扩大,居民收入较快增长,家庭财产稳定增加,衣食住行用条件明显改善,城乡最低生活保障标准和农村扶贫标准大幅提升,企业退休人员基本养老金持续提高"。[①]

三、基本公共服务均等化关乎成果共享,要求政府肩负责任

罗尔斯在《正义论》中提到了公正是政府中心组织原则。在提供基本公共服务的过程中,政府负有保障社会成员公平平等享有公共物品和公共服务的责任,并通过提供大致均等的基本公共服务来缩小城乡的差距,贫富之间的差距。近40年的改革开放使我国的经济实力确实得到显著提高,但伴随而来的是社会阶层和利益格局发生了根本性的变化。如何最大限度地维护最广大人民群众的最根本利益,维护公民的合法权益,实现社会公平正义已成为当下中国面临的紧迫任务。社会发展的宗旨应该是人人共享,共同受益。推进基本公共服务均等化是实现人人共享改革成果的必然选择。改革开放以来,由于发展成果未能实现全民共享,导致社会财富日趋集中在少数群体手中,这部分群体不仅占有社会优势资

[①] 《坚定不移沿着中国特色社会主义道路前进 为全面建成小康社会而奋斗——在中国共产党第十八次全国代表大会上的报告》,中国网,http://news.china.com.cn/politics/2012-11/20/content_27165856.htm。

源,甚至有能力购买基本公共服务之外的资源,而占社会大多数的较低收入群体却很难实现最基本的需求,收入不高、医疗、入学、环境、就业等基本资源都难以公平享受到。共享不够,即没有很好地让全体社会成员公平公正地享受到社会发展的成果。社会进步的成果应当由全体社会成员来共享,但是事实上成果由社会强势群体来享有,而社会代价的后果却是由全社会来分担。这种共享不足、贫富差距造成的局面很难让人民有尊严的享受到改革带来的红利。改革发展的成果没有被社会充分共享,对当前中国社会稳定构成极大的威胁。成果共享是实现基本公共服务均等化的核心理念。因此,基本公共服务均等化关乎成果共享要求政府肩负责任,政府的职责重点体现在把改革成果分享给社会全体成员,使人民各方面的利益得到真正的保障,从而促进和谐社会的建设。

改革发展成果共享不仅是社会公平正义的内在要求,也是社会公平正义的推动力量。同时改革发展成果共享是让人民生活得更有尊严的基本保障,是构建社会主义和谐社会的重要基础。① 短板理论告诫我们,一个木桶能盛多少水,并不取决于最长的那块木板,而是取决于最短的那个木板。社会的和谐发展并不取决于强势群体的既得收益,而更多取决于弱势群体能否分享社会更多的资源。社会是否正义公平,并非是看这个社会中的精英阶层是否获得改革红利,而更多要看处于金字塔底层的普通民众是否真正共享改革成果。改革开放以来社会整体生活水平大幅提高,但社会公众对社会的不满意度却有逐步增强的趋势。这种不满的根源在于改革开放带来的成果并没有被充分地分享,使得社会的两极分化趋势越来越严重,直接影响社会的稳定团结。当前社会的实际情况是社会群体之间不仅改革成果共享不足,而且改革发展的成本也分担不公,往往是社会弱势群体不能充分分享改革发展成果,但却承担了过多的改革发展代价。因此需要遵循向"最少受惠者"倾斜的正义原则,对弱势群体进行补偿,才能使其更加充分地共享改革发展成果。②

改革发展的根本宗旨在于让社会公众受益,人人共享,而推进基本公共服务均等化是实现公众共享改革发展成果的有效路径。基本公共服务关乎生存和发展,只有基本公共服务水平提升,才会使社会成员共享社会发展和改革开放的成果。当前,通过实现基本公共服务均等化让公众切实共享改革发展成果是解决民生问题、化解社会矛盾、体现公平的迫切需求。目前,基本公共服务均等化面临"供给不均"和"享受不均"两个方面的挑战。供给不均并不单单意味着供给不足,供给不均更多地体现在中央政府与地方政府对基本公共服务财政支出的分担比例失调,两者的财权与事权并未做到有机统一,影响了政府尤其是地方政府供

---

①② 张贤明:《改革发展成果共享与政府责任》,载于《政治学研究》2010年第6期。

给基本公共服务的效率和质量。此外,供给不均还体现在城乡基本公共服务的供给比例失衡。虽然科学发展观强调的是统筹城乡协调发展,但事实上,在基本公共服务的诸多领域如医疗卫生、义务教育、环境保护等,城市的人员配备和设施设置无论在数量还是质量上都远远高于农村地区。共享改革成果的实质是"享受均等",当前中国基本公共服务"享受不均"的主要问题体现在地区和城乡差异上。据各类有效数据显示,中国各类基本公共服务的地区差异显著,西部地区较东部地区所享有的基本公共服务差距明显。此外,城乡之间的基本公共服务差距也非常显著,农村所享有的医疗保险、失业保险、最低生活保障等基本公共服务方面较之城市居民差异显著。基本公共服务均等化并未使社会成员享受到质量均等的服务。在基本公共服务资源有限的情况下,基本公共服务的质量如何判定,普通民众对此不得而知,从而进一步加剧了基本公共服务质量的不均等。

实现改革发展的成果共享的有效途径是促进社会公众的全面参与。公众全面参与是对公民个人价值的尊重和对其权益的保障,公众通过参与政治生活来关注自己的命运,彰显民主的价值。① 推进基本公共服务均等化,是实现改革成果共享的基本路径。

推进基本公共服务均等化应该以改革发展成果共享为原则,把实现改革发展成果共享作为根本任务和重要目标。在某种意义上,基本公共服务均等化的状态和水平反映着改革发展成果共享的状态和水平,是衡量发展成果共享机制健全与否的重要衡量指标,蕴含着改革开放成果共享的理念价值和实践诉求。② 在推进基本公共服务均等化,建立改革发展成果共享机制的过程中,需要重视政府的主体作用。因为,当代中国经济社会发展中政府主导是其显著的特征,而改革发展成果共享是党和政府义不容辞的责任和义务。政府是基本公共服务的主导者但并不是唯一主体,通过市场制度方式实现需求与供给的是私人物品,而通过政治制度方式的则是公共产品。③ 基本公共服务均等化的主体和提供者是政府,政府需要在基本公共服务均等化的过程中负责,为公民提供良好的制度保障,维系社会的公平正义,保障公民的平等权利,完善有效的实现机制等。政府必须保障基本公共服务均等化的各个环节,为公民实现改革成果共享提供有效的制度保障。

---

①② 张贤明:《改革发展成果共享与政府责任》,载于《政治学研究》2010 年第 6 期。
③ 詹姆斯·M. 布坎南著,马珺译:《公共物品的需求与供给》,上海人民出版社 2009 年版,第 42 页。

第二节　当前基本公共服务均等化监督问责机制的建设状况

基本公共服务均等化是实现服务型政府的重要指标之一，逐步实现城乡的基本公共服务均等化是关乎中国社会成员实现公平正义和改革成果共享的重要问题。为社会每个成员实现基本的、必要的公共服务保障是每个政府义不容辞的责任。基本公共服务均等化理论来源于美国著名经济学家詹姆斯·布坎南（James Buchanan）的财政均等思想，所谓的财政均等是指具有相似状况的个人能够获得相等的财政剩余，要实现对财力富裕地区的居民征收一定数额的税收补助给财力贫困地区的居民，以实现"财政剩余"的平均。[1] 政府在公共服务方面负有重要责任，并扮演不可或缺的角色，实现基本公共服务均等化，就是政府应当尽其所能地实现学有所教、劳有所得、老有所养、病有所医，使每个社会成员感受到社会的公平正义。提供什么和如何提供公共服务是政府履行公共服务职能需要解决的基本问题，政府在提供服务领域必然要发挥主导和主角作用。[2] 权力的制约才能保证政治责任的实现。在社会主义民主政治中，追究政治责任的目的是为了发展社会主义生产力，提高社会主义综合国力，提高人们物质文化生活水平，是为了巩固中国共产党领导的人民民主政权，建设社会主义的伟大事业，实质是对政治责任主体行使权力进行监督。[3] 基本公共服务均等化的实施过程也需要对政治责任主体即政府进行有效的监督问责，保证社会主义和谐社会的实现。就政治责任而言，存在的主要问题在于：政治责任的主体不明确，政治责任的范围不明确和政治责任的追究方式不明确。[4] 基本公共服务体系中的政治责任主体即政府需要服从人民意志，按照人民的需要办事，这与政治责任的追究本质上是一致的。在基本公共服务均等化过程中对政府责任的追究，是民主政治所要求的政治责任主体对人民负责的体现。基本公共服务均等化的实现过程需要对政府进行监督问责。基本公共服务均等化不等于要求每个公民必须接受政府提供的基本公共服务，基本公共服务均等化强调的是对政府的责任要求，即政府必须提供的公共服

---

[1] 董立人：《城乡基本公共服务均等化与政府责任恪守》，载于《行政论坛》2009年第2期。
[2] 李军鹏：《公共服务学——政府公共服务的理论与实践》，国家行政学院出版社2007年版，第198页。
[3] 张贤明：《论政治责任》，吉林大学出版社2000年版，第183页。
[4] 张贤明：《论政治责任》，吉林大学出版社2000年版，第184页。

务的底线。[①]

基本公共服务是由政府来主导提供的公共服务。虽然笼统地讲公共服务的供给主体多元化，但由于基本公共服务均等化领域的特殊性，政府理应作为推行基本公共服务均等化的重要实施主体。这是因为"基本公共服务领域的特殊性在于它更多地位于市场失灵或效率机制难以合理配置基本社会资源的关键领域，理应将政府作为推行基本公共服务均等化最为重要的实施主体。"[②]

监督问责是基本公共服务均等化体系的重要组成部分。政府虽然不是公共服务的唯一提供者，但政府在基本公共服务均等化过程中是安排者、主导者和提供者。既然政府在基本公共服务均等化的过程中承担着巨大的职能，根据权责一致的民主原则，公共权力必然相应地承担相应的责任，并且需要建立明确的责任追究机制。这种责任追究机制不应该被掩盖在政治权力的体系之内，而应该形成外在的法律体系，能够受到全社会的监督。[③]

一、基本公共服务均等化监督问责机制的发展过程

西方公共经济学理论认为，纯公共物品应该由中央政府提供，而带有混合物品性质的地方公共物品则根据受益范围原则分别由不同级次的地方政府提供，以利于提高公共经济效率和实现民主自治。[④] 基本公共服务均等化的监督问责是指政府运用公共权力制定并实施规则来管理基本公共服务均等化过程中涉及的各种行为主体的行为，来确保基本公共服务的提供效率和质量。而公共服务监管应该遵循以下原则：公平对待参与的各种主体；监管内容清晰，监管程序完善，监管过程透明；监管机构必须独立于被监管主体，保证不被监管对象俘获；建立严格的问责机制，通过立法建立相关的制度对监管者实施监管和考核，追究相关责任，建立专家队伍，及时公平地进行监督执法，执法必严，违法必究。[⑤]

从1949年中华人民共和国成立以来，与经济体制改革相适应，我国的基本

---

① 陈第华：《基本公共服务均等化供给中的政府责任》，载于《西南交通大学学报（社会科学版）》2010年第1期。

② 张贤明、高光辉：《公正、共享与尊严：基本公共服务均等化的价值定位》，载于《吉林大学社会科学学报》2012年第4期。

③ 肖克：《基本公共服务均等化的政治伦理涵义析论》，载于《科学与管理》2012年第4期。

④ 李军鹏：《公共服务学——政府公共服务的理论与实践》，国家行政学院出版社2007年版，第56页。

⑤ 李军鹏：《公共服务学——政府公共服务的理论与实践》，国家行政学院出版社2007年版，第227页。

公共服务供给制度呈现了几个发展阶段，大致经历了两个大的历史阶段的演变。以改革开放为界，之前属于计划经济体制下的公共服务供给体制，这期间公共服务供给体制主要是为适应计划经济体制的要求，以"高度集中，城乡分割和低水平平均"为基本特征。公共服务主要表现为中国经历了"人民公社"时期的公共服务供给制度到家庭承包制下的供给制度到现在社会主义市场经济体制下的公共服务供给制度的演变。改革开放之后，公共服务供给也开始适应新时期体制发展的要求，突出表现为体制转轨，城乡统筹和追求均等化。①

（一）中华人民共和国成立到改革开放前的公共服务均等化的监督问责机制

改革开放之前（1949～1978年）属于计划经济体制下的公共服务供给体制，国家在这一时期承担着给全体社会成员供给公共服务的责任。这一时期的公共服务供给制度主要包括：城市居民的公共服务需求由国家财政负责满足。城市居民所享有的医疗、教育、住房、交通等基本服务方面都由国家承担；"铁饭碗"使城镇居民的衣食住行由国家大包大揽，农村的基本公共服务主要以公社为单位，通过工分制来实现具体的分配。农民在获得土地等基本生产资料的前提下以家庭为单位从事生产劳动实现自我供给。中央也专门出台了相应的文件来对农民的社会救济、医疗卫生、优抚保障等内容作出具体的规定，使农村的保障制度初具规模。在此基础上，农村开始推行农村合作医疗制度，农民在一定程度上获得集体医疗卫生保障和救济。"大跃进"之后，国家开始对公共服务进行规范，重点对涉及民生的公共服务进行完善和规范，使公共服务开始向事业单位倾斜，在文化和医疗等领域取得了一定成果。总体而言，改革开放之前的公共服务供给体制和当时的计划经济体制是相适应的，其主要的特点是高度集中。政府统一管理，涉及范围事项不多，人均享受的公共服务水平相对较低。这一时期，由于受到中国总体经济发展水平的制约，各个领域的公共服务供给水平都呈现严重不足的状况，公民可享受的基本公共服务资源有限，水平也相对低下。政府对全国的资源进行统筹规划，大包大揽，是计划经济下唯一的决策者。政府是唯一的公共服务的提供主体，有关公共服务多是政府以行政命令的方式供给的，人民群众没有有效的路径和方式来参与公共服务的决策和监督，也不能充分表达对公共服务的需求，更不存在对公共服务监督问责的方法和有效手段。②

---

① 李杰刚、李志勇：《新中国基本公共服务供给：演化阶段及未来走向》，载于《财政研究》2012年第1期。

② 董立人：《城乡基本公共服务均等化与政府责任恪守》，载于《行政论坛》2009年第2期。

(二) 改革开放之后 (1978年至今) 的基本公共服务供给监督问责机制

改革开放后的基本公共服务供给又可以分为若干小的阶段：有计划商品经济时期的公共服务供给制度 (1978～1994年)；市场经济培育期的公共服务供给制度 (1994～2002年)；市场经济完善期的公共服务供给制度 (2002年至今)。[①]

改革开放后，公共服务供给制度逐步适应社会主义市场经济的要求。从1978年改革开放始，我国开始在农村推行家庭联产承包责任制，社会的经济体制和国家财政体制都发生了深刻的变化，公共服务供给体制也发生了很大的变化。推行家庭联产承包责任制后，财政制度在城乡的分立更加明显，城乡之间的公共服务供给制度分立也更加突出。城镇居民相对而言享受着比农村居民更多的公共服务，却承担着更少的负担费用，而农村公共服务基本需要农民自行解决。造成这一时期的城市公共服务基本由政府提供，农村改革服务基本由农民自己出资提供的城乡二元公共服务供给格局。在家庭联产承包责任制下的公共服务供给制度与改革开放之前相比农民的负担并未真正缓解，对农民而言，形成了收益和成本并不对称的公共服务供给制度。在旧有体制的基础上，我国现行的公共服务供给制度相较以往进行了一系列的改革：如把公共消费品与私人消费品进行区分供给；在公共设施的供给方面，加大了个人企业等的投资力度，在社会保障和基础教育及公共医疗服务方面，也进行社会试点的改革，加大提高全民的福利水平。但这一系列的措施并没有改变我国传统的城市偏向性的公共服务供给格局，城乡公共服务无论在数量还是质量方面都有很大的差距。[②]

中央政府和地方政府在该阶段意识到对基本公共服务监督问责的重要性并逐步采取措施对基本公共服务提供监管，但由于改革开放初期过于重视经济建设的发展，对基本公共服务的提供意识淡化、服务手段有限、责任意识不强，因此对该阶段的影响依然持续。政府监管相对于改革开放之前有所提高，但是监督的质量和效率差强人意，如基本公共服务均等化的城乡差距依然明显，政府监督的手段和力度依然有待提高；政府对基本公共服务的监管存在诸多问题并有待解决。虽然我国公共服务改革的深入发展，公共服务的多元主体模式开启，这对政府的监管职能提出了更大的挑战，在客观上需要完善发展我国的公共服务体系。我国目前公共服务监管体系建设滞后，存在诸多问题：政府公共服务职能划分不清晰、各级政府和管理部门、事业单位在改革服务供给方面的职能和责任不清晰，

[①] 郭小聪：《国内近五年基本公共服务均等化研究：综述与评估》，载于《中国人民大学学报》2013年第1期。

[②] 马海涛等：《中国基本公共服务均等化问题研究》，经济科学出版社2011年版，第143～154页。

中央政府和地方政府事权和财权方面划分不合理。政府主管部门同时扮演着多重角色，造成角色之间的利益冲突严重。改革服务缺乏有效的问责制度，导致了改革服务价格过高，效率偏低等问题。同时，公共服务监管规则不完善、监管治理机制不健全等问题严重存在。

二、公共服务均等化监督问责机制取得的成就

从中华人民共和国成立以来到改革开放近40年基本公共服务的发展的历程来看，中国的基本公共服务供给水平并未随着中国经济发展水平的提高而呈现公平公正的格局，相反，中国的农村等经济欠发达地区并未真正享受到改革带来的红利，这在很大程度上和政府基本公共服务责任的缺失有很大的关系。因此，政府的监管责任在基本公共服务均等化的过程中应该发挥作用。政府应该调控改变现有的基本公共服务城乡二元结构局面，将公共医疗，基本教育和环境保护等基本公共服务公平平等辐射到每个社会成员。这也要求政府在制定政策，执行政策中能够考虑到社会成员的基本需求，为社会成员提供基本而有保障的公共服务。经过改革开放，中国经济水平和能力已经有很大程度提高，这也为基本公共服务均等化提供了物质资源方面的强有力保障，过去政府即使有意愿也没有能力为全社会提供公平平等的基本公共服务，而如今中国政府有意愿也有能力来解决基本公共服务均等化的问题。在此过程中，中央政府和各级地方政府是公共服务的协调者、组织者，为了使人民满意，政府积极推进基本公共服务均等化责无旁贷。政府需要有公共服务的自觉意识，强化自身的服务意识，并提高自身的服务能力和水平。当前中国基本公共服务监督问责机制取得了一些成就。

首先，监督问责的意识比过去增强。在改革开放之前，中国的基本公共服务提供形式单一，意识淡薄，仅由政府统一筹划，统一分配，统一部署。改革开放前的基本公共服务是政府一手包办，其他主体不存在监督问责的意识，更缺乏监督问责的途径和手段。改革开放之后，随着中国经济总量的提高和经济水平的提高，中国有能力也有意愿提供种类更加丰富、形式更加多样的基本公共物品，政府和公众的参与基本公共服务的意识也随之提高，公众和其他参与主体对政府提供公共服务的监督问责意识明显提升。

其次，监督问责的主体趋向多元化发展趋势。过去中国的基本公共服务供给主体政府具有唯一性，政府是决策的主体和权威，其他主体不具备参与供给和监督的途径和方式。而当前由于政府资源的有限性和公共服务供给的范围的广泛性，社会组织和个人等主体参与基本公共服务越来越多，政府在基本公共服务过程中发挥主导和干预调节作用，社会组织和个人也积极参与到公共服务的供给当

中。参与不仅可以提高社会组织和个人的积极性,也能缓解政府供给公共服务的压力,并有效提高对政府供给效率能力的监督问责,形成公共服务的共同治理趋势,改变了过去其他主体对政府公共服务供给无法监督问责的局面。

最后,当前基本公共服务监督问责机制强化了对官员以基本公共服务为导向的考核制度,对不合格的官员进行监督追责。行政问责是对行政机关及其工作人员进行监督问责的制度,以保障政府机关的良性有效运作。政治责任的基本含义可以界定为是政治官员履行制定符合民意的公共政策推动符合民意的公共政策执行的职责,以及没有履行好这些职责时所应承担的谴责和制裁。① 责任是保障行政机关有效、可靠所不可或缺的因素,而过去对政府官员责任的考核更多地来源于经济层面的考核,如今各级政府更多地对以基本公共服务均等化为导向的官员考核指标体系和建立完善以基本公共服务均等化为导向的官员问责指标,来实现政府对基本公共服务均等化的全程监督;同时增加基本公共服务在干部考核中的比重。群众、媒体等主体都参与其中,充分发挥群众监督、媒体监督对政府的监督作用,这样既可以发挥政府主导的作用,也可以发挥群众监督的效果。

第三节 当前基本公共服务均等化监督问责机制存在的问题

随着我国公共服务改革的深入发展,像改革开放前政府完全包揽改革服务的模式已经成为过去。中国基本公共服务总体呈现总量不足,结构失衡的问题。基本公共服务均等化的实现很大程度上取决于社会的经济发展水平和政府公共服务供给水平和能力。政府对基本公共服务供给的规划和管理是公共服务水平提高的基础,因此,应该转变以经济增长速度评定政绩的偏向,强化政府对基本公共服务的监督问责。政府通过监管对公共服务进行干预的责任不断增加,客观要求强化基本公共服务均等化监督问责机制,中国政府当前对基本公共服务均等化的监督机制依然存在诸多问题。

一、基本公共服务均等化监督问责体系不完善

目前,中国面临着人们对基本公共服务需求增加和政府对其供给相对不足的

---

① 张贤明:《论政治责任》,吉林大学出版社2000年版,第22页。

矛盾，政府对加强基本公共服务的职能缺乏紧迫感和迫切性。从改革实践上来看，公共服务短缺的问题不仅是总量不足，结构失衡的问题，其根源在于监督体制机制并不健全。我国公共服务体系建设尚处于起步和探索阶段，基本公共服务监督问责机制也处于机制的设计阶段。在基本公共服务供给中并未形成规范的监督和问责机制导致基本公共服务供给水平亟待提高。基本公共服务均等化的监督问责体系不完善主要体现在问责主体单一化，问责内容不明晰，问责方式形式化等问题。

首先，推进基本公共服务均等化的问责主体比较单一，并未形成多元主体的问责机制，导致推进基本公共服务均等化的动力机制不足，基本公共服务的供给机制单一。在中国，政府作为构建基本公共服务体系的主导者，承担着基本公共服务的主要责任。[①] 政府是基本公共服务均等化的主要责任主体，但并不意味着政府是基本公共服务提供的唯一供给主体。在实际操作的基本公共服务领域，引入多元主体供给机制会更加有利于均等化的实现。公共服务必须由政府进行规范和调控，否则，基本公共服务难以得到有效的保障。在公共服务领域，大多执行着从上到下的决策机制，官员大多根据政绩和利益的现实需求来决定公共服务的类别和数量，很少有针对性地根据公众的需求来设计基本公共服务的项目。因此，要改变基本公共服务监督问责的主体，实现由一元评价到多元评价的转变。传统的基本公共服务绩效评估基本来源于上级政府，因此很容易形成对上级的路径依赖。因此需要改变评价的主体，将公共服务的接受主体作为监督问责的一方，将其满意度作为考核公共服务的评价标准之一；同时，还应该积极引入第三方评价机制。由于没有利益倾向的影响，以社会中介组织，新闻媒体和科研机构等为代表的第三方，其对基本公共服务供给绩效的评价要更为客观和公正。[②]

政府的责任对于社会公众的每一位成员同等重要，公众对基本公共服务的满意度很大程度上取决于政府的责任，这种取决度不会随着市民社会力量的改变而发生变化，政府的责任不是保护社会中的一部分人而是社会的所有人。因此，提高政府对公共服务的责任感是十分必要的，对于维护公众的生活满意度也是必需的，通过提高政府责任来改善人民的基本公共服务水平是必需的。基本公共服务均等化的本意是使民众能够享受到大体一致的基本公共服务，基本公共服务均等化涉及到诸多利益群体的广泛性，因此基本公共服务离不开广泛的群众参与。缺乏公众参与的基本公共服务均等化会沦为官员的"一言堂"，成为为特定群体谋取利益的手段，因此广泛的群众参与基本公共服务均等化的政策决策过程，并对

---

① 张贤明、薛洪生：《当代中国基本公共服务体系建构的基本思路》，载于《学习与探索》2012年第5期。

② 樊丽明等：《城乡基本公共服务均等化研究》，经济科学出版社2010年版，第173页。

其进行监督问责是十分必要的。基本公共服务均等化是一项惠及大众、特别是为弱势群体考虑的社会计划，要先达到使社会公众满意的效果，必须让他们参与到与基本公共服务均等化相关的公共决策中来。让社会公众有机会有途径参与到公共服务的决策中，监督质询政府的相关政策，对政府的基本公共服务的决策过程、实施效果进行监督。基本公共服务政策也应该以公众的满意度作为决策制定的导向，以公众是否需要，公众是否满意作为政策决策实施的出发点，针对性地对政府及其工作人员在公共服务过程中的行为政策设立责任追究惩罚机制，有利于提高政府提供公共服务的效率和质量。在此基础上，真正构建对官员包括考核、监督和有效问题的基本公共服务体系，形成有效的公共服务问责机制。通过在接受公共服务的主体和提供公共服务的供给之间形成良性有效的平衡，让公众的满意度成为衡量政府公共服务供给水平的有效尺度。

其次，当前对政府基本公共服务的问责内容界定不清晰，对政府公共服务的绩效评估缺乏规范性。我国的政府政绩评估从评估内容到评估程序和方法，没有形成规范科学的体系，因此，对基本公共服务的评估很难做到客观公正，没有形成完备的评估原则和评估指标体系。同时，政府绩效的评估监督主体单一，对政府的绩效评估依然以政府部门自身为主，缺乏社会组织和公众的参与，忽略了其他主体的监督问责途径。对基本公共服务供给绩效通常是非常简单的评价机制，侧重于对供给结果的简单考核，注重监督考核的数量指标，在数量指标的指引下，很容易造成政府过于注重经济增长而忽略公共服务的供给。因此，需要改革基本公共服务绩效评价的内容，进行综合评价，不仅需要评价地方政府的经济增长，还需要对地方政府在经济与其他方面协调发展的结果进行考察，不仅注重对公共服务供给的数量考核，同时还强调基本公共服务供给的效益、效果和效率评价，将公共服务的供给与民众的公共需求密切衔接，使经济发展成果惠及每一位社会成员。①

传统的监督机制过于强调对结果的监督，对基本公共服务的提供运用过程监督并不重视，从而容易忽视基本公共服务供给过程中存在的问题。因此要扩大对基本公共服务监督问责的过程，将整个供给过程作为监督评价的对象，并完善基本公共服务供给绩效评价的责任机制，实现绩效评价的激励作用。绩效评估只有真正对政府起到激励的效果，才会使政府能够供给符合居民切实需求的基本公共服务，产生激励目标与行动效果相一致的作用。

最后，问责方式缺乏清晰规定。中央政府与地方政府在促进基本公共服务均等化的过程中目标定位分工不明确。中央和地方各级政府是公共服务供给的主

---

① 樊丽明等：《城乡基本公共服务均等化研究》，经济科学出版社2010年版，第174页。

体,但当前中央政府和地方各级政府在公共服务中的职能分工并不明确,公共服务的供给具体任务应该有明确的分工划分,确定具体任务由哪一级政府来承担。按照国际经验来看,世界各国中央政府对地方政府的转移支付的最终目标,是通过政府间的转移支付,使各地区享有大致均衡的公共服务水平,从而促进全国统一市场的形成,实现全国资源的最优配置。[①]

基本公共服务的供给过程应该综合法律规定、成本效率等多重因素,合理界定中央政府与地方政府的基本公共服务事权与财权的责任,并通过法律形式来加以确定。但事实上,中央政府与地方政府在基本公共服务均等化的过程中目标定位分工十分模糊。此外,地方政府之间,地方政府的各个部门之间在基本公共服务均等化中的关系也并未厘清,因此明确区分各个角色就十分困难。当前中国的法律仅对中央政府与地方政府的职权有总的划分原则,对于中央和各级地方政府的具体职权并未有清晰的界定。中央政府应该采取有效的转移支付政策支持地方政府提供公共服务,地方政府也可以采取多种方法如社会化与市场化的手段提供公共服务。[②] 归根结底,政府公共服务职能划分并不清晰。各级政府、各个管理部门,各类事业单位在公共服务供给方面的职能和责任不清晰,中央和地方政府财权和事权方面划分不合理。

二、基本公共服务均等化,政府责任追究不及时

由于政府双重角色的存在,基本公共服务对政府的责任追究会存在不及时的问题。当前公共服务监管的规章制度并不完善,法律法规体系落后。即使政府在提供基本公共服务中存在问题,民众如何及时有效地追究问责,并无现成的规章制度可循。尤其是政府在公共服务管理中扮演着主体的作用,公共服务的质量评价体系缺乏科学性和系统性,因此很难得到及时有效的监管。基本公共服务监管并未形成专业化的监管体制会导致对基本公共服务均等化的政府责任追究不及时。公共服务体系内容广泛,包含了教育、公共卫生、社会保障和劳动就业等多个领域,对各个领域的监督问责需要专业化和细致化的监管,而当前由于针对基本公共服务的专业化的监管机构匮乏,导致在基本公共服务的提供过程中对政府的监督问责缺乏针对性的问责,致使对政府的责任追究很难做到快速、有效、专业。

---

① 李军鹏:《公共服务学——政府公共服务的理论与实践》,国家行政学院出版社2007年版,第319页。

② 李军鹏:《公共服务学——政府公共服务的理论与实践》,国家行政学院出版社2007年版,第318页。

三、基本公共服务均等化监督问责配套制度不健全

公共财政体制不完善,基本公共服务的事权与财权呈现不对称状态。我国以公共服务支出为主的财政支出框架经过几十年的发展已经出具成效,但财政资金的支出并不能保障基本公共服务供给的均等化。公共财政制度和运行机制的不完善导致基本公共服务的各级政府间的财力和事权不相匹配。我国在实行财税制度改革后,财权不断向上收拢而事权却呈逐渐下放的态势。上级政府的财政支配能力比下级政府要宽裕充分,但下级政府却要承担具体的公共服务的具体事务,这样实际造成下级政府财权与事权的严重不匹配,而财政支出责任没有严格法律约束也造成了中央政府与地方政府财政支出分工并不明确。在当前民众的公共服务需求增加与政府供给困难的矛盾之下,这种情况格外突出。地方政府在政绩评价导向下,更加热衷于"短平快"的公共服务项目,对于教育、医疗等难以衡量政府绩效的项目相对投入较少。

在地方财政能力有限的情况下,超出地方政府承受能力的事权安排和地方政府官员对于政绩的追求压力下,必然导致各地区公共服务供给的差异产生,落后地区很有可能无力承担发达地区能够实现的公共服务的供给,从而造成地区公共服务供给的差距产生。所以,政府间事权和财权的不匹配严重影响地方政府的政策执行力,导致公共服务地区间差距的加重。财政体制运行机制还会导致城乡公共服务差异进一步扩大。我国一直以来的城乡二元的经济社会结构,使得城市和农村的差距不断扩大、教育资源,公共卫生,良好环境等资源的财政保障体制大多偏向城市,农村的供给相对不足。即使在改革开放已经近40年的今天,城乡之间的公共服务供给水平差距依然存在并呈越来越扩大的态势。这和公共财政体制在农村公共服务保障项目运行上的缺位有很大的关系。

第四节 完善基本公共服务均等化监督问责机制的对策建议

推动基本公共服务,加强基本公共服务的力度和强度,实现基本公共服务的均等化已经成为政府刻不容缓的职责所在。基本公共服务不仅是民众关注的社会热点,更是政府保障民生、改善民生的重大举措。对于完善基本公共服务均等化的监督问责体系,需要强调公共服务的制度安排,从法律层面确保基本公共服务供给的公平公正,并从财政投入方面来实现中央政府与地方政府的分权来解决基

本公共服务供给的地区差异问题，最终通过建立有效的公共服务供给效率体系来实现数量化的指标评价。

一、建立科学合理的基本公共服务均等化监督问责体系

首先，要建立保障基本公共服务均等化的法律体系，明确参与基本公共服务均等化各行为主体的法律责任。政府作为提供基本公共服务的主体，向社会公众提供均等满意的基本公共服务并不是道义性的义务，而是应该由法律明确规定的责任和义务。缺乏稳定的法律制度保障必然要限制中国基本公共服务的供给。因此，中央政府和地方政府需要通过明确的立法保障来为基本公共服务均等化提供保障。我国当前基本公共服务的法律法规大多集中在个别专门领域，缺乏全国统一性的基本公共服务法律，如义务教育领域的《中华人民共和国义务教育法》，公共就业领域的《中华人民共和国劳动合同法》等，缺乏全国统一性的专门的《基本公共服务均等化保障法》；而且当前中国现有的关于基本公共服务的法律法规十分匮乏，陈旧落后，很难与现行制度框架相融合，法律法规的立法层次不高，导致权威性不足，关于基本公共服务的法律并没有对服务供给的责任尤其是政府的责任作出明晰的规定，这样就失去了基本公共服务问责的法律基础，造成了问责手段和途径不明确的问题。因此，有必要针对当前基本公共服务立法层次不高，监管途径不畅的实际，加快适合我国国情的基本公共服务法律法规的制定和完善，从立法上规范基本公共服务提供主体，建立追究相关主体的责任制度。

基本公共服务法律法规应该明确政府参与基本公共服务的主体责任，以法律形式明确政府的主体责任。政府是基本公共服务的责任主体，公众和其他主体是基本公共服务的重要参与者。法律体系应该充分明确各个行为体在基本公共服务中的地位和责任。在基本公共服务的供给过程中，政府是无可替代的责任主体。公众和其他行为体是基本公共服务重要的参与主体。政府制定的基本公共服务的立法政策应该充分考虑各个行为体之间的关系，并在此基础上做出相应的制度安排，从而建立起以政府为主导的，多元主体参与的公共服务供给机制。在明确政府在基本公共服务中的责任之后，可以通过灵活的方式，鼓励企业等行为主体参与到基本公共服务的供给过程中，通过特许经营，合约出租等多种形式，将原来主要由政府承担的部分公共职能交给市场来行使，从而打破传统公共产品生产模式的垄断状态。通过立法，可以进一步明确企业应当履行的社会责任，在众多领域可以积极推进基本公共服务均等化的工作。[①]

[①] 郑曙光：《促进基本公共服务均等化立法政策探析》，载于《浙江学刊》2011年第6期。

当前的基本公共服务均等化问责监督体系应该建立起以政府为主导的多元中心供给模式。有效的公共服务供给模式必须发挥政府的主导作用,除此之外,市场机制也是公共服务供给不可或缺的,利用市场机制可以有效地发挥市场机制的作用,提高各供给主体的积极性和主动性。在市场经济不断发展和政府职能转变的今天,政府为主导的多元中心供给模式已经具备了初步的基础。在鼓励企业参与供给的同时,社会组织也可以成为供给的主体,社会组织的非营利性特征使得其很多涉猎范围与基本公共服务项目有重合。因此,可以鼓励社会组织在政府、企业无法充分发挥作用的公共服务供给领域,发挥其特有的作用。

在基本公共服务的立法过程中,应当充分考虑中央政府和地方政府之间的事权责任划分,合理划分各个层级政府间的事权责任。从当前来看,中国政府间财政关系属于行政关系而非宪政关系,政府间财政关系并没有上升到宪法或者法律层面,因而其规范性和稳定性依然不足,这在转移支付体制、省市以下财政体制的运行中尤为突出。[①] 在基本公共服务的供给过程中,中国各级政府之间对基本公共服务供给所承担的责任划分问题并没有明确的规定。中国现有的基本情况是中央政府拥有统揽全局的财权,而地方政府承担了具体的基本公共服务的供给责任。而政府间公共服务责任的界定应当以公共产品的层次性为依据,对于与民生保障相关的基本公共服务,"应由中央和省级政府承担主要的供给责任,县和乡(镇)政府承担具体的供给管理责任,以此逐步改变基层政府供给责任过重、中央与省级政府供给责任相对较轻的非对称分权格局"[②]。通过立法形式明确不同层级政府对公共服务供给过程中的责任,明确事权和财权的划分并且加以规划,有助于公众对各级政府的监督问责,促进各级政府能够有效地行使职责。中国是世界上少有的还没有专门或者相关法律对财政转移支付进行规定的国家,现有的政府间财政转移支付制度依据的主要是政府规章。[③] 因为缺乏法律权威性,部分转移支付在实际操作中问题较多,既影响了转移支付的公正性,也对公共服务水平产生了影响。

在基本公共服务的立法过程中,要体现全局意识和地方特色。当前中国缺乏涵盖全局的指导基本公共服务均等化的法律制度。而由于中央政府和地方政府在财权事权中的责任划分不清,在具体立法过程中,还要对不同层级政府应当遵循的制度框架设计既有全局性还需体现地方特色。在考虑基本公共服务的立法时,应当考虑法律在各个地区和各个领域的适应性。在建立基本公共服务的法律

[①] 杨之刚:《财政分权理论与基层公共财政改革》,经济科学出版社 2006 年版,第 151 页。
[②] 郑曙光:《促进基本公共服务均等化立法政策探析》,载于《浙江学刊》2011 年第 6 期。
[③] 刘德吉:《基本改革服务均等化:基础、制度安排及政策选择》,上海交通大学出版社 2013 年版,第 152 页。

时，应该充分考虑在统一确立基本公共服务法律制度的总体背景下各个地区之间的具体差距，经济发达地区与欠发达地区基本公共服务的供给能力之间的差别。在教育、医疗和养老保养、社会就业等基本公共服务领域，确立具体法律制度时候也要充分考虑其专项的特征，建立专业的针对具体公共服务领域的专项法律法规体系。

其次，建立健全对政府提供基本公共服务的均等化评估机制。当前我国在基本公共服务决策、监督和问责等方面还存在诸多不尽如人意的地方，其中非常重要的原因在于基本公共服务的供给过程缺乏相应的评估机制，直接导致了无论从供给质量还是从供给效率上都不能很好地对基本公共服务均等化进行估量。然而，良好的政策评估机制对政策的执行具有重要意义。从各个地区的发展情况看，很多地区政府更倾向于促进经济增长，往往忽略了其承担的基本公共服务职能。因此，建立健全基本公共服务均等化的评估机制，能够形成良好的监督问责机制，能够对政府提供基本公共服务形成更好的监督问责。

当前各国实施基本公共服务均等化的通常做法是按照事先确定的标准，结合对各地公共服务供给情况的评估结果对公共服务没有达到均等标准的地区，通过财政转移支付或者其他手段使其达到相应的标准。[①] 我国目前对基本公共服务均等化的评估模式，在评估主体、评估内容和评估方式等方面存在明显的局限性，这使得对基本公共服务的评估机制很难起到真正的约束作用。目前，我国主要通过两类政府机构对服务部门提供的基本公共服务效果展开评估：一种是上级对下级垂直职能部门的绩效评估，另外一种是本级政府对所属职能部门开展的绩效评估。[②] 这种评估管理模式过多地承担了基本公共服务的评估职能，政府部门成为评估的垄断性主体，人民大众和第三方机构很难有机会和途径参与到基本公共服务的评估过程当中，这样的评估模式成为"自我评价"，由于难免受到来自上级的压力，因此很难做到独立、客观与公正。

我国现有基本公共服务评价体系存在的另外一个大的问题是供给的数量和质量统一问题。基本公共服务的评估内容大多采取数量和质量双重维度评估，即公共部门提供基本公共服务的数量和质量是否满足广大民众的需求。之前各级政府评估基本公共服务均等化的重点主要集中在供给数量方面，在以数量为导向的评估模式下很容易造成供非所需的状况。近年来，供给质量逐渐成为基本公共服务均等化评估的主要指标，但主观化的评价标准即公众的心理认可度如何测量成为

[①] 刘德吉：《基本改革服务均等化：基础、制度安排及政策选择》，上海交通大学出版社 2013 年版，第 152 页。

[②] 曾保根：《均等化取向下基本公共服务评估体制的局限与创新》，载于《中共天津市委党校学报》2013 年第 3 期。

新的重点和难点。

对政府的绩效评估应该是多元化的,不但政府相关部门是基本公共服务均等化的评估主体,企业、公众等主体同样可以成为均等化的评估主体。新公共理论强调政府在公共服务的生产阶段可以把一些成本收益强的公共服务交给市场经营,而作为政府和市场之外的第三种力量也可以通过社会资源的有效整合在公共服务的供给中发挥独特的作用。因此,必须建立针对基本公共服务均等化多元主体评价机制。加强把基本公共服务数量和质量指标体系都纳入到绩效考核的指标体系中,建立严格的基本公共服务问责体系。如何对政府提供的基本公共服务进行评估,中国政府 2009 年发布的《中国政府绩效评估研究》具有参考和借鉴价值。《中国政府绩效评估研究》是中国政府首次发布的关于对政府具有指导性意义的绩效考评进行评估的报告。随着中国社会民主化程度的发展,民众对政府的认识逐渐发生转变,人民越来越认识到政府管理的本质在于服务。因此,对于政府评估也应该以民众为核心,以人民群众是否满意作为绩效考核的标准。这个评估报告的出台说明了政府在社会发展过程中地位的转变,但是宏观的政府绩效评估指标体系难以全面反映中国不同区域和不同群体的实际情况,公共服务的均等化程度也没有通过恰当的指标体系在绩效评估中清晰地展现出来。实际上,没有针对实现公共服务均等化的目标建立一套公共服务供给标准的评估方法体系是造成我国公共服务不均等的原因之一。而建立公共服务供给的评估体系目前来看困难重重,由于公共服务的量化标准很难统一,满意感知主观性比较强,用客观计量的方法难以统一衡量。虽然很多学者提出了一些解决公共服务满意度测量的指标体系,但大都是处于学术探索阶段而未真正落实在实际运用中。

如何来构建基本公共服务均等化的绩效评估体系?首先应该明确以公众的满意为核心的理念。公众满意度的概念是从管理学中的"顾客满意度"借鉴而来,顾客满意度反映了顾客对企业所提供的产品和服务的评价认可程度,认可程度关乎企业的生存和发展。因此,在 20 世纪 70 年代的新公共管理运动提出把公众作为政府的"顾客",将公众对政府部门服务的满意程度作为检验政府部门工作的考核标准。公众满意度成为在各国政府绩效评估的重要指标,并得到广泛的应用。过去我国的政府绩效评估往往存在服务的接收方(公众)对评估环节的参与不足,"压力型体制下政府绩效评估主体呈现出集权倾向、相对封闭性评估系统导致评估主体单一、权利失衡与政府绩效评估主体之间关系治理无序等问题,影响了政府绩效评估行为本身的合法性和评估的科学性"[①]。

---

① 盛明科:《服务型政府绩效评估体系研究的理论基础与现实依据》,载于《湘潭大学学报(哲学社会科学版)》2008 年第 1 期。

公共服务的受益者是多元的，评估主体也应该是多元的，除了企业和民众等主体，政府可以适当培养社会组织等新的主体，并鼓励社会组织参与到基本公共服务的提供与管理当中，并引导和鼓励社会组织对基本公共服务评估体系的参与。构建以均等化为实施目标，民众满意度为核心，专业化人士参与、中立机构评估的基本公共服务均等化体系，从而克服社会公众主体缺位的评价弊端，形成内部评估与外部评价相结合的推动模式，有效提高公共服务均等化的政府绩效。

传统的行政效率研究更多地关注以最小的效率来实现最大的行政产出，这种传统的效率观念容易造成过分地关注投入，注重了实施的过程而相对容易忽略结果。现代的公共行政效率更多的关注效率和质量，用"绩效"来反映组织的目标和结果，并充分有效地衡量公共服务的指标体系。绩效管理成为重塑政府生产力测定方案的重要指标。[①] 基本公共服务的评估体系不但需要以人为本，还应当以均等化为目标导向。新公共管理理论从20世纪70年代开始提倡政府要充分发挥市场机制的作用来改善公共服务。政府应当成为掌舵者而非划桨人，与此同时，传统的公共管理理论过度地追求效率而忽略了公共服务的公平性，因此新公共服务理论应运而生，即更加强调公民对公共服务的使用感受，用基于公众的满意度作为衡量公共服务供给效率的标准。

近年来各个领域的公共服务供给数量呈现递增趋势，但是公众对政府提供的公共服务的质量和数量的满意程度并未随着增加，这说明政府提供公共服务的数量与质量与公众的满意程度并不具备正相关性。同时，公共服务的地区差异在中国也呈现递增趋势，经济发展水平越高的地区反而对公共服务的供给水平要求高。因为基本公共服务均等化追究的是实质上的平等而非形式上的平等，因此程序化的手段并不适合于考核基本公共服务均等化。对政府的绩效评估也是实现政府基本公共服务均等化的重要制度安排。由于大多数公共服务的非排他性和非竞争性的特点，各个受益者实际得到的公共服务很难具体量化，更无法用货币价格来衡量。目前我国缺乏针对基本公共服务均等化目标建立的评估体系，虽然学术界一直努力构建具体测度公共服务收益方法的图例，但是实际应用还需假以时日。

我国的公共服务绩效评估模式深受西方绩效评估模式的影响，近年来也有众多学者专门提炼和总结了公共服务绩效评估的方式，大致可以分为客观绩效评估和公共服务主管满意度评估两大类。客观的绩效评估包括各级政府的公共服务绩

[①] 李军鹏：《公共服务学——政府公共服务的理论与实践》，国家行政学院出版社2007年版，第218页。

效评估，其评估体系涵盖了基础教育，社会保障，环境服务等方面，评估的结论包括认为我国的公共服务投入产出比值过低，需要更加重视效率。也有学者运用科学评估方法对省际公共服务均等化水平进行评估，得出了省际间的基本公共服务差距明显的结论。而公共服务主观评估方法大多以公共服务评估指数的方式呈现大众对公共服务的水平和效果的感知评价。得出了基层政府的公共服务意识不够，行政管理作风明显等结论。[①] 虽然学者们进行了深入的研究，并得出了相应的结论，但到目前为止，学者们对基本公共服务的绩效评估的研究成果很多还是停留在应然层面，对于公共服务评估实然层面的成果相对较少；而对于不同区域，不同类别的公共服务的具体差异，在构建基本公共服务绩效评估体系中并没有体现，主观绩效评估中公众的主体参与和个体差异并没有充分体现，也缺乏对评价结果的责任认定和责任追究机制。可以看出，现有的指标体系构建，大多是关注指标体系的设计，对于绩效评估的宏观把握还有待提高。同时，基本公共服务的评估基础和长远规划缺乏，有效的方法也并不多见，客观和主观评价体系的兼容性也有待完善。

  因此，有必要在现有的基础上，结合我国的实际情况来构建改革服务的绩效评估体系，并建立与之配套的责任管理体系。政府的绩效评估指标体系的建立首先需要以人为本。政府绩效评估应当坚持以人为本，满足群众的需要，以人民群众是否满意为根本的宗旨。基本公共服务均等化围绕着人的生存和发展权利，体现人的基本价值和根本权利。只有满足了人的基本权利才能体现公共的价值。其次要体现公平正义原则，公平正义是和谐社会的价值目标和利益诉求。公平正义作为当代政治文明的基本要求，是衡量社会文明的标准和前提，基本公共服务均等化的绩效评估不仅要考虑经济产出和投入等外在指标，更要坚持重视社会的弱势群体，公正分配社会资源等内在指标的认定。使社会的弱势群体能够真正感受到基本公共服务的成果，使弱势群体的权益能够得到最大程度的保障。公共服务的绩效评估要防止"短平快"，切勿急功近利，应当着眼于社会的长期发展，群众的长期利益，需要有长远的规划和准确的评估。

  只有坚持公平正义原则，人民大众才会真正体验到基本公共服务的水平和均等性，所以有必要将基本公共服务的衡量指标纳入到政府绩效的考核评价体系中，并且应当建立起严格的基本公共服务问责制度，将基本公共服务的绩效考核与干部的任免、提升等环节相关联，并在此基础上建立完备的问责机制。反过来，政府的绩效考核制度也应该推动和完善基本公共服务的供给和水平的提升，

[①] 郭金云、苏楠：《近二十年国内公共服务绩效评估研究的知识系谱》，载于《理论与改革》2015年第4期。

以公众的满意度来促进服务型政府的建设。

基本公共服务评估体系是基本公共体系建设不可或缺的一个部分,当前中国的基本公共服务评估体系还处于起步摸索阶段,因此需要从多方面加以改进。需要提高基本公共服务在政府绩效考核体系中的比重,加大基本公共服务项目的考核,并将基本公共服务指标纳入到对领导干部的考核指标当中,建立起基本公共服务干部问责机制;强化公众对于基本公共服务考核的话语权,做到基本公共服务评估以公众是否满意而非政府满意为主,坚持公众在基本公共服务考核过程中的公开透明度,树立公众在其中的主体地位。①

最后,明确各层级政府之间的问责方式,清晰规定中央政府与地方政府在促进基本公共服务均等化的过程中的目标定位。根据效率原则,地方政府在基本公共服务的供给中起到了不可或缺的作用。在中央政府和地方政府责任划界的过程中需要遵循相应的分权原则,即取决于公共物品或服务的收益范围。② 在考虑中央政府和地方政府的基本公共服务责任划分中需要考虑的是责任和财权的对等,即公共服务支出责任与可支配的财权是对等的。

我国法律虽然对中央政府和地方政府的职责有原则性的规定,然而,对于具体事务的政府间分工责任还是很难清晰把握,相应地难以对各级政府的责任进行追究,因此明确各层级政府之间的问责方式,清晰规定中央政府与地方政府在促进基本公共服务均等化的过程中的目标定位。首先需要明确划分中央政府和地方政府在基本公共服务均等化过程中职能地位。中央政府更多从宏观方面规划,负责服务范围的划定和标准的制定以及财政转移支付和服务的监督测评;地方政府主要负责具体的服务规划,服务实施和具体的改进等,负责执行具体的政策。③ 对于国防和国家安全等纯公共产品必须由中央政府提供的由中央政府来提供,如教育和医疗等具体的基本公共服务领域则可以由地方政府全权负责提供。在我国,由于中央政府在财政支出比重低于收入比重,而地方政府的供给能力有限,财政支出过高,因此中央政府提供的基本公共服务,应当由中央财政来负责。地方政府提供的公共服务,支出责任不一定由地方政府负责。地方政府在基本公共服务提供的信息方面具有无可比拟的优势,在具体的环境治理,教育就业和地方治安等方面具有更灵活的特点。为了基本公共服务均等化的实现,中央政府应当向欠发达地区在财政支出方面政策财政供给有所倾斜,保证欠发达地区的公众享受到和其他地区大致相同的基本公共服务。

---

① 孙建军:《我国基本公共服务均等化供给政策研究》,知识产权出版社2012年版,第143页。
② 王薇:《国际视野下公共服务运行的政府责任》,载于《改革》2013年第6期。
③ 丁辉侠:《区域基本公共服务均等化的实现路径探析》,载于《四川行政学院学报》2011年第6期。

二、构建基本公共服务均等化政府责任追究机制

当前中国并未形成完备的行政决策追究制度,致使我国政府诸多政策决策沿袭计划经济时代的决策模式,具有法治化程度不高、民主性不足、制度执行不强等特征,决策责任含糊不清,权责分离现象十分严重,很多决策不受追究,这并不符合市场经济和法治政府对决策的基本要求,也很难适应全面深化改革对政府决策的基本要求。在基本公共服务领域也存在如此状况,在基本公共服务供给领域并没有形成以基本公共服务均等化为导向的干部责任考核制度。基本公共服务在干部绩效考核中的权重比例小,会导致很难顾及公众对基本公共服务供给情况的满意度。因此,在基本公共服务领域必须确立对政府的责任追究机制,保障基本公共服务均等化的顺利实施。

所谓官员责任追究制度,是指通过一定的程序对没有履行好相应职责的官员进行追究,使其承担政治责任、道德责任或法律责任,接受谴责、处罚等消极后果的办法、条例、规则等的总称。[①] 公共服务行政问责制就是针对政府及其工作人员在公共服务供给与生产中的失范行为而设立的责任追惩机制,同时也是保证政府基本公共服务供给的激励机制。[②]

长久以来中国的政府机关及其工作人员的"官本位"思想非常严重,政府必须根据"权责一致"的民主原则,以责任为本位,在基本公共服务均等化的过程中明确政府责任,要求明确划分中央政府和地方政府在供给基本公共服务过程中的具体责任,同级政府不同部门之间的责任划分,根据具体的基本公共服务构建完善的政府责任运行机制。对没有尽到责任的政府要进行责任追究,没有尽到责任的政府官员要依照法律进行处罚。在基本公共服务领域对责任进行追究是对决策责任问题的深化和发展,其行为本质是一种行政行为,是对"有权必有责、用权受监督、失职要问责、违法要追究"理念的学理阐释,在基本公共服务领域将职权与责任、权利与义务的关系理顺,这对于完善依法治国,实现基本公共服务均等化具有重要价值。在基本公共服务均等化的过程中,需要让行政决策者同时承担权力行使的后果,真正做到权责一致,同时要防止在基本公共服务的供给过程中出现随意决策乱用决策的短期行为。建立基本公共服务均等化的政府责任追究机制可以克服各种权力监督主体对权力监督过软的弊病,使责任追究的标准与

---

① 张贤明、文宏:《中国官员责任追究制度建设的回顾、反思与展望》,载于《吉林大学社会科学学报》2008年第3期。
② 陈第华:《基本公共服务均等化供给中的政府责任》,载于《西南交通大学学报》2010年第1期。

原则更加细化,从而有效推动政府治理现代化的实现。在基本公共服务领域建立决策权威和政治公信,这是责任政府建设的必然选择。

在基本公共服务领域,应该清楚地把基本公共服务供给界定为政府不可推卸的职责。值得注意的是,基本公共服务供给虽然是政府职责,但由于政府并不是基本公共服务供给的唯一主体,而是作为基本公共服务供给的主导者,因此需要明确各主体的责任范围和责任性质,才能清晰界定政府的职责范围从而有效地实现问责。对于政府在基本公共服务均等化领域的追责机制,有几点需要把握:一是事关基本公共服务均等化的政府决策应该纳入到法治轨道,在法治思维和法治框架下推动基本公共服务责任追究制度的建立健全;二是政府基本公共服务均等化的责任形式,虽然包括决策失误时应该承担的政治责任、道德责任和社会责任等,但作为国家制度体系的组成部分,更多的应该是更富有刚性和操作性的行政责任和法律责任;三是对于基本公共服务领域政府责任的追究,既要以结果论,同时又不能将责任作为唯一的依据,应该同时考察动机和行为,将动机、行为和结果共同作为问责的依据。同时,要改变传统上的对责任的追究"唯结果论",改变以结果作为追究责任唯一依据的传统问责模式,而是需要以行为和结果共同作为责任追究的依据。

三、完善基本公共服务均等化监督问责机制的配套制度

实现对基本公共服务均等化的监督问责需要相应的配套制度。完善公共财政体制是推进基本公共服务均等化的重要途径和保障机制之一。分税制度改革之后,主要的财政权集中在中央政府,相对于地方政府承担的事权而言,其拥有的财权显得十分薄弱,继而就会产生财权和事权并不相匹配的问题。因此,中央政府的职责之一就是合理地分配事权和财权,并真正实现权责一致的目标。公共支出是政府为保障社会公共需要,将社会资源按照一定的经济政治原则进行合理分配的制度。而建立与公共财政状况相适应的公共财政体制是社会良性发展的必然要求。改革开放30多年来,中国的财政收入从1978年的1 132亿元到2014年的140 370亿元,[①] 这对于满足基本公共服务供给支出是基本保障。为此,我们应当调整财政支出的结构,优化加大对基本公共服务的投入,解决基本公共服务的供求矛盾。公共财政的基本职能是保障社会的公共需求,保障公共服务的供给,使社会公众共享改革成果。因此,公共财政支出也应当配合基本公共服务的要求,向基本公共服务领域倾向。不得不承认,我国自改革开放以来的基本公共服务支

---

① 《中国统计年鉴(2015)》,国家统计局网站,http://www.stats.gov.cn/tjsj/ndsj/2015/indexch.htm。

出比重在逐步提高，随着计划经济向市场经济模式转变，各级政府的公共服务职能比重也随之提高，财政支出的比重也随之倾斜，由经济建设逐渐转变为基本公共服务领域，教育、医疗、就业和社会保障等领域投入比例并不高，地方财政支出比重远远高于中央政府的财政支出比重。[①]

公共财政体制度是完善基本公共服务均等化的有力保障，首先，需要科学合理地配置政府间的事权和财政。事权是各级政府在基本公共服务供给中应承担的职责和任务，财权是各级政府获得财政收入、决定财政支出的权力。[②] 政府间的事权、财权划分不清，导致政府间的转移支付的责任模糊不清；结构不合理难以实现转移制度的预期目标并缺乏统一的协调机制和监督机制。[③] 目前中国存在严重的事权与财权不对等的现象，事权层层下放，而财权层层上收，因此，中央政府和地方政府的事权与财权分配不均，直接导致地方政府的基本公共服务供给能力弱化，造成基本公共服务供给不平衡现象的产生。为此，需要明确中央和地方政府的基本公共服务财政支出责任，增强地方政府基本公共服务的供给能力，达到事权和财权相匹配的财政体制。具体而言，需要非常明确中央政府和地方政府的基本公共服务支出责任，这是建立规范政府间财权划分关系的前提。因此，需要具体确立各级政府基本公共服务的支出责任，科学合理地界定中央政府和地方政府的支出责任。中央政府应当负责全国性的公共产品和服务以及具有宏观调控性质、涉及范围广泛的支出责任，而地方政府相对承担地方性、比较具体的公共产品和服务的支出责任；对于跨区域的公共产品和服务，可以按照主次责任来区分，由中央政府和地方政府按照相对比例来承担支出责任。在当前中央财政收入稳步提升但事权却层层下放的情况下，为了保证下级政府有能力提供基本公共服务，财权必须以事权的划分作为前提和基础。各层级政府提供公共服务需要以财权作为基础，这样可以完善基层政府的基本公共服务提供能力，补充基层政府提供基本公共服务不足的状况，解决地方政府事权与财权不匹配的难题，切实提高地方政府供给公共服务的能力。

其次，需要完善财政转移支付制度。各层级间的政府转移支付制度是实现基本公共服务均等化的重要途径。财政转移支付是以各层级政府的财政能力差异为基础，以实现各地的公共服务水平为宗旨的而实行的一种财政平衡制度，一般为了解决公共产品和服务的外溢性、弥补财政缺口和解决横向的不均等的需要。由于我国地方政府提供公共服务的财政支付能力与提供公共服务的能力不对称，需要中央政府承担解决地方政府提供公共物品的外溢性问题；同时中国各地区之间

---

① 《中国统计年鉴（2015）》，国家统计局网站，http://www.stats.gov.cn/tjsj/ndsj/2015/indexch.htm。
② 孙建军：《我国基本公共服务均等化供给政策研究》，知识产权出版社2012年版，第152页。
③ 孙建军：《我国基本公共服务均等化供给政策研究》，知识产权出版社2012年版，第153~154页。

的经济发展不平衡,各地区的基本公共服务供给能力差异明显,因此建立合理完善的财政转移支付制度是完善各级政府供给能力的保障。财政转移支付分为纵向的不均衡和横向的不均衡。所谓的纵向不均衡更多地是指上下级政府之间的财权和事权分配不平衡导致的支付能力与供给能力不足的问题,纵向的不均衡是由于地方政府难以提供与本级财政收入相对应的公共服务,因此需要中央政府通过对地方政府的转移支付来缓解地方政府的财政收支不平衡。所谓的横向不均衡更多的是由于地区政府之间的区域发展不平衡导致的各个地区政府财政收入能力和支出需求差异而产生的公共服务供给的不均衡。当前中国的中央政府与地方政府之间由于职能界定不清导致了利益的冲突。由于事权与财权的不统一,需要财政转移支付制度发挥作用来调整政府间的利益冲突。政府公共财政的主要任务是提供公共服务和公共物品,财政转移支付能否发挥好处理政府间利益关系的作用,关键要看其是否缩小了区域之间政府提供公共服务的差距。[①] 由于财政平衡是建立在事权和财权明确划分的基础上,而中国当前各级政府事权财权并不明晰,因此很难实现真正的财政均衡。

  追求财政的横向和纵向平衡是转移支付制度所要实现的目标。目前我国的财政转移支付制度无论是纵向平衡还是横向平衡都存在问题:首先,转移支付结构并不合理。转移支付结构不合理很容易造成转移支付制度的横向不均等。转移支付和财政利益的分配直接相关,不同层级以及各个层级的政府之间都存在非常复杂的利益关系,而转移支付往往成为各个政府利益博弈的手段,从而造成规范转移支付原初应当追求的公共目标。我国的转移支付制度主要由三类构成:财力性转移支付,专项转移支付和税收返还。[②] 转移支付中的税收返还制度坚持来源地原则,多以各地的某种税额或者相关金额为基数,以一定的增长率滚动增长。发达地区和落后地区的基数差别很大,导致税收的返还额度也有差别。这样不但不利于地区之间的发展差距缩小,也使地区之间的基本公共服务均等化难以实现。同时,转移支付形式过于繁多,会造成资金使用比较分散,很难做到专款专项,集中均衡地完成转移支付。另外,专项转移支付在中央对地方转移支付体系中占据比较大的一部分,而在地方政府收支状况并不均衡的情况下,专项转移支付时会出现被挪用和挤占的现象,会使转移支付的问题更加突显。[③] 其次,现行的转移支付分配方式并不规范。在无条件转移支付过程中,税收返还采取基数法。税

[①] 王鹏:《财政转移支付制度改革研究》,吉林大学博士论文,2012年。
[②] 刘德吉:《基本公共服务均等化:基础、制度安排及政策选择——基于制度经济学的视角》,上海交通大学出版社2013年版,第94页。
[③] 孙德超:《推进基本公共服务均等化的直接途径:规范转移支付的结构和办法》,载于《东北师大学报》(哲学社会科学版)2013年第4期。

收返还基数是指地方的税收按照一定的比例进行加总,减去原来体制下已经得到的份额的差额。中央政府按照这个基数来返还给地方政府。中央财政按照某年为核定基准年,按照中央和地方政府收入划分状况来进行返还,保证地方的财力,税收返还额度也每年递增。但实际上由于各地收入能力和支出需要存在差异,而且基数法也缺乏科学的标准,会导致各地的经济发展不平衡状况进一步加剧。最后,专项转移支付的范围比较广泛,并未形成有效的监管机制。当资金落实到地方之后,由于缺乏监督和制约,难免会出现利用效率低下,资金滥用和挪动的情况。再次,转移支付的决策程序不规范。专项转移如何确定项目缺乏科学合理的论证过程,如何拨款完成转移支付的过程也缺乏统一的标准,如何补助和补助什么项目往往具有随意性,补助项目有些种类重复,重点难以突出,更为重要的是,缺乏有效的监督管理,资金被滥用、挪用和低效使用的现象比较严重,往往制约了专项转移支付在实现基本公共服务均等化过程中发挥作用。[①]

转移支付是调控财政资金如何进行分配的重要工具。在当前建立基本公共服务均等化体系的背景下,如何创立以基本公共服务均等化为目标的转移支付体系是摆在我们面前的任务。首先,需要优化转移支付结构。合理配置一般性的转移支付和专项转移支付。在确立各级政府基本公共事务事权和支出责任的基础上,地方政府能够解决的事务需要地方政府自行解决,地方政府收入不能满足支出需求的,可以通过中央政府通过一般性转移支付来完成;而属于中央政府委托的事务,可以通过中央财政专项转移支付来安排专门的资金;属于中央和地方共同的事务,可以明确中央和地方政府各自承担的分配比例。同时需要完善转移支付办法。增加一般性转移支付特别是均衡性转移支付的规模和比例,加大对边远地区的转移支付力度,同时充分发挥专项的转移支付在促进基本公共服务均等化中的积极作用。[②] 其次,需要增强均等化转移支付尤其是横向均衡功能。规范的财政转移制度是公共财政制度的重要组成部分。当前的财政转移支付制度应当以基本公共服务均等化作为明确的目标。均等化的转移支付更多地体现在中央政府根据各个地区政府的实际情况来给予同的补贴,通过改善落后地区公共服务供给状况来实现各个地区公共服务供给能力的均衡。增加均等化转移支付的比重,主要是增加一般性转移支付比重和专项转移支付中有利于地区均衡发展的项目比重,减少和降低税收返还的比重。[③] 同时,规划专项转移支付的使用用途,充分发挥其

---

① 刘德吉:《基本公共服务均等化:基础、制度安排及政策选择——基于制度经济学的视角》,上海交通大学出版社 2013 年版,第 97 页。
② 《国家基本公共服务体系"十二五"规划》,中国政府网,http://www.gov.cn/zwgk/2012-07/20/content_2187242.htm。
③ 刘德吉:《基本公共服务均等化:基础、制度安排及政策选择——基于制度经济学的视角》,上海交通大学出版社 2013 年版,第 106 页。

在引导地方政府提供公共服务方面的功能,更多地增加对改善基本公共服务相关的领域,同时可以将零散的资金进行合并和汇总,集中资源来发挥专项转移制度在地方政府供给基本公共服务方面的功能。再次,提高转移支付分配的透明度和规范性。科学规范的资金分配是保证转移支付客观公正的前提。我国现行的转移支付制度类型多样,分配方法也不尽相同。因此,需要针对存在的问题优化转移支付结构,科学合理地界定各类转移支付的分配方法,应当制定明确的资金分配的原则和标准,增强评介的客观性,同时增加专业的监督和管理,改进分配方法的程序,使分配方法更加完善。最后,增加转移支付资金的监督和管理。资金的分配管理是转移支付资金使用非常重要的环节,而资金的使用背后需要强有力的监督和管理,否则很难做到资金使用到位和有效。而要提高资金使用的效率,需要加强对资金使用的监督和管理以及对其绩效的评估。不但需要强化政府部门内部的监督,监督地方政府将转移支付的资金落到实处,同时也需要专门的专业机构来负责完成对转移支付资金的管理监督,对其不完善的地方专业性地提出整改建议,并将零散的资金进行整合协调,使资金的使用能够发挥最大效用。公众和社会力量的监督也是完善转移支付制度的保证。政府部门将转移支付资金的使用状况和用途通过信息发布,政务公开的形式将资金的分配相关进行公开,获得社会各界的监督和问询,可以更加增加支付资金的使用透明度,有效建立转移支付资金的效率评估。总体而言,以基本公共服务均等化为导向的转移支付制度的目的是建立分配方法完善、科学公正、资金使用有效的转移支付体系。

附录一

基本公共服务均等化测量指标和客观评价体系

一级指标		指标类别	二级指标
基本公共服务均等化水平客观测量	基本公共教育	投入指标	普通小学生均教育经费
			普通初中生均教育经费
			普通小学每万人学校数
			普通初中每万人学校数
		产出指标	普通小学师生比
			普通初中师生比
			普通小学生均校舍面积
			普通初中生均校舍面积
		效果指标	普通小学升学率
			普通中学升学率
	基本医疗卫生	投入指标	医疗卫生支出占财政支出比重
			人均医疗卫生经费
			每万人拥有卫生技术人员数
			每万人医疗机构床位数
		产出指标	人均医疗卫生机构诊疗人次
			医师日均负担诊疗人次
			病床使用率
			平均住院日
		效果指标	甲乙法定报告传染疾病死亡率
			孕产妇死亡率

续表

一级指标		指标类别	二级指标
基本公共服务均等化水平客观测量	基本就业服务	投入指标	生均就业训练经费
			每万求职人口就业训练中心个数
			技工学校师生比
		产出指标	每万求职人口职业技能鉴定机构数
			城镇单位就业人员平均工资
		效果指标	城镇登记失业率
			就业培训服务成功率
			职业介绍成功率
	基本社会保障	投入指标	社会保障经费占财政支出比重
			人均社会保障经费
			每万人拥有的社会保障服务人员数量
		产出指标	基本养老保险基金支出水平
			基本医疗保险基金支出水平
			城市最低生活保障支出水平
		效果指标	基本养老保险参保率
			基本医疗保险参保率
	基本公共文化	投入指标	文化事业费占财政支出比重
			人均文化事业费
			每万人拥有主要文化机构从业人员数
		产出指标	每万人拥有的图书馆数
			每万人拥有的艺术表演机构数
			每万人拥有的博物馆数
		效果指标	图书馆服务覆盖率
			艺术演出场馆覆盖率
			博物馆覆盖率

续表

一级指标		指标类别	二级指标
基本公共服务均等化水平客观测量	基本公共环境	投入指标	节能环保支出占财政支出比重
			人均节能环保支出经费
			环境污染治理投资占 GDP 比重
		产出指标	每万人拥有的工业废气处理设备数
			每万人拥有的工业废水处理设备数
		效果指标	工业固体废物综合利用率
			城市生活垃圾无害化处理率
			城市人均公园绿地面积
	基本公共安全	投入指标	公共安全支出占财政支出比重
			人均公共安全经费
		产出指标	犯罪率
			单位交通事故直接财产损失（万元/起）
			单位火灾事故直接财产损失（万元/起）
		效果指标	交通事故发生率（起/万人）
			火灾事故发生率（起/万人）

附录二

基本公共服务均等化公众满意度调查指标体系

一级指标	二级指标	三级指标
基本公共服务均等化公众满意度	基本公共教育	幼儿园教育	送孩子入托是否需要找关系或交赞助费
		幼儿园收费满意度
		幼儿园娱乐设施的满意度
		校车服务的满意度
	中、小学教育	孩子入学是否需要找关系或交赞助费
		教师教学水平的满意度
		小学、初中教育阶段学校乱收费现象
		小学、初中教室桌椅等设施的满意度
		校车服务的满意度
	基本医疗卫生	基本公共卫生服务	基本公共卫生服务的满意度
		医院服务	导诊服务的满意度
			就诊时长的满意度
			看病方便程度的满意度
			医生服务态度的满意度
			医疗费用收费合理性的满意度
	基本就业服务	享受服务经历	是否享受过相关服务
		享受服务满意度	对居住地就业服务的满意度

续表

一级指标	二级指标	三级指标
基本公共服务均等化公众满意度	基本社会保障	基本养老保险	基本养老保险服务的满意度
		基本医疗保险	基本医疗保险服务覆盖范围的满意度
			基本医疗保险服务报销比例的满意度
		社会救助	最低生活保障服务的满意度
			对特殊人群进行资金外帮扶的满意度
	基本公共文化	方便性	享有基本公共文化服务方便性的满意度
		免费性	图书馆、农家书屋等基本公共文化服务的满意度
	基本公共环境	卫生	街道卫生的满意度
			饮用水质量的满意度
		绿化	城市绿化景观设施建设的满意度
			空气质量的满意度
		市政管理	环境保护宣传活动的满意度
	基本公共安全	社会治安	社会治安的满意度
		交通安全	交通安全的满意度
		食品药品安全	食品安全状况的满意度
			药品安全状况的满意度
		信息安全	是否遇到过信息泄露情况
			信息安全的满意度
		公共安全宣传	对政府的公共安全宣传满意度

附录三

基本公共服务公众满意度调查问卷

城市编号：_____　　　　问卷编号：_____

您好！您非常幸运被我们的随机抽样系统抽中成为我们的访谈代表，您的意见对政府改善公共服务非常重要，请您协助回答我们设定的访谈问题！

甄别题：

请问您的年龄是在18岁以上吗？

☐ 是→继续

☐ 否→谢谢被访问者，终止访谈

基本公共服务均等化满意度：

1. 您对政府提供的疫苗接种等传染病防治的基本公共卫生服务满意吗？

☐ 非常不满意　　　☐ 不太满意　　　☐ 一般

☐ 比较满意　　　　☐ 非常满意

2. 您对居住地附近的医院导诊服务满意吗？

☐ 非常不满意　　　☐ 不太满意　　　☐ 一般

☐ 比较满意　　　　☐ 非常满意

3. 您自己或家人最近一次在本地医院看病，从挂号到就诊需等待多长时间？

☐ 不用等待　　　　☐ 1~15分钟　　　☐ 15~30分钟

☐ 30分钟以上

4. 您对上述等待时长是否满意？

☐ 非常不满意　　　☐ 不太满意　　　☐ 一般

☐ 比较满意　　　　☐ 非常满意

5. 您的住处距离最近的公立医院乘车需要多久？

- ☐ 1～2 小时　　☐ 30 分钟～1 小时　　☐ 15～30 分钟
- ☐ 15 分钟以内　☐ 不需要乘车

6. 您从住处去最近公立医院看病是否方便？
- ☐ 非常不方便　　☐ 不太方便　　☐ 一般
- ☐ 比较方便　　　☐ 非常方便

7. 您对居住地医院医生的服务态度满意吗？
- ☐ 非常不满意　　☐ 不太满意　　☐ 一般
- ☐ 比较满意　　　☐ 非常满意

8. 您认为自己或家人看病时，是否有不必要的检查或不合理的医疗费用产生？
- ☐ 有，非常严重　☐ 有，比较严重
- ☐ 有，但可以接受　☐ 没有

9. 您对住所周边公共道路的卫生状况是否满意？
- ☐ 非常不满意　　☐ 不太满意　　☐ 一般
- ☐ 比较满意　　　☐ 非常满意

10. 您对居住地饮用水的质量是否满意？
- ☐ 非常不满意　　☐ 不太满意　　☐ 一般
- ☐ 比较满意　　　☐ 非常满意

11. 您对居住地绿化景观设施建设是否满意？
- ☐ 非常不满意　　☐ 不太满意　　☐ 一般
- ☐ 比较满意　　　☐ 非常满意

12. 您的居住地过去一年内是否出现过雾霾天气？
- ☐ 经常出现　　　☐ 偶尔出现　　☐ 从未出现

13. 您对居住地空气的质量是否满意？
- ☐ 非常不满意　　☐ 不太满意　　☐ 一般
- ☐ 比较满意　　　☐ 非常满意

14. 过去一年内，您或您的朋友是否遭遇或看见过打架斗殴的行为？
- ☐ 经常　　　　　☐ 偶尔　　　　☐ 从来没有

15. 过去一年内，您或您的朋友是否遭遇或看见过盗窃、抢劫行为？
- ☐ 经常　　　　　☐ 偶尔　　　　☐ 从来没有

16. 过去一年内，您或您的朋友是否遇到或看见过诈骗行为？
- ☐ 经常　　　　　☐ 偶尔　　　　☐ 从来没有

17. 您对居住地的社会治安状况是否满意？
- ☐ 非常不满意　　☐ 不太满意　　☐ 一般

☐ 比较满意 ☐ 非常满意

18. 您对居住地的道路交通安全状况是否满意？
☐ 非常不满意 ☐ 不太满意 ☐ 一般
☐ 比较满意 ☐ 非常满意

19. 您对经常食用的食品安全状况是否满意？
☐ 非常不满意 ☐ 不太满意 ☐ 一般
☐ 比较满意 ☐ 非常满意

20. 您对购买的药品的安全性是否满意？
☐ 非常不满意 ☐ 不太满意 ☐ 一般
☐ 比较满意 ☐ 非常满意

21. 您或您周围的人是否遇到过个人信息泄露的事件？
☐ 没有 ☐ 偶尔 ☐ 经常

22. 您对您自身信息的安全性是否满意？
☐ 非常不满意 ☐ 不太满意 ☐ 一般
☐ 比较满意 ☐ 非常满意

23. 您居住地孩子入托是否需要找关系或交赞助费？
☐ 完全不需要 ☐ 偶尔需要 ☐ 多数需要
☐ 全部需要

24. 您认为居住地幼儿园收费如何？
☐ 收费标准太高 ☐ 收费标准比较高
☐ 收费标准可以接受

25. 您对居住地附近的幼儿园的娱乐设施满意吗？
☐ 非常不满意 ☐ 不太满意 ☐ 一般
☐ 比较满意 ☐ 非常满意

26. 您对居住地附近的幼儿园校车服务满意吗？
☐ 非常不满意 ☐ 不太满意 ☐ 一般
☐ 比较满意 ☐ 非常满意

27. 您居住地附近的孩子上小学或初中是否需要找关系或交赞助费？
☐ 完全不需要 ☐ 偶尔需要 ☐ 多数需要
☐ 全部需要

28. 您对居住地附近的小学、初中教师的教学水平满意吗？
☐ 非常不满意 ☐ 不太满意 ☐ 一般
☐ 比较满意 ☐ 非常满意

29. 您居住地附近的小学、初中是否有乱收费现象？

- □ 基本都有　　　　　□ 大部分学校有　　　　□ 有些学校有
- □ 基本没有

30. 您对居住地附近的小学、初中教室桌椅等设施满意吗？
- □ 非常不满意　　　　□ 不太满意　　　　　　□ 一般
- □ 比较满意　　　　　□ 非常满意

31. 您对居住地附近小学、初中的校车服务满意吗？
- □ 非常不满意　　　　□ 不太满意　　　　　　□ 一般
- □ 比较满意　　　　　□ 非常满意

32. 您是否享有国家基本养老保险？
- □ 是　　　　　　　　□ 否→跳问 36

33. 您享有的基本养老保险类型为：
- □ 职工基本养老保险　□ 城镇居民社会养老保险
- □ 新型农村社会养老保险

34. 您对自身享有的基本养老保险制度是否满意？
- □ 非常不满意　　　　□ 不太满意　　　　　　□ 一般
- □ 比较满意　　　　　□ 非常满意

35. 您是否享有基本医疗保险服务？
- □ 是　　　　　　　　□ 否→跳问 46

36. 您享有的基本医疗保险类型为：
- □ 职工基本医疗保险　□ 城镇居民基本医疗保险
- □ 新型农村合作医疗（新农合）

37. 您是否了解自己享有的基本医疗保险所提供的服务（如疾病覆盖范围、报销比例等）？
- □ 完全不了解→跳问 41　□ 了解较少　　　　　□ 一般
- □ 比较了解　　　　　□ 完全了解

38. 您对自身所享有的基本医疗保险服务的疾病覆盖范围是否满意？
- □ 非常不满意　　　　□ 不太满意　　　　　　□ 一般
- □ 比较满意　　　　　□ 非常满意

39. 您对自身所享有的基本医疗保险服务的报销比例是否满意？
- □ 非常不满意　　　　□ 不太满意　　　　　　□ 一般
- □ 比较满意　　　　　□ 非常满意

40. 您经常去图书馆吗？
- □ 几乎每天　　　　　□ 每周 1～2 次　　　　□ 每月 1～2 次
- □ 几乎不去

41. 您的住所距离最近图书馆或农家书屋等公共文化设施乘车需要多长时间？
    □ 1~2 小时　　　　　□ 30 分钟~1 小时　　　　□ 15~30 分钟
    □ 15 分钟以内　　　　□ 不需要乘车
42. 您从住所到最近的图书馆或农家书屋等公共文化设施是否方便？
    □ 非常不方便　　　　□ 不太方便　　　　　　　□ 一般
    □ 比较方便　　　　　□ 非常方便
43. 您认为居住地所在政府提供的图书馆、农家书屋或流动电影放映车等公共文化设施是否能满足您的日常需求？
    □ 完全能　　　　　　□ 还可以　　　　　　　　□ 不能
44. 您过去三年内是否有就业需求？
    □ 是　　　　　　　　□ 否
45. 您是否享受过政府提供的就业咨询、职业技能培训等服务？
    □ 是　　　　　　　　□ 否
46. 您是否享受过政府提供的劳动关系协调或劳动权益保护等服务？
    □ 是　　　　　　　　□ 否
47. 您是否了解您居住地所在政府提供的自主创业服务（如创业咨询、培训，创业小额贷款）？
    □ 是　　　　　　　　□ 否
48. 您对您居住地所在政府提供的就业服务是否满意？
    □ 非常不满意　　　　□ 不太满意　　　　　　　□ 一般
    □ 比较满意　　　　　□ 非常满意
49. 您是否享有政府提供的最低生活保障？
    □ 是　　　　　　　　□ 否
50. 您感觉居住地所在政府为弱势群体提供的最低生活保障是否满意？
    □ 非常不满意　　　　□ 不太满意　　　　　　　□ 一般
    □ 比较满意　　　　　□ 非常满意
51. 您是否接受过政府对流浪人员、低收入群体进行的资金外帮扶服务？
    □ 是　　　　　　　　□ 否
52. 您感觉居住地所在政府对流浪人员、低收入群体进行资金外帮扶服务是否满意？
    □ 非常不满意　　　　□ 不太满意　　　　　　　□ 一般
    □ 比较满意　　　　　□ 非常满意
53. 您认为政府的环保宣传栏、宣传日等环境保护宣传措施对提升您的环境保护意识是否有帮助？

☐ 是，非常有帮助 ☐ 是，但帮助不大 ☐ 否
☐ 不在乎

54. 您对居住所在地政府的环保宣传栏、宣传日等环境保护宣传活动是否满意？

☐ 非常不满意 ☐ 不太满意 ☐ 一般
☐ 比较满意 ☐ 非常满意

55. 您认为社会治安、食品安全、个人信息安全等知识宣传对于提高您的安全意识是否有帮助？

☐ 是，非常有帮助 ☐ 是，但帮助不大 ☐ 否
☐ 不在乎

56. 您对政府在社会治安、食品安全和个人信息安全等方面的知识宣传活动是否满意？

☐ 非常不满意 ☐ 不太满意 ☐ 一般
☐ 比较满意 ☐ 非常满意

个人基本情况

1. 性别【访问员记录】：

☐ 男 ☐ 女

2. 您的年龄是多少？

☐ 18~29 岁 ☐ 30~39 岁 ☐ 40~49 岁
☐ 50~59 岁 ☐ 60~70 岁

3. 您的文化程度是：

☐ 初中及以下 ☐ 高中或中专 ☐ 大专
☐ 本科 ☐ 研究生及以上

4. 您的户口类型为：

☐ 农业户口 ☐ 非农业户口 ☐ 其他

5. 您的长期居住地（连续居住一年以上）是否为户口所在地：

☐ 是→跳问 8 ☐ 否

6. 您的户口所在地为：

记录：_____省/自治区/直辖市_____市

7. 您所居住地区的类型为：

☐ 市/县城的中心城区 ☐ 市/县城的边缘城区
☐ 市/县城的城乡结合部 ☐ 市/县城区以外的镇 ☐ 农村

其他（请注明：_____）

8. 您的职业为：
   - □ 农民
   - □ 公职人员（国家机关、事业单位）
   - □ 国有企业职工
   - □ 私营/外资企业职工
   - □ 自由职业者（包括个体工商户）
   - □ 下岗、失业、待业人员
   - □ 离退休人员
   - □ 学生

   其他，请记录

9. 您的个人月收入为：
   - □ 2 000 元以下
   - □ 2 000~2 999 元
   - □ 3 000~3 999 元
   - □ 4 000~4 999 元
   - □ 5 000~6 999 元
   - □ 7 000~9 999 元
   - □ 10 000 元以上

参考文献

[1]《马克思恩格斯选集》第1卷，人民出版社2012年版。
[2]《马克思恩格斯全集》第2卷，中央编译局2005年版。
[3]《马克思恩格斯选集》第3卷，人民出版社2012年版。
[4]《邓小平文选》第2卷，人民出版社1993年版。
[5]《邓小平文选》第3卷，人民出版社1993年版。
[6] 中国社会科学院法学研究所国家法研究室等编：《宪法分解资料》，法律出版社1982年版。
[7] 林万亿等著：《台湾的社会福利：民间观点》，五南图书出版公司1984年版。
[8] 黄素庵：《西欧福利国家面面观》，世界知识出版社1985年版。
[9] 钱宗范：《周代宗法制度研究》，广西师范大学出版社1989年版。
[10] 王沪宁：《反腐败：中国的实验》，三环出版社1990年版。
[11] 林显宗、陈明南编著：《社会福利与行政》，五南图书出版公司1997年版。
[12] 邓子基：《财政理论专题研究》，中国经济出版社1998年版。
[13] 国家统计局：《中国统计年鉴》，中国统计出版社1999年版。
[14] 吕学静：《日本社会保障制度》，经济管理出版社2000年版。
[15] 吕学静编：《各国社会保障制度》，经济管理出版社2001年版。
[16] 张贤明：《论政治责任》，吉林大学出版社2000年版。
[17] 辜胜祖、刘传江：《人口流动与农村城镇化的战略管理》，华中理工大学出版社2000年版。
[18] 薄贵利：《集权分权与国家兴衰》，经济科学出版社2001年版。
[19] 刘溶沧、李茂生主编：《转轨中的中国财经问题》，中国社会科学出版社2002年版。
[20] 顾俊礼、田德文主编：《福利国家论析：以欧洲为背景的比较研究》，

经济管理出版社 2002 年版。

[21] 李培林、朱庆芳：《中国小康社会》，社会科学文献出版社 2003 年版。

[22] 陈永明编著：《日本教育：中日教育比较与展望》，高等教育出版社 2003 年版。

[23] 范云峰：《客户不是上帝》，京华出版社 2003 年版。

[24] 夏书章：《行政管理学（第三版）》，中山大学出版社 2003 年版。

[25] 孙开：《财政体制改革问题研究》，经济社会科学出版社 2004 年版。

[26] 刘新燕：《顾客满意度指数模型研究》，中国财政经济出版社 2004 年版。

[27] 吴忠民：《社会公正论》，山东人民出版社 2004 年版。

[28] 何俊志：《结构、历史与行为：历史政治主义对政治科学的重构》，复旦大学出版社 2004 年版。

[29] 中国（海南）改革发展研究院：《建设公共服务型政府》，中国经济出版社 2004 年版。

[30] 李伟权：《政府回应论》，中国社会科学出版社 2005 年版。

[31] 张桂琳等：《七国社会保障制度研究：兼论我国社会保障制度建设》，中国政法大学出版社 2005 年版。

[32] 徐向东：《自由主义、社会契约与政治辩护》，北京大学出版社 2005 年版。

[33] 井敏：《构建服务型政府：理论与实践》，北京大学出版社 2006 年版。

[34] 孙启林主编：《世界主要发达国家义务教育均衡发展比较研究》，东北师范大学出版社 2006 年版。

[35] 国务院研究室课题组：《中国农民工调研报告北京》，中国言实出版社 2006 年版。

[36]《公共服务均等化问题研究》课题组：《完善转移支付制度推进公共服务均等化》，《热点与对策：2006～2007 年度财政研究报告》，中国财政经济出版社 2006 年版。

[37] 杨之刚：《财政分权理论与基层公共财政改革》，经济科学出版社 2006 年版。

[38] 李军鹏：《公共服务学：政府公共服务的理论与实践》，国家行政学院出版社 2007 年版。

[39] 任进：《比较地方政府与制度》，北京大学出版社 2008 年版。

[40] 刘厚金：《我国政府转型中的公共服务》，中央编译出版社 2008 年版。

[41] 中国（海南）改革发展研究院：《基本公共服务与中国人类发展》，中

国经济出版社 2008 年版。

[42] 李燕等著：《政府公共服务提供机制构建研究：基于公共财政的研究视角》，中国财政经济出版社 2008 年版。

[43] 陈共：《财政学》，中国人民大学出版社 2009 年版。

[44] 刘剑文：《中央与地方财政分权法律问题研究》，人民出版社 2009 年版。

[45] 吴爱明等著：《服务型政府职能体系》，人民出版社 2009 年版。

[46] 中国（海南）改革发展研究院：《中国基本公共服务建设路线图》，世界知识出版社 2009 年版。

[47] 敬乂嘉：《合作治理：再造公共服务的逻辑》，天津人民出版社 2009 年版。

[48] 陈国权：《责任政府：从权利本位到责任本位》，浙江大学出版社 2009 年版。

[49] 周长城等：《生活质量的指标构建及其现状评价》，经济科学出版社 2009 年版。

[50] 胡晓义：《走向和谐：中国社会保障发展六十年》，中国劳动社会保障出版社 2009 年版。

[51] 徐贲：《通往尊严的公共生活：全球正义和公民认同》，新星出版社 2009 年版。

[52] 金南顺：《城市公共服务理论与实践》，中国社会科学出版社 2009 年版。

[53] 任强：《公共服务均等化问题研究》，经济科学出版社 2009 年版。

[54] 朱国玮、郑培：《服务型政府公众满意度测评理论与实践》，科学出版社 2010 年版。

[55] 姚玲珍：《德国社会保障制度》，上海人民出版社 2010 年版。

[56] 丁溪编著：《日本经济》，中国商务出版社 2010 年版。

[57] 于建嵘：《抗争性政治：中国政治社会学基本问题》，人民出版社 2010 年版。

[58] 王浦劬、莱斯特·M.萨拉蒙：《政府向社会组织购买公共服务研究：中国与全球经验分析》，北京大学出版社 2010 年版。

[59] 樊丽明、石绍宾：《城乡基本公共服务均等化研究》，经济科学出版社 2010 年版。

[60] 胡德仁：《中国地区间财政均等化问题研究》，人民出版社 2011 年版。

[61] 王玮：《多重约束条件下我国均等化财政制度框架的构建》，中国社会科学出版社 2011 年版。

[62] 叶晓玲：《城乡基本公共服务均等化问题研究》，西南交通大学出版社 2011 年版。

[63] 吴群芳：《利益表达与分配：转型期中国的收入差距与政府控制》，中国社会出版社 2011 年版。

[64] 马海涛等著：《中国基本公共服务均等化问题研究》，经济科学出版社 2011 年版。

[65] 石国亮、张超、徐子梁：《国外公共服务理论与实践》，中国言实出版社 2011 年版。

[66] 宋增伟：《服务型政府建设的理论与实践》，中国经济出版社 2011 年版。

[67] 黄恒学、张勇：《基本公共服务标准化研究》，人民出版社 2011 年版。

[68] 卢洪友等著：《中国基本公共服务均等化进程报告》，人民出版社 2012 年版。

[69] 郑晓燕：《中国公共服务供给主体多元发展研究》，上海人民出版社 2012 年版。

[70] 黄卫平、汪永成主编：《当代中国政治研究报告》（第 9 辑），社会科学文献出版社 2012 年版。

[71] 汪锦军：《走向合作治理：政府与非营利组织合作的条件、模式和路径》，浙江大学出版社 2012 年版。

[72] 孙建军：《我国基本公共服务均等化供给政策研究》，知识产权出版社 2012 年版。

[73] 毕世鸿编：《新加坡概论》，世界图书出版公司 2012 年版。

[74] 孙德超：《财政体制的政治分析》，社会科学文献出版社 2012 年版。

[75] 吕新发：《农村基本公共服务制度创新：基于均等化目标下的研究》，光明日报出版社 2012 年版。

[76] 韩小威：《中国农村基本公共服务供给的制度模式探析》，中国社会科学出版社 2012 年版。

[77] 罗震东、张京祥、韦江绿：《城乡统筹的空间路径：基本公共服务设施均等化发展研究》，东南大学出版社 2012 年版。

[78] 杨道田：《公民满意度指数模型研究——基于中国市场政府绩效的视角》，经济管理出版社 2012 年版。

[79] 胡志平：《非均衡走向均衡：农村公共服务供给的政治经济学》，法律出版社 2012 年版。

[80] 赵永正主编：《城乡公共服务均等化与地方财政体制》，四川大学出版

社 2013 年版。

[81] 刘德吉：《基本改革服务均等化：基础、制度安排及政策选择》，上海交通大学出版社 2013 年版。

[82] 车峰：《我国公共服务领域政府与 NGO 合作机制研究》，中央民族大学出版社 2013 年版。

[83] 钟君、吴正杲主编：《中国城市政府公共服务能力评估报告（2012~2013）》，社会科学文献出版社 2013 年版。

[84] 王莹、范琦：《城乡基本公共服务均等化与财政制度安排研究》，中国财政经济出版社 2013 年版。

[85] 胡伟、吴伟、钟杨：《中国城市公共服务公众满意度蓝皮书》，上海人民出版社 2013 年版。

[86] 孙德超：《中国省级政府基本公共服务发展报告》，社会科学文献出版社 2014 版。

[87] 刘武：《公共服务接受者满意度指数模型研究》，东北大学出版社 2014 年版。

[88] 云南省人民政府研究室：《云南经济年鉴》，云南人民出版社 2014 年版。

[89] 曹正汉：《国家与市场关系的政治逻辑：当代中国国家与市场关系的演变（1949~2008）》，中国社会科学出版社 2014 年版。

[90] 叶响裙：《公共服务多元主体供给：理论与实践》，社会科学文献出版社 2014 年版。

[91] 李汉林、魏钦恭：《嵌入过程中的主体与结构：对政企关系变迁的社会分析》，中国社会科学出版社 2014 年版。

[92] 和立道：《中国城乡基本公共服务均等化问题研究》，社会科学文献出版社 2014 年版。

[93] 李杰刚：《基本公共服务视角下的转移支付制度重构研究》，中国财政经济出版社 2014 年版。

[94] 《中华人民共和国宪法》，人民出版社 2014 年版。

[95] 胡畔：《基本公共服务设施区位评价》，东南大学出版社 2015 年版。

[96] 吕侠：《中国政府购买公共服务研究》，湖南师范大学出版社 2015 年版。

[97] 亚里士多德著，吴寿彭译：《政治学》，商务印书馆 1965 年版。

[98] 亚当·斯密著，郭大力、王亚南译：《国民财富的性质和原因研究》，商务印书馆 1974 年版。

[99] 大卫·李嘉图著，郭大力、王亚南译：《政治经济学及赋税原理》，商

务印书馆 1976 年版。

［100］萨伊著，陈福生等译：《政治经济学概论》，商务印书馆 1982 年版。

［101］琼·罗宾逊、约翰·伊特维尔著，陈彪如译：《现代经济学导论》，商务印书馆 1982 版。

［102］杜岗-巴拉诺夫斯基著，张凡译：《周期性工业危机史》，商务印书馆 1982 年版。

［103］罗尔斯著，何怀宏等译：《正义论》，中国社会科学出版社 1988 年版。

［104］彼彻姆著，雷克勤等译：《哲学的伦理学》，中国社会科学出版社 1990 年版。

［105］约翰·穆勒著，朱泱等译：《政治经济学原理及其在社会哲学上的应用（下卷）》，商务印书馆 1991 年版。

［106］马斯格雷夫著，董勤发译：《比较财政分析》，上海三联书店和上海人民出版社 1994 年版。

［107］文森特·奥斯特罗姆著，毛寿龙译：《美国公共行政的思想危机》，上海三联书店 1999 年版。

［108］埃莉诺·奥斯特罗姆著，余逊达、陈旭东译：《公共事务的治理之道》，上海三联书店 2000 年版。

［109］安东尼·吉登斯著，李惠斌、杨雪冬译：《超越左与右：激进政治的未来》，社会科学出版社 2000 年版。

［110］贝克等著，赵文书译：《自反性现代化：现代社会秩序中的政治、传统与美学》，商务印书馆 2001 年版。

［111］让-雅克·迪贝卢、艾克扎维尔·普列多编，蒋将元译：《社会保障法》，法律出版社 2001 年版。

［112］罗伯特·帕特南著，王列、赖海榕译：《使民主运转起来》，江西人民出版社 2001 年版。

［113］詹姆斯·N. 罗西瑙主编，张胜军、刘小林等译：《没有政府的治理：世界政治中的秩序与变革》，江西人民出版社 2001 年版。

［114］E. S. 萨瓦斯著，周志忍等译：《民营化与公私伙伴关系》，中国人民大学出版社 2002 年版。

［115］沃尔泽著，褚松燕译：《正义诸领域》，译林出版社 2002 年版。

［116］康德著，苗力田译：《道德形而上学原理》，上海人民出版社 2002 年版。

［117］米什拉著，郑秉文译：《资本主义社会的福利国家》，法律出版社 2003 年版。

[118] 格罗弗·斯塔林著，陈宪译：《公共部门管理》，上海译文出版社2003年版。

[119] 巴尔著，郑秉文、穆怀中译，《福利国家经济学》，中国劳动社会保障出版社2003版。

[120] 罗伯特·B. 登哈特、珍妮特·V. 登哈特著，丁煌译：《新公共服务：服务，而不是掌舵》，中国人民大学出版社2004年版。

[121] 劳动和社会保障部社会保险研究所编译：《贝弗里奇报告：社会保险和相关服务》，中国劳动社会保障出版社2004年版。

[122] 任军锋等编译：《新制度主义政治学译文精选》，天津人民出版社2007年版。

[123] 莱斯特·M. 萨拉蒙、S. 沃加斯·索科洛斯基著，陈一梅译：《全球公民社会非营利部门国际指数》，北京大学出版社2007年版。

[124] 莱斯特·M. 萨拉蒙著，田凯译：《公共服务中的伙伴：现代福利国家中政府与非营利组织的关系》，商务印书馆2008年版。

[125] 马雷著，胡庆祖译：《西方文明史》，海南出版社2008年版。

[126] 诺齐克著，姚大志译：《无政府、国家和乌托邦》，中国社会科学出版社2008年版。

[127] 联合国计划开发署编/译：《中国人类发展报告·2007～2008：惠及13亿人的基本公共服务》，中国对外翻译出版公司2008年版。

[128] 詹姆斯·M. 布坎南著，马珺译：《公共物品的需求与供给》，上海人民出版社2009年版。

[129] 约翰·奈斯比特、多丽丝·奈斯比特著，魏平、毕香玲译：《成都调查》，中华工商联合出版社2011年版。

[130] 黄雪珍等著，顾清扬译：《新加坡公共政策背后的经济学：新加坡的故事》，中央编译出版社2013年版。

[131] 兴华：《一九五九年开始实行"总额分成，一年一变"的财政体制》，载于《财政》1983年第5期。

[132] 陆象淦：《"福利国家"危机与社会保障问题》，载于《国外社会科学》1986年第1期。

[133] 卢淑华、韦鲁英：《生活质量主客观指标作用机制研究》，载于《中国社会科学》1992年第1期。

[134] 胡鞍钢、康晓光：《以制度创新根治腐败》，载于《改革与理论》1994年第3期。

[135] 王红军：《建国初期我国工业化道路的探索及得失》，载于《南都学

坛（哲学社会科学版）》1996 年第 4 期。

[136] 张馨：《论公共财政》，载于《经济学家》1997 年第 1 期。

[137] Ajay Chhibber：《变革世界中的政府》，载于《国际货币基金组织和世界银行季刊》1997 年第 3 期。

[138] 鲍勃·杰索普：《治理的兴起及其失败的风险：以经济发展为例的论述》，载于《国际社会科学》1999 年第 3 期。

[139] 宋世明：《工业化国家公共服务市场化对中国行政改革的启示》，载于《政治学研究》2000 年第 2 期。

[140] 何祖坤：《关注政府回应》，载于《中国行政管理》2000 年第 7 期。

[141] 毛寿龙：《公共政策的制度基础》，载于《北京行政学院学报》2000 年第 1 期。

[142] 赵泳冰：《德国的财政转移支付制度及对我国的启示》，载于《财经论丛》2001 年第 1 期。

[143] 彭忠益、袁佩球：《论政治需求与政治学发展》，载于《学术论坛》2001 年第 3 期。

[144] 刘熙瑞：《服务型政府——经济全球化背景下中国政府改革的目标选择》，载于《中国行政管理》2002 年第 7 期。

[145] 李文甩、蒋瑛：《地方政府财政能力的理论建构》，载于《南开经济研究》2002 年第 2 期。

[146] 李爱鸽：《改革我国现行分税制需要解决的几个问题》，载于《当代经济科学》2002 年第 3 期。

[147] 吴鑫、赵瑞华：《我国公共安全现状、挑战及对策》，载于《中国职业安全卫生管理体系认证》2004 年第 6 期。

[148] 朱国玮、胡伟：《ACSI 用于评价政府部门顾客满意度：美国的实践及对我国的启示》，载于《美中公共管理》2004 年第 1 期。

[149] 赵忠：《中国的城乡移民》，载于《经济学》2004 年第 3 期。

[150] 张新安、田澎：《顾客满意度指数述评》，载于《系统工程理论方法应用》2004 年第 4 期。

[151] 罗豪才：《公法视角下和谐社会的构建》，载于《中国发展》2005 年第 1 期。

[152] 吴忠民：《中国社会公正的现状与趋势》，载于《江海学刊》2005 年第 2 期。

[153] 刘金兰、康健、白寅：《美国顾客满意度指数》，载于《管理学报》2005 年第 7 期。

[154] John. S. Dryzek：《不同领域的协商民主》，载于《浙江大学学报（人文社会科学版）》2005 年第 3 期。

[155] 朱光磊、张志红：《"职责同构"批判》，载于《北京大学学报（哲学社会科学版）》2005 年第 1 期。

[156] 熊新发：《全面小康社会指标体系的应然性思考》，载于《理论与改革》2006 年第 6 期。

[157] 楼继伟：《构建和谐社会，公共财政大有可为》，载于《中国财政》2006 年第 7 期。

[158] 叶静：《审计署称 4 300 亿财政转移支付"不透明"》，载于《中国经济周刊》2006 年第 27 期。

[159] 国家教育督导团：《国家教育督导报告 2005》，载于《教育发展研究》2006 年第 5 期。

[160] 李学：《城乡二元结构问题的制度分析与对策反思》，载于《公共管理学报》2006 年第 4 期。

[161] 安体富：《完善公共财政制度逐步实现公共服务均等化》，载于《东北师大学报（哲学社会科学版）》2007 年第 3 期。

[162] 陈海威：《中国基本公共服务体系研究》，载于《科学社会主义》2007 年第 3 期。

[163] 常修泽：《中国现阶段基本公共服务均等化研究》，载于《中共天津市委党校学报》2007 年第 2 期。

[164] 安体富、任强：《公共服务均等化理论问题与对策》，载于《财贸经济》2007 年第 8 期。

[165] 陈海威、田侃：《我国基本公共服务均等化问题探讨》，载于《中共福建省委党校学报》2007 年 5 期。

[166] 张立荣、冷向明：《基本公共服务均等化取向下的政府行为变革》，载于《政治学研究》2007 年第 4 期。

[167] 中国财政学会公共服务均等化问题研究课题组：《公共服务均等化问题研究》，载于《经济研究参考》2007 年第 58 期。

[168] 路冠军：《均等化取向下的农村公共卫生服务体系构建》，载于《农村经济》2007 年第 11 期。

[169] 李占五：《充分发挥社会力量，建立健全农民工流动就业服务体系》，载于《宏观经济研究》2007 年第 6 期。

[170] 郑功成：《中国流动人口的社会保障问题》，载于《理论视野》2007 年第 6 期。

[171] 穆涛：《多指标综合评价中确定指标权重的一种方法》，载于《科技经济市场》2007 年第 11 期。

[172] 胡锡琴、曾海、杨英明：《解析人类发展指数》，载于《统计与决策》2007 年第 1 期。

[173] 郭锐、刘超：《法律与制度规范下的美国政府采购》，载于《经济视角》2007 年第 7 期。

[174] 林万龙：《中国农村公共服务供求的结构性失衡：表现及成因》，载于《管理世界》2007 年第 9 期。

[175] 于建嵘：《基本公共服务均等化与农民工问题》，载于《中国农村观察》2008 年第 2 期。

[176] 丁元竹：《促进我国基本公共服务均等化的基本对策》，载于《中国经贸导刊》2008 年第 5 期。

[177] 项继权：《基本公共服务均等化：政策目标与制度保障》，载于《华中师范大学学报（人文社会科学版）》2008 年第 1 期。

[178] 李雪萍、刘志昌：《基本公共服务均等化的区域对比与城乡比较：以社会保障为例》，载于《华中师范大学学报（人文社会科学版）》2008 年第 3 期。

[179] 刘尚希、杨元杰、张洵：《基本公共服务均等化与财政制度》，载于《经济研究参考》2008 年第 40 期。

[180] 唐钧：《农村"留守家庭"与基本公共服务均等化》，载于《长白学刊》2008 年第 2 期。

[181] 肖陆军：《论县域基本公共服务均等化》，载于《理论学刊》2008 年第 6 期。

[182] 陈全功、程蹊：《民族地区的基本公共服务均等化：涵义、现状水平的衡量》，载于《中南民族大学学报（人文社会科学版）》2008 年第 5 期。

[183] 雷振扬：《我国民族地区基本公共服务存在的问题与对策思考》，载于《中南民族大学学报（人文社会科学版）》2008 年第 6 期。

[184] 周国良：《中国的分税制与基本公共服务均等化对策研究》，载于《开发研究》2008 年第 4 期。

[185] 曹剑光：《我国公共服务基本制度建构探析》，载于《福建行政学院福建经济管理干部学院学报》2008 年第 2 期。

[186] 阳建勋：《基本公共服务均等化之经济法路径》，载于《法学》2008 年第 5 期。

[187] 朱光磊、于丹：《建设服务型政府是转变政府职能的新阶段》，载于《政治学研究》2008 年第 6 期。

[188] 周明海：《浅析基本公共服务均等化内蕴的价值取向：基于社会建设视角的考察》，载于《湖北社会科学》2008年第1期。

[189] 姜晓萍：《中国公共服务体制改革30年》，载于《中国行政管理》2008年第12期。

[190] 吕炜、王伟同：《发展失衡、公共服务与政府责任》，载于《中国社会科学》2008年第4期。

[191] 魏佳宁、李桂林：《对日本政府间事权划分的考察》，载于《财经问题研究》2008年第5期。

[192] 孔志国：《公共选择理论：理解、修正与反思》，载于《制度经济学研究》2008年第1期。

[193] 李凌、卢洪友：《西方财政均等化制度设计研究及其启示》，载于《科学社会主义》2008年第2期。

[194] 钟晨：《美国财政政策对完善我国财政公共支出制度的借鉴》，载于《经济体制改革》2008年第5期。

[195] 陈颂东：《中国的转移支付制度与地区公共服务均等化》，载于《经济经纬》2008年第1期。

[196] 高培勇：《公共财政：概念界说与演变脉络：兼论中国财政改革30年的基本轨迹》，载于《经济研究》2008年第12期。

[197] 郑秉文：《改革开放30年中国流动人口社会保障的发展与挑战》，载于《中国人口科学》2008年第5期。

[198] 张贤明、文宏：《中国官员责任追究制度建设的回顾、反思与展望》，载于《吉林大学社会科学学报》2008年第3期。

[199] 魏群、郭芳、高尚全：《公共服务与政府转型》，载于《小康》2008年第1期。

[200] 盛明科：《服务型政府绩效评估体系研究的理论基础与现实依据》，载于《湘潭大学学报（哲学社会科学版）》2008年第1期。

[201] 张强：《基本公共服务均等化：制度保障与绩效评价》，载于《西北师范大学学报（社会科学版）》2009年第2期。

[202] 刘琼莲：《政府在基本公共服务均等化中的角色》，载于《东南学术》2009年第1期。

[203] 金小桃：《推进公共服务均等化途径研究》，载于《人口学刊》2009年第6期。

[204] 欧黎明、朱秦：《社会协同治理：信任关系与平台建设》，载于《中国行政管理》2009年第5期。

[205] 岳金柱:《解决制约培育和发展社会组织"瓶颈"对策的思考》,载于《社团管理研究》2009年第11期。

[206] 夏志强、毕荣:《论公共服务多元化供给的协调机制》,载于《四川大学学报(哲学社会科学版)》2009年第4期。

[207] 胡耀宗:《基本公共服务均等化视阈下的义务教育政策选择》,载于《清华大学教育研究》2009年第6期。

[208] 张启春:《区域基本公共服务均等化与政府间转移支付》,载于《华中师范大学学报(人文社会科学版)》2009年第1期。

[209] 丁元竹:《我国现阶段基本社会保障均等化初步评估》,载于《国家行政学院学报》2009年第6期。

[210] 王晓洁:《中国公共卫生支出均等化水平的实证分析:基于地区差别视角的量化分析》,载于《财贸经济》2009年第2期。

[211] 张序、方茜:《民族地区基本公共服务均等化分析》,载于《经济体制改革》2009年第4期。

[212] 麻宝斌、季英伟:《中国基本公共服务均等化改革分析》,载于《社会科学战线》2009年第12期。

[213] 邓成明、阳建勋:《论基本公共服务均等化的宪法价值》,载于《太平洋学报》2009年第11期。

[214] 茅于轼:《从GDP到人类发展指数HDI》,载于《民主与科学》2009年第3期。

[215] 朱成全、李立男:《人类发展指数的拓展研究》,载于《中共南京市委党校学报》2009年第1期。

[216] 刘蕾:《基本公共服务均等化内涵研究述评》,载于《长安大学学报(社会科学版)》2009年第1期。

[217] 孙柏瑛:《我国公民有序参与:语境、分歧与共识》,载于《中国人民大学学报》2009年第1期。

[218] 董立人:《城乡基本公共服务均等化与政府责任恪守》,载于《行政论坛》2009年第2期。

[219] 陈路芳:《提高政府回应能力必须完善和强化问责制》,载于《行政论坛》2009年第5期。

[220] 杨光斌:《公民参与和当下的中国治道变革》,载于《社会科学研究》2009年第1期。

[221] 张奇雁:《基本公共服务均等化视角下的中央与地方关系》,载于《前沿》2009年第4期。

[222] 周作翰、张英洪：《城乡二元体制的建立：农村与市民的制度分野》，载于《湖南师范大学社会科学学报》2009 年第 2 期。

[223] 汤学兵：《论中国区际基本公共服务均等化的路径选择和保障机制》，载于《财贸经济》2009 年第 7 期。

[224] 丁元竹：《界定基本社会保障均等化的几个问题》，载于《行政管理改革》2010 年第 3 期。

[225] 胡耀宗：《后免费时代的义务教育均等化发展》，载于《河北师范大学学报（教育科学版）》2010 年第 6 期。

[226] 郭小聪、刘述良：《中国基本公共服务均等化：困境与出路》，载于《中山大学学报（社会科学版）》2010 年第 5 期。

[227] 刘琼莲：《中国基本公共卫生服务均等化的路径探讨》，载于《湖南行政学院学报》2010 年第 1 期。

[228] 赵云旗等：《推进城乡基本公共服务均等化的财政政策研究》，载于《经济研究参考》2010 年第 16 期。

[229] 余佳、丁金宏：《中国户籍制度的政策效应、改革取向与步骤选择》，载于《华东师范大学学报（哲社版）》2010 年第 4 期。

[230] 南锐、王新民、李会欣：《区域基本公共服务均等化水平的评价》，载于《财经科学》2010 年第 10 期。

[231] 张晓杰：《城市化、区域差距与基本公共服务均等化》，载于《经济体制改革》2010 年第 2 期。

[232] 党秀云、辛斐：《新时期民族地区公共服务管理面临的问题与战略选择》，载于《中央民族大学学报（哲学社会科学版）》2010 年第 6 期。

[233] 田发、周琛影：《基本公共服务均等化：一个财政体制变迁的分析框架》，载于《社会科学》2010 年第 2 期。

[234] 徐孟洲、叶姗：《论政府间财政转移支付的制度安排》，载于《社会科学》2010 年第 7 期。

[235] 郑卫荣：《政府治理视角下的公共服务协同治理》，载于《经营与管理》2010 年第 6 期。

[236] 曹剑光：《国内基于法学视角的公共服务研究述评》，载于《湖南师范大学社会科学学报》2010 年第 2 期。

[237] 曹剑光：《法学视角下公共服务民营化改革剖析：问题、现状及规制研究》，载于《重庆工商大学学报（社会科学版）》2010 年第 6 期。

[238] 许淑萍：《论现阶段中国公共服务的供给标准建设》，载于《学习与探索》2010 年第 1 期。

[239] 张建伟：《西方国家政府购买公共服务对我国的启示》，载于《东方企业文化》2010 年第 16 期。

[240] 武彦民、李明雨：《公共选择：公共财政理论可操作化的必由之路》，载于《财经论丛》2010 年第 2 期。

[241] 胡乐明、杨静：《公共财政问题研究述评》，载于《管理学刊》2010 年第 12 期。

[242] 朱大旗：《实现公共需要最大化》，载于《中国改革》2010 年第 4 期。

[243] 姚大志：《从〈正义论〉到〈政治自由主义〉：罗尔斯的后期政治哲学》，载于《中国人民大学学报》2010 年第 1 期。

[244] 张贤明：《改革发展成果共享与政府责任》，载于《政治学研究》2010 年第 6 期。

[245] 陈第华：《基本公共服务均等化供给中的政府责任》，载于《西南交通大学学报（社会科学版）》2010 年第 1 期。

[246] 张瑜：《公共服务均等化进程中地方政府绩效评估分析》，载于《四川职业技术学院学报》2010 年第 3 期。

[247] 卜晓军：《我国城乡公共服务均等化的制度分析》，西北大学博士学位论文，2010 年。

[248] 曹静晖：《基本公共服务均等化的制度障碍及实现路径》，载于《华中科技大学学报（社会科学版）》2011 年第 1 期。

[249] 杨春：《对推进流动人口计划生育基本公共服务均等化的思考》，载于《人口与经济》2011 年第 4 期。

[250] 许琳、唐丽娜、张艳妮：《基本公共服务均等化视角下的我国农村残疾人社会保障制度建设研究》，载于《西北大学学报（哲学社会科学版）》2011 年第 6 期。

[251] 杨清华：《协同治理：治道变革的一种战略选择》，载于《南京航空航天大学学报（社会科学版）》2011 年第 1 期。

[252] 豆建民、刘欣：《中国区域基本公共服务水平的收敛性及其影响因素分析》，载于《财经研究》2011 年第 10 期。

[253] 刘细良、刘迪扬：《我国区域基本公共服务均等化实证研究》，载于《统计与决策》2011 年第 5 期。

[254] 段艳平：《转移支付对区域间基本公共服务均等化效果的实证分析》，载于《前沿》2011 年第 4 期。

[255] 孙友祥：《区域基本公共服务均等化的跨界治理研究：基于武汉城市圈基本公共服务的实证分析》，载于《国家行政学院学报》2011 年第 1 期。

［256］郭喜、黄恒学：《基本公共服务均等化的民族地区公共产品供给》，载于《山西大学学报（哲学社会科学版）》2011年第1期。

［257］常亚南：《主体功能区划分下的民族地区基本公共服务均等化对策研究》，载于《理论导刊》2011年第5期。

［258］曹剑光：《我国公共服务救济制度现状与完善措施》，载于《莆田学院学报》2011年第1期。

［259］方东霖：《公共财政与基本公共服务均等化》，载于《生产力研究》2011年第10期。

［260］郑曙光：《促进基本公共服务均等化立法政策探析》，载于《浙江学刊》2011年第6期。

［261］汪锦军：《公共服务中的公民参与模式分析》，载于《政治学研究》2011年第4期。

［262］蔡秀云：《社会基本公共服务均等化标准探析》，载于《经济研究参考》2011年第22期。

［263］李剑：《基本公共服务评价指标体系研究》，载于《商业研究》2011年第5期。

［264］张贤明、邵薪运：《共享与正义：论有尊严地共享改革发展成果》，载于《吉林大学社会科学学报》2011年第1期。

［265］张贤明、高光辉：《民生的政治属性、价值意蕴与政府责任》，载于《理论探讨》2011年第6期。

［266］成都市社科院课题组：《推进城乡公共服务均等化的成都实践》，载于《成都发展改革研究》2011年第4期。

［267］孙德超：《三分事权：推进基本公共服务均等化的前提性基础》，载于《河南师范大学学报》2011年第11期。

［268］周琬、杜正艾：《建立健全财权、财力与事权相匹配的机制》，载于《行政论坛》2011年第5期。

［269］耿卫新：《城乡基本公共服务均等化：破解城乡统筹发展的突破口》，载于《河北学刊》2011年第5期。

［270］丁辉侠：《区域基本公共服务均等化的内涵与本质属性》，载于《理论月刊》2011年第9期。

［271］郁建兴：《中国的公共服务体系：发展历程、社会政策与体制机制》，载于《学术月刊》2011年第3期。

［272］丁辉侠：《区域基本公共服务均等化的实现路径探析》，载于《四川行政学院学报》2011年第6期。

[273] 曾万明：《我国统筹城乡经济发展的理论与实践》，西南财经大学博士学位论文，2011年。

[274] 王建丰：《区域间基本公共服务均等化的内涵、特征及目标模式选择》，载于《内蒙古大学学报（哲学社会科学版）》2012年第4期。

[275] 余游：《中国区域间基本公共服务投入差距及影响因素分析》，载于《云南财经大学学报》2012年第2期。

[276] 马雪松、张贤明：《公共文化服务体系建设：功能预期、价值取向与路径选择》，载于《探索》2012年第6期。

[277] 唐任伍、赵国钦：《公共服务跨界合作：碎片化服务的整合》，载于《中国行政管理》2012年第8期。

[278] 谭英俊：《中西公共服务市场化改革比较研究》，载于《商业研究》2012年第6期。

[279] 和立道：《城乡基本公共服务均等化：政策固化与突破》，载于《云南财经大学学报》2012年第6期。

[280] 张贤明、薛洪生：《当代中国基本公共服务体系建构的基本思路》，载于《学习与探索》2012年第5期。

[281] 孙德超、毛素杰：《农民工群体享有基本公共服务的现状及改进途径》，载于《吉林大学社会科学学报》2012年第3期。

[282] 张贤明、高光辉：《公正、共享与尊严：基本公共服务均等化的价值定位》，载于《吉林大学社会科学学报》2012年第4期。

[283] 杨弘、胡永保：《实现基本公共服务均等化的民主维度：以政府角色和地位为视角》，载于《吉林大学社会科学学报》2012年第4期。

[284] 郭小聪、代凯：《供需结构失衡：基本公共服务均等化进程中的突出问题》，载于《中山大学学报（社会科学版）》2012年第4期。

[285] 卢珂、付晓：《公平正义视阈下我国公共服务的均等化与有效供给》，载于《商业时代》2012年第16期。

[286] 牛芳兵：《山东省区域间基本公共服务均等化分析与政策建议》，载于《商业时代》2012年第26期。

[287] 张平淡、牛海鹏、林群慧：《如何推进环境基本公共服务均等化》，载于《环境保护》2012年第7期。

[288] 王军平：《人口计生基本公共服务均等化研究》，载于《人口学刊》2012年第1期。

[289] 李大伟、庄国波：《青年流动人口计生基本公共服务均等化的政策思考》，载于《中国青年研究》2012年第2期。

[290] 孙戡：《基于基本公共服务均等化的财政政策分析》，载于《经济问题》2012 年第 6 期。

[291] 蔡秋梅：《略论城乡基本公共服务均等化视域下的财政体制改革》，载于《经济问题》2012 年第 12 期。

[292] 郑曙光、骆路金：《跨地区合作提供基本公共服务的公共政策分析：以浙江、珠三角区域合作样本为分析路径》，载于《河南社会科学》2012 年第 2 期。

[293] 张云飞、张晓欢、刘忠轶：《促进县域基本公共服务均等化》，载于《开放导报》2012 年第 4 期。

[294] 刘丽娟：《完善公共财政体制实现基本公共服务均等化》，载于《广东行政学院学报》2012 年第 1 期。

[295] 梁朋：《推进基本公共服务均等化必须改革财税体制》，载于《中国党政干部论坛》2012 年第 5 期。

[296] 孙德超：《推进基本公共服务均等化的基本原则：事权与财权财力相匹配》，载于《教学与研究》2012 年第 3 期。

[297] 郑雅卓：《基本公共服务均等化的政府间财政体制分析》，载于《人民论坛》2012 年第 27 期。

[298] 温家宝：《让权力在阳光下运行》，载于《求是》2012 年第 8 期。

[299] 杨建成：《政府信息公开制度与我国的实践》，载于《中共中央党校学报》2012 年第 4 期。

[300] 姜晓萍、吴菁：《国内外基本公共服务均等化研究述评》，载于《上海行政学院学报》2012 年第 5 期。

[301] 高强：《完善公共财政体系需要研究的几个问题》，载于《上海财经大学学报》2012 年第 5 期。

[302] 马雪松：《中央与地方关系的完善与发展：十六大以来的新探索》，载于《理论探索》2012 年第 5 期。

[303] 贾小雷：《事权、财权与财力：我国地方财政关系法制化的困境》，载于《政经政法资讯》2012 年第 1 期。

[304] 谢桂华：《中国流动人口的人力资本回报与社会融合》，载于《中国社会科学》2012 年第 4 期。

[305] 肖克：《基本公共服务均等化的政治伦理涵义析论》，载于《科学与管理》2012 年第 4 期。

[306] 李杰刚、李志勇：《新中国基本公共服务供给：演化阶段及未来走向》，载于《财政研究》2012 年第 1 期。

[307] 徐琴：《我国城乡基本公共服务差异及其效应研究》，武汉大学博士学位论文，2012年。

[308] 王鹏：《财政转移支付制度改革研究》，吉林大学博士学位论文，2012年。

[309] 封苏琴、徐汉波、薛娅等：《基本公共卫生服务均等化供给障碍分析》，载于《医学与哲学》2013年第10期。

[310] 李杰刚、李志勇等：《县域间基本公共卫生服务均等化：制约因素及公共政策——基于河北省的实证分析》，载于《财政研究》2013年第11期。

[311] 侯贵光、舜泽、孙宁：《城镇化视角下环境基本公共服务均等化发展方向》，载于《环境保护》2013年第16期。

[312] 于海洋：《民族地区基本公共服务均等化多元解读》，载于《中央民族大学学报（哲学社会科学版）》2013年第3期。

[313] 娄世桥：《基本公共服务均等化本质再思考：以山区基础教育为例》，载于《农村经济》2013年第7期。

[314] 朱云飞、赵志伟：《省际间基本社会保障服务均等化研究——基于2000~2010年面板数据的分析》，载于《兰州商学院学报》2013年第2期。

[315] 梅建明、熊珊：《新型城镇化突破口：农民工基本公共服务均等化》，载于《中国财政》2013年第16期。

[316] 党秀云、马子博：《我国城乡基本公共服务均等化的制度困境及改革路径》，载于《西北大学学报（哲学社会科学版）》2013年第6期。

[317] 田发、周琛影：《区域基本公共服务均等化与财政体制测度：一个分析框架》，载于《改革》2013年第1期。

[318] 王薇：《国际视野下公共服务运行的政府责任》，载于《改革》2013年第6期。

[319] 王晓玲：《我国省区基本公共服务水平及其区域差异分析》，载于《中南财经政法大学学报》2013年第3期。

[320] 林闽钢、王增文：《区域性基本公共服务均等化评估研究：以江苏省为例》，载于《城市发展研究》2013年第3期。

[321] 翟羽佳：《河南省2011年基本公共服务均等化水平测度与分析》，载于《地域研究与开发》2013年第5期。

[322] 孙德超：《推进基本公共服务均等化的直接途径：规范转移支付的结构和办法》，载于《东北师大学报（哲学社会科学版）》2013年第4期。

[323] 曾保根：《基本公共服务均等化立法的三个理论向度》，载于《广东行政学院学报》2013年第1期。

[324] 曾保根：《"基本公共服务均等化"立法恪守的四项原则》，载于《云南行政学院学报》2013年第3期。

[325] 曾保根：《均等化取向下基本公共服务评估体制的局限与创新》，载于《中共天津市委党校学报》2013年第3期。

[326] 孙旭宁：《基本公共服务均等化的经济法规制研究》，载于《广西民族大学学报（哲学社会科学版）》2013年第4期。

[327] 姬兆亮等：《政府协同治理：中国区域协调发展协同治理的实现路径》，载于《西北大学学报（哲学社会科学版）》2013年第2期。

[328] 邓念国，《公共服务提供中的协同治理：一个研究框架》，载于《社会科学辑刊》2013年第1期。

[329] 马雪松：《回应需求与有效供给：基本公共文化服务体系建设的制度分析》，载于《湖北社会科学》2013年第10期。

[330] 王诗宗、宋程成：《独立抑或自主：中国社会组织特征问题重思》，载于《中国社会科学》2013第5期。

[331] 郭小聪、代凯：《国内近五年基本公共服务均等化研究：综述与评估》，载于《中国人民大学学报》2013年第1期。

[332] 刘琼莲：《残疾人享有均等公共服务模式的伦理性构建》，载于《道德与文明》2014年第1期。

[333] 颜德如、岳强：《城乡基本公共服务均等化的实现路径探析》，载于《学习与探索》2014年第2期。

[334] 耿长娟：《撒拉蒙对非营利组织理论的新发展及启示》，载于《江南大学学报（人文社会科学版）》，2014年第4期。

[335] 王争亚、吕学静：《我国最低生活保障制度城乡一体化研究：以基本公共服务均等化为研究视角》，载于《中国劳动》2014年第8期。

[336] 周艳玲：《我国基本公共服务均等化的实现路径：协同论视角》，载于《社会科学家》2014年第6期。

[337] 成小平、高磊：《中国基本公共服务均等化程度评价：基于2011年省际截面数据的因子分析》，载于《内蒙古师范大学学报（自然科学汉文版）》2014年第1期。

[338] 冯骁、牛叔文、李景满：《我国市域基本公共服务均等化的空间演变与影响因素》，载于《兰州大学学报（社会科学版）》2014年第3期。

[339] 林阳衍、张欣然、刘晔：《基本公区域间基本公共服务均等化分析与评价与现状分析：基于我国198个地级市的实证研究》，载于《福建论坛（人文社会科学版）》2014年第6期。

[340] 孙旭宁：《基本公共服务均等化法治体系建构与民生底线保障》，载于《中国行政管理》2014 年第 8 期。

[341] 谭正航：《论我国区域基本公共服务均等化的立法完善：以缩小区域收入差距为视角》，载于《吉首大学学报（社会科学版）》2014 年第 2 期。

[342] 常江：《美国政府购买服务体制及其启示》，载于《政治与法律》2014 年第 1 期。

[343] 杨安华：《政府购买服务还是回购服务？——基于 2000 年以来欧洲国家政府回购公共服务的考察》，载于《公共管理学报》2014 年第 3 期。

[344] 施从美：《政府服务合同外包：公共治理的创新路径：美国经验及其对中国的启示》，载于《国外社会科学》2014 年第 1 期。

[345] 张贤明：《低成本利益表达机制的构建之道》，载于《吉林大学社会科学学报》2014 年第 2 期。

[346] 于海洋：《基本公共服务均等化进程中的社会谈判：基于"政府—社会"二元关系的探讨》，载于《江汉论坛》2014 年第 6 期。

[347] 徐鹏：《深化我国政府信息公开制度改革研究》，载于《东北师大学报（哲学社会科学版）》2014 年第 4 期。

[348] 吕艳滨：《政府信息公开制度实施状况：基于政府透明度测评的实证分析》，载于《清华法学》2014 年第 3 期。

[349] 赵成福：《基本公共服务均等化价值意蕴的多维解析》，载于《河南师范大学学报（哲学社会科学版）》2014 年第 6 期。

[350] 刘宇、林万龙：《我国基本公共服务现状的实证分析》，载于《西北农林科技大学学报》2014 年第 2 期。

[351] 张晓杰、王桂新：《基本公共服务供给的有限性与有效性研究》，载于《上海行政学院学报》2014 年第 1 期。

[352] 谢波、彭觉勇、罗逍：《基本公共服务设施均等化的内涵及其规划策略：基于西方发达国家实践经验的思考》，载于《规划师》2014 年第 5 期。

[353] 薛洁：《基本公共服务均等化公民满意度调查报告》，载于《湖北社会科学》2014 年第 9 期。

[354] 孙志华：《问题和对策：建立和完善我国基本公共服务体系的探讨》，载于《山东大学学报（社会科学版）》2014 年第 6 期。

[355] 沈亚平、李晓媛：《基本公共服务的疆域及其供给成效分析》，载于《河北学刊》2015 年第 1 期。

[356] 石红梅：《基本公共服务均等化视角下的我国基本社会保障研究》，载于《河海大学学报（哲学社会科学版）》2015 年第 1 期。

[357] 徐迪锋、陈磊：《流动人口子女就学问题与解决之路径分析》，载于《法制博览》2015 年第 7 期。

[358] 王俊霞、高菲、祝丹枫：《城乡经济均衡发展与基本公共服务均等化》，载于《华东经济管理》2015 年第 7 期。

[359] 姚海放：《法治政府与地方财政民主建设》，载于《广东社会科学》2015 年第 1 期。

[360] 谈乐炎、周宇：《用"智慧"点亮杭州基本公共服务创新之路》，载于《小康》2015 年第 3 期。

[361] 王智、邓满：《我国女性就业的性别歧视现状及对策分析》，载于《重庆电子工程职业学院学报》2015 年第 6 期。

[362] 柯华：《善治视阈下我国公共决策中公民参与障碍及其化解路径探析》，载于《四川大学学报（哲学社会科学版）》2015 年第 4 期。

[363] 张紧跟：《论国家治理体系现代化视野中的基本公共服务均等化》，载于《四川大学学报（哲学社会科学版）》2015 年第 4 期。

[364] 扶松茂：《中国政府与社会组织间关系发展的风险及对策研究》，载于《天津行政学院学报》2015 年第 2 期。

[365] 孟天广、李锋：《网络空间的政治互动：公民诉求与政府回应性——基于全国性网络问政平台的大数据分析》，载于《清华大学学报（哲学社会科学版）》2015 年第 3 期。

[366] 陈新：《互联网时代政府回应能力建设研究：基于现代国家治理的视角》，载于《中国行政管理》2015 年第 12 期。

[367] 邢伟：《"十三五"时期健全基本公共服务体系的总体思路》，载于《宏观经济管理》2015 年第 2 期。

[368] 周洁：《论社会主义公共财政》，载于《时代金融》2015 年第 2 期。

[369] 郭金云、苏楠：《近二十年国内公共服务绩效评估研究的知识系谱》，载于《理论与改革》2015 年第 4 期。

[370] 张贤明、田玉麒：《整合碎片化：公共服务的协同供给之道》，载于《社会科学战线》2015 年第 9 期。

[371] 郝磊、张朝：《新常态下中国宏观经济形势与对策选择》，载于《技术经济与管理研究》2016 年第 1 期。

[372] 褚吉瑞：《城乡公共服务均等化问题研究：以河南省为例》，载于《中国集体经济》2016 年第 1 期。

[373] 郑长德：《中国少数民族全面建成小康社会进展评估：基于人口普查数据的分析》，载于《民族学刊》2016 年第 1 期。

[374]《新医改六年，再向哪些"硬骨头"下刀》，载于《中国人大》2016年第2期。

[375] 劳动和社会保障部：《关于开展劳动力市场"三化"建设试点工作的通知》，载于《中国劳动保障》1999年第1期。

[376]《中央人民政府政务院关于一九五一年度财政收支系统划分的决定》，载于《山东政报》1951年第4期。

[377]《政务院关于划分中央与地方在财政经济工作上管理职权的决定》，载于《天津政报》1951年第24期。

[378]《国营企业实行劳动合同制暂行规定》，载于《中华人民共和国国务院公报》1986年第25期。

[379]《国务院关于实行分税制财政管理体制的决定》，载于《中华人民共和国国务院公报》1993年第30期。

[380]《中华人民共和国劳动法》，载于《中华人民共和国国务院公报》1994年第16期。

[381]《江泽民在全国教育工作会议上发表重要讲话强调国运兴衰系于教育 教育振兴全民有责》，载于《人民日报》1999年6月16日第1版。

[382]《城市居民最低生活保障条例》，载于《中华人民共和国国务院公报》1999年第33期。

[383]《国家计委关于印发促进和引导民间投资的若干意见的通知》，载于《中华人民共和国国务院公报》2002年第26期。

[384]《关于加快市政公用行业市场化进程的意见》，载于《中国建设报》2003年1月6日第6版。

[385]《国务院关于鼓励支持和引导个体私营等非公有制经济发展的若干意见》，载于《人民日报》2005年2月25日第8版。

[386]《国家"十一五"时期文化发展规划纲要》，载于《中华人民共和国国务院公报》2006年第31期。

[387]《民间组织应更多介入公共服务》，载于《中国政协报》2007年12月13日第B02版。

[388] 吴兵：《农民工"退保潮"因何而起》，载于《人民日报》2008年1月8日第10版。

[389]《谁来遏制公共服务企业的赢利冲动》，载于《法制日报》2008年1月16日第3版。

[390]《贞丰计生"双全"服务模式推进基本公共服务均等化》，载于《贵州日报》2010年7月14日第1版。

[391]《推行城乡教育一体化促进教育均衡发展的大量经验可借鉴》,载于《成都日报》2011年11月4日第19版。

[392]《国民经济和社会发展第十二个五年规划纲要》,载于《全国人民代表大会常务委员会公报》2011年第3期。

[393]《国家基本公共服务体系"十二五"规划》,载于《国务院公报》2012年第21期。

[394]《国务院关于加强和改进消防工作的意见》,载于《中华人民共和国国务院公报》2012年第5期。

[395]《昆明市人民政府关于印发昆明市建立健全基层公共文化服务运行机制逐步实现公共文化服务均等化实施意见的通知》,载于《昆明市政府公报》2012年第3期。

[396]《中共中央关于全面深化改革若干重大问题的决定》,载于《人民日报》2013年11月16日第1版。

[397]《玉门市深入推进流动人口基本公共服务均等化》,载于《甘肃经济日报》2014年4月24日第3版。

[398]《打造杭州特色的基本公共服务体系》,载于《杭州日报》2014年1月17日第A07版。

[399]《国家新型城镇化规划(2014~2020)》,载于《人民日报》2014年3月17日第9版。

[400]《云南昆明"基层公共文化服务包"探索均等化服务新模式》,载于《中国文化报》2015年7月16日第1版。

[401]王庆德:《防止制度建设过密化》,载于《北京日报》2015年6月8日第17版。

[402]《公共服务供给应注重"耦合度"》,载于《人民日报》2015年12月22日第5版。

[403]《关于在公共服务领域推广政府和社会资本合作模式的指导意见》,载于《国务院公报》2015年第16期。

[404]《中华人民共和国2015年国民经济和社会发展统计公报》,载于《经济日报》2016年3月1日第13版。

[405]《中共中央关于制定国民经济和社会发展第十一个五年规划的建议》,新华网,http://news.xinhuanet.com/politics/2005-10/18/content_3640318.htm。

[406]《国家中长期教育改革和发展规划(2010~2020年)》,中华人民共和国教育部网站,http://www.moe.edu.cn/srcsite/A01/s7048/201007/t20100729_171904.html。

[407]《国务院关于深化医药卫生体制改革工作进展情况的报告》,中国人大网,http://www.npc.gov.cn/npc/xinwen/2015-12/22/content_1955662.htm。

[408]《中共中央、国务院关于深化国有企业改革的指导意见》,中国政府网,http://www.gov.cn/zhengce/2015-09/13/content_2930440.htm。

[409]《基金会数据总览》,基金会中心,http://data.foundationcenter.org.cn/。

[410]《中国社会组织数量》,中国网,http://guoqing.china.com.cn/。

[411]《中国人民共和国政府信息公开条例》,中华人民共和国科学技术部网站,http://www.most.gov.cn/。

[412]《关于进一步推进户籍制度改革的意见》,中国政府网,http://www.gov.cn/xinwen/2014-07/30/content_2726848.htm。

[413]《关于促进小城镇健康发展的意见》,中国政府网,http://www.gov.cn/gongbao/content/2000/content_60314.htm。

[414]《关于构建社会主义和谐社会若干重大问题的决定》,新华网,http://news.xinhuanet.com/politics/2006-10/18/content_5218639.htm。

[415]《关于推进农村改革发展若干重大问题的决定》,中国政府网,http://www.gov.cn/test/2008-10/31/content_1136796.htm。

[416]《中央城市工作会议:拟到2020年基本完成棚户区改造》,新华网,http://www.chinanews.com/gn/2015/12-22/7682977.shtml。

[417]《坚定不移沿着中国特色社会主义道路前进 为全面建成小康社会而奋斗——在中国共产党第十八次全国代表大会上的报告》,中国网,http://news.china.com.cn/politics/2012-11/20/content_27165856.htm。

[418]《中国统计年鉴(2015)》,国家统计局网站,http://www.stats.gov.cn/tjsj/ndsj/2015/indexch.htm。

[419]《加快改革开放和现代化建设步伐 夺取有中国特色社会主义事业的更大胜利——江泽民在中国共产党第十四次全国代表大会上的报告》,中国政府网,http://www.gov.cn/test/2008-07/04/content_1035850.htm。

[420]《国务院办公厅关于政府向社会力量购买服务的指导意见》,中国政府网,http://www.gov.cn/xxgk/pub/govpublic/mrlm/201309/t20130930_66438.html。

[421]《2014年社会组织发展统计公报》,中国政府网,http://www.mca.gov.cn/article/zwgk/mzyw/201506/20150600832371.shtml。

[422]《中国政府购买社会组织服务研究报告》,基金会中心网,http://crm.foundationcenter.org.cn/html/2014-01/806.html。

[423]《2014年我国卫生和计划生育事业发展统计公报》,中国政府网,http://

www. moh. gov. cn/guihuaxxs/s10742/201511/191ab1d8c5f240e8b2f5c81524e80f19. shtml。

[424]《1971 年经济大事记》,网易财经,http: //money. 163. com/09/0821/17/5H8QKG1000253JP5. html。

[425]《国务院关于实行"划分税种、核定收支、分级包干"财政管理体制的规定的通知》,中华人民共和国国家民族事务委员会网站,http: //www. seac. gov. cn/art/2011/1/19/art_59_108315. html。

[426]《关于地方实行财政包干办法的决定》,北大法宝,http: //www. pkulaw. cn/fulltext_form. aspx/pay/fulltext_form. aspx? Db = chl&Gid = 3845。

[427]《中华人民共和国国民经济和社会发展第十一个五年规划纲要》,中华人民共和国中央人民政府网站,http: //www. gov. cn/gongbao/content/2006/content_268766. htm。

[428]《国务院关于印发所得税收入分享改革方案的通知》,中华人民共和国财政部网站,http: //yss. mof. gov. cn/zhuantilanmu/zhongguocaizhengtizhi/cztzwj/200806/t20080630_55299. html。

[429]《进一步理顺中央与地方的财政关系》,中国共产党新闻网,http: //theory. people. com. cn/n/2013/0608/c40531 - 21788652. html。

[430]《关于统筹城乡经济社会发展,推进城乡一体化的意见》,成都市政府网站,http: //www. chengdu. gov. cn/portals/TccxhptController/detail. do? classId = 0002120530&id = 69348。

[431]《关于印发进一步加强基层公共文化服务运行机制建设若干意见的通知》,昆明市政府网站,http: //www. km. gov. cn/zffw/zffw/593461. shtml。

[432]《昆明基层公共文化服务包走出文化改革发展新路子》,昆明市政府网站,http: //sg. km. gov. cn/c/2016 - 03 - 23/1287623. shtml。

[433]《合肥市政府购买服务调研报告》,安徽省政府网站,http: //www. ahcz. gov. cn/portal/zdzt/gmfw/sxjz/1452454051509838. htm。

[434]《深圳市盐田区国民经济和社会发展第十三个五年规划纲要》,深圳盐市政府网站,http: //www. yantian. gov. cn/cn/a/2016/e25/a206246 _ 651918. shtml。

[435]《宜都市推进"村村通客车"实施方案》,湖北省政府网站,http: //www. moc. gov. cn/st2010/hubei/hb_meitikjt/201509/t20150917_1878218. html。

[436]《宜都市积极推进城乡客运一体化》,湖北省政府网站,http: //www. hbjt. gov. cn/zwdt/fzsm/yc/106831. htm。

[437]《佛山市大力推进基本公共服务均等化》,中国政府网站,http: //

www. mof. gov. cn/xinwenlianbo/guangdongcaizhengxinxilianbo/201312/t20131212_1024042. html。

[438]《桂林市建立"五化"服务模式积极推进流动人口卫生计生基本公共服务均等化落实》，广西省政府网站，http：//www. gxhfpc. gov. cn/gzdt/gs/2014/1027/5674. html。

[439]《国家统计局：首个小康指标体系明年有望出台》，新华网，http：//news. xinhuanet. com/politics/2005 - 12/09/content_3900985. htm。

[440]《中华人民共和国义务教育法》，中国政府网站，http：//www. gov. cn/ziliao/flfg/2006 - 06/30/content_323302. htm。

[441]《就业服务与就业管理规定》，中国政府网站，http：//www. gov. cn/gzdt/2007 - 11/07/content_798826. htm。

[442]《中华人民共和国就业促进法》，中国政府网站，http：//www. gov. cn/flfg/2007 - 08/31/content_732597. htm。

[443]《高举中国特色社会主义伟大旗帜　为夺取全面建设小康社会新胜利而奋斗——在中国共产党第十七次全国代表大会上的报告》，新华网，http：//news. xinhuanet. com/newscenter/2007 - 10/24/content_6938568. htm。

[444]《2011 年国务院政府工作报告》，中国政府网，http：//www. gov. cn/test/2011 - 03/15/content_1825270. html。

[445]《国务院关于印发国家基本公共服务体系"十二五"规划的通知》，中国政府网，http：//www. gov. cn/zwgk/2012 - 07/20/content_2187242. htm。

[446]《国务院关于印发"十三五"推进基本公共服务均等化规划的通知》，中国政府网，http：//www. gov. cn/zhengce/content/2017 - 03/01/content_5172013. htm。

[447]《中国城乡基本社会保障差距：基本社保体系重心仍在城镇》，国公网，http：//www. 21gwy. com/fz/shfzgc/a/7730/757730. html。

[448]《关于普及小学教育若干问题的决定》，人民网，http：//cpc. people. com. cn/GB/64162/64165/74856/74954/5107120. html。

[449]《中华人民共和国国民经济和社会发展第六个五年计划（1981 ~ 1985）》，中国人大网，http：//www. npc. gov. cn/wxzl/gongbao/2000 - 12/26/content_5001347. htm。

[450]《中共中央关于教育体制改革的决定》，中华人民共和国教育部网站，http：//www. moe. edu. cn/publicfiles/business/htmlfiles/moe/moe_177/200407/2482. html。

[451]《中共中央关于制定国民经济和社会发展第七个五年计划的建议》，

人民网，http：//www.people.com.cn/GB/shizheng/252/4465/4466/20010228/405424.html。

［452］《中共中央关于进一步治理整顿和深化改革的决定》，法律图书馆，http：//www.law-lib.com/fzdt/newshtml/100/20111221143218.htm。

［453］《中华人民共和国国民经济和社会发展第十个五年计划纲要》，新华网，http：//news.xinhuanet.com/zhengfu/2001-10/18/content_51471.htm。

［454］《教育部关于进一步推进义务教育均衡发展的若干意见》，中华人民共和国教育部网站，http：//www.moe.edu.cn/publicfiles/business/htmlfiles/moe/s3321/201001/xxgk_81809.html。

［455］《国务院关于深化农村义务教育经费保障机制改革的通知》，中国政府网，http：//www.gov.cn/zwgk/2006-02/07/content_181267.htm。

［456］《中共中央关于制定"十一五"规划的建议》，新华网，http：//news.xinhuanet.com/politics/2005-10/18/content_3640318.htm。

［457］《国务院关于深入推进义务教育均衡发展的意见》，中国政府网，http：//www.gov.cn/zwgk/2012-09/07/content_2218783.htm。

［458］《国务院关于进一步完善城乡义务教育经费保障机制的通知》，中华人民共和国教育部网站，http：//www.moe.edu.cn/jyb_xxgk/moe_1777/moe_1778/201511/t20151130_221655.html。

［459］《中共中央关于制定国民经济和社会发展第十三个五年规划的建议》，人民网，http：//cpc.people.com.cn/n/2015/1103/c399243-27772351.html。

［460］《团结起来，为建设社会主义的现代化强国而奋斗》，中国政府网，http：//www.gov.cn/test/2006-02/16/content_200704.htm。

［461］《农村合作医疗章程（试行草案）》，法律教育网，http：//www.chinalawedu.com/falvfagui/fg22598/33211.shtml。

［462］《关于我国农村实现"2000年人人享有卫生保健"的规划目标（试行）》，法律教育网，http：//www.chinalawedu.com/falvfagui/fg22598/181664.shtml。

［463］《中共中央关于建立社会主义市场经济体制若干问题的决定》，中国网，http：//www.china.com.cn/chinese/archive/131747.htm。

［464］《中共中央、国务院关于卫生改革与发展的决定》，中国网，http：//www.china.com.cn/chinese/zhuanti/yg/933900.htm。

［465］《中共中央、国务院关于进一步加强农村卫生工作的决定》，人民网，http：//www.people.com.cn/GB/shizheng/19/20021029/853905.html。

［466］《国务院办公厅转发卫生部等部门关于建立新型农村合作医疗制度意见的通知》，中国政府网，http：//www.gov.cn/zwgk/2005-08/12/content_

21850. htm。

［467］《国务院办公厅关于转发发展改革委卫生部突发公共卫生事件医疗救治体系建设规划的通知》，找法网，http：//china. findlaw. cn/yiliao/yiliaofagui/ylsgqltl/yiliaofaguiku/20829_3. html。

［468］《关于加快推进新型农村合作医疗试点工作的通知》，新华网，http：//news. xinhuanet. com/politics/2006 - 01/19/content_4071514. htm。

［469］《中共中央国务院关于深化医药卫生体制改革的意见》，中国政府网，http：//www. gov. cn/test/2009 - 04/08/content_1280069. htm。

［470］《关于巩固和发展新型农村合作医疗制度的意见》，中国政府网，http：//www. gov. cn/ztzl/ygzt/content_1661062. htm。

［471］《国务院办公厅关于印发2011年公立医院改革试点工作安排的通知》，中国政府网，http：//www. gov. cn/zwgk/2011 - 03/07/content_1818279. htm。

［472］《国务院关于促进健康服务业发展的若干意见》，中国政府网，http：//www. gov. cn/xxgk/pub/govpublic/mrlm/201310/t20131018_66502. html。

［473］《国务院办公厅关于全面推开县级公立医院综合改革的实施意见》，中国政府网，http：//www. gov. cn/zhengce/content/2015 - 05/08/content_9710. htm。

［474］《国务院办公厅关于城市公立医院综合改革试点的指导意见》，中国政府网，http：//www. gov. cn/zhengce/content/2015 - 05/17/content_9776. htm。

［475］《中共中央关于转发全国劳动就业会议文件的通知》，法律教育网，http：//www. chinalawedu. com/falvfagui/fg23051/1308. shtml。

［476］《中共中央、国务院关于广开门路，搞活经济，解决城镇就业问题的若干决定》，法律教育网，http：//www. chinalawedu. com/news/1200/23051/23052/23055/2006/3/zh008417360020 - 0. htm。

［477］《国务院关于做好劳动就业工作的通知》，找法网，http：//china. findlaw. cn/laodongfa/laodongfa/laodongjiuye/3169_2. html。

［478］《劳动部关于印发〈劳动部关于建立社会主义市场经济体制时期劳动体制改革总体设想〉的通知》，找法网，http：//china. findlaw. cn/laodongfa/laodongfa/laodongfagui/laodongfaku/10990_7. html。

［479］《关于全面实行劳动合同制的通知》，中国劳动法律网，http：//www. laborlaw. com. cn/archives/70. html。

［480］《国务院办公厅转发劳动部关于实施再就业工程报告的通知》，找法网，http：//china. findlaw. cn/laodongfa/laodongfa/laodongjiuye/3258_2. html。

［481］《关于推动社区就业工作的若干意见》，中国政府网，http：//www. mohrss. gov. cn/gkml/xxgk/201407/t20140717_136604. htm。

［482］《国务院办公厅关于加快推进再就业工作的通知》，中华人民共和国税务总局网站，http：//www.chinatax.gov.cn/2013/n1586/n1593/n1659/n1667/c80695/content.html。

［483］《劳动部关于建立社会主义市场经济体制时期劳动体制改革总体设想》，法律图书馆，http：//www.law-lib.com/law/law_view.asp？id＝57252。

［484］《劳动部关于贯彻落实〈劳动就业服务企业产权界定规定〉的通知》，法律教育网，http：//www.chinalawedu.com/news/1200/23051/23052/23055/2006/3/zh4609147331113600215416－0.htm。

［485］《劳动力市场管理规定》，中国网，http：//www.china.com.cn/zhuanti2005/txt/2000－12/14/content_5013777.htm。

［486］《关于进一步加强劳动力市场建设完善就业服务体系的意见》，找法网，http：//china.findlaw.cn/laodongfa/laodongfa/laodongjiuye/2773_2.html。

［487］《国务院办公厅关于进一步做好改善农民进城就业环境的工作的通知》，中国政府网，http：//www.gov.cn/zwgk/2005－08/15/content_23262.htm。

［488］《国务院关于进一步加强就业再就业工作的通知》，中华人民共和国教育部网站，http：//www.moe.edu.cn/publicfiles/business/htmlfiles/moe/moe_1134/200603/14135.html。

［489］《国务院关于解决农民工问题的若干意见》，中国政府网，http：//www.gov.cn/zhuanti/2015－06/13/content_2878968.htm。

［490］《国务院关于发布老干部离职休养制度的几项规定的通知》，长沙民政网，http：//www.changshamca.gov.cn/laoquzhenceywcountry/13144.htm。

［491］《国务院关于城镇集体所有制经济若干政策问题的暂行规定》，中华网，http：//www.china.com.cn/law/flfg/txt/2006－08/08/content_7057646.htm。

［492］《国务院关于企业职工养老保险制度改革的决定》，法律图书馆，http：//www.law-lib.com/law/law_view.asp？id＝7733。

［493］中共中央关于建立社会主义市场经济体制若干问题的决定，人民网，http：//www.people.com.cn/GB/shizheng/252/5089/5106/5179/20010430/456592.html。

［494］《国务院关于完善企业职工基本养老保险制度的决定》，中国政府网，http：//www.gov.cn/zhuanti/2015－06/13/content_2878967.htm。

［495］《人力资源社会保障部关于城镇企业职工基本养老保险关系转移接续若干问题的通知》，中国政府网，http：//www.gov.cn/xinwen/2016－12/02/content_5142010.htm#1。

［496］《国务院关于开展城镇居民社会养老保险试点的指导意见》，中国政

府网，http：//www.gov.cn/zwgk/2011-06/13/content_1882801.htm。

［497］《民政部印发〈关于探索建立农村基层社会保障制度的报告〉的通知》，法律图书馆，http：//www.law-lib.com/law/law_view.asp？id=4175。

［498］《县级农村社会养老保险基本方案（试行）》，中国政府网，http：//www.gov.cn/banshi/2005-08/04/content_20283.htm。

［499］《国务院批转整顿保险业工作小组保险业整顿与改革方案的通知》，中国政府网，http：//www.gov.cn/zwgk/2011-11/09/content_1989035.htm。

［500］《全面建设小康社会，开创中国特色社会主义事业新局面——在中国共产党第十六次全国代表大会上的报告》，中国网，http：//www.china.com.cn/guoqing/2012-10/17/content_26821180.htm。

［501］《中共中央国务院关于推进社会主义新农村建设的若干意见》，中国政府网，http：//www.gov.cn/test/2008-08/20/content_1075348_2.htm。

［502］《国务院关于开展新型农村社会养老保险试点的指导意见》，中国政府网，http：//www.gov.cn/zwgk/2009-09/04/content_1409216.htm。

［503］《国务院关于建立统一的城乡居民基本养老保险制度的意见》，中国政府网，http：//www.gov.cn/zwgk/2014-02/26/content_2621907.htm。

［504］《国务院关于建立城镇职工基本医疗保险制度的决定》，中国政府网，http：//www.gov.cn/banshi/2005-08/04/content_20256.htm。

［505］《国务院关于开展城镇居民基本医疗保险试点的指导意见》，中国政府网，http：//www.gov.cn/zwgk/2007-07/24/content_695118.htm。

［506］《劳动部关于发布〈企业职工工伤保险试行办法〉的通知》，法律图书馆，http：//www.law-lib.com/law/law_view.asp？id=12658。

［507］《国务院关于修改〈工伤保险条例〉的决定》，中国政府网，http：//www.gov.cn/flfg/2010-12/24/content_1772226.htm。

［508］《关于实施农民工"平安计划"加快推进农民工参加工伤保险工作的通知》，中国政府网，http：//www.mohrss.gov.cn/gkml/xxgk/201407/t20140717_136116.htm。

［509］《关于印发〈工伤保险条例〉宣传提纲的通知》，中华人民共和国人力资源和社会保障部网站，http：//www.mohrss.gov.cn/gkml/xxgk/201407/t20140717_136121.htm。

［510］《关于加强工伤保险医疗服务协议管理工作的通知（劳社部发〔2007〕7号）》，中华人民共和国人力资源和社会保障部网站，http：//www.mohrss.gov.cn/gsbxs/zhengcewenjian/201011/t20101130_82854.htm。

［511］《人力资源社会保障部办公厅关于进一步做好建筑业工伤保险工作的

通知》，中国就业网，http：//www. chinajob. gov. cn/SocialSecurity/content/2017 - 03/20/content_1293188. htm。

[512]《人力资源社会保障部　财政部　关于调整工伤保险费率政策的通知》，中华人民共和国人力资源和社会保障部网站，http：//www. mohrss. gov. cn/gkml/xxgk/201507/t20150729_216271. htm。

[513]《失业保险条例》，中国政府网，http：//www. gov. cn/banshi/2005 - 08/04/content_20258. htm。

[514]《企业职工生育保险试行办法》，中国政府网，http：//www. gov. cn/banshi/2005 - 08/21/content_25067. htm。

[515]《中国妇女发展纲要（1995～2000）》，中华人民共和国国务院新闻办公室网站，http：//www. scio. gov. cn/xwfbh/xwbfbh/wqfbh/2015/20150922/xgbd33487/Document/1449496/1449496. htm。

[516]《中国妇女发展纲要（2001～2010）》，中华人民共和国国务院新闻办公室网站，http：//www. scio. gov. cn/ztk/xwfb/46/11/Document/978034/978034_1. htm。

[517]《中国妇女发展纲要（2011～2020）》，中国网，http：//www. china. com. cn/policy/txt/2011 - 08/08/content_23160230. htm。

[518]《国务院关于在全国建立城市居民最低生活保障制度的通知》，中华人民共和国民政部网站，http：//www. mca. gov. cn/article/zwgk/fvfg/zdshbz/200711/20071110003522. shtml。

[519]《国务院办公厅关于进一步加强城市居民最低生活保障工作的通知》，中国政府网，http：//www. gov. cn/zhengce/content/2016 - 10/11/content_5117347. htm。

[520]《农村五保供养工作条例》，中华人民共和国民政部网站，http：//www. mca. gov. cn/article/gk/fg/shjz/201507/20150700848486. shtml。

[521]《国务院关于在全国建立农村最低生活保障制度的通知》，中国政府网，http：//www. gov. cn/zwgk/2007 - 08/14/content_716621. htm。

[522]《国务院关于进一步加强和改进最低生活保障工作的意见》，中国政府网，http：//www. gov. cn/zwgk/2012 - 09/26/content_2233209. htm。

[523]《关于建国以来党的若干历史问题的决议》，人民网，http：//cpc. people. com. cn/GB/64162/71380/71387/71588/4854598. html。

[524]《全面开创社会主义现代化建设的新局面》，人民网，http：//cpc. people. com. cn/GB/64162/64168/64565/index. html。

[525]《第六个五年计划》，中国网，http：//www. china. com. cn/guoqing/shisan-

wu/2017-01/17/content_40119649. htm。

[526]《1983 年政府工作报告》，中国政府网，http：//www. gov. cn/test/2006-02/16/content_200823. htm。

[527]《1987 年政府工作报告》，中国政府网，http：//www. gov. cn/test/2006-02/16/content_200857. htm。

[528]《1993 年国务院政府工作报告》，中国政府网，http：//www. gov. cn/test/2006-02/16/content_200926. htm。

[529]《1995 年政府工作报告》，中国政府网，http：//www. gov. cn/test/2006-02/16/content_201109. htm。

[530]《公共文化体育设施条例》，中国政府网，http：//www. gov. cn/test/2006-02/16/content_201109. htm。

[531]《国务院办公厅转发广电总局等部门关于做好农村电影工作意见的通知》，中国政府网，http：//www. gov. cn/zhengce/content/2008-03/28/content_5924. htm。

[532]《关于加快构建现代公共文化服务体系的意见》，中国政府网，http：//www. gov. cn/xinwen/2015-01/14/content_2804250. htm。

[533]《国务院关于进一步繁荣发展少数民族文化事业的若干意见》，中国政府网，http：//www. gov. cn/test/2009-08/13/content_1390565. htm。

[534]《2010 年政府工作报告》，中国政府网，http：//www. gov. cn/test/2006-02/16/content_200719. htm。

[535]《2011 年政府工作报告》，中国政府网，http：//www. gov. cn/test/2006-02/16/content_200719. htm。

[536]《中央关于深化文化体制改革若干重大问题的决定》，中国政府网，http：//www. gov. cn/jrzg/2011-10/25/content_1978202. htm。

[537]《2016 年政府工作报告》，新华网，http：//news. xinhuanet. com/fortune/2016-03/05/c_128775704. htm。

[538]《国民经济和社会发展第七个五年计划（1986~1990）》，新华网，http：//www. china. com. cn/guoqing/shisanwu/2017-01/17/content_40119603. htm。

[539]《国务院关于进一步加强环境保护工作的决定》，中国政府网，http：//www. gov. cn/xxgk/pub/govpublic/mrlm/201012/t20101217_63155. html。

[540]《关于进一步加强环境保护工作的决定》，中国政府网，http：//www. gov. cn/xxgk/pub/govpublic/mrlm/201012/t20101217_63155. html。

[541]《国务院关于落实科学发展观加强环境保护的决定》，全国人大网，http：//www. npc. gov. cn/npc/xinwen/szyw/zywj/2006-02/15/content_344610. htm。

[542]《国务院办公厅转发环保总局等部门关于加强农村环境保护工作意见的通知》,中国政府网,http://www.gov.cn/zwgk/2007-11/20/content_810780.htm。

[543]《国务院关于加强环境保护重点工作的意见》,中国政府网,http://www.gov.cn/zwgk/2011-10/20/content_1974306.htm。

[544]《国务院关于印发大气污染防治行动计划的通知》,中国政府网,http://www.gov.cn/zwgk/2013-09/12/content_2486773.htm。

[545]《国务院办公厅关于加强环境监管执法的通知》,中国政府网,http://www.gov.cn/zhengce/content/2014-11/27/content_9273.htm。

[546]《中华人民共和国消防条例》,全国人大网,http://www.npc.gov.cn/wxzl/wxzl/2000-12/07/content_9541.htm。

[547]《国务院关于进一步加强消防工作的意见》,中国政府网,http://www.gov.cn/zwgk/2006-05/15/content_280831.htm。

[548]《中华人民共和国安全生产法》,全国人大网,http://www.npc.gov.cn/wxzl/gongbao/2014-11/13/content_1892156.htm。

[549]《国务院办公厅关于深化安全生产专项整治工作的通知》,中国政府网,http://www.gov.cn/zhengce/content/2009-03/28/content_4456.htm。

[550]《国务院关于进一步加强安全生产工作的决定》,中国政府网,http://www.gov.cn/xxgk/pub/govpublic/mrlm/200803/t20080328_32676.html。

[551]《安全生产许可证条例》,中华人民共和国安监总局网站,http://www.chinasafety.gov.cn/newpage/Contents/Channel_4134/2016/1208/279847/content_279847.htm。

[552]《国务院关于进一步加强企业安全生产工作的通知》,中国政府网,http://www.gov.cn/zwgk/2010-07/23/content_1662499.htm。

[553]《中华人民共和国食品卫生法》,中国政府网,http://www.gov.cn/banshi/2005-08/01/content_18960.htm。

[554]《国务院办公厅关于实施食品药品放心工程的通知》,中国政府网,http://www.gov.cn/zhuanti/2015-06/13/content_2879016.htm。

[555]《国务院办公厅关于印发国家食品药品安全"十一五"规划的通知》,中国政府网,http://www.gov.cn/zwgk/2007-06/05/content_637391.htm。

[556]《国务院办公厅关于认真贯彻实施食品安全法的通知》,中国政府网,http://www.gov.cn/zwgk/2009-03/06/content_1252629.htm。

[557]《国务院关于加强食品安全工作的决定》,中国政府网,http://www.gov.cn/zwgk/2012-07/03/content_2175891.htm。

[558]《全国人民代表大会常务委员会关于加强社会治安综合治理的决定》, 全国人大网, http: //www. npc. gov. cn/wxzl/wxzl/2000 - 12/05/content_4548. htm。

[559]《中共中央国务院关于进一步加强社会治安综合治理的意见》, 国务院法制办公室网站, http: //fgk. chinalaw. gov. cn/article/fgxwj/200109/20010900108373. shtml。

[560]《中共中央关于构建社会主义和谐社会若干重大问题的决定》, 新华网, http: //news. xinhuanet. com/politics/2006 - 10/18/content_5218639. htm。

[561]《关于加强社会治安防控体系建设的意见》, 中国政府网, http: //www. gov. cn/xinwen/2015 - 04/13/content_2846013. htm。

[562]《健全落实社会治安综合治理领导责任制规定》, 最高人民检察院网站, http: //www. spp. gov. cn/zdgz/201603/t20160324_114957. shtml。

[563] 十一届全国人大第四次会议记者会温家宝答记者问, 中国政府网, http: //www. gov. cn/2011lh/content_1824958. htm。

[564] 中华人民共和国 2011 年国民经济和社会发展统计公报, 国家统计局, http: //www. stats. gov. cn/tjsj/tjgb/ndtjgb/qgndtjgb/201202/t20120222_30026. html。

[565] Walsh, Kieron, *Public Service and Market Mechanism*, Macmillan Press Ltd, 1995.

[566] Starling, Grover, *Managing the Public Sector*, The Dorsey Press, 1986.

[567] Musgrave, Richard A. and Peacock, Alan T., *Classics in the Theory of Public Finance*, London: Macmillan Press Ltd, 1958.

[568] Pollitt, Christopher, *Managerialism and the Public Service: The Anglo - American Experience*, UK: Oxford and Basic Blackwell, 1990.

[569] Freedman, Maurice, *Lineage Organization in Southern China*, London School of Economics Monographs on Social Anthropology, No. 18, London: The Athlone Press, 1958.

[570] Hansberry, Jane F., *An Exploration of Collaboration and Organizational Effectiveness in Denver County Human Service Organizations*, University of Pittsburgh, 2005, p. 24.

[571] O'Flynn, Janine and Wanna, John, *Collaborative Governance: A new era of public policy in Australia*, ANUE Press, 2008.

[572] Brinkerhoff, Jennifer M., "Government - Nonprofit Partnership: A Defining Framework", *Public Administration*, Vol. 22, No. 1 (2002), pp. 19 - 30.

[573] Echeverria, John D., "No Success Like Failure: The Platte River Collaborative Watershed Planning Process", *William and Mary Environmental Law and*

Policy Review, Vol. 25, No. 4 (2001), pp. 559 – 604.

[574] Parasuraman, A, Zeithaml, V. A. and Berry, L. L. , "A Multiple-Item Scale for Measuring Consumer Perception of Service Quality", *Journal of Retailing*, Vol. 64, No. 1 (1988), pp. 12 – 40.

[575] Samuelson, Paul A. , " The Pure Theory of Public Expenditure", *Review of Economics and Statistics*, Vol. 36, No. 4 (1954), pp. 387 – 389.

[576] Buchanan, J. M. , "Federalism and Fiscal Equity", *American Economic Review*, Vol. 40, No. 4 (1950), pp. 583 – 599.

[577] Herbert – Cheshire, L and Higgins, V, "From Risky to Responsible: Expert Knowledge and the Governing of Community – Led Rural Development", *Journal of Rural Studies*, Vol. 20, No. 3 (2004), pp. 289 – 302.

[578] Beier, A. L. , "Vagrant and the Social Order in Elizabethan England", *Past & Present*, No. 64 (1974), pp. 3 – 29.

[579] Savas, E. S. , "On Equity in Providing Public Service", *Management Science*, Vol. 24, No. 8 (1978), pp. 800 – 808.

[580] Jun, Jong S, "The Limits of Post – New Public Management and Beyond", *Public Administration Review*, Vol. 69, No. 1 (2009), pp. 161 – 165.

[581] Bel, G and Warner, ME, "Challenging Issues in Local Privatization", *Environment & Planning C Government & Policy*, Vol. 26, No. 1 (2008), pp. 104 – 109.

[582] Hansmann, Henry, "The Role of Nonprofit Enterprise", *The Yale Law Journal*, Vol. 89, No. 5 (1980), pp. 835 – 901.

[583] Ansell, C and Gash, A, "Collaborative Governance in Theory and Practice", *Journal of Public Administration Research and Theory*: Vol. 18, No. 4 (2008), pp. 543 – 571.

教育部哲学社会科学研究重大课题攻关项目成果出版列表

序号	书　名	首席专家
1	《马克思主义基础理论若干重大问题研究》	陈先达
2	《马克思主义理论学科体系建构与建设研究》	张雷声
3	《马克思主义整体性研究》	逄锦聚
4	《改革开放以来马克思主义在中国的发展》	顾钰民
5	《新时期　新探索　新征程——当代资本主义国家共产党的理论与实践研究》	聂运麟
6	《坚持马克思主义在意识形态领域指导地位研究》	陈先达
7	《当代资本主义新变化的批判性解读》	唐正东
8	《当代中国人精神生活研究》	童世骏
9	《弘扬与培育民族精神研究》	杨叔子
10	《当代科学哲学的发展趋势》	郭贵春
11	《服务型政府建设规律研究》	朱光磊
12	《地方政府改革与深化行政管理体制改革研究》	沈荣华
13	《面向知识表示与推理的自然语言逻辑》	鞠实儿
14	《当代宗教冲突与对话研究》	张志刚
15	《马克思主义文艺理论中国化研究》	朱立元
16	《历史题材文学创作重大问题研究》	童庆炳
17	《现代中西高校公共艺术教育比较研究》	曾繁仁
18	《西方文论中国化与中国文论建设》	王一川
19	《中华民族音乐文化的国际传播与推广》	王耀华
20	《楚地出土戰國簡册［十四種］》	陈伟
21	《近代中国的知识与制度转型》	桑兵
22	《中国抗战在世界反法西斯战争中的历史地位》	胡德坤
23	《近代以来日本对华认识及其行动选择研究》	杨栋梁
24	《京津冀都市圈的崛起与中国经济发展》	周立群
25	《金融市场全球化下的中国监管体系研究》	曹凤岐
26	《中国市场经济发展研究》	刘伟
27	《全球经济调整中的中国经济增长与宏观调控体系研究》	黄达
28	《中国特大都市圈与世界制造业中心研究》	李廉水

序号	书名	首席专家
29	《中国产业竞争力研究》	赵彦云
30	《东北老工业基地资源型城市发展可持续产业问题研究》	宋冬林
31	《转型时期消费需求升级与产业发展研究》	臧旭恒
32	《中国金融国际化中的风险防范与金融安全研究》	刘锡良
33	《全球新型金融危机与中国的外汇储备战略》	陈雨露
34	《全球金融危机与新常态下的中国产业发展》	段文斌
35	《中国民营经济制度创新与发展》	李维安
36	《中国现代服务经济理论与发展战略研究》	陈宪
37	《中国转型期的社会风险及公共危机管理研究》	丁烈云
38	《人文社会科学研究成果评价体系研究》	刘大椿
39	《中国工业化、城镇化进程中的农村土地问题研究》	曲福田
40	《中国农村社区建设研究》	项继权
41	《东北老工业基地改造与振兴研究》	程伟
42	《全面建设小康社会进程中的我国就业发展战略研究》	曾湘泉
43	《自主创新战略与国际竞争力研究》	吴贵生
44	《转轨经济中的反行政性垄断与促进竞争政策研究》	于良春
45	《面向公共服务的电子政务管理体系研究》	孙宝文
46	《产权理论比较与中国产权制度变革》	黄少安
47	《中国企业集团成长与重组研究》	蓝海林
48	《我国资源、环境、人口与经济承载能力研究》	邱东
49	《"病有所医"——目标、路径与战略选择》	高建民
50	《税收对国民收入分配调控作用研究》	郭庆旺
51	《多党合作与中国共产党执政能力建设研究》	周淑真
52	《规范收入分配秩序研究》	杨灿明
53	《中国社会转型中的政府治理模式研究》	娄成武
54	《中国加入区域经济一体化研究》	黄卫平
55	《金融体制改革和货币问题研究》	王广谦
56	《人民币均衡汇率问题研究》	姜波克
57	《我国土地制度与社会经济协调发展研究》	黄祖辉
58	《南水北调工程与中部地区经济社会可持续发展研究》	杨云彦
59	《产业集聚与区域经济协调发展研究》	王珺

序号	书名	首席专家
60	《我国货币政策体系与传导机制研究》	刘 伟
61	《我国民法典体系问题研究》	王利明
62	《中国司法制度的基础理论问题研究》	陈光中
63	《多元化纠纷解决机制与和谐社会的构建》	范 愉
64	《中国和平发展的重大前沿国际法律问题研究》	曾令良
65	《中国法制现代化的理论与实践》	徐显明
66	《农村土地问题立法研究》	陈小君
67	《知识产权制度变革与发展研究》	吴汉东
68	《中国能源安全若干法律与政策问题研究》	黄 进
69	《城乡统筹视角下我国城乡双向商贸流通体系研究》	任保平
70	《产权强度、土地流转与农民权益保护》	罗必良
71	《我国建设用地总量控制与差别化管理政策研究》	欧名豪
72	《矿产资源有偿使用制度与生态补偿机制》	李国平
73	《巨灾风险管理制度创新研究》	卓 志
74	《国有资产法律保护机制研究》	李曙光
75	《中国与全球油气资源重点区域合作研究》	王 震
76	《可持续发展的中国新型农村社会养老保险制度研究》	邓大松
77	《农民工权益保护理论与实践研究》	刘林平
78	《大学生就业创业教育研究》	杨晓慧
79	《新能源与可再生能源法律与政策研究》	李艳芳
80	《中国海外投资的风险防范与管控体系研究》	陈菲琼
81	《生活质量的指标构建与现状评价》	周长城
82	《中国公民人文素质研究》	石亚军
83	《城市化进程中的重大社会问题及其对策研究》	李 强
84	《中国农村与农民问题前沿研究》	徐 勇
85	《西部开发中的人口流动与族际交往研究》	马 戎
86	《现代农业发展战略研究》	周应恒
87	《综合交通运输体系研究——认知与建构》	荣朝和
88	《中国独生子女问题研究》	风笑天
89	《我国粮食安全保障体系研究》	胡小平
90	《我国食品安全风险防控研究》	王 硕

序号	书名	首席专家
91	《城市新移民问题及其对策研究》	周大鸣
92	《新农村建设与城镇化推进中农村教育布局调整研究》	史宁中
93	《农村公共产品供给与农村和谐社会建设》	王国华
94	《中国大城市户籍制度改革研究》	彭希哲
95	《国家惠农政策的成效评价与完善研究》	邓大才
96	《以民主促进和谐——和谐社会构建中的基层民主政治建设研究》	徐 勇
97	《城市文化与国家治理——当代中国城市建设理论内涵与发展模式建构》	皇甫晓涛
98	《中国边疆治理研究》	周 平
99	《边疆多民族地区构建社会主义和谐社会研究》	张先亮
100	《新疆民族文化、民族心理与社会长治久安》	高静文
101	《中国大众媒介的传播效果与公信力研究》	喻国明
102	《媒介素养：理念、认知、参与》	陆 晔
103	《创新型国家的知识信息服务体系研究》	胡昌平
104	《数字信息资源规划、管理与利用研究》	马费成
105	《新闻传媒发展与建构和谐社会关系研究》	罗以澄
106	《数字传播技术与媒体产业发展研究》	黄升民
107	《互联网等新媒体对社会舆论影响与利用研究》	谢新洲
108	《网络舆论监测与安全研究》	黄永林
109	《中国文化产业发展战略论》	胡惠林
110	《20世纪中国古代文化经典在域外的传播与影响研究》	张西平
111	《国际传播的理论、现状和发展趋势研究》	吴 飞
112	《教育投入、资源配置与人力资本收益》	闵维方
113	《创新人才与教育创新研究》	林崇德
114	《中国农村教育发展指标体系研究》	袁桂林
115	《高校思想政治理论课程建设研究》	顾海良
116	《网络思想政治教育研究》	张再兴
117	《高校招生考试制度改革研究》	刘海峰
118	《基础教育改革与中国教育学理论重建研究》	叶 澜
119	《我国研究生教育结构调整问题研究》	袁本涛 王传毅
120	《公共财政框架下公共教育财政制度研究》	王善迈

序号	书　　名	首席专家
121	《农民工子女问题研究》	袁振国
122	《当代大学生诚信制度建设及加强大学生思想政治工作研究》	黄蓉生
123	《从失衡走向平衡：素质教育课程评价体系研究》	钟启泉 崔允漷
124	《构建城乡一体化的教育体制机制研究》	李　玲
125	《高校思想政治理论课教育教学质量监测体系研究》	张耀灿
126	《处境不利儿童的心理发展现状与教育对策研究》	申继亮
127	《学习过程与机制研究》	莫　雷
128	《青少年心理健康素质调查研究》	沈德立
129	《灾后中小学生心理疏导研究》	林崇德
130	《民族地区教育优先发展研究》	张诗亚
131	《WTO主要成员贸易政策体系与对策研究》	张汉林
132	《中国和平发展的国际环境分析》	叶自成
133	《冷战时期美国重大外交政策案例研究》	沈志华
134	《新时期中非合作关系研究》	刘鸿武
135	《我国的地缘政治及其战略研究》	倪世雄
136	《中国海洋发展战略研究》	徐祥民
137	《深化医药卫生体制改革研究》	孟庆跃
138	《华侨华人在中国软实力建设中的作用研究》	黄　平
139	《我国地方法制建设理论与实践研究》	葛洪义
140	《城市化理论重构与城市化战略研究》	张鸿雁
141	《境外宗教渗透论》	段德智
142	《中部崛起过程中的新型工业化研究》	陈晓红
143	《农村社会保障制度研究》	赵　曼
144	《中国艺术学学科体系建设研究》	黄会林
145	《人工耳蜗术后儿童康复教育的原理与方法》	黄昭鸣
146	《我国少数民族音乐资源的保护与开发研究》	樊祖荫
147	《中国道德文化的传统理念与现代践行研究》	李建华
148	《低碳经济转型下的中国排放权交易体系》	齐绍洲
149	《中国东北亚战略与政策研究》	刘清才
150	《促进经济发展方式转变的地方财税体制改革研究》	钟晓敏
151	《中国—东盟区域经济一体化》	范祚军

序号	书　名	首席专家
152	《非传统安全合作与中俄关系》	冯绍雷
153	《外资并购与我国产业安全研究》	李善民
154	《近代汉字术语的生成演变与中西日文化互动研究》	冯天瑜
155	《新时期加强社会组织建设研究》	李友梅
156	《民办学校分类管理政策研究》	周海涛
157	《我国城市住房制度改革研究》	高　波
158	《新媒体环境下的危机传播及舆论引导研究》	喻国明
159	《法治国家建设中的司法判例制度研究》	何家弘
160	《中国女性高层次人才发展规律及发展对策研究》	佟　新
161	《国际金融中心法制环境研究》	周仲飞
162	《居民收入占国民收入比重统计指标体系研究》	刘　扬
163	《中国历代边疆治理研究》	程妮娜
164	《性别视角下的中国文学与文化》	乔以钢
165	《我国公共财政风险评估及其防范对策研究》	吴俊培
166	《中国历代民歌史论》	陈书录
167	《大学生村官成长成才机制研究》	马抗美
168	《完善学校突发事件应急管理机制研究》	马怀德
169	《秦简牍整理与研究》	陈　伟
170	《出土简帛与古史再建》	李学勤
171	《民间借贷与非法集资风险防范的法律机制研究》	岳彩申
172	《新时期社会治安防控体系建设研究》	宫志刚
173	《加快发展我国生产服务业研究》	李江帆
174	《基本公共服务均等化研究》	张贤明
......		